2000 v. Chr. – Politische, wirtschaftliche und kulturelle Entwicklung im Zeichen einer Jahrtausendwende

Colloquien der Deutschen Orient-Gesellschaft
Band 3

Colloquien der Deutschen Orient-Gesellschaft (CDOG)

Band 3

2000 v. Chr.

Politische, wirtschaftliche und kulturelle Entwicklung im Zeichen einer Jahrtausendwende

3. Internationales Colloquium
der Deutschen Orient-Gesellschaft
4.–7. April 2000
in Frankfurt/Main und Marburg/Lahn

Im Auftrage des Vorstands
der Deutschen Orient-Gesellschaft
herausgegeben von
Jan-Waalke Meyer und Walter Sommerfeld

2004

in Kommission bei

sdv
Saarbrücker Druckerei und Verlag

Bibliografische Information Der Deutschen Bibliothek
Die Deutsche Bibliothek verzeichnet diese Publikation in der Deutschen Nationalbibliografie; detaillierte bibliografische Daten sind im Internet über http://dnb.ddb.de abrufbar.

Gesamtherstellung: Saarbrücker Druckerei und Verlag GmbH.
Gedruckt auf alterungsbeständigem Papier.
Printed in Germany
ISBN 3-930843-85-4
ISSN 1433-7401

INHALTSVERZEICHNIS

VORWORT

Vorstand und wissenschaftlicher Beirat der Deutschen Orient-Gesellschaft waren übereinstimmend der Ansicht, daß die Zeitenwende zwischen dem zweiten und dritten Jahrtausend nicht nur für die moderne Welt, die gerade vor diesem Jahrtausendwechsel stand, von größtem Interesse sei, sondern daß sie auch für die Kulturen des Alten Orients einen Epochenwandel bedeute, der als Thema des 3. Internationalen Colloquiums äußerst geeignet erschien.

Gerade in dem Zeitraum um 2000 v. Chr., der gekennzeichnet ist durch den Aufstieg der dritten Dynastie von Ur zu einem überregionalen Reich und das Eindringen amoritischer Gruppen sowie das Entstehen eines internationalen Handelsnetzes, das von Assur aus gesteuert wurde, vollzogen sich im Vorderen Orient eine Reihe von Veränderungen, die das Bild der kommenden Jahrhunderte entscheidend mitprägen sollten. Vor diesem Hintergrund wurden aus der Vielzahl der möglichen Themen und Themenkreise einige ausgewählt, durch die die grundsätzlichen historisch-politischen und geistigen Strömungen, ihr Wandel oder ihre Konstanz aufgrund oder trotz äußerer Veränderungen umfassend behandelt werden können.

Es war das Bestreben von Vorstand und wissenschaftlichem Beirat der D.O.G. mit einer vorab festgelegten wissenschaftlichen Konzeption die Rahmenbedingungen für die einzelnen Referenten festzulegen. In historischen Darstellungen wird das Ende der sumerischen Ära in eben diesen Zeitraum datiert; allerdings sind in jüngster Zeit gerade Fragen zur *Chronologie* erneut dahingehend diskutiert worden, daß auch modifizierte Ansätze zur absoluten Datierung möglich sind. Einen weiteren, einführenden Themenkreis bilden die Fragestellungen zu den äußeren Rahmenbedingungen des historischen Prozesses: das *Klima und die Umwelt.*

In gewisser Weise entspricht die hier thematisierte Zeitenwende dem Ende des sumerisch dominierten 3. Jahrtausends und dem Beginn der semitisch geprägten altbabylonischen Epoche. Daneben werden aber auch eine Reihe von weiteren ethnischen Gruppen faßbar – u.a. nordwestsemitische Nomadengruppen (Amoriter) –, die in Zusammenhang mit *Bevölkerungsverschiebungen* zur Neugliederung der ethnographischen Struktur der Region und zur Umgestaltung der politischen und kulturgeschichtlichen Substanz beitrugen.

In Anatolien können mit der Einwanderung der Hethiter die ältesten indoeuropäischen Elemente überhaupt nachgewiesen werden; ihre sprachlichen und kulturellen Kontakte mit den autochthonen Protohattiern einerseits und den assyrischen "Kolonisatoren" (Händlern) andererseits werden hier entsprechend thematisiert. Etwa gleichzeitig etablierten sich die ansonsten ethnographisch isolierten Hurriter in Obermesopotamien und gründeten unabhängige Staatengebilde. Nachhaltige Auswirkungen dieser Bevölkerungsverschiebungen und staatlichen Umstrukturierungen werden in den Bereichen *Sprachgeographie und geistige Kultur* festgestellt.

In besonderem Maße unterliegen die *staatlichen Strukturen* signifikanten Veränderungen. Das letzte sumerische Reich der Ur III-Zeit, das zentralistisch aufgebaut war, wird von altbabylonischen Kleinstaaten abgelöst, die primär als lokal orientierte Einheiten und auf privatwirtschaftlicher Basis organisiert waren. Die staatliche Neugliederung in Syrien und Assyrien wird ebenso betrachtet wie das alte Kulturland Elam im iranischen Khuzistan, das als ein weiterer Machtfaktor sowohl zum Zusammenbruch des Ur III-Staates beigetragen hatte, wie es auch den Verlauf der altbabylonischen Geschichte mitbestimmte. Dieser Wandel schlägt sich auch in der *Herrschaftsideologie* nieder; das traditionelle sumerische Konzept wird abgelöst von semitisch babylonisch-assyrischen Vorstellungen, die u.a. die Institution des vergöttlichten Königs aufgeben und die sumerisch fließende Trennung zwischen der göttlichen und der irdischen Welt nunmehr schärfer konturieren.

Der in dem hier behandelten Zeitraum einsetzenden Internationalisierung des *Handels* und den neuen Formen der *Produktion* sind eine Reihe von Vorträgen gewidmet, die geographisch ein Gebiet von Anatolien bis in den persisch-arabischen Golf umfassen. Die sich mit der Bevölkerungsstruktur ebenfalls ändernde Wirtschaftsweise in Mesopotamien – von einer weitgehenden Verstaatlichung der Tempelwirtschaft und der Schaffung eines bürokratischen Zentralismus während der Ur-III-Zeit zu einer auf privatem Eigentum und privater Initiative basierenden Wirtschaftsweise – soll für Mesopotamien anhand des zur Verfügung stehenden Textmaterials dargestellt werden; eine entsprechende Auswertung archäologischer Funde (Keramik) steht dagegen im Mittelpunkt einer vergleichbaren Untersuchung für den syrisch-levantinischen Raum.

Schließlich bildet der Bereich der *künstlerischen Produktion* einen Themenkreis, der wiederum regional untersucht werden soll, um so den unterschiedlichen Strömungen gerecht zu werden.

Die Veranstaltung fand in den beiden hessischen Universitätsstädten Frankfurt und Marburg statt; während in der Goethe-Universität Frankfurt unter Mitwirkung des Präsidenten Prof. Dr. Werner Meißner die Eröffnung der Tagung sowie dankenswerter Weise ein Empfang der Teilnehmer durch Renate von Metzler und dem Bankhaus B. Metzler stattfanden, wurden die

Teilnehmer in der Philipps-Universität Marburg durch den Vizepräsidenten, Herrn Prof. Dr. Theo Schiller begrüßt; hier wurde anschließend das Colloquium durchgeführt. Wir danken beiden Universitäten außerdem für die Bereitstellung von Räumlichkeiten. Aufrichtiger Dank gilt den Universitäten, dem Hessischen Ministerium für Wissenschaft und Kunst und dem Ursula-Kuhlmann-Fond für die finanzielle Unterstützung. In diesen Zusammenhang ist jedoch vor allem die Deutsche Forschungsgemeinschaft zu nennen, die die Reisekosten für unsere ausländischen Referenten und einen Teil der organisatorischen Kosten übernommen hat und ohne deren Engagement die Tagung nicht hätte stattfinden können.

Besonderer Dank geht an die Mitarbeiterinnen und Mitarbeiter – vor allem Dr. R. Pientka-Hinz, Dr. Th. Richter und Frau A. Paar – sowie an die Studierenden der beiden beteiligten Institute für die Organisation und Durchführung der Veranstaltung. Frau Barbara Spering, M.A. danken wir für die mühevolle Herstellung des Manuskripts der Druckvorlagen, Herrn Dr. Th. Richter für die Erstellung der Indizes.

Schließlich gilt noch allen Teilnehmern, vor allem aber den Referenten unser herzlicher Dank für das Gelingen.

Jan-Waalke Meyer und Walter Sommerfeld

TEILNEHMER DES III. INTERNATIONALEN COLLOQUIUMS DER DEUTSCHEN ORIENT-GESELLSCHAFT IN FRANKFURT/MAIN UND MARBURG/LAHN

Said AL-SAID • Ariel BAGG • Susanne BAGHESTANI • Daliah BAWANYPECK • Jörg BECKER • Mathias BENTER • André BERG • Margareta BERKTOLD • Jeremy BLACK • Barbara BÖCK • Armin BOLLIER • Ildikó BÖSZE • Eva-Andrea BRAUN-HOLZINGER • Hans-Jochen BREDERECK • Ursula CALMEYER-SEIDL • Eva CANCIK-KIRSCHBAUM • Dominique CHARPIN • Gudrun COLBOW • Diethelm CONRAD • Nicola CORFU • Hans Wilhelm DAEHNHARDT • Rocío DA-RIVA • Remco DE MAAIJER • Jan Gerrit DERCKSEN • Manfried DIETRICH • Klaus DORNISCH • Dietz Otto EDZARD • Betina FAIST • Helmut FREYDANK • Erhard S. GERSTENBERGER • Susanne GÖRKE • Brigitte GRONEBERG • Peter W. HAIDER • Martha HAUSSPERGER • Raphaela HEITMANN • Ralph HEMPELMANN • Joachim HENGSTL • B. HENKE • H. HENKE • Markus HILGERT • Norbert HORN • Dietrich H. HOTZE • Blahoslav HRUSKA • Fabienne HUBER • Peter J. HUBER • Laith HUSSEIN • Annette IMHAUSEN • Hidetoshi ISUMOTO • Bruno JACOBS • Stefan JAKOB • Sabine JANDRLIC • Ursula JANSSEN • Michael JURSA • Tadashi KATSUNO • Sabine KILTZ • Judith KIRCHHOFER • Kristin KLEBER • Eberhard KLINKHARDT • Dörte KÖHLER-SEIBERTH • Uta KÖNIG-FARAN • Alexander KORSCH • Matthias KRAFT • Stephan KROLL • Ilse KRÜGER • Guido KRYSZAT • Peter Ian KUNIHOLM • Helga LAU • Marc LEBEAU • Steven LUNDSTRÖM • Ursula MAGEN • Joachim MARZAHN • Sieglinde MAUER • Stefan M. MAUL • Jan-Waalke MEYER • Piotr MICHALOWSKI • Dirk Paul MIELKE • Jane MOON • Andreas MÜLLER-KARPE • Vuslat MÜLLER-KARPE • Wolfram NAGEL • Reinder NEEF • Hildegard NEUHAUSER • Hubert NEUHAUSER • Hans NEUMANN • Astrid NUNN • Michael OBER • Joachim OELSNER • Norbert OETTINGER • Alexandra PAAR • Rainer PASTERNAK • Rosel PIENTKA-HINZ • Frances PINNOCK • Uwe PRAETORIUS • Alexander PRUSS • Regine PRUZSINSKY • Margot PÜTTNER • Sandra RAMOS • Ellen REHM • Johannes RENGER • Thomas RICHTER • Klaus ROEHL • Wolfgang RÖLLIG • Robert ROLLINGER • Anja ROTHMUND • Walther SALLABERGER • Leonhard SASSMANNSHAUSEN • Hans SCHEYHING • Theo SCHILLER • Conrad SCHMIDT • Cordula SCHMIDT VON STEINAU • Gudrun SCHNEIDER • Helga SCHNEIDER-LUDORFF • Ellen SCHNEIDERS • Friedhelm SCHNEIDERS • Andreas SCHOLZ • Ingo SCHRAKAMP • Peter SCHUSTER • Sibylla SCHUSTER • Daniel SCHWEMER • Theodora SEAL • Walter SOMMERFELD • Barbara SPERING • Gisela STIEHLER-ALEGRIA • Michael STRECK • Eva STROMMENGER • J. TAYLOR •

Susanne VAYLOYAN • Christine VÖGELI • Elisabeth VON DER OSTEN-SACKEN • Petra WAGNER • Frauke WEIERSHÄUSER • Michaela WESZELI • Dirk WICKE • Claus WILCKE • Gernot WILHELM • Michael WÜRZ • Annette ZGOLL • Nele ZIEGLER • Thomas ZIMMERMANN • Wolfgang ZWICKEL • Agnieszka ZYSEK

PROGRAMM

DIENSTAG, 4. APRIL

Frankfurt/Main

17.15 **Eröffnung und Begrüßung** des Kolloquiums in der Aula der Johann Wolfgang Goethe - Universität Frankfurt/Main, Mertonstraße
Prof. Dr. Jan-Waalke Meyer (Frankfurt/Main)
Prof. Dr. Gernot Wilhelm (Würzburg),
Vorsitzender der Deutschen Orient-Gesellschaft
Prof. Dr. Werner Meißner, Präsident der Johann Wolfgang Goethe-Universität Frankfurt am Main
Prof. Dr. Dietz Otto Edzard (München)
Eröffnungsvortrag
Eine 'Jahrtausendwende' vor 4000 Jahren?

MITTWOCH, 5. APRIL

Marburg/Lahn

9.00-10.00 Anmeldung und Ausgabe der Kongressunterlagen

10.00-10.30 **Eröffnung und Begrüßung**
Prof. Dr. Walter Sommerfeld, Dekan des FB 10 Fremdsprachliche Philologien und Leiter des FG Altorientalistik der Philipps-Universität Marburg/Lahn
Prof. Dr. Theo Schiller, Vizepräsident der Philipps-Universität Marburg/Lahn
Prof. Dr. Gernot Wilhelm, Vorsitzender der Deutschen Orient-Gesellschaft

Vorsitz: Hans Neumann, Münster

10.30-11.00 **Walther Sallaberger**, München
Relative Chronologie vom Ende der frühdynastischen bis zur altbabylonischen Zeit

11.00-11.30 **Guido Kryszat**, Berlin
Altassyrische Quellen zur frühen hethitischen Geschichte

11.30-12.00 **Robert Rollinger**, Innsbruck
**Altes und Neues im Wechselspiel: Zur Ausbildung einer "Ideologie der Legitimität" in der frühaltbabylonischen Zeit am Beispiel Isins*

12.00-14.00 Mittagspause

Vorsitz: Alexander Pruß, Halle

14.00-14.30 **Ralph Hempelmann**, Frankfurt/Main
Ein Vergleich der Früh- und Mittelbronzezeitlichen Keramik aus Halawa

14.30-15.00 **Frances Pinnock**, Rom
Change and Continuity of Art in Syria Viewed from Ebla
15.00-15.30 **Ursula Calmeyer-Seidl**, München
**Altbabylonische Kunst im westlichen Zagros*

15.30-16.00 Kaffeepause

Vorsitz: Stephan Kroll, München
16.00-16.30 **Eva Braun-Holzinger**, Mainz
Kultkontinuität an der Wende vom 3. zum 2. Jt.: Archäologie
17.00-17.30 **Jane Moon**, Ludlow
Dilmun at the Turn of the 3rd to 2nd Millennium

DONNERSTAG, 6. APRIL

Vorsitz: Marc Lebeau, Brüssel
9.30-10.00 **Reinder Neef**, Berlin
**Gibt es Anzeichen aus der Archäobotanik für eine Klimaverschlechterung im Vorderen Orient am Ende des 3. Jahrtausends v. Chr.?*
10.00-10.30 **Peter Ian Kuniholm**, Ithaca
**New Dendrochronological Results for the 3rd and 2nd Millennium*

10.30-11.00 Kaffeepause

Vorsitz: Joachim Marzahn, Berlin
11.00-11.30 **Johannes Renger**, Berlin
Oikos-Wirtschaft und tributäre Wirtschaftsreformen – Die dominanten Strukturen der Wirtschaft in Mesopotamien im 3. und 2. Jt. v. Chr.
11.30-12.00 **Jan Gerrit Dercksen**, Leiden
Der altassyrische Anatolienhandel: ein Sonderfall?

12.00-14.00 Mittagspause

Vorsitz: Stefan M. Maul, Heidelberg
14.00-14.30 **Jeremy Black**, Oxford
Die sprachlichen Veränderungen des Sumerischen von der Ur III-Zeit zur altbabylonischen Überlieferung
14.30-15.00 **Markus Hilgert**, Jena
Zur Stellung des Ur III-Akkadischen innerhalb der akkadischen Sprachgeschichte
15.00-15.30 **Claus Wilcke**, Leipzig
Die sumerische Literatur in altbabylonischer Zeit

15.30-16.00 Kaffeepause

Vorsitz: Wolfgang Röllig, Tübingen

16.00-16.30 **Brigitte Groneberg**, Göttingen (verlesen durch Frauke Weiershäuser, Göttingen)
**Akkadische Literatur in der ersten Hälfte des 2. Millennium*

16.30-17.00 **Piotr Michalowski**, Ann Arbor
The ideological Foundations of the Ur III State

17.00-17.30 **Michael Haul**, Hamburg
Das akkadische Etana-Epos

FREITAG, 7. APRIL

Vorsitz: Eva Cancik-Kirschbaum, Berlin

9.30-10.00 **Thomas Richter**, Berlin
Die Ausbreitung der Ḫurriter bis zur altbabylonischen Zeit: eine kurze Zwischenbilanz

10.00-10.30 **Michael Streck**, München
Die Amurriter der altbabylonischen Zeit im Spiegel des Onomastikons

10.30-11.00 Kaffeepause

Vorsitz: Joachim Oelsner, Jena

11.00-11.30 **Norbert Oettinger**, Augsburg
Zur Einwanderung und ersten Entfaltung der Indogermanen in Anatolien

11.30-12.00 **Dominique Charpin**, Paris
Mari und die Assyrer

12.00-12.30 **Jean-Marie Durand**, Paris (verlesen durch Nele Ziegler, Paris)
Das Nomadentum der amorritischen Zeit

12.30 Schlussworte: **Walter Sommerfeld**

EINE JAHRTAUSENDWENDE VOR 4000 JAHREN ?

Dietz Otto Edzard, München*

Ein Fragezeichen in einem Titel, von der BILD-Zeitung bis zum gelehrten Aufsatz, ist immer ein Ärgernis. Denn ich erhalte nicht sofort die Antwort auf die gestellte Frage: Lautet sie Ja, Nein, oder endet es mit einem unentschlossenen Jein? Am Fragezeichen bin ich selber schuld. Denn als ich gefragt wurde, ob ich zu dem mir sehr freundlicherweise angetragenen Vortragsthema "Eine Jahrtausendwende vor 4000 Jahren" noch einen Zusatz wollte, habe ich gesagt: Ja, bitte, ein Fragezeichen.

Ich will dies nun nicht totreiten, nur kurz sagen, worauf ich mich in der Frage beziehe: Ist es die Zahl 4000? Oder ist es die Wende als solche? Oder ist es die angenommene Zeiteinheit Jahrtausend? Ich beziehe mich ein wenig auf alles drei. Aber wir werden sehen, daß solcherlei Fragen nur großer Pedanterie entspringen können. Die 4000 steht natürlich außer Frage. Es hat ein solches Jahr gegeben. Aber welches war es? Wir wollen uns nicht allzu sehr um die Chronologie scheren; denn wir sind es doch gewohnt, mit den Jahrhunderten zu jonglieren, als wären es nur Tagesbälle. Wie steht es mit der Wende? Gut, so etwas gab es immer. Die Jahre haben gewechselt. Bei Gudea von Lagaš heißt es (Cyl. B iii 5-7): "Das Jahr: es war dahingegangen, der Monat: er war zuende. Das neue Jahr war im Himmel aufgetreten, der Monat war in sein Haus eingetreten".[1] Hier wird ein Jahreswechsel astronomisch definiert. Allerdings wissen wir nicht genau, mit welchen beiden Monaten dieser Wechsel verbunden war. Vielleicht waren es die Monate, die wir im Kalender von Girsu als Še-íl-la und Gána-maš kennen.

Im Reich von Ur III, dessen Beginn sich mit der Regierung Gudeas überlappt, gab es, wie Walther Sallaberger betont hat, weder das große, später so berühmt gewordene Neujahrsfest noch einen einheitlichen im Kalender ge-

---

* Institut für Assyriologie und Hethitologie der Universität München, Geschwister-Scholl-Platz 1, 80539 München.
Der Text entspricht so gut wie wörtlich der mündlichen Form des Einführungsvortrags. Der Anmerkungsapparat ist auf das Notwendigste beschränkt.

[1] Edzard, D.O., Gudea and His Dynasty, (RIME 3/1; Toronto, 1997), 90.

regelten Jahresanfang, und Sallaberger hat festgestellt, daß das sumerische Wort zag-mu "Höhepunkt des Jahres" den Zeitpunkt des Hauptfestes der jeweiligen Gottheit meint.[2] Die Bedeutung des akkadischen Lehnwortes, *zagmukku*, "Neujahrsfest", "New Year's festival, beginning of the year" ist demnach sekundär.

Wie steht es mit dem Jahrtausend? Eine solche Zeiteinheit ist in Mesopotamien – eigenbegrifflich gesehen – absurd! Wenn man fast unübersehbar lange Zeiträume darstellte wie in der Sumerischen Königsliste, so rechnete man mit Vielfachen von 3600 oder 36.000, z.B. 20mal 3600 oder 2mal 36.000 für unsere 72.000. Man hat auch beim sonstigen Rechnen von dem – wenigstens bei den Akkadern geläufigen – Dezimalsystem wenig Gebrauch gemacht. Bis in die Seleukidenzeit benutzten Mathematiker und Astronomen das gar nicht so unpraktische Sexagesimalsystem.

Aber genug des theoretischen Vorspanns. Als Historiker sind wir die Herren der Zeit. Wir schalten und walten mit der Vergangenheit so, wie es uns, nicht wie es ihr beliebt. Und so dürfen wir denn auch – nun endlich das rettende Wort – der vorchristlichen Zeit unsere heutigen Maße auferlegen. Wir leben global-konventionell mit einer zeitlichen Wasserscheide Null, dem Jahr der Geburt des Herrn – lassen wir einmal die drei, vier Jahre außer Acht, die dabei ein Unsicherheitsfaktor sind. Bis in unser fünftes Jahrhundert war dieses Jahr allerdings überhaupt noch nicht das "Jahr Null", sondern es war noch immer ein Jahr, das man nach der Seleukidenära berechnete[3]: Null war seleukidisch 312.

Andere Ären ignorieren wir hier: die muslimische nach der Hiğra 622 oder die jüdische nach der Erschaffung der Welt – übrigens die einfachste, weil sie kein vor und nach benötigt. Nicht durchgesetzt haben sich, nicht Epoche gemacht haben Ären-Eintagsfliegen wie die von 1789, Französische Revolution, oder die von 1923, Mussolinis Marsch auf Rom.

Christliche Ära hin und her – was war nun im Jahre 2000 vor Chr.? Nach der sog. "Mittleren Chronologie" war es das Jahr 17/18 des Išbi-Erra von Isin, des Siegers über Ibbi-Suen von Ur und dessen Nachfolger – oder Fortsetzer. Legen wir die sog. "Kurzchronologie" zugrunde, war 2000 vor Chr. das Jahr Šulgi 30/31; also 64 Jahre früher. Falls wir aber den jüngsten Vorschlag von Hermann Gasche, J.A. Armstrong, Steve Cole und V.G. Gurza-

[2] Sallaberger, W., Der kultische Kalender der Ur III-Zeit I, (UAVA 7/1; Berlin, 1993), 289 mit Anm. 1346.

[3] Vgl. ganz kurz Kaletsch, H., Der Kleine Pauly V, (München, 1975), 1481 ("Zeitrechnung").

dyan beherzigen wollten, eine "ultra-kurze Chronologie", so gelangen wir in die Regierung des Dynastiegründers Ur-Namma.[4] Das Jahr 2000 vor Chr. lag also nach diesen drei Chronologievorschlägen entweder am Beginn der berühmten III. Dynastie von Ur oder auf deren Höhepunkt unter Šulgi oder aber einige Jahre nach dem Zusammenbruch und Ende der Dynastie. Damit können wir auf jeden Fall Ur III zur Jahrtausendschnittstelle erklären, freilich nur mit der Genauigkeit eines ganzen Jahrhunderts. Der Weg ist frei, dieses "Zeitalter zu besichtigen".

Aber zuvor noch ein Exkurs. Es hat nicht an genialen Versuchen gefehlt, ganzen vorchristlichen mesopotamischen Jahrtausenden einen Stempel aufzudrücken. Thorkild Jacobsen hat das zweimal im Bereich der Religion getan. Einmal kontrastierte er verschiedene Arten von Ängsten: "Fourth Millennium: Famine", "Third Millennium: and the Sword", "Second Millennium: Guilt", womit er sagen wollte, daß der Mensch im IV. Jahrtausend um die nackte Existenz ringen, den dringendsten Hunger stillen musste; das III. Jahrtausend hätte die Kriege mit ihren Schrecken gebracht; und im II. Jahrtausend wäre das Gefühl des Einzelnen für Schuld und Sünde aufgekommen.[5] Wieweit diese sehr großzügigen Verallgemeinerungen plausibel sind, möchte ich hier nicht zur Debatte stellen.

In seinem 1976 erschienenen Sammelband "The Treasures of Darkness" hat Jacobsen – fast immer mit dem Blick auf die Götter – für Jahrtausende gültige Metaphern herausgestellt und diese als Überschriften für Aufsatzbündel gewählt: "Fourth Millennium Metaphors: The Gods as Providers: Dying Gods of Fertility" – die Götter, die uns versorgen, sterbende Fruchtbarkeitsgottheiten. "Third Millennium Metaphors: Gods as Rulers: The Cosmos as a Polity" – die Götter herrschen in einem als Staatswesen gedachten Kosmos. Oder auch – noch für dasselbe Jahrtausend gesagt – einzelnen Göttern sind Funktionen zugeordnet: An = Authority, Enlil = Force, Ninhursaĝa = Productivity usw. Dann eine Wende: "Second Millennium Metaphors: The Gods as Parents: The Rise of Personal Religion" – nun wäre eine Individualisierung im Verhältnis zwischen Gott und Mensch eingetreten. Oder auch noch für eben dasselbe II. Jahrtausend: "World Origins and World

---

[4] Stärkste Vorbehalte gegen Gasche et al. bei Huber, P.J., Rezension von "Dating the Fall of Babylon", AfO 46-47 (1999-2000), 287-290; s.a. Huber, "Astronomical Dating of Ur III and Akkad", ebd. 50-79; Huber sieht dort keine andere Wahl als die "lange" Chronologie" mit Ammi-ṣaduqa 1. = 1702 B.C.

[5] (ed.) Moran, W.L., Toward the Image of Tammuz, (Cambridge/Mass., 1970), 31-47: "Ancient Mesopotamian Religion: The Central Concerns", (vorher in PAPS 107/6, 1963, 473-484).

Order" – der Mensch hätte begonnen, über Sinn und Eigenart seiner Welt zu spekulieren. Oder noch immer für das II. Jahrtausend: "'And Death the Journey's End': The Gilgamesh Epic" – man hätte verstanden und formuliert, daß der Tod unausweichlich ist.[6]

Natürlich dürfen dieserlei Zusammenraffungen immer nur *cum grano salis* genommen werden. So wäre es denn auch ganz sinnlos, wenn wir mit dem großen Autor rechten wollten, etwa: Hatte denn nicht schon Irikagina, noch eindeutig ein Dreitausendjährler, in seiner bewegenden Klage dem brutalen Gegner Lugal-zagesi und dessen persönlicher Göttin Nisaba Schuld und Sühne zugewiesen ("Guilt")?[7] Vielleicht würde Jacobsen damit parieren, daß es zu allen Erscheinungen immer Vorboten und Nachwehen gegeben hat. Wenn es denn aber im Ganzen doch fraglich ist, Jahrtausende zu markieren und zu klassifizieren, um wieviel schwieriger wäre es da, einen ganz prägnanten Zeitpunkt mit einem Wort zu charakterisieren. Aber darum geht es letztlich auch gar nicht. Denn auch für unsere jetztige Jahrtausendwende gilt ja das Wort "Alles ist nur Übergang".

Kehren wir zurück zu unserem Zeitalter, den 108 Jahren der III. Dynastie von Ur. Wir wissen wenig über die Anfänge des Reiches, das diese Dynastie aufgebaut hat. Das Beste, was über Ur-Namma zu erfahren ist, steht in dem 1999 erschienenen Buch "Urnamma of Ur in Sumerian Literary Tradition" von Esther Flückiger-Hawker.[8] Erst um die Mitte der Regierung des zweiten Herrschers, Šulgi, verdichtet sich unser Bild. Šulgi hat 48 Jahre lang, fast ein halbes Jabrhundert, regiert. Er gehört mit zu den sehr langlebigen Herrschern des Alten Orients – wie Sargon von Akkade, Rīm-Sin von Larsa, Hammu-rāpi von Babylon oder Assurbanipal. Šulgi muß eine faszinierende Gestalt gewesen sein, wenn wir ihn in dem Bild sehen, das uns die zahlreichen auf ihn komponierten Hymnen entstehen lassen, ein Herrscher so recht wert und würdig, daß er mit einem Bein noch im III., mit dem andern schon im II. Jahrtausend gestanden hätte.

Palê Šulgi, palê Amurri, palê Kaššî, also "Šulgi-Dynastie, Amurriter-Dynastie, Kassiten-Dynastie" stehen hintereinander in der II. Tafel der Serie

---

[6] The Treasure of Darkness. A History of Mesopotamian Religion, (New Haven/London, 1976), Kap. 2-7.

[7] Steible, H. / Behrens, H., Die altmesopotamischen Bau- und Weihinschriften I, (FAOS 5; Wiesbaden, 1982), 333-337 Ukg. 16 sowie Band II 169 (Kommentar); Powell, M.A., "The Sin of Lugalzagesi", WZKM 86 (1996), 307-314 mit beachtenswerten historischen Schlußfolgerungen: Apologie Irikaginas für seine Parteinahme für Sargon von Akkade – anschließend an Hirsch, H.E., "Die 'Sünde' Lugalzagesis", Fs. W. Eilers, (Wiesbaden, 1967), 99-106.

[8] OBO 166, (Freiburg/Schweiz, 1999); s. besonders S. 1 ff. zum historischen Hintergrund.

^{mul}APIN (Finkelstein, J.J., JCS 20 (1966), 104). Ohne Zweifel waren hier die III. Dynastie von Ur, die I. Dynastie von Babylon und eine nicht spezifizierte Reihe kassitischer Herrscher gemeint. Die blasse historische Erinnerung sieht Šulgi als den Dynastiegründer, und Ur-Namma ist einer *damnatio memoriae* zum Opfer gefallen. Wer immer dies im I. Jahrtausend geschrieben oder kopiert hat, dem war die Sumerische Königsliste kein Begriff mehr. Šulgi hat zwei Nachfolger gehabt, die beide nicht lange regierten, und als dritten Nachfolger Ibbi-Suen, einen Unglücksherrscher, wie er im Buche steht. Ibbi-Suen verschwand auf Nimmerwiedersehen in elamischer Gefangenschaft, ein Ereignis, für das wir kaum eine Parallele bieten können.[9]

Es hat also der III. Dynastie von Ur durchaus nicht an Dramatik gefehlt, auch wenn wir auf der anderen Seite sehen, daß Šulgi eine Art von *pax sumerica* eingeläutet hat. Heiratspolitik war unter ihm oft ein Mittel, Konflikte im Zaum zu halten, und fast könnte man für eine gewisse Zeit von Ur III sagen: *Bella gerant alii, sed tu, Ur tertia, nube*!

Nicht ohne Grund befassen sich mehrere Referate während der kommenden Marburger DOG-Tagung mit dem Reich von Ur tertia. Es ist nun – wenigstens auf den ersten Blick – ein ziemlich merkwürdiger Umstand, daß zwar das Reich von Akkade die Erinnerung und die Phantasie der Nachwelt bis hinein ins I. Jahrtausend aufs Lebhafteste beschäftigt hat; daß man sich heimlich oder ominös[10] nach der Einheit von Akkade gesehnt hat – aus unserer heutigen Sicht können wir allerdings nur sagen: nach einer vermeintlichen Einheit. Wie gesagt, es berührt uns seltsam, daß die Erinnerung an Akkade so lebhaft lebendig geblieben ist, während das Reich von Ur III in der historischen Tradition viel schneller verblasst ist.

Was könnte der Grund dafür sein? Nicht ganz unwahrscheinlich ist es, daß die Sprache hier eine gewichtige Rolle gespielt hat. Die Akkadisch sprechenden Babylonier und Assyrer des II. Jahrtausends und noch des I. konnten sich mit Akkade, mit ihrem nördlichen Akkade, leichter identifizieren als mit dem Staatsgebilde von Ur III. (Vielleicht wussten sie auch noch – beneidenswerterweise – wo Akkade genau gelegen hatte.) Der Staat von Ur III war primär sumerisch-sprachig geprägt. Sumerisch war, von Nippur südwärts bis nach Ur, die Sprache der Verwaltung; es war die Sprache der Korrespondenz; Sumerisch war die Sprache des Gesetzgebers, wenn wir den Träger

---

[9] Vgl. Sollberger, E., "Ibbi-Suen", RlA V, (1976-1980), 1-8, bes. S. 4, 1 Ende.

[10] *šar Šumerim ibêl* "ein König von Sumer wird regieren", YOS 10, 56 iii 13; *šar kiššatim ina mātim illiam* "ein König des Weltalls wird im Lande (zu mir) heraufkommen", YOS 10, 56 i 37; iii 25, 33-34; ähnlich RA 38,83: 17-18.

der Rechtsanweisungen, die wir Codizes nennen, denn als "Gesetzgeber" bezeichnen wollen. Sumerisch war die Sprache der schönen Literatur, der Jahresdaten und überwiegend auch der Bau- und Weihinschriften. Und dieser Sprachzustand hielt sich noch generationenlang in den Nachfolgestaaten von Ur.

Ich betone das so sehr, weil öfters die Meinung geäußert worden ist, die sumerische Sprache sei zur Zeit der III. Dynastie von Ur keine lebendig gesprochene Sprache mehr gewesen – eine Behauptung, die von anderer Seite, zuletzt auch vom Referenten selbst, lauten Protest hervorgerufen hat.[11] Nicht zuletzt die Hochblüte der sumerischen Literatur, wie die Ur III-Zeit sie erlebte, ist nur in einem sprachlich voll lebendigen Umfeld denkbar.

Mit anderen Worten, die "Jahrtausendwende", von der wir sprechen, sieht das südliche Mesopotamien noch voll und ganz als die zweisprachige sumerisch-akkadische Gesellschaft, als welche sie durch das ganze III. Jahrtausend hindurch bestanden hat. Sumerisch und Akkadisch haben längst begonnen, aufeinander zuzukommen, ein Sprachareal zu bilden, innerhalb dessen es zu einem höchst lebhaften Austausch gekommen war: Auf dem Gebiet des Lexikons: denken Sie nur an die vielen akkadischen Lehnwörter im Ur III-Sumerischen und die noch viel zahlreicheren sumerischen Lehnwörter im Akkadischen; auf dem Gebiet der Morphologie, der Syntax, der Phraseologie und – nicht zu vergessen – der Phonetik. Das Sumerische hat nie stagniert, wie es manche Gelehrte gern haben wollen. Es hat sich laufend verändert und das Akkadische ebenso. Sprachen haben das so an sich.

Es ist aber – immer noch auf dem sprachlichen Sektor – die Gesellschaft von Sumer und Akkad immer stärker mit einem dritten Element konfrontiert worden, den Amurritern. Das waren Sprecher einer dem Akkadischen verwandten semitischen Sprache, die wir leider fast nur aus dem – allerdings fast unerschöpflichen – Schatz ihrer Eigennamen kennen. Šū-Suen, der vorletzte König von Ur III, sah sich genötigt, gegen diese Amurriter quer durch das Land eine "Mauer" zu errichten. Ob das nun eine veritable durchgehende gemauerte Mauer oder ein aufgeschütteter Wall oder aber eine lange Reihe von Kastellen gewesen ist, können wir nicht entscheiden; denn sumerisch bàd "Mauer" bezeichnet sowohl die Stadt- und Verteidigungsmauer als auch eine Festung, und da das Sumerische für die grammatische Bezeichnung – oder auch Nichtbezeichnung – der Mehrzahl völlig andere Wege geht als das Akkadische, geschweige denn das Deutsche, können wir keine Entscheidung treffen: Limes oder in enger Reihe aufgefädelte Burgen.

[11] Siehe demnächst D.O. Edzard in: Fs. P. Fronzaroli, (Florenz, 2001) ///; ASJ 21 (2002) ///.

Die Amurriter sind etwas durchaus Markantes für unsere "Jahrtausendwende". Sie hatten in der zivilisierten Welt kein gutes Image: Ungehobeltheit, Zurückgebliebenheit; sie haben nicht teil an den verfeinerten Sitten, sitzen auf dem Boden und nicht bei Tische und vieles andere mehr.[12]

Übrigens rückt auch ein viertes Volk immer deutlicher in unser Blickfeld: die Hurriter. Von beiden, Amurritern und Hurritern, wird in Marburg zu hören sein.

Kehren wir noch zurück in die angenehme Welt der Schönen Literatur. Ich habe bisher nur Ur III und die Könige Ur-Namma und Šulgi genannt. Es wäre ganz unverantwortlich, hier einen Sumerer auszusparen, der zwar wiederum der unmittelbaren Nachwelt nichts mehr bedeutet hat; der bei uns heute aber in wohlverdientem späten Nachruhm glänzt: Das ist Gudea, Stadtfürst in Girsu und Herrscher über den Städteverbund von Lagaš. Es ist dem chronologischen Scharfsinn kompetenter Sumerologen noch immer nicht mit allerletzter Beweiskraft gelungen, diesen bemerkenswerten Fürsten zeitlich in die äußerst sauberen Datenverhältnisse der III. Dynastie von Ur einzubinden.[13] Persönlich möchte ich aber Gudea – mit Piotr Steinkeller – ganz an den Anfang der III. Dynastie von Ur datieren. Das würde dann heißen, daß Gudea König Šulgi von Ur den Rang streitig machen könnte: Daß vielmehr er, Gudea, mit gespreizten Beinen auf der Jahrtausendschwelle gestanden habe. Vielleicht traf es ja auch für beide zu!

Wir verdanken Gudea eines der schönsten und zugleich ausführlichsten Zeugnisse der sumerischen Literatursprache, aufgezeichnet auf zwei riesigen Tonzylindern von einer Höhe von 61 bzw. 56,5 cm und mit einem Durchmesser von über 30 cm. Rein äußerlich müssten wir diese Zylinder für das babylonische Guinness Book of Records anmelden. Gudea beschreibt – bald in epischer Breite, bald in schnell wechselndem Darstellungstempo, bald mehr gravitätisch, bald witzig und wortspielgewürzt – den Neubau der Zikkurat seines Stadtgottes Ningirsu, des Eninnu, "Fünfzighausen", wenn wir es übersetzen wollen. Ich will den Text hier nicht paraphrasieren. Man kann ihn bequem auf Deutsch oder Englisch nachlesen.[14]

---

[12] Zum Martu-Text vgl. zuletzt Klein, J., CunMon. 7, (Groningen, 1997), 106-116. Charpin, D., NABU 1992/123, "Posture de table", hat gesehen, daß *kamāsum* (sum. du_{10} gurum) im Zusammenhang mit Mahlzeiten "ne désigne pas ... des prosternations".

[13] Edzard (wie Anm. 1), 1; Carrouée, F., ASJ 19, (Tokyo, 1997), 19-51.

[14] Falkenstein, A., SAHG, (Zürich, 1953), 137-182; 372-374; Jacobsen, Th., The Harps that Once ..., (New Haven/London, 1987), 386-444; Edzard, D.O., (wie Anm. 1), 68-101. Zu Edzard vgl. die Rezensionen von Suter, Cl., JCS 50 (1998), 67-74, und Cooper, J.S., JAOS 119 (1999), 699-701.

Gudea erscheint uns als ein rechter Friedefürst. An ihm ist nicht die Spur des brutalen Kriegers zu finden, der uns schon aus Quellen des III. Jahrtausends, schriftlichen und bildlichen, so düster-vertraut ist. Nur einmal, in seiner Statue B, haben wir einen lakonischen Hinweis auf einen Sieg über die Städte von Anšan und Elam, den Erbfeind, und über Beute, die Gudea dem Ningirsu weihte.[15] Sonst aber fließen seine Inschriften und auch die Jahresdatenformeln über mit Berichten von reicher Bautätigkeit, frommer Stiftung und dem Einsetzen von Kultpersonal. Ein Friedefürst reinsten Wassers – oder etwa doch ein verkappter Despot? Wir finden jedenfalls selbst zwischen den Zeilen keinen Hinweis auf Auftrumpfen und Machtgelüste. Hatte hier jemand – ausnahmsweise in der Weltgeschichte – eine historische Lektion gelernt aus den Schrecken und Kriegsläuften der Akkade-Zeit und den für uns so schwer greifbaren Gutäerwirren? Vielleicht doch ein anachronistischer Gedankengang.

Eins bleibt uns ein Rätsel: Wo hat Gudea die immensen Mittel aufgebracht, die er für alle seine Bauten benötigte? Er beschreibt uns ja des Langen und Breiten, von woher er Materialien bezog, die es in Südmesopotamien nicht gab: Bauholz, Bitumen, Erz, Steine und Edelmetall aus Herkunftsstätten, die vom Ǧabal Bišrī in Syrien bis zum Indusland Meluḫḫa reichen.[16] Geschenkt bekam man es nicht. In Handelskriegen scheint Gudea nicht engagiert gewesen zu sein. Seine Kaufleute mußten handfeste Waren zum Tausch anzubieten haben. Wir müssen nun – nach der Betrachtung zweier möglicher Jahrtausendwendeherrscherkandidaten, Šulgi und Gudea – wohl etwas weiter ausgreifen. Können wir sagen, daß sich an der – wann immer genau zu datierenden Wende vom III. zum II. Jahrtausend geistesgeschichtliche, mentalitätengeschichtliche Veränderungen vollzogen und durchgesetzt haben? Wir erinnern uns an die großzügigen Über-Definitionen, die Thorkild Jacobsen für das IV., III. und II. Jahrtausend formuliert hatte. Ich muß Ihnen gestehen, daß ich kein Jahrtausenddatum – oder auch Beinahe-Jahrtausenddatum – zur Hand habe. Ich kann Ihnen keinen Vorläufer eines One-O-Sixty-Six anbieten, durch welchen sich "all that" verändert hätte.

Aber das Geschehen, das sich langzeitlich, nicht an einzelne Daten gebunden, auf die Bewohner Mesopotamiens, Sumerer wie Akkader, auf das Stärkste eingeprägt hat, dieses Geschehen liegt vor der Jahrtausendwende, wann immer wir sie statthaben lassen. Es war das Reich von Akkade und sein Zusammenbruch, eine große, sehr oft chaotische, fast immer turbulente Zeit.

---

[15] Edzard, D.O., (wie Anm. 1), 35 Statue B vi 64-69.

[16] Edzard, D.O., (wie Anm. 1), 33-35 Statue B v 28-vi 63; 78-79; Cyl. A xv 6-xvi 24.

Akkad hat horizonterweiternd gewirkt. Aus dem zunächst symbolisch für eine großräumige Herrschaft verwendeten Städtenamen Kiš wurde in elegantem Wortspiel *kiššatum* "Gesamtheit" entwickelt, als Ausdruck für die ganze Welt.

Sumerisch entstand der Begriff an-ub-da-limmu-bi, wörtlich: "der Himmel, seine vier Ecken und Seiten", d. h. "die vier Himmelsecken und -seiten", was man auf Akkadisch viel plastischer *kibrātum arba'um* "die vier Ufer" nannte. Man stellte sich die bewohnte Welt als ein riesiges Feld vor, mehr oder weniger quadratisch, das von Meeren umspült war. Diese Feld-Idee ist dem Sumerischen verpflichtet: Der Stadtstaat war das "Feld" des Stadtgottes. Die Welt war also noch nicht rund gedacht, wie man sie uns auf der viel jüngeren mappa mundi darbietet.[17]

So ist denn die Herausbildung eines "Welt"-Begriffes, die wir als Denkleistung nicht unterschätzen sollten, ein Erbe des Reiches von Akkade – womit ich aber nichts Neues sage.

Jacobsen hatte für das II. Jahrtausend u. a. "The Gods as Parents: Rise of Personal Religion" hervorgehoben. Trifft so etwas eigentlich zu? Wir besitzen in der Tat im III. Jahrtausend nur wenige Zeugnisse für das ureigen-persönliche Verhalten des Individuums zur Gottheit. Unter den Herrschern ist uns allerdings längst die persönliche Gottheit bekannt: diĝir "Gott, Göttin" mit Possessivsuffix. Wir gelangen noch ein gutes Stück weiter, wenn wir die Aussagen sumerischer Personennamen auswerten. Schon in Šuruppak um die Mitte oder vor der Mitte des III. Jahrtausends begegnen uns Personen namens Diĝir(-da)-nu-me(-a), in der damals noch rudimentären Schreibung Diĝir-nu-me.[18] Es ist ein Name in der Form eines Fragesatzes: "Ohne Gott?" (geht das denn; wer könnte da existieren?). Im akkadischen Onomastikon zieht dann *Ba-al-ì-lí* nach. Oder nehmen wir den präsargonischen Namen aus Girsu Nin-nu-nam-šita "(Wenn) die Herrin nicht ist, (gibt es dann) das Gebet?". Ich habe vor einigen Jahren versucht, diesen Personennamenbefund etwas ausführlicher darzustellen als Quelle für die Kenntnis persönlicher Frömmigkeit.[19] Wir dürfen also mitnichten eine persönliche Verinnerlichung in der Hinwendung des Einzelnen zum Gott als ein Merkmal einer Jahrtausendwende oder eines Jahrtausendbeginns hinstellen.

---

[17] Röllig, W., "Landkarten", RIA VI, (1980-1983), 464-467, Abb. S. 466.

[18] Vgl. z.B. Deimel, A., Wirtschaftstexte aus Fara (WVDOG 45; Osnabrück, 1924), 26* s.v. "^{d}Nu-me".

[19] "Private Frömmigkeit in Sumer", in: (Hrsg.), Matsushima, E., Official Cult and Popular Religion in the Ancient Near East, (Heidelberg, 1993), 195-208, bes. S. 200-202.

Es ist in den 50er bis 60er Jahren häufig die Frage nach dem Privateigentum von Ackerland diskutiert worden. Am Anfang stand das Modell einer sumerischen "Tempelstadt", das Anna Schneider, Anton Deimel und Adam Falkenstein diskutiert haben.[20] In einem solchen Gebilde wäre idealiter alle Ackerflur Gotteseigentum gewesen. Gegen diese These hat sich immer mehr die Meinung durchgesetzt, daß es in der sumerischen Stadt neben den Sektoren Tempel und Palast immer auch einen – von uns allerdings nicht genau nachprüfbaren – privaten Sektor gegeben habe. Angeregt haben diese Meinung zumal die Arbeiten von Igor M. Diakonoff und Ignace J. Gelb.[21] Ein enormes Handicap für den Forscher ist es allerdings noch immer, daß uns Schriftzeugnisse aus dem akkadischen Norden Babyloniens und aus dem Diyāla-Gebiet während der Ur III-Zeit und davor viel spärlicher und in einer viel weniger durchschaubaren geographischen Verteilung vorliegen.

Wichtig ist immerhin, daß Landkauf bzw. Landveräußerung bis in die Akkade-Zeit nicht von Individuum zu Individuum getätigt wurde, sondern von Familienverbänden. Daß Landeigentum also offenbar noch nicht individuell parzelliert war.[22] Dieser Zustand hat sich, wenn wir mehrere Jahrhunderte später die große Zahl altbabylonischer Feldkaufverträge ansehen, grundsätzlich geändert. Es hat sich in der Frage des Landeigentums über die Jahrhunderte hinweg ein Prozess der Individualisierung vollzogen – nur können wir einen solchen Prozess nicht gerade als scharf jahrtausendescheidend bezeichnen.[23]

---

[20] Schneider, A., Die Anfänge der Kulturwirtschaft, in: (Hrsg.), Plenge, J., Staatswiss. Beiträge 4; (Essen, 1920); Deimel, A., Sumerische Tempelwirtschaft zur Zeit Urukaginas und seiner Vorgänger. Abschluss der Einzelstudien und Zusammenfassung der Hauptresultate, (AnOr. 2; Rom, 1931); Falkenstein, A., "La cite-temple sumérienne", Cahiers d'histoire mondiale 1, (Paris, 1954), 784-814.

[21] "Instrumental" waren in dieser Hinsicht Diakonoff, I.M., Obščestvennyj i gosudarstvennyj stroj drevn'oj Dvurečli. Šumer (Die gesellschaftliche und staatliche Struktur des Alten Zweistromlands. Sumer), (Moskau, 1959), 291 f. (engl. Resümee), sowie Gelb, I.J., "On the Alleged Temple and State Economies in Ancient Mesopotamia", in: Fs. E. Volterra VI, (1969), 137-154.

[22] Vgl. Gelb, I.J. / Steinkeller, P. / Whiting, R.M., Earliest Land Tenure Systems in the Near East: Ancient Kudurrus, (OIP 104; Chicago, 1991); vorher Edzard, D.O., Sumerische Rechtsurkunden des III. Jahrtausends aus der Zeit vor der III. Dynastie von Ur, (München, 1968), bes. Nrn. 1-39; wichtige Nachträge bei Krecher, J., ZA 63 (1973), 145-271, bes. S. 177 f. (Zeugen) und S. 194-215. Diakonoff, I.M., "Extended Families in Old Babylonian Ur", ZA 75 (1985), 47-65, rechnet noch bis in die altbabylonische Zeit hinein mit Fällen von Großfamilien-Eigentum.

[23] Einen guten diachronischen Überblick gewähren die Artikel "Kauf. A. I. Nach sumerischen Quellen vor der Zeit der III. Dynastie von Ur", RlA V, (1976-1980), 490-498 (Krecher, J.), und "Kauf. A. II. Nach Kaufurkunden der Zeit der III. Dynastie von Ur", ebd.

Können wir etwas auf dem Gebiet des technischen Fortschritts vermelden? Ich bin kein Archäologe und auch nicht in technische Details irgendwelcher Art eingearbeitet. Dennoch würde ich gern die Frage stellen nach dem Zeitpunkt, an dem man das Speichenrad erfunden hat, auf daß es das plumprumpelnde Scheibenrad ablöse. Die möglicherweise älteste Darstellung eines Speichenrades (mit vier Speichen) findet sich auf einem wohl früh-altbabylonischen Terrakottarelief aus Uruk.[24] Mary Littauer, die große Pferde- und Wagenspezialistin unseres Faches, hat hier allerdings warnend vermerkt, die – angeblichen – vier Speichen könnten auch nur Verstrebungen in einem traditionellen Scheibenrad sein. Jutta Bollweg (1999) hat alle Tonmodelle mit Scheibenrädern für bare Münze genommen.[25] Man könnte dabei bedenken, daß sich ein Speichenrad nur sehr schwer in Ton kneten läßt. Sollten manche dieser Räder doch schon Speichenräder gewesen sein? Beweisen lässt sich hier nichts. Die Autorin kommt auch auf König Šulgis sagenhafte Fahrt von Nippur nach Ur und zurück zu sprechen. (Šulgi spricht nur vom "Laufen"; aber er ist natürlich nur kleine Strecken "for show" gelaufen. Er hat doch nicht einen dreifachen Marathonlauf unternommen!).[26] Wenn nun schon Wagenfahrt, sollte Šulgi wirklich, wie die Autorin meint, mit einem "Frontschildeinachser mit Hinterbock auf Scheibenrädern"[27] kutschiert sein? Wann immer das Speichenrad erfunden worden ist, bedeutend genug ist diese Erfindung gewesen. Aber war sie nun gerade jahrtausendescheidend?

Wir wollen noch ein letztes (oder vielleicht vorletztes) Thema aufgreifen. Wenn wir Umschau halten nach dem, was es im III. Jahrtausend bereits gegeben hat und was noch nicht, so fallen uns die altbabylonischen Omentexte ein. Wir besitzen sie, dank Albrecht Goetze, Jean Nougayrol, Ulla Jeyes und

---

498-512 (Wilcke, C.). Der Beitrag für die altbabylonische Zeit wurde dort auf die Nachträge verwiesen. Vgl. einschlägige Publikationen altbabylonischer Immobilienverträge im Anschluss an Kohler, J. / Ungnad, A. / Koschaker, P., Hammurabi's Gesetz III-VI, (Leipzig, 1909-1920).

[24] Bollweg, J., Vorderasiatische Wagentypen im Spiegel der Terrakottaplastik bis zur Altbabylonischen Zeit, (OBO 167; Freiburg/Schweiz, 1999), 112 f. und 164 Katalog Nr. 83.

[25] Bollweg, J., (wie Anm. 24), 39.

[26] Bollweg, J., (wie Anm. 24), 46 f. und 58 versucht eine minutiöse Rekonstruktion von Šulgis Reisegeschwindigkeit; aber damit tut sie dem literarischen Text ("Šulgi A") wohl zuviel Ehre an.

[27] Vgl. Edzards Rezension von Bollweg, (wie Anm. 24) in ZA 91 (2001), 305-307.

anderen, fast in *embarras de richesse.*[28] Und zwar nicht nur Texte zur Eingeweideschau, sondern auch Ölomina und manche anderen Typen von Weissagungstexten.[29] Wie ist es zu dieser Verschriftungswelle gekommen? Denn so müssen wir den Befund ja nennen, weil wir sehr gut wissen, daß die Sache als solche, etwa die Eingeweideschau, viel älter ist. Wir treffen sie schon bei Gudea an: "Er inspizierte ein weißes Opfertier [oder: er ließ es inspizieren], und als er damit fertig war, hatte er ein günstiges Vorzeichen" (Cyl. A xii 16-17).[30] Gudeas Text ist aber sumerisch. Die altbabylonischen wie auch alle späteren Omentexte sind durchweg akkadisch. Haben die akkadischen Texte etwa Vorläufer in Nordbabylonien, die wir noch nicht entdeckt haben? Hier endet unser Versuch, vernünftig-historisch zu argumentieren, wieder einmal im Spekulativen.

Nun ließe sich leicht weiter fortfahren mit der Nennung und Aufzählung von Dingen und Erscheinungen, die es schon dann und dann oder die es erst dann und dann gegeben hat, natürlich immer mit dem Vorbehalt etwaigen Fundzufalls. Das würde sehr bald quälend und verkrampft wirken. So lassen Sie mich zunächst einmal resümieren: Wir sind unser Thema mit einiger Skepsis angegangen und haben die Begriffe "4000", "Jahrtausend" und "Wende" unter die Lupe genommen. Weder 4000 noch 2000 sind zwar im sumerischen Sexagesimalsystem denkbare runde Zahlen; aber einen Zeitpunkt 4000 Jahre vor heute oder 2000 Jahre vor Chr. hat es natürlich gegeben. Das "Jahrtausend" ist ebenfalls zwar keine altorientalische Zeiteinheit. Wir haben die Jahrtausende aber als "Herren der Geschichte" (und Vorgeschichte) eingeführt, und das Jahrtausend lässt sich bei unserer Art, altorientalische Geschichte zu schreiben, schlichtweg nicht wegdenken. Am meisten

---

[28] Aus der überreichlichen Literatur zum Thema "Omina" hier nur einiges Grundlegende: Goetze, A., Old Babylonian Omen Texts, (YOS 10; New Haven, 1947), 1-11 "Introduction"; Nougayrol, J., "Textes hepatoscopiques d'époque ancienne", RA 38 (1941), 67-88; RA 40 (1945/46), 56-97; RA 44 (1950), 1-44; JCS 21 (1967), 219-235 (Opferschauberichte); Jeyes, U., Old Babylonian Extispicy, (Istanbul, 1989) mit Bibliographie S. 208-211; Leiderer, R., Anatomie der Schafsleber im babylonischen Leberorakel, (München, 1990). Zu den in der Leberschau benutzten Lebermodellen s. Biggs, R.D., RlA VI, (1980-1983), 518-521, und Meyer, J.-W., ebd. 522-527. Der Serienbildung, d.h. der Zusammenfassung von Omen-Einzeltexten zu einem im Lehr- und Bibliotheksbetrieb versammelten Kompendium hat sich Richter, Th., gewidmet: Untersuchungen zum Opferschauwesen I. Überlegungen zur Rekonstruktion der altbabylonischen bārūtum-Serie, Or. 62 (1993), 121-141.

[29] Z.B. Pettinato, G., Die Ölwahrsagung bei den Babyloniern; (StudSem. 21-22; Rom, 1966); Galle: Riemschneider, K., ZA 57 (1965), 125-145; nicht aufgenommen ist hier die nach-altbabylonische Omenüberlieferung.

[30] Edzard, D.O., (wie Anm. 1), 76.

taten wir uns mit der "Wende" schwer, weil – zumindest bis zur Ur III Zeit – noch überhaupt kein gesamtstaatlich geregelter Jahresbeginn existierte und sich auch ein "Neujahrsfest" noch nicht nachweisen lässt. Doch in diesem Punkt brauchten wir ja nicht allzu pedantisch zu sein.

Eine Schwierigkeit, die sich vielleicht nicht unmittelbar aus dem Vortragstitel ergibt, ist die Identifizierung des Jahres 2000 v. Chr. im Verlauf der altorientalischen Geschichte. Je nachdem, ob wir die sogenannte "mittlere", die "kurze" oder die neueste "ultrakurze" Chronologie anlegen, erreichen wir das Jahr Išbi-Erra von Isin 17/18, das Jahr Šulgi von Ur 30/31 oder aber ein Jahr ganz am Anfang der Dynastie, noch unter König Ur-Namma. Dabei sind das nicht einmal die einzigen chronologisch denkbaren Möglichkeiten. Wir haben – einigermaßen willkürlich – zwei markante Herrschergestalten ausgewählt als Kandidaten für die Jahrtausendüberschreitung: Šulgi von Ur und Gudea von Lagaš.

Wir sind eingegangen auf Thorkild Jacobsens Versuche, Jahrtausende zu etikettieren. Wir haben die Frage gestellt, warum Akkad, aber nicht Ur III, in der Erinnerung weitergelebt hat. Die lebendige sumerische Sprache und das sumerisch-akkadische Sprachareal war uns wichtig. Akkad, um es noch einmal zu nennen, hat die Ausbildung von Bezeichnungen für die "Welt" als ganzes angeregt. Wir berührten kurz persönliche Religion und das Privateigentum an Ackerland und die Entwicklung vom Großfamilieneigentum zum Privateigentum des Einzelnen. Vom Scheibenrad zum Speichenrad – eine noch nicht befriedigend gelöste Frage. Die altbabylonische – und bisher uns nicht älter bezeugte – Omenliteratur.

Aber ein prägnantes Schlagwort, aus dem sich ergibt: hier drückt ein beendetes Jahrtausend dem nächsten die Hand – so etwas ist uns nicht eingefallen.

Solch ein Resümee ist nun kein sehr befriedigender Abschluss! Und deshalb lassen wir dem ernsten, aber hoffentlich doch nicht traurigen Vortrag noch ein Satyrspiel folgen:

Wir erfinden einen jungen Schreiber, Puzur-Gudea. Der hatte eine sumerische Mutter und einen akkadischen Vater. So hatte er von Kindesbeinen an beide Sprachen gehört und sich zueigen gemacht. Puzur-Gudea hatte das é-dub-ba-a mit großem Erfolg durchlaufen und mit der "mention très honorable" verlasssen.

Puzur-Gudea war ein geradezu passionierter Schreiber. Wenn ihm nichts aufgetragen war, dachte er sich eigene Gerichtsprotokolle aus, und er rollte auf ihnen auch sein Siegel ab. Dieses Siegel, ein Geschenk seines Vaters, war sein ganzer Stolz. Es hatte nur eine sehr einfache Inschrift: "Puzur-Gudea, Sohn des Ur-Ninazu, Diener des Ningirsu". Es war natürlich noch kein Siegel mit Königswidmung. Die musste man sich erst jahrelang erdienen.

Puzur-Gudea nahm wieder einmal sein Rollsiegel zwischen die Finger. Da – ī Utu! – entglitt es ihm, rollte zu Boden und fiel in eine Spalte.

Puzur-Gudea versuchte, das Siegel mit den Händen, mit den Füßen wieder heraufzuholen – vergebens. Es war in die Unterwelt hinabgefallen. Da setzte sich Puzur-Gudea und weinte, wobei ihm die Tränen die Nasenflügel hinabliefen. Kein Enkidu bot sich ihm an, das Siegel wiederzuholen.

Und so verlassen wir unseren vielversprechenden, hochbegabten jungen Freund. Aber 4000 Jahre danach, bei einer Ausgrabung, in einem Tiefschnitt, wurde Puzur-Gudeas Siegel wieder ans Tageslicht gebracht. Wir kennen schon die Inschrift. Vom Bildtyp her war es eine recht kümmerliche Einführungsszene. Aber das Siegel wurde nicht lieblos als "Kleinfund" publiziert. Sein Wert war stratigraphisch, und man benannte eine ganze Schicht nach Puzur-Gudea.

So hat sich denn – ungelogen – ganz unerwarteterweise ein Rundschlag von genau viertausend Jahren vollzogen. Es ist gelungen – die Zeit ist bezwungen. Und das Titelfragezeichen können wir streichen!

Relative Chronologie von der späten frühdynastischen bis zur altbabylonischen Zeit

Walther Sallaberger, München*

Jede Geschichtsschreibung muss scheitern, wenn die Ereignisse und Entwicklungen, die sie beschreibt, sich nicht auf ein festes chronologisches Gerüst beziehen lassen. Um dieses hat sich die Altorientalistik von Beginn an bemüht, so dass für große Abschnitte des hier interessierenden Zeitraums weitgehende Sicherheit über die Abfolge der Herrscher und ihre Regierungszeiten besteht und dies auch zum Allgemeinwissen des Faches gehört.

Der folgende Überblick ist der Zeitspanne von der späten frühdynastischen bis zur altbabylonischen Zeit mit dem geographischen Schwerpunkt Babylonien gewidmet. Dabei will ich zentrale Quellen und Argumente vorstellen, den derzeitigen Wissensstand zusammenfassen, sowie darauf hinweisen, wo weitgehende Sicherheit erreicht ist oder wo im Gegenteil noch keine befriedigende Lösung gefunden ist. Es versteht sich, dass eine solche Sichtung auch neue Ansätze bietet, die ihrerseits wieder zu diskutieren sein werden. Nicht nur vor dem Hintergrund der andauernden und gerade in jüngster Zeit lebhaft geführten Diskussion um eine absolute Chronologie bedarf ein solcher Überblick keiner Rechtfertigung.

Es geht im folgenden ausschließlich um die relative Chronologie, historische Daten werden daher nur aufgrund ihrer chronologischen Aussagekraft ausgewählt und behandelt. Es war mir auch in Hinsicht auf den begrenzten

---

* Institut für Assyriologie und Hethitologie, Geschwister-Scholl-Platz, D-80539 München.

Für ihre Mithilfe danke ich herzlich Alfonso Archi und Jakob Klein, die mir freundlicher Weise von ihnen vorbereitete Manuskripte sandten (s. unten an den entsprechenden Stellen). Für Hinweise, Diskussionen und Kritik danke ich Manfred Krebernik, Jerry Cooper, Marco Bonechi und Walter Sommerfeld.

Königsinschriften werden für die Frühdynastische Zeit nach Steible, H./Behrens, H., Die altsumerischen Bau- und Weihinschriften. FAOS 5 (Wiesbaden, 1982), andere nach RIME zitiert. Die Abkürzungen folgen den Wörterbüchern (AHw, CAD, PSD); beachte zusätzlich:

Annäherungen = P. Attinger/M. Wäfler (Hg.), Annäherungen. OBO 160 (1998 ff.)
JAM = Jährliche Sammelurkunde über die Ausgaben an Metallen (Ebla)
PPET = M. Baldacci, Partially published Eblaite texts (Napoli, 1992)
SKL = Sumerische Königsliste

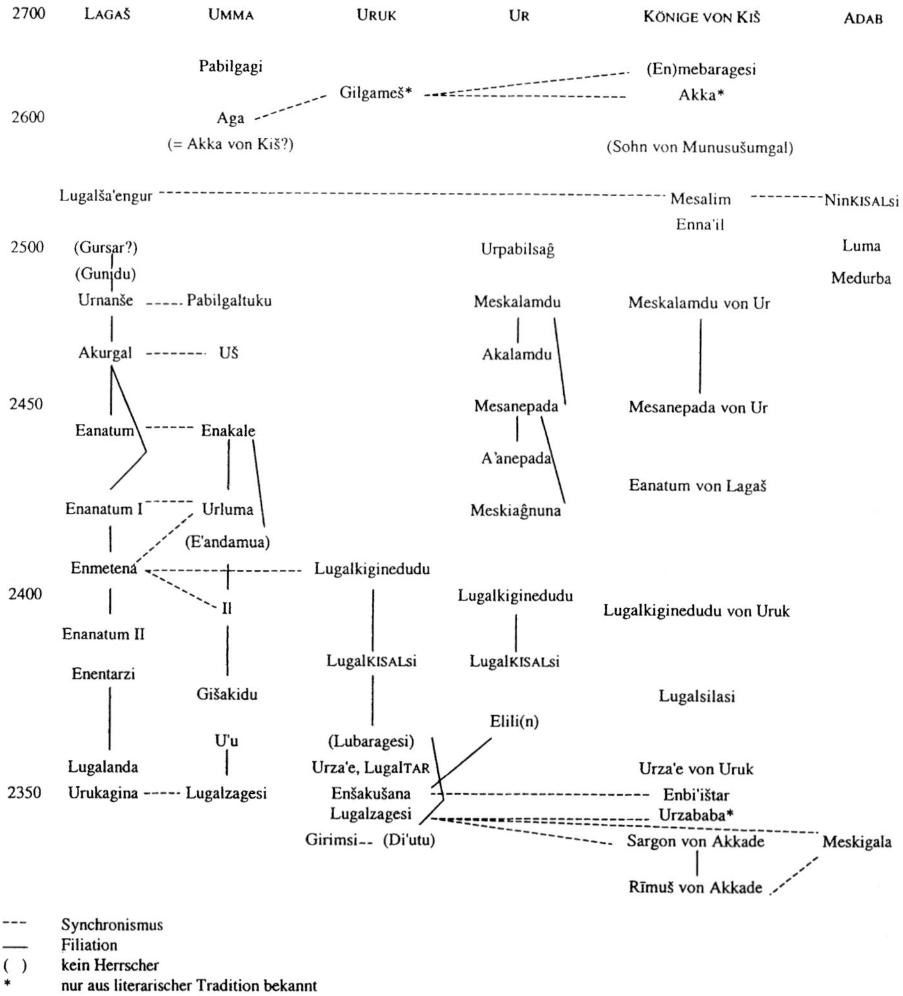
2700
LAGAŠ
UMMA
URUK
UR
KÖNIGE VON KIŠ
ADAB
Pabilgagi
(En)mebaragesi
Gilgameš*
Akka*
2600
Aga
(= Akka von Kiš?)
(Sohn von Munusušumgal)
Lugalša'engur
Mesalim
NinKISALsi
Enna'il
2500
(Gursar?)
Urpabilsaĝ
Luma
(Gundu)
Medurba
Urnanše
Pabilgaltuku
Meskalamdu
Meskalamdu von Ur
Akurgal
UŠ
Akalamdu
2450
Mesanepada
Mesanepada von Ur
Eanatum
Enakale
A'anepada
Eanatum von Lagaš
Enanatum I
Urluma
Meskiaĝnuna
(E'andamua)
Enmetena
Lugalkiginedudu
2400
Il
Lugalkiginedudu
Lugalkiginedudu von Uruk
Enanatum II
LugalKISALsi
LugalKISALsi
Enentarzi
Gišakidu
Lugalsilasi
Elili(n)
U'u
(Lubaragesi)
Lugalanda
Urza'e, LugalTAR
Urza'e von Uruk
2350
Urukagina
Lugalzagesi
Enšakušana
Enbi'ištar
Lugalzagesi
Urzababa*
Girimsi
(Di'utu)
Sargon von Akkade
Meskigala
Rīmuš von Akkade
--- Synchronismus
— Filiation
( ) kein Herrscher
* nur aus literarischer Tradition bekannt

Tabelle 1: Präsargonische Herrscher, nach der Übersicht von J. Cooper, SARI I (1986), 14.

Raum daran gelegen, hier die entscheidenden Daten zu bieten und bei den Hinweisen auf die wichtigste und aus praktischen Gründen neuere Literatur streng zu selektieren. Man wird vielleicht Argumente der Paläographie und Archäologie vermissen, doch kann auf ihnen – mit Ausnahme von wirklich eklatanten Differenzen – keine Beweisführung aufbauen, beruhen sie doch letztlich auf den relativen Daten von Abfolge und Synchronismen.

1. Der Ausgang der frühdynastischen Zeit: Versuch einer Korrelation von Lagaš, Ebla und Sargon

Die frühdynastische Zeit weist erst in ihrem letzten Abschnitt eine so reiche schriftliche Dokumentation auf, dass man eine detailliertere historische Chronologie angehen kann. Dabei beruht die Argumentation bisher nach wie vor auf der Abfolge der Stadtfürsten von Lagaš I, an die durch Synchronismen andere Herrscher und Dynastien angeschlossen werden können. Die Übersicht von Jerrold Cooper aus dem Jahr 1986 (Tab. 1)[1] lässt sich heute nur in Details korrigieren und erweitern. Ein noch nicht zu lösendes Problem bildet allerdings der Übergang von der Frühdynastischen zur Akkadezeit, was abgesehen von den Fragen der richtigen Terminologie[2] auch die Chronologie betrifft.

Die grundlegende Abfolge ist bekannt: Der als "Urukagina" bekannte letzte Lagaš-Herrscher, den man derzeit Iri'enimgena[3] lesen möchte, verliert seine Herrschaft an Lugalzagesi von Umma und Uruk. Dessen Niederlage gegen Sargon von Akkade bedeutet den Beginn der Herrschaft Sargons über ganz Nord- und Südbabylonien.

Für Lugalzagesi bezeugt die Sumerische Königsliste (SKL) ziemlich einmütig 25 Jahre, für Sargon von Akkade schwanken die Angaben minimal zwischen 54 und 56 Jahren (s. Tab. 3). Dies sind wohl die ersten für die Chronologie brauchbaren Zahlen der SKL, sie lassen sich aber nicht durch unabhängige Quellen überprüfen. Die Zahlenangaben der SKL betreffen jeweils die gesamte Regierungszeit eines Herrschers, alles andere lässt sich weder an irgendeiner Stelle nachweisen noch entspräche dies den Aufbauprinzipien dieser Liste. Zwischen einer umfassenden Vertrauensseligkeit in die Daten der SKL und einer generellen Ablehnung der SKL als historische Quelle schlage ich einen begründeten Mittelweg ein: Die Akkade-Könige[4] überliefern als erste umfassend Taten und Daten ihrer Herrschaft; diese Be-

---

[1] Cooper, J.S., Sumerian and Akkadian royal inscriptions I. Presargonic inscriptions, (New Haven, 1986) 14; s. id., Reconstructing history from ancient inscriptions, SANE 2/1, (Malibu, 1983).

[2] Dazu jüngst die Auseinandersetzung von Gibson, McG./McMahon, A. und Matthews, D., zuletzt in: Iraq 59 (1997), 1-19.

[3] Für eine Lesung Irikagina plädierte Edzard, D.O., in: AuOr. 9 (1991), 77-79; vgl. Bauer, J., Annäherungen 1, 475-477; die onomastische Evidenz zugunsten enim ("inim") statt ka sammelte G. Selz, in: AoF 25 (1998), 312-327.

[4] Sie ragen ja nicht nur deshalb heraus, weil sie ein großes Reich errichten, sondern weil sie darüber berichten; [s. auch den Nachtrag].

richte werden im Frühen Mesopotamien rezipiert und tradiert. Aufgrund der historischen Tradition der politischen Geschichte der Könige von Akkade schätze ich deshalb die sie betreffenden Daten der SKL und das den Aufstieg Sargons bestimmende Ende Lugalzagesis als ernstzunehmende historische Daten ein (im Gegensatz etwa zum frühdynastischen Teil von SKL).

Beim Versuch, einige scheinbar isolierte Detailbeobachtungen der Zeit von Lugalzagesi und Sargon zu verbinden, eröffnen sich neue Perspektiven. Entscheidend ist dabei das methodische Prinzip, die lokale Verteilung der Daten konsequent zu berücksichtigen. In einem ersten Schritt gilt es nun, die chronologisch verwertbaren Zeugnisse der drei frühdynastischen Herrscher Enšakušana von Uruk, Lugalzagesi von Umma und Urukagina von Lagaš zu sichten und ihre relative Abfolge zu bestimmen.

Enšakušana von Uruk[5] zerstört nach Aussage seiner Inschriften Kiš und weiht davon Beutegut in Nippur. In einer fragmentarischen Inschrift steht zudem der "Mann von Akšak" parallel zum "Mann von Kiš", was auf einen militärischen Sieg Enšakušanas auch gegen Akšak hindeutet.

> Enš. 1:8-16: kiši^{ki} / mu-ḫulu / *en-bi$_2$-eš$_{18}$-dar* / lugal kiši^{ki} / mu-dab$_5$ / lu$_2$ akšak^{ki}-ka-ke$_4$ / lu$_2$ kiši^{ki}-ke$_4$ / iri na-ga-ḫulu-a / [x]-ga / [...]-ne / "Kiš hat er (= Enšakušana) zerstört, Enbi-Eštar, den König von Kiš gefangen genommen. Der Mann von Akšak, der Mann von Kiš, – Stadt auch zerstört war/hatte, [...]" (aufgrund der Textlücken bleiben mehrere Deutungen möglich)
> Kiš: Zerstörung (ḫulu) von Kiš und Gefangennahme seines Königs Enbi-Eštar, Beutegut wird dem Enlil in Nippur geweiht (Enš. 1, cf. 2, 3)
> Belagerung von Kiš in Jahresdaten aus Nippur, Westenholz, OSP 1, S. 115: mu en-ša$_3$-kuš$_2$-an (Var. lu$_2$ unu^{ki}) kiš^{ki}-da ab-da-tuš-a (var. i$_3$-da-...) "Jahr als E./der Mann von Uruk bei Kiš gesessen ist."

Nach dem Zeugnis eines Jahresdatums besiegte Enšakušana auch Akkade:

> Jahresdatum aus Nippur (Westenholz a. O.): mu en-š[a$_2$-kuš$_3$-an-na] ag-[g]a$^?$-de$_3$$^{k[i]}$ TUN$_3$xKAR$_2$ bi$_2$-si$_3$-ga (TMH 5 = ECTJ 81)
> TMH 5 = ECTJ, 81 nennt den Beamten ur-ra-ni, der auch mit Opfergaben für Sargon befasst ist (Westenholz, OSP 1, S. 4)

Lugalzagesi aus Umma löst Enšakušana als König von Uruk ab. Auf das 7. Jahr von Lugalzagesi, Ensi von Umma, datieren Zuteilungen von Feldern

---

[5] Zu Enšakušanna s. Pomponio, F., Re di Uruk, "Re di Kiš", RSO 68 (1994), 1-14; Bauer, J., Annäherungen 1, 479 f.

in Zabalam an die Ensis von Adab und Nippur und den lu$_2$-maḫ von Uruk.[6] Marvin Powell stellt dazu fest: "The right by which they hold these allotments ... must be via their political relationship with the head of state ...", und er setzt fort: "the appearance of these high officials ... provides a tempting invitation to reopen the question of the chronology of Lugalzagesi's political life and the synchronisms with Sargon and Uru'inimgina. However, after much labor spent in vain, ... I decided to spare the reader yet another inconclusive attempt."

Die Lage stellt sich heute insofern anders dar, als Josef Bauer jüngst überzeugend darauf hingewiesen hat, dass der in Girsu-Urkunden aus der Zeit Urukaginas genannte "Mann von Uruk" Enšakušana von Uruk sein müsse, nicht jedoch Lugalzagesi, wie man allgemein angenommen hatte.[7] Der "Mann von Uruk" belagert die "Stadt", wahrscheinlich Girsu (oder Lagaš?); die einschlägigen Texte datieren in das 5. und 7. Jahr von Urukagina von Lagaš.

Okkasionelle Monatsangaben in Urkunden des 4. und 6. Jahres von Urukagina lugal (= 5. und 7. Regierungsjahr):
lu$_2$ unu^{ki}-ga iri-da i$_3$-da-tuš-a, "als der Mann von Uruk die Stadt belagerte", DP 545 iii, Jahr 4
iti lu$_2$ unu^{ki}-ga 3-kam-ma ĝen-na-a, "Monat, als der Mann von Uruk zum 3. Mal gekommen war", Nik 227 ii-iii, Jahr 6

Dann, im 7.(-10.) Königsjahr Urukaginas, erobert Lugalzagesi, der "Mann von Umma", das ehemals mächtige Lagaš.[8]

---

[6] Powell, M.A., Texts from the time of Lugalzagesi. Problems and perspectives in their interpretation, HUCA 49 (1978), 1-58, hier 27-29 zur Datierung "Lugalzagesi ensi$_2$". Powell weist dazu auf einen entsprechenden Wechsel zwischen "lugal" und "ensi$_2$" in d2en Urkunden von Girsu unter Urukagina hin; vgl. auch Lugalkinešdudu von Uruk, der bei Enmetena als "ensi$_2$" von Uruk (Ent. 45-73 ii 7-9) bezeichnet wird, sich in seinen eigenen Inschriften (Lukin. v. Uruk 1-7) aber "lugal" nennt. Unter den Felderzuteilungen von Zabalam bezeichnet die Rubrik ki lugal "beim König" im Text A. 7554 ii (Powell a. O. 34 f. Nr. 1; s. 27 Anm. 33) offensichtlich den der Krone (d.h. Lugalzagesi) zukommenden Teil (vgl. "Pachtland, apin-la$_2$, der Inana" im gleichen Text).

[7] Bauer, J., Annäherungen 1, 479 f. mit Lit.; zu den Arbeiten von Lambert, M., s. die Literaturangaben a. O. 580.

[8] Bauer, J., a. O., 478, 492 f.

Übersicht zum Verhältnis von Enšakušana, Lugalazagesi und Urukagina:

Zeitpunkt (Herrscher bzw. Jahr)	*Orte*
Enšakušana (Inschriften)	Uruk (Herkunft), Nippur, Kiš "zerstört"; Akkade besiegt (Jahresdatum)
Lugalzagesi 7 (Zabalam-Urkunden)	Uruk, Nippur, Adab; Umma (Herkunft)
Urukagina 5 und 7	Enšakušana von Uruk liegt vor Girsu/Lagaš
Urukagina 8 (-11)	Lugalzagesi von Umma erobert Lagaš und Girsu

Kombiniert man also die Schlussfolgerungen von M. Powell zu den Urkunden aus Zabalam mit der Beobachtung von J. Bauer zum "Mann von Uruk", so lässt sich folgender Schluss ziehen: Das 7. Jahr Lugalzagesis – Uruk ist da von ihm abhängig – muss nach dem 7. Jahr Urukaginas liegen, denn da führt Enšakušana von Uruk noch Krieg.[9] Lugalzagesi regiert auf jeden Fall zum Zeitpunkt seiner Eroberung von Lagaš im 8./9. Jahr Urukaginas. Zwischen den damit möglichen, jeweils aber unwahrscheinlichen Extremwerten Lugalzagesi 1 = Urukagina 2 und Lugalzagesi 1 = Urukagina 8 ergibt sich somit ein Mittelwert Lugalzagesi 1 = Urukagina 5 ($\pm$ 3).

Als weiteres Element möchte ich den Befund von Ebla in die Diskussion einbringen. Der Ansatz der Archive von Ebla in die späte frühdynastische Zeit ist aufgrund der paläographischen und orthographischen Merkmale ihrer Texte und wegen der Verbindungen mit Mari nicht zu bezweifeln. Ein Grundgerüst der internen Chronologie von Ebla ist vor allem den Forschungen von Alfonso Archi zu verdanken.[10] Das Rückgrat dieser Chronologie bilden die jährlichen Sammelurkunden der Ausgaben von Metallen (= JAM), insbesondere Silber, des Palastes, die nun in einer Reihe von 34 Texten, jeweils 17 Exemplaren aus der Zeit der beiden letzten 'Wesire' Ibrium und Ibbizikir bis zum Ende von Ebla vorliegen.[11]

---

[9] Damit ist der angebliche Synchronismus von Lugalzagesis Aufstieg = Urukagina 2 unwahrscheinlich geworden. Er hatte auf einer Deutung von Lieferungen Urukaginas an Nippur, dort unter anderen Göttern für Šara, den Stadtgott von Umma, beruht; s. Westenholz, A., in: Iraq 39 (1977), 19-21, und Selz, G., FAOS 15/2 (1993), 473-477 (mit Lit.).

[10] Vor allem Archi, A., Chronologie relative des archives d'Ebla, Amurru 1 (1996) 11-28, sowie id., Les comptes rendus annuels de métaux (CAM), Amurru 1, 73-99.

[11] A. Archi sandte mir freundlicher Weise seine aktuelle verbesserte Liste der JAM, die er für Annäherungen 2 vorbereitet; einige der Korrekturen gegenüber der Liste der JAM in Amurru 1 sind schon seinem Aufsatz "The steward and his jar", in: Iraq 61 (1999), 147-158, zu entnehmen. – Zur Anzahl der jährlichen Listen s. zuletzt Archi, A., The "lords", lugal-lugal, of Ebla. A prosopographic study, VO 12 (2000), 19-58, hier 20 f. zu den 17 Jahren Ibbi-zikirs und S. 37 zu Ibrium mit dem Problem, dass für diesen 18 Einlieferungen bezeugt sind. Sollte Ibrium 18 Jahre im Amt gewesen sein, so bedeute JAM 1 = Jahr 2 usw.; für die Argumentation spielt das überhaupt keine Rolle. Beachte auch Archis Hinweise an den ange-

In Ebla sind vereinzelt Geschenke des Palastes an Boten vermerkt, die Nachrichten aus Babylonien bringen.[12] Sie berichten von der "Einnahme" (šu ba$_4$-ti) von Akšak bzw. Adab bzw. dreimal, dass Kiš "geschlagen" (TIL) sei.

Nachrichten, niĝ$_2$-mul-(an), über Ereignisse in Babylonien in Ebla (Ib. = Ibrium, IZ = Ibbi-zikir)
Kiš "geschlagen/zerstört" (TIL): (TM.)75.(G.)1771 = MEE 7, 47 (JAM Ib. 3) Rs. xii 21-xiii 6; 75.10144 Rs. v *-11 = PPET 2374 (JAM Ib. 10): niĝ$_2$-AN.AN.AN.AN Kiši^{ki} TIL.TIL; 75.1464 (JAM Ib. 13, s. Archi, Amurru 1, 84, PPET 0511, 0516, 0528): niĝ$_2$-AN.AN.AN.AN Kiši^{ki} TIL bzw. TIL.TIL bzw. niĝ$_2$-AN.AN.AN.AN *in* uru^{ki}-uru^{ki} Kiši^{ki} šu ba$_4$-ti; unklar 75.2236 (Pettinato, AuOr. 13 [1995] 105 f.) Rs. vii 8-13: "Söhne des Herrschers von Kiš *gefangen* (šu du$_8$)"; 75.1254 Vs. ix 25-x 9 (PPET 0204): PN *iš-du*-NI Kiši^{ki}
Adab "eingenommen" (šu ba$_4$-ti): 75.1918 = MEE 10, 29 (JAM IZ 5) Rs. iii 22-28
Akšak "eingenommen" (šu ba$_4$-ti): 75.2359 (JAM Ib. 5; s. Archi, Amurru 1, 82; PPET 1611. 1615) // ARET 3, 316 ii

Chronologisch lassen sich nach dem aktuellen Forschungsstand der Jahresabrechnungen die Ereignisse in Babylonien wie folgt ordnen, wobei sie in Beziehung zu den jeweils 17 Jahren von Ibrium bzw. Ibbi-zikir gesetzt werden:

Ibrium JAM 3:	Kiš geschlagen
Ibrium JAM 5:	Akšak eingenommen
Ibrium JAM 10:	Kiš geschlagen
Ibrium JAM 13:	Kiš geschlagen
Ibbi-zikir JAM 5:	Adab eingenommen
nach Ibbi-zikir 17:	Ende der Archive, Zerstörung von Ebla

Akšak ist ausschließlich in diesem Kontext, Adab daneben nur noch einmal als Herkunftsort einer Person belegt[13]. Deshalb, weil in den Urkunden ja vollständig alle Metallausgaben festgehalten sind, lässt sich auch *sicher* sagen, dass in den 33 Jahren keine weiteren Nachrichten aus Babylonien *gleich wichtig* erachtet wurden. Wir können diese Ereignisse zeitlich anordnen und

---

gebenen Stellen, dass es sich um jährliche Urkunden handelt. Die Periodizität der Ausgaben für den Kult sowie die allgemeine, auch in Ebla bezeugte Praxis von Jahren als Abrechnungseinheit schließen ebenso die Annahme nur mehrmonatiger Abrechnungen für die JAM aus.

[12] Ausführlich Sallaberger, W., Nachrichten an den Palast von Ebla. Eine Deutung von níg-mul-(an), Fs. Fronzaroli (im Druck).

[13] Archi, A., Eblaitica 1 (1987) 133, Anm. 43.

nach den möglichen babylonischen Gegenstücken suchen. Vergegenwärtigen wir uns dazu noch einmal die Quellenlage: In Ebla sind herausragende Ereignisse Babyloniens in chronologischer Abfolge überliefert, ohne dass allerdings die Namen der Handelnden genannt wären. Die Namen erscheinen in den Texten aus Babylonien, zumeist Königsinschriften; aber der Umfang dieses Corpus hängt in großem Umfang vom Zufall der Überlieferung ab.

Das letzte in Ebla überlieferte Ereignis ist die Einnahme von Adab in der 5. Jahresurkunde Ibbi-zikirs, 12-13 Jahre vor dem Ende Eblas. Diese Einnahme muss vor dem 7. Jahr Lugalzagesis stattgefunden haben, als Adab Teil seines Landes war (s. oben). Und da Adab während der frühdynastischen Zeit als selbständiger Stadtstaat fungierte, kann es wohl nur die Eroberung durch Lugalzagesi betreffen.[14] Bewährt sich diese Argumentation, ließen sich so die Chronologien von Lagaš und Ebla auf wenige Jahre harmonisieren: Ibbi-zikir 5 (Einnahme von Adab) muss einem Jahr zwischen Lugalzagesi 1 und 7 entsprechen.

17 Jahre vor der Einnahme von Adab liegt die von Akšak.[15] Eine solche ist für die interessierende Zeit nur für Enšakušana von Uruk hinreichend gesichert (s. oben). Auch E'anatum von Lagaš will Akšak geschlagen haben; er hat aber wohl nur das Heer von Akšak aus Südbabylonien vertrieben.[16]

Nun zu der dominierenden Stadt Babyloniens in frühdynastischer Zeit, Kiš. Mehrere Herrscher aus dem Süden rühmten sich, Kiš beherrscht, erobert oder gar zerstört zu haben.[17] Es ist daher bezeichnend, dass Lugalza-

---

[14] Vor Lugalzagesi: Austausch von Geschenken mit Paranamtara, Gemahlin Lugalandas; s. Yang, Z., Sargonic inscriptions from Adab, (Chanchun, 1989; dort auch zu anderen frühdynastischen Ensis in Adab. Der Ensi Meskigala amtiert unter König (lugal) Lugalzagesi (BIN 8, 26; s. dazu unten Anm. 25). Beachte auch, dass das mit Umma durch den Tigris verbundene Adab (Steinkeller, P., ZA 91 [2001], 22-84) als Fundort von zwei Exemplaren der "Grenze des Šara" (Westenholz, A., RlA 7, 156) seine Nähe zu Umma dokumentiert; der Text wurde wohl nach dem ersten Sieg über Urukagina geschrieben, doch ist dies chronologisch kaum verwertbar.

[15] Zu den bescheidenen Indizien für eine wichtige Rolle Akšaks in frühdynastischer Zeit s. Pomponio, F., RSO 68 (1994), 11 mit Anm. 16. Akšak erscheint nach dem Index von Kienast, B./Sommerfeld, W., FAOS 8 (1994), 103, in den sargonischen Inschriften nicht mehr als Gegner. – Adab wird dagegen von Rīmuš und Narām-Suen besiegt, seine Zugehörigkeit zu Lugalzagesis Reich ist gut bezeugt. Eine andere mögliche Deutung des Ebla-Befundes wäre nur, dass die "Einnahme von Adab" diejenige Sargons meine; dagegen spricht vor allem, dass eine so nahe bei Umma erfolgte Aktion wohl kaum ohne Auswirkung auf Umma geblieben wäre, daher nur gegen Ende der Regierung Lugalzagesis plausibel erscheint. Eine solche Rekonstruktion ist jedoch schwer vorstellbar.

[16] Steinkeller, P., in: M. Liverani (Hg.), Akkad (Padova, 1993), 119, Anm. 20.

[17] Pomponio, F., RSO 68, 1-14.

gesi in seiner dem Enlil in Nippur geweihten Vaseninschrift (Luzag. 1) Kiš nicht nennt. Die Niederlage von Kiš spielt eine wichtige Rolle in den Inschriften Enšakušanas, die in Nippur gefunden wurden (Enšak. 1-3). Deshalb schlage ich vor, die letzten beiden in Ebla überlieferten Niederlagen von Kiš mit Enšakušana zu verbinden. Kiš und Akšak stehen ja einander chronologisch in Ebla nahe; sie sind auch in irgendeiner Form in der oben zitierten Inschrift Enšakušanas miteinander verbunden.[18]

Damit schlage ich folgende Gleichungen zwischen Ebla und Babylonien vor:

Ibrium JAM 3	Kiš geschlagen	?
Ibrium JAM 5	Akšak eingenommen	Enšakušana
Ibrium JAM 10	Kiš geschlagen	Enšakušana
Ibrium JAM 13	Kiš geschlagen	Enšakušana?
Ibbi-zikir JAM 5:	Adab eingenommen	Lugazagesi zw. 1 und 7

Wie kann man nun Sargon von Akkade in dieses Bild einfügen? In einem seiner Jahresdaten berichtet Enšakušana vom Sieg über Akkade (s. oben) und die Vermutung liegt nahe, dass die vorher nicht bekannte Stadt hier als Stadt Sargons angeführt sei.[19] Dieses Datum steht auf einer Urkunde aus Nippur über Rinder (TMH 5, 81); der dort genannte Beamte Urani liefert später ebenso Rinder für Opfer an Sargon in Nippur. Enšakušanna und Sargon sind in Nippur also nicht mehr als eine Generation voneinander entfernt.[20] Sargons Aufstieg im Norden muss also zum großen Teil gleichzeitig zur Herrschaft Lugalzagesis im Süden stattgefunden haben.[21]

---

[18] Wem sind die erste und die dritte Niederlage von Kiš in Ebla-Urkunden zuzuschreiben? Auch Enšakušana? Beachte auch Urza'e von Uruk als König von Kiš, dazu Pomponio, F., RSO 68, 9; weiter Lugalkiginedudu als "König von Kiš", sowie dessen Sohn LugalKISALsi = Lugal-sila(TAR)-si "König von Kiš" mit Pomponio, F., RSO 68, 5. – Dass die Erwähnung von "Kiš" in Ebla wegen dieser Eroberungen dafür spricht, dass die Eblatexte älter als der hier behandelte Zeitabschnitt seien, so Pomponio, F., RSO 68, 12 f., ist wenig überzeugend (v.a. wegen Iblul-il von Mari; s. auch unten Anm. 23). – Lugalzagesi scheidet aus, da er Kiš wohl nie erobert; vgl. dazu z. B. Subartu IV/2, 33, Anm. 45.

[19] So Yang, Z., Adab 104, Anm. 69, mit Verweis auf die Aussage der SKL, dass Sargon Akkade erbaut habe. Ein wichtiges Argument bringt auch Postgate, J.N., in: Sasson, J., (Hg.), Civilizations of the ancient Near East, (New York u.a., 1995) 400, dass Akkade deshalb wahrscheinlich eine neue Stadt in Mesopotamien sei, da sie phonographisch (meist *a-ga-de*$_3$^{ki}), nicht wie alte wichtige Städte mit Wortzeichen geschrieben wird.

[20] Westenholz, A., OSP 1, S. 4 zu TMH 5, 81 (Datum Enšakušanas) und 84 (Lieferungen an Sargon).

[21] Beachte das oben bemerkte Fehlen von Kiš in Lugalzagesis Vaseninschrift (Luzag. 1).

Nun wissen aber die Ebla-Texte bekanntlich nichts von "Akkade" und bis zu ihrem Ende 12 Jahre nach der Einnahme von Adab bestehen politische Beziehungen zum "Herrscher von Kiš". Abgesehen von den genannten Belegen für Adab und Akšak erscheint Kiš in Ebla als einziger babylonischer Ort, oft dürfte es deshalb als eine *Landes*angabe zu verstehen sein, so wie später die jeweils dominierende Hauptstadt auch dem Land "Akkade" bzw. "Babylonien" den Namen gibt. Es ist daher – aus dem Blickwinkel Eblas – nicht zwingend, "Kiš" strikt auf diese Stadt zu beziehen.

Die ganze Lage wird durch die Bezeichnung des Herrschers von Kiš erschwert, für die folgende Belege vorliegen:

A.MU-*su*$_3$ en kiši^{ki} 75.2643 i 1-7 (Archi, Eblaitica 1, 139 [20]; Textbeginn, deshalb ist -*su*$_3$ "sein" situations-, nicht textdeiktisch gebraucht)
A.MU lugal 75.10109 Rs. iv (*ibid.* [28])
niĝ$_2$-ba *a-bi*$_2$ lugal kiši^{ki} 75.10091 (2) (Archi, MARI 5, 74 f., Zeit von IZ)

Der Wechsel zwischen phonographischem *a-bi*$_2$ und logographischem A.MU bzw. A.MU-*su*$_3$ spricht gegen einen Namen und verweist eher auf ein Appellativum "(sein) Vater".[22] Denn ein Name *Abī* o. ä. wäre nicht logographisch geschrieben. Zudem lässt sich der Name weder mit Enbi-Eštar von Kiš, einem der zahlreichen anderen für Kiš bezeugten Herrscher noch einem der Namen der Sumerischen Königsliste von Kiš IV/V verbinden. Wenn die bisherigen chronologischen Überlegungen zutreffen, dann kommt man zu dem überraschenden Schluss, dass der als "Vater" bezeichnete König von Babylonien nur Sargon von Akkade, "König von Kiš", sein kann.[23]

---

[22] Vgl. Steinkeller, P., Fs. Hallo, (Bethesda, 1993), 242, Anm. 19: "Based on these spellings, the name [i. e. of the king of Kish – WaSa] could be analyzed as /*abīšu*/"; Archi, A., [u. a.], ARES 2, 327 s. v. Kiš unentschieden: "A.NE (NP?)". – Für eine ausführliche konstruktive Diskussion zu diesem Fragenkomplex danke ich Manfred Krebernik.

[23] Zu beachten sind in diesem Kontext die reichen Gaben an den "König von Kiš" in 75.10091; Absatz (1) dieses Textes gelten *iš-kun*$_3$*-nu-nu*; ebenfalls im Rahmen einer reichen Lieferung an Kiš als *uš-kun*$_3$*-nu-nu* in ARET 8, 540 § 10; wegen der 3 Gewänder dort wohl ein Personenname. – Der hier gebotene Vorschlag kommt vor allem deshalb unerwartet, da das Vorkommen von Kiš als dominierender Stadt Babyloniens bisher immer als ein wesentliches Argument für die Datierung Eblas in frühdynastische Zeit galt, s. z. B. Archi, A., Eblaitica 1, 135. Folgt man nun meinem Vorschlag nicht, so sehe ich größere chronologische Probleme. Nehmen wir an, "Kiš" in Ebla beziehe sich nur auf diese Stadt als die dominierende Stadt Babyloniens und Akkade wäre, wenn überhaupt, nur von lokaler Bedeutung. Kiš erscheint bis ans Ende der Archive (ARET 8, ARET 9), es wäre dann selbständig bis 21 Jahre nach der letzten in Ebla berichteten Niederlage von Kiš. Besteht die Verbindung der Einnahme Adabs im 5. JAM Ibbi-zikirs mit der Einnahme Lugalzagesis (vor Jahr 7) zu Recht, dann hätte Sargon erst mindestens 13 Jahre (nach Ibbi-zikir 17 Ende von Ebla) später, d. h. nach

Schließen wir also unsere Modellrechnung ab. Akkade ist – wir nehmen an, als Stadt Sargons – bei Enšakušana, d. h. auf jeden Fall vor Lugalzagesi 7[24], erwähnt. Gehen wir mit der Sumerischen Königsliste von einer 25jährigen Regierungszeit Lugalzagesis aus, so muss Sargon zum Zeitpunkt seines Triumphes über Lugalzagesi mindestens, aber recht unwahrscheinlich, 21 Jahre[25] regiert haben, etwa 30-40 Jahre lassen eine immer noch dichte, aber nun plausiblere Abfolge der Ereignisse zu.

Setzen wir den Sieg Sargons über Lugalzagesi etwa in sein 30. Jahr, so ließe sich das mit dem Befund von Adab vereinbaren: der Ensi von Adab unter König Lugalzagesi namens Meskigala wird von Sargons Sohn Rīmuš besiegt;[26] eine etwa 30 Jahre dauernde Aktivität wird man Meskigala gerne zubilligen. Dies spricht aber auch dagegen, Sargons Herrschaft vor seinem endgültigen Sieg über Lugalzagesi zu kurz anzusetzen.

19-25 Jahren Lugalzagesis Kiš erobert; er müsste in 0-6 Jahren (= verbleibende Regierungszeit Lugalzagesis) Kiš, Nippur (Daten!), Mari und Elam erobern, dann Lugalzagesi endgültig besiegen. Gegen diese historisch wohl unmögliche Rekonstruktion sprechen auch der Befund des Urani in Nippur und das Akkade-Datum Enšakušanas sowie die Belege von Meskigala von Adab unter Lugalzagesi und Rîmuš (s. oben). Erkennt man auch den Adab-Synchronismus von Babylonien mit Ebla nicht an, akzeptiert aber die oben gebotene Rekonstruktion für Babylonien und argumentiert nur, dass der "König von Kiš" vor Sargon von Akkade liegen müsse, ergibt sich wieder ein unwahrscheinliches Bild. Denn den frühesten Hinweis auf den Aufstieg Akkades bildet Enšakušanas Datum, der ebenfalls Enbi-Eštar von Kiš schlägt – die spätesten Ebla-Texte müssten also früher sein. Damit käme Iblul-il von Mari, der etwa 40 Jahre vor das Ende von Ebla zu datieren ist, mindestens in die Zeit von E'anatum von Lagaš; dies widerspricht aber den Ergebnissen der stilistischen Einordnung seiner Statuen (E. A. Braun-Holzinger, Frühdynastische Beterstatuetten [1977]) oder der anhand der Keilschrift von Tall Baydar entwickelten paläographischen Datierung (Sallaberger, W., Subartu IV/2 [1998], 23-39). – Es hat sich als nicht zielführend erwiesen, die relative Datierung Eblas durch das Ende des Palastes und eine mögliche Verbindung mit Sargon oder Narām-Suen zu bestimmen; vgl. etwa Astour, M.C., Eblaitica 4, (Winona Lake, 2002), 58-76.

[24] Zur Erinnerung: das entsprechende Enšakušana-Datum befindet sich auf einem Nippurtext; Nippur ist Teil von Lugalzagesis Reich in seinem 7. Jahr.

[25] 1 Jahr Sargon König und Gründung Akkades + 1 Jahr Krieg gegen Enšakušana + 1 Jahr Jahresdatum Enšakušanas in Nippur + 18 Jahre Lugalzagesi (spätestens 7. Jahr in Nippur). Die knappe Abfolge am Anfang ist nicht realistisch, die 18 Jahre Lugalzagesis bilden ein Minimum.

[26] Foster, B.R., Umma in the Sargonic period, (Hamden, 1982), 155, meint, dass "Lugalzagesi ensi$_2$" auf "Lugalzagesi lugal" folge. Er weist in diesem Zusammenhang auf die Daten von 30 Jahren in den von Powell, M.A., HUCA 49, 1-58, behandelten Umma-Texten hin; s. dazu aber schon Powell, M.A., HUCA 49, 11 f.: Texte mit Namen Lugalzagesi zeigen nur Jahr 6-8, andere auch 28-30, doch sind die nicht zwingend Lugalzagesi zuzuweisen, sondern wahrscheinlicher einem Vorgänger. Foster a. O. meint zudem, BIN 8 26 (mit L. lugal) sei epigraphisch älter als BIN 8, 82 und 86 mit L. ensi$_2$. Dazu ist zu beachten: BIN 8, 26 stammt aus Adab mit der teilweise "älter" wirkenden Schrifttradition Nordbabyloniens (dazu Sallaberger, W., Subartu IV/2, 25 ff.), BIN 8, 82 und 86 dagegen aus Umma.

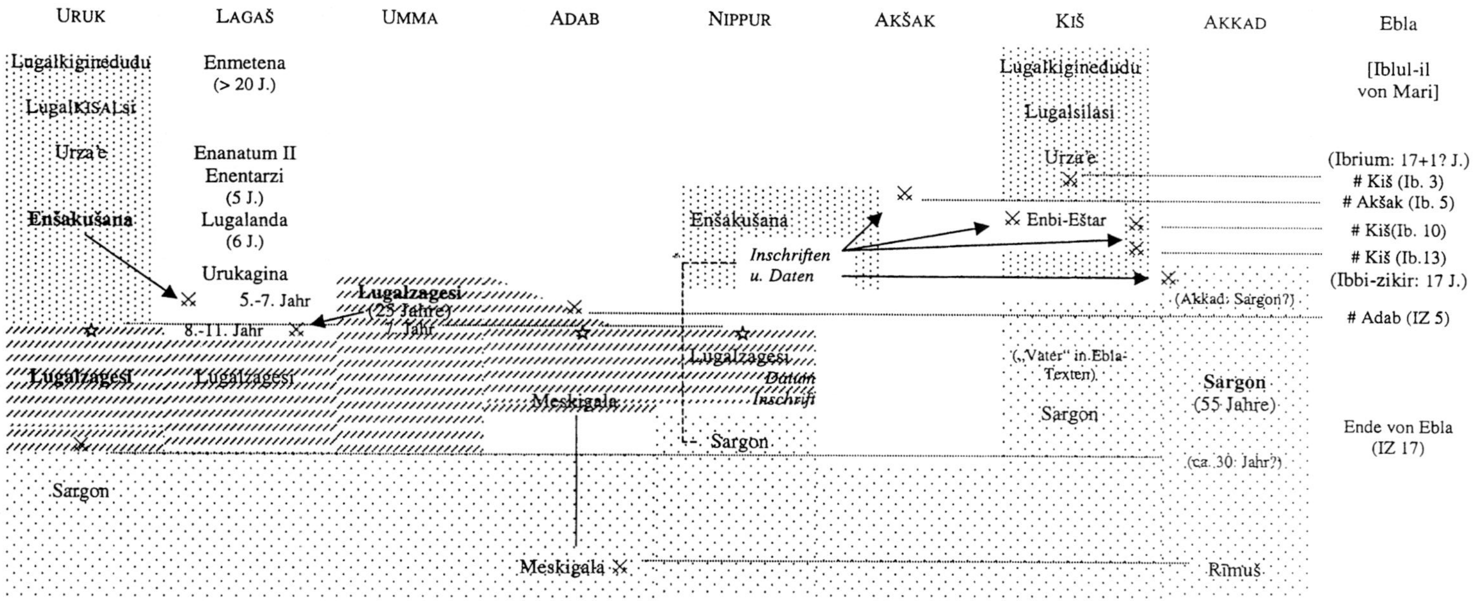

⚔ Kriegerische Auseinandersetzung
Nachrichten in Ebla

Tabelle 2: Synchronismen der ausgehenden Frühdynastischen Zeit.

Die vorangegangenen Überlegungen führen zu folgender plausibler Einschätzung der Chronologie (s. Tab. 2): Lugalzagesi tritt etwa gleichzeitig mit dem eblaitischen "Wesir" Ibbi-zikir sein Amt an; zu diesem Zeitpunkt haben Urukagina von Lagaš sicher und Sargon von Akkade wahrscheinlich schon einige Jahre regiert. 25 Jahre später, etwa 8 Jahre nach dem Ende (der Archive) von Ebla, erlangt Sargon die Herrschaft über Sumer (frühestens) etwa in seinem 30. Regierungsjahr.

Dieser hier gebotene Vorschlag einer Chronologie (s. Tab. 2) ändert also – und das dürfte für ihn sprechen – nichts am allgemein akzeptierten Bild dieser Zeit;[27] es wurde nur versucht, die einzelnen lokalen Befunde wieder in einem größeren Rahmen zu sehen.

2. Herrscher von Akkade: Das Problem der Regierungszeit Narām-Suens

Für die Akkade-Zeit kennen wir die Abfolge der fünf Könige der Dynastie Sargons und ihrer Nachfolger; die Sumerische Königsliste gibt ihre Regierungszeiten an (s. Tab. 3; s. Nachtrag).

Die unterschiedlichen Zahlen sind ausführlich diskutiert worden.[28] Es scheinen zwei Haupttraditionen vorzuliegen: eine niedrigere Zahl von 177 (Su_{3-4}) bzw. 181 Jahren (IB, WB), und eine höhere von 197 Jahren (S) bzw. entsprechend von 157 Jahren für die Familie Sargons (BT 14). Der Unterschied dürfte wesentlich auf der Regierungszeit von Narām-Suen beruhen, ob man ihm 56 Jahre gibt (so L_1) oder nur 37 (so in BT 14; in WB errechnet). Die Quelle BT 14, von der mir freundlicherweise J. Klein eine Umschrift zur Verfügung gestellt hat, schreibt nach Klein die niedrigere Zahl bei Narām-Suen, rechnet aber offensichtlich mit 56 Jahren.[29]

---

[27] Zur Paläographie der späten frühdynastischen und der frühen altakkadischen Zeit und einem Versuch einer Korrelation mit der Geschichte – der durch die vorliegende Arbeit zum Teil zu korrigieren ist – s. Sallaberger, W., "Ein Synchronismus der Urkunden von Tell Beydar mit Mari und Ebla?", Subartu IV/2 (1998), 23-39.

[28] Foster, B.F., Umma (s. Anm. 25), 153 f.; Wilcke, C., in: B. Hrouda (Hg.), Isin III (München, 1987), 91-93.

[29] Narām-Suen in P_3: Jacobsen, Th., (Edition in: AS 11 [1939]): 24+[ ] = ⌜56⌝; 37? nach Klein, J.; [120]+37 mu [bala] / [*ša*]*r-ru-ki₂-nim* "157 Jahre Herrschaft (der Familie) Sargons" = Sargon bis einschl. Šarkališarrî; z. B. 157 = [55+7+15]+⌜56⌝+24.

	WB	L_2+P_2	P_3+BT 14	L_1	IB	S	Su_1	Su_{3-4}	TL	USKL
Uruk III: Lugalzagesi	25		$34^?$		— (!)	25	25		25	
Akkade:										
Sargon	56		[ ]	55	53+[3]	[ ]	[ ]		54	40
Rīmuš	9			15	7				7	8*
Maništūšu	15			7	[ ]				[ ]	15*
Narām-Suen	[ ]		$37^{?}$ #	56	[ ]			[ ]	[ ]	54 ½
Šarkališarri	[ ]		24	25	23+[2]			25	[ ]	21+[x]
			[120]+37##							
4 Könige	[ ]		3		[ ]	3		[ ]		[ ]
Dudu	21		[ ]		[ ]	21		—		
Šu-DurUL	21		[ ]		18	15		—		
Summe Akkade:	**11**	**[11]**			**11**	**12**	**[ ]+3**	**[ ]**		
Könige / Jahre	**181**	**[60]+137**			**181**	**197**	**[?]+161**	**177**		

Herkunft der Textzeugen: WB: Larsa; L_2+P_2, P_3+BT 14, L_1+N_1: Nippur; IB: Isin; S: Sippar; Su: Susa; TL: Tall Leilān; USKL: s. Nachtrag

Anm.: # Narām-Sin in P_3: Th. Jacobsen: 24+[ ] = ⸢56⸣; $37^?$ nach J. Klein
BT 14: [120]+37 mu [bala] / *[ša]r-ru-ki₂-nim* "157 Jahre Herrschaft (der Fam.) Sargons"
* USKLA: Maništušu vor Rīmuš

Tabelle 3: Die Herrscher von Akkade in der Sumerischen Königsliste.

Solange keine unabhängigen Zeugnisse vorliegen,[30] kann die Dauer des Reiches von Akkade meines Erachtens nicht genauer als mit dieser Schwankung von etwa 20 Jahren angegeben werden.

3. Übergang Akkade-Zeit – Ur III und die Dynastie Gudeas

Die Zeit zwischen dem Ende der Dynastie von Akkade und dem Beginn der III. Dynastie von Ur lässt sich trotz aller Forschungen, die diesem Abschnitt nicht zuletzt wegen der wichtigen Gestalt Gudeas von Lagaš gelten, chronologisch und damit historisch immer noch nicht in der wünschenswerten Genauigkeit in den Griff bekommen. Hier sollen nur die wichtigsten Argumente, auf denen die Chronologie beruht, diskutiert werden, da sich in den letzten Jahren mehrere Arbeiten zusammenfassend mit diesem Abschnitt auseinandergesetzt haben.[31]

Die Sumerische Königsliste schreibt den Gutäerkönigen, die nach dem Ende von Akkade über Babylonien geherrscht haben und von denen nur wenige inschriftlich bekannt sind,[32] eine etwa hundertjährige Herrschaft zu. W. W.

---

[30] Westenholz, A., Assyriologists, ancient and modern, on Naramsin and Sharkalisharri, in: Neumann, H./Marzahn, J., (Hg.), Assyriologica et Semitica. Fs. Joachim Oelsner. AOAT 252 (Münster, 2000), 545-556, glaubt, Gründe für eine Regierungszeit Narām-Suens von 37 Jahren gefunden zu haben (s. schon id., Annäherungen 3, 47). Seine Argumentation sei kurz zusammengefasst: (1) Ein nicht-ältester Sohn ist Ensi von Marad im Jahr der "Großen Revolte" (RIME 2 1.4.9); nehmen wir für den Sohn ein Alter von etwa 20 und für Narām-Suen von 40-50 Jahren an, so müsse die Revolte gegen Ende der Regierungszeit Narām-Suens stattgefunden haben. (2) Enḫeduana, Schwester von Maništušu und Rīmuš (beide zusammen = 24/22 Jahre Herrschaft) erlebt noch die "Große Revolte" [N.B.: Zeugnis ist allerdings nur der literarische Text Ninmešara; eine optimistische Einschätzung umfassender Historizität bietet Zgoll, A., AOAT 246, (Münster, 1997), 179-184]. Bei 56 Jahren Herrschaft wäre zur Zeit der Revolte (angenommen aufgrund (1)): Narām-Suen Jahr 50 bzw. 30) Enḫeduana 20 (Lebensalter bei Einsetzung durch Sargon) + 24 (Rīmuš, Maništušu) + 50 = 94 Jahre, bei 37 Jahren dagegen nur etwa 74 Jahre alt. Selbst wenn man die Prämissen von Westenholz akzeptiert, kann die Argumentation nicht überzeugen. Ad (1): Setzen wir beispielsweise an, Narām-Suen erreiche ein Alter von 75 Jahren (was Westenholz ja für Enḫeduana gelten lässt), dann findet bei gleichen Annahmen (Sohn 20, Narām-Suen 40-50 Jahre zum Zeitpunkt der Revolte) die "Große Revolte" bei 37 Jahren Regierungszeit etwa im 7., bei 56 Jahren im 26. Jahr statt. Ad (2): Das Alter Enḫeduanas nach den Annahmen Westenholz' wäre dann: bei 37 Jahren Narām-Suens (20+24+7)= 51 Jahre, bei 56 Jahren (20+24+26) = 70 Jahre. Aus diesem Befund kann ich daher keine größere Plausibilität eines der beiden Daten ableiten.

[31] Zu nennen sind insbesondere Lafont, B., BiOr. 50 (1993), 677 f.; Dittmann, R., BaM 25 (1994), 97-101; Flückiger-Hawker, E., Urnamma of Ur in Sumerian literary tradition, OBO 166, (Freiburg/Göttingen, 1999), 1-7; Suter, C.E., Gudea's temple building, CM 17, (Groningen, 2000), 15-17.

[32] Übersicht von Kienast, B., FAOS 7, (Wiesbaden, 1990) 293 f.; Frayne, D., RIME 2, (Toronto, 1993), 219 ff.; ergänze noch Gutarla bei Ur-Namma nach RIME 3/2 1.1.30.

Hallo[33] gelang hier ein entscheidender Durchbruch mit der Beobachtung, dass für die Dynastien zwischen den beiden großen Staaten von Akkade und Ur III, insbesondere für die letzten Akkade-Könige nach Šarkališarri, für Lagaš II und für Uruk IV/V, jeweils etwa 40-50 Jahre belegt oder anzusetzen seien. Den Ansatz Hallos scheint eine Inschrift wohl Ur-Nammas von Ur III zu bestätigen, die in einer altbabylonischen Kopie aus Isin überliefert ist.[34] Hier ist nach dem Textverständnis Wilckes ein Sieg über den König von Awan, Puzur/Kutik-Inšušinak, geschildert, der unter anderem das Land Akkade unter seinen Einfluss gebracht hatte.[35] Kutik-Inšušinak ist 12. König von Awan einer Liste aus Susa; der 8., Luḫišan, wird mit dem gleichnamigen von Sargon besiegten Herrscher von Elam identifiziert.[36] Der Ansatz

---

[33] Hallo, W.W., s. v. Gutium, RlA 3, (1972-75), 708-720, hier 713 f.; vgl. Boese, J., "Zur absoluten Chronologie der Akkad-Zeit", WZKM 74 (1982), 33-55.

[34] RIME 3/2 1.1.29 = Wilcke, C., in: B. Hrouda (Hg.), Isin III, (München, 1987), 109-111. Textbeginn nach Lücke: ...] / [xx] ⌜ur-^{d}namma⌝ / lugal uri$_2$^{ki}-ma / lugal ki-en-gi ki-uri / nam-ti-la-ni-še$_3$ / a mu-na-ru / u$_4$-ba .... Nicht gedeutet ist hier, was in der Zeile vor dem (teilweise ergänzten) Königsnamen Ur-Namma steht, wie auch die fehlende Kasusmarkierung nach der Titulatur nur als Schreiberfehler erklärt werden kann. Allerdings fällt es schwer anzunehmen, dass ein anderer als Ur-Namma der Handelnde des Textes sein könnte (skeptisch zur Deutung Wilckes äußert sich – jedoch ohne detaillierte Argumentation – Lambert, W.G., CRAI 36, 54 n. 8).

[35] Streng genommen kommen in dem Text Ur-Namma und Kutik-Inšušinak nur beide vor. Es ist nicht mehr erhalten, dass Ur-Namma den König Kutik-Inšušinak besiege, auch wenn wir das vielleicht erwarten. Auch der Zusammenhang zwischen Kutik-Inšušinak (im Ergativ) und den Längern Awal, Kismar, Maškan-šarrim, Ešnuna, Tutub, Simudar und Akkade (ohne erhaltenen Kasus oder im Absolutiv) bleibt aufgrund des abgebrochenen Verbums unbestimmt. Man könnte sich einen Text wie "Kutik-Inšušinak hatte die Länder inne" vorstellen; es geht also in der Schlacht (Ur-Nammas?) nicht mehr "gegen Akkad". Da sich der Text nicht zweifelsfrei rekonstruieren lässt, kann auch das zeitliche Verhältnis zwischen Ur-Namma und Kutik-Inšušinak nicht sicher bestimmt werden. – Im Prolog des Codex Ur-Namma (RIME 3/2 1.1.20:125-130) sind Orte genannt, die "Anšan" unterworfen waren (vgl. Glassner, J.-J., NABU 1994/9), doch sind diese viel zentraler in Babylonien gelegen als das in der Isin-Inschrift umrissene Gebiet. – Und noch ein Detail zur Chronologie: In der Isin-Inschrift trägt Ur-Namma (wenn richtig ergänzt) den Titel "König von Sumer und Akkad", der Text datiert also in seine zweite Regierungshälfte. – Glassner, NABU 1994/9, rechnet folgendermaßen: Ur-Namma (= UN) 1/18 – 39 J. (Nachfolger Šarkališarris) von Akkade = Ende Šarkališarri (= Škš.); Kutik-Inšušinak gleichzeitig mit UN, wohl um UN 10, also: Ende Škš. = ca. 29 J. vor UN 1. Die Abfolge müsste aber so lauten: Ende Škš. + 39 J. Nachfolger + x J. Kutik-Inšušinak in Akkade = UN etwa 10/18, da Kutik-Inšušinak erst *nach* dem letzten König von Akkade, Šu-DurUL, Akkade in Besitz gehabt haben kann.

[36] Inschrift RIME 2 1.1.8. Begründete Zweifel an der richtigen Identifikation von Luḫišan und der Historizität der Königsliste von Awan äußert Kienast, B., FAOS 7, 318.

Kutik-Inšušinaks vier Generationen nach Sargon und bald nach Šarkališarri entspricht der kunstgeschichtlichen Einordnung seiner Denkmäler.[37]

Dieses hier ganz knapp skizzierte Bild der einstigen Gutäerzeit darf man im großen und ganzen als allgemein akzeptiert bezeichnen (s. Tab. 4).

Doch schon mit 40 Jahren zwischen dem Ende Šarkališarris und Ur-Namma 1 ist der Beginn von Ur III so nahe wie möglich an das Ende von Akkade gerückt; eine weitere Verkürzung – etwa zu 30 Jahren – ist unter Berücksichtigung aller Quellen kaum mehr möglich.[38] Gegen eine Verlängerung des Zeitraums spricht, soweit ich sehe, nur der mehrfach unsichere Kutik-Inšušinak-Beleg (s. Anm. 34 f.).

Ein Problem der Chronologie dieser Zeit bildet nach wie vor die richtige Einordnung Gudeas und der anderen Lagaš II-Herrscher und ihr Verhältnis zu den Dynastien von Uruk IV/V und Ur III (s. Tab. 5). Für die Abfolge der Ensis von Lagaš folgen wir der von T. Maeda veröffentlichten Opferliste BM 18474, denn wo Inschriften die Abfolge von Herrschern bestätigen, stimmen sie immer mit der Liste überein.[39]

Des weiteren muss jede Studie die überlieferten Datenformeln berücksichtigen, die für Lagaš II und auch für Ur-Namma ausschließlich, für den frühen Šulgi fast nur aus Girsu stammen. Bei den Daten ist jedoch nicht nur die genaue Abfolge noch nicht gefunden, oft genug lässt sich nicht einmal die Zuweisung zu einem Herrscher begründen.[40]

---

[37] Dittmann, R., Glyptikgruppen am Übergang von der Akkad- zur Ur III-Zeit, BaM 25 (1994), 75-117.

[38] So Glassner, J.-J., NABU 1994/9. Probleme ergeben sich etwa beim Befund für Girsu (s. unten) und für Umma. Zu Umma: Vor Ur-Namma und vor Utuḫeĝal // Tirigan (für den SKL 40 Tage angibt) sind die beiden Ensis Nammaḫni und Lugalanatum unter den Guti-Königen Jarlagan und Si'um anzusetzen; vgl. Foster, Umma, 154-156. Unklar bleibt die Aussage bei Lugalanatum (RIME 2 11.13.1): Ummaki ba-ba-a 35 mu zal-la-ba, "als Umma *aufgeteilt* war und 35 Jahre vergangen waren". Akkade hatte unter Šarkališarri noch (allerdings teilweise schon eingeschränkten) Zugriff auf Sumer.

[39] Maeda, T., Two rulers by the name Ur-Ningirsu in pre-Ur III Lagash, ASJ 10 (1988), 19-35; zur Rezeption vgl. die bei Flückiger-Hawker und Suter (s. Anm. 31) angegebene Lit. Chronologisch wenig hilfreich ist die Aussage von Utuḫeĝal von Uruk, dass er Ninĝirsu und Nanše das Gebiet von Lagaš, das der "Mann von Ur" beansprucht hatte, zurückgegeben habe (RIME 2 13.6.1 und 3). – Ur-Namma selbst lässt den Nanna-gugal-Kanal als Grenzkanal des Ninĝirsu graben, was auf Einfluss in Lagaš aber eben auch eine Grenze zu dessen Gebiet hinweist. Für Lagaš nennen diese Quellen keinen Herrscher namentlich.

[40] Vallat, F., NABU 1997/37, und Quintana, E., NABU 1997/71, gehen also von unsicheren oder falschen Daten aus, wenn sie sich auf die Liste konventioneller Zuweisungen bei Sigrist, M./Gomi, T., The comprehensive catalogue of published Ur III tablets, (Bethesda, 1991), 317 ff., stützen.

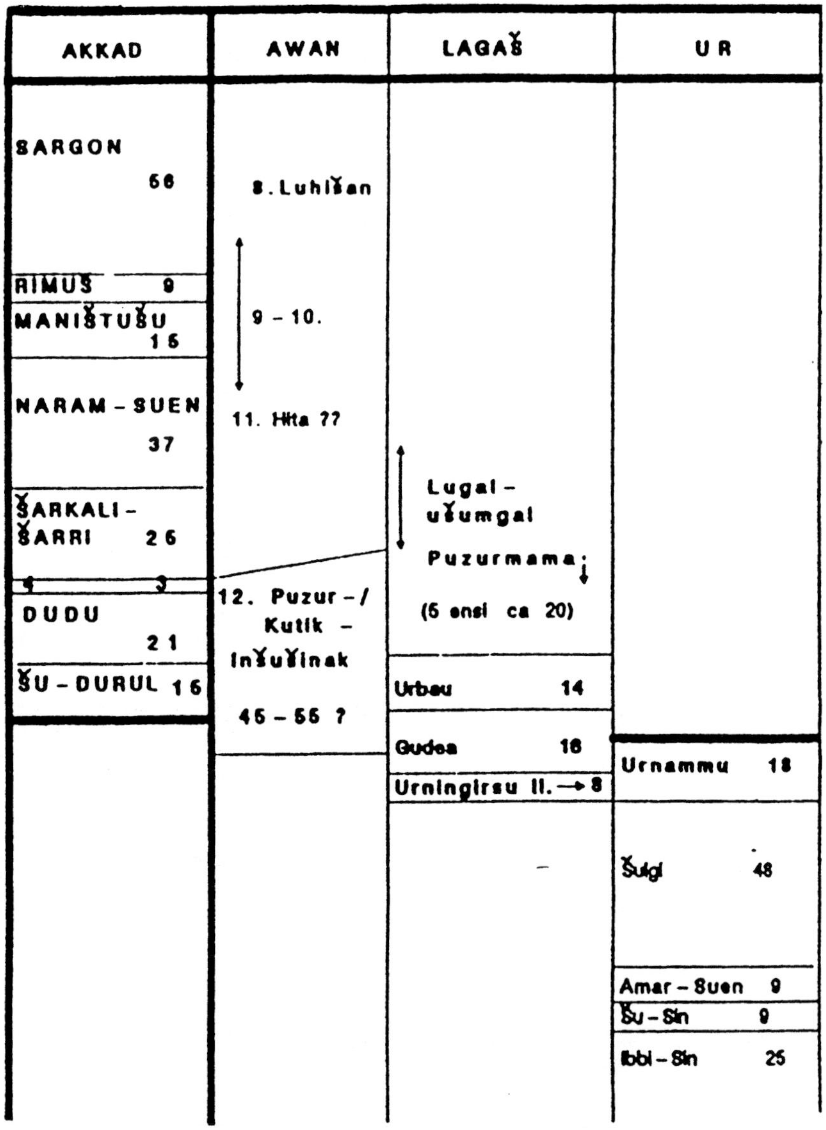
AKKAD
AWAN
LAGAŠ
UR
SARGON
56
8. Luhišan
RIMUŠ 9
MANIŠTUŠU 15
9 - 10.
NARAM - SUEN
37
11. Hita ??
Lugal-
ušumgal
ŠARKALI-
ŠARRI 26
Puzurmama
12. Puzur-/
Kutik -
Inšušinak
45 - 55 ?
(5 ensi ca 20)
DUDU
21
ŠU - DURUL 15
Urbau 14
Gudea 18
Urningirsu II. → 8
Urnammu 18
Šulgi 48
Amar - Suen 9
Šu - Sin 9
Ibbi - Sin 25

Tabelle 4: Der Übergang von Akkade nach Ur III bei R. Dittmann, BaM 25, 98.

LAGAŠ	LAGAŠ II UND UR
1. Ur-Ninĝirsu (I.)	
2. Piriĝme	
3. Ur-Bawu	Ur-Bawus Tochter Enanepada En-Priesterin in Ur
4. Gudea ∞ Ninalla (mindestens 15 Jahre$^{?}$)	Beamte von Gudea bis Šulgi 14 (P. Steinkeller, JCS 40, 47 ff.; s. Anm. 43)
5. Ur-Ninĝirsu (II.)	
6. Ur-GAR (gleichzeitig mit Tochter Ur-Bawus) (1 Datum: Ensi)	
7. Ur-abba (1 Datum: Ensi)	gleichzeitig mit Ur-Namma
8. Ur-Mama (1 Datum: Ensi)	
9. Nammaḫani ∞ Ninḫedu	Synchronismus mit Ur-Namma

Tabelle 5: Die Herrscher von Lagaš II von Ur-ninĝirsu I. bis Nammahani nach BM 18474.

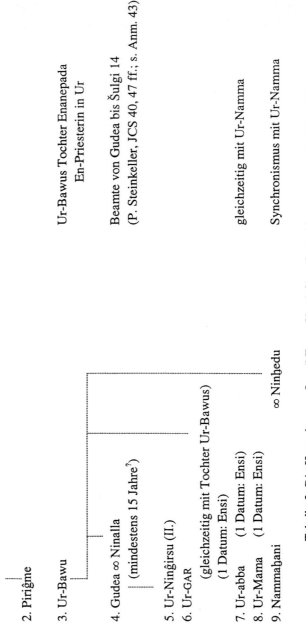

Von Lagaš aus gesehen stellt sich das Verhältnis zu Ur wie folgt dar: Ur-Bawu setzt seine Tochter als Hohepriesterin Nannas von Ur ein, also bevor Utuḫeĝal über Ur herrscht. Gudea aber besaß nie Ur, denn ein angebliches Jahresdatum Gudeas auf einem Text aus Ur (UET 3, 291) wird von F. Carroué (ZA 90 (2000), 161-193) überzeugend Šulgi zugewiesen. Und der Lagaš-Kalender in den frühen Jahren Šulgis in Ur ist auf ein spezifisches Archiv beschränkt.[41] Einen Einfluss Girsus auf Ur nach Ur-Bawu muss man also nicht mehr annehmen.

So bleiben die beiden scheinbar widersprüchlichen Synchronismen:
(1) Ur-Namma nennt im Prolog seiner Gesetzessammlung Nammaḫani, Ensi von Lagaš, den Schwiegersohn Ur-Bawus, wobei das Verb epigraphisch schwierig und der entsprechende Satz syntaktisch ohne Emendation kaum zu erklären ist.[42]
(2) P. Steinkeller zeigte prosopographische Verbindungen zwischen Urkunden der Zeit Gudeas und solchen Šulgis. Die Argumentation Steinkellers kann einer kritischen Prüfung im wesentlichen standhalten. Für Gudea bleibt aber nur ein einziges sicheres Datum übrig (Gudea "11"), das deshalb wohl eines seiner letzten Jahre bezeichnet.[43]

---

[41] Mitteilung Remco de Maaijer, wozu er auf seine in Vorbereitung befindliche Dissertation verweist.

[42] Frayne, RIME 3/2 1.1.20:75-79, liest und übersetzt: nam-ḫa-ni, ensi$_2$ lagas^{ki}-ke$_4$, ḫe$_2$-mi-⌜il$_2$⌝ "I *promoted* Namḫani (to be) governor of Lagaš". Auf dem Foto glaube ich das Verb als us$_2$ identifizieren zu können, wozu der Direktivbezug im Verb gut passen würde, dies allerdings schlecht zu Namḫani als Person (die alte Lesung ug$_5$ ist für diese Periode und als Pluralform ohnehin nicht wahrscheinlich). Bei der Übersetzung Fraynes (und anderer) ist das -ke$_4$ wie in Z. 36 als "Fehler" zu tilgen.

[43] Steinkeller, P., "The date of Gudea and his dynasty", in: JCS 40 (1988), 47-53. Von den S. 48 f. genannten fünf Beamten sind nur die ersten drei einschlägig; für alle ist aber Gudea einzig durch das Datum "Gudea '11'" vertreten (mu mi-i$_3$-tum saĝ 50 ba-dim$_2$-ma), das sicher Gudea zuzuweisen ist (Sollberger, E., AfO 17 [1954/56], 34 zu 10 und 11) und nicht zu den bei Carroué, F., ASJ 19 (1997), 34 ff., behandelten 10 frühen Daten Gudeas gehört.
Im einzelnen:
A. Bazige: Gudea-Datum in MVN 6 531 und RTC 198; in den bei Gudea und Ur-Ninĝirsu genannten Texten MVN 6 497, MVN 7 25 und MVN 7 300 erscheint aber ein Bazi, nicht wie sonst Bazige. Bazi behandelt andere Textilien als Bazige, der immer mit guzza-Textilien zu tun hat. In den Gudea-Texten wird er als Aufseher u. ä. genannt, in den späteren Texten wird bei ihm abgebucht (zi-ga).
B. Urĝa: Gudea-Datum in MVN 6 504; die Datierung von MVN 6 377 in die Zeit Gudeas geht aus dem Kontext nicht hervor, muss hier also entfallen. "UN 15" ist mit Carroué, F., ZA 90, 161-193, nun Šulgi 14. Urĝa übernimmt (i$_3$-dab$_5$) unter Gudea, später wird bei ihm meist abgebucht (zi-ga); ihm sind niĝlam- und andere Textilien zugeordnet.
C. Lugalegide: RTC 199 (Gudea "8"-"11") ist aufgrund des fragmentarischen Erhaltungszu-

Wieviel Jahre Gudeas Sohn Ur-Ninĝirsu zuzuschreiben sind, bleibt unklar;[44] für Urĝar liegt nur der Jahresname, als er Ensi wurde, vor (RTC 186), für Ur-abba (RTC 264) und Ur-Mama (RTC 184) ebenfalls; Urabba (RTC 261-264) ist Ensi zur Zeit Ur-Nammas.[45] Von Ur-Namma selbst sind ziemlich sicher mindestens 5 Jahresnamen in Girsu bezeugt.[46] Das bedeutet: vom letzten Jahr Gudeas bis zu Šulgi 14, dem spätesten Jahr bei einem dieser Beamten,[47] sind mindestens 23 Jahre vergangen, kaum jedoch sehr viel mehr. Dies ist für eine Amtszeit wahrlich nicht zu viel. Und alle drei Beamten (Bazige, Urĝa, Lugalegide), Zuständige für jeweils bestimmte Textilarten, erscheinen in den Gudea-Texten in anderer Funktion als bei Ur-Namma und Šulgi (s. Anm. 43); auch dies spricht für einen gewissen zeitlichen Abstand.

Gudea mag sich also durchaus noch mit Ur-Namma überschnitten haben, doch wohl zu einer Zeit, als Ur-Namma nur "König von Ur" und noch nicht "König von Sumer und Akkad" war. Hier lässt sich die Beobachtung von F. Carroué einfügen, dass es in Urkunden aus der Zeit Gudeas[48] zwar einen "König" gibt, in Ur aber ein "Ensi" regiert. Mit dem "Ensi" könnte in der Terminologie von Lagaš ein lugal "König" gemeint sein, der nur seinen

---

standes nicht sicher unserem Lugal-egide zuzuweisen. Gudea-Datum in MVN 6 504, MVN 7 53, MVN 7 390, wo er übernimmt (i_3-dab$_5$) oder empfängt (šu ba-ti). Später wird bei ihm abgebucht (zi-ga). Er ist immer für Leinen (gada)-Textilien zuständig.

D. Urniĝinĝar: Datum "Ur-Ninĝirsu 5", dessen Zuschreibung – soweit ich sehe – reine Vermutung bleibt (s. Sollberger, E., AfO 17 [1954/56], 35). Zu "Nammaḫni 2" in RTC 87 s. unten Anm. 52.

E. Urešlila: Irrelevant für die Frage der Lagaš II-Dynastie.

[44] Carroué, F., ASJ 16 (1994), 51, nennt für die Šara'isa-Textgruppe aus Girsu 4 Daten: Gudea, Bau des Ebagara (Sollberger, AfO 17, 34: Gudea 14); Ur-Ninĝirsu ensi$_2$ mu us$_2$-sa-bi (ibid.: Urningirsu 2); šita$_2$-ab-ba maš$_2$-e pa$_3$-da (ibid.: Urningirsu 3); lu$_2$-maḫ ^{d}ba-u$_2$ (ibid. 35: Urningirsu 4). Das Datum šita$_2$-ab-ba hat Sollberger a. O. aber deshalb Ur-Ninĝirsu zugeordnet, weil es sich auf eine Inschrift beziehen lässt (Edzard, D.O., RIME 3/1 1.1.2), die jedoch Steible, H., FAOS 9/I, 128 mit guten Gründen Ur-Ninĝirsu I. zuweist. Die Frage der richtigen Einordnung (d. h. Ur-Ninĝirsu I. oder II.) ist damit wieder offen.

[45] Zu den Nachweisen s. Sollberger, AfO 17, 11 und 35. Die Daten bei Sigrist/Gomi, Catalogue, (s. Anm. 40), S. 319 stimmen übrigens nicht mit den S. 99 in der Textliste gebotenen überein.

[46] Die bei Frayne, RIME 3/2, S. 14-19, unter (h), (i), (k), (m) und (p) aufgeführten Daten.

[47] Zum Datum Šulgi 14 und den anderen Šulgi-Daten in Girsu s. Carroué, F., "Šulgi et le temple Bagara", in: ZA 90 (2000), 161-193.

[48] Carroué, F., ASJ 16 (1994), 47 ff. zum Šara'isa-Archiv; zu den Problemen der Daten s. oben Anm. 44.

Stadtstaat beherrscht, Ur-Namma ist daher nicht *a priori* auszuschließen.[49] Der "König" muss jedenfalls der von Uruk sein, einer aus der IV. Dynastie von Uruk oder Utuḫeĝal.

Nach Ur-abba von Lagaš ist nur das Jahr seines Amtsantritts als Ensi von Lagaš benannt (mu ur-ab-ba ensi$_2$), er erscheint jedoch in dieser Funktion unter Ur-Namma (s. oben). Daher möchte ich annehmen, dass das Jahr aufgrund des wichtigen lokalen Ereignisses so benannt wurde, dass damit also "okkasionelle" Jahresdaten[50] vorliegen und nicht Reste einer kanonischen festen Reihe von Daten. Entsprechendes müsste dann für den Amtsantritt Ur-Mamas gelten (RTC 184). Eine allgemeine Verbindlichkeit der königlichen Datenformeln scheint sich erst später durchgesetzt zu haben, kann doch in Lagaš vereinzelt noch unter Šulgi nach lokalen Ereignissen datiert werden.[51] Und eine relativ weitgehende Selbständigkeit der Provinzverwaltung bleibt ja bis ans Ende der Ur III-Zeit erhalten.

In einem solchen Kontext mag die Vorstellung leichter fallen, dass Nammaḫani unter Ur-Namma über Lagaš geherrscht habe, seine Taten in seinen zahlreichen Inschriften (RIME 3/1 1.12.1 bis 17) ohne Hinweis auf den König in Ur niedergelegt habe, sich dem Ensi selbst aber kein einziges Jahresdatum sicher zuweisen lässt.[52] In einem solchen Szenario ließen sich also die beiden oben genannten Hinweise zum zeitlichen Verhältnis der Dynastie Gudeas zu den Ur III-Königen vereinbaren.

Haben sich allerdings Zeiten der Zugehörigkeit von Lagaš zu Ur und Zeiten der Unabhängigkeit abgewechselt, dann wird eine stringente Chronologie der Ereignisse noch viel schwerer zu erreichen sein.

---

[49] Vgl. die Bezeichnung von Lugalkinešdudu als lugal in den eigenen Inschriften, als ensi$_2$ bei Enmetena 45-74 ii 7-9; s. auch Steinkeller, P., in: Watanabe, K., (Hg.), Priests and officials in the ancient Near East, (Heidelberg, 1999), 112 f. mit Anm. 33 und dem Hinweis auf A. Falkenstein.

[50] So den okkasionellen Bezeichnungen von Monaten in den präsargonischen Girsu-Texten vergleichbar; zu ihnen s. z. B. Cohen, M., The cultic calendars of the ancient Near East, (Bethesda, 1993), 56 f.

[51] Carroué, F., (s. Anm. 47); auf lokale Ereignisse beziehen sich demnach Šulgi (= Š) 12: Ninĝirsu von Ebagara; Š 14: A-Nintu-Kanal.

[52] Datum RTC 187: mu nam-maḫ-ni us$_2$-sa, "Jahr, (auf) Nammaḫani gefolgt"; die Formulierung entspricht nicht dem für einen Ur-Ninĝirsu, mu PN ensi$_2$ mu us$_2$-a-bi (AfO 17, 34:2) oder dem Gudea-Datum mu sig$_4$ ^{d}nin-[ĝir$_2$-su-(ka-ke$_4$)] us$_2$-sa (AOAT 25, 81 Nr. 9) oder Šulgis mu ^{d}lugal-ba-gara$_2$ e$_2$-a ku$_4$-ra us$_2$-sa (s. Carroué, F., wie Anm. 47); daher halte ich die allgemein übliche Deutung als "Nammaḫani 2" für nicht zwingend. Sollte hier auf denselben Sachverhalt wie im Codex Ur-Namma (RIME 3/2 1.1.20:75-79) angespielt sein (s. Anm. 42)? Viele Spekulationen könnten sich anschließen.

Mit der Ur III-Zeit betreten wir dann chronologisch festen Boden. Der Vollständigkeit halber sei hier nur angefügt, dass keine Hinweise für Unregelmäßigkeiten beim Übergang von Amar-Suena zu Šu-Suen vorliegen; weder gibt es Doppeldatierungen von Amar-Suena und Šu-Suen, noch war Šu-Suen Mitregent.[53]

4. Von Isin bis zum Ende der altbabylonischen Zeit

In diesem letzten Abschnitt gehe ich der Frage nach, wo in den gut fünf Jahrhunderten von Ur-Namma bis Samsuditana von Babylon überhaupt noch Unsicherheiten bezüglich der relativen Chronologie bestehen und welche Schwankungen da noch möglich sind.

Den Übergang von Ur III zur I. Dynastie von Isin klärte Marc Van de Mieroop mit seiner Neuordnung der Daten Išbi-Erras.[54] Die lokale Jahresdatenliste (UET 1, 292) aus Ur, der Hauptstadt Ibbi-Suens, gibt den entscheidenden Hinweis: nach den Daten Ibbi-Suens und dem Vermerk, dass Ibbi-Suen geschlagen worden sei, folgt als erstes Datum eines Isin-Herrschers Išbi-Erra 18.[55] Išbi-Erra 1 entspricht demnach Ibbi-Suen 8 (bei 24 Jahren Herrschaft Ibbi-Suens). Für Ibbi-Suen sind 24 Jahresdaten überliefert, die Königsliste gibt 24 oder 25 Jahre an (s. Tab. 6); in Tab. 7 bin ich deshalb von 24 Jahren ausgegangen, doch bleibt hier noch eine Verschiebung um 1 Jahr denkbar.

Die zweieinhalb Jahrhunderte bis zum Sieg Ḫammurapis über Rīm-Sîn bestimmen die beiden Dynastien von Isin und Larsa. Die Chronologie für diese Zeit beruht auf folgenden Quellen: Königsnamen und Regierungszeiten bieten für Isin die Sumerische Königsliste und eine Liste der Sammlung Erlen-

[53] Sallaberger, W., Annäherungen 3, 166 f.

[54] Van De Mieroop, M., "Crafts in the early Isin period", in: OLA 24 (1987), 125 f. Von zentraler Bedeutung erwies sich die Kollation des Anfangs der Harmal-Liste, die eine größere Lücke am Textanfang ergab, als man zuvor angenommen hatte.

[55] UET 1, 292 i' enthält die Daten Ibbi-Suen (= IS) 9-13, die Fortsetzung (bis IS 24 oder – falls existent – IS 25) ist nicht erhalten; in ii' 1 lesen wir: gibil-še$_3$ ^{d}*i-bi$_2$*-^{d}EN.ZU in-sag$_3$ "er [= Išbi-Erra] hat erneut Ibbi-Suen geschlagen"; es folgen Išbi-Erra 18 ff., sowie auf der Rückseite Daten Iddin-Dagāns und Išme-Dagāns. Zu solchen lokalen Datenlisten, die die an einem Ort regierenden Herrscher verzeichnen, s. S. Lieberman, RA 76 (1982), 97-119 zu PBS 5, 70+, und ibid. 111, Anm. 71 zu Larsa-Listen ab Ḫammurapi 30.

	WB	L_2+P_2	P5	L_1+	Mi	J	Su_1	$Su_{3\text{-}4}$	TL	Erlen-meyer	Ansatz
UR III											
Ur-Namma	18		18					18	10+	18	18
Šulgi	46		58					48	48	48	48
Amar-Suena	9		9					25	9	9	9
Šu-Suen	9		8				[ ]	16	9	9	9
Ibbi-Suen	24		25			24	25	15	⌜23⌝?	24	24
Summe:	4		5			5	⌜5⌝	5	[ ]		5
Könige / Jahre	108		117			[ ]	120+[ ]	123			108
ISIN											
Išbi-Erra	33		32		33		33	[ ]	[ ]	33	33
Šu-ilīšu	20		10		10		⌜15⌝		[ ]	10	10
Iddin-Dagān	21	21	21		21		25		[ ]	21	21
Išme-Dagān	[ ]	20 (+Ras.)	20 (Ras.)	[ ]+3	18		[ ]+x		[ ]	19	19/20
Lipit-Eštar	[ ]	11	11	11			[ ]		[ ]	11	11
Ur-Ninurta	[ ]		28	[ ]					[ ]	28	28
Bur-Sîn	10+x+1		21						[ ]	22	22/21
Lipit-Enlil	5		5						5	5	5
Erra-imittī	8		7*						7	8	8
Enlil-bāni	24		24						[ ]	24	24
Zambija	3		3						[ ]	3	3
Iter-pīša	4		4						[ ]	3	4
Ur-dukuga	4		4							3	4
Sîn-māgir	11		11							11	11
Damiq-ilīšu	–		23							(4)	23
Summe:	13	11	[ ]								15
Könige / Jahre	213	159	225 ½								226

WB bis TL: Textzeugen der Sumerischen Königsliste
* Nach Erra-imittī folgt Ikūn-pī-Eštar

Tabelle 6: Ur III und Isin I in Königslisten

meyer[56] (Tab. 6), für Larsa die Liste YOS I 32. Hinzu kommen vor allem für Larsa mehrere Datenlisten sowie ergänzend die Daten auf Urkunden.[57]

Die Chronologie von Larsa steht praktisch fest, das Ende der Dynastie im 60. Jahr Rīm-Sîns, dem 30. Ḫammurapis leitet über in die letzten 168 Jahre

---

[56] Sollberger, E., JCS 8 (1954), 135 f.

[57] Zu den Jahresdaten s. mit weiterer Literatur Sigrist, M., Isin year names, (Berrien Springs, 1988), und id., Larsa year names, (Berrien Springs, 1990).

der Dynastie von Babylon I. Unter den Larsa-Königen wird nur für Nūr-Adad die Regierungszeit ausschließlich aufgrund der Königsliste YOS 1 32 angegeben, ansonsten werden deren Daten durch Datenlisten bestätigt und ergänzt.[58] Für Warad-Sîn bietet YOS 1 32 "12" Jahre, die von M. Stol (Leiden, 1976) veröffentlichte Datenliste (s. Anm. 58) zeigte, dass es 13 sind. M. Sigrist publizierte 1985 eine andere Liste von Larsadaten (s. Anm. 57), in der nun wieder ein Datum Warad-Sîns fehlt (nämlich Jahr 4). Dort sind allerdings nicht alle Warad-Sîn-Daten erhalten; zudem begegnet es durchaus auch in anderen Larsa-Listen, dass ein Datum vergessen wird und später nachgetragen werden kann, so dass die ausführlichere Form, d. h. 13 Jahre, vorzuziehen ist.[59]

Die Daten für Isin sind nicht ganz so einheitlich, doch ergeben sich in der Summe zwischen den Daten der Sumerischen Königsliste und der Erlenmeyer-Liste nur 2 Jahre Unterschied (s. Tab. 6). Für Īter-pīša und Ur-dukuga stehen einander jeweils 4 und 3 Jahre gegenüber. Da für Urdukuga in Urkunden 4 verschiedene Datenformeln bezeugt sind, muss dies daher hier die richtige Zahl sein. Erra-imittī kann statt mit 8 auch mit 7 Jahren angesetzt sein, doch folgt dann in zwei Textzeugen (P_5, P_6) Ikūn-pī-Ištar mit 6 Monaten bzw. 1 Jahr[60]; daher will ich den 8 Jahren den Vorzug geben (s. Tab. 7; zur Orientierung mit den Zahlenangaben der Mittleren Chronologie).[61]

---

[58] "Fehler" der Liste: 12 Jahre für Warad-Sîn statt 13 (s. sofort), dafür 61 für Rīm-Sîn statt 60; Kollationen zur Liste: Goetze, A., JCS 4 (1950), 100. Datenlisten (s. Sigrist, M., Larsa year names): Thureau-Dangin, F., RA 15 (1918), 1 ff.; UET 1, 265, 266, 298; UET 8, 566; Stol, M., Studies in Old Babylonian history, (Leiden, 1976), chapter 1; Sigrist, M., RA 79 (1985), 161-169 (dieser Text, BM 33846 [koll.], ist nicht bei Sigrist, M., Larsa year names, berücksichtigt).

[59] In UET 8 66 und RA 15, 1 ff. (bis Sumu'el 25) fehlt das Jahr Sumu'el 14 ("4. Folgejahr ..."). In RA 15, 1 ff., ist Sumu'el 15 in Kol. I erst zwischen Sumu'el 22 u 23 eingefügt; in der Sigrist-Liste könnte also Warad-Sîn 4 noch nachgetragen sein (in "Obv." = Vs. ii' nur bis Warad-Sîn 8 erhalten). Nicht übergangen werden darf auch die Argumentation von Stol, M., Studies 8, dass Urkunden mit diesem Datum besser zu einem Datum Warad-Sîn 4 passen als zu Gungunum (Gungunum 19 lautet in der Kurzform gleich wie Warad-Sîn 4). Mit 12 Jahren rechnet aber z. B. Van De Mieroop, M., "Society and enterprise in Old Babylonian Ur", in: BBVO 12 (1992), 62 und Anm. 116.

[60] Th. Jacobsen hatte in seiner Edition (AS 11) den Namen Iddin-Eštar gelesen; s. dazu Kraus, F.R., JCS 3 (1949), 14 f. (der 7 Jahre bei Erra-imittī für richtig hält); zu Ikūn-pī-Eštar s. Glassner, J.-J., in: Renger, J., (Hg.), Babylon, CDOG 2, (Saarbrücken, 1999), 165 f. (mit Lit.); Wilcke, C., in: Kuhn, D./Stahl, H., (Hg.), Die Gegenwart des Altertums, (Heidelberg, 2001), 106 ad 5), 107.

[61] Die Daten von Tab. 7 entsprechen Sigrist, M., BiMes. 11 (1984), 9; Stol, M., Studies 14 (anders aber S. 30 für die Zeit vor Enlil-bāni); Sigrist, M., Or. 46 (1975), 373. In dieser letzten Liste von Sigrist ist zu fragen, ob die Daten "mu KN lugal" in Nippur nicht immer das erste Königsjahr des jeweiligen Herrschers, sondern dessen erstes Jahr in Nippur

Eine erste Überprüfung erlauben meines Erachtens die Daten in Nippur für die 5 Jahre von Lipit-Enlil, wobei Lipit-Enlil 1 = Sumu'el 21 als Hypothese zu überprüfen ist.

Jahr	UR / BABYLON	ISIN Herrscher	Jahre: Listen – Daten	LARSA Herrscher	Jahre: YOS 1 32 – Daten
2019	Ibbi-Suen 8	Išbi-Erra 1	33 - (33)		
2003	IS 24	IE 17			
2002	(zerst.)	IE 18 (UET 1 292)			
1986		Šu-ilīšu 1	10 - 10		
1976		Iddin-Dagān	21 – 14+		
1955		Išme-Dagān 1	19/20 – 14?		
1936		Lipit-Eštar 1	11 – 7		
1933		LE 4		Gungunum 1	27 - 27
1925		Ur-Ninurta 1	28 – 11	Gu 7 (in Ur?)	
1923		Ur-Ni 3		Gu 9 (in Ur)	
1906		Ur-Ni 20		Abi-sare 1	11 - 11
1897		Bur-Sîn 1	21/22 - 6	Ab-sa 10	
1895		Bu-Si 3		Sumu'el 1	29 - 29
1875		Lipit-Enlil 1	5 – 5	Su-el 21	
1870		Erra-imittī 1	8/7? - 7/8?	Su-el 26	
1866		Er-im 5		Nūr-Adad 1	16 - 13
1862		Enlil-bāni 1	24 - 18	Nu-Ad 5	
1850		En-ba 13		Sîn-iddinam 1	7 - 7
1843		En-ba 20		Sîn-erībam 1	2 - 2
1841		En-ba 22		Sîn-iqīšam 1	5 - 5
1838		Zambija 1	3 - 2	Si-iq 4	
1836		Za 3		Silli-Adad 1	1 - 1
1835		Iter-pīša 1	4/3 - 3?	Warad-Sîn 1	"12" - 13
1831		Ur-dukuga 1	4/3 - 4	WS 5	
1827		Sîn-māgir 1	11 - 2	WS 9	
1822		Si-ma 6		Rīm-Sîn 1	"61" - 60
1816		Damiq-ilīšu	23 - 15+3	RS 7	
1794		Da-il 23		RS 29	
1763	Hammurapi 30			RS 60	

Anm.: Beim ersten Regierungsjahr eines jeden Königs wird dessen Regierungszeit angegeben: zuerst die in Königslisten (s. Tab. 6) angegebene Anzahl an Jahren, dann die Anzahl erhaltener Datenformeln.

Tabelle 7: Isin und Larsa

---

bedeuten; dies beträfe dort wohl Warad-Sîn "1", Zambija "1" (vielleicht sein 3. Jahr = Ṣilli-Adad 1); vgl. zu dieser Praxis Stol, M., Studies 31, mit Verweis auf Kraus, F.R., JCS 3 (1949), 40 f.

LIPIT-ENLIL	SUMU'EL	DATUM IN NIPPUR
Li-En 1: lugal	Su-el 21	iv, v, viii Li-En 1
Li-En C: šu-nir für Enlil	Su-el 22	
Li-En D: us_2-sa-Datum zu C	Su-el 23	iv, vi, vii, ix Li-En D
Li-En A: pisan für Enlil	Su-el 24	v, vi Su-el 24
Li-En B: us_2-sa-Datum zu A	Su-el 25	ii-vi Su-el 25

Tabelle 8: Lipit-Enlil und Sumu'el in Nippur

Lipit-Enlil ist für sein 1. Jahr und ein weiteres, ein Folge-Jahr (D) in Nippur bezeugt, insgesamt also mindestens drei Jahre. Das 4. und 5. Jahr (A, B) sind ebenfalls nach einer Weihung für Enlil benannt, doch muss die im dritten Jahr stattgefunden haben. Im nächsten Jahr, seinem 24., herrscht Sumu'el in Nippur.[62] Wollte man die Chronologie von Isin nur um ein Jahr verkürzen, ergäben sich überaus unwahrscheinliche rasche Wechsel der Stadt zwischen Isin und Larsa. Ich betrachte dies daher als Bestätigung der dargestellten Abfolge.

Die Abweichungen der beiden Listen, SKL bzw. Erlenmeyer-Liste, bei Išme-Dagān und Būr-Sîn (Tab. 6) heben sich auf die gesamte Zeit gesehen auf. Sowohl bei 21 als auch bei 22 Jahren für Būr-Sîn bereitet der bekannte Synchronismus keine Schwierigkeit, dass "König" Ur-Ninurta im Jahr Gungunum 9 in Ur eine Weihung darbringt;[63] dies werte ich als Vorzug dieser Rekonstruktion.[64]

Sollte es mit dem "Testfall" Lipit-Enlil gelungen sein, eine plausible Korrelation der Dynastien von Isin und Larsa bieten zu können, dann stünde in der Tat für die gesamte altbabylonische Zeit eine gesicherte relative Chronologie zur Verfügung.

---

[62] Zu den Belegen s. Sigrist, M., Isin year names 31, und die in der vorigen Anm. genannte Lit.; zu diesem Vorschlag s. schon Sallaberger, W., in: CDOG 1, (Saarbrücken, 1997), 157, Anm. 46 (mit Lit.). Datum D ist im ix. Monat belegt, daher können nicht D und A in einem einzigen Jahr aufeinander folgen. A ist nicht selbst belegt, sondern nur aus B (BIN 7, 60, aus Isin) zu erschließen. Sumu'el 24 ab v. Monat in Nippur. Vgl. zu den Lipit-Enlil Daten auch Richter, T., AOAT 257, (Münster, 1999), 17, der allerdings von Lipit-Enlil 1 = Sumu'el 22 ausgeht; er muss deshalb einen rascheren Wechsel im Besitz der Stadt Nippur annehmen.

[63] UET 5, 524; s. Stol, M., Studies 29, mit Verweis auf Kraus und Edzard. Auch der bei Stol a. O. 30 f., dargestellte Synchronismus von Būr-Sîn in Ur (Būr-Sîn "1" in UET 5 447) mit den in Ur nicht bezeugten Jahren Sumu'el 17-21 bleibt möglich, wenngleich auf Sumu'el 17-20 beschränkt (s. Tab. 7).

[64] Gegenüber der von Stol, M., Studies, 29 f.

Blicken wir auf den besprochenen Zeitraum zurück, so lässt sich vom Beginn von Ur III bis zum Ende der altbabylonischen Zeit wohl nur noch sehr wenig verschieben. Der Abstand Akkade–Ur III ist nach wie vor nicht sicher zu bestimmen, einen Ansatz von 40 Jahren für diesen Zeitraum würde ich eher als Mindestangabe betrachten. Problematisch bleibt auch, mit einer Abweichung von fast 20 Jahren, die Regierungszeit Narām-Suens. Für die ältere Zeit muss der vorgeschlagene Synchronismus zwischen Lagaš und Ebla mit der Einbindung Lugalzagesis und Sargons erst noch seine Tragfähigkeit beweisen.

Konventioneller Ausgangspunkt: Mittlere Chronologie:

Hammurapi	1792-1750
Ende Larsa	1763
Ende Babylon I	1595

Synchronismen Babylon - Larsa - Isin - Ur bis Ur-Namma 1:

Ibbi-Suen 8 = Išbi-Erra 1	2019
Ur-Namma	2110-2093
Ur III	2110-2003

Abstand Ende Šarkališarri - Ur-Namma: ≥ 40 Jahre

Šarkališarri	≥ 2174-2150

Zwei Daten für Narām-Suen

Narām-Suen	= 37 Jahre:	2211-2175	= 56 Jahre:	2230-2175
Maništušu (15 Jahre):		2226-2212		2245-2231
Rimuš (7 Jahre):		2233-2227		2252-2246
Sargon (55 Jahre):		2288-2234		2307-2253

Bei Mittelwert für Sargon 1 = 2300
~ 2270 Sieg über Lugalzagesi
~ 2295 Lugalzagesi 1
~ 2280/75 Ende von Ebla

Tabelle 9: Relative Chronologie vom Ende der frühdynastischen bis zur altbabylonischen Zeit

Inzwischen ist ein Exemplar der Sumerischen Königsliste aus der Regierungszeit Šulgis (= USKL), das offensichtlich einer lokalen Adab-Tradition entstammt, bekannt geworden: P. Steinkeller, An Ur III manuscript of the Sumerian King List, in: Sallaberger, W. et al. (Hrsg.), Literatur, Politik und

Recht in Mesopotamien. Festschrift Claus Wilcke (Wiesbaden, 2003), 267-292; vgl. hier Tab. 3. Die dort gebuchten 40 Jahre für Sargon erfordern keine Veränderung inserer Rekonstruktion, denn insbesondere wenn Akkad so weit nördlich lokalisiert wird, wie dies J. Reade, ZA 92 (2002), 269, vorschlägt, können Sargon im Norden und Lugalzagesi im Süden viele Jahre nebeneinander regiert haben. Die Ur III-Königsliste führt zuerst Maništušu, dann Rīmuš an. Damit gewinnt die Annahme, der im Maništušu-Obelisk genannte Iri'enimgena ("Urukagina") aus Lagaš sei der letzte gleichnamige Herrscher von Lagaš I, an Wahrscheinlichkeit; s. Steinkeller, a. O. 279 (mit Lit.). Der Fall des Meskigala von Adab, der unter Lugalzagesi und unter Rīmuš bezeugt ist, spricht dann ebenso für eine nicht ganz frühe Eroberung des Südens durch Sargon. Die 54½ Jahre von Narām-Suen belegen erneut die längere Regierungszeit bei diesem Herrscher.

ALTASSYRISCHE QUELLEN ZUR FRÜHEN HETHITISCHEN GESCHICHTE[1]

Guido Kryszat, Berlin*

Im Jahre 1995 legte M. Forlanini einen gut begründeten und bis heute gültigen Vorschlag zur Reihenfolge der vor- bzw. frühhethitischen Könige von Kaneš und damit zu einem vorläufigen Überblick über die frühe hethitische Geschichte vor.[2] Seine Ergebnisse beruhen auf einer Auswertung der sogenannten *iqqāti*-Urkunden in Verbindung mit einer Betrachtung der hethitischen historisierenden Texte. Wie Forlanini korrekt feststellt, sind diese *iqqāti*-Urkunden die einzige assyrische Quelle für die Namen der Könige von Kaneš. Die Ausnahmen bilden besonders der berühmte, aber leider kaum ausgewertete Brief von Anum-ḫirbe, König von Māma, an Waršama, König von Kaneš[3] sowie ICK I 178. Bei letzterem handelt es sich um ein Fragment einer Schuldurkunde, in welcher der Erhalt von Silber auf die Thronbesteigung Labaršas datiert wird.

---

[1] Eine ausgreifende Studie über die Spätzeit der altassyrischen Handelskolonien in Kleinasien und die frühe hethitische Geschichte ist für die Altorientalischen Forschungen (AoF) in Arbeit. Den Organisatoren des DOG-Kolloquiums sei an dieser Stelle herzlichst für die Möglichkeit gedankt, einige der wichtigeren Ergebnisse dieser Studie im voraus darlegen zu können.

* Institut für Ägyptologie und Altorientalistik, Johannes Gutenberg-Universität, 55099 Mainz.

[2] Forlanini, M., The Kings of Kaniš, Atti del II Congresso Internationale di Hittitologia, (Pavia, 1995), 123-132, mit einer Einleitung zu den *iqqāti*-Urkunden und der bis dahin relevanten Literatur. Zur dort Anm. 1 angegebenen Literatur zu den *iqqāti*-Urkunden füge jetzt auch die Neubearbeitung von I 837 in Hecker-Kryszat-Matouš, Kappadokische Keilschrifttafeln aus den Sammlungen der Karlsuniversität Prag, (Prag, 1998), 371-373 u. Taf. CLIX hinzu. Weitere Verbesserungsvorschläge für I 837: Z. 2: lies DUMU *Ku*$^{!}$*-bi*$_4$*-a-tal*$^{!}$; 29: <*Ka*>-*ma-li-a*; 32: [*K*]*à*$^{!}$*-ma-li-a*; 33: [*Na*]*-ki-li-et Pè-r*[*u*$^{!}$*-wa*]. Auch KTP 43 (= EL 189), zuletzt bearbeitet von Kienast, B., Das altassyrische Kaufvertragsrecht, FAOS Bh. I, (Stuttgart, 1984), 18f., ist besonders Z. 27f. zu korrigieren, lies dort *Pè-ru-wa* GAL$^{!}$ *na-gi*$_5$$^{!}$*-ri*, wie in kt n/k 31, 5 (Donbaz, V., "Some remarkable contracts of I-B Period Kültepe Tablets", in: Anatolia and the Ancient Near East, Studies in Honor of Tahsin Özgüç, (Ankara, 1989), 77f.).

[3] Balkan, K., Letter of King Anum-Ḫirbi of Mama to King Warshama of Kanish, TTKY VII 31, (Ankara, 1957).

Diese Urkunde ist als Teil des Archives des Kaufmannes Iddi(n)-Ištar jedoch sicher in die Schicht II zu datieren,[4] und zwar in die Frühzeit, ca. 100 Jahre vor den ältesten *iqqāti*-Dokumenten.[5] Im Gegensatz zu den Texten der hethitischen historischen Tradition nennen die altassyrischen Quellen, die immerhin die einzigen zu den Geschehnissen contemporären Texte aus Anatolien sind, den Ort Kuššara, der als Stammsitz der gleichnamigen Dynastie gilt, nur am Rande, in Kuššara befand sich eine kleinere assyrische Handelsniederlassung (*wabartum*).[6] Diese Situation mag sich jedoch mit neuen Ausgrabungsergebnissen ändern. Bisher beschränkt sich der Fund von *iqqāti*-Urkunden auf Kültepe/Kaneš und auf Alişar.[7] Der Fund von *iqqāti*-Urkunden mit dem Namen des Königs Anitta verführte aufgrund der hethitischen Überlieferung dazu, Alişar mit Kuššara gleichzusetzen.[8] Der am häufigsten belegte Ortsname in den Texten aus Alişar ist jedoch Āmkuwa,[9] das aus eben diesem Grunde noch immer der beste Kandidat für eine Identifizierung mit Alişar ist. Die hier vorgeschlagene Lesung einiger Zeilen eines seit langen bekannten Textes scheinen diese Interpretation weiter zu bestätigen.

OIP XXVII 1 mit seinen wenigen erhaltenen Zeilen ist m.W. seit seiner Publikation im Jahre 1935[10] nicht mehr Gegenstand genauerer Betrachtung geworden, obwohl sich schon auf den ersten Blick einige Ungereimtheiten in der Umschrift von Gelb feststellen lassen. An dieser Stelle soll jedoch nur die Neudeutung eines einzigen Zeichens diskutiert werden, nämlich des weitgehend zerstörten ersten Zeichens in Z. 2, das von Gelb als ⌜KIŠIB⌝ gedeutet wurde, analog zum 1. Zeichen in Z. 1 und weiteren "KIŠIBs" in den folgenden Zeilen. Doch schon der Vergleich des KIŠIB aus Z. 1 mit den Spuren des ersten Zeichens aus Z. 2 macht deutlich, dass es sich hier unmöglich um

---

[4] s. dazu zuletzt Çeçen, S., *mūtānū* in den Kültepe-Texten, Archivum Anatolicum 1 (1995), 44 mit Anm. 5.

[5] Kryszat, G., Beobachtungen zum Archiv des Iddi(n)-Ištar, Veenhof Anniversary Volume, PIHANS LXXXIX, (Leiden, 2001), 39-66.

[6] Nashef, S., RGTC 4, 74.

[7] Zu den altassyrischen Texten aus Alişar und Boğazköy siehe jetzt Dercksen, J.G., "When we met in Ḫattuš" – Trade according to Old Assyrian Texts from Alishar and Boğazköy, ebenfalls im Veenhof Anniversary Volume, op. cit. (Anm. 5).

[8] Ünal, A., RlA 6, 381.

[9] Zu den Schreibweisen s. Nashef, S., RGTC 4, 9f, mit den Belegen für ein *wabartum* in Āmkuwa.

[10] Gelb, I.J., Inscriptions from Alishar and Vicinity, OIP XXVII, (Chicago, 1935), 19 und Pl. I.

dasselbe Zeichen handeln kann. Das KIŠIB aus Z. 1 ist nicht nur weitaus länger als das erste Zeichen in Z. 2, auch die erhaltenen Spuren von letzterem passen nicht zu KIŠIB, abgesehen von einem waagerechten Keil oben links, den beide Zeichen aufweisen. Die Spuren des ersten Zeichens in Z. 2 sind m.E. viel eher als ⌊*ša*⌋ zu identifizieren, was für die ersten beiden Zeilen zu einer Lesung KIŠIB *A-ni-ta ru-ba-e* ⌊*ša*⌋! *A-ku*!*-a* "Siegel von Anitta, Fürst ⌊von⌋ A(m)ku(w)a" führt.[11] Diese Interpretation mag zuerst noch weiter von Kuššara als Sitz des Königs Anitta fortführen, aber über einen Umweg lässt sich möglicherweise wieder eine Annäherung an die hethitische historische Tradition finden.

Das altassyrische Brieffragment KTK 10 mit der von M. Larsen gelieferten Neuinterpretation des Inhalts[12] lässt sich nun vielleicht mit Hilfe der neuen Lesung von OIP XXVII 1, 1f. besser als bisher in einen genaueren Kontext stellen. Larsens Umschrift des entscheidenden Abschnitts (Z. 3'-10') lautet:

> *ru-ba-um ša Ší-na-ḫu-tim A-am-ku-a-i-um ù Kà-pí-it-ra-i-um a-wa-sú*! *-nu*! *a-na iš-té-et iš-ku-nu-ma Ḫa-tù-ša-i-a*[*m*] *i-ták-ru* [*a-n*]*a*? *Kà-ni-ší-*⌈*i*⌉?-[*im*]
> (Rest unleserlich)

> "Der Fürst von Šinahuttum, der (Fürst) von Āmku(w)a und der (Fürst) von Kapitra haben sich zu einem gemeinsamen Vorgehen entschlossen: Sie sind gegen den (Fürsten) von Ḫattuša gezogen. [A]n den (Fürsten) von Kaniš ..."

Auch nach Larsens Neudeutungen ist aus Mangel an Anknüpfungspunkten zu Recht nicht ernsthaft versucht worden, KTK 10 in den Lauf früher anatolischer Geschichte einzuordnen.[13] Wäre in KTK 10 statt des Fürsten von Āmkuwa der Fürst von Kuššara erwähnt, hätte man – zu Recht – nicht gezögert, dieses Brieffragment mit den Geschehnissen aus dem sogenannten Anitta-Text, d.h. besonders mit dem Zug Anittas gegen Ḫattuša, in Verbindung zu bringen. Die Gelegenheit, KTK 10 dennoch mit jenen Ereignissen in Verbindung zu bringen, bietet sich jetzt jedoch erneut, nämlich mit der oben vorgeschlagenen Neudeutung von OIP XXVII 1, 1f. Der dort genannte Anitta, Fürst von Ā(m)ku(w)a, kann durchaus mit dem Fürsten von Āmku(w)a

---

[11] Diese Lesung von Vf. bereits vorgeschlagen in BiOr 56 (1999) 130.

[12] Larsen, A Revolt against Hattuša, JCS 24 (1971/72), 100-103, mit Literatur zu vorausgegangenen Interpretationsversuchen.

[13] Siehe Bryce, The Kingdom of the Hittites, (Oxford, 1998), 20-33, und Klengel, Geschichte des hethitischen Reiches, (Leiden, 1999), 17-32, der aber im Gegensatz zu Bryce auf KTK 10 und auf Larsens Bearbeitung hinweist (S. 29).

aus KTK 10 identisch sein. Und damit wäre in KTK 10 tatsächlich zum erstenmal ein historischer Hinweis auf den Zug Anittas gegen Ḫattuša gefunden. Es ist kaum davon auszugehen, dass solche Kriegszüge gegen Ḫattuša wie im Anitta-Text und in KTK 10, dazu noch in einem relativ begrenzten Zeitraum, allzuoft stattgefunden hätten. Somit wäre letztendlich doch eine Brücke zwischen den altassyrischen *iqqāti*-Urkunden und hethitischer historischer Überlieferung geschlagen. Von einer Dynastie von Kuššara allerdings ist man jedoch eher noch weiter entfernt als zuvor.

Die Keramik von Halawa A und ihre Bezüge zur Kulturgeschichte am mittleren Euphrat um 2000 v. Chr.

Ralph Hempelmann, Frankfurt/Main*

1. Einleitung

Der Bau des Assad-Staudammes bei Tabqa in Nordsyrien führte Mitte der siebziger Jahre zu einer Reihe von Rettungsgrabungen im Bereich der von der Überflutung bedrohten Euphratauen.

Von 1977 bis 1986 beteiligte sich auch die Universität des Saarlandes in neun Kampagnen unter der Leitung von W. Orthmann auf den Siedlungshügeln beim heutigen Dorf Halawa. Die Grabungsergebnisse von Halawa wurden bislang in zwei Vorberichten 1981 und 1989 zusammenfassend veröffentlicht.[1] 1994 folgte eine Aufarbeitung der Kleinfunde[2] vom Tell A. Seit 1997 ist die bronzezeitliche Keramik des Tell A Gegenstand einer Dissertation an der Johann Wolfgang Goethe-Universität in Frankfurt a.M. Der Arbeit liegen knapp 22.000 stratigraphisch erfaßte Scherben und 557 vollständige Gefäße zugrunde. Im Folgenden sollen einige Ergebnisse dieser Untersuchung vorgestellt werden.

Auf dem Tell A konnten unterhalb der schlecht erhaltenen Bauschicht 1 zwei Siedlungsphasen – in den Vorberichten als Bauschicht 2 und Bauschicht 3 bezeichnet – freigelegt werden. Bauschicht 3 datiert in die späte Frühbronzezeit (Frühbronzezeit IV)[3] und konnte in drei Bauphasen[4] 3C, 3B und 3A

---

* Ralph Hempelmann, Hospitalstr. 10, D-63065 Offenbach.

[1] Orthmann, W., Halawa 1977-1979, Saarbrücker Beiträge zur Altertumskunde Bd. 31 (1981); ders., Halawa 1980–1986, Saarbrücker Beiträge zur Altertumskunde Bd. 52 (1989).

[2] Meyer, J.-W. / Pruß, A., Ausgrabungen in Halawa 2. Die Kleinfunde von Tell Halawa A, Schriften zur Vorderasiatischen Archäologie Bd. 6 (1994).

[3] Meyer, J.W., in: Orthmann, W., Halawa 1980-1986, op. cit (Anm. 1), 49-50.

unterteilt werden. Sie wurde unmittelbar überlagert von Bauschicht 2, die in die beginnende Mittelbronzezeit zu datieren ist (Mittelbronzezeit I).[5]

Der frühbronzezeitliche Siedlungsplan gibt die Gebäudestrukturen der Bauphasen 3C und 3B wieder und zeigt Teile einer Stadtmauer und eines Viertels mit Wohnhäusern im Westen (Abb. 1). Die Wohnhäuser sind von unterschiedlicher Größe. Ihre Anordnung verrät keine zentrale Planung. Im Südosten wurde innerhalb eines durch Mauern abgegrenzten Bereiches ein Antentempel ausgegraben, dem ein Hof vorgelagert war, um den sich mehrere Gebäude gruppierten. Der einzige Zugang zum Tempelkomplex lag im Osten.

Zur Zeit der jüngsten frühbronzezeitlichen Bauphase 3A kam es zu einer Reduzierung der bewohnten Fläche innerhalb des Stadtbereiches und es entstanden zahlreiche Vorratsgruben. Nachdem der Vorhof des Antentempels zugemauert worden war, erfolgte dort der Einbau von Öfen.

Die Siedlungsstrukturen der Bauschicht 2 nehmen keinerlei Bezug zu den älteren und bestehen aus geplant zu insulae angeordneten Wohnhäusern von etwa gleichem Grundriß und Größe (Abb. 2).

2. Chronologie

Bei der chronologischen Auswertung der Keramik zeigte es sich, daß bestimmte Merkmale in der Bauschicht 2 auffallend zunahmen oder zum ersten Mal auftauchten.

So nimmt in Bauschicht 2 der Anteil einer grobgemagerten und nur mäßig hart gebrannten Ware deutlich zu.

Die Formen betreffend liegt der Anteil der Lippen, die breiter als hoch sind, in Bauschicht 2 fünffach über dem Anteil aus Bauschicht 3 (Abb. 3I, K). Der Anteil der "Wackelböden", die von der Wandung klar abgesetzt sind, aber eine konvexe Standfläche bilden, nimmt innerhalb der Bauschicht 2 um das achtfache zu (Abb. 3G, I, K). Erstmals tauchen in dieser Bauschicht Henkel aus doppelten Wülsten auf.

Bei den Verzierungen nehmen innerhalb der Bauschicht 2 Wülste mit Kerbschnitt, Schnurabdrücke und vor allem die charakteristische Kammstrichverzierung um das zehn bis zwanzigfache zu (Abb.3I, K).

---

[4] Zur Definition der Begriffe Bauschicht und Bauphase, s. Meyer, J.-W., Ausgrabungen in Halawa, Zusammenfassung der stratigraphischen Methoden, Stratigraphica Archaeologica 1, (1984), 28-31.

[5] Meyer, J.-W. in: Orthmann, W., Halwa 1977-1979, 29; ders., in: Orthmann, W., Halawa 1980-1986, op. cit (Anm. 1), 28.

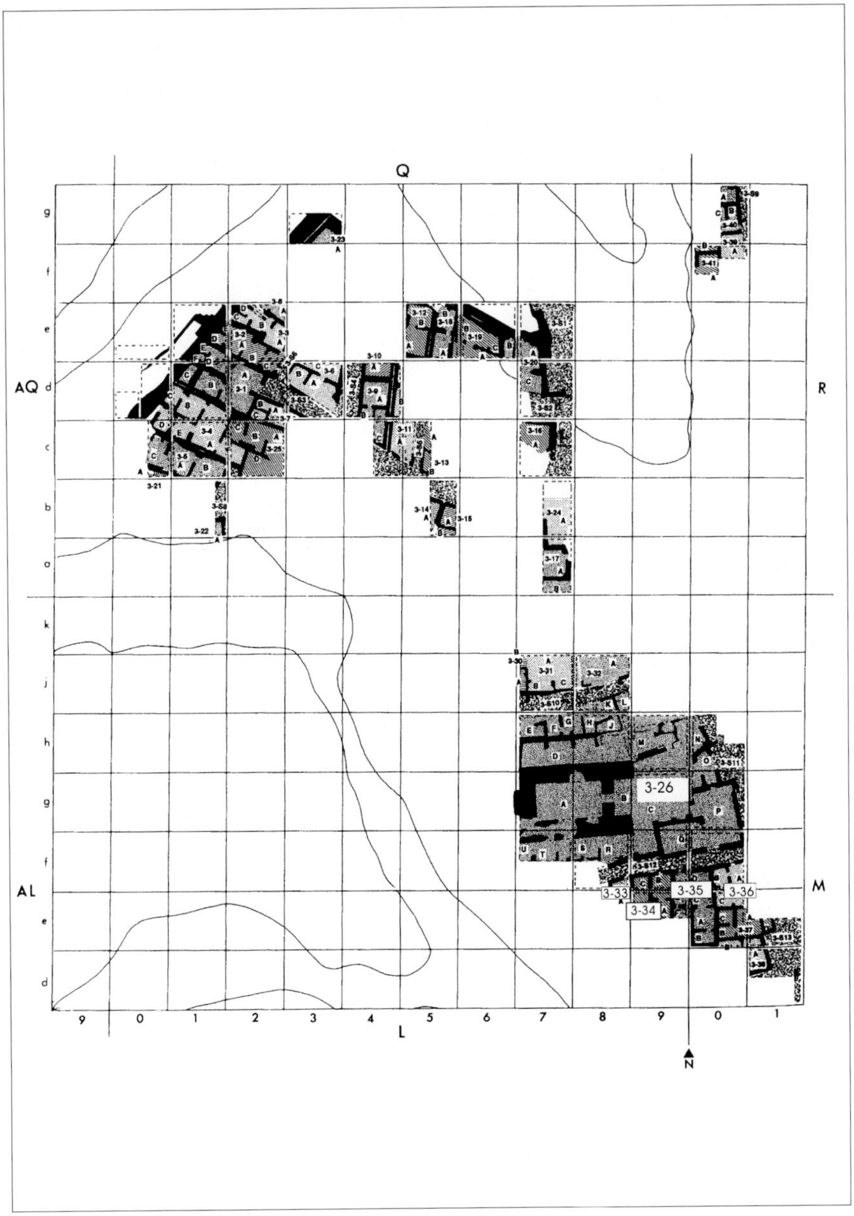

Abb. 1: Halawa A, Bauschicht 3; Die Raumverteilung.
(Nach J.-W. Meyer/A. Pruß 1994: Karte 1)

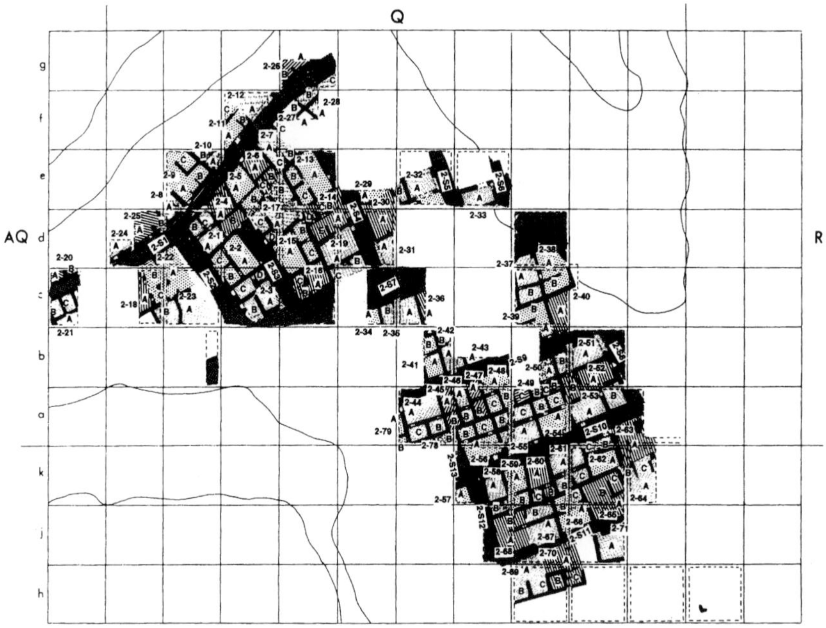

Abb. 2: Halawa A, Bauschicht 2; Die Raumverteilung.
(Nach J.-W. Meyer/A. Pruß 1999: Karte 4)

Bei der chronologischen Untersuchung der vollständigen Gefäße fällt auf, daß Bauschicht 2 und Bauschicht 3 keine gemeinsamen Typen aufweisen (Abb. 3).

Es entsteht somit der Eindruck eines Bruchs innerhalb der keramischen Tradition von Halawa zwischen der Früh- und der Mittelbronzezeit. Allerdings ist zu erwähnen, daß vereinzelt für Bauschicht 2 typische Verzierungstechniken und Formen bereits in der jüngsten Bauphase der Bauschicht 3 ("3A") auftauchen. Zu ersteren gehört die Verzierung mit einem beim Drehen auf der Töpferscheibe aus der Wandung hervorgebrachten Wulst, die Schnur- und die Ritzverzierung. Andererseits entsprechen die vollständigen Gefäße der Bauphase 3A weiterhin ausschließlich denjenigen der älteren Bauphasen und nicht denen der Bauschicht 2. Die Bauphase 3A könnte somit etwa zeitgleich mit der in anderen Fundorten besser belegten "EB-MB transitional Period" sein.[6]

Die chronologischen Ergebnisse beim Vergleich mit der Keramik aus anderen Fundorten ist in Textabbildung 1 dargestellt.

3. Gefässe mit primär technischer Funktion

Unter den Gefäßgattungen von Halawa A fällt vor allem die Abnahme des prozentualen Anteils der Becher auf (Abb. 3A). Ihr Scherbenanteil geht von 13,3% in Bauschicht 3 um die Hälfte auf 6,0% in Bauschicht 2 zurück. Noch stärker ist der Unterschied bei den vollständigen Gefäßen: Stammen aus Bauschicht 3 insgesamt 72 vollständige Becher, fand sich in Bauschicht 2 lediglich ein einziges vollständiges Becherprofil, das zudem noch in einer Mauer steckte. Möglicherweise handelt es sich bei einem Großteil der Scherben um sekundär gelagertes Material und Becher spielten zur Mittelbronzezeit kaum noch eine Rolle im täglichen Gebrauch. Ihre Funktion wurde von kleinen Töpfchen übernommen, die zahlreich in der Bauschicht 2 gefunden wurden (Abb. 3H). Eine ähnliche Beobachtung wurde auch bei der Auswertung des Scherbenmaterials in Tell Bia gemacht.[7] Zu Beginn der Mittelbronzezeit kommt es bei der Verwendung von Bechern also überregional zu einem Bruch mit der frühbronzezeitlichen Tradition.

---

[6] Cooper, E. N., The EB-MB Transitional Period at Tell Kabir, Syria, in: Fortin, M. und Aurenche, O., (Hrsg.): Espace Naturel, Espace Habité en Syrie du Nord; Kongreßbericht Laval, (Quebec, 1998), 271ff.

[7] Einwag, B., Die Keramik aus dem Bereich des Palastes A in Tell Bia/Tuttul und das Problem der frühen Mittleren Bronzezeit; Münchener Vorderasiatische Studien Bd. XIX (1998), Abb. 41-42.

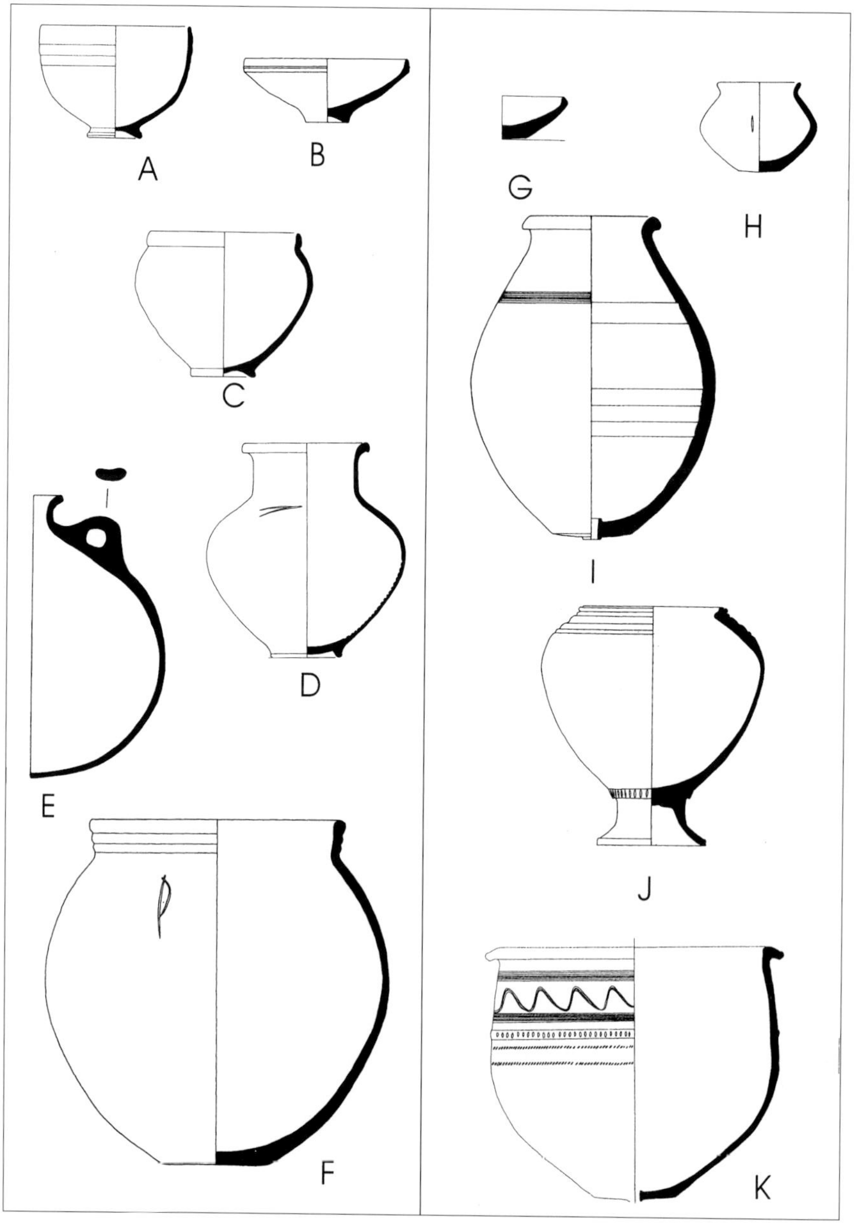

Abb. 3: Einige Gefäßtypen der Bauschicht 3 (A-F) und der Bauschicht 2 (G-J).
Ohne Maßstab.

Periode in Syrien	Perioden in Süd-mesopotamien	Ebla	Halawa A Quadrant L/M	Halawa Quadrant Q	Lidar Höyük	Kurban Höyük	Hammam Et-Turkman	Habuba Kebira	Wreide	Tell Hadidi	Tell Kabir	Tell Banat Period	Tell Banat North	Qara Quzaq	Munbaqa	Tell es-Sweyhat	Tawi	Schamseddin	Tell Bia, Hügel E	Tell Bia, Tiefschnitt in 21/62 west	Tell Bia, Gräber	Mari, Tiefschnitt Chantier B	Mari Gräber
Mittelbronzezeit I		Mardikh IIIA	Bauschicht 2		Phase 1-2, 3früh		VII B	"Jüngstes Niveau"		"MBII" Siedlungs-keramik				Schicht II					"Urbau von Palast A" "Fundamente von Palast A"				
EB-MB Transitional Period	Ur III			Bauphase 3A		III jung	VII A				Schicht 6	I							"Phase vor Gründung des Palastes A"		Gruppe 7		
Frühbronzezeit IVB	Akkad spät	Mardikh IIB2	Bauphase 3 jung	Bauphase Q3B Q3C		III alt	VI west	Siedlungs-keramik, Erdgrab	Gräber-feld	Grab LI Siedlungs keramik "EB III/IV"	Schicht 7	II	White Monument I	Schicht III	Kuppe Schicht 1-5	Area IV	Grab T9, T16	Grab 1	Pfeiler-gebäude Phase 3 - 2	Schicht 3	Gruppe 6 Gruppe 5 Gruppe 4	Schicht 1-6	"Shak-Kanak-ku"-Gräber
Frühbronzezeit IVA	Akkad früh	Mardikh IIB1 (Palast G)	Bauphase 3 alt								Schicht 8 jung	III			Kuppe, Schicht 6-7	Grube 17/3;	Grab T6	Grab 9 Grab 10	Palast B	Schicht 10-4	Gruppe 3		Grab 86
Frühbronzezeit III	F D III					IV	Period V-VI east				Schicht 8 alt	IV	White Monument II?	Schicht IV		Oper.5, Gebäude mit Wandgemälden ?	Grab T1, T4, T5, T20, T70, T71		Herrscher-gräber		Gruppe 2 Gruppe 1	Schicht 7-x	z.B. Grab 300

Textabb. 1: Die zeitliche Korrelation der Fundorte am mittleren und oberen Euphrat.

Ebenfalls, wenn auch weniger stark, geht der Anteil der Schalen innerhalb der Bauschicht 2 gegenüber der Bauschicht 3 zurück.

Während Becher und Schalen primär zum Essen und Trinken dienten und Veränderungen ihres Anteils an der Gesamtzahl der Keramik auf eine Veränderung der "Tischsitten" schließen lassen, so helfen die Ergebnisse der funktionalen Untersuchungen von Töpfen und Flaschen bei der Rekonstruktion wirtschaftlicher Gegebenheiten.

Nach P.M. Rice[8] lassen sich Gefäße drei Hauptfunktionen zuordnen: Sie dienten der Verarbeitung ("process"), der Lagerung ("storage") und dem Transport. Als Kriterien für die Zuordnung zu einer dieser Hauptfunktionen nennt Rice die Form, die Größe und die Ware eines Gefäßes.

Um eine funktionale Zuordnung auch für die Scherben von Halawa leisten zu können, wurden aus der Kombination von Form und Größe der vollständigen Gefäße "funktionale Gruppen" gebildet. Teilweise spalten sich diese dann noch nach der Kombination mit dem Merkmal Ware[9] weiter auf. Ausgehend von den vollständigen Gefäßen konnte anschließend der größte Teil der Randscherben durch die Kombination von Lippenstellung, Randdurchmesser, Wandungsstärke und Ware ebenfalls den funktionalen Gruppen zugeordnet werden.

Töpfe die sich einer der drei erwähnten Hauptfunktionen – der Verarbeitung – zuordnen lassen, sind relativ breit und zeichnen sich durch einen im Verhältnis zur Höhe großen Randdurchmesser aus (Abb. 3F). Sie fanden sich innerhalb der Bauschicht 3 vor allem in den Höfen, die den Wohnräumen vorgelagert waren. Innerhalb dieser Höfe befanden sich auch Installationen wie z.B. Öfen, so daß sie als Arbeitsbereiche bezeichnet werden können.

Bei der Funktion "Lagerung" ist zu unterscheiden zwischen einer kurzfristigen und einer langfristigen Lagerung. Der langfristigen Lagerung haben zur Frühbronzezeit Töpfe der Größengruppe 5 gedient (Abb. 4). Es sind Gefäße, die höher als breit und sehr dickwandig sind. Der untere Teil dieser Töpfe war stets in den Fußboden eingetieft (Abb. 5); die Gefäße waren also nicht transportabel. In keinem Fall wurden Reste des ursprünglichen Inhaltes gefunden, eine Lagerung von Getreide kann aber als gesichert gelten.[10]

---

[8] Rice, P.M., Pottery Analysis, (London, 1987), 209.

[9] Das Merkmal "Ware" wird gebildet aus der Kombination von Magerung, Herstellungstechnik, Farbe und Härte der Keramik.

[10] Im zeitgleichen Gebäude der "Area IV" in Tell es-Sweyhat wurde verbranntes Getreide in solchen Töpfen gefunden. Holland, T.A., "Preliminary Report On Excavations At Tell Es-Sweyhat, Syria, 1973-4", in: Levant 8 (1976), 55, Abb. 11. 2-4.

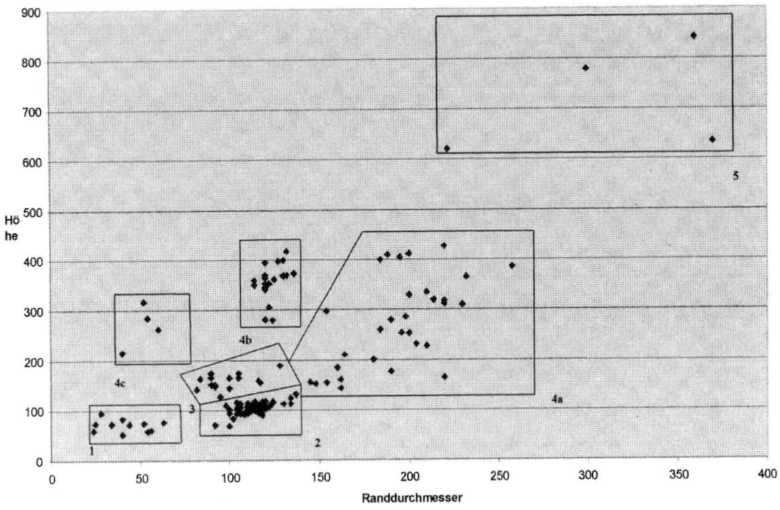

Abb. 4: Die Größengruppen der vollständigen Töpfe aus Bauschicht 3 (Werte in mm).

Diesen großen Vorratsgefäßen konnten Randscherben aufgrund des Randdurchmessers und der Wandungsstärke zugeordnet werden. Innerhalb der Bauschicht 3 variiert ihr prozentualer Anteil innerhalb des Viertels mit Wohnhäusern nicht stark (Abb.6). Areale mit Anteilen über 5% finden sich nur innerhalb des Tempelbereiches. Mit Abstand am höchsten ist sowohl der Anteil als auch die Anzahl der Vorratsgefäßscherben in den Räumen, die das Tor zum Tempelbereich flankieren.

Die in situ gefundenen großen Vorratsgefäße standen innerhalb der Wohnhäuser im Hof und im Bereich der hinteren Wohnräume. Im Tempelbereich wurden sie in Räumen gefunden, die nicht weit vom Tor entfernt lagen.

Die Volumina der im Tempelbereich gefundenen großen Vorratsgefäße übertreffen diejenigen aus dem Bereich der Wohnhäuser um das doppelte.

In der Bauschicht 2 liegt der Anteil der Vorratsgefäßscherben bei etwa 6% und ist somit etwas höher als derjenige innerhalb der Wohnhäuser von Bauschicht 3, jedoch geringer als die maximalen Werte innerhalb des Tempelbereiches. Die vollständigen, nicht transportablen Vorratsgefäße der Bauschicht 2 sind etwa so groß wie die im Häuserviertel der Bauschicht 3 gefundenen, jedoch kleiner als diejenigen des Tempelbereiches.

Zu den großen Vorratsgefäßen der Bauschicht 2 gehören Kessel (Abb.3K), von denen vermutlich mindestens einer in jedem Hof einer Wohneinheit stand (Abb. 7).

Abb. 5: Töpfe der Größengruppe 5 in situ.

J.-W. Meyer hat 1996 das von W. Christaller entwickelte Modell der zentralen Orte auf das Gebiet des Assad-Staudamms angewandt.[11] Demnach erfüllte Halawa zur Zeit der Bauschicht 3 die Kriterien eines zentralen Ortes zweiter Ordnung. Ein solches empfängt einerseits Agrarerzeugnisse aus kleineren untergeordneten Orten, andererseits aber liefert es Überschüsse an den zentralen Ort erster Ordnung. Gefäße, die innerhalb eines solchen Systems der Lagerung und dem Transport dienten, müssen entsprechend eines zugrunde liegenden Maßsystems genormt gewesen sein. Ansonsten wäre keine Kontrolle über die gelieferte Menge an Naturalien möglich gewesen. Daher läßt sich vermuten, daß sich innerhalb der frühbronzezeitlichen Keramik von Halawa Gruppen von Töpfen finden lassen, deren Größe und Form genormt sind.

Von den Größengruppen der Töpfe kommt hierfür das dichte Cluster der Größengruppe 4b in Frage (Abb. 4). Betrachtet man die Form der dieser Größengruppe zugeordneten Gefäße, fällt auch hier eine starke Normierung auf (Abb. 8). Die Gefäße zeichnen sich durch eine nach innen gerichtete verdickte Lippe, einen kurzen Hals und einen runden Boden aus. Sie sind stets höher als breit. Randscherben können diesen Gefäßen aufgrund der Lippenstellung, des Halses und des Randdurchmessers zugeordnet werden.

Die Areale mit dem höchsten Anteil dieser transportablen Vorratsgefäße lagen wiederum innerhalb des Tempelbereiches (Abb. 9). Wie bei den großen Vorratsgefäßen ist es ein an das Eingangstor grenzendes Areal, das die mit Abstand höchste Konzentration aufwies.

Im abgebrannten Wohnhaus 3-1 fanden sich in einem der hinteren Räume mindestens 13 dieser Gefäße in situ. Sie waren mit Ton verschlossen und enthielten Getreide (Abb. 11).

---

[11] Meyer, J.-W., "Offene und geschlossene Siedlungen", in: AoF 23, 1 (1996), 132 ff.

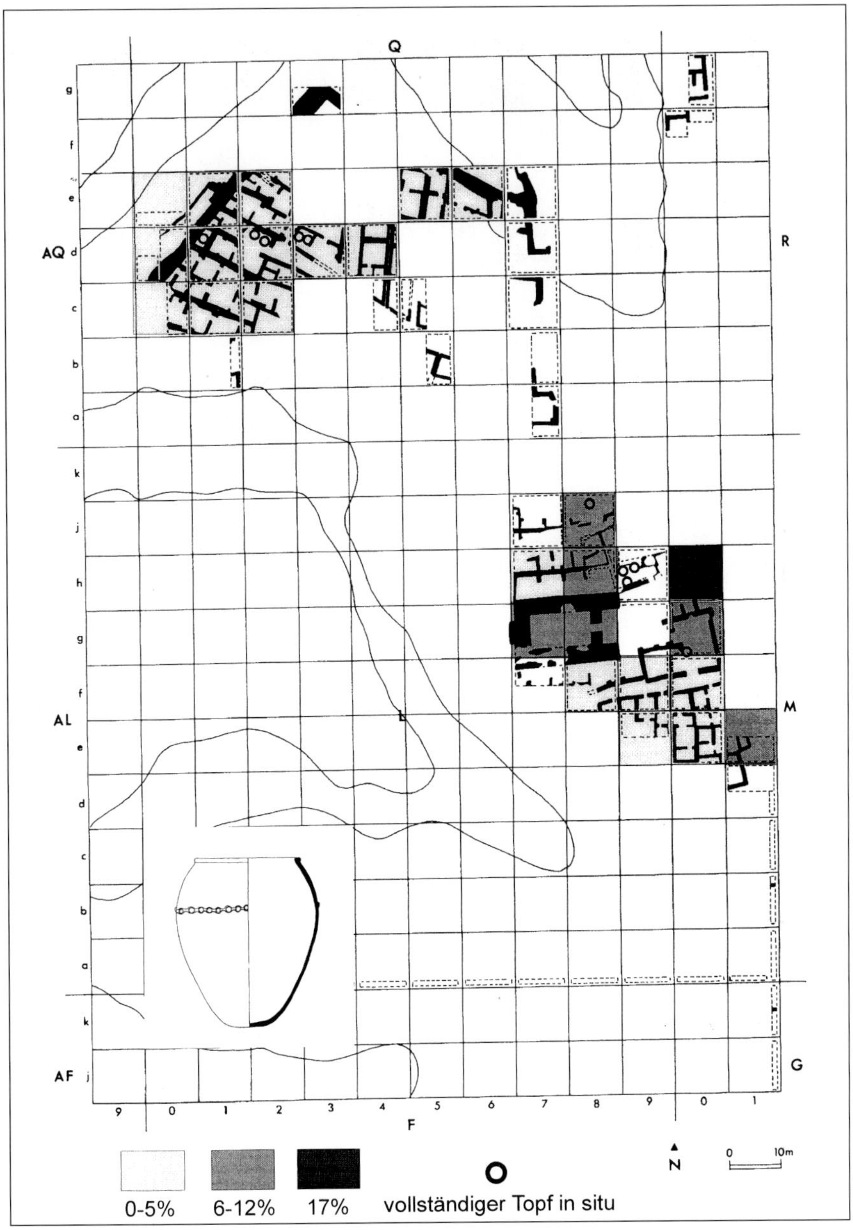

Abb. 6: Die Lokalisation der Töpfe der Größengruppe 5 in Bauschicht 3.

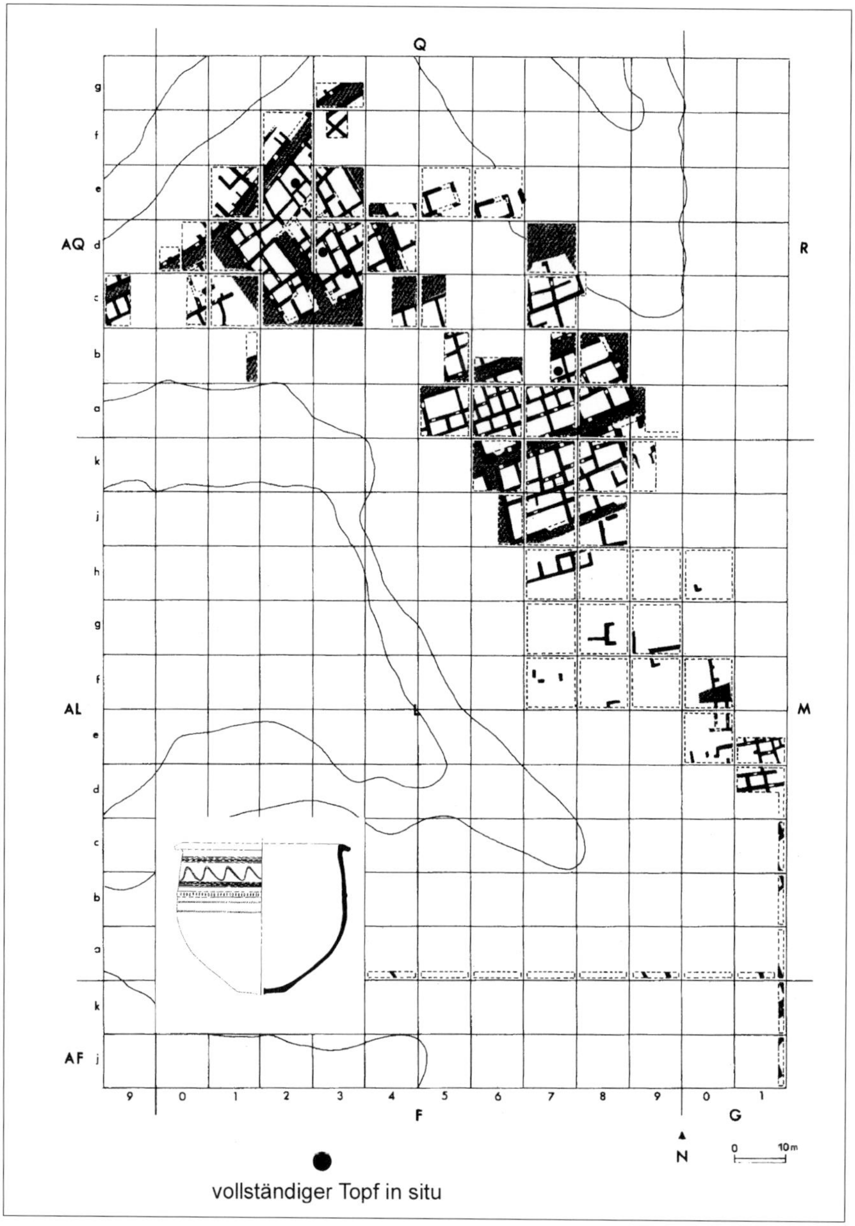

Abb. 7: Die Lage der vollständigen großen Kessel der Bauschicht 2.

Die vorangestellten Fundsituationen in der Bauschicht 3 deuten also einerseits auf eine private Hortung von Überschüssen,[12] andererseits auf eine zentrale ökonomische Rolle des Tempels hin. Hierher wurde anscheinend ein großer Teil der erwirtschafteten Naturalien gebracht und in den das Tor flankierenden Räumen gelagert. Ob diese alleine dem Opfer beziehungsweise der Ernährung des Tempelpersonals dienten, oder ob sie wiederum an vom Tempel abhängige Landarbeiter verteilt wurden, bleibt noch offen.

Die Wohneinheiten der Bauschicht 2 hingegen scheinen eine jeweils autarke Vorratshaltung aufzuweisen, die jedoch ausschließlich den Eigenbedarf deckte.

4. Normierte Gefässe

Wie bereits erwähnt, kann vermutet werden, daß zur Zeit der Bauschicht 3 in Halawa ein das Gewicht und Volumen betreffendes Maßsystem vorhanden war, nach dem die entsprechenden Gefäße genormt waren.[13] Unterstützt wird diese Vermutung durch ein in Tell es-Sweyhat, nur 35 km nördlich von Halawa, gefundenes Gewicht mit der Aufschrift 1 MA.NA.[14] Der Kontext, aus dem das Gewicht stammt, fällt chronologisch in die Zeitspanne der Bauschicht 3 von Halawa. Das etwas beschädigte Stück wog noch 472,2 Gramm und entsprach ursprünglich den in Mesopotamien gültigen Werten von 480 bis 500 Gramm. Somit kann indirekt ein das Volumen betreffendes Maßsystems rekonstruiert werden, wobei entsprechend zu Südmesopotamien 2 MA-NA 1 SILA Wasser ergaben. Ein SILA entspricht somit etwa einem Liter.

Für Gefäße, deren Normierung ein Maßsystem zugrunde liegen könnte, kommen neben denen der Größengruppe 4b noch diejenigen der Größengruppe 2 in Betracht (Abb. 10). Auffälligerweise lagen Gefäße beider Gruppen nebeneinander im gleichen Raum des Hauses 3-1 (Abb. 11).

Die Formgebung der Töpfe der Größengruppe 2 ist sehr einheitlich. Sie besitzen eine längliche Lippe, die in der Regel eine Innenfalz aufweist, und einen Standring. Die Töpfe sind stets breiter als hoch und ihr maximaler Durchmesser liegt in der oberen Hälfte.

---

[12] Meyer, J.-W., op. cit. (Anm. 11), 138.

[13] Meßgefäße sind schriftlich für das dritte Jahrtausend in Girsu belegt. M.A.Powell 1990: 508-509. Für Ebla: Archi, A., "The Steward And His Jar", in: Iraq 61 (1999), 147-158, hier: 147ff.

[14] Holland, T.A., "An Inscribed Weight From Tell Sweyhat, Syria", in: Iraq 37, (1975), 75-76, hier: 75ff.

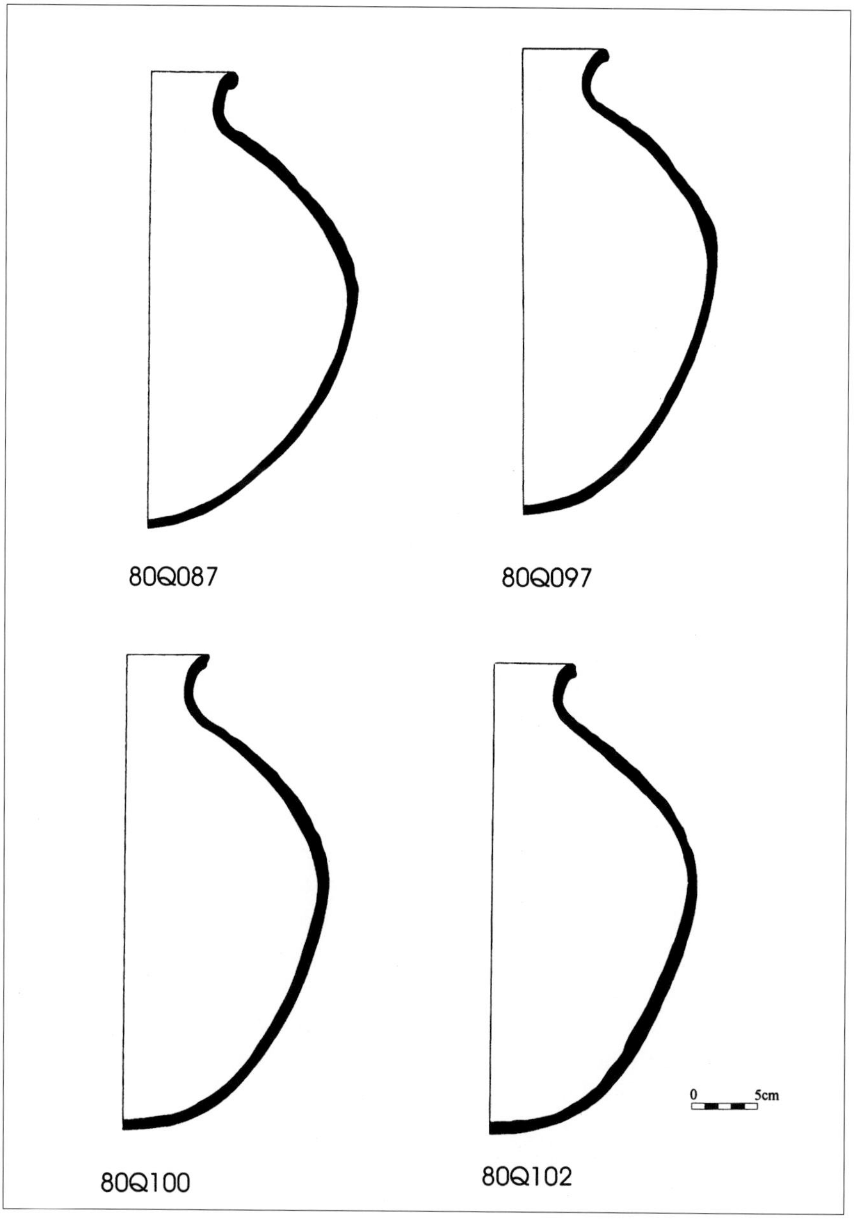

Abb. 8: Töpfe der Größengruppe 4b aus Bauschicht 3.

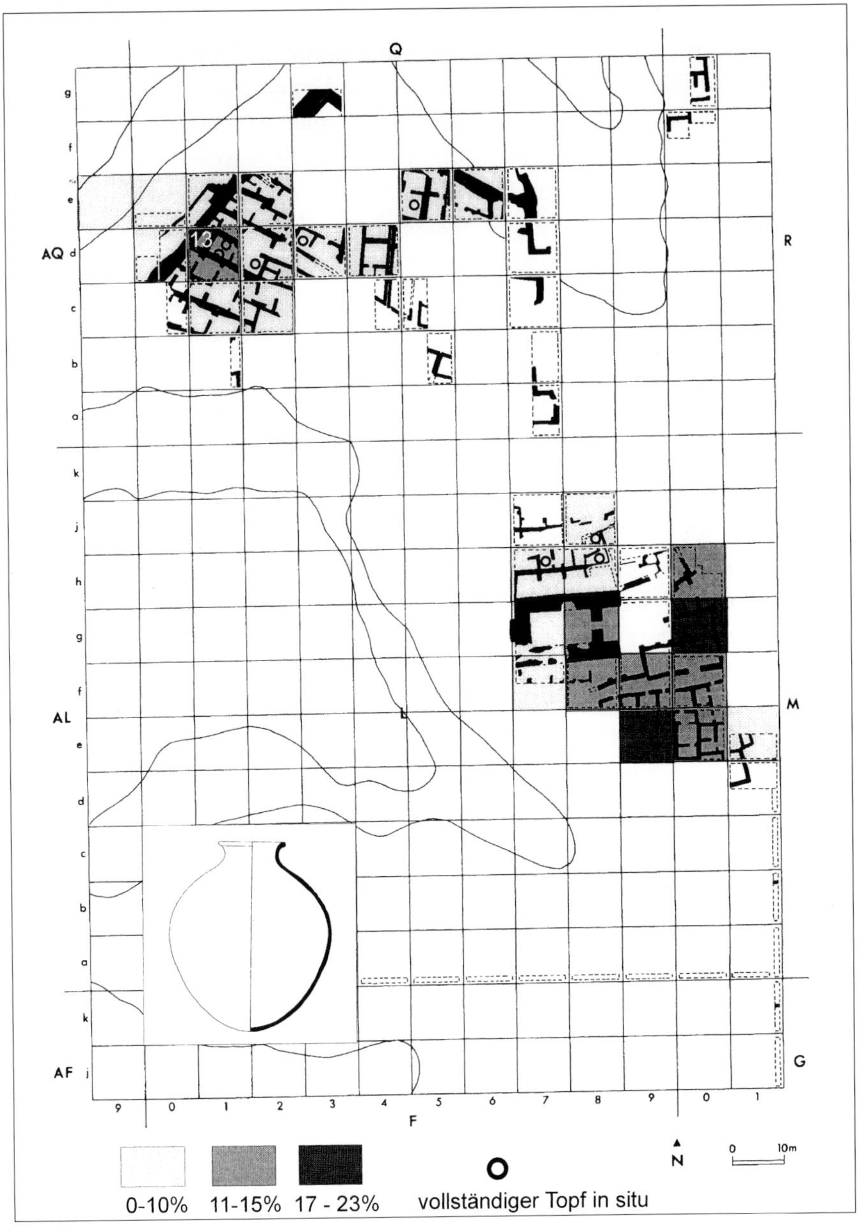

Abb. 9: Die Lokalisation transportabler Vorratsgefäße innerhalb der Bauschicht 3.

Neben der erwähnten Vergesellschaftung mit Transport- und Vorratsgefäßen fanden sich Töpfe der vorgestellten funktionalen Gruppe auffallend häufig innerhalb größerer Töpfe. Von insgesamt 4 in größeren Töpfen gefundenen Gefäßen gehören 3 zu den Töpfen der Größengruppe 2.[15]

Bei einem Aufenthalt in Berlin im August 1999 wurde das Volumen der dort gelagerten vollständigen Gefäße aus Halawa ausgemessen. Zu diesem Zweck wurde sehr feiner Sand – Wasser hätte die oftmals geklebten Gefäße beschädigt – in die Gefäße gefüllt und anschließend dieser Inhalt in einem geeichten Gefäß gemessen. Bei neun untersuchten Gefäßen der Größengruppe 2 variierte das Volumen zwischen 400 und 600 ccm mit einem Mittelwert von 475 ccm. Dies entspricht ungefähr der Hälfte der altorientalischen Maßeinheit SILA. Ein halbes SILA bzw. 3 an-zam waren die übliche Tagesration für einen Arbeiter in Ebla.[16] Somit ist die Deutung der Töpfe der Größengruppe 2 als eine Art von Meßgefäßen möglich. Die doch recht große Varianz kann auf Modifizierungen innerhalb des Maßsystems zurückzuführen sein, wie sie auch aus Mesopotamien bekannt ist. Dort wurde die Größe eines SILA von 850 ccm zur frühdynastischen Zeit auf 1000 ccm zur Akkad-Zeit angehoben.[17] Leider sind innerhalb der Bauschicht 3 nicht genügend Töpfe so stratifiziert, daß eine Aussage über das Verhältnis von Volumen und Chronologie möglich wäre.

Auch zwei transportable Vorratsgefäße der Größengruppe 4b aus dem abgebrannten Raum des Hauses 3-1 wurden ausgemessen. Ihre Volumina beliefen sich auf 15,6 und 15,7 Liter. Eines der mit ihnen vergesellschafteten mutmaßlichen Meßgefäße hatte ein Volumen von etwa 400 ccm.[18] Vorausgesetzt dies entspräche zumindest vor der Zeit der Zerstörung des Hauses 3-1 einem halben SILA, bildete der Inhalt der mutmaßlichen Transportgefäße etwa

---

[15] 80Q037, 80Q76/33, 80Q77/34. Daher vermutete J.-W. Meyer bereits 1989 "Meßgefäße", in: Orthmann, W., Halawa 1980-1986, op. cit (Anm. 1), 41.

[16] Milano, L., Food rations at Ebla, Mari 5 (1987), 519ff.

Der Behauptung Milanos, ein SILA in Ebla sei das sechsfache eines SILA in Mesopotamien gewesen und der Wert eines SILA, ca. 0,85 Liter, habe in Ebla ein an-zam eingenommen, ist nicht überzeugend. Das Hauptargument bildet die Vermutung, eine Tagesration von einem halben Liter Getreide sei für das Überleben zu wenig gewesen. Milano beruft sich hierbei auf den Artikel von Ellison, R., "Diet in Mesopotamia: The Evidence Of The Barley Ration Texts (c. 3000-1400 B.C.)", in: Iraq 43 (1981), 35ff., wo Berechnungen der Food and Agricultural Organisation (FAO) of the United States erwähnt werden, wonach 1l Getreide, also ein SILA, das Existenzminimum eine erwachsenen Mannes darstelle. Im gleichen Artikel werden aber Tabellen veröffentlicht, aus denen hervorgeht, daß auch in Südmesopotamien Tagesrationen unterhalb dieses Wertes liegen konnten.

[17] Ellison, R., loc. cit.

[18] Gemessen: 80Q033

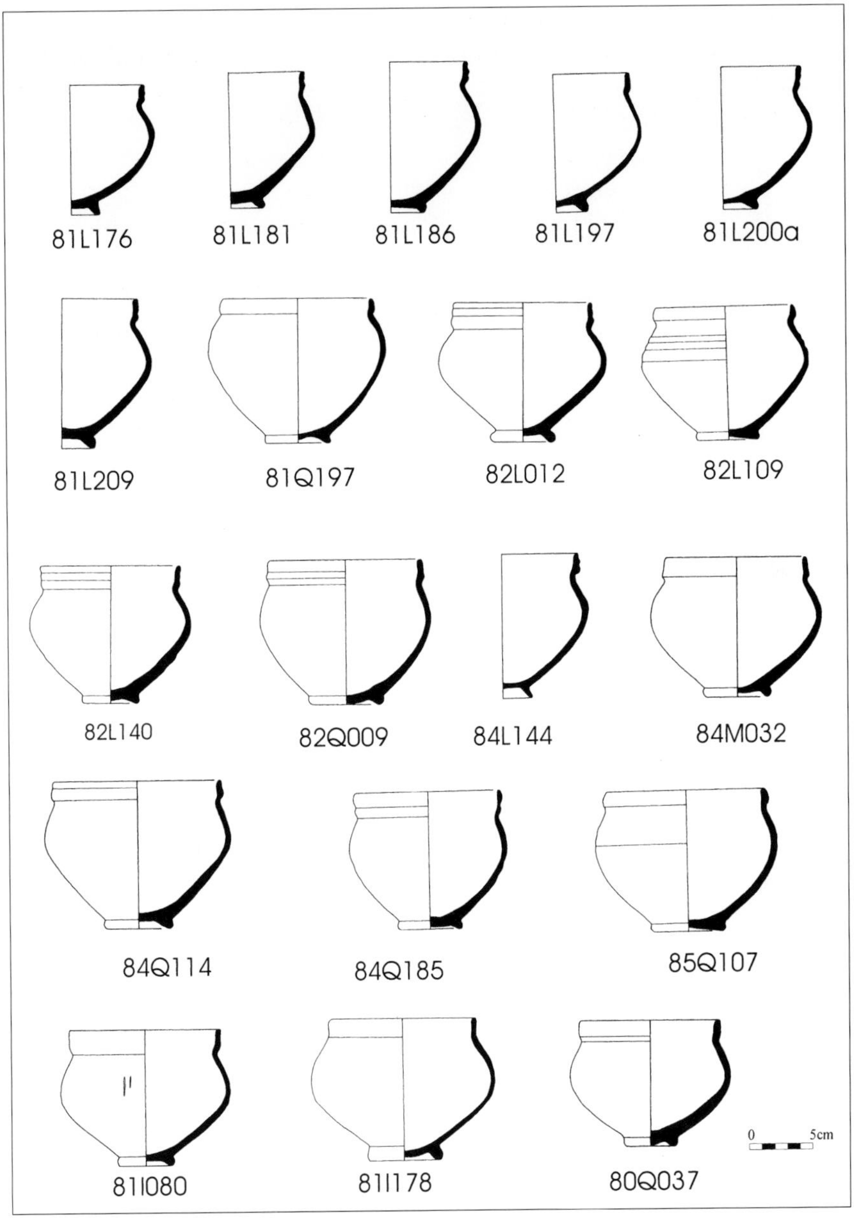

Abb. 10: Töpfe der Größengruppe 2 aus Bauschicht 3.

Abb. 11: Das Inventar des Raumes 3-1C;
Töpfe der Größengruppe 2 (vorne links) und 4b in situ.

das zwanzigfache eines SILA, also 20 x 800 ccm = 16 Liter. Nach der Rekonstruktion des Maßsystems von Ebla durch L. Milano[19] ist es dort die Maßeinheit *gu₂.bar*, die das zwanzigfache eines SILA ausmacht.

In einem Text aus Ebla wird das entsprechende Gefäß mit diesem Volumen als DUG bezeichnet.[20]

Gefäße, die in ihrer Form und Größe denen der Größengruppen 2 und 4b aus Halawa entsprechen, fanden sich auch in zahlreichen anderen Fundorten am Euphrat: erstere in Kurban Höyük,[21] Hammam et-Turkman,[22] Habuba Kebira,[23] Wreide,[24] Tell Hadidi,[25] Qara Quzaq,[26] Tell es-Sweyhat,[27] Tawi,[28] Tall Biᶜa[29] und Mari[30] (Abb. 12); letztere in Wreide,[31] Tell Hadidi,[32] Tall Biᶜa[33] und Mari[34] (Abb. 13).

---

19 Milano, L., op. cit. (Anm. 16), 519ff.

20 Archi, A., op. cit. (Anm. 13), 152.

21 Algaze, G., Town and Country in Southeastern Anatolia. Vol.II: The Stratigraphic Sequence at Kurban Höyük, OIP 110 (Chicago, 1990), Taf. 105. J-M.

22 Curvers, H.H., "The Period VI Pottery; The Period VII Pottery", in: Van Loon, M.N. (Hrsg.): Hammam Et-Turkman I, (Leiden, 1988), Taf. 119.34.

23 Heinrich, E., "Bericht über die von der Deutschen Orient-Gesellschaft mit Mitteln der Stiftung Volkswagenwerk im Euphrattal bei Aleppo begonnenen archäologischen Untersuchungen, erstattet von Mitgliedern der Expedition", in: MDOG 101 (1969), Abb. 19.1-2.

24 Rova, E., Die Keramik, in: Orthmann, W. und Rova, E.: Ausgrabungen in Wreide. Schriften zur Vorderasiatischen Archäologie Bd. 2, (Saarbrücken, 1991), Taf. 44, Typ IIA:2a.

25 Dornemann, R.H., "Tell Hadidi: One Bronze Age Site Among Many in the Tabqa Dam Salvage Area", in: BASOR 270 (1988), Abb. 6.22.

26 Olmo Lete, G. del, Qara Quzaq-I, (Barcelona, 1994), Abb. 13.6.

27 Holland, T.A., op. cit. (Anm. 10), Abb. 9.21, 22.

28 Kampschulte, I. und Orthmann, W., Gräber des 3.Jahrtausends im syrischen Euphrattal. 1. Ausgrabungen bei Tawi 1975 und 1978; Saarbrücker Beiträge zur Altertumskunde Bd. 38, (Bonn, 1984), Taf. 6.48; Taf. 13.39; T5; Taf. 12.29-30.

29 Strommenger, E. und Kohlmeyer, K., Tall Biᶜa / Tuttul III. Die Schichten des 3. Jahrtausends v. Chr. im Zentralhügel E, WVDOG 101 (Saarbrücken, 2000), Taf. 66.36; dieselb., Tall Biᶜa / Tuttul I. Die Altorientalischen Bestattungen, WVDOG 96 (Saarbrücken, 1998), Taf. 48.8; Taf. 37.12, 13; Taf. 104.2; Taf. 22.3, 4; Taf. 27.9; Taf. 19.14; Taf. 21.17; Taf. 30.4, 5.

30 Jean-Marie, M., Tombes et nécropoles de Mari. Mission Archéologique De Mari V. B.A.H. T. CLIII, (Beirut, 1999), Taf. 117.7.

31 Rova, E., op. cit. (Anm. 24), Taf. 41, 42; Typ IH:1b, IH:3, IH:4

32 Dornemann, R.H., op. cit. (Anm. 25), Abb. 17.4.

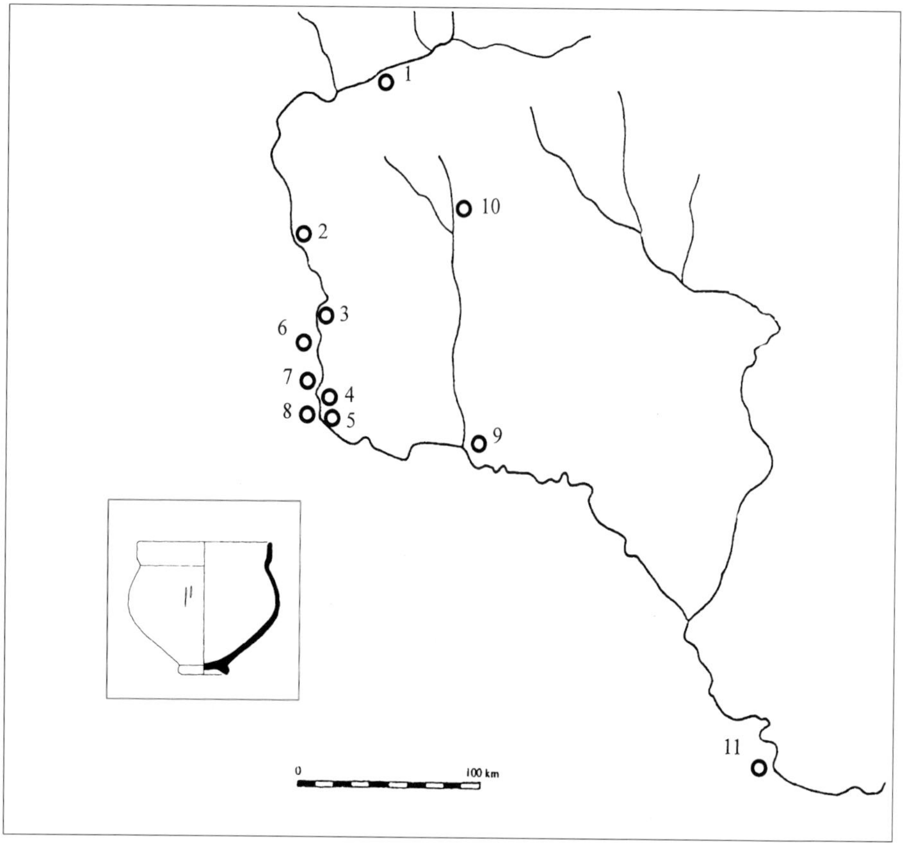

Abb. 12: Frühbronzezeitliche Fundorte von Töpfen der Größengruppe 2:
1: Kurban Höyük, 2: Qara Quzaq, 3: Tell es-Sweyhat, 4: Tawi, 5: Halawa, 6: Tell Hadidi, 7: Habuba Kabira, 8: Wreide, Tall Biᶜa,
10: Hammam et-Turkman, 11: Tell Hariri (Mari).

Von diesen zur Frühbronzezeit so zahlreich anzutreffenden Gefäßen fand sich kein einziges Stück in der Bauschicht 2 von Halawa A; ein Umstand der auf tiefgreifende organisatorische und wirtschaftliche Veränderungen zu Beginn der Mittelbronzezeit verweist.

---

[33] Strommenger, E. und Kohlmeyer, K., op. cit. (Anm. 29), Taf. 101.1,2.

[34] Grab 704, Jean-Marie, M. op. cit. (Anm. 30), Taf. 119.4; Grab 938; Taf.: 196.6; Grab 1092; Taf. 247.4, 5, 8.

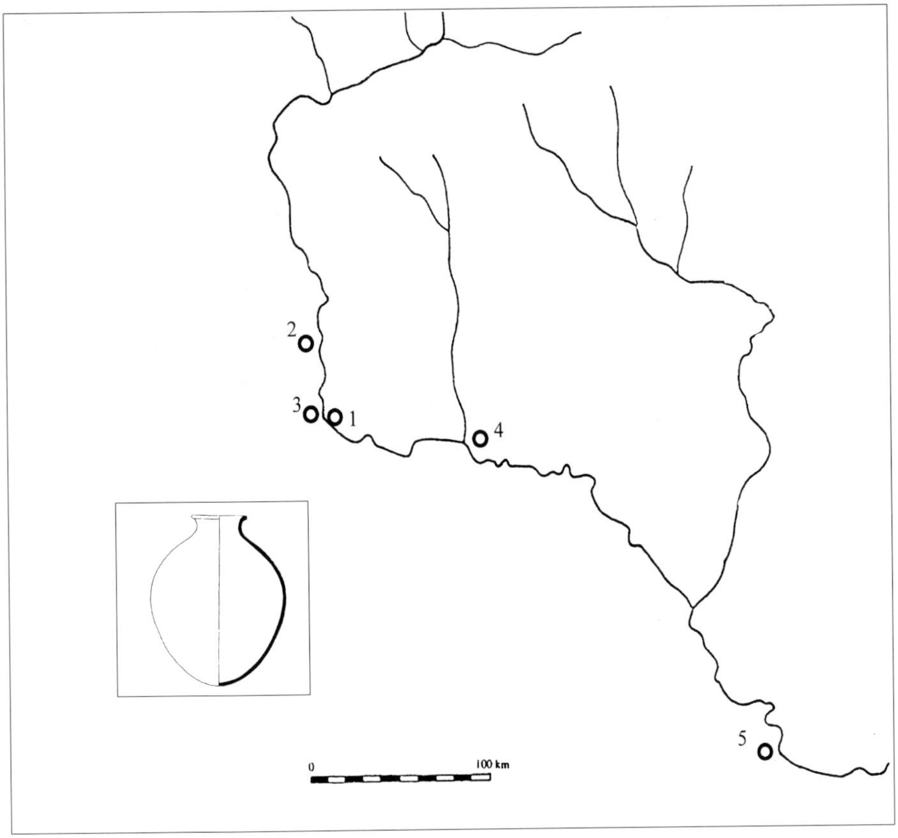

Abb. 13: Frühbronzezeitliche Fundorte von Töpfen der Größengruppe 4b.
1: Halwa, 2: Tell Hadidi, 3: Wreide, 4: Tell Biᶜa, 5: Tell Hariri (Mari).

5. Gefässe mit primär ideeller Funktion

Von einer "ideellen Funktion"[35] eines Gefäßes kann ausgegangen werden, wenn eine Gruppe von Gefäßen Merkmale aufweist, deren Herstellung ar-

[35] Basierend auf Binford unterscheidet Skibo, J.M., Pottery Function, (New York/London, 1992) für keramische Gefäße drei hauptsächliche Funktionen: "Ideofunction", "Soziofunction" und "Technofunction". Die ersten beiden hätten eher stilistische Einflüsse auf die Formgebung eines Gefäßes. Die technische Funktion bezieht sich auf die Nützlichkeit eines Gefäßes hinsichtlich seines Gebrauches. Die Unterscheidung zwischen ideologischer und sozialer Funktion erscheint hinsichtlich ihrer Anwendbarkeit auf Gefäße, die aus archäologischen Grabungen stammen, schwierig. Es soll daher im Folgenden zunächst lediglich zwischen einer "ideellen Funktion", die diese beiden Aspekte zusammenfaßt, und der technischen Funktion unterschieden werden.

beitsintensiv war, die aber keine Spezifizierung hinsichtlich der technischen Funktion zum Ziel hatten. Sie können daher als bewußt zur Erfüllung einer ideellen Funktion hergestellt betrachtet werden.

Die Flaschen der Euphratware[36] entsprechen in ihrer Form und Größe weitgehend solchen der einfachen Ware. Sie lassen daher keinen Unterschied hinsichtlich der Funktion dieser Flaschen – der kurzfristigen Lagerung und Verteilung von Flüssigkeit – erkennen. Gleicherweise sinnlos im Hinblick auf die technische Funktion sind die sich ausschließlich auf Flaschen der Euphratware beschränkenden Verzierungsarten der Streifenpolitur und der Bemalung.

Aus anderen frühbronzezeitlichen Fundorten im Euphrattal stammen Gefäße der hellen Euphratware fast ausschließlich aus Gräbern, sie fehlen dagegen in den Siedlungen.[37] Auch in Palästen ist die Euphratware nicht zu finden.[38] Eine Deutung als "Prestige-Objekt" ist daher unwahrscheinlich. Die Fundumstände belegen vielmehr eine rituelle Funktion der hellen Euphratware.

Die technische Funktion von Töpfen mit und ohne figürliche Verzierung ist gleich. Diese Verzierungen haben also ebenfalls eine ideelle Funktion. Da die größten und vollständigsten in Halawa A gefundenen Fragmente aus dem Inventar des direkt an den Antentempel grenzenden Raumes 3-26S stammen, kann auch für diese Gefäße eine rituelle Nutzung vermutet werden.

Die Gefäßständer mit Ritzverzierungen und Fenstern erfüllten vermutlich die gleiche technische Funktion wie die einfachen, unverzierten Ständer. Dies kann zumindest aufgrund der Darstellung solcher Ständer in der Bildkunst geschlossen werden.[39] Ihre Verzierungen weisen aber wiederum auf eine zusätzliche ideelle Funktion hin.

Scherben von Gefäßen und vollständige Gefäße mit ideeler Funktion fanden sich in der Bauschicht 3 von Halawa ausschließlich im Tempelbereich und in den südlich der Straße 3-S12 gelegenen Gebäuden, von denen für das Gebäude 3-35 u.a. aufgrund der beiden dort gefundenen, als Darstellungen

---

[36] Zur Beschreibung der "Euphratware" siehe Rova, E., op. cit. (Anm. 24), 75.

[37] Porter, A., The Ceramic Horizon of the Early Bronze in the Upper Euphrates, in: Olmo Lete, G. del, Fellonos, J.-L. (Hrsg.): Archaeology Of The Upper Syrian Euphrates – The Tishrin Dam Area, Kongreß Barcelona (1998), 312, 316.

[38] Strommenger, E. und Kohlmeyer, K., op, cit. (Anm. 29); Mazzoni, S., La produzione ceramica del Palazzo G di Ebla e la su posizione del III millenio a.C., Studi Eblaiti V (1982), 145-199; ders., Economic Features of the Pottery Equipment of Palace G, in: Waetzoldt, H. und Hauptmann, H. (Hrsg.): Wirtschaft und Gesellschaft von Ebla; HSAO 2, (1988), 81ff.

[39] Orthmann, W., Der alte Orient, PKG 8, (Berlin, 1985), Taf. 79b.

von "Ahnen" zu deutenden Steinskulpturen (Abb. 20) ebenfalls eine kultische Nutzung angenommen werden kann.[40]

Das Vorkommen von Scherben der hellen Euphratware beschränkte sich hierbei auf die Areale des südlichen Tempelbereiches und der Häuser in den Planquadraten L und M (Abb. 14). Innerhalb dieser Areale konnten die Scherben dem südlich an den Antentempel anschließenden Raum 3-26S und den südlich der Straße 3-S12 gelegenen Räumen 3-34B bzw. 3-35A zugeordnet werden. Die einzige vollständige Flasche der Euphratware lag im Raum 3-35A.

Das Vorkommen der dunklen Euphratware beschränkt sich ebenfalls auf Areale des Tempelbereiches und der Häuser in den Planquadraten L und M, wobei Scherben bzw. vollständige Gefäße dieser Ware wahrscheinlich zum Inventar der abgebrannten Räume 3-26S und 3-35A gehörten (Abb. 15). Im Gegensatz zur hellen Euphratware wurde ein vollständiges Gefäß aber auch im nördlich des Antentempels gelegenen Raum 3-26J gefunden.

Auch das Vorkommen von Scherben mit figürlichen Darstellungen beschränkt sich auf Areale innerhalb der Quadranten L und M; dagegen wurde im Quadranten Q keine einzige Scherbe gefunden, die der Bauschicht 3 stratigraphisch zugeordnet werden konnte (Abb.16, 17).

Innerhalb der Quadranten L und M fanden sich Scherben mit menschen- und tiergestaltigen Darstellungen innerhalb des Tempelgebäudes 3-26 und in den südlich der Gasse 3-S12 gelegenen Gebäuden 3-33, 3-34, 3-35 und 3-36.

Scherben, die zu Räucherständern gehört haben, fanden sich innerhalb der frühbronzezeitlichen Siedlung nur in den Arealen des südlichen Tempelbereiches und der Häuser in den Quadranten L und M (Abb. 18). Drei wurden hierbei innerhalb des abgebrannten Raumes 3-26S gefunden, eine Scherbe stammt aus Raum 3-34C. Der einzige vollständig erhaltene Räucherständer stand vor der Ostmauer des Raumes 3-35D.

Aus der Bauschicht 2 von Halawa A stammen wesentlich weniger Scherben von Gefäßen mit ideeller Funktion. Im Gegensatz zu Bauschicht 3 fanden sich ritz- bzw. stichverzierte Scherben mit figürlichen Darstellungen sowie einige verzierte Räucherständerfragmente innerhalb der Wohnhäuser.

Sollten die Gefäße, zu denen diese verzierten Scherben gehörten, die für die Bauschicht 3 erschlossene kultische Funktion auch in Bauschicht 2 innegehabt haben, so ist zu vermuten, daß in der mittelbronzezeitlichen Siedlung kultische Handlungen, die in der Frühbronzezeit an spezielle Gebäude gebunden waren, nun auch in Privathäusern stattfanden.

---

[40] Hempelmann, R., "Menschen- und tiergestaltige Darstellungen auf frühbronzezeitlichen Gefäßen von Halawa A", in: Meyer, J.-W., Novak, M., Pruß, A., (Hrsg.): Beiträge zur Vorderasiatischen Archäologie (Fs. W. Orthmann), (Frankfurt a. M., 2001), 158-160.

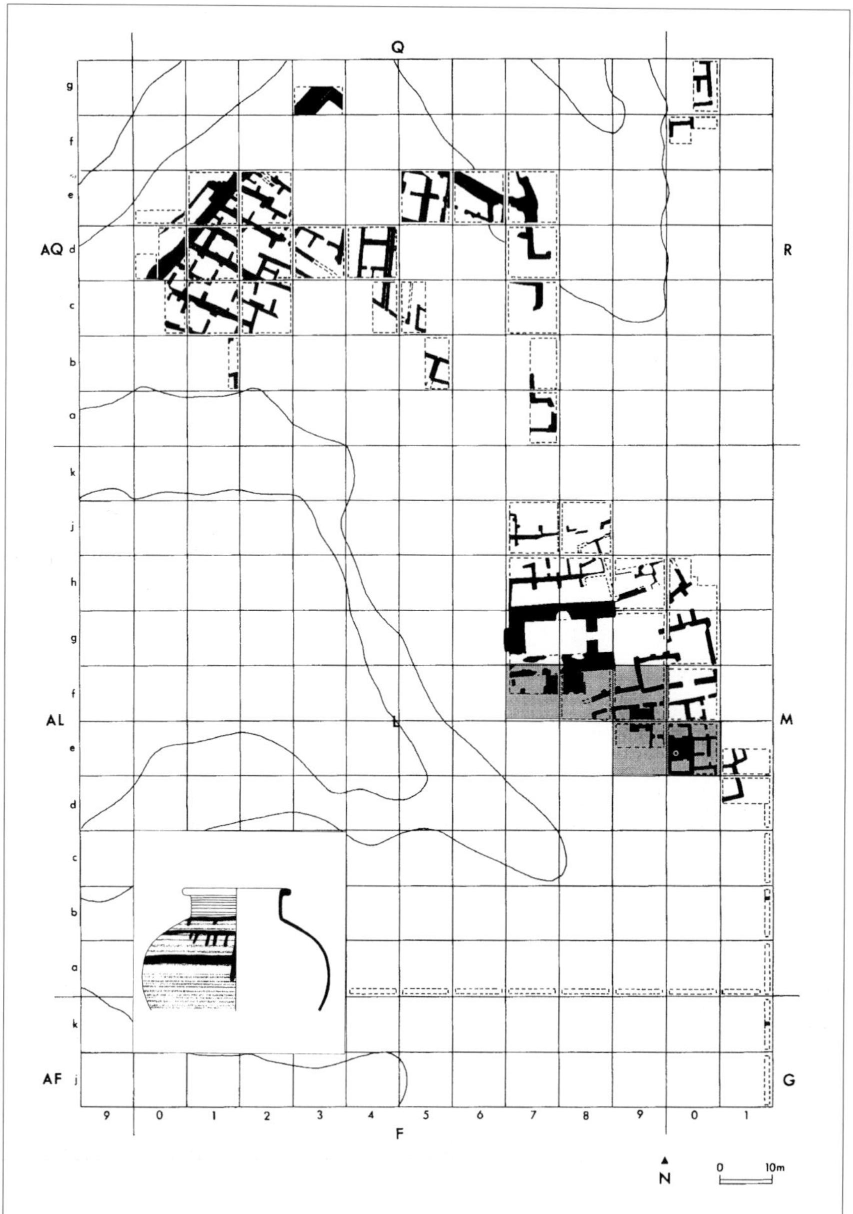

Abb. 14: Die Lokalisation der hellen Euphratware innerhalb der Areale und Räume der Bauschicht 3; Kreis: Vollständige Flasche der hellen Euphratware in situ.

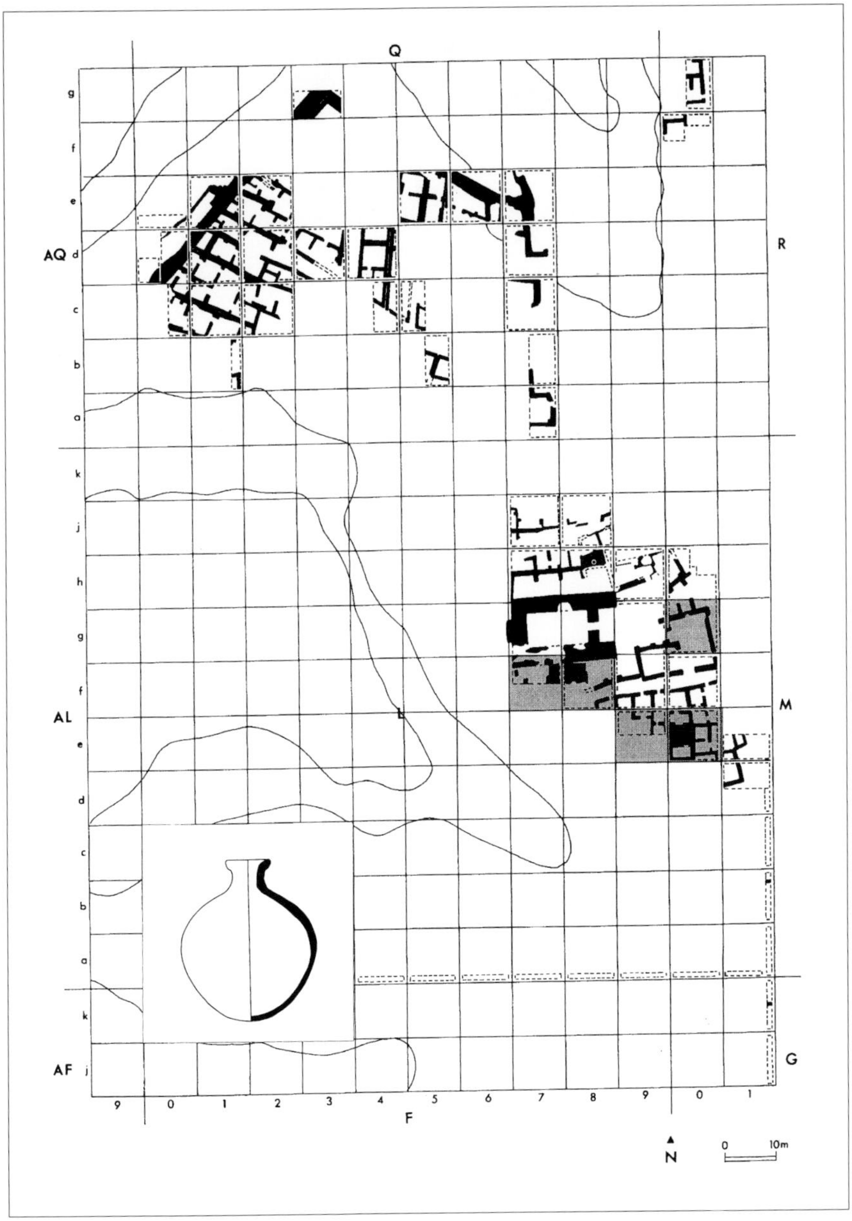

Abb. 15: Die Lokalisation der dunklen Euphratware innerhalb der Areale und Räume der Bauschicht 3. Kreis: Vollständige Flasche der dunklen Euphratware in situ.

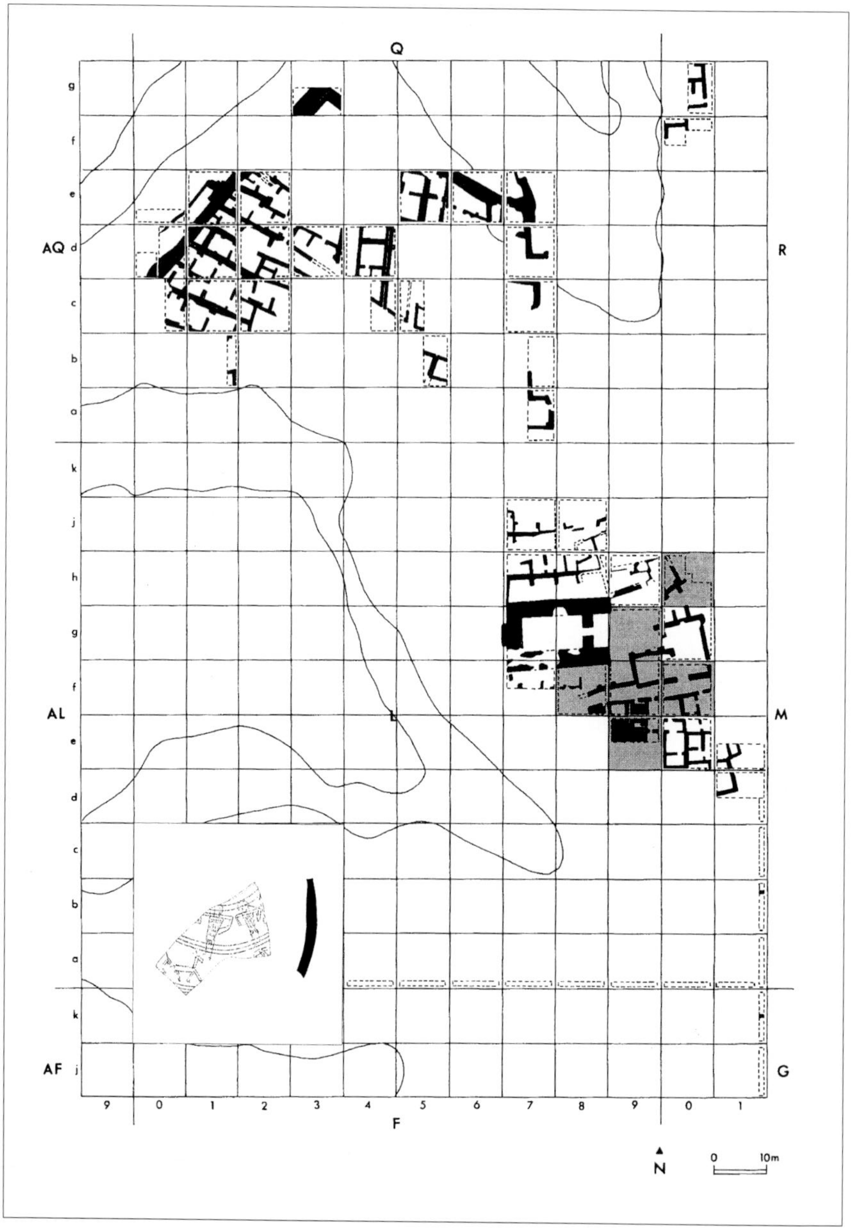

Abb. 16: Die Lokalisation der ritzverzierten Keramik mit figürlichen Darstellungen in den Arealen und Räumen der Bauschicht 3.

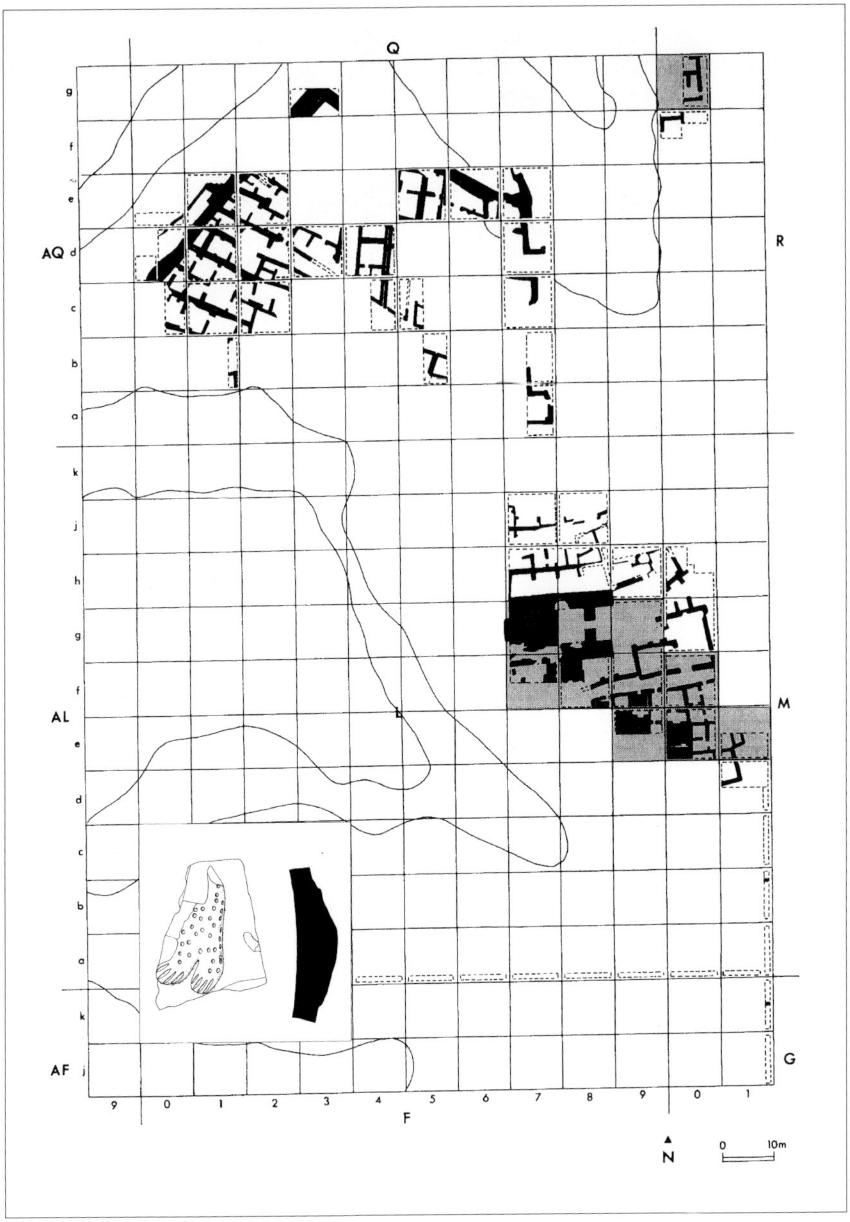

Abb 17: Die Lokalisation der appliziert verzierten Scherben mit figürlichen Darstellungen in den Arealen und Räumen.

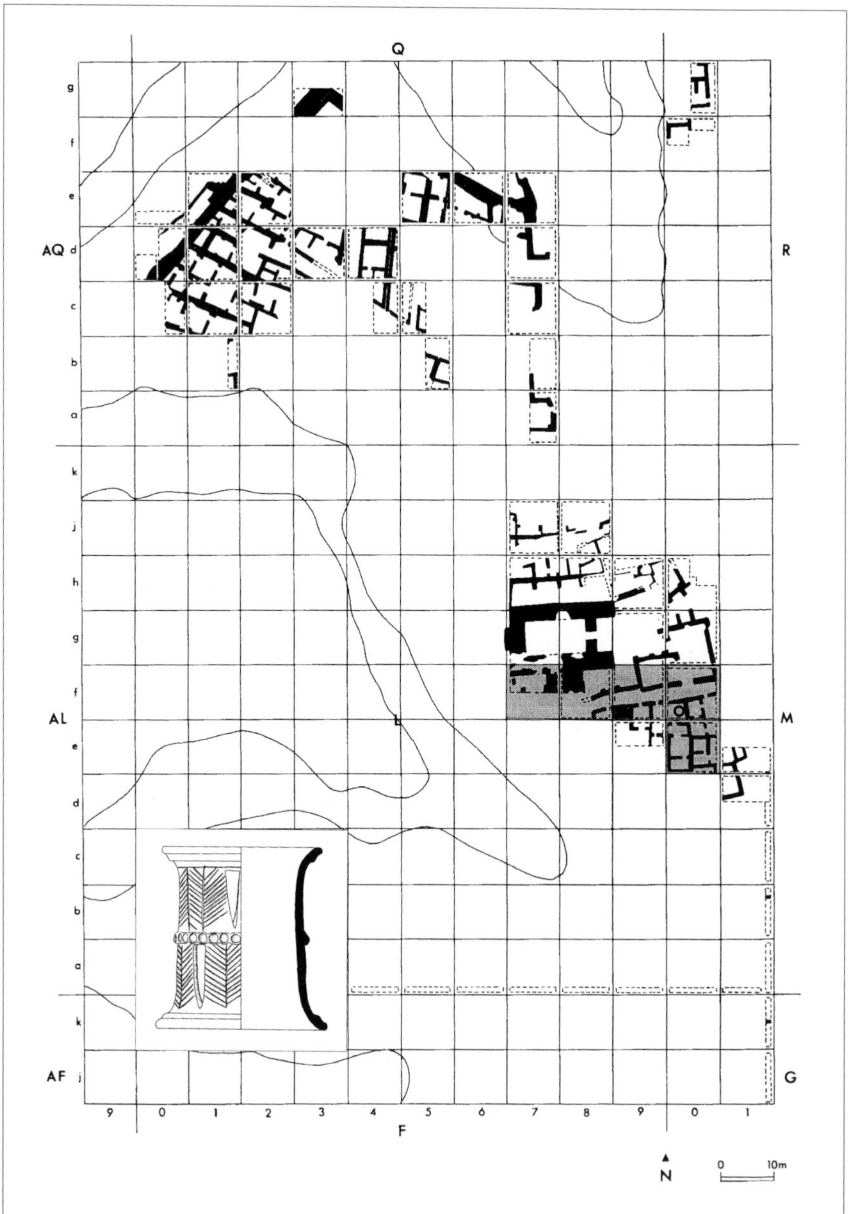

Abb. 18: Die Lokalisation der Räucherständer innerhalb der Areale und Räume der Bauschicht 3. Kreis: Vollständiger Räucherständer in situ.

6. Der geschichtliche Rahmen

Der Vergleich mit anderen Fundorten bestätigt E. Rovas Beobachtung einer eigenen Keramikprovinz in der Frühbronzezeit IV am oberen Euphrat.[41] Sie erstreckt sich zu beiden Seiten des Flusses zwischen Kurban Höyük im Norden und Tall Bi^{c}a im Süden. Sie grenzt sich gegenüber der von S. Mazzoni beschriebenen Keramikprovinz mit dem Zentrum Ebla im Westen[42] und dem Verbreitungsgebiet der metallischen Ware im Osten ab. Aus dem oberen Euphrattal bekannte Typen vollständiger Gefäße fanden sich bis Mari. Dort fehlen allerdings die typischen Schalen und Schüsselformen.

Bislang wurden keine Keilschrifttexte des dritten Jahrtausends v.Chr. in den Orten des oberen Euphrattales gefunden.[43] Für eine Rekonstruktion der Geschichte, Wirtschaft und Kultur sind wir daher auf indirekte Hinweise in den Archiven aus Ebla und Mari und vor allem auf archäologische Quellen angewiesen.

Die Städte am Oberen Euphrattal grenzen direkt an die Steppe, in der Regenfeldbau nicht mehr möglich ist. Ein Kanalsystem wie in Südmesopotamien hat vermutlich nicht bestanden.[44] Eine ausschließlich auf Ackerbau basierende Wirtschaft ist daher nicht anzunehmen. Vielmehr waren die Herdenhaltung, bei der Schafe und Ziegen in die Steppe getrieben wurden, sowie Jagd und Fischfang wesentliche Beiträge zur Ernährung der Bevölkerung.[45] Denkbar ist auch, daß die Lage am Fluß eine Versorgung mit Überschüssen im Austausch mit Handelsgütern ermöglichte.

Noch in der Periode FBIII und zu Beginn der Periode FBIV kam es zu einer dramatischen Vergrößerung zahlreicher bis dahin eher dörflicher Siedlungen. Einige Städte, wie Halawa A, scheinen Neugründungen der Frühbron-

---

[41] Rova, E., Ceramic Provinces Along The Middle And Upper Euphrates: Late Chalcolithic-Early Bronze Age, A Diachronic View; BaM 27 (1996), 25.

[42] Mazzoni, S., Frontières céramiques et le haut Euphrate au Bronze Ancien IV; M.A.R.I IV (1985), 561-577.

[43] Zu erwarten sind Texte aus dem abgebrannten Palast B in Tell Bi^{c}a.

[44] Miller, N.F., "Sweyhat and Hajji Ibrahim: Some Archaeobotanical Samples from the 1991 and 1993 Seasons", in: Zettler, R.L. u.a., Subsistence and Settlement in a Marginal Environment: Tell es-Sweyhat, 1989-1995, Preliminary Report. MASCA 14 (1997), 100; denkbar ist aber ein Zuleitungssytem von Regenwasser, wie es anscheinend in der Djezire bestanden hat. McClellan, T.L., Grayson, R., Ogleby, C., Bronze Age Water Harvesting in North Syria; Subartu VII (2000), 137-153.

[45] Miller, N.F., loc. cit. (Anm. 44), 102–103; Weber, J.A., "Faunal Remains From Tell Es-Sweyhat And Tell Hajji Ibrahim", in: Zettler, R.L. u.a., loc. cit., 141-142.

zezeit IV gewesen zu sein. Zahlreiche Orte sind nun mit einer Stadtmauer umgeben und weisen zentrale, öffentliche Gebäude auf.[46] Für die lokalen Eliten entstehen aufwendige, teilweise monumentale Grabanlagen.[47] In Jerablus Tachtani,[48] Tell Ahmar,[49] Tell Banat North[50] und Tell Bi^{c}a[51] waren diese oberirdisch sichtbar. Sie dienten primär dem Totenkult bzw. der Ahnenverehrung, daneben waren sie aber auch sichtbar gemachter Machtanspruch der Eliten.[52]

Im Zuge dieser Entwicklung kommt es zu Veränderungen in der Keramikproduktion. Neue Formtypen setzen sich klar gegenüber älteren ab. Wesentlich ist eine Standardisierung von Form und Größe der Gefäße. Diese Entwicklung entsteht aus der lokalen Keramiktradition.

Dem Brief des Enna–Dagan, König von Mari, an einen König von Ebla ist zu entnehmen, daß die politische Struktur aus "Fürstentümern" mit jeweils einem zentralen Ort bestanden hat.[53] Innerhalb der Keramikprovinz am oberen Euphrat konnte hierbei die Lokalisation der Fürstentümer Tuttul, Gasur, Burman und Abarsal wahrscheinlich gemacht werden.[54]

Es liegt nahe in den großen Siedlungshügeln dieses Gebietes die zentralen Orte dieser Fürstentümer zu erkennen. Die kulturellen und wirtschaftlichen Verflechtungen dieser Orte untereinander lassen es jedoch fraglich erschei-

---

[46] Jerablus Tachtani, Kurban Höyük, Tell es-Sweyhat, Tell el Abd, Habuba Kebira.

[47] McClellan, T.L., "Survey of Excavations at Tell Banat: Funerary Practices", in: Olmo Lete, G.del, Fellonos, J.-L. (Hrsg.): Archaeology Of The Upper Syrian Euphrates – The Tishrin Dam Area, Kongreß Barcelona, 1998, (1999), 107-116.

[48] Peltenburg, E., "The Living and the Ancestors: Early Bronze Age Mortuary Practices at Jerablus Tahtani" in: Olmo Lete, D. del, Fellonos, J.-L., (Hrsg.): Archaeology Of The Upper Syrian Euphrates – The Tishrin Dam Area. Kongreß Barcelona 1998, (1999), 427-442.

[49] Bunnens, G., "Melbourne University Excavations at Tell Ahmar on The Euphrates. Short Report on the 1989-1992 Seasons", in: Akkadica 79/80 (1992), 1-13.

[50] McClellan, T.L., Tell Banat North: The White Monument; Subartu IV,1 (1998), 243-269.

[51] Strommenger, E., op. cit. (Anm. 29).

[52] Peltenburg, E., op. cit. (Anm. 49).

[53] Meyer, J.-W., op. cit. (Anm. 11), 158-159.

[54] Meyer, J.-W., loc. cit., 155ff.; Bunnens, G., Géographie historique de la région du barrage de Tishrin; Subartu VII (2000), 301-302.

nen, ob es sich hierbei um autarke Stadtstaaten[55] gehandelt hat. Denkbar ist, daß einheitlich genormte Keramik auf die Existenz eines politischen Zusammenschlußes verweist.[56] Dort wo schriftliche Quellen vorliegen, lassen sich oftmals Keramikprovinzen mit politischen Gebilden in Deckung bringen.[57] Für die Frühbronzezeit IV ist diese Übereinstimmung für den Stadtstaat von Ebla gesichert.[58]

Abarsal, am oberen Euphrat gelegen, scheint politisch als ebenbürtig mit Mari und Ebla betrachtet worden zu sein, die nach der Meinung mancher Autoren bereits die Entwicklung zu "Reichen" ("empires") vollzogen hatten.[59] Zumindest stellt das Gebiet am oberen Euphrat einen eigenen Wirtschaftsraum dar, in dem eine genormte Keramik basierend auf einem Maßsystem notwendig geworden war, um die Entsendung von Überschüssen an die Zentren, Redistributionen und Handelsware kontrollierbar zu machen. Das gleiche Phänomen ist sowohl archäologisch als auch aufgrund der schriftlichen Quellen für Ebla belegt.[60] Die dortige Keramik ist ebenfalls standardisiert. In ihr wurden landwirtschaftliche Produkte aus den untergeordneten Orten an das Zentrum geliefert bzw. gelagert.

Der Brief des Enna-Dagan berichtet, daß Mari die Fürstentümer am oberen Euphrat durch Kampf unterwarf.[61] Sollte Enna-Dagan tatsächlich ein Zeitgenosse des ersten im Ebla-Archiv erwähnten König Igriš-Ḫalam gewesen sein, hätte der Angriff des Königs Ištub-Šar auf Emar und Abarsal etwa drei Generationen vor der Zerstörung des Palastes G in Ebla, also bereits zu Beginn der Frühbronzezeit IV stattgefunden. Diesen militärischen Erfolgen werden sich Tributforderungen angeschlossen haben.

Von Westen her versuchte jedoch auch Ebla das Gebiet am oberen Euphrat unter seine Kontrolle zu bringen. Die Zugehörigkeit der Orte zu einem

---

55 Archi, A., "The City of Ebla and the Organization of its Rural Territory", in AoF 19 (1992), 24-28.

56 McClellan, T.L., Urbanism on the Upper Syrian Euphrates, in: Olmo Lete, G. del, Fellonos, J.-L., (Hrsg.): Archaeology Of The Upper Syrian Euphrates – The Tishrin Dam Area. Kongreß Barcelona 1998, (1999), 413-425.

57 Pfälzner, P., Mittanische und Mittelassyrische Keramik. Eine chronologische, funktionale und produktionsökonomische Analyse; BATSH Bd. 3 (1995).

58 Mazzoni, S., op. cit. (Anm. 38 und 42).

59 Astour, M.C., An Outline of the History of Ebla, Part I; Eblaitica 3 (1992), 3-82.

60 Mazzoni, St. op. cit. (Anm. 38); ders., "Drinking Vessels in Syria: Ebla and the Early Bronze Age", in: Milano, L. (Hrsg.): Drinking in Ancient Societies, HANE/SVI (1994), 245-276; Archi, A., op. cit. (Anm. 13).

61 Meyer, J.-W., op. cit. (Anm. 11), 161-168.

"eblaitischen Reich" hat vermutlich nur in der Verpflichtung zu Tributabgaben bestanden. Tributverpflichtungen gegenüber Mari oder Ebla können sich jedoch nicht in der Keramik widerspiegeln, da sie aus Schaf- und Metalllieferungen bestanden.

Gemeinsamkeiten im Keramikspektrum von Halawa A und Ebla bleiben auf das Vorkommen einzelner Importe von "Luxusgütern" beschränkt (Abb. 19).

Dagegen scheint mit Mari ein intensiverer Austausch stattgefunden zu haben. Im Gegensatz zu Ebla fanden sich dort Beispiele für genormte Gefäße des Gebietes am oberen Euphrat.

Am Ende der Frühbronzezeit IVA kommt es zur Zerstörung des Palastes G von Ebla. Diese Zerstörung wird traditionell mit dem Feldzug eines akkadischen Königs begründet, wobei es unsicher ist, ob es sich dabei um Sargon oder Naramsin gehandelt hat. Da selbst verfaßte Aussagen zur Eroberung von Ebla aber nur von letzterem vorliegen, erscheint er als der wahrscheinlichere Zerstörer des Palastes.[62]

Unsicher bleibt es, einen "akkadischen Zerstörungshorizont" auch an anderen Orten ausfindig machen zu wollen. Hierfür käme der abgebrannte Palast B in Tuttul in Betracht, dessen keramisches Inventar jedoch etwas älter als das des Palastes G zu sein scheint. In Munbaqa wurde das große Gebäude der "Kuppe" zu Beginn der Frühbronzezeit IVB einer sekundären Nutzung zugeführt. Zeitgleich mit dem Verlassen von Tell Banat zu Beginn der Frühbronzezeit IVB erfolgte auch die Aufgabe des Tempels in Tell Kabir.[63] Spekulation bleibt es, den Brandhorizont in Halawa A zwischen der Bauschicht Q3C und Q3B mit diesen Vorgängen in Beziehung zu bringen.

Unter direkter akkadischer Kontrolle hat das Gebiet am oberen Euphrat, anders als etwa das Ḫabur-Gebiet, nicht gestanden.[64] Die akkadischen Könige beschränkten sich hier auf Plünderungszüge und wohl auch auf die Sicherung eines für sie vorteilhaften Handels von Rohstoffen aus Anatolien.

Scheint es also zu Beginn der Frühbronzezeit IVB mancherorts zu Zerstörungen und gar der Aufgabe von Siedlungen gekommen zu sein, erfahren andere Siedlungen in dieser Periode ihre maximale Ausdehnung. So vergrößert

---

[62] Michalowski, P., "Memory and Deed: The Historiography of the Political Expansion of the Akkad State", in: Liverani, M. (Hrsg.): Akkad The First World Empire, (Padua, 1993), Abb. 1.

[63] Porter, A., The Third Millennium Settlement Complex at Tell Banat: Tell Kabir; DaM 8 (1995), 125-163.

[64] Michalowski, P., op. cit. (Anm. 62).

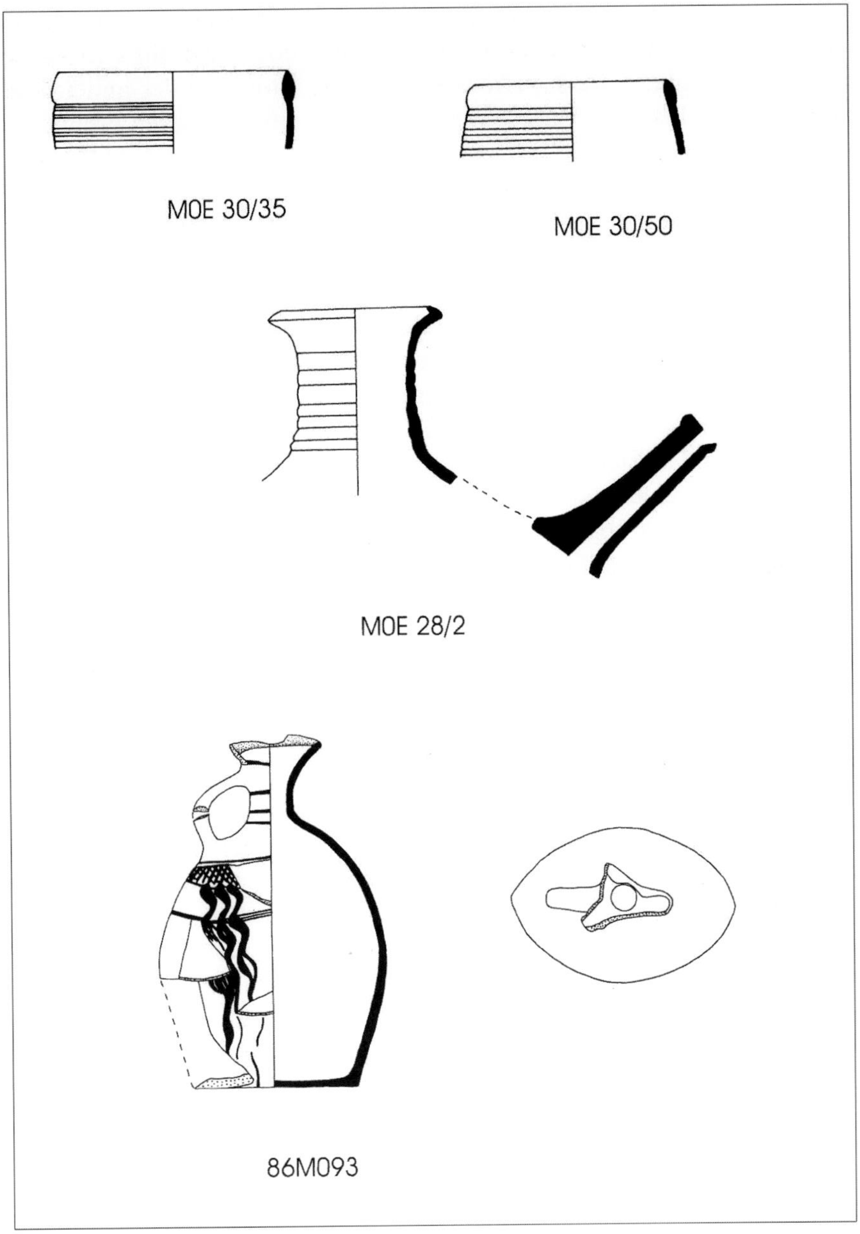

Abb. 19: In Halawa A, Bauschicht 3 gefundene Importkeramik.

sich das Stadtgebiet von Tell es-Sweyhat um das dreifache.[65] Auch die Besiedlung von Halawa A setzt sich ohne erkennbare Reduzierung des Stadtgebietes fort. Möglicherweise erfreuten sich diese Orte nach der militärischen Entmachtung Eblas und Maris durch Akkad nun einer größeren Freiheit und es war ihnen möglich, die Überschüsse des bereits etablierten tributären Systems für sich selbst verwenden zu können. In Halawa A konnten Belege für eine Tempelwirtschaft ebenso erbracht werden wie Belege für private Hortung von Überschüssen.

Kulturell ist die "Kontaktzone" am Oberen Euphrat Einflüssen aus unterschiedlichen Regionen Syriens ausgesetzt. Das Anbringen von Gefäßmarkierungen ist in Westsyrien bis zum Oberen Euphrat belegt, findet sich aber weder im Verbreitungsgebiet der metallischen Ware noch in Mari.

Auffallend sind die identischen Gefäßmarkierungen in Fundorten am oberen Euphrat und in Ebla. Unabhängig von ihrer Interpretation belegen sie die Existenz eines gemeinsamen Zeichensystems. Anhand der Gräber von Tall Bi^{c}a konnte aber darüber hinaus wahrscheinlich gemacht werden, daß diese Markierungen Bezug auf die Zugehörigkeit des Besitzers zu einer bestimmten Abstammungsgruppe (Lineage) nahm.[66] Die Existenz identischer Gefäßmarkierungen in verschiedenen Fundorten könnte so gedeutet werden, daß Angehörige der gleichen Lineage in verschiedenen Orten ansässig waren.

Schließlich fanden sich im Hinblick auf die figürlich verzierte Keramik stilistische und ikonographische Parallelen mit Fundorten der nördlichen Djezire und des Dijala-Gebietes.[67] Die Fundumstände in Halawa A zeigen, daß wir es hierbei mit Reflexionen der magisch-religiösen Vorstellungswelt zu tun haben. Somit kann indirekt auf Gemeinsamkeiten in dieser Vorstellungswelt zwischen den Bewohnern des Euphrattals und denen des Verbreitungsgebietes der metallischen Ware geschlossen werden.[68]

Neben der Keramik verbinden weitere kulturelle Gemeinsamkeiten die Orte am oberen Euphrat:

Die bereits erwähnten Grabmale zeugen davon, daß die Ahnenverehrung von großer Bedeutung war. Eine Stätte der Ahnenverehrung konnte mit dem Haus 3-35 für Halawa A lokalisiert werden.[69] Während die Ahnenvereh-

---

[65] Zettler, R.L. u.a., Subsistence and Settlement in a Marginal Enviroment: Tell es-Sweyhat, op. cit. (Anm. 44), 4, 169.

[66] Bösze, I., Analysis of the Early Bronze Age Graves in Tell Bia. Unveröffentl. Magisterarbeit, (Frankfurt a. M., 2002).

[67] Hempelmann, R., op. cit. (Anm. 40), 160-161.

[68] Dies läßt sich auch aus dem Vorkommen gemeinsamer Typen innerhalb der Terrakotten erschließen.

[69] Hempelmann, R., op. cit. (Anm. 40), 158-160.

rung durch schriftliche Quellen auch für Ebla[70] und aufgrund von archäologischen Befunden für Tell Chuera[71] belegt ist, scheint die Errichtung oberirdisch sichtbarer monumentaler Grabbauten eine kulturelle Eigenheit des oberen Euphrats gewesen zu sein.

Demgegenüber bieten die Friedhöfe eine verwirrende Vielfalt von unterschiedlichen Bestattungsformen. Eine mögliche Erklärung hierfür wartet auf eine Ausarbeitung. Gemeinsam ist den Gräbern des oberen Euphrattales jedoch die bevorzugte Beigabe von Schalen und Flaschen. Gefäße der hellen Euphratware haben eine kultische Funktion und finden sich fast ausschließlich und in großer Zahl in Gräbern. In Siedlungen erscheinen vollständige Gefäße nur in Tempeln und Stätten der Ahnenverehrung, jedoch nicht in Privathäusern und Palästen. Die Herstellung der hellen Euphratware am oberen Euphrat ist archäologisch gesichert.[72]

Am Ende der Frühbronzezeit kam es am oberen Euphrat zu einem sehr schnellen Niedergang und einer anschließenden Aufgabe fast sämtlicher bis dahin blühenden Städte.[73] Dieses Phänomen ist in der Zeit um 2200 v.Chr. auch im Ḫabur-Gebiet,[74] Ägypten, Palästina und der Ägäis[75] zu beobachten. Während H. Weiss es monokausal durch einen Vulkanausbruch mit anschließender Klimaverschlechterung erklärt,[76] vermutet E. Peltenburg komplexere Ursachen, zu denen eine Überbevölkerung und damit verbundene zerstörerische Eingriffe des Menschen in die Umwelt gehörten.[77]

---

[70] Haas, V., Geschichte der hethitischen Religion; HdO, 1. Abt., (Leiden, 1994), 238-240.

[71] Moortgat, A., Tell Chuera in Nordost-Syrien – Vorläufiger Bericht über die fünfte Grabungskampagne 1964. Schriften der Max Freiherr von Oppenheim-Stiftung Heft 6, (Wiesbaden, 1967), 45-46.

[72] Eine nahezu vollständige Flasche der hellen Euphratware lag im Ofen 3 des Töpferviertels von Tell Banat. Porter, A., op. cit. (Anm. 37), 313.

[73] Cooper, E.N., "The EB-MB Transitional Period at Tell Kabir, Syria", in: Fortin, M und Aurenche, O., (Hrsg.), Espace Naturel, Espace Habitê en Syrie du Nord. Kongreßbericht Laval, (Quebec, 1998), 271ff.; Weiss, H. und Courty, M.-A., "The Genesis and Collaps of the Akkadian Empire: The Accidental Refraction of Historical Law", in: Liverani, M. (Hrsg.): Akkad – The First World Empire, (Padova, 1993), 141.

[74] Weiss, H. und Courty, A.-M., loc. cit.

[75] Peltenburg, E., From Nucleation to Dispersal. Late Third Millenium BC Settlement Pattern Transformation in The Near East and Aegean; Subartu VII (2000), 183-205.

[76] Weiss, H. u.a., "The Genesis and Collapse of Third Millenium North Mesopotamian Civilisation", in: Science 261 (1993), 995-1004; Weiss, H., Causality and Chance. Late Third Millennium Collapse in Southwest Asia; Subartu VII (2000), 207-217.

[77] Peltenburg, E., op. cit. (Anm. 75), 200.

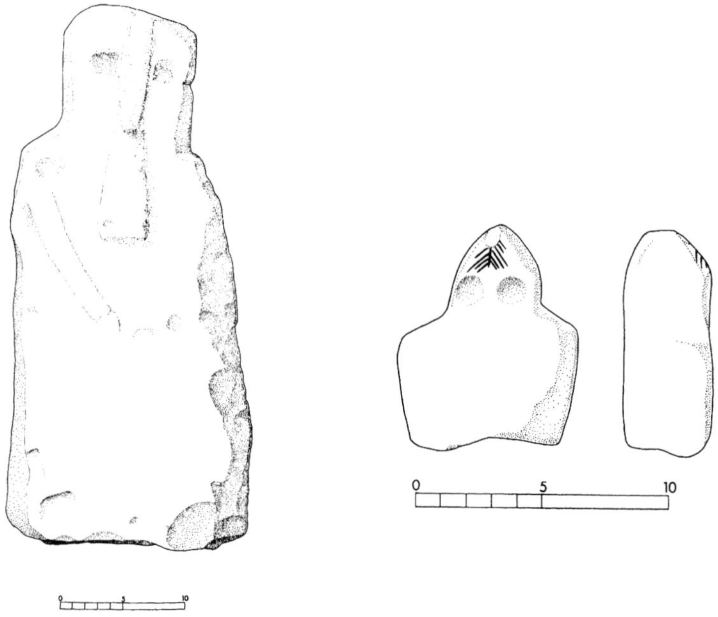

Abb. 20: Anthropomorphe Steinfiguren aus Halawa A, Bauschicht 3, Haus 3-35.

Am oberen Euphrat ist in Kurban Höyük III und Halawa A eine drastische Schrumpfung der besiedelten Fläche zu beobachten. Es sind dies Schichten mit einer "Übergangskeramik" bzw. einer solchen, die zwar noch in der frühbronzezeitlichen Tradition steht, aber bereits mittelbronzezeitliche Elemente aufweist. In Halawa und Qara Quzaq II wurden die frühbronzezeitlichen Antentempel in industrielle Anlagen bzw. Speicher umgewandelt.[78] Das tributäre System scheint zusammengebrochen zu sein und die Siedlungen bilden autarke dörfliche Einheiten.[79]

---

[78] Olmo Lete, G. del und Fenollos, M., "Du Temple A L´Entrepot. Un Example de Transformation De L´Espace Urbain À Tell Qara Quzaq En Syrie Du Nord", in: Fortin, M. und Aurenche, O., (Hrsg.): Espace Naturel, Espace Habité en Syrie du Nord. Kongreßbericht Laval, (Quebec, 1997), 295ff.

[79] Wattenmaker, P., "Political Fluctuations and local Exchange Systems: Evidence from the Early-Bronce Age Settlements at Kurban Höyük", in: Stein, G. und Rothman, M.S., (Hrsg.): Chiefdoms and Early States in the Near East. The Organizational Dynamics of

Der Beginn der Mittelbronzezeit markiert einen Bruch in der materiellen Kultur im Euphrattal. Bei der Errichtung neuer Gebäude und ganzer Siedlungen wird auf die bis dahin existierenden Gebäude und Stadtstrukturen kaum Bezug genommen.

Ein längerer zeitlicher Hiatus zwischen der früh- und der mittelbronzezeitlichen Besiedlung – wie er für das Ḫaburgebiet angenommen wird –[80] hat jedoch nicht bestanden. Vor allem die stratigraphischen Ausgrabungen in Hammam et-Turkman, Kurban Höyük, Tell Kabir und in Tell Biᶜa belegen eine kontinuierliche Siedlungsabfolge.

Innerhalb der Keramik spiegelt sich der Beginn der Mittelbronzezeit im Auftauchen neuer Verzierungstechniken und Gefäßtypen wieder. Auffallend ist das Erscheinen der gleichen Keramikmerkmale zu Beginn der Mittelbronzezeit im gesamten Nordsyrien. Hierzu gehören die breiten Lippen, die hohen Lippen mit einem maximalen Durchmesser im oberen Bereich, die Wakkelböden und die Kammstrichverzierung. Keramikprovinzen können daher eher durch das Vorkommen gemeinsamer Typen vollständiger Gefäße erfaßt werden.

Die starken neuen Elemente innerhalb der materiellen Kultur sind vielleicht mit der aus schriftlichen Quellen belegten Machtübernahme bis dahin nomadisch lebender Bevölkerungsgruppen, zusammenfassend als "Ammoriter" bezeichnet, in Verbindung zu bringen.

Das Verbreitungsgebiet der Fundorte mit den für Halawa belegten Typen vollständiger Gefäße deckt sich hierbei annähernd mit dem für die Frühbronzezeit ermittelten. Lediglich der Norden mit Kurban Höyük und Lidar Höyük gehört nun nicht mehr hierzu. Es ist denkbar, daß diese Keramikprovinz das zum mittelbronzezeitlichen Stadtstaat von Emar gehörende Gebiet markiert.[81]

Complexity, (Madison, 1994), 201; Cooper, E.N., op. cit. (Anm. 6), 276-279.

[80] Weiss, H., op. cit. (Anm. 73); Weiss, H. u.a., op. cit. (Anm. 76); Weiss, H., op. cit (Anm. 76).

[81] Meyer, J.-W., op. cit. (Anm. 11), 151-154.

Change and Continuity of Art in Syria Viewed from Ebla

Frances Pinnock, Rome*

In the history of the cultural and artistic development of a region, even when the evidence is very fragmentary, it is always possible to single out, at least in general terms, phases of stronger ideological and/or stylistic elaboration, alternating with others of stagnation and reflux. In order to analyse, and understand better these phenomena it is absolutely necessary to take into consideration, when possible, also the historical and political events of that region, and the eventual influxes they had over the evolution of ideologies and of religious beliefs. Dealing with the ancient Near East, one may face, in turn, a fragmentary and inorganic evidence, or illiterate civilisations, namely phenomena which sometimes oppose unsurpassable obstacles for an overall reconstruction of the evolution of the artistic phenomenon.

Thanks to a systematic exploration, started more than thirty years ago, Ebla can now be considered a privileged observatory in order to study a region, north inner Syria, which, previous to the discoveries of Ebla, was not well known as a whole. The evidence from this centre concerns in particular two phases: the first one is the mature Early Syrian period = Mardikh IIB1, ca. 2400-2300 BC, when Ebla was the capital of the region; the second phase is the archaic and mature Old Syrian period = Mardikh IIIA-B, ca. 1900-1650/1600 BC, when the leading role belonged to Aleppo. In this period, relevant ideological, and religious reforms took probably place, which were possibly related with equally important political events: 1) the flourishing of the mature Early Syrian Ebla, which is well exemplified by the astonishing finding of the Royal Palace,[1] and of the State Archives, in Area G, and of

---

* Prof. Frances Pinnock, Università degli Studi di Parma, Piazzali della Pace 7/A, 43100 Parma, Italy.

[1] Matthiae, P., Ebla. Un impero ritrovato. Dai primi scavi alle ultime scoperte, (Torino, 1989), 66-125; Id., "Ebla à l'époque d'Akkad: archéologie et histoire", in: CRAI 1976, 190-215; Id., "Ebla in the Late Early Syrian Period: The Royal Palace and the State Archives", in: BA 39 (1976), 94-113; Id., "Le Palais Royal protosyrien d'Ebla: nouvelles recherches archéologiques à Tell Mardikh en 1976", in: CRAI 1977, 148-174; Id., "Le palais

an important workshop installation in Area P4,[2] in the Lower Town north; 2) the end of this period, after the destruction by the Akkadian army, and 3) the new phase of flourishing in Early Bronze IVB; 4) the passage to Middle Bronze I, and the reconstruction of the town, around 1900 BC; 5) the subjection to Aleppo, around 1800 BC, and 6) the final destruction of Ebla by the Hittites, around 1650 BC.

Before the Italian excavations at Ebla, the political history of north inner Syria was known through the literary evidence from outside it, in particular from Mari texts,[3] and its artistic accomplishments could be appreciated only thanks to scattered specimens, particularly of Old Syrian metalwork, clay figurines, and cylinder seals, coming prevalently, if not exclusively, from the antique market, and therefore decontextualized.[4] Actually, the rich, and multifaceted Eblaic evidence, allows to follow, at least in part, the outcome of those phenomena, which had in Ebla their starting point, but also to trace the general lines of ideological processes, which had in Aleppo the core of their elaboration, but which found in Ebla relevant echoes. In this picture, on the one hand, the mature Early Syrian period is well enlightened by the limited, but extremely meaningful evidence of the Royal Palace G, including architecture, and figurative and written documents, and, on the other hand, the mature Old Syrian period is richly illustrated by architecture and material culture, while written texts are still missing, with the exception of a very few tablets, and fragments. On the contrary, the late Early Syrian, and the archaic Old Syrian periods are still partially obscure, but the scant archaeological evidence of Ebla can be usefully integrated with archaeological, and epigraphic documents from other sites.

Considering the role the north Syrian town played on the political stage of the times, the task of the scholar is, on the one hand, to single out the peculiarly Eblaic elements in the artistic and material cultures of the mature and late Early Syrian period; on the other hand, on the base of the individua-

---

royal et les archives d'état d'Ebla protosyrienne", in: Akkadica 2 (1977), 2-19; Id., "Recherches archéologiques à Ebla en 1977: le Quartier Administratif du Palais Royal G", in: CRAI 1978, 204-236; Id., "Il Palazzo Reale G di Ebla e la tradizione architettonica protosiriana", in: SEb 5 (1982), 77-92.

[2] Marchetti, N., Nigro, L., "Handicraft Production, Secondary Food Transformation and Storage in the Public Building P4 at EBIVA Ebla", in: Berytus 42 (1995-1996), 9-36.

[3] Kupper, J.-R., Northern Mesopotamia and Syria, in: CAH[3], (Cambridge, 1973), 2, 14-15, 30, 35.

[4] Matthiae, P., Ars Syra. Contributi alla storia dell'arte figurativa siriana nelle età del Medio e Tardo Bronzo, SA 4, (Roma, 1962), 17-18.

tion of this properly Eblaic culture, one can try, and single out the eventual innovative features, produced when Aleppo took the leadership over the region, and Ebla became her vassal, as they were received in a centre rich in well rooted traditions, and where workshops of highly developed technical capacities were quite likely still at work.

Here, we will not deal with the mature Early Syrian period, but rather with the other two phases of the end of the IIIrd millennium BC, and of the first half of the IInd millennium BC, during which important changes took place. As regards the oldest period, Mardikh IIB2 = Early Bronze IVB, ca. 2200-2000 BC, only a part of the settlement in the Lower Town west is preserved;[5] recently, large sectors of a relevant palatial building were also brought to light.[6] This structure, called Archaic Palace, was founded in Early Bronze IVB, but was in use, with some refurbishing, still at the beginning of Middle Bronze I, when, possibly after an earthquake, a consistent portion of its north wing subsided, and had to be abandoned. A second building, the Intermediate Palace, took its place for a short period, occupying its southern part, and was in its turn replaced, at the beginning of Middle Bronze II, by the extended Northern Palace, whose orientation, and outline are strongly consistent with those of the Archaic Palace.[7]

The Northern Palace was destroyed by the Hittites, at the time of the final destruction of the town, around 1600 BC. The two previous ones, on the contrary, were not destroyed, but rather abandoned. Therefore, they had been completely emptied of their furniture, and did not contain any relevant object, with the important exception of quite a large repertory of pottery. So, they are of some importance, on the one hand, for the reconstruction of the ceramic horizon of Ebla in the Bronze Age, and, on the other hand, as evidence of settlement continuity between Early Bronze IVA, and Middle

---

[5] The remains are quite scanty, although covering quite a large surface, because they were located in a part of the town, the Lower Town north-west, where the underground rock layer is very close to the surface, and the structures were almost completely destroyed, probably at the beginning of Middle Bronze I: Matthiae, P., "L'aire sacrée d'Ishtar à Ebla: Résultats des fouilles de 1990-1992", in: CRAI 1993, 619-621.

[6] Id., "Fouilles à Ebla en 1993-1994: les palais de la Ville Basse nord", in: CRAI 1995, 659-676.

[7] The Intermediate Palace is known only in fragments, and nothing can be ascertained about its plan. The orientation of its walls is apparently similar to that of the Archaic and Northern Palaces, although their placement is definitely different. The top of some wall was visible below the floors of the Northern Palace, so, apparently, they were used as bases for the pavements, and not for other walls in the later period: Matthiae, P., Fouilles à Ebla, op. cit. (fn. 6), 674-676, fig. 19.

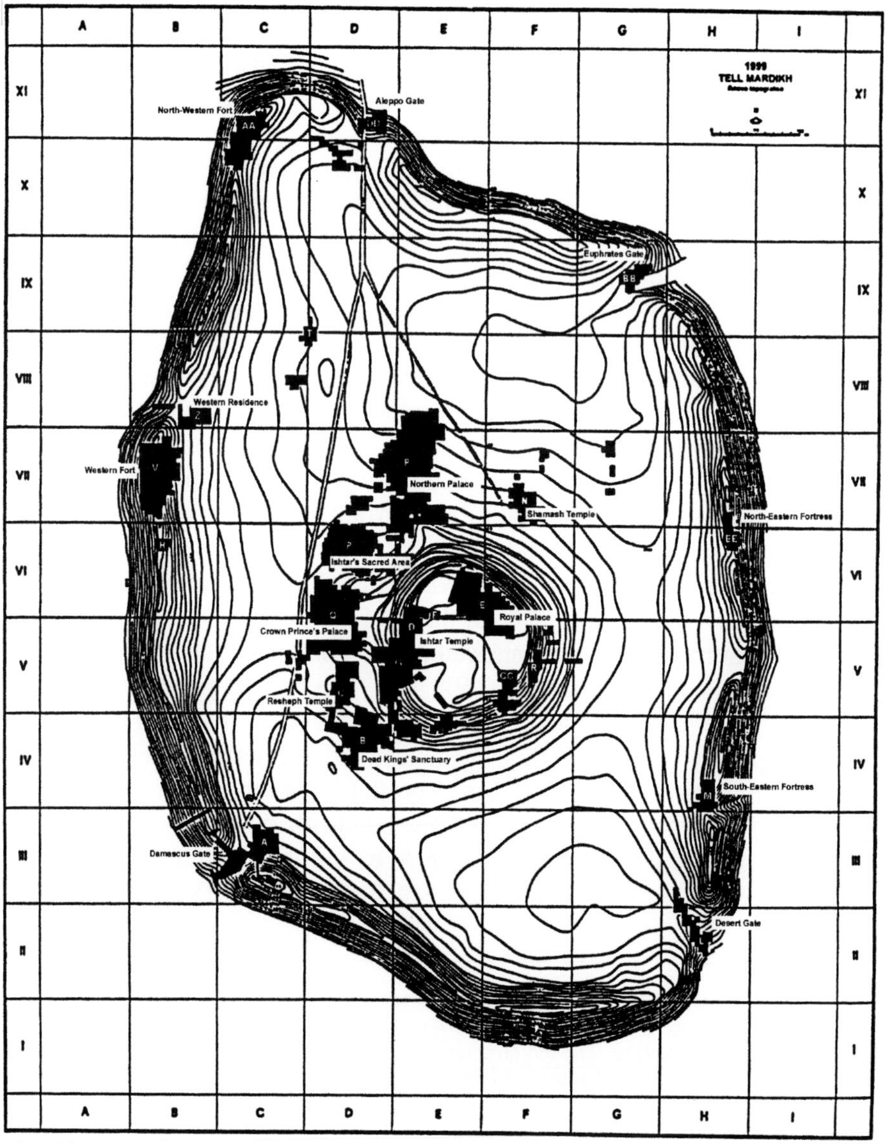

Fig. 1: Plan of Middle Bronze I-II Ebla (redrawn by R. Fiorentino).

Bronze I, even after the heavy destruction by the Akkadian army, whose strong traces are quite evident, particularly in the Royal Palace G on the Acropolis.

Actually, it is now possible to maintain that there was continuity not only in the settlement. In fact, written documents of the age of the IIIrd Dynasty of Ur, from Ur, and Drehem, testify for the presence of Eblaites, merchants and messengers, in the towns of Sumer.[8] The merchants brought inlaid pieces of furniture and embroidered textiles, which means that Ebla still had in this period diplomatic relations with southern Mesopotamia, and that it was still producing precious handicraft, as it had done in the Archives' age.[9] As concerns archaeology, cylinder seals impressions, some of which with unequivocal inscriptions, possibly royal, testify for relations at the highest level with the Old Assyrian colonies in Cappadocia, in particular with Kültepe, *karum* II, and Ib.[10] This fact is also confirmed by some written sources concerning other Cappadocian towns, and proves the extension of the foreign contacts of the North Syrian town.[11]

The documents from Ebla concerning the mature Old Syrian period, between around 1800 and 1600 BC, are of a completely different nature, both

---

[8] Owen, D.I., Syrians in Sumerian Sources from the Ur III Period, in: Chavalas, M.W., Hayes, J.L., (eds.), New Horizons in the Study of Ancient Syria, BiMes 25, (Malibu, 1990), 117-122; here, among some personages simply defined lú-eb-la[ki], one may note one text mentioning one me-GU-um énsi-eb-la[ki], and another referring to a man, whose name is restored as Zurim, also defined me-GU-um énsi-eb-la[ki]. For *megum/mekum*, see further on.

[9] Archi, A., "I rapporti tra Ebla e Mari", in: SEb 4 (1981), 129-166; Id., "Les rapports politiques et économiques entre Ebla et Mari", in: M.A.R.I. 4 (1985), 63-83.

[10] Teissier, B., The Ruler with the Peaked Cap and Other Syrian Iconography on Glyptic from Kültepe in the Early Second Millennium BC, in: Mellink, M.J., Porada, E., Özgüç, T., (eds.), Aspects of Art and Iconography: Anatolia and Its Neighbors. Studies in Honor of N. Özgüç, (Ankara, 1993), 601-612. The A., although she identifies correctly, following E. Porada, the "leader with the peaked cap" with the main character on the cult basins from the temples of Ebla, maintains that the area of reference of the seals should be identified in the Mari milieu. But in the glyptic from that town there is not one of the motifs of the "Syrian" seals from Kültepe, as the glyptic from Mari is rather inspired by the Mesopotamian style: Amiet, P., "Notes sur le répertoire iconographique de Mari à l'époque du Palais", in: Syria 37 (1960), 215. On the Syrian seals from Kültepe see also Pinnock, F., Some Thoughts About the Transmission of Iconographies Between North Syria and Cappadocia, End of the Third-Beginning of the Second Millennium B.C., in: Matthiae, P. et al. (eds.), Proceedings of the First International Congress on the Archaeology of the Ancient Near East, (Rome, 2000), 1397-1416.

[11] Kienast, B., Die altassyrischen Texte des Orientalischen Seminars der Universität Heidelberg und der Sammlung Erlenmeyer – Basel, UAVA 1, (Berlin, 1960), 47, Text 32, l. 17-18: "Viele Ibläer sind hergekommen"; the text deals with silver, and tin.

Fig. 2: Detail of the sounding in the cella of Ishtar's Temple D on the Acropolis, with part of the older floor in stone slabs.

Fig. 3: Detail of the sounding along the back wall of Temple N, in the Lower Town North, showing the two types of masonry, the Early Bronze larger blocks below, and the Middle Bronze more irregular stones above.

as concerns quantity, and quality. The urban pattern of the town can be reconstructed not only in its general features, but also in many important details (Fig. 1).[12] The material culture is now well known in all the basic elements of its evolution.[13] But particularly the artistic evidence is of the greatest interest, because it offers the possibility to compare some works dating from the archaic Old Syrian period with other masterpieces of the mature Old Syrian period, which were sometimes kept side by side in the same buildings.[14] At the same time, the discovery, and the study of this artistic expressions is offering an important contribution to the reconstruction of the history of Syrian ideology, and religion in this paramount phase of its development.

One first, unexpected element, which was more clearly enlightened, is the relative overall continuity between the settlements of the Early, and Old Syrian periods. The most important public buildings of Old Syrian Ebla are founded over Early Syrian structures (Fig. 2), and sometimes they even employ, at least in part, their foundations (Fig. 3).[15] Even the perimeter of

---

[12] Pinnock, F., "Urban Landscape in Old Syrian Ebla", in: JCS 53 (2001), 13-33.

[13] Ebla is becoming a basic site for the reconstruction of the ceramic horizon of Middle Bronze inner Syria, thanks to the finding of relevant cores of pottery fragments, and also of complete specimens, covering the entire span of the life of the town. Until recently, it was only possible to elaborate about the material culture of Early Bronze IVA and Middle Bronze IIB, but now, the identification of the Archaic Palace, and of the *favissae* in Ishtar's sacred area allow to complete the picture in a most satisfactory way: see, e.g. Marchetti, N., Nigro, L., "Cultic Activities in the Sacred Area of Ishtar at Ebla During the Old Syrian Period", in: JCS 49 (1997), 9-22. Actually, L. Nigro is publishing the corpus of the pottery from the Royal Tombs of Old Syrian Ebla, covering Middle Bronze from between the end of Phase I, and the beginning of Phase II, ca. 1800-1700 BC in absolute terms; the writer, on the other hand, is publishing the corpus of the pottery from the Northern Palace in the Lower Town north, dating from the end of Middle Bronze II; both studies will be published as volumes of the series MSAE of Rome.

[14] This happened, e.g., with some royal statues in the region of Temple P2, or with Ishtar's stele, in Sanctuary G3, still in place at the time of the final destruction of the town, though certainly dating from the archaic Old Syrian period: Matthiae, P., High Old Syrian Royal Statuary from Ebla, in: Hrouda, B., Kroll, S., Spanos, P.Z., (eds.), Von Uruk nach Tuttul. Eine Festschrift für Eva Strommenger. Studien und Aufsätze von Kollegen und Freunden, (München/Wien, 1992), 111-128; Id., Nouveaux témoignages de sculpture paléosyrienne du grand sanctuaire d'Ishtar à Ebla, in: Gasche, H., Hrouda, B., (eds.), Collectanea Orientalia. Histoire, arts de l'éspace et industrie de la terre. Ètudes offerts en hommage à Agnès Spycket, (Gent, 1996), 199-204.

[15] This was patent, for instance, in Temple N, in the Lower Town North-East, in a deep sounding made along the back west wall of the building. In that point the rock layer, on which Ebla was built, was quite deep, and a high foundation structure had been built, in order to support the high, and massive back wall of the temple, which was a typical Old Syrian

the town was apparently the same as the older one; in fact, relevant sections of a mudbrick wall, nearly 3 m high (Fig. 4), and 6 m thick, were still preserved inside the Middle Bronze I West earthenwork rampart, where they were used as core for the structure; the pottery fragments found at the foot of the wall date from Early Bronze IVB.[16] Thus, as concerns the urban structure of Ebla, the extended works of levelling and demolition inside the site, through which huge amounts of soil, mainly from inside the Lower Town, were carried to the ramparts,[17] made at the beginning of Middle Bronze I,[18] brought to a total reconstruction of the town, with the erection

---

edifice of the "Langraum" type. Nearly 1 m below surface, the technique of the structure changed radically, and the medium or small irregular stones of the Middle Bronze Age masonry appeared to lie on a more consistent structure of large, more regular blocks, associated with EB IV pottery. In Area Q, below the floors of the Western Palace, floors with EB IVA-B pottery revealed the presence of a previous building, and in Area P, the presence, on the one hand, of the workshop of EB IVA, Building P4, where also luxury goods were produced, and of EB IVB pottery close to the very spoiled foundations of Temple P2, are the evidence of the pre-existence of an important Sanctuary of Mardikh IIB1-2 in that region. On the Acropolis, a sounding made in the cella of Ishtar's Temple in Area D brought to light the stone bases of two huge columns, which were evidently the supports for the roof of a relevant building, possibly also a temple, of Early Bronze IV A-B: Floriani Squarciapino, M., Il Settore D, II. Il saggio nella cella, in: Matthiae, P., (ed.), Missione Archeologica Italiana in Siria. Rapporto preliminare della campagna 1966 (Tell Mardikh), (Roma, 1967), 69-72.

[16] This piece of evidence is quite interesting because it shows that in this phase, previously considered quite an obscure one in the history of Ebla, the town had the same extension as in Middle Bronze – and possibly as in Early Bronze IVA – and a massive fortification. The presence of the imposing Archaic Palace in the Lower Town north also confirms that Ebla was an important centre during Mardikh IIB2, and this concords with the written evidence from Ur and Kültepe about the trade relations on the long distance of the North Syrian town, which was renowned for the production of precious textiles, and of pieces of furniture of carved and inlaid wood. These luxury items probably followed the mature Early Syrian tradition documented, as concerns textiles, by the cuneiform texts of the Royal Archives, and, as regards wooden furniture, by the actual finding of parts of tables and chairs in the Royal Palace G: Matthiae, P., I tesori di Ebla, (Roma-Bari, 1984), Tav. 37.

[17] Earth was also taken from outside, creating a ditch, still visible today around the tell, particularly to the west.

[18] The ramparts were the first feature of Middle Bronze Ebla built at the beginning of Middle Bronze I, as was proved by the finding of poor tombs excavated in the ramparts themselves, whose pottery belongs without exceptions to an archaic phase of Middle Bronze I. The most probable hypothesis, supported by actual findings, is that, after the destruction of the mature Early Syrian Ebla by the Akkadians, the town was reconstructed but entered a crisis, by the end of the Late Early Syrian period, shortly before 2000 BC. At this moment, new settlers took hold of the town, destroyed the settlement, and rebuilt it completely: Matthiae, P., "Les fortifications d'Ébla paléo-syrienne: fouilles à Tell Mardikh (1995-1997)", in: CRAI 1998, 564-568, 574.

of new buildings, without obliterating the older urban pattern, but rather preserving its basic features.

Fig. 4: detail of Fort AA, on the north-west rampart: to the right the top of the EB IVB wall appears, which is clearly, in this point, the core of the Middle Bronze I rampart.

And yet, one can by no means maintain that the artistic and material cultures of Early Bronze and Middle Bronze at Ebla are the same. Besides, there is an even stronger element of break between the two periods, about which some hints had been singled out since the very first years of excavations, but only quite recently it was possible to evaluate it in its full meaning. In fact, in the years around 1900 BC, a religious reform took place, which brought the goddess Ishtar to the head of the Eblaic pantheon, with the role of patron deity of the town, and of the dynasty ruling over it.[19] To her the two major temple areas of Ebla were dedicated – in Area

[19] We must also recall that in Early Syrian Ebla kingship was not hereditary, while, apparently, and in analogy with what was happening at the same time in other centres under Amorite rule, in Old Syrian Ebla the role was transmitted from father to son, as is proved by the few inscriptions found, on Ibbit-Lim's statue, and on cylinder seals. Thus Ishtar's patronage over the dynasty had possibly the twofold aspect of protecting kingship as institution, and of guaranteeing one specific family, who probably maintained they embodied that principle.

Fig. 5: TM.68.G.61, Ibbit-Lim's statue, basalt, Middle Bronze I, ca 2000-1800 BC. Damascus, National Museum.

D on the Acropolis, and in Area P in the Lower Town north –,[20] as well as figurative monuments revealing a high degree of elaboration. This event is recorded in the inscription on Ibbit-Lim's fragmentary statue (Fig. 5), found in 1968 in the region of Temple D on the Acropolis, with the following statement: "in the eighth year since when Ishtar manifested herself at Ebla".[21] It was not possible to understand fully the meaning of this sentence until the discovery of the cuneiform documents of the State Archives of 2300 BC, when it was ascertained that at the head of the Early Syrian pantheon there was Kura, a male deity.[22] Therefore, the evaluation of the artistic productions at Ebla, and in north inner Syria must, in our opinion, be set within the frame of these two basic elements of continuity, and break with the past, supported by historical data, namely the respect by these newcomers, at the beginning of the Old Syrian period, for the previous Early Syrian culture, and the achievement of

[20] In Area D the sacred area included Temple D, Sanctuary G3, and some rooms and structures reserved for priesthood, where also clay models of livers for haruspicy were found. In Area P there were the Great Temple P2, and the stone Monument P3, where possibly the goddess's lions were kept.

[21] Gelb, I.J., "The Inscription of Jibbit-Lim, King of Ebla", in: Studia Orientalia 55 (1984), 217.

[22] Archi, A., La religione e il culto nel Periodo Protosiriano, in: Matthiae, P., Pinnock, F., Scandone Matthiae, G., (eds.), Ebla. Alle origini della civiltà urbana. Trent'anni di scavi in Siria dell'Università di Roma 'La Sapienza', (Milano, 1995), 134-139.

their own political, cultural, and religious values, artistic canons and material culture.

One first hint about this religious reform can be traced in a phase of transition between Early Bronze, and Middle Bronze, thanks to documents which is now possible to ascribe to the Eblaic milieu. Previously, the written evidence only, revealed important activities of Eblaites in Sumer, in the age of the Third Dynasty of Ur, and at Kanesh, in the following period of the dynasties of Isin and Larsa. As already stated, they were mainly merchants, trading in luxury items. Now, a new analysis of the archaeological evidence from Kültepe allows to date from the phase of the *karum* II some impressions of cylinder seals, where an articulated, and deep reflection about kingship, and its relations with Ishtar already appears fully accomplished. The inscriptions on a few of these seals relate them with Ebla,[23] and now it is also possible to identify some antiquarian elements, which certainly belong to the Ebla milieu. One of the most typical ones is the main character in these seals, a personage wearing a smooth cloak, and a peculiar head-dress, the so-called "peaked cap" (Fig. 6). This is certainly a royal figure, known almost exclusively from Ebla, where it can be found in two ritual basins with banquet scenes, one from Temple B1

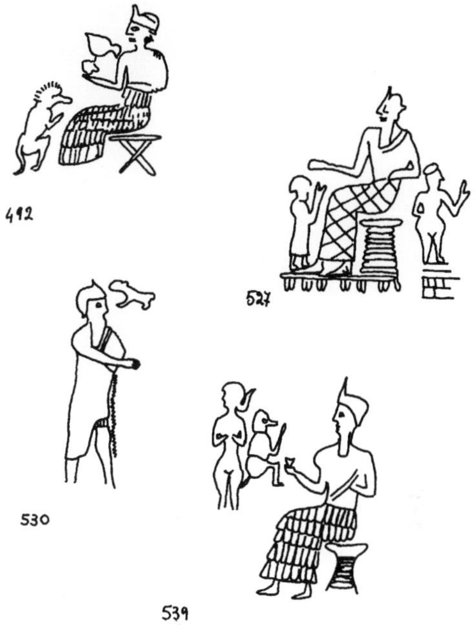

Fig 6: details of Kültepe cylinder seal impressions, showing the leader with peaked cap (redrawn by the author, numbers refer to Teissier, B., op. cit. (fn. 23).

[23] See, in particular, Teissier, B., Sealing and Seals on Texts from Kültepe karum level 2, (Istanbul, 1994), 177, nn. 529a, *Ebda-num mekim Eb-la*; 529b, *Urda me-ki-im*; 527, *xxs ša me-ku-um i-ra-mu-šu*; as we will see later on, the epithet *mekim/meqim* must be considered peculiarly Eblaic, and refers to the king.

Fig 7: Basalt basin from Ebla, found previous to the Italian excavations, Middle Bronze I, ca. 1900-1850 BC. Damascus, National Museum.

(Fig. 7), in the Lower Town south,[24] and one from Temple D, on the Acropolis (Fig. 8).[25] This costume, and the head-dress are completely different from those of the Early Syrian king, namely the *kaunakés* skirt with a large belt, and a round cap, with a swollen edge, which becomes thinner on the forehead, and has a kind of ribbon falling down on one side.[26] Moreover, they seem to be an Eblaic peculiarity also as concerns Middle Bronze I, as one may infer, for instance, from the glyptic of Alalakh, where, already in level VII, where one may single out some elements of Eblaic influence, the king wears the cloak with swollen edge, and the egg-shaped tiara,[27] which will become the fashion at Ebla in the mature Old Syrian period (Fig. 9).[28] On the other hand, the Old

---

[24] Matthiae, P., Le sculture in basalto, IV. Il bacino minore, in: Matthiae, P., (ed.), Missione Archeologica Italiana in Siria. Rapporto preliminare della campagna 1964, (Roma, 1965), 71-73, tavv. LXVIII-LXXI, and, recently, Matthiae, P., et al (eds.), Ebla, op. cit. (fn. 22), n. 291, p. 422.

[25] Matthiae, P., Le sculture in pietra, II. Il bacino calcareo del Settore D, in: Matthiae, P., (ed.), Missione Archaeologica Italiana in Siria. Rapporto preliminare della campagna 1965 (Tell Mardikh), (Roma, 1966), 113-129, tavv. XLIII-LI; Matthiae, P., et al (eds.), Ebla, op. cit. (fn. 22), n. 290, p. 421.

[26] Matthiae, P., Appunti di iconografia eblaita, I, in: Studi Eblaiti 1 (1989), 17-31; Pinnock, F., Le "turban royal eblaïte", in: Nabû (1992), 15-16.

[27] See, e.g., Collon, D., The Seal Impressions from Tell Atchana/Alalakh, AOAT 27, (Neukirchen-Vluyn, 1975), nn. 3-6, 10-12, pp. 6-9, 11-13, in a typical Aleppo style scheme; the dress may be considered a peculiar Aleppine royal costume.

[28] Possibly this fashion was adopted at Ebla as a consequence of the recognition of Aleppo supremacy, and is represented, for instance, in a bone carving from the Northern Palace, in Area P: Matthiae, P., Ebla. Un impero ritrovato. Dai primi scavi alle ultime scoperte, (Torino, 1989), fig. 154, p. 174.

Babylonian king usually wore a smooth cloak, leaving one shoulder bare, and a cap with flat rim, as exemplified in Hammurabi's stele. Outside Ebla, and Kültepe, the same personage is represented only on a gold plaque from a votive deposit at Byblos,[29] where a standing man adores him, while in the field some astral symbols are represented.[30]

Fig. 8: TM.65.D.236, ritual basin, basalt, Middle Bronze I, ca. 1800 BC. Aleppo, Archaeological Museum.

The inscriptions, and the presence of the king's figure lead to single out a small number of impressions among those found in the Cappadocian town, where other interesting features can be examined. The great goddess is almost always present in the scenes, either directly, with the iconography of the woman unveiling herself,[31] or indirectly, represented by a symbol, namely a standard with two human heads hanging from it,[32] or by figures of naked women, or of lions, her symbolic animals. Moreover,

[29] Dunand, M., Fouilles de Byblos 2, (Paris, 1958), pl. CXXXII, n. 16700.

[30] So, also in the object from Byblos one can single out a peculiarity of this figure, which is patent in the glyptic from Kültepe, namely the interchangeability of his role with that of a deity, with the adoption of identical figurative patterns.

[31] There is not a general agreement about the identification of this image with a form of the great goddess, but the connection of both with the same symbols makes it quite a probable one.

[32] The standard, with a female head with long flowing hair, and a male head, was identified as a symbol of the great goddess already by Seyrig, H., "Antiquités syriennes, 78. Les dieux de Hiérapolis", in: Syria 37 (1960), 233-240, 251-252, who published a number of seals, prevalently coming from the antique market, where it appeared; recently other seals of the same group were identified by Matthiae, P., "L'ancêtre du semeion de Hiérapolis", in: Syria, in press.

Fig. 9: TM.86.P.86, king's figure, bone, Middle Bronze II, ca. 1700 BC.

among the protagonists of the scenes a lady appears as a relevant personage (Fig. 10), characterised by long flowing hair,[33] in close relation with the goddess, or with her symbol, and always in a pre-eminent position. The lady, quite likely a priestess, is the protagonist, with the king, of the banquet on the basin from Temple D (Fig. 8), and she also appears in front of the standard with two heads on a seal from a votive deposit in the sacred area dedicated to the goddess in the Lower Town north (Fig. 11), engaged in a cult ceremony in front of a table,[34] and on a fragment of stele (Fig. 22), most probably dedicated to Hadad, about which more will be said later on. Among several other elements present in the impressions from Kanesh, which is not opportune to recall here, as they are only relevant, actually, to prove the Eblaic provenance of the seals,[35] two look quite interesting, namely the lions, already mentioned, frequently depicted, sometimes in couples, or while apparently playing with human heads, or with mild animals, or with the king, and the doves, connected with the king, with the god,

[33] Her hair is represented in the same way as those of the head hanging from the standard.

[34] Also the table/altar has to be considered a meaningful feature: it is a very recognisable piece of furniture, with round, flat top, and three legs, ending with bull's hoofs, quite frequent in the representations of banquet scenes in Syrian art, see Pinnock, F., "Una riconsiderazione della stele di Hama 6B599", in: Contributi e Materiali di Archeologia Orientale 1 (1989), 110-112. A fragmentary specimen of basalt was actually found at Ebla, re-employed as a covering for the *favissa* in Ishtar's sacred area: Matthiae, P. et al (eds.), Ebla, op. cit. (fn. 22), n. 469, p. 504; Matthiae, P., Old Syrian Basalt Furniture from Ebla Palaces and Temples, in: Calmeyer, P., et al (eds.), Beiträge zur altorientalischen Archäologie und Altertumskunde. Festschrift für Barthel Hrouda zum 65. Geburtstag, (Wiesbaden, 1994), 173-177.

[35] At this regard the A., apart the considerations in the contribution for the First International Congress on the Archaeology of the Ancient Near East, already mentioned, is preparing a more comprehensive study about Syrian iconography in the Cappadocian glyptic from Kültepe, to be published in: Contributi e Materiali di Archeologia Orientale, forthcoming.

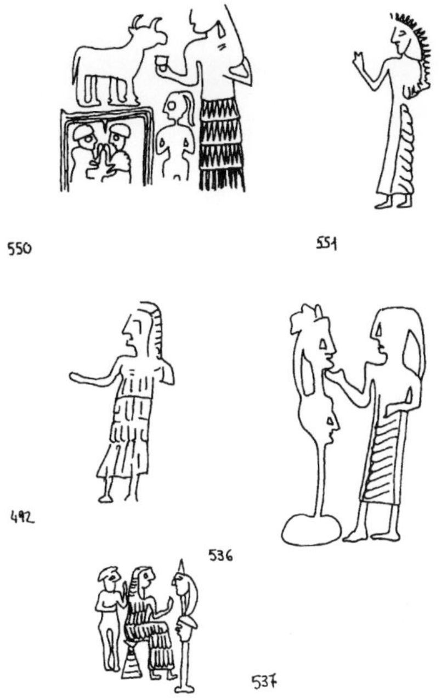

Fig. 10: Details of Kültepe cylinder seal impressions showing the priestess' figure (redrawn by the author, numbers refer to Teissier, B., op. cit. (fn. 23).

or with the standard. Their presence reveals that the goddess's roles, and rituals had already been fully developed.

Sometimes, a male deity is the main character in the scene, but no attempt has been made at identifying him: in one instance he might be recognized as the Sun-god Shamash, with rays coming out from his shoulders;[36] certainly, by no means he can be Ishtar's usual companion in Old Syrian seals, namely the god with the plumed helmet, holding the *harpé*.[37]

Another, quite interesting element can be singled out in these seals: in several instances the king is accompanied, or adored, by cynocephaluses, with their forepaws raised in homage;[38] the animals can sometimes be also associated with the seated god.[39] This iconography is a peculiarly Egyptian one, and is found at Ebla on a precious pharaonic object

---

[36] Teissier, B., Sealing and Seals, op. cit. (fn. 23), n. 581, 235.

[37] von der Osten, H.H., Oriental Seals in the Collection of Mrs Agnes Baldwin Brett, OIP 37, (Chicago, 1936), n. 90, Pl. IX. An interesting possibility is that the god were a kind of Ba'al, but this hypothesis would be supported by a typical circular argument: in a number of instances the god is related with a dove, which sometimes drinks from a cup he holds in his hand. The dove might be a personification of the goddess as divine messenger of good news, and, thus, the motif could be an anticipation of a later Ugaritc myth, where the goddess, in this instance Anat, flies, in the shape of a dove, to Ba'al, in order to announce him once the birth of his son, and another time the building of his temple: Weinfeld, M., Semiramis: Her Name and Origin, in: Cogan, M., Eph'al, I., (eds.), Ah, Assyria ! ... Studies in Assyrian History and Ancient Near Eastern Historiography Presented to Hayim Tadmor, Scripta Hierosolimitana 33, (Jerusalem, 1991), 101.

[38] Teissier, B., Sealing and Seals, op. cit. (fn. 23), nn. 492, p. 231; 540, p., 233; 546, p. 234; 581, p. 235.

[39] Also with this motif one can notice the possibility to interchange roles between king, and god.

Fig. 11: Impression of TM.92.P.800, cylinder seal, hematite, Middle Bronze I, ca. 1850-1800 BC. Idlib, Arcaeological Museum.

namely Pharaoh Hotepibra's ceremonial mace (Fig. 12), found in the Tomb of the Lord of the Goats, and dating from 1750 BC.[40] In the same tomb, a bone talisman of Eblaic production was also found, where two monkeys, very similar to those on Hotepibra's mace, adore the deceased king (Fig. 13), transformed into a bull of heaven.[41] Thus, Ebla provides a good example for the direct, and contextual transmission of an iconographic motif, and may also offer the evidence for relations at the highest level between the Pharaonic court, and this important centre of north inner Syria. On the other hand, the type of the squatting monkey was well known in Syria, also from Egyptian vases representing the animal holding its baby, or an object between its forepaws, some specimens of which were found at Byblos, and which might also have been a way of transmitting the motif over to Ebla.[42] Yet, the connection of the two monkeys with a royal iconography, on the talisman, as well as the presence of the Pharaonic mace, rather points to a direct contact between the two royal milieus.

---

[40] Scandone Matthiae, G., "Un oggetto faraonico della XIII dinastia dalla 'Tomba del Signore dei capridi'", in: Studi Eblaiti 1 (1979), 119-128, in particular 121-122 about the two cynocephaluses who adore the Pharaoh's name.

[41] Matthiae, P., Ebla. Un impero ritrovato, op. cit. (fn. 1), 182-185, tavv. 148-150; the same iconography of the monkey adoring the king appears also sporadically on cylinder seals of the Old Babylonian period: Porada, E., Corpus of Ancient Near Eastern Seals in North American Collections, (Washington, 1948), pls. XLVIII, nn. 315E-316, perhaps 320E (the A. identifies the animal with a mongoose, but the attitude makes it clear that it is a monkey); XLIX, nn. 324-326, 328, 331 (in 328 it is represented exactly as in the Kültepe seals, almost grasping the skirt of the king).

[42] Montet, P., Byblos et l'Egypte. Quatre campagnes de fouilles à Gebeil, 1921-1922-1923-1924, (Paris, 1929), pls. XL-XLI.

Fig. 12: a) TM.78.Q.453, Hotepibra's ceremonial mace, ivory, bronze, gold and silver, with TM.78.Q.461, mace-head, limestone; b) Deatail of royal *cartouche*; c) Detail of one cynocephalus; d) Detail of back and tails of the two cynocephaluses. Middle Bronze II, ca. 1770 BC. Idlib, Archaeological Museum.

Fig. 13: Detail of the rear part of TM.78.Q.455, talismanic rod, hippopotamus ivory, Middle Bronze II, ca. 1750-1700 BC. Idlib, Archaeological Museum.

Other Egyptian motifs can also be traced in the archaic Old Syrian art, like that of the king doubled mirror-like, and represented while killing an enemy. It appears in Ishtar's Stele from Sanctuary G3 at Ebla (Figs. 14-15), and in mature and late Old Syrian cylinder seals, and it reproduces, with some modifications, the representation of the Egyptian Pharaoh as king of Upper and Lower Egypt, once wearing the White Crown, and once the Red Crown.[43]

The relations between Egypt, and Syria during Middle Bronze, corresponding to the Egyptian Middle Kingdom, are well known, and it is not astonishing to find a Pharaonic object in a royal tomb in a Syrian town.[44] One might not expect an Egyptian presence in a town of *inner* Syria, which at that time was not a pre-eminent one in the region, and the explanation for this occurrence may be sought for in the prestige Ebla still had, even in Egypt, or in the fact that Hotepibra was a Hyksos, and therefore he possibly felt he closely belonged to an Asiatic culture, of which Ebla had been an important focus in the recent past. We have also to recall that, in an unexpected way, Ebla bears evidence of interconnections with the Land of the Nile at the topmost level already for the Early Syrian period. In the destruction levels of the Royal Palace G, of Early Bronze IVA, an alabaster lid was found, bearing the name, and titles of Pepi I (Fig. 16), of the VIth Dynasty. This was a period of great expansion of the Egyptians, thus, it is quite likely that contacts started also with Ebla, that they went on, albeit not with continuity, and that they ultimately produced ideas, and suggestions, whose

---

[43] Matthiae, P., "Una stele paleosiriana arcaica da Ebla e la cultura figurativa della Siria attorno al 1800 a.C.", in: Scienze dell'Antichità 1 (1987), 489-492.

[44] For instance, the tradition is well attested also in the other, famous, contemporary royal tombs, at Byblos: Montet, P., Byblos et l'Egypte, op. cit. (fn. 42), Pls. LXXXVIII-XCVIII.

final results may be fully appreciated in the artistic accomplishments of the Old Syrian period.[45]

Taking into consideration the Eblaic evidence, one gets the impression that the Old Syrian period is characterised, at its beginning, by a phase of strong innovation, on the wave of a religious reform of great span, which brought a great goddess at the head of the pantheon. This change was also related with the elaboration about the role, and image of the sovereign, which produced, in the first place, a peculiar iconography for the king: he wears a cloak, leaving one shoulder bare, smooth, and decorated by a fringe, or flounced, and has a peculiar head-dress, the so-called peaked cap. This costume disappears by the end of Middle Bronze I, and its place is taken by the typical Old Syrian cloak, with swollen, or fringed edges, and by the egg-shaped tiara, which may be related with the Aleppine milieu.

Fig. 14: TM.67.E.224+TM.85.G.350, front face of Ishtar's Stele, basalt, Middle Bronze I-II, ca. 1800 BC. Idlib, Archaeological Museum.

The king of Ebla of the archaic Old Syrian period is prevalently engaged in cult activities, as happens on the basins, and on cylinder seals, and these are the occasions in which he wears the peaked cap, but also in war deeds, or in fights against lions, as on Ishtar's stele, and in his accomplishments the goddess assists him directly, or indirectly. Another important feature of the Old Syrian Eblaic king is an epithet qualifying him, namely *mekim*. This word was identified for the first time on Ibbit-Lim's fragmentary statue, and is always present on the inscribed seals from Kültepe

[45] Scandone Matthiae, G., "Vasi iscritti di Chefren e Pepi I nel Palazzo Reale G di Ebla", in: *Studi Eblaiti* 1 (1979), 33-43; Ead., Les rélations entre Ebla et l'Egypte au IIIème et au IIème millénaires av.J.-Chr., in: Hauptmann, H., Waetzoldt, H., (eds.), Wirtschaft und Gesellschaft aus Ebla. Akten der internationale Tagung Heidelberg, 4.-7. November 1986, (Heidelberg, 1988), 67-73. The presence, in the same destruction level, of a lamp bearing the names, and titles of Chefren, of the IV Dynasty, may be interpreted as a result of contacts dating from around 2500 BC, when the Eblaic palace was probably founded. Alternatively, the two objects might have been brought to Ebla at the same time, not directly from Egypt, but rather from a site on the Syrian coast, like Ugarit or Byblos.

Fig. 15: Detail of the rear face of Ishtar's Stele, with two mirror-like royal figures fighting an enemy, basalt, Middle Bronze I-II, ca. 1800 BC. Idlib, Archaeological Museum.

Fig. 16: TM.77.G.600, Pepi I's lid, alabaster, Early Bronze IV A, ca. 2300 BC. Aleppo, Archaeological Museum.

Fig. 17: TM.89.P.313, torso of a queen, basalt, Middle Bronze I, 1900-1850 BC, Idlib, Archaeological Museum.

of the Syrian milieu; lately, in the bilingual Hittite/Hurrian "Epic of Deliverance" from Boghazköy, the Syrian king is simply called "*mekim*, the star of Ebla". The interpretation of the term is not sure, the most probable one, proposed by I.J. Gelb, is that it means "he who raises",[46] but M.V. Tonietti advanced the interesting, albeit quite bold hypothesis that it might descend from a peculiar Eblaic reading for *malikum*, the Semitic word for "king".[47] Be it a special epithet, as it seems more likely, or a peculiar reading, anyhow *mekim* has to be considered a typical attribute for the king of Ebla, so peculiar to him that in Hatti it was simply considered a personal name.

The complex symbology of the Eblaic seals from Kültepe, and of the ritual basins, and of Ishtar's Stele from Ebla reveals, from the point of view of contents, the probable existence of cult and narrative planes still quite difficult to understand completely, while, as concerns iconography, the north Syrian town was placed at the convergence of different cultural elements, among which the Egyptian one was paramount, all pertinent to the royal imagery. To the symbolic sphere several secondary motifs belong, well attested in Old Syrian glyptic, like the crouching and growling lion, the grif-

---

[46] Gelb, I.J., The Inscription of Jibbit-Lim, op. cit. (fn. 21), 219; Pinnock, F., Note sull'iconografia di Melqart, in: Amadasi, M.G., et al. (eds.), Volume in onore di Antonia Ciasca, in press, for the conservation of this epithet, and of the royal iconography of Eblaic origin, into the Ist millennium BC.

[47] Tonietti, M.V., "Le cas de mekum: continuité ou innovation dans la tradition éblaïte entre IIIe et IIe millénaires?", in: *M.A.R.I.* 8 (1997), 238-239.

fin, the sphinx,[48] the banquet scenes, and the figures of male characters, walking in lines in secondary registers, which may possibly be related with the different roles of the king, both in life and after death.

Fig. 18: TM.89.P.314, headless statue of a king, basalt, Middle Bronze I, ca. 1800 BC. Idlib, Archaeological Museum.

As regards style, this vivacity of invention, and this richness of motifs are expressed with a great formal rigour, opposing to the full modelling, and to the dynamism of the Early Syrian period, and with flat relief, rigid attitudes, scansion of the surfaces according to cadenced rhythms. These stylistic peculiarities definitely characterize all the major works of the archaic Old Syrian period, from the ritual basins, which were the usual piece of furniture in the temples of Ebla, to the royal statues (Figs. 17-18), to the stelae,[49] to glyptic. Therefore, it seems now possible, in our opinion, to identify for certain the peculiar expressive code of the Eblaic school of sculptors, and carvers, who depended from the great palace and temple workshops. Some "inventions" of these artists' were also accepted in different schools, which got in touch with them, leading other craftsmen to introduce individual, easily recognizable, features in their own, well characterized productions. This is the case, for instance, of the naked woman, or of the secondary female full-facing deity, or of the doves,

---

[48] All these elements are certainly related with Ishtar, as is proved by their presence in the Painting of the Investiture from Mari, where a dove is also depicted on the tree to the right of the main field: Parrot, A., Mission archéologique de Mari, II. Le Palais. 2. Peintures murales, (Paris, 1958), figs. 48, 50, pp. 58, 63, pls. VIII-IX, XII, A.

[49] Besides Ishtar's stele, other fragmentary monuments of the same kind were also found at Ebla, all dating from Middle Bronze I.

which appear in local seals from Kültepe, and also at Alalakh VII,[50] and which were also identified, in seals from the antique market, as useful elements in order to attribute those objects to Eblaic workshops.[51]

As concerns themes, on the other hand, the artistic production of Ebla in the archaic Old Syrian period seems focused on the elaboration about kingship, in the line of a limited, yet meaningful, continuity with the Early Syrian period, and of a strong innovation, specially related with the religious reform, which led to Ishtar's predominance in the pantheon. To the aspect of continuity belongs, for instance, the motif of the struggle with the lion;[52] to the aspect of innovation belong the definition of the new role of the king in rituals, and his relation with the great goddess, in her different aspects.

Shortly after 1800 BC a political event, apparently not accompanied either by destructions or by patent changes in material culture, at least as concerns north inner Syria, marks the passage from Middle Bronze I to Middle Bronze II, namely from Mardikh IIIA to IIIB. This is the final rise of Aleppo to the leadership in the region, when Yarim-Lim I was called "great king", and was followed by twenty vassal kings, while Hammurabi of Babylon, Rim-Sin I of Larsa, and Amutpi-El of Qatna were followed only by ten or fifteen kings each. As a consequence, also the king of Ebla faced a diminution of prestige, and Ishtar was gradually substituted by Hadad of Aleppo at the head of the pantheon.

The material culture does not face sharp breaks, with the natural evolution of the most characteristic typologies of the period, like the carinated bowls, the large service dishes, and the jars with double everted rim.[53] On the other hand, the so-called "Gublite" bowl gradually disappears,[54] and the

---

[50] Collon, D., The Seal Impressions from Tell Atchana/Alalakh, op. cit. (fn. 27), nn. 228, 230, pp. 129-132.

[51] Pinnock, F., "Su alcuni sigilli paleosiriani di probabile produzione eblaita", in: CMAO 6 (1996), 171-180.

[52] One peculiarity of this theme is the attitude of the king, who almost embraces the animal, while stabbing it. The same attitude also appears on Akkadian seals, where the antagonist of the lion is a bull-man: Porada, E., Corpus, op. cit. (fn. 41), pl. XXIII, n. 144E; the bull-man even pierces the lion with the same gesture as the Eblaic king, holding the dagger horizontally. The attitude, and the weapon employed, a peculiar dagger with crescent-shaped handle, are to be considered typical royal peculiarities: Pinnock, F., "Tipologia di un pugnale rituale del III millennio a.C.", in: CMAO 7 (1997 = Gs Frankfort), 463-493.

[53] Generally speaking, the evolution of these shapes produces rounded, lower carinations, and less sharp profiles.

[54] The Gublite bowl is a small globular cup, with a slight carination in the middle of the body, and small, everted rim; it is called Gublite because it was first identified in Byblos, and is typical of Middle Bronze I.

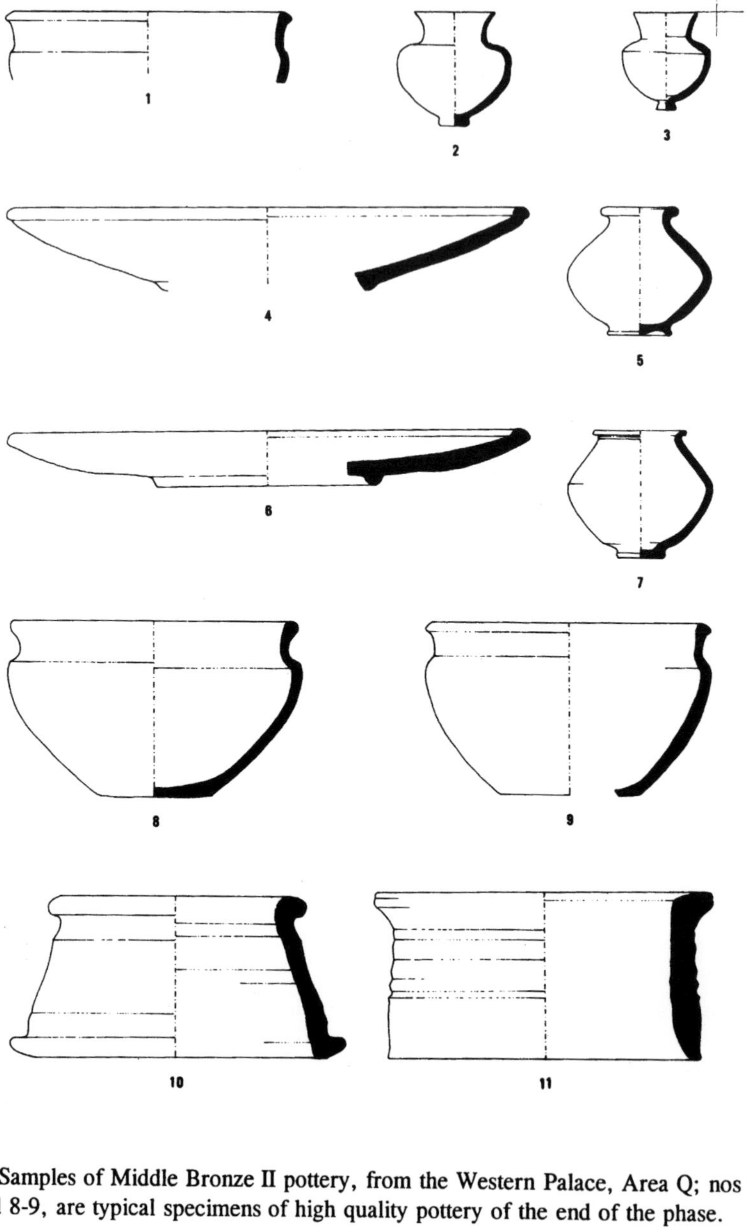

Fig. 19: Samples of Middle Bronze II pottery, from the Western Palace, Area Q; nos 2-3, and 8-9, are typical specimens of high quality pottery of the end of the phase.

"funnel shaped" bowl, takes its place. Yet, it is interesting to point out at the evolution of other, new typologies, definitely of the kind of luxury products: globular cups with flaring rim (Fig. 19), semi-globular bowls and big service jugs reveal, for the elegance of their shapes, and also for the frequent practice of smoothing, or polishing their surfaces, that they descend from metallic prototypes. Moreover, the very good quality of the clay, the high firing, and the very thin walls, also in vases of quite a large size, should indicate that they were real substitutes for metallic vases, rather than collateral imitations.

Fig. 20: TM. 78.Q.482, fenestrated axe, bronze, Middle Bronze II, ca. 1750 BC. Idlib, Archaeological Museum.

The elaboration of these types might be a consequence of a difficulty to obtain metal for such large containers. On the other hand, the levels of Mardikh IIIB are quite rich in refined metallic objects: bronze weapons (Fig. 20), sometimes imitating Iranian specimens;[55] bronze tools and ornaments in relevant amounts, and of a very good quality. These are certainly local productions, as is proved by the finding of several stone moulds for their production (Fig. 21).[56] Therefore, still at the end of Middle Bronze II, Ebla was importing metal from ab-

---

[55] Pinnock, F., The Relations Between North Syria and Iran in the Early Second Millennium B.C.: A Contribution from Ebla Metalworking, in: Dittman, R., et al. (eds.), Variatio Delectat. Iran und der Westen. Gedenkschrift für P. Calmeyer, AOAT 272, (Neukirchen-Vluyn, 2000), 593-606.

[56] Ibid., Festuccia, S., The Moulds from Ebla: Morphology and Archaeological Contexts, in: Matthiae, P., et al. (eds.), Proceedings Ist ICAANE, op. cit. (fn. 10), in press.

road,[57] and still had craftsmen of high capacities. Thus, the production of clay vases imitating metallic vessels should be due to social, rather than economic, or technical constraints, and must probably be related with the subordinate position of Ebla *versus* Aleppo.

Fig. 21: TM. 84.G.30, mould for the production of fenestrated axes, steatite, Middle Bronze II, ca. 1800-1600 BC.

If no basic break can be perceived in material culture, in the artistic production of high level a radical change can be faced. Ishtar's Stele is, quite likely, the last wonderful accomplishment of the great Eblaic workshops.

The mature Old Syrian period at Ebla brings to the disappearance of works in relief, like basins, and stelae, which, perhaps, were too much related to the celebration of kingship, and of Ishtar, namely of the two basic pillars of power. In fact, one fragment of stele only can be dated from the mature Old Syrian period, though certainly not final, and it already shows a representation of the god Hadad (Fig. 22), in the classical iconography of Aleppo.[58]

---

[57] Metals were found prevalently in Anatolia: de Jesus, P.S., "Metal Resources in Ancient Anatolia", in: AnSt 28 (1978), 97-102.; Muhly, J.D., Copper and Tin. The Distribution of Mineral Resources and the Nature of the Metals Trade in the Bronze Age, (Hamden, Conn. 1973),73, 75-76, but see, contra, Hall, M.E., Steadman, S.R., Tin and Anatolia: Another Look, in: JMA 4 (1991), 217-234. Anyhow, the sources for metals were to be found far away from Ebla.

[58] This quite interesting piece, which had been re-employed in an old house of the modern village of Mardikh, is a part of one register, with the god's figure, of which only the kilt, and legs are preserved, but they are enough for the identification of the personage. He is adored by a priestess, and, behind him, two characters, one standing, and one seated, may represent the statues of a sitting king, and of a standing queen, of the kind found in the ruins of the porch of Ishtar's temple in Area P: Matthiae, P., A Stele Fragment of Hadad from Ebla, in: Mellink, M., et al (eds.), Aspects of Art and Iconography, op. cit (fn. 10), 389-397; Matthiae, P., et al (eds.), Ebla, op. cit. (fn. 22), n. 244, p. 396.

Fig. 22: TM.88.S.500, fragment of Hadad's stele, basalt,
Middle Bronze I-II, ca. 1850-1750 BC. Idlib, Archaeological Museum.

Fig. 23: Detail of TM.79.Q.126/1, preservation jar, with the impression of the cylinder seal of Indilimgur's son, Middle Bronze II, ca. 1650 BC. Idlib, Archaeological Museum.

On the other hand, the wonderful seal of Indilimgur's son reveals a total dependence from the great workshops of Aleppo (Fig. 23).[59] The pattern

---

[59] Indilimgur was perhaps the last Old Syrian king of Ebla. A few impressions of the same seal belonging to his son were found on fragments of large preservation jars, on which they had been impressed before cooking, in the Western Palace in the Lower Town west, where the owner of the seal most likely had his residence: Matthiae, P., "Empreintes d'un cylindre paléosyrien de Tell Mardikh", in: Syria (1969), 1-43, for a previous impression of the same seal; Id., Tesori di Ebla, op. cit. (fn. 16), 124, pl. 87. Recently, another impression of the same seal was found on a complete preservation jar in the Western Residence, in Area Z, in

with the sovereign, who receives the sign of life from Khebat, Hadad's companion, is peculiar of the dynastic seals of Aleppo, well known from the impressions of Alalakh VII.[60] The same influence can be clearly perceived also in another impression (Fig. 24), found, like the previous one, on the shoulder of a jar in the Western Palace, and probably belonging to a high official, depicted in front of Hadad, clearly recognizable in his classical Aleppine iconography.[61]

Fig. 24: Detail of TM.79.Q.28/1, preservation jar with cylinder seal impression, Middle Bronze II, ca.1700-1650 BC. Idlib, Archaeological Museum.

Not only the iconographic patterns link the two milieus, of Ebla, and Aleppo, but also the style: the figures are fully modelled, the lines are fluid, and the rendering is elegant, particularly in Indilimgur's son seal, certainly the product of a royal workshop. This is a period of patent ideological backwardness, which produces the disappearance of Ishtar's figure from the official art at Ebla, and generally speaking, of Syria, as can be judged from cylinder seals. The goddess still appears in some cylinder seals and impressions of this last phase of the Old Syrian period, but, in these instances, her position is parithetic, or even subordinate to Hadad. Yet, even if probably

---

the Lower Town West.

[60] Collon, D., The seal impressions from Tell Atchana/Alalakh, op. cit. (fn. 27), n. 3, p. 6, belonging to "Abban, son of Hammurabi, king of Yamkhad".

[61] Matthiae, P., I Tesori di Ebla, op. cit. (fn. 16), pl. 88.

strongly inspired by Aleppo workshops in several aspects, the Eblaic carvers seem to keep some independence, which manifests itself through an exasperated formal research, which reaches quite successful accomplishments in the statue of a standing queen from Temple P2 (Fig. 25), and an almost baroque realization in the contemporary, or even slightly later, figure of a sitting king from the same sanctuary (Fig. 26).[62]

Fig. 25: TM.88.P.628, headless statue of a queen, basalt, Middle Bronze II, ca. 1750-1675 BC. Idlib, Archaeological Museum.

Thus, on the one hand the king adopts the official iconography in glyptic, in full accomplishment of Aleppo standards; on the other hand, he keeps, probably at a more limited level, the traditional links with Ishtar, placing royal statues, most probably following an ancient tradition,[63] in her official "public" seat, Temple P2, and not in the dynastic "private" temple on the Acropolis, Temple D.[64] Moreover, Sanctuary P2 was, even in the years immediately before the final destruction of the town, more and more enriched, with the erection of the monumental stone terrace, the so-called Monument P3.[65]

---

[62] Matthiae, P., High Old Syrian Royal Statuary from Ebla, op. cit. (fn. 14), Tafn. 51, 52, 1-3, 53, 1, 3, pp. 122-123.

[63] In fact, as one can judge from the remains found in the porch of Temple P2, older statues of royal couples were kept side by side with the more recent ones.

[64] This might indicate a precise will to keep with the ancient traditions in the eyes of the population, and not merely as a private event of the royal family.

[65] The building of Monument P3, which was perhaps not achieved when Ebla was destroyed, proves firstly the economic capacity of the town, and, secondly, that the cult for Ishtar was far from being abandoned, and rather, that it was still alive in all its typical aspects, even the most peculiar ones. In fact, one sound hypothesis is that the terrace were used to host the goddess's lions, and, possibly, also for human sacrifices: Matthiae, P., L'aire sacrée d'Ishtar, op. cit. (fn. 5), 650-652.

Fig. 26: TM.88.P.500, torso of a king's statue, basalt, Middle Bronze II, ca. 1750-1675 BC. Idlib, Archaeological Museum.

In conclusion, from these documents it seems possible to draw the hypothesis that, after the fall of Early Syrian Ebla, around 2300 BC, and after a phase of crisis, possibly not a very long one, and of a prevalently economic, and political nature, in the passage from the III to the II millennium BC, quite a radical transformation took place in the social structure of the north inner Syrian region. In a way, certainly schematic, and not completely corresponding to truth, we may infer, with Kathleen M. Kenyon, that the "Amorites' Advent" was the historical event, which provoked this process, but rather than a sudden, unexpected invasion, this should be imagined like a partial, yet quite widespread, replacing of the previous social pattern with new elements, who brought a material culture completely different from the Early Syrian one, but who knew, and appreciated, the cultural weight of the latter. In fact, taking this phenomenon into consideration from the observatory of Ebla it is possible to ascertain that the new settlers, at the very beginning of the Old Syrian period, though reconstructing completely the site, on the base of a global, detailed, urban pattern, largely respected the placement and orientation of the main palatial, and religious buildings, as well as the basic pattern of the town fortifications. This proves: 1) that they knew quite well the older urban pattern; 2) that they had a developed urban culture; 3) that they owned economic means, and technical skills, which enabled them to reconstruct, apparently in a relatively short time, a town as extended, and as monumental, as the Early Syrian one. In this perspective, their strong engagement in leveling the Lower Town, before erecting the new constructions prevents us from attributing these phenomena of conservation uniquely to the will to re-employ preexisting structures for the sake of profit: rather, they might descend from the wish to keep somehow alive a glorious history of which, perhaps, they considered themselves the heirs.

It is certainly for this reason that they adopted some Early Syrian royal iconographies, though they deeply innovated the two pivots of Eblaic ideology. In fact, on the one hand, the role of patron deity of the town, and of the reigning dynasty shifted from Kura to Ishtar, from a god, possibly belonging to a Khurrian substrate, to a female, typically Semitic deity; on the other hand, the king, in his close relation with the goddess, seems to assume, also in visual representation, a more differentiated, and relevant role in rituals, besides the more traditional ones, related with government, and war.

Later in the Old Syrian period, the gradual shift of leadership to Aleppo sees the gradual loss of role of Ishtar, which can be followed in glyptics, where, at first, she appears side by side with Hadad, albeit in a secondary position,[66] then disappears completely, while Khebat, companion of the god of Aleppo, takes her place at his side.

In place of the severe style of the archaic Old Syrian workshops of Ebla there is the more modelled carving style of the Aleppo workshops. Yet, the Eblaic iconographies developed in order to represent kingship already since the mature Early Syrian period, largely reconsidered, and implemented during Middle Bronze I, in a phase we must now consider a relevant formative one in the ancient Syrian culture, had larger fortune. In fact, they appear again, centuries later, in totally different ideological contexts, in the great art

[66] See, e.g., Porada, E., op. cit. (fn. 41), n. 967, pl. CXLVI, p. 130.

of the late Assyrian period in Mesopotamia, in the monumental accomplishments of the carved wall decorations, and in royal cylinder seals.[67]

[67] Matthiae, P., Old Syrian Ancestors of Some Neo-Assyrian Figurative Symbols of Kingship, in: De Meyer, L., Haerinck, E., (eds.), Archaeologia iranica et orientalis. Miscellanea in honorem Louis Vanden Berghe, (Gent, 1989), 367-391. Another possible remnant of the Old Syrian royal iconography can be traced in the creation of the Phoenician divine figure of Melqart, the "king of the town" of Tyre: Pinnock, F., Note sull'iconografia di Melqart, op. cit. (fn. 46).

KULTKONTINUITÄT AN DER WENDE VOM 3. ZUM 2. JT.: ARCHÄOLOGIE[1]

Eva A. Braun-Holzinger, Mainz*

Woolley schreibt zu Anfang seines Ausgrabungsbandes zu Ur in altbabylonischer Zeit: "Ibbisin was defeated ... he was carried away into captivity and his city was sacked and laid waste by the victorious invaders. The disaster, which marked the downfall of the ancient Sumerian nation was complete".[2] Daß Ur von den Elamitern völlig zerstört wurde, liest man immer wieder, wie es scheint ist dies eines der wenigen historischen Ereignisse, das sich im archäologischen Befund nachweisen läßt.[3]

Ob dieser Elamitereinfall und die etwa 10-jährige sog. "Garnison" der Elamiter einschneidend wirkten auf alle Bereiche des Lebens in Ur, wurde in letzter Zeit schon eher in Frage gestellt:

van de Mieroop schreibt: "Woolley stated that the destruction of Ur by the Elamites was complete, but his statement may have been influenced by his knowledge of the 'Lamentation over the destruction of Ur', a literary composition that may not reflect the historical truth." All in all it seems that the disruption at the end of the Ur III period was not radical. When texts reappear they show a continuation of administrative practices, a sound economy,

---

[1] Dieser Vortrag war als archäologische Ergänzung zu dem von Th. Richter angekündigten Thema zu Kultkontinuität und Wandel an der Wende vom 3. zum 2. Jt. geplant; der Schwerpunkt sollte jeweils auf Ur liegen. Herr Richter wurde dann jedoch zu einem anderen Thema verpflichtet. Da ein Versuch, in dieser dokumentenreichen Periode Kultkontinuität nur mit Archäolgie nachzuweisen, wenig sinnvoll ist, wurde ansatzweise Textmaterial eingearbeitet; eine ausreichende Behandlung der schriftlichen Dokumentation war jedoch nicht möglich und konnte auch für die Druckfassung nicht mehr nachgetragen werden.

* Institut für Ägyptologie, Johannes-Gutenberg-Universität, Saarstr. 21, D-55099 Mainz.

[2] Woolley, C.L. / Mallowan, M., The Old Babylonian Period. UE VII, (London / Philadelphia, 1976; im folgenden abgekürzt UE VII) 1.

[3] z.B. Orthmann, W., Der Alte Orient, PKG 14, (Berlin, 1975) 42; Richter, Th., Untersuchungen zu den lokalen Panthea Süd- und Mittelbabyloniens in altbabylonischer Zeit, (Münster, 1999; im folgenden abgekürzt: Richter, Panthea), 355. 373, Anm. 1503.

and a flourishing royal house". Išbi-Erra setzte den Dilmunhandel fort, sogar bevor er die Elamiter aus Ur vertrieben hatte.[4]

Liest man Woolley etwas genauer, stellt man überrascht fest, daß er bei der Darstellung des Grabungsbefunds eigentlich auch zu dieser Ansicht neigt: Bei der Behandlung der Isin-Larsa-Wohngebiete schreibt er mehrfach, daß die Mauern des frühen 2. Jt.s direkt auf den Fundamenten oder niedrigen Mauerresten der Ur III-Zeit aufsaßen; er weist auf die kontinuierliche Bebauung vom 3. zum 2. Jt. hin; erst der Fund neusumerischer Tafeln ist ihm ein Indiz, daß er in die neusumerischen Schichten vorgestoßen ist; keine Erwähnung einer Brandschicht, oder auch nur von Brandspuren; vor allem auch nicht hochanstehende mit Schutt gefüllte Mauern, die auf eine Zerstörung durch eine Katastrophe und auf eine – wenn auch nur kurze – Siedlungsunterbrechung hindeuten. Ganz im Gegenteil: ein Kontinuum von neusumerischer zu frühaltbabylonischer Zeit.[5]

Ganz anders beschreibt Woolley den Befund zwischen altbabylonischen und kassitischen Wohnhäusern:[6] Zerstörung durch Brand, hoch anstehende Mauern mit Schutt gefüllt, darüber dann erst die neue Bebauung.

Ähnlich ist Woolleys Kommentar zur Erneuerung des Gipar der Isin-Larsa-Zeit:[7] Daß die komplette Erneuerung der Amarsin-Mauern im Gipar auf die Zerstörung der Elamiter zurückzuführen sei, hält er für äußerst unwahrscheinlich; er nimmt an, daß das aufgehende Mauerwerk der Amarsin-Zeit weitgehend aus ungebrannten Ziegeln bestand, und daß dieser Bau von den Larsa-Bauherren wegen des Materials bis zu den Fundamenten abrasiert wurde, um einen soliden Bau aus gebrannten Ziegeln aufzuführen, wie es im Ur des frühen 2. Jt.s üblich war. Auch hier fand Woolley also keine Zerstörungsspuren der Elamiter.

Im heiligen Bezirk des Mondgottes von Ur läßt sich die Kontinuität der einzelnen Gebäude und auch eines Teils ihres Inventars recht anschaulich darlegen.

Nimmt man die beschrifteten Angelsteine als Maßstab für grundlegende Baumaßnahmen, war Urnamma wohl der größte oder zumindest der gründ-

---

[4] van de Mieroop, M., Society and Enterprise in Old Babylonian Ur, (Berlin, 1992), 51 f.

[5] UE VII 13 f.

[6] ebd. 13 Taf. 20 (Wohnviertel wohl in dem Zustand kurz vor der Zerstörung durch Samsu-ilūna); Woolley, C.L., The Kassite Period and the Period of the Assyrian Kings. UE VIII (London / Philadelphia, 1965; im folgenden abgekürzt UE VIII) 1. 77.

[7] UE VII 40 Taf. 2b (nordwestl. Außengang, Larsa-zeitliche Mauern mit erhaltenem Amarsin-Pflaster); Taf. 3a (Larsa-Podest in Amarsin-Mauer).

lichste Bauherr: 36 Angelsteine, die ihn als Erbauer des Nanna-Tempels ausweisen,[8] zehn als Erbauer des Gipar für Ningal.[9]

Diese Angelsteine reichten offensichtlich über viele Generationen hinweg, um die von Urnamma angelegten Bauten bei Restaurierungen und gründlichen Erneuerungen weiterhin mit Türen auszustatten; sogar in neu gegründete Bauten des 2. und 1. Jt.s wurden sie übernommen.[10] Urnamma-Bauurkunden durchziehen die gesamte Baugeschichte Urs, von neusumerischer bis neubabylonischer Zeit; als Bauherr muß Urnamma all seinen Nachfolgern stets sehr präsent gewesen sein.

Aus dem 2. Jt. fanden sich in Ur lediglich vereinzelt beschriftete Angelsteine: zwei des Šu-ilīšu (Dublalmaḫ)[11] und vier des Kurigalzu (Ekišnugal),[12] ganz am Ende des Jt.s vier des Marduk-nadinaḫḫe für das Ganunmaḫ.[13]

Auf Grund der Ziegelinschriften und Tonnägel wissen wir, daß Urnamma für den Mondgott die Ziqqurat-Terrasse mit Ziqqurat, Ziqqurathof und den großen Hof hat anlegen lassen,[14] über den eigentlichen Kultbau oder auch die Kultbauten für den Mondgott wissen wir jedoch gar nichts;[15] kein An-

---

[8] Frayne, D.R., RIME 3/2.1.1.2, (Toronto, 1997), 27-52: e$_2$-^{d}nanna (im Bereich der gesamten Ziqquratterrasse, aber auch wiederverwendet, vgl. Anm. 10).

[9] ebd. 1.1.13; zwei weitere für Ninegal aus dem Gipar 1.1.14. – 1.1.15 u. 16 für Inanna.

[10] ebd. 1.1.2, 47-50 (und U.18525) aus dem Ningal-Tempel des Kurigalzu. – Angelstein 1.1.16 ursprünglich für den Inanna-Tempel, wurde im Gipar des Nabonid wiederverbaut. – Woolley, C.L., The Ziggurat and its Surroundings. UE V (London / Philadelphia, 1939; im folgenden abgekürzt UE V) 63 im Ningal-Tempel des Sin-balāṭsu-iqbi 3 Urnamma-Angelsteine, einer des Šusin (vgl. Anm. 36), eventuell einer des Amarsin erwähnt.

[11] Frayne, D.R., RIME 4.1.2.1, (Toronto, 1990), (einer in situ, einer wiederverwendet).

[12] UET I (London / Philadelphia, 1928), 152.153.154; Brinkman, J.A., Materials and Studies for Kassite History I, (Chicago, 1976), 222 Q.2.54.55.56.

[13] UET I 306; Woolley, C.L., The Buildings of the Third Dynasty. UE VI (London / Philadelphia, 1974; im folgenden abgekürzt UE VI) 50 rooms 2, 5 und 6. – Brinkman, J.A., A Political History of Post-Kassite Babylonia 1158-722 B.C., (Rom, 1968), 330, 6.2.1.

[14] Ziqquratterrasse (Etemeniguru), Frayne, D.R., RIME 3/2.1.1.12 (Urn. 10) Ziegel, alle ohne Fundortangabe; 2.1.1.11 (Urn. 25) Tonnägel, weit gestreut gefunden, in situ in NW-Mauer der Ziqquratterrasse, vgl. UE V 24 Taf. 15a; Ekišnugal in Urnamma-Bauinschriften nicht belegt; e$_2$-^{d}nanna vgl. Anm. 8.

[15] Zusammenfassend zu unterschiedlichen Meinungen, ob während der Ur III-Zeit ein Hochtempel und ein Tieftempel bestand, vgl. Richter, Panthea 361 f. Ein Gebäude auf der Ziqqurat bot einem vollständigen Tempelkult jedenfalls nicht ausreichend Platz. – Tunca, Ö., "Remarques sur l'architecture des téménos d'Uruk et d'Ur à la période de la IIIe dynastie d'Ur", in: BaM 17 (1986), 283-286, schließt Gebäude im großen Ziqurrathof nicht aus.

gelstein im Bereich der Ziqquratterrasse wurde in neusumerischer Lage gefunden; über den Tempel auf der Ziqqurat wissen wir naturgemäß gar nichts: nicht ob Urnamma oder einer seiner Nachfolger ihn erbauten, nicht was die Herrscher von Isin nach dem kurzen elamischen Zwischenspiel vorfanden und was sie selbst wiederherstellten.

Von Šulgi sind keine Bauurkunden für den Mondgott erhalten, von Amarsin eine Gründungstafel für das Etemeniguru[16] und drei Angelsteine für das Dublalmaḫ;[17] von Šusin zwei Angelsteine (Emurianabak).[18]

Die frühesten Bauurkunden für Nanna nach dem Elamitereinfall sind die beiden Angelsteine des Šu-ilīšu für das Dublalmaḫ (vgl. Anm. 11). Die von Taylor in Ur in der Ziqqurat verbaut gefundenen Ziegel des Išme-Dagan[19] und auch die verstreuten des Lipit-Ištar[20] tragen Standardinschriften, wie sie auch in Isin verwendet werden und nennen Nanna nicht.

Erst von Nūr-Adad haben sich wieder Bauurkunden für Nanna erhalten: z.B. für den Ofen im Ekišnugal, in situ im Gebäude zu Füßen der Ziqqurat die Kupferzylinder; die Kegel mit entsprechenden Inschriften streuen;[21] weiterhin Kegel aus dem Ganunmaḫ.[22]

Etwas klarer als im Ziqquratbereich sind die Verhältnisse im Gipar. Das Gipar sowohl der neusumerischen wie auch der altbabylonischen Zeit ist deutlich zweigeteilt: Durch schriftliche Zeugnisse wissen wir, daß dieser architektonischen Zweiteilung auch eine funktionale entsprach: Der südliche Teil wurde weitgehend vom Tempel für Ningal eingenommen, der nördliche weitgehend vom Amtssitz der En-Priesterin des Mondgottes.[23] Manche Baueinheiten bleiben in ihrer Funktion nach wie vor rätselhaft oder haben auch über die Zeiten hinweg ihre Funktion genändert.

Die Planung gehört in die Zeit Urnammas. Die Annahme, daß Ningaltempel und Gipar als Residenz der En zunächst getrennte Bauten waren und erst

---

[16] Frayne, D.R., RIME 3/2.1.3.7 (Amarsin 19) sekundäre Fundlage: UE VI 51, Ganunmaḫ, kassitisch room 13 (U 220).

[17] Frayne, D.R., RIME 3/2.1.3.9 (Amarsin 12), wiederverwendet.

[18] ebd. 1.4.21 (Šusin 7); Fundlage: UE VIII 6, in kassitischer Zeit wiederverwendet.

[19] Frayne, D.R., RIME 4.1.4.1 Exemplare 26-28 aus Isin; 1.4.2 bisher nur aus Ur.

[20] ebd. 1.5.1 aus Ur, Uruk und Isin.

[21] ebd. 2.8.3; Exemplare 10-12 sind Kupferzylinder, die anderen Tonnägel.

[22] ebd. 2.8.2, teilweise in situ.

[23] Mit ausführlicher Literatur, Charpin, D., Le clergé d'Ur au siècle d'Hammurabi, (Genève / Paris, 1986), 192-220.

von Urnamma in eine Baueinheit zusammengeführt wurden, eine Einheit die wieder aufgegeben wurde,[24] läßt sich archäologisch nicht untermauern. Die älteren Baureste unter dem Gipar geben keine Anhaltspunkte; im 1. Jt. wird jedoch der Ningal-Tempel ebenfalls wieder Gipar genannt.[25]

Für ein älteres Kultgebäude an dieser Stelle sprechen einige länger tradierte Funde der frühdynastischen und akkadischen Zeit, vor allem zwei frühdynastische Weihplatten, die ihrer Funktion nach zur Ausstattung eines Tempels, spezieller einer Tempeltüre gehörten: Eine mit Libationsszenen, bei der viele Frauen beteiligt sind, eventuell auch eine En-Priesterin;[26] weiterhin ein Angelstein nur mit Namensaufschrift der Enmenanna, Tochter des Naramsin.[27] Weihplatten und Angelsteine sind Objekte, die im 2. Jt. selten von einem Gebäude in ein anderes transferiert wurden, sie sprechen für eine Tradition des Gipar an diesem Platz.

Auch der Enḫeduanna-Diskus wurde im Gipar der Larsa-Zeit gefunden;[28] diese reliefierte Scheibe ist von der En-Priesterin des Mondottes Inanna-Zaza geweiht anläßlich der Errichtung eines $bara_2$ für An. Urnamma errichtete ebenfalls ein $bara_2$ für An,[29] der auch unter Šulgi noch Opfer erhielt, wahrscheinlich im Gipar.[30]

Die zwölf Angelsteine des Urnamma für das Gipar für Ningal kommen alle aus dem Gipar, wenn auch in späteren Schichten wiederverbaut.[31] Amar-

---

[24] ebd. 219 f.; Richter, Th., Panthea, 380.

[25] Frame, G., RIMB, (Toronto, 1995), 2.6.32.2014 Sin-balāṭsu-iqbi, (UET I 171).

[26] U 6831: Woolley, C.L., The Early Periods. UE IV (London / Philadelphia, 1955; im folgenden abgekürzt UE IV) 45 Taf. 39; Fundlage Isin-Larsa-zeitlich; ohne Inschrift, im unteren Register eine ähnliche Szene wie auf dem Diskus der Enḫeduanna, ein unbekleideter Libierender, hinter ihm eine Frau im Mantel mit Haarreif (En?), gefolgt von Opferbringern. – U 6691: Woolley, C.L., UE IV Taf. 41; Fundlage Isin-Larsa-Schicht, Raum B 15; fragmentierte Bauinschrift, Braun-Holzinger, E.A., Mesopotamische Weihgaben der frühdynastischen bis altbabylonischen Zeit, (Heidelberg, 1991), 311 W 14; in zwei Registern weibliche Figuren.

[27] U. 6703: UE VIII 40. 104; filling of central passage, near C 24, kassitische Fundlage. Frayne, D.R., RIME 2.1.4.34.

[28] U. 6612: UE IV 49. 172 Taf. 41d Raum C 18; UE VIII 56: Abschrift UET I 289 (vgl. Anm. 69). Frayne, D.R., RIME 2.1.1.16.

[29] Frayne, D.R., RIME 3/2.1.1.5 (Urn. 5), Ziegelinschrift (Gipar des Nabonid Raum 3).

[30] Sallaberger, W., Der kultische Kalender der Ur III-Zeit II, (Berlin, 1993), 109 Tabelle 62 b, zusammen mit $sizkur_2$ gi_6-par_4 ^{d}Nanna in Ur erwähnt.

[31] Frayne, D.R., RIME 3/2.1.1.13 (Urn. 19); 14 (Urn. 18) für Ninegal.

sin mußte nochmals für das Gipar 16 Angelsteine anfertigen lassen, wie Frayne vorschlägt, hing dies eventuell mit der Inthronisierung seiner Tochter als En des Nanna zusammen.[32] Es bleibt unklar, welche Baumaßnahmen Urnamma und welche Amarsin durchführte.

Zur Zeit des Šusin wurden noch einige neue Angelsteine beschriftet, die im Gipar verbaut wurden und die offensichtlich mit der Funktion, die das Gipar nun auch im Herrscherkult erfüllte, zusammenhingen: vier (oder fünf) Exemplare mit einer Inschrift des Šusin, der für sich selbst sein e$_2$-ki-ag$_2$-ga$_2$-ni gebaut hat;[33] ein Exemplar kommt aus dem Kunsthandel, drei oder auch vier wurden im Gipar gefunden, und zwar eines in situ unter ungestörtem Pflaster,[34] ein anderes in kassitischer Fundlage,[35] eventuell noch ein drittes aus diesem Bereich; eines wurde im neubabylonischen Ningal-Tempel,[36] eines im neubabylonischen Gipar=Dublalmaḫ[37] wiederverwendet.

In A 27 (?) des Gipar wurde ein Angelstein gefunden, der ebenfalls für Šusin bestimmt war: ein sonst nicht belegter Šagina x-kal-la von Ur schreibt, daß er für Šusin sein e$_2$-a-ni gebaut hat.[38]

Von den sechs Angelsteinen, die Lugal-magure, der sich in dieser Inschrift ausnahmsweise Ensi von Ur nennt und nu-banda$_3$-en-nu-ga$_2$, für das e$_2$-ki-ag$_2$-ga$_2$-ni des Šusin hat anfertigen lassen, wurde keiner im Gipar gefunden, sie müssen zu einem anderen, nicht lokalisierbaren Gebäude gehören.[39] Ent-

---

[32] ebd.1.3.8 S. 237.

[33] ebd. 1.4.19

[34] U 6722: UE VII 43=UET I 72, IM 1147. 1148, laut field book jedoch 3 Exemplare (2 B., 1 E); in field notes S. 88 ist als Fundort angegeben: A 2 w corner, in situ – unter ungestörtem Pflaster.

[35] U 6722: UE VIII 36 kass. Gipar room 1 (wohl das Exemplar in field notes S. 88: long pass. NW side G 16, above pavement).

[36] wahrscheinlich U 3337: UE V 63=UET I 72: Ningal-Tempel Sin-balāṭsu-iqbi/Nabonid room 1, zusammen mit Urnamma-Stein; U 3337 laut Katalog UE VII BM 119007 mit Verweis auf S. 43, dort aber wohl U 6722 gemeint, die U-Nummer weist eher auf UE V 63 Ningal-Tempel hin).

[37] eventuell das 3. Exemplar zu U 6722 (vgl. Anm. 34): Woolley, C.L. / Mallowan, M., The Neo-Babylonian and Persian Periods. UE IX (London / Philadelphia, 1962; im folgenden abgekürzt UE IX) 20= UET I 72: neubab. Gipar/Dublalmaḫ, room 6 zu room 5, zusammen mit Urnamma-Stein (é ^{d}Nanna), dort kein Hinweis auf U-Nummer.

[38] Frayne, D.R., RIME 3/2.1.4.14: U 6738 UET I 81; UE VII 49, Larsa-Schicht; field book nur KP.

[39] Frayne, D.R., RIME 3/2.1.4.15: 2 Exemplare im Dublalmaḫ des Nabonid (U. 2673. 3102); 1 Exemplar in EH/Nähe Eḫursag.

sprechende Angelsteine, bzw. Ziegel eines Ensi für einen Tempel des Šusin gibt es aus Girsu,[40] Adab[41] und Ešnunna;[42] nur in Ešnunna hat sich das dazugehörige Gebäude erhalten, es war ein regulärer kleiner Tempel.[43]

Wie sind aber die entsprechenden Angelsteine im Gipar zu erklären: Zwei oder drei, von Šusin beschriftet, wurden unmittelbar im Eingangsbereich gefunden, einer in situ (vgl. Anm. 34); ein weiterer von einem Šagina für Šusin in Larsa-Schicht A 27 (vgl. Anm. 38). Ob Baumaßnahmen mit diesen Angelsteinen zusammenhingen, ist völlig unbekannt, die Verbalformel lautet in beiden Fällen mu-na-du$_3$ bzw. mu-du$_3$. Wurde für Šusin im Tempel, eventuell in der Nähe von A 27 eine besondere Kapelle eingerichtet und hat Šusin im Zusammenhang damit auch im Eingangsbereich Verschönerungen mit prächtigeren Türen und neuen Angelsteinen durchgeführt? Durfte hier – wie die Ensi an anderen Orten – der Šagina für den Herrscher mitbauen? Die Stellung eines Šagina in Ur war sicher von hoher Bedeutung, der Name x-kal-la ist sonst jedoch nicht belegt. Bekannt als Šagina von Ur zur Zeit des Šusin ist jedoch Lugal-magure, der an anderer Stelle in Ur einen Tempel für Šusin errichtet hat (vgl. Anm. 39), in diesen Inschriften nennt er sich jedoch nicht Šagina.[44]

Wie steht dies im Zusammenhang mit dem sehr prononcierten Herrscherkult des Šusin, zu dessen Regierungsbeginn besonders viele Statuen angefertigt wurden, dessen Statuen offenbar sogar in Häusern von Beamten standen und beopfert wurden?[45] Oder handelt es sich bei diesen sog. Privathäusern vielleicht doch um offizielle Gebäude, an deren Errichtung die Beamten beteiligt waren?[46] All dies sind Fragen, die über den Bereich der Archäologie hinausgehen.

---

[40] 1.4.13, Angelsteine des Ir-Nanna.

[41] ebd. 1.4.11, Ziegel des Ḫabaluke.

[42] ebd.1.4.12, Angelstein des Iturija.

[43] Frankfort, H. / Lloyd, S. / Jacobsen, Th., The Gimilsin Temple and the Palace of the Rulers at Tell Asmar. OIP 43, (Chicago, 1940), 9-27.

[44] Sallaberger, W., in: Sallaberger, W. / Westenholz, A., Mesopotamien, Akkade-Zeit und Ur III-Zeit, (Freiburg, Schweiz / Göttingen, 1999), 194; Frayne, D.R., RIME 3/2 S. 325, Schwiegersohn des Amarsin, überlebt Šusin. – Warum ist er hier als nu-banda$_3$-en-nu-ga$_2$ bezeichnet, der im Rang wohl unter dem Šagina war?

[45] Sallaberger, W. / Westenholz, A., op. cit., (Anm. 44), 170; Sallaberger, W., Kultischer Kalender I, op. cit., (Anm. 30), 105-107.

[46] ebd. 107 wird für ein Opfer für die Statue des Šusin das Haus des Sukkalmaḫ genannt; der war zu dieser Zeit Ir-Nanna (vgl. Anm. 40), der ja nachweislich ein e$_2$ für Šusin gebaut hat; ist dies eventuell gemeint und nicht das Privathaus?

Festzuhalten ist jedoch, daß im Gipar auch ein e_2 des Šusin eingerichtet wurde und man muß dann natürlich auch fragen, ob hier auch schon früher eine Herrscherverehrungsstelle war, wie dies von Weadock, allerdings ohne Begründung, schon einmal vorgeschlagen wurde.[47]

Nach Šusin fehlen Bauurkunden für das Gipar bis zu Enanatuma, bzw. Išme-Dagan.

An Hand der Bauurkunden läßt sich zwar nichts über die Zeit zwischen Šusin (vgl. Anm. 18 Emurianabak) und Šu-ilīšu (vgl. Anm. 11 Dublalmaḫ) für ein Heiligtum des Mondgottes und nichts für die Zeit zwischen Šusin und Išme-Dagan (Enanatuma) für das Gipar sagen, aber Jahresnamen und Abschriften von Weihinschriften oder Texte füllen die Lücken:

Ibbisin setzt in seinem 10. Jahr Ennirzianna als En des Nanna ein, im Jahr 12 ließ er einen Thron für Nanna herstellen,[48] weiterhin weihte er kostbare Goldgefäße (vgl. Anm. 68. 69) und einen Tributhund (vgl. Anm. 70).

Schon Išbi-Erra nennt sein Jahr 29 nach der Herstellung eines Thrones für Nanna und Ningal; auch eine Verwaltungsurkunden aus dem Jahr 28 nimmt darauf Bezug.[49] Zwei Jahre vorher hatte er die Elamiter, die inmitten von Ur hausten, mit seiner mächtigen Waffe geschlagen.[50]

Im Jahr 33 des Išbi-Erra wurde ein šu-nir für Nanna hergestellt – offenbar spielten dabei Silber und verschiedenfarbige Leder eine Rolle; dies Šurinnu gab dann dem Jahr 2 des Šu-ilīšu seinen Namen.[51]

Ein Kultort für Nanna muß in diesen Jahren also vorhanden gewesen sein, ebenso für Ningal, die aber nicht nur in ihrem Gipar-Tempel, sondern auch im Nanna-Tempel verehrt werden konnte.

Der Nanna-Kult scheint also allenfalls kurzfristig unterbrochen gewesen zu sein. Die Elamiter verschleppten zwar Ibbisin und den Mondgott und ließen Ur zunächst herrscher- und kultlos zurück. Aber für eine Kultkontinuität konnte durchaus ein Šurinnu ausreichen, wie später die Sonnenscheibe im Ebabbar von Sippar: In Sippar war im 11. Jh. bei einem Sutäereinfall das Kultbild des Šamaš abhanden gekommen. Simbar-Šipak hat dann, weil er das Kultbild nicht wieder beschaffen konnte, eine Sonnenscheibe anfertigen las-

---

[47] Weadock, P.N., "The *Giparu* at Ur", in: Iraq 37 (1975), 101-128, bes. 123.

[48] Frayne, D.R., RIME 3/2.1.5 S. 363.

[49] Richter, Th., Panthea, 363 f., Anm. 1456 und 373, Anm. 1504; vgl. auch die Schultafel, eventuell mit einer Kopie der Standarteninschrift, Frayne, D.R., RIME 4.1.2.2.

[50] Sigrist, M., Isin Year Names, (Berrier Springs, 1988), 19 f.

[51] Richter, Th., Panthea, 364; 373, Anm. 1505.

sen, um den Kult fortzusetzen. Diese Sonnenscheibe tat 200 Jahre lang ihre Dienste; erst dann konnte unter Nabu-appla-iddina 857 durch den glücklichen Fund des Modells der ursprünglichen Statue das Kultbild wieder hergestellt werden:[52] Auf dem Steindokument ist das Kultbild dargestellt, es sitzt im Tempel, das Vertretungs-Emblem, die Sonnenscheibe, die von einem Hocker gestützt wird, ist noch vor dem Tempel zu sehen.[53] Diese etwas rätselhafte Darstellung – Kultbild, Symbol und Hocker/Thron – gewinnt durch die Abfolge der Weihungen bei Išbi-Erra plötzlich Sinn: Išbi-Erra hat ja offensichtlich einen Thron anfertigen lassen im Hinblick auf das noch herzustellende Šurinnu; das Kultbild war zunächst nicht mehr vorhanden. Symbol und Thron gehören offenbar ebenso zusammen wie Statue und Thron, wie die Darstellung auf der Sonnentafel von Sippar verdeutlicht. Wie bei Nabu-appla-iddina nimmt auch die Geschichte des exilierten Mondgottes ein gutes Ende: unter Šu-ilīšu kehrt er aus Anšan zurück. Zu dieser Zeit wird das Dublalmaḫ gebaut; daß diese Bautätigkeit mit der Statue zusammenhängt, wird nicht gesagt.

Der Ningalkult ist schlechter belegt: Ob der Thron für Ningal des Išbi-Erra auf das Gipar hindeutet ist unklar, da Ningal auch im Nanna-Heiligtum verehrt werden konnte.[54] Erst ab Enanatuma gibt es wieder Weihungen an Ningal, Lieferungen an den Ningal-Tempel ab Lipit-Ištar.[55]

Ob manche Kultplätze mit dem Ende der III. Dynastie in Ur aufgegeben wurden, ist archäologisch nicht eindeutig nachzuweisen: Für den Nimintabba-Tempel wurde dies angenommen, dem wiederspricht jedoch Charpin mit vielen Belegen.[56] Aufgegeben wurden die sog. Maussoleen.[57] Das Eḫursag bestand offenbar zunächst während der Isin-Larsa weiter. Die Bedeutung des Eḫursag als ein Gebäude, das in der Nähe des Gipar lag, aber nicht einer Gottheit geweiht war, ist nach wie vor unklar: Mit Standard-Ziegeln des Ur-

---

[52] King, L.W., Babylonian Boundary Stones, (London, 1912) Nr. 36; Brinkman, J.A., op. cit., (Anm. 13 PHPKB), 189 f.; 348 unter 24.2.3; zu Simbar-Šipak 152.

[53] Orthmann, W., PKG 14, Taf. 248.

[54] Richter, Th., Panthea, 379 Anm. 1536. Auf S. 378 Erwähnung von Ningal in Jahresnamen: Thron für Ningal (Šu-ilīšu Jahr 9); lugal-e nin-dingir ^{d}nin-gal maš$_2$-e i$_3$-pad$_3$ (Iddin-Dagan x).

[55] ebd. 380 ff.

[56] Charpin, D., op. cit., (Anm. 23), 146 f.

[57] UE VII 12.

namma gebaut, die den Nanna-Tempel und die Mauer nennen;[58] auf späteren Ziegeln wird das Eḫursag als e_2-ki-ag_2 des Šulgi bezeichnet.[59] Ob die allmähliche Aufgabe dieses Gebäudes im 2. Jt. mit dem veränderten Herrscherkult nach dem Ende der III. Dynastie von Ur zusammenhängt, bleibt fraglich.

In Ešnunna ist der komplizierte Befund, daß der eindeutig für Šusin von Iturija, Ensi von Ešnunna, erbaute Tempel (vgl. Anm. 42) von dem ersten wieder selbständigen Herrscher von Ešnunna, Šu-ilija, in einen neuen Palast integriert wurde. Šu-ilija bezeichnete sich als Lugal; er errichtete in diesem Palastbau einen weiteren dem Šusin-Tempel überaus ähnlichen Tempel, leider ohne Bauurkunden.[60] Bemerkenswert ist, daß der eigentlich obsolete Šusin-Tempel länger in nahezu unveränderter Form restauriert wurde als dieser neu angelegte Tempel; dieser wurde nämlich schon unter Nūr-aḫum, der sich nur noch als Ensi bezeichntete, und wahrscheinlich von Išbi-Erra eingesetzt wurde, völlig in den Palast integriert.[61] Dies regt natürlich zu Spekulationen an: Hat vielleicht Šu-ilija, deifizierter Lugal von Ešnunna, sich seinen eigenen kleinen Tempel gebaut, der natürlich unter den folgenden Ensi (nicht deifiziert) schon wieder überflüssig wurde?[62]

Festzuhalten bleibt, daß man offensichtlich Herrschertempel in veränderter Funktion weiterbenutzen konnte, im Falle des solide gebauten Šusin-Tempels auch ohne sie architektonisch grundlegend zu verändern. Auch im Gipar lassen sich von Urnammu bis zum Ende der altbabylonischen Zeit im A-Bereich, in dem ja offensichtlich eine Šusin-Verehrungsstelle eingerichtet wurde, keine grundlegenden architektonischen Veränderungen ablesen.

Die Elamiter haben angeblich Ur nicht nur völlig zerstört, sondern werden auch dafür verantwortlich gemacht, daß sich vom Tempelinventar der Ur III-Zeit so gut wie gar nichts erhalten hat. Von all den Herrscherstatuen überlebte nur eine fragmentierte 26 cm hohe Dioritstatue des Šulgi, Nanna ge-

---

[58] Frayne, D.R., RIME 3/2.1.1.4.

[59] ebd.1.2.3 (Šulgi 5); UE VI 36-39; Margueron, J., Recherches sur les palais Mésopotamiens de l'âge du bronze, (Paris, 1982), 156 f.

[60] Frankfort, H., u. a., op. cit., (Anm. 43), 37-42.

[61] ebd. 42.

[62] Margueron, J., op. cit., (Anm. 59), 181 lehnt dies ab, da er noch Ilšuilija liest, also den Herrscher für nicht deifiziert hält. Daß es sich nicht um einen Tempel handelt, wie Margueron vorschlägt, ist in Anbetracht des eindeutigen Grundrisses sehr unwahrscheinlich. Daß es sich um den Tišpak-Tempel handelt, ist abzulehnen, da er ja nur ganz kurze Zeit bestand und völlig umstruktiert und profaniert wurde.

weiht, im Zerstörungsschutt des Nimintabba-Tempels nahe der Temenosmauer gefunden.[63] Die in vielen Fragmenten aber dennoch nur bruchstückhaft erhaltene Urnamma-Stele kommt größtenteils aus kassitischen Schichten.[64]

Dies ist der magere archäologische Befund. Dem widersprechen die Texte: Wie kommt es dazu, daß nach der Zerstörung Urs durch die Elamiter in altbabylonischer Zeit in Ur offensichtlich immer noch Statuen der Akkad-Zeit zu bewundern waren: eine Statue des Maništusu für Sin, eine Statue des Naramsin für Ningubla (UET I 274),[65] eine oder zwei Statuen des Naramsin für Sin (UET 275 und 276),[66] eine dieser beiden Statuen war neben einer Statue des Sin-erībam aufgestellt.[67] Alle diese Objekte hatten Weihinschriften und diese Inschriften haben sich in altbabylonischen Abschriften erhalten. Hinzu kommen noch weitere: die Reliefscheibe der Enḫeduanna, die im Larsa-zeitlichen Gipar im Füllschutt gefunden werde (vgl. Anm. 28); ihre Inschrift wurde auf einer Tafel zusammen mit zwei Inschriften des Ibbisin kopiert: die eine war von einem goldenen "Spitzgefäß" (bur-šagan), das eventuell bei der Reinigung für die Mundöffnung der Nanna-Statue benutzt wurde,[68] die andere von einem goldenen Gefäß mit sieben Ausgüssen.[69] Von Ibbisin hat sich außerdem die Abschrift einer Weihung eines Tributtiers (Abbildes) aus Meluḫḫa erhalten.[70] All diese Objekte waren in Ur zumindest zur Zeit des Sin-erībam noch sichtbar aufgestellt.

Bemerkenswert ist, daß die Elamiter zwar Ibbisin und den Mondgott mitgenommen haben, eine Handlung von entscheidender politischer und ideolo-

---

[63] Frayne, D.R., RIME 3/2.1.2.56; Braun-Holzinger, E.A., op. cit., (Anm. 26), St 150 U 6306, eventuell gehörte sie zu einem nahe gelegenen Mauerheiligtum.

[64] UE VI 75 ff. Taf. 41-45; Frayne, D.R., RIME 3/2.1.1.22; Braun-Holzinger, E.A.:, op. cit., (Anm. 26), 340, Stele 25.

[65] ebd. 286 zu UET I 274: sowohl Gelb, I.J. / Kienast, B., Die akkadischen Königsinschriften des dritten Jahrtausens v. Chr., (FAOS 7; Stuttgart, 1990), Man C 1 als auch Frayne, D.R., RIME 2.1.3.1 lesen RO V 28 ^{d}En-lil$_{2}$ statt ^{d}EN.ZU! – zur Weihung an Ningubla vgl. RIME 2.1.4.25, (FAOS 7, Naramsin C 3) .

[66] Frayne, D.R., RIME 2.1.4. 5 und 26, (FAOS 7 Naramsin C 5 A und B); Braun-Holzinger, E.A., op. cit., (Anm. 26), 286 f.

[67] Zur Tradierung dieser Weihgaben vgl. Braun-Holzinger, E.A., op. cit., (Anm. 26), 11.

[68] Sallaberger, W., op. cit., (Anm. 30), 191 f. – Frayne, D.R., RIME 3/2.1.5.2 (Ibbisin A 9) UET I 289.

[69] UET 289 RIME 3/2.1.5.3 (DUG.UBUR.IMIN) (Ibbisin A 10), dabei auch die Abschrift des Enḫeduanna-Diskus; Fundort der Sammeltafel: Ur, Wohnviertel, 7 Quiet street. – Charpin, D., op. cit., (Anm. 23), 425-427.

[70] Frayne, D.R., RIME 3/2.1.5.4 (Ibbisin A 11), UET VIII 37, U 17899.

gischer Tragweite, die handlichen leicht transportierbaren goldenen Kultgefäße aus dem Tempelschatz des Nanna aber unversehrt zurückließen.

Man fragt sich dann, haben die Elamiter während der zehn Jahre zwischen der endgültigen Niederlage des Ibbisin und dem Jahr 26 des Išbi-Erra wirklich wie die Vandalen in Ur gehaust? Wir wissen, daß später Šutruk-Naḫḫunte zwar Statuen aus Mesopotamien verschleppt und sie seinem Gott neu geweiht hat. Er hat in seinen neuen Inschriften jedoch auf die Identität der Dargestellten hingewiesen.[71] Auch am Ende des 3. Jt.s sind die Elamiter mit dem Mondgott offenbar pfleglich umgegangen, denn er kehrte ja unversehrt zurück, wie Vallat annimmt auf friedliche Weise.[72]

Das Tempelinventar und wahrscheinlich ein großer Teil der Kultbauten haben dieses elamische Zwischenspiel also gut überstanden, wie es um den Kult stand, werden wir wohl nie erfahren.

Von den Statuen und aufwendigeren Weihgaben der Herrscher des frühen 2. Jt.s und der altbabylonischen Zeit hat sich in Ur noch weniger erhalten als von den neusumerischen, außer den Resten einer Inschriftenstele des Hammurapi[73] und der Statue der Enanatuma.[74] Daß Samsu-ilūna ausgerechnet die königlichen Weihungen seiner unmittelbaren Vorgänger zerstört hätte, ist wenig wahscheinlich.

Viele Bruchstücke von kleineren steinernen Weihgaben der akkadischen und neusumerischen Zeit wurden zusammen mit frühaltbabylonischen in Ur im Ganunmaḫ sorgfältig unter kassitischen Fußböden deponiert; sie hatten zunächst ebenfalls die Elamiter überstanden.[75]

Waren die aufwendigen Objekte von den Kassiten weiterhin aufgestellt, wie dies sicher in anderen Städten der Fall war? Unter der Beute des Šutruk-Naḫḫunte, die aus den Städten Babylon, Akkad, Ešnunna und Sippar kommt, sind zahlreiche akkadzeitliche, altbabylonische und kassitische Statuen und Reliefs, die also alle in diesen Städten 600 bis 1000 Jahre lang in den Tempeln sichtbar blieben; das Fehlen neusumerischer Herrscherstatuen bei der

---

[71] König, F.W., AfO Beih. 16, (Graz, 1965), 76 ff. Nr. 22. 23. 24 und andere. – Umgekehrt wissen wir, daß Šulgi in Susa zwei Tempel erbaut hat, einen davon der elamischen Gottheit Inšušinak, (Frayne, D.R., RIME 3/2.1.2.31 und 32).

[72] Vallat, F., N.A.B.U., (1996), n. 3, 77 f., Nr. 87.

[73] UE VII 6. 54. 220, U 3263 Gipar, Raum C 7; Frayne, D.R., RIME 4.3.6.20; Richter, Th., Panthea, 372, Anm. 1500; Braun-Holzinger, E.A., a.a.O., (Anm. 26), 342 Stele 35.

[74] UE VII 57. 169 Taf. 55a Gipar, Larsa-Tempel C 22; Frayne, D.R., RIME 4.1.4.13; Braun-Holzinger, E.A., op. cit., (Anm. 26), 279 St 170.

[75] UE VI 51.

Beute des Šutruk-Naḫḫunte liegt eventuell daran, daß an diesen Orten, sobald sie sich von Ur unabhängig gemacht hatten, diese Statuen nicht mehr kultisch gepflegt wurden. In Nippur waren hingegen in altbabylonischer Zeit noch Statuen und andere Objekte mit Weihinschriften des Šusin aufgestellt, sogar seine Statue aus Gold.[76]

Wann also das stattliche Kultinventar des 3. und des frühen 2. Jt.s in Ur verloren ging, ob vor oder nach den Kassiten, läßt sich vorläufig nicht beantworten.

Das Corpus der Weihgaben der neusumerischen und der frühaltbabylonischen Zeit ist nicht sehr groß. Man kann jedoch mit einiger Vorsicht sagen, daß die Wahl der Objekte, Form der Objekte und der Aufbau der Inschriften sich nicht grundsätzlich verändert haben. Auch der Kreis der Weihenden bleibt ähnlich: neben Herrschern und ihren Angehörigen weihten z. B. auch hochgestellte Tempelangehörige ihre Statuen.[77]

Geweiht werden weiterhin bestimmte Steingefäße, z. B. die sog. spill vases, die es in ähnlicher Form in Tempeln seit der ausgehenden frühdynastischen Zeit gibt, die erst in altbabylonischer Zeit aus dem Repertoire der Weihgaben verschwinden: ein Exemplar mit Inschrift der En des Nanna, Enanepada, Tochter des Urbawu, ein anderes mit einer Weihung des Išme-Dagan, beide aus der Cella des Gipar.[78] Weiterhin flache Schalen, z. B. eine der En Enmaḫgalanna, Tochter des Šulgi,[79] eine andere mit Weihung für das Leben des Rīm-Sin.[80] Bei diesen Steingefäßen, die wahrscheinlich eine Funktion bei Kulthandlungen haben, könnte die Kontinuität der Form auch für eine gwisse Kontinuität des Gebrauchs im Tempel sprechen.

Auch bei den Bauurkunden ist deutlich Kontinuität zu beobachten; die Angelsteine wurden schon erwähnt, das Formular der Inschriften ändert sich kaum; neben Ziegeln sind Tonnägel weiterhin überaus zahlreich und auch in ihrer Form unverändert; in der zweiten Hälfte des 2. Jt.s sind sie nicht mehr belegt.

---

[76] Frayne, D.R., RIME 3/2.1.4.3 S. 305 (V 24 ku_2-[GI] ergänzt, aber Silber übersetzt; Braun-Holzinger, E.A., a.a.O., (Anm. 26), 287. – vgl. auch Michalowski, P., in: Gibson, McG. / Biggs, R.D., (Hrsg.), The Organization of Power, Aspects of Bureaucracy in the Ancient Near East, (Chicago, 1987), 57 f., Anm. 9.

[77] ebd. 275 St 157 (Frayne, D.R., RIME 3/2.1.5.2005; Berlin VA 8787) ein Priester zur Zeit des Ibbisin. – Die En-Priesterin Enanatuma, Tochter des Išme-Dagan, vgl. Anm. 74.

[78] ebd. 173 f. G 271 (Gipar, Larsa-Schicht C 23; Steible, FAOS 9,1 Urbaba 11 D). – ebd. 199 G 418 (Gipar, Raum C 21; Frayne, D.R., RIME 4.1.4.12).

[79] ebd. 191 G 373 (Gipar A 31; Frayne, D.R., RIME 3/2.1.3.19).

[80] ebd. 200 G 423 (aus dem Kunsthandel; Frayne, D.R., RIME 4.2.14.2001.)

Ob Neuerungen im Bildrepertoire und seiner formalen Gestaltung einsetzten, läßt sich vorläufig nicht feststellen, da die Überlieferungslage kaum Differenzierung innerhalb der einzelnen Fundgattungen erlaubt.[81] Legt man die gut dokumentierte Siegelentwicklung zu Grunde, scheinen sich in Südbabylonien Veränderungen nur allmählich abzuzeichnen, unter dem Einfluß von Nordbabylonien; bemerkenswert ist die Kontinuität des Siegelrepertoires von der neusumerischen zur frühen altbabylonischen Zeit. Dies ist von Felix Blocher sorgfältig dargelegt worden.[82] Selbst die Verehrung vor dem Herrscher wird zunächst unverändert auf vielen Beamtensiegeln weitertradiert.

Ein Tempelbesucher der altbabylonischen Zeit konnte in Ur Objekte der frühdynastischen Zeit in geringer ausgewählter Zahl finden, besser im Blickpunkt waren sicherlich die aufwendigen Weihungen der Akkad-Herrscher präsentiert, ebenso die kostbaren Weihungen der neusumerischen Zeit; wie weit die Herrscherstatuen der Ur III-Zeit noch standen, ist fraglich; weiterhin sah er natürlich alle Kostbarkeiten des frühen 2. Jt.s. Wie lange altes Kultinventar kultisch verehrt wurde, müßte noch genauer untersucht werden. In besonderen Fällen wurde ein wiederentdecktes Objekt wieder in den Kult aufgenommen, wie unter Nabonid eine Statue des Sargon.[83] Soweit die Objekte beschriftet waren, wußten die Gelehrten auch, um was es sich handelt, unbeschriftete Objekte konnten sie wohl schlechter datieren als wir heute, sie waren eben alt und ehrwürdig. Eine Unterscheidung des Kultinventars der neusumerischen, der Isin- der Larsa- und der altbabylonischen Zeit, wäre ihnen niemals in den Sinn gekommen.

---

[81] Die vielzitierte Meinung, daß die neusumerische Zeit keine Kriegsszenen darstellte, ist unrichtig, vgl. die kriegerischen Sockelreliefs der Šusin-Statuen, deren Beischriften sich auf altbabylonischen Abschriften erhalten haben, vgl. Braun-Holzinger, E.A., op. cit., (Anm. 26) 287 f.

[82] Blocher, F., Siegelabrollungen auf frühaltbabylonischen Tontafeln in der Yale Babylonian Collection, (München, 1992), 78.

[83] Beaulieu, P.-A., The Reign of Nabonidus King of Babylon 556-539 B.C., (New Haven, 1989), 133. f.

MILLENNIUM CHANGES IN DILMUN

Jane Moon, Ludlow*

The name Dilmun has a long and respectable history in assyriology. It is, however, a relative newcomer to archaeology. Long known from texts, as a supplier of vital raw materials and luxury goods to Mesopotamia, and once subject of a long debate about its location, the actual character of the Land of Dilmun has remained quite mysterious until fairly recently. Now that the extensive Danish excavations in the area are finally being published,[1] and there is a new interest in the archaeology of the Gulf, the turn of the 2nd to 3rd millennium AD is a good point to take stock of what we know. There follows, therefore, an overview of the anatomy of Dilmun as we now see it, together with a summary of the results of recent excavations at Saar, Bahrain, which is the first Dilmun settlement to be extensively excavated.

The name Dilmun, of course, goes back to the very earliest texts, and physical evidence for contact with Mesopotamia can be seen even earlier, from 'Ubaid fishermen's camps, which are now turning up all over the Gulf area.[2] For the 4th and early 3rd millennia, evidence is still very slim, but it does exist. For the Uruk and Early Dynastic periods, the Eastern Province of Saudi Arabia is the only part of the Gulf to provide any quantity of archaeological evidence, essentially limited at present to the work carried out

---

* Archaeology International Ltd., Upper House, Stoke Saint Milborugh, Ludlow, Shropshire SY8 EJ, UK.

[1] Kjaerum, P., Failaka / Dilmun. The Second Millennium Settlements. Vol. 1:1 The Stamp and Cylinder Seals, (Aarhus, 1983); Højlund, F., Failaka / Dilmun. The Second Millennium Settlements. Vol. 1:2 The Bronze Age Pottery, (Aarhus, 1987); Højlund, F. and Andersen, H., Qala'at al-Bahrain 1: The Northern City Wall and the Islamic Fortress, (Aarhus, 1994); Højlund, F. and Andersen, H., Qala'at al-Bahrain 2: The Central Monumental Buildings, (Aarhus, 1997).

[2] Carter, R., Crawford, H., Mellalieu, S. and Barrett, D., "The Kuwait-British Archaeological Expedition to as-Sabiyah: Report on the first season's work", in: Iraq LXI (1999), 43-58.

in the seventies by Carol Piesinger.[3] This involved limited excavations at a number of settlement and tomb sites, the results of which show clearly the connections to southern Iraq.[4] Otherwise, the Eastern Province has not been the subject of extensive fieldwork, and notwithstanding the unexcavated tell at Tarut,[5] there is no quantity of stratified material from the 2nd, or later 3rd, millennium to draw on at present. Rapid modern development in the relevant areas means that future chances of recovery are not good either. For this period, then, scholars of Dilmun must turn to the islands of the Gulf, to Failaka, where Danish and French excavations have produced a good assemblage of early 2nd millennium artefacts, though not much coherent architecture,[6] and to Bahrain.

On Bahrain, there is one of the Gulf's few significant tells, the island's major site for most periods: Qala'at al-Bahrain, or Bahrain Fort, partly built over by a mediaeval fortress. There are 3rd millennium levels here too, but deeply buried, so little can be said about the size or form of the settlement, but once again, the pottery at least shows some connection with Mesopotamia, this time of the late Agade to Ur III periods.[7] However, at the same time, the Qala'at al-Bahrain assemblage provides evidence of an indigenous material culture for this period, the pottery characterized by a very recognizable red ware with little white circular inclusions, jars with multiple ridges, and rather dull, plain cooking pots.[8] This early occupation of Qala'at al-Bahrain is known as City I, and compatible groups of material have been found in a proportion of the 100.000-odd burial mounds which covered large areas of the island until very recently. Soundings at Saar have also reached deposits of this date, but essentially the period is poorly known, and does not appear to be one of great prosperity.

---

[3] Piesinger, C., Legacy of Dilmun: The Roots of Ancient Maritime Trade in Eastern Coastal Arabia in the 4th/3rd Millennium B.C. Ph.D. dissertation. University of Wisconsin, (Madison, 1983).

[4] loc. cit., 317-341.

[5] Potts, D., The Arabian Gulf in Antiquity, vol. I. From Prehistory to the Fall of the Achaemenid Empire, (Oxford, 1990), 178-181.

[6] Calvet, Y. and Salles, J.-F., (eds.), Failaka. Fouilles Françaises 1984–1985. Travaux de la Maison de l'Orient 12, (Lyon, 1986); Calvet, Y. and Gachet, J., (eds.), Failaka. Fouilles Françaises 1986–1988. Travaux de la Maison de l'Orient 18, (Lyon, 1990); Kjaerum, P., op. cit. (fn. 1); Højlund, F., op. cit. (fn. 1).

[7] Højlund, F. and Andersen, H., op. cit. (fn. 1), 102-110.

[8] loc. cit., 75-101.

As though to celebrate the turn of the millennium, all this was about to change. During the succeeding City II period, as defined at Qala'at al-Bahrain, there was a marked expansion, and apparent increase of wealth and security. At the city itself, a town wall was built, and the first monumental buildings appear.[9] A very few kilometres away, the first of the successive temples at Barbar is built.[10] Most of the material found at Failaka begins from this date too.

There have been attempts to see something of the Khafajah Temple Oval in that of the Barbar temple,[11] but apart from the fact that it is completely the wrong date, the Barbar temple really bears no discernible resemblance to any Meopotamian temple. It is something completely Dilmun, incorporating steps down to a freshwater spring coming up from the *apsu*, the underground "sea" of sweet water which features in Sumerian mythology, but is a physical reality in Bahrain. At nearby Diraz is another temple, poorly preserved, but enough remaining to show us that is anything but Mesopotamian.[12]

Between City I and City II there is no actual break in the material culture, but there are some innovations and changes in the ceramic styles. The pottery from Qala'at al-Bahrain begins to show less Mesopotamian influence.[13] Where Mesopotamian practices occur, such as sealing goods with wet clay, it is done very much in a style of Dilmun's own, owing perhaps more to the Indus than to Babylonia. The seals are for stamping, not rolling (though round, rather than square), and though a few are cut with typical Babylonian designs the vast majority bear witness to a thriving indigenous tradition of glyptic art.[14] From the few parallels which can be drawn, and from radiocarbon determinations, the City II period can be dated to the Isin-Larsa and Old Babylonian periods.

In 1990 the London-Bahrain Expedition began work at Saar, a City II period settlement of about 2 ½ hectares – village rather than city size, now close to the west coast, but probably once on the east. Like all pre-modern

---

[9] loc. cit., 19.

[10] Potts, D., op. cit. (fn. 5), 168.

[11] loc. cit., 171-172.

[12] loc. cit., 172-173

[13] Højlund, F. and Andersen, H., op. cit. (fn. 1), 168.

[14] Crawford, H., Early Dilmun Seals from Saar: Art and Commerce in Bronze Age Bahrain, (Ludlow, 2001).

settlements on Bahrain it is in the region served by the aquifers: essentially the north and west coasts. It is sited right next to one of the great mound fields for which Bahrain was famous, and the tombs, which have all been removed recently, were of compatible date. Saar represented a first opportunity to really investigate a settlement in detail, as opposed to the limited exposure possible at Qala'at al Bahrain, and the patchy record of robbed tombs, however numerous: architectural remains of City II date lay right at the surface, and the settlement was virtually complete and undisturbed.

The plan shows no resemblance whatsoever to contemporary areas of Babylonian private housing, such as that at Ur[15]. There is a remarkable sense of order, with a very wide main street, and houses arranged in blocks, often around open spaces. There is a temple, but no administrative buildings, and nothing to suggest a an obvious hierarchy. Essentially, most of the houses are built to the same basic plan: a single inner room with an L-shaped open area, sometimes with an extra open space on the back. Only in one instance is one house very much larger than the others. This building (53) has a large courtyard, and an extra one with storerooms, the only such identified at Saar. Inevitably this has invited interpretation as the home and office of a merchant.[16]

What clues does a typical interior offer as further clues to the character of the community? The basic self-contained building is small, and in a modern western society, or in the Muslim world, that would indicate a domestic house, lived in by a nuclear family: mother, father, dependant children. Whatever else it was, the Saar community was neither western nor Muslim, however, and there are many other possible dwelling groups. At any rate, almost every building has cooking facilities, so probably represents a consumption unit, even if the blood ties involved are, and will probably remain, obscure.

There is no satisfactory way to reconstruct a religious cult from an empty building, however well-preserved, but the Saar temple at least demonstrates clearly a lack of dependence on Mesopotamian religious expression. For that matter, it is not really like the temples of Diraz or Barbar either, with its strange trapezoid form, and its two crescent-backed altars.

---

[15] Woolley, C. and Mallowan, M., The Old Babylonian Period. Ur Excavations VII, (London, 1976).

[16] Moon, J. and Killlick, R., "A Dilmun Residence on Bahrain", in: Finkbeiner, U., Dittmann, R. and Hauptmann, H., Beiträge zur Kulturgeschichte Vorderasiens. Festschrift R.M. Boehmer, (Mainz, 1995), 413–438.

The attempt to re-construct diet and sustenance was frustrated by a disappointing standard of plant recovery, due to soil conditions.[17] But there was plenty of evidence for date-palm. The use of the date as the main source of carbohydrate on Bahrain at this time is supported by the high incidence observed in contemporary skeletal material of ante-mortem tooth loss due to caries.[18] Bone recovery was much better, and a good understanding of Dilmun husbandry practices is being built up. The emphasis, not surprisingly, is on sheep and goat, with cattle scarce. The sheep and goats are smaller and less meaty than those of the big town at Qala'at al-Bahrain, and Saar also has a higher proportion of hunted species such as gazelle and wild camel.[19] The main source of protein (again no surprise) was fish, accounting for over 90% by weight of animal bone recovered. Shellfish was also abundant.[20]

If the people of Saar occupied themselves with anything other than farming, fishing, and little hunting, they have not left much clear evidence for it. As to involvement with the copper trade, Saar has produced plenty of copper objects, and the occasional ingot,[21] but there are no smelting kilns. Slag compatible with casting or refining, however, is everywhere. So it is likely that people cast their own fish hooks and so on, but there is no large-scale industry. The plan shows no industrial areas except for a gypsum kiln, presumably for making the plaster for the houses and nearby tombs.

If owning a seal is the mark of a trader, then perhaps all the occupants of Saar were traders, as there is at least one seal in nearly every house. These were certainly used for local transactions, as broken sealings of compatible style have also been found at Saar, both in the temple and in certain houses. The evidence for imports from farther afield is hardly overwhelming, though. There are a few carnelian beads, bitumen, and a single Indus weight: not enough to say with certainty that Saar was directly involved in international trade.

---

[17] Nesbitt, M., "Archaeobotanical evidence for early Dilmun diet at Saar, Bahrain", in: Arabian Archaeology and Epigraphy 4 (1993), 20–47.

[18] Højgaard, K., "Dental Anthropological Investigations in Bahrain", in: Al-Khalifa, H.A. and Rice, M. (eds.): Bahrain through the Ages: the Archaeology, (London, 1986), 64-72.

[19] Uerpmann, M. and H.-P., personal communication re. ongoing study of faunal remains from Saar.

[20] Glover, E., "Molluscan evidence for diet and environment at Saar in the early second millennium BC", in: Arabian Archaeology and Epigraphy 6 (1995), 157–179.

[21] Crawford, H., "London–Bahrain Archaeological Expedition: excavations at Saar 1991", in: Arabian Archaeology and Epigraphy 4 (1993), 1–19, p. 11, fig. 11.

Other items found inside the houses include the usual range of domestic and craft tools, but the extraordinary thing is the superabundance of stone grinders and crushers. Some are of local limestone, and could have crushed food, but others are of an imported super-hard volcanic rock, which can crush and break limestone itself. Is it at least worth considering the possibility that these people were professional builders, whose business was constructing the expensive stone tombs that were such an important part of Dilmun culture? One of the largest mound fields sprawled to within a very few metres of Saar, after all, and in 1999 a group of massive double-storied tombs, essentially similar to the "royal" tombs of A'ali, was discovered only two kilometres away, at Janabiyah.[22] These edifices represent a tremendous input of labour resources, and a refined skill at building in stone.

It must have been a good life, with well-built houses, ample food, and no obvious threats. No real evidence for weapons was found, and none for architectural defensive mechanisms. Yet after two or three hundred years the settlement was gradually abandoned, leaving behind a plethora of stone tools in decaying buildings.

What went wrong? To address this question, we need to examine what we know about Dilmun society.

First of all, it is worth emphasizing that although Saar is unique as an *extensively excavated* Dilmun settlement, it is not the only *known* one of this early 2nd millennium date, apart from Qala'at al-Bahrain. Personal observation on the ground shows that there was a larger settlement at Diraz, recently destroyed, and there is surely one around the Barbar temple, though of unknown size, and probably one at A'ali. Just a kilometre south of Saar is another, again larger, with compatible surface artefacts and stone rubble, and inside the game reserve at al-Areen, close to the mound field of Umm Jidr, is another extensive surface scatter of City II pottery. Surveys, published and unpublished[23] suggest further settlements, but it is rarely possible to check either the locations or the surface collections today. We may have no further details of these places, but their very existence complements the evidence of the extensive mound fields, suggesting widespread and substantial occupation of the habitable parts of the island.

---

[22] Excavations conducted by Bahrain National Museum in 1999.

[23] Larsen, C., Life and land Use on the Bahrain Islands: The Geoarchaeology of an Ancient Society, (Chicago, 1983), 295-305, summarizes results of those by the Danish Expeditions and by Michael Roaf and Tony McNicoll. Additional work was done in the 80s by Axelle Rouguelle.

The three excavated temples, as we have pointed out, are all different. A possible further distinction between settlements might be seen in the different types of tombs which exist,[24] though as all types occur together in the same geographical areas, they are as well interpreted as the expression of social differences. Otherwise, we have no means of comparing settlements until someone excavates another one.

At Saar we see a regular town plan, with buildings made and laid out apparently according to well-developed social rules, but we see no evidence for elaborate hierarchy within the settlement. Either it had no authority beyond the "bigman" level, or authority, including that to generate building programmes and found a temple, was imposed from elsewhere. The archaeological evidence would support either argument.

We do know that such authority, or at least an entity with means for conspicuous expenditure, did exist on the island: the huge tombs of A'ali alone tell us that. Højlund has made a fairly convincing case for the existence of Dilmun kings at this period,[25] and if they existed, they must surely have lived at Qala'at al-Bahrain. Negative evidence is always dangerous, but it is unlikely that an island the size of Bahrain is concealing an unexcavated capital city. If the metropolitans dominated Saar, why would they do so? Possibilities are the procurement of labour for tomb-building, or for the supply of produce to an urban population growing in appetite for both staples and non-essentials. Further study of the results of ten years' excavations is underway, with these problems in mind, and all contributions are welcome!

In summary, then the turn of the millennium marked a change of fortune for Dilmun, bringing with it a period of prosperity, and the establishment of an indigenous style, seen in architecture, glyptic art, and religious expression. Social developments are seen in the expansion of stone-built settlements and burial practices requiring substantial resources. Current archaeological evidence gives the impression of a corresponding focus on Bahrain for all this. After two or three hundred years, however, Saar was abandoned, and as far as it is possible to tell, other settlements suffered the same fate. Qala'at al-Bahrain continues, but is destined to become a Kassite outpost, with a governor appointed by Babylon.[26] There are a few graves in the neighbouring part of the island with Kassite-related artefacts, but no corres-

---

[24] Potts, D., op. cit. (fn. 5), 208-215.

[25] Højlund, F., "The Formation of the Dilmun State and the Amorite Tribes", in: Proceedings of the Seminar for Arabian Studies 19 (1989), 45–59.

[26] Potts, D., op. cit. (fn. 5), 309.

ponding settlement beyond the capital.[27] Again, one remembers that negative evidence is unreliable, but even surveys of areas now built over never suggested Kassite occupation of the hinterland.

Many archaeologically invisible reasons can be postulated for the decline of Dilmun: an epidemic; religious vision occasioning a mass-exodus – the possibilities are limited only by one's imagination. But what do we actually know? We know from excavation that sand encroachment was a problem for householders at Saar: perhaps it became easier to move house than to go on moving sand. We know that the creek to the east was to move gradually away:[28] perhaps that migration had already reached a point of critical inconvenience to a village of fish-eaters. These are possible reasons for the abandonment of Saar, but they do not explain the general decline of the island's identifying cultural elements.

It is quite feasible that the population remained physically present, but reverted to living in palm huts, leaving little trace to discover.

It is their distinctive material culture that we lose sight of. What wider political events could have had repercussion? The rise of Hammurabi? Well, certainly the capture of Larsa and the subsequent decline of the port of Ur, coupled with the securing of land routes to the north and east of Mesopotamia, meant the decline of Dilmun trade. As Julian Reade pointed out: "we do not know anything about internal politics in the Gulf area, but we can see that land caravans are ... bad business for ... Bahrain".[29] But if our radiocarbon determinations and the linked chronology of Qala'at al-Bahrain are right,[30] 18th century is too late for us: occupation at Saar barely lasted into the 19th. The root of the problem is that we do not understand Dilmun society well enough. Indeed we do not understand the relationship between archaeological assemblages and social information well enough; but with the additional evidence we now have from a well-stratified and well-preserved settlement site like Saar, if further research on the results can be encouraged, improvement must surely follow.

---

[27] Larsen, C., op. cit. (fn. 23), 249.

[28] Studies by Peter Bush and Graham Evans, to appear as part of forthcoming final publication of the Saar excavations.

[29] Reade, J., "Commerce or Conquest: variations in the Mesopotamia-Dilmun relationship", in: Al-Khalifa, H.A. and Rice, M. (eds.): Bahrain through the Ages: the Archaeology, (London, 1986), 325-334.

[30] Crawford, H., Killick, R. and Moon, J., The Dilmun Temple at Saar: Bahrain and its Archaeological Inheritance (London, 1995), 24.

Wirtschaftsformen in Mesopotamien zwischen dem dritten und zweiten Jahrtausend v. Chr.

Johannes Renger, Berlin*

In einem Kontext, in dem es um einen epochalen Wechsel in einer alten Zivilisation geht – wobei die Suggestion des gegenwärtigen Millennium-Wechsels natürlich bei der Wahl des Themas eine Rolle gespielt hat – möchte ich mich heute mit ökonomischen Phänomen beschäftigen, die sich an der Wende vom dritten zum zweiten Jahrtausend v. Chr. in der keilschriftlichen Überlieferung abzeichnen. Wie der Titel meines Beitrages anzeigt, geht es mir darum, den Wechsel von der für das gesamte 3. Jahrtausend, wenn nicht sogar für frühere Zeiten dominanten Wirtschaftsform der oikos- oder geschlossenen Haushalts-Wirtschaft zu den seit dem 2. Jahrtausend vorherrschenden tributären Formen wirtschaftlicher Organisation und Operation darzustellen. Ich möchte Ihnen dabei vor allem die wesentlichen Elemente, die die Strukturen und Prozesse beider Wirtschaftsformen auszeichnen, darstellen. Es erübrigt sich zu betonen, daß ein solcher Wechsel der Wirtschaftsform nicht ohne Interaktion mit dem von statten gehen konnte, was sich auf dem Gebiet der Gesellschaftsstrukturen und der staatlichen Organisation ereignet hat. Lassen Sie mich deshalb eingangs auf einige Punkte hinweisen, die zum Teil sicher ganz objektiv, aber in manchen Fällen auch eher subjektiv unsere Perzeption des Wechsels an der Schwelle, am Übergang von dem einen zum anderen Jahrtausend bestimmen.

Die Millennium-Zäsur zwischen dem dritten und dem zweiten Jahrtausend v. Chr. in Mesopotamien – und übrigens auch in Ägypten, wo um 2040 das Mittlere Reich beginnt – ist schon immer deutlich gewesen. Sie ist in besonderer Weise vom Wechsel der politischen Herrschaft über Mesopotamien von der 3. Dyn. von Ur zu der von Isin markiert. Aber es ist uns allen klar, daß dieser Wechsel von einer Dynastie zur anderen, von Ur nach Isin noch nicht das Eigentliche aussagt. Denn den Wechsel von Dynastie zu Dynastie kennt die Sumerische Königsliste als einen normalen Vorgang, der Geschichte, geschichtliches Geschehen in Mesopotamien seit der Zeit bestimmt, als das

* Prof. Dr. Johannes Renger, Institut für Altorientalistik der Freien Universität Berlin, Hüttenweg 7, D-14195 Berlin.

"Königtum vom Himmel herabkam". Und so wird in der Sumerischen Königsliste dem Ende 3. Dynastie von Ur keine epochale Bedeutung zugemessen – wie das etwa für die Sintflut gilt. Und auch die Klagen über zerstörte Städte, über die Zerstörung von Ur, von Sumer und Akkad können aus unserer Sicht kaum dafür in Anspruch genommen werden, daß hier eine Katastrophe ihren Niederschlag gefunden hätte, die im Bewußtsein der Zeitgenossen als epochal empfunden und gedeutet worden wäre.

Einen Bruch zwischen dem dritten und dem zweiten Jahrtausend hat man in der modernen Historiographie auch in den amoritischen Staatsgründungen in Babylonien gesehen, in der Rolle, die amoritische Stammesgruppen und deren Anführer oder Scheichs dabei gespielt haben. Die Anfänge solcher Entwicklung um 2000 lassen sich u.a. an den Namen des Naplānum von Larsa oder den frühen Herrschern von Eschnunna festmachen. Allerdings muß man sagen, daß die Mehrzahl amoritischer Staatsgründungen in Mesopotamien, besonders dem südlichen Mesopotamien (Babylonien) tatsächlich erst an der Wende vom 20. zu 19. Jahrhundert erfolgte.

Der weitere Gang der Geschichte Mesopotamiens in der altbabylonischen Zeit zeigt uns aber auch, daß hier und zu dieser Zeit eine Entwicklung ihren Anfang genommen hat, an deren Ende eine Verlagerung geschichtlichen Geschehens, politischen Handelns aus dem sumerischen Süden in den vorwiegend akkadisch geprägten Norden gestanden hat, über deren ökologische Ursachen durchaus Einigkeit besteht. Die Residenzen und Kapitalen liegen von nun an im nördlichen Babylonien – Babylon, Dūr-Kurigalzu und wieder Babylon, später dann Seleukeia und Ktesiphon. Zugegebenermaßen bleiben hier manche Fragen offen, mag Manches in dieser Behauptung daher rühren, daß aus Gründen, die uns entgehen, die Rolle des nördlichen Babylonien im 3. Jt. v. Chr. mangels einer zureichenden Quellenlage im Unklaren bleibt und von uns daher falsch gesehen wird.

Einen markanten Einschnitt, der mit der zunehmenden Bedeutung des amoritischen Bevölkerungselements in ursächlichem Zusammenhang steht, stellt die Rolle dar, die der akkadischen Sprache in der Schriftkultur Mesopotamiens von jetzt an zukommt. Dies ist sicher ein fließender Übergang gewesen, denn bereits zur Zeit der 3. Dyn. von Ur ist das Onomastikon, und zwar nicht nur das der Unterschicht, sondern auch das der herrschenden Elite, des Herrscherclans der Utuḫegal-Urnamma-Dynastie (3. Dyn. von Ur) deutlich durch die Wahl akkadischer Namen geprägt. Allerdings darf man nicht vergessen, daß es nicht die Sprache der amoritischen Bevölkerung war, die von nun an sprachlich bestimmend war, sondern das ältere Akkadische, das seinerseits bereits einen längeren Akkulturationsprozeß in Mesopotamien durchlaufen hatte: Ich verweise nur auf die dem Sumerischen zu verdankenden Veränderungen im Phonemensystem oder die Veränderung der Satzordnung.

2. WIRTSCHAFTSFORMEN

2.1 *Wirtschaft und Gesellschaft bis zum Ende des 3. Jt. v. Chr.*

Im südlichen Mesopotamien hat sich im 4. und 3. Jahrtausend unter den Bedingungen eines umfassenden, und zunehmend zentral organisierten Regimes künstlicher Bewässerung der landwirtschaftlichen Nutzflächen in einer ariden Region eine außerordentlich leistungsfähige, auf Ackerbau und Viehzucht beruhende Wirtschaft entwickelt. Diese Zeit ist, was die gesellschaftliche Organisation angeht, geprägt von den großen gesellschaftlichen Institutionen Tempel bzw. Palast. Beide, vor allem aber die Tempel sind archäologisch manifest und finden überdies in den zahlreichen Archiven, die im südlichen Mesopotamien durch geregelte und illegitime Grabungstätigkeit zu Tage gekommen sind, ihren Niederschlag.

Praktisch die gesamte Bevölkerung ist in diese beiden Institutionen integriert. Als abhängige Arbeitskräfte sind sie der Institution mit ihrer gesamten Arbeitskraft zur Dienstleistung verpflichtet. Sie stellen das zur Reproduktion der Gesellschaft notwendige Arbeitskräftepotential und werden durch Redistribution des erzeugten Produktes in Form von Naturalrationen – meist täglich aber auch monatlich – versorgt. Diese Rationen stellen das Existenzminimum sicher.

Der für diese wirtschaftliche und gesellschaftliche Organisationsform im 3. Jt. v. Chr. gängige Terminus ist der der oikos-Wirtschaft. Das, was wir oikos-Wirtschaft nennen, ist als ein Konzept einer Wirtschaftsform des Altertums zuerst von K. Rodbertus (1885), später von K. Bücher (1922), dann von M. Weber[1] und zuletzt von Moses Finley beschrieben und für Mesopotamien von I.J. Gelb[2] und besonders von J.-P. Grégoire entwickelt worden.[3] Der Terminus oikos-Wirtschaft beinhaltet – idealtypischerweise – zweierlei: Einmal, daß der Haushalt (oikos) des Herrschers institutionell und räumlich identisch ist mit dem Staat bzw. mit dem Staatsgebiet. Wir sprechen dann von einem patrimonialen Staat. Und der Terminus beinhaltet zum Anderen, daß nahezu alles, was im oikos/Haushalt produziert wird, auch im Haushalt konsumiert wird. Die Versorgung der Haushaltsangehörigen wird

---

[1] Weber, M., Wirtschaft und Gesellschaft, (Tübingen, ^{5}1976), 230f.

[2] Gelb, I.J., "Household and Family in Ancient Mesopotamia", in: Lipinski, E. (Hrsg.), State and Temple Economy in the Ancient Near East (= Orientalia Lovaniensia Analecta 5, Leuven, 1979), 1-97.

[3] Grégoire, J.-P., "L'origine et le développement de la civilisation mésopotamienne", in: Breteau, C.-H., Lacoste-Dujardin, C. (Hrsg.), Production, Pouvoir et Parenté dans le monde méditerranéen, (Paris, 1981), 27-101;

in Form eines redistributiven Systems von Naturalrationen sichergestellt. Nur strategische Güter, d.h. Güter die zum Funktionieren und zur Reproduktion des Haushaltes unbedingt erforderlich sind wie etwa Metalle, sowie Luxus- oder Prestigegüter für die Elite innerhalb eines solchen Haushaltes werden mittels Fernhandel in einen solchen Haushalt hineingebracht. Dieser Typus des oikos wurde von Bücher und Weber am oikos des Priamus dargestellt.

Während im frühen und mittleren 3. Jt. der oikos des Herrschers in den jeweiligen kleinen Territorialherrschaften organisatorisch und funktional nur gerinfügig differenziert ist, existieren unter der 3. Dyn. von Ur (21. Jh. v. Chr.), das durch ein ganz Südmesopotamien umfassendes Staatssystem charakterisiert ist, vier funktional voneinander zu unterscheidende Haushaltstypen. Es handelt sich um

– a) die landwirtschaftlichen Domänen (ca. 50-200 ha), in der Regel von den Tempeln innerhalb eines ensiats (sum. ma.da[4]) verwaltet,

– b) Werkstätten zur Getreideverarbeitung sowie zum Fertigen von Textilien oder von Prestigegütern. Dies geschah im Falle der Webereien und der Getreideverarbeitung in großen Ergasterien;

– c) Distributionshaushalte – dazu zählt vor allem das große Viehverteilungszentrum von Puzriš-Dagan (heute Drehem) in der Nähe von Nippur;

– d) Funktionshaushalte z.B. das é.sukkal (Botenhaushalt), in dem die administrativen Aufgaben für den Gesamtstaat vereint sind, oder die Straßenstationen, sowie schließlich

– e) die Eigenhaushalte des Herrschers, der Angehörigen des Herrscherclans und hoher Funktionäre von Staat und Kult. Diese Haushalte sind an das Amt, an die Funktion gebunden und nicht vererblich.

Die Aktivitäten aller dieser Haushalte sind unter dem Dach des patrimonialen Großhaushalts des Herrschers vereint.[5] Das administrative Steuerungsinstrument des Herrschers ist das é.sukkal, das vom sukkal.maḫ geleitet wird.

[4] Der Begriff Provinz ist besser zu vermeiden, da er eine falsche Vorstellung von der 'Verfassung' und Struktur des Ur-III-Staates vermittelt. Denn dieser Staat bestand aus kleinen, von einem ensí regierten Territorialstaaten, deren Souzerän der Herrscher (lugal) von Ur war.

[5] Grégoire, J.-P., "Les grandes unités de transformation des céréales: l'exemple des minoteries de la Mésopotamie du Sud", in: Anderson, P. (Hrsg.), Préhistoire de l'Agriculture, (Paris, 1992), 321-339 ; Renger, J., "Wirtschaft und Gesellschaft", in: Hrouda, B., Der Alte Orient, (München, 1991), 192-97; Ders., "Subsistenzproduktion und redistributive Palastwirtschaft", in: Schelkle, W., Nitsch, M. (Hrsg.), Rätsel Geld – Annäherungen aus ökonomischer, soziologischer und historischer Sicht (Marburg, 1995), 279.

Formen der oikos-Wirtschaft finden sich – den jeweiligen regional-spezifischen Grundbedingungen entsprechend in Ägypten[6] bzw. – geprägt durch Landwirtschaft unter den Bedingungen von Regenfeldbau – in Assyrien,[7] Syrien und im Hethiterreich.

Über das System der oikos-Wirtschaft im syrischen Ebla haben Grégoire und ich bereits vor langer Zeit gehandelt.[8] Im Hethiterreich verfügte der Herrscher etwa bis zum Ende des 15. Jh. v. Chr. zum einen über einen umfangreichen Landfundus, aus dem er nach Ausweis von Schenkungsurkunden den Eliten des Staates Ländereien übereignete oder ihnen Lastenbefreiung auf solcherart geschenkte Ländereien gewährte. Zum anderen kontrollierte der Herrscher die großen Tempeldomänen (bis zum Ende des hethitischen Reiches ca. 1150 v. Chr.).[9] Insofern kann man von einem patrimonialen oikos-System im Hethtiterreich sprechen.

Die tributäre Wirtschaft seit dem 2. Jahrtausend

2.2 *Wirtschaftsformen seit dem Beginn des 2. Jt. v. Chr.*

Die patrimoniale oikos-Wirtschaft Mesopotamiens wird im Verlauf des frühen 2. Jt. relativ schnell durch die von Pierre Briant so genannte "tributäre Produktionsweise" abgelöst. Vielleicht sollte man besser von tributären Organisationsformen der Wirtschaft sprechen. Das bedeutet, daß die institutionellen Haushalte die meisten wirtschaftlichen, aber auch administrativen Operationen, wie etwa das Eintreiben von Abgaben, als Franchisen individuellen Entrepreneuren übergeben haben, die dafür bestimmte Abgaben *in natura* oder Silber zu entrichten hatten. Das heißt, daß im Gegensatz zu der oikos-Wirtschaft des 3. Jt. das Einkommen des Palastes und der Tempel

---

[6] Gutgesell, M., "Wirtschaft", in: LÄ 6 (1986), 1275-78; Ders., "Wirtschaft, Landwirtschaft, Handwerk", in: Eggebrecht, A. (Hrsg.), Das Alte Ägypten, (München, ^{2}1988), 197-225; Kemp, B.J., Ancient Egypt, (London, ^{2}1993).

[7] Renger, J., "Institutional, Communal, and Individual Ownership or Possession of Arable Land in Ancient Mesopotamia", in: Chicago-Kent Law Rev. 71, (Chicago, Illinois, 1995), 269-319.

[8] Grégoire, J.-P., Renger, J., "Die Interdependenz der wirtschaftlichen und gesellschaftlich-politischen Strukturen von Ebla", in: Wirtschaft und Gesellschaft von Ebla, in: Hauptman, H., Waetzoldt, H. (Hrsg.), Wirtschaft und Gesellschaft von Ebla, (Heidelberg, 1988), 211-224; für Ugarit s. jetzt auch Schloen, J.D., The House of the Father as Fact and Symbol. Patrimonialism in Ugarit and the Ancient Near East (Harvard Semitic Museum Series: Studies in the Archaeology and History of the Levant, 2), (Winona Lake, Indiana, 2001).

[9] Klengel, H., "Zur ökonomischen Funktion hethitischer Tempel", in: SMEA 10 (1975), 181-200.

durch Produktion innerhalb der Institution erzielt wurde, während tributäre Wirtschaftsformen dadurch charakterisiert sind, daß das Einkommen des Palastes und der Tempel überwiegend aus Abgaben der von beiden abhängigen Bevölkerung stammt.

In der tributären Wirtschaftsweise ging es dem Palast darum, sich von der tatsächlichen Durchführung wirtschaftlicher Operationen zu entlasten. Dieses Prinzip, das sich ansatzweise bereits in der präsargonischen Zeit in Lagaš sowie in der Ur-III-Zeit beobachten läßt, hat sich im babylonischen Raum bis in die Spätzeit gehalten. Hervorragendes Beispiel ist die Generalpacht, die uns zum Beispiel aus Urkunden aus Uruk aus der Zeit Nabonids bekannt ist, und die von Ehrenkranz, Coquerillat und Joannès[10] ausführlich beschrieben worden ist. Ein anderes Beispiel bietet das Archiv der Murašû-Familie aus dem achämenidischen Nippur.[11] Allerdings bedarf die Rolle des Palastgeschäftes oder der Franchisenvergabe im Gesamtrahmen der neubabylonischen Wirtschaft noch einer detaillierten Untersuchung.

Unsere Vorstellungen von der tributären Wirtschaftsform in der altbabylonischen Zeit werden vornehmlich durch Urkunden aus der Zeit Hammurapis, die sich auf das Gebiet des ehemaligen Königreiches Larsa beziehen und solche, die aus dem nördlichen Babylonien im 17. Jh. v. Chr. stammen, geprägt. Daraus ergibt sich, daß wir in der altbabylonischen Zeit, d.h. zwischen dem späten 19. und dem 17. Jh. v. Chr. mit einer sowohl geographisch als auch zeitlich dichotomen Situation zwischen Nord- und Südbabylonien zu rechnen haben. Während im Süden, insbesondere im Königreich Larsa die alten oikos-Strukturen unter Rīmsîn partiell durchaus noch virulent sind, d.h. vor allem was die Rolle der großen Tempel als wichtige wirtschaftliche Faktoren anbelangt,[12] so scheint im nördlichen Babylonien deren Rolle gegenüber der des Palastes weniger gewichtig gewesen zu sein. Auf jeden Fall hat der Palast als Institution unter Hammurapi auch im südlichen Babylonien wichtige wirtschaftliche Positionen besetzt und sie dann aber als Franchisen an Entrepreneure übergeben.

---

[10] Ehrenkranz, M., Beiträge zur Geschichte der Bodenpacht in neubabylonischer Zeit, (München, 1936); Coquerillat, D., Palmeraies et cultures d'Eanna d'Uruk, (Berlin, 1968); Joannès, F., Textes économiques de la Babylonie récente, (Paris, 1982), 126-172.

[11] Stolper, M.W., Entrepreneurs and Empire. The Murašû Archive, the Murašû Firm, and Persian Rule in Babylonia, (Leiden, 1985); s. dazu van Driel, G., "The Murašû in Context", in: JESHO 32 (1989), 203-226.

[12] Butz, K., "Die Konzentration wirtschaftlicher Macht im Königreich Larsa: Der Nanna-Ningal Tempel-Komplex in Ur", in: WZKM 65/66 (1973/74), 1-58; Ders., "Ur in altbabylonischer Zeit als Wirtschaftsfaktor", in: Lipinski, E. (Hrsg.), State and Temple Economy in the Ancient Near East, op. cit. (Anm. 2), 257-409.

In der Altorientatistik hat sich für den Modus operandi der tributären Wirtschaftsform der Begriff "Palastgeschäft" eingebürgert. Er geht auf F.R. Kraus zurück, der in seinem Buch "Das Edikt des Königs Ammi-Ṣaduqa von Babylon" (1958) erstmals von "Geschäften des Palastes" oder kurz "Palastgeschäften" sprach. Die Sache selbst war bereits 1941 Gegenstand der Untersuchung von P. Koschaker "Zur staatlichen Wirtschaftsverwaltung im altbabylonischen Königreich Larsa".[13] Einzelne Palastgeschäfte sind seit 1958, dem Jahr, in dem das Buch von Kraus erschienen ist, von verschiedenen Autoren im ganzen oder teilweise aufgrund der Urkunden behandelt worden. Dabei ist die Verbindung zu dem Phänomen Palastgeschäft, so wie es Kraus definiert hat, oft nicht mit der notwendigen Deutlichkeit hergestellt worden. Kraus selber ist auf das Thema in der Folge zurückgekommen: In seiner Arbeit über die Viehhaltung,[14] in seinem Aufsatz "Der Palast, Produzent und Unternehmer im Königreiche Babylon nach Hammurapi (ca. 1750-1600 v. Chr.)"[15] und schließlich in seiner Monographie "Königliche Verfügungen".[16]

Kraus hat sich in seinen verschiedenen Schriften allerdings nur auf die "Palastgeschäfte" beschränkt, die im Edikt des Ammiṣaduqa als solche behandelt sind. Bei einer Durchsicht der Urkunden lassen sich aber zahlreiche weitere "Palastgeschäfte" erkennen.[17] Zusammengenommen lassen sich drei unterschiedliche Formen von Palastgeschäften benennen. Sie beziehen sich auf

- 1. die landwirtschaftliche Produktion
- 2. die Ausbeutung natürlicher Ressourcen, sowie
- 3. bestimmte Dienstleistungen und den Fernhandel.

Zur ersten Gruppe gehört der Getreideanbau, die Dattelpalmkultivation und der Anbau von sonstigen Feld- und Gartenprodukten, wie Ölsaaten, Zwiebeln usw. Dies geschieht auf der Grundlage einer weitgehenden Vertei-

---

[13] Koschaker, P., "Zur staatlichen Wirtschaftsverwaltung in altbabylonischer Zeit", ZA 47 (1942), 135-180.

[14] Staatliche Viehhaltung im altbabylonischen Lande Larsa, (Amsterdam, 1966).

[15] In: Lipinski, E. (Hrsg.), State and Temple Economy in the Ancient Near East (= Orientalia Lovaniensia Analecta 6, 1979), 423-434.

[16] Kraus, F.R., Königliche Verfügungen in altbabylonischer Zeit, (Leiden, 1984).

[17] S. dazu ausführlich, Renger, J., "Das Palastgeschäft in der altbabylonischen Zeit", in: Bongenaar, A.C.V.M. (Hrsg.), Interdependency of Institutions and Private Entrepreneurs, (Proceedings of the 2nd MOS Symposium Leiden 1998), (Istanbul, 2000), 153-183.

lung des Ackerlandes an die dienstpflichtige Bevölkerung in Form von Versorgungsfeldern (*šukūssum*) verbunden mit der Verpflichtung zu Arbeitsleistung, Kriegsdienst usw.,[18] die Verpachtung von Feldern an Kleinpächter mit dem einzigen Ziel einen Getreideertrag zu erbringen (*eqel biltim*), bzw. Felder, die zunächst als Reserveland vom Palast zurückgehalten werden (*eqlum ša rēš ekallim ukallu*) und dann an landwirtschaftliche Entrepreneure (*iššiakkū*) verpachtet werden.

Bei der Herdenhaltung geht es zunächst um die Wollerzeugung und in zweiter Linie um das Bereitstellen von Schlachtvieh. Bei der Rinderhaltung steht die Versorgung institutioneller Haushalte mit Arbeitstieren im Vordergrund, während die Produktion von Milchprodukten eine zweitrangige Rolle gespielt zu haben scheint.

2. Unter den Palastgeschäften, deren Zweck auf die Ausbeutung natürlicher Ressourcen gerichtet ist, ist der Fisch- und Vogelfang in den Kanälen und Ḥörs am besten urkundlich bezeugt. Ebenfalls in diesem Zusammenhang zu nennen ist das Gewinnen von Schilfrohr und das Ziegelstreichen.

3. Bei den Dienstleistungen, die mittels Palastgeschäft erbracht werden, geht es zum einen um das Eintreiben von Abgaben, die dem Palast u.a. aus dem Gerstenanbau, der Dattelpalmwirtschaft oder der Herdenhaltung zustehen. Eine wichtige Rolle spielte dabei die Speicherung und der Transport von Gerste. Daneben steht der "Verschleiß",[19] d.h. die Verteilung, von landwirtschaftlichen Produkten und des Ertrages des Fischfangs im Mittelpunkt der urkundlichen Überlieferung. Hinzu kommt das Bereitstellen von Arbeitskräften für saisonale Arbeiten [= labour contracting] und schließlich der Fernhandel.[20]

Die typischen Elemente eines Palastgeschäftes sind:

1. Der Palast überträgt die Durchführung wirtschaftlicher Aktivitäten einem Entrepreneur.
2. Der Entrepreneur trägt das Risiko.
3. Das Palastgeschäft wird vertraglich, d.h. per Rechtsurkunde, vereinbart und enthält die folgenden, wichtigen Stipulationen, die die Leistungspflicht des Entrepreneurs regeln, die
a) entweder fest nach Menge etc. fixiert ist, oder

---

[18] Renger, J., op. cit, (Anm. 7), 269-319.

[19] Dieser Ausdruck wird von Kraus gebraucht.

[20] Renger, J., "Wirtschaft und Gesellschaft", in: Hrouda, B., Der Alte Orient, (München, 1991), 197-200.

b) proportional *a priori* vereinbart und im Leistungsfall durch Schätzung (*šukunnûm*) ermittelt wird.

Ein Wort zum Risiko: Dieses trägt der Entrepreneur nur idealiter. Wie insbesondere das Edikt des Ammiṣaduqa zeigt, ist letztendlich der Palast bereit, dem Entrepreneur seine Rückstände zu erlassen, denn er war auf die fortdauernden Dienste des Entrepreneurs angewiesen. Die Gepflogenheiten sind denen gleich, die für die Entrepreneure im französischen Merkantilismus gelten.[21]

3. Interaktionen

So wie die größere Rolle der Rechtsurkunde als Instrument von Verwaltungshandeln in der altbabylonischen Zeit auf dem Hintergrund der Veränderung der Wirtschaftsformen zwischen dem 3. und dem 2. Jt. v. Chr. zu erklären ist, so lassen sich die Charakteristika anderer wirtschaftlicher und gesellschaftlicher Institutionen in ihrer jeweils spezifischen Ausprägung in der Ur-III-Zeit bzw. der altbabylonischen Zeit auf dem Hintergrund der unterschiedlichen dominanten Wirtschaftsformen oikos-Wirtschaft bzw. tributäre Wirtschaft erklären. Dies gilt u.a. für die handwerkliche Produktion, die Versorgungs- und Verteilungsmechanismen[22] lebensnotwendiger Güter, die Frage nach der Existenz von Markt oder Marktelementen, die Organisation der Staatsverwaltung oder die Frage nach der städtischen Selbstverwaltung.

3.1 *Die Rolle der Rechtsurkunde*

Die Bedeutung, die die Rechtsurkunde als Instrument von Verwaltungshandeln in der altbabylonischen Zeit erlangt hat, hängt natürlich mit der Art und Weise zusammen, in der der Palast seit etwa dem 20. Jh. v. Chr. einen beträchtlichen Teil seiner wirtschaftlichen Aktivitäten in der Form des oben

---

[21] Kirzner, I.M., Perception, Opportunity, and Profit. Studies in the Theory of Entrepreneurship, (Chicago, Illinois, 1979), 39.

[22] Renger, J., "Patterns of Non-institutional Trade and Non-commercial Exchange in Ancient Mesopotamia at the Beginning of the Second Millennium B.C.", in: Archi, A. (Hrsg.), Circulation of Goods in Non-Palatial Context in the Ancient Near East (= Incunabula Graeca 82, Rom, 1984), 31-123; Ders., "Formen des Zugangs zu den lebensnotwendigen Gütern: Die Austauschverhältnisse in der altbabylonischen Zeit", in: AoF 20 (1993), 87-114; Ders., "Subsistenzproduktion und redistributive Palastwirtschaft: Wo bleibt die Nische für das Geld?", in: Schelkle, W., Nitsch, M. (Hrsg.), Rätsel Geld, op. cit. (Anm. 5), 271-324.

beschriebenen "Palastgeschäftes" organisierte. Denn wenn diese auf Personen übertragen wurden, die außerhalb der Palastorganisation standen, so war die Rechtsurkunde ein ideales Instrument, um die zwischen Palast und Entrepreneur bestehenden Beziehungen und Verpflichtungen zu regeln. So gewinnt die abstrakte Schuldurkunde, der Verpflichtungsschein, seit Beginn des 2. Jt. v. Chr. zunehmend an Bedeutung, um in der Zukunft zu erbringende Leistungen festzuhalten, wobei die Fiktion eines Darlehens oft über den wahren Charakter des zugrunde liegenden Vorgangs hinweggetäuscht. Dagegen schlagen sich im System der oikos-Wirtschaft Obliegenheiten und Verpflichtungen, für die die Funktionäre auf den unterschiedlichen Ebenen der Verwaltung verantwortlich, leistungs- und abrechnungspflichtig waren, im Wesentlichen in den unterschiedlichen Typen von Verwaltungsurkunden nieder. Insofern hat zwischen der Ur-III-Zeit und der altbabylonischen Zeit, d.h. zwischen dem Ende des 3. und dem Beginn des 2. Jt. v. Chr. eine tiefgreifende Umgestaltung der Verwaltungspraxis stattgefunden, in deren Verlauf viele Verwaltungsakte nicht mittels Verwaltungs- sondern mittels Rechtsurkunden geregelt und dokumentiert wurden.

Die aus dem Šamašḫazir-Archiv stammenden Urkunden[23] bieten ein gutes Beispiel dafür. Folgendes liegt zugrunde: Dattelgärten des Palastes sind an Pächter zur Bewirtschaffung verpachtet worden. Die Pachtabgabe ist in Prozenten des Ertrages festgesetzt. Die tatsächlich abzuliefernde Menge wird einige Wochen vor der Ernte durch Schätzung am Baum (*šukunnûm*)[24] bestimmt. Darüber wird eine Schuldurkunde in Form eines fiktiven Darlehens ausgestellt, derzufolge der Pächter einige Wochen vor der Ernte unreife Datteln (*uḫinnū*) in Höhe der geschätzten Gesamternte vom Pächter geborgt habe und zur Erntezeit reife Datteln (*suluppū*) in der Menge abzuliefern habe, die dem im Pachtvertrag stipulierten Prozentsatz entspricht.

Es sei in diesem Zusammenhang auf Bestimmungen im Rechtsbuch des Hammurapi verwiesen,[25] die sich sehr gut als Regeln erklären lassen, die

[23] S. z.B. TCL 11, Nr. 146ff.

[24] Siehe dazu, Renger, J., "Zur Bewirtschaftung von Dattelpalmgärten während der altbabylonischen Zeit (Bemerkungen zum Archiv des Lipitea)", in: van Driel, G. et al.. (Hrsg.), Zikir Šumim – Assyriological Studies presented to F.R. Kraus on the Occasion of his Seventieth Birthday, (Leiden, 1982), 292, und s.v. *šukunnû* A in CAD 8/3.

[25] Renger, J., "Hammurapis Stele 'König der Gerechtigkeit' – Zur Frage von Recht und Gesetz in der altbabylonischen Zeit", WdO 8 (1976), 228-235, bes. 231ff.; Ders., "Noch einmal: Was war der 'Kodex' Hammurapi – ein erlassenes Gesetz oder ein Rechtsbuch?", in: Gehrke, H.-J. (Hrsg.), Rechtskodifizierung und soziale Normen im interkulturellen Vergleich, (Tübingen, 1994), 52.

auf diverse Palastgeschäfte Anwendung finden konnten, z.B. Herdenhaltung (§§ 57f.), Dattelpalmkultivation (§§ 59-65), Bierschenkin (§§ 108-111), Management von Getreidespeicherung (§§ 113-116).[26] Sie korrespondieren mit den Rechtsurkunden, die Palastgeschäfte betreffen. Beide sind Ausdruck der dem Palastgeschäft zugrunde liegenden wirtschaftlichen Interessenlage von Entrepreneur und Palast. Im Gegensatz dazu werden die Beziehungen zu den Akteuren innerhalb institutioneller Haushalte durch Verwaltungsprozeduren geregelt, was folgerichtig seinen Ausdruck in Verwaltungsurkunden findet.

3.2 *Handwerk*

Die Rolle von Handwerkern im System der oikos-Wirtschaft ist gespalten: Zum einen liegt handwerkliche Produktion und Tätigkeit für einen oikos in den Händen von Handwerkern, die zum Personal eines oikos gehören. Andere Handwerker arbeiteten unabhängig von den institutionellen Haushalten, produzierten aber in großem Umfang, wenn nicht überwiegend für diese. Dies ist besonders eindrücklich am Beispiel der Töpfer der Ur-III-Zeit zu sehen. Deren Tätigkeit mußte wegen der besonders beeinträchtigenden Produktionsumstände (Rauchentwicklung der Brennöfen, Brennabfälle usw.) räumlich entfernt vom eigentlichen Haushaltskomplex stattfinden.[27] Es scheint aber, daß einige dieser Handwerker daneben individuell Auftragsarbeiten für private Individuen ausgeführt haben.[28] Zwei entscheidende Fragen bleiben zu klären – zum einen die nach der Quantität des Produzierten in den beiden Sektoren handwerklicher Tätigkeit, zum anderen die nach der Rolle von 'freier' Arbeit im gesamtgesellschaftlichen Rahmen. Es geht dabei darum zu klären, welche Position 'freie' Handwerker oder überhaupt nicht in die

[26] Renger, J., op. cit (Anm. 24), 231f.

[27] Steinkeller, P., "The Organization of Crafts in Third Millennium Babylonia: The Case of Potters", in: AoF 23 (1996), 232-253; Sallaberger, W., Der babylonische Töpfer und seine Gefäße – Nach Urkunden altsumerischer bis altbabylonischer Zeit sowie lexikalischen und literarischen Zeugnissen (= Mesopotamian History and Environment – Memoirs III, Ghent, 1996).

[28] S. dazu Neumann, H., Handwerk in Mesopotamien. Eine Untersuchung zu seiner Organisation in der Zeit der III. Dynastie von Ur. (= Schriften zur Geschichte und Kultur des Alten Orients 19, Berlin, 1987); Ders., "Zum privaten Werkvertrag im Rahmen der neusumerischen handwerklichen Produktion", in: AoF 23 (1996), 254-264; für weitere Literatur s. auch Renger, J., "Handwerk im alten Mesopotamien – Ein Resumée", in: Kull, B. (Hrsg.), Die Rolle des Handwerks und seiner Produkte in vorschriftlichen und schrifthistorischen Gesellschaften im Vergleich (im Druck).

institutionellen Haushalte Integrierte – insoweit es sie gab – im jeweiligen gesellschaftlichen System einnahmen. Wie war ihr Verhältnis zum Staat? In welcher Weise waren sie ihm verpflichtet? Für das 3. Jt. stellt sich die Frage, ob und wie eine solche Gruppe neben oder gegenüber dem bestehenden oikos-System bestehen konnte. Welches waren ihre Verpflichtungen gegenüber dem patrimonialen Herrn, d.h. dem Herrscher? Ähnliche Fragen ergeben sich für das System, in dem in der altbabylonischen Zeit tributäre Formen die Wirtschaft dominierten. Theoretisch müßten individuell wirtschaftlich agierende Personen dem Herrscher abgabepflichtig sein. Soweit sich sehen läßt, haben aber derartige Abgabeverpflichtungen aus unabhängiger wirtschaftlicher Tätigkeit nicht existiert. Diese Fragen zu klären, muß Aufgabe zukünftiger Forschung sein.

Innerhalb des tributären Systems haben dann, wie sich besonders aus der Dokumentation für das 1. Jt. ergibt, institutionen-gebundene und freie handwerkliche Tätigkeit nebeneinander existiert.[29] Für die altbabylonische Zeit fehlt bisher eine detaillierte Untersuchung zu handwerklicher Produktion und Tätigkeit.[30]

Städtische Organisation und Selbstverwaltung

Die Stadt im Süden Mesopotamiens war entwicklungsgeschichtlich gesehen das Produkt der beiden gesellschaftlichen Institutionen Tempel und Palast, die von der Frühzeit bis zum Ende der mesopotamischen Zivilisation das gesellschaftliche und politische Geschehen bestimmt haben. Zunächst der Tempel als architektonisch faßbare Manifestation von Herrschaft, später der davon separierte Palast waren in Gestalt der sie beherrschenden und leitenden Personen die Träger von Herrschaft und Gewalt. Herrschaft im 3. Jt. v. Chr. erscheint in Form eines oikos, unter den Bedingungen von Königsherrschaft in Form eines patrimonialen oikos. Das Eingebundensein der Stadt im südlichen Mesopotamien während des 3. Jt. v. Chr. in einen oikos bzw. ei-

[29] Renger, J., "Notes on the Goldsmiths, Jewelers and Carpenters of Neo-Babylonian Eanna", in: JAOS 91 (1971), 494-503; Kümmel, H.M., Familie, Beruf und Amt im spätbabylonischen Uruk, (Berlin, 1979); Dandamaev, M., Slavery in Babylonia from Nabopolassar to Alexander the Great (626-331 BC), (De Kalb, Illinois, 1984), 279 zur *mandattu* s. dazu auch CAD M/1 15 sub mng. 4.

[30] Reiter, K., Die Metalle im Alten Orient unter besonderer Berücksichtigung altbabylonischer Quellen (= AOAT 249, Münster, 1997), zur technischen Seite s. insbesondere 401-464; Renger, J.," Handwerk und Handwerker im alten Mesopotamien. Eine Einleitung", in: AoF 23 (1996), 211-231.

nen patrimonialen oikos - deren Zentrum sie jeweils war, bedeutet, daß die Stadt die politischen, religiösen, ökonomischen und sozialen Aspekte und Funktionen des jeweiligen oikos reflektiert.

Mit dem Übergang zu einer tributären Form des Staates zu Beginn des 2. Jt. v. Chr. wandelte sich auch der Charakter und die Funktion der Stadt. Insbesondere die Individualisierung der Bodenbesitzverhältnisse führte dazu, daß die Stadtbewohner in Gestalt der sich nun entwickelnden Selbstverwaltungsorgane eine zunehmend größere Rolle vis-à-vis dem Herrscher spielten. Es ist allerdings niemals im südlichen Mesopotamien zu einer Selbständigkeit der Städte gekommen, die sich mit der des europäischen Mittelalters vergleichen ließe. Im wesentlichen gilt, daß die Angehörigen der Eliten das Geschick einer Stadt bestimmten. Aber auch dies geschah nur in mittelbarer Weise, denn sie agierten als Angehörige der institutionellen Haushalte – Tempel und Palast – oder als Mitglieder von institutionalisierten Assoziationen, wie dem Handelsquartier (*kārum*)[31], die ihrerseits in enger Verbindung zum Palast standen.

Die Stadt in neubabylonischer Zeit (6.-4. Jh. v. Chr.) in Babylonien – über die babylonische Stadt zwischen ca. 1600 und 600 wissen wir fast nichts – zeigt ein durchaus anderes Bild im Gefüge des Herrschaftssystems Babyloniens, des südlichen Mesopotamien. Die politische Situation in der 1. Hälfte des 1. Jt. v. Chr. in Babylonien ist durch eine lange Zeit einer schwachen Zentralgewalt geprägt. Das hat dazu geführt, daß die bedeutenden Städte des Landes wie etwa Babylon, Dilbat, Borsippa, Sippar, Nippur, Larsa oder Uruk repräsentiert durch die bestimmende gesellschaftliche und ökonomische Institution der Stadt, das heißt den Tempel der jeweiligen Stadtgottheit, ein hohes Maß an Unabhängigkeit gegenüber dem Herrscher in Babylon gewonnen haben. Die Tempelhaushalte als die ausschlaggebende ökonomische Kraft waren zu Kristallisationspunkten städtischen Selbstbewußtseins geworden. Die Geschicke der Stadt wurden von den Angehörigen der städtischen Elite bestimmt. Die großen Familien hatten die entscheidenden Ämter innerhalb des Tempels und seiner Wirtschaftsorganisation inne, Angehörige der gleichen Familien waren die Inhaber der entscheidenden Ämter in der Stadt außerhalb des Tempels. Mit dem Beginn der Chaldäer-Dynastie änderte sich die Situation insofern, als vor allem Nebukadnezar und seine Nachfolger, später auch die Achämenidenherrscher königliche Kommissäre auf allen

[31] Kraus, F.R., in: "kārum, ein Organ städtischer Senstverwaltung der altbabylonischen Zeit", in: Finet, A. (Hrsg.), Les Pouvoirs locaux en Mésopotamie et dans les régions adjacentes, (Bruxelles, 1982), 29-42.

Funktionsebenen im Tempel und in der Stadt den jeweiligen lokalen Amtsinhabern an die Seite stellten. Es war ihre Aufgabe die Interessen der Zentralgewalt wahrzunehmen und insbesondere sicherzustellen, daß die vom Herrscher geforderten Abgaben entrichtet wurden. Aus den zahlreichen Urkunden, die über individuelle Geschäftstätigkeit von Angehörigen der Eliten – vor allem in Babylon und Uruk – aus dem 6. und 5. Jh. v. Chr. unterrichten, geht hervor, daß diese Personen und ihre geschäftliche Tätigkeit engstens mit den Interessen des Palastes verbunden waren. Nur dadurch erklärt es sich, daß diese Entrepreneure keine politische Macht vis-à-vis dem Herrscher entwickeln konnten. Es läßt sich keine Versammlung, kein repräsentativer Körper aus den Quellen erschließen, der eine eigenständige Machtkomponente im Herrschaftssystem Babyloniens im 6./5. Jh. v. Chr. dargestellt hätte. Dies gilt sowohl für die Zeit der letzten einheimischen, der chaldäischen Dynastie mit ihren bedeutendsten Vertretern Nebukadnezar und Nabonid, als auch für die Zeit der achämenidischen, makedonischen und seleukidischen Oberherrschaft über Babylonien. All das was die Quellen über Versammlungen zu berichten wissen, bezieht sich auf Entscheidungen, die die internen Angelegenheiten der großen Tempelhaushalte betreffen.[32]

Zusammenfassung

Dem Versuch einer historischen Bestandsaufnahme am Übergang von einem zum nächsten Jahrtausend liegt ja die Vorstellung zu Grunde, dabei nicht nur ephemere Ereignisse zu fassen und neu zu beleuchten, sondern doch wohl auch die Absicht, lange oder sehr lange Zeiträume historischer Entwicklung ins Auge zu fassen, die einer solchen Entwicklung zu Grunde liegenden Strukturen und Prozesse zu begreifen und darzustellen, einen Beitrag zu einer *histoire de la longue durée* im Sinne von Fernand Braudel zu leisten. Ich hoffe, daß das, was ich über die dominanten Strukturen der Wirtschaft im 3. und 2./1. Jahrtausend, über die Einbettung von Wirtschaft in die Gesellschaft, über die daraus resultierenden Interaktionen vortragen konnte, etwas von dem vermittelt hat, was historisches Geschehen in Mesopotamien über einen langen Zeitraum geprägt hat.

[32] S. van der Spek, R.J., "The *Šatammus* of Esagila in the Seleucid and Arsacid Periods", in: Marzahn, J., Neumann, H., Assyriologica et Semitica (= Fs. Oelsner), (Münster, 2000), 437f.

Die Stadt Assur als Wirtschaftsmacht

Jan Gerrit Dercksen, Kopenhagen*

Vor 25 Jahren hat M.T. Larsen in seiner Monographie[1] über den altassyrischen Stadtstaat und seine Handelsniederlassungen die These formuliert, dass die Ausdehnung kommerzieller Interessen unter den späteren Herrschern der altassyrischen Dynastie[2] zu einem wichtigen Teil auf einer klaren Wirtschaftspolitik beruhte. Die Handelsmaßnahmen König Ilušumas den akkadischen Kaufleuten gegenüber betrachtete er als Anfang dieser Politik.

Unser Artikel befasst sich mit der Frage, wie der Stadtstaat Assur mittels lokal hergestellter Waren die Entstehung des Handels mit Anatolien gefördert haben könnte. Ausgangspunkt dabei ist die Annahme, dass dieser altassyrische Handel mit Zinn und Stoffen sich durch Umfang und Wert derart vom vorhergehenden, nicht durch Texte dokumentierten Handel mit Anatolien im dritten Jahrtausend unterscheidet, dass die notwendige Kapitalbeschaffung nur mittels der Institutionen des Stadtstaates möglich war. Daneben wird die Herkunft der in Assur verhandelten Waren sowie die Rolle der Assyrer dabei diskutiert.

1. Das Gebiet

Die zur Verfügung stehenden Texte aus dieser Periode bieten wenig Anhaltspunkte zur Präzisierung der Ausdehnung der Stadt Assur und ihres Umlandes. Am rechten Tigrisufer befand sich, westlich der Stadt, der Ausläufer des Gebirges Makhul und dahinter eine Steppenlandschaft, die vom Wadi Tharthar durchschnitten wird. Auf der gegenüberliegenden Seite lag die Machmur-Ebene, ein Gebiet, das durch den Kleinen Zab im Süden, das Qaraḫuq-Gebirge im Osten, und den Großen Zab im Norden begrenzt wird.

* Carsten Niebuhr Instituttet, Københavns Universitet, Snorresgade 17-19, DK-2300 København.

[1] Larsen, M.T., The Old Assyrian City-State and its Colonies, (Copenhagen, 1976).

[2] Die altassyrische Dynastie umfasst zwölf Könige, die nach dem Ende der Herrschaft von Ur-III über Assur herrschten, bis Šamši-Adad die Stadt rund 1808 v. Chr. eroberte.

Das ummauerte Wohngebiet betrug in altassyrischer Zeit etwa 40 ha und zählte schätzungsweise 6000 Einwohner.[3] Die Ausgrabungen in Assur haben gezeigt, dass die Stadt sich gegen Ende der altassyrischen Epoche ausdehnte.[4] Auf dem linksseitigen Tigrisufer wurden 1989 unter dem späteren Kār-Tukulti-Ninurta Baureste gefunden, die in die frühaltassyrische Zeit datieren.[5] Es handelt sich in diesem Falle um eine kleine Siedlung, die man als eines der im Umland von Assur gelegenen Dörfer ansprechen möchte. Stadt und Dörfer bildeten zusammen den Stadtstaat, ähnlich wie das für Ekallātum belegt ist.

Ekallātum, in den altassyrischen Dokumenten bisher noch nicht belegt, befand sich nördlich von Assur am gleichen Tigrisufer und umfasste, außer der Stadt selbst, mindestens vier Dörfer, wie aus einem Mari-Text hervorgeht, in dem über eine Plünderung durch Turukkäer berichtet wird.[6] Ekallātum war eine selbständige Stadt und wurde erst nach den Eroberungen Šamši-Adads mit Assur zu einer politischen Einheit zusammengefügt.[7] Eine Lokalisierung Ekallātums beim linksufrigen Tell Haikal scheitert an Textbelegen, aus denen seine Lage westlich des Tigris deutlich hervorgeht.[8] Dieser Befund passt gut mit der von R. Dittmann gemachten Beobachtung zusammen, dass, weil an der Oberfläche keinerlei altassyrisches Material gefunden wurde, Tell Haikal höchstens eine kleinere Siedlung aus dieser Zeit sein kann.[9]

---

[3] Vgl. die 50 ha bei Weiss, H., Paléorient 9/2 (1983), 49 Fig. 11; 7-10000 Einwohner laut Larsen, M.T., "The Old Assyrian City-State", in: Hansen, M.H., (Hrsg.), A Comparative Study of Thirty City-State Cultures, (Copenhagen, 2000), 79; mindestens 10000 Einwohner bei Veenhof, K.R., Iraq 39 (1977), 115. Für die Schätzung von 100 Personen/ha im Norden, vgl. Stone, E., CANE I, 244.

[4] Miglus, P.A., Das Wohngebiet von Assur, (WVDOG 93/I; Berlin, 1996), 56: "Noch in der ausgehenden altassyrischen Epoche ist ein erheblicher Zuwachs des Stadtgebietes zu verzeichnen."

[5] Dittmann, R., MDOG 122 (1990), 166.

[6] ARM XXVI/2 425, 7ff.: "Turukkäer haben das Land Ekallātum auf der gegenüberliegenden Seite des Flusses geplündert und kamen bis Kurdiššatum. Sie führten alle Schafe von Išme-Dagan mit (...) (Einwohner und Habe von) vier seiner Dörfern führten sie mit, auch töteten sie 500 seiner Männer."

[7] Siehe dazu Charpin, D. / Durand, J.-M., "Aššur avant l'Assyrie", MARI 8, (Paris, 1997), 367-391. Zu Išme-Dagan siehe Charpin, D., ARM XXVI/2, (Paris, 1988), 154-156.

[8] Charpin, D. / Durand, J.-M., MARI 8, 368-370.

[9] Dittmann, R., "Ruinenbeschreibungen der Machmur-Ebene aus dem Nachlass von Walter Bachmann", in: Finkbeiner, U. et al., (Hrsg.), Festschrift für Rainer Michael Boehmer, (Mainz, 1995), 101.

Hingegen wurde in Tell Aqrah, ungefähr 20 km in östlicher Richtung von Assur entfernt, ein Stadtgebiet aus "altassyrischer" Zeit von mindestens 15 ha Größe nachgewiesen. R. Dittmann hat vorgeschlagen, diesen Tell mit dem alten Ekallātum zu identifizieren,[10] was aber angesichts der Angaben der Mari-Texte unwahrscheinlich ist. Solange für die Datierung eindeutige Funde wie Texte oder Glyptik fehlen, ist die dort gefundene Chabur-Keramik ein zu unsicheres Indiz, um auf die Existenz einer altassyrischen Stadt an diesem Ort zu schließen. Daneben würde man in den Texten Hinweise auf eine Stadt in dieser Ebene erwarten, wenn Tell Aqrah während der Zeit von Šamši-Adad und Išme-Dagan einige Bedeutung hatte.

Die Tatsache, dass Assur sich am Rande der 200 mm Isohyet-Zone in einem Übergangsgebiet befindet, wo man Regenfeldbau mit Bewässerungsmaßnahmen kombinieren muss, hat Anlass zu Zweifeln daran gegeben, dass die Stadt ihre eigene Bevölkerung selbst hat ernähren können.[11] Für die Verproviantierung von 6000 Personen werden etwa 6000 ha Ackerland benötigt.

Eine Flur (*ugārum*) als Hinweis auf die agrarische Nutzung, wahrscheinlich in den Flussauen, ist in einem Text aus der Zeit Šamši-Adads belegt, dessen Herkunft aus Assur wegen der Erwähnung des Gottes Aššur in der Eidesformel als gesichert gelten darf. In diesem Text, APM 9220, wird ein Feld von 18 iku (6,48 ha) Größe in der Ababat-Flur erwähnt.[12]

Obwohl es wahrscheinlich ist, dass Felder bei Assur bereits in altassyrischer Zeit künstlich bewässert wurden, fehlen eindeutige Hinweise darauf. Erst in mittelassyrischer Zeit stehen inschriftliche Quellen zur Verfügung, die dies belegen. Es ist unsicher, ob man eine Passage in einer Inschrift des Königs Ilušuma (RIMA I, A.0.32.2) auf die Bewässerung von Feldern beziehen darf. Darin berichtet der König über die Errichtung einer neuen Mauer und die anschließende Zuteilung von Grundstücken (wörtlich "Häusern") an (die Einwohner) seiner Stadt. Anschließend beschreibt er, wie der Gott Aššur auf dem Berg Abiḫ zwei Quellen für ihn öffnete und wie deren Wasser zu zwei "Toren" hinabströmten. Bei diesen Quellen formte er die Lehmziegel für die Mauer. Obwohl der Text weiter nichts über den Zweck dieser Wasserleitungen aussagt,[13] hat G. Simonet in einem Artikel über Bewässe-

---

[10] Derselbe, a.a.O., 102.

[11] Oates, D., Studies in the ancient history of Northern Iraq, (London, 1968), 20; Veenhof, K.R., Iraq 39 (1977), 115.

[12] Veenhof, K.R., Fs. F.R. Kraus, (Leiden, 1982), 359: [11]... BÙR.IKU A.ŠÀ-*lim* [12] *i+na* A.GÀR *A-ba-ba-at*.

[13] Vgl. Bagg, A.M., Assyrische Wasserbauten, BaF 24, (Mainz am Rhein, 2000), 23ff.

rung und Landwirtschaft in Assur diese beiden Mitteilungen Ilušumas kombiniert und auf die Errichtung von Bewässerungsmaßnahmen bezogen: "Le roi fit une répartition de terres sur les 'hauteurs' et créa en même temps des bassins de retenue [Lehmziegel für eine Mauer, J.G.D.] pour l'eau des sources afin d'alimenter la campagne et la ville."[14] Diese Interpretation stützt sich auf eine Bedeutung 'Feld' statt 'Haus' für *bētum*, was angesichts der erwähnten Stadtmauer hier unwahrscheinlich ist.

Der Ertrag der Felder entlang des Tigris konnte jedoch den Bedarf an Gerste nicht decken und zusätzliche Mengen mussten in der Umgebung von Assur gekauft werden, zum Beispiel in der Machmur-Ebene oder in der Ortschaft Ašal.[15] Der Kauf von Getreide war für die Händler und ihre Familien ein normaler Vorgang.

Es bleibt unbekannt, in welchem Maße Assur die Steppe westlich des Tigris landwirtschaftlich nutzte. Die Steppe oder *nawûm* war das Gebiet der Suḫû-Nomaden, die ihre Herden bis in die Nähe von Ekallātum und Assur weideten.[16] In neuassyrischer Zeit wurde dieses Steppengebiet mit dem Wort *madbaru* bezeichnet.[17]

Zusammenfassend ist festzustellen, dass die Einwohner von Assur sich in der Regel von den im Umland der Stadt gelegenen Feldern und durch den Kauf von Getreide ausreichend ernähren konnten.[18]

Die eigene landwirtschaftliche Produktion ist wichtig, wenn man sich überlegt, wie Assur den Anatolienhandel finanzieren konnte, ehe man über ausreichende Mengen an Silber und Gold verfügte. Aus Südmesopotamien ist ein Verfahren bekannt, wonach Institutionen wie Tempel und Palast einen Teil ihrer landwirtschaftlichen Erträge – wie Gerste, Wolle, Öl, Datteln oder Fische – dazu benutzten, nicht selbst produzierte Güter zu erwerben. Dies ist für die Ur-III-Zeit belegt im sogenannten Tempelgeschäft. Die Institution lieferte ihrerseits vorher oder teilweise nachträglich selbst produzierte Güter

---

[14] Simonet, G., "Irrigation de piémont et économie agricole à Aššur", RA 71 (1977), 157-168, bes. 159.

[15] Belegt im unpubl. Text kt 93/k 76, (Hinweis C. Michel). Zur Lage von Ašal vgl. Durand, J.-M., LAPO 17, (Paris, 1998), 120 ("nord-est de Tell Rimah").

[16] ARM XXVI/2, 420 (*ša itāt Ekallātim u Aššur*).

[17] Siehe Postgate, J.N., "Some remarks on conditions in the Assyrian countryside", JESHO 17 (1974), 238-239; ders., Mélanges Finet, (Leuven, 1989), 142. Aus dem nA Brief Postgate, CTN 2 Nr. 188 könnte man schließen, dass die benachbarten Distrikte Assur und Kalḫu je einen Teil der *madbaru* verwalteten (Hinweis R.M. Jas).

[18] Eine Notsituation im Gebiet von Ekallātum ereignete sich im Jahre ZL 11', op. cit. (Anm. 7): ARM XXVI/2, 468 Fn. 36; 471.

an Händler. Das Palastgeschäft der altbabylonischen Zeit beruht im wesentlichen auf demselben Vorgang, nur hat sich die Rolle des Händlers geändert. Ziel des Palastgeschäftes war es, die eigenen Erzeugnisse ohne Kostenaufwand durch Kaufleute meist in Silber umzutauschen.

Es ist schon wegen der unterschiedlichen landwirtschaftlichen Voraussetzungen auszuschließen, dass es in Assur einen mit Südmesopotamien vergleichbaren Agrarüberschuss gegeben hat. Außerdem ist unbekannt, wie groß der Landbesitz des Palastes und der Tempel in Assur war. Bevor Schlussfolgerungen daraus gezogen werden können, soll man versuchen festzustellen, ob es in Assur überhaupt einen Überschuss gab. Die einzige Informationsquelle bilden die Kültepe-Texte. Bei Betrachtung der darin enthaltenen Hinweise auf die Nahrungsmittelbeschaffung in Assur fällt zunächst auf, dass die Familien der Kaufleute Gerste kauften. Das bedeutet, dass diese Familien nicht über eigene Felder verfügten und dass es Möglichkeiten gab, Gerste durch Kauf zu erwerben. In Assur war es gewöhnlich die Hausfrau, die mit Silber oder Gold, das ihr aus Anatolien geschickt wurde, zur rechten Jahreszeit Gerste kaufte und die Speicher ihres Haushaltes füllte. Da Gerste, ebenso wie bronzenes Geschirr, einen Wert darstellte, wurde laut einiger Texte nach dem Tode einer Frau festgestellt, wieviel sich noch im Speicher befand. Als Beispiel für den Handel mit Gerste in Assur kann der Brief *Kienast ATHE* 65 erwähnt werden. Gerste fungiert dort als Spekulationsware und der Absender dieses Briefes, Iddin-Ištar, beauftragt seine Partner in Assur, die gerade für ihn gekaufte Gerste wieder zu verkaufen.[19] *Lewy KTHahn* 9 ist zu entnehmen, dass diese Gerste für Kupfer getauscht wurde, das dann zum Kauf eines Hauses verwendet wurde. Es ist deshalb nicht verwunderlich, wenn der Kaufmann Elamma in seine Naruqqum-Sozietät[20] als eigenes Kapital (*šalṭu*) u.a. Gerste einbrachte.[21] Wenn auch aus diesen Beispielen die Rolle von Gerste als Handelsware deutlich hervorgeht, bleibt ihr Anteil am lokalen Handel unbekannt.

Wenn Kaufleute wie Elamma Gerste erwerben konnten, vielleicht in benachbarten Dörfern, muss man voraussetzen, dass es zumindest in jenen Dörfern einen Überschuss gab. Neben der Möglichkeit, Gerste im Handel zu beschaffen, wird das Stadthaus (*bēt ālim*) in Assur als Ort genannt, wo

---

[19] Vgl. Lewy, H., RSO 39 (1964), 190 Fn. 1, und Veenhof, K.R., Aspects of Old Assyrian Trade and its Terminology, (Leiden, 1972), Fn. 510.

[20] Zur aA Naruqqum-Sozietät siehe Larsen, M.T., RlA 9 (1999), 181-184.

[21] Die Publikation von Elammas Archiv mit Texten aus kt 91/k und 92/k wird von K.R. Veenhof vorbereitet.

man Gerste kaufen konnte. Der Titel *līmum ša še'im* "Eponym für Gerste", der in einigen Texten belegt ist, legt die Vermutung nahe, dass es dort ein Büro gab, das sich mit Gerste befasste und möglicherweise die zentralen Speicher verwaltete. Die Herkunft der dort verkauften Gerste ist noch zu klären. Ich möchte unterstellen, dass es sich um institutionell produzierte oder erworbene Gerste handelt; im letzteren Fall möglicherweise im Tausch gegen Metalle oder Stoffe.

2. Eine lokale Textilindustrie

Mit dem Verkauf von Gerste an ihre Einwohner wird die Stadt schwerlich ausreichend Kapital erworben haben. D. Oates meinte, Assur habe von der Preisdifferenz für Zinn zwischen Assur und Anatolien profitiert.[22] Das ist sicherlich richtig, und der Bedarf an Zinn für Anatolien gab Anlass für die assyrischen Karawanen. Trotzdem machen die hohen Kosten der dafür benötigten Importe nach Assur den Zinnhandel als finanzielle Basis für weitere Transaktionen unwahrscheinlich. Man sollte deshalb erwägen, ob es nicht die Textilherstellung war, die Assur die nötigen Einkünfte verschaffte. Die Lage Assurs auf einem Bruchfeld – auf der einen Seite die Machmur-Ebene mit ihrer sesshaften Bevölkerung und andererseits die Suḫû-Nomaden in der Steppe südwestlich des Tigris – bietet die richtigen Voraussetzungen für eine komplementäre Wirtschaftsstruktur zwischen beiden Gebieten.[23] Ein Modell wäre denkbar, wonach Nomaden die Wolle ihrer Schafe benutzten für die Beschaffung von Nahrungsmitteln aus der Stadt Assur, wie Gerste und andere Waren, z.B. Metalle. Dabei spielt es eine untergeordnete Rolle, woher diese Güter stammten. Einen Beleg für die Richtigkeit eines solchen Modells kann man einem Text aus Mari entnehmen, aus dem hervorgeht, dass Schafe aus Suḫûm normalerweise in der Umgebung von Assur geschoren wurden.[24] Daneben gibt es die Bezeichnung *šurbuītum* für eine Wolle, aus der man in Assur *kutānu*-Stoffe herstellte, sowie für die aus dieser Wolle gefertigten Stoffe.[25] Diese Wolle hat ihren Namen vom Ort Šurbu, der sich nörd-

[22] Oates, D., op. cit (Anm. 11), 34. Siehe zu den Preisen für Zinn Veenhof, K.R., AoF 15 (1988), 253f.; Joannès, F., CRRAI 36, (Gent, 1991), 76.

[23] Hinweis G. van Driel.

[24] Siehe Charpin, D. / Durand, J.-M., MARI 8 (1997), 377, 387f. (Text A.2459).

[25] Siehe Veenhof, K.R., op. cit. (Anm. 19), 190-191: "Interpretation as *nisbe* probable"; CAD Š/3, 342b "fourfold(?)"; als Nisba verstanden von Nashef, Kh., RGTC 4, (Wiesbaden, 1991), 110. Belegt in: TC II 7, 24-28: "Was die *kutānu*-Stoffe betrifft, über die du beständig

lich von Dēr im Hamrin-Gebirge befand.[26] Es könnte von Schafherden stammen, die Nomaden im Frühjahr in den Ebenen von Chanaqin oder Ghurfa weideten. Vergleichsweise unbedeutende Mengen Wolle wurden gelegentlich aus Anatolien an Frauen in Assur geschickt,[27] manchmal wegen Wollknappheit in der Stadt. Die in Assur verarbeitete Wolle stammte also nicht nur von möglichen eigenen Herden, sondern wahrscheinlich zu einem beträchtlichen Teil von Herden der Nomaden, die man durch Kauf erwarb.

Da die auf diese Weise erworbene Menge Wolle wahrscheinlich größer war als der Eigenbedarf, könnte die übrigbleibende Wolle für die Herstellung von Exportstoffen gedient haben. Dies setzt allerdings eine Textilindustrie voraus. Wegen der Art des Textmaterials ist die Herstellung von Stoffen während der altassyrischen Periode bislang nur als Privataktivität von Frauen in Kaufmannsfamilien unmittelbar belegt.[28] Diese Stoffe wurden zum Verkauf an Verwandte in Anatolien geschickt und für die Hausfrauen bedeutete der Erlös eine wichtige Einkunftsquelle. Die Zahl der in dieser Weise hergestellten Stoffe wurde von K.R. Veenhof auf einige Hunderte geschätzt.[29] Neben dieser lokalen Aktivität gab es die Einfuhr von Stoffen aus Südmesopotamien.[30] Bis jetzt jedoch undokumentiert ist eine institutionelle Textilproduktion in Assur, wie sie belegt ist für andere Städte jener Zeit.[31] Sol-

---

schreibst, es gibt keine *šurbuītum*-Wolle (*ša-ap-tum šu-ur-bu-i-tum*). Wir werden ein schweres Tuch auf dem Markt (*i-na ma-ḫi-ri-im*) kaufen". Solche Stoffe waren von guter Qualität, wie aus TC II 14, 6-9 hervorgeht, wonach 27 gute *š*. Stoffe (TÚG SIG$_5$ *šu-ur-bu-i-tum*) zu 7 1/2 Sekel und 63 *kutānu* zu 5 3/4 Sekel Silber, zusammen 90 *kutānu*, gekauft wurden.

[26] Der Ortsname Šurbu ist altakkadisch und Ur-III-zeitlich belegt. Der bis jetzt älteste Beleg findet sich in einem Text aus dem Hamrin-Gebiet, Rasheed, F., The Ancient Inscriptions in Himrin Area (Himrin 4), (Baghdad, 1981), Nr. 16, 12: *in Su-ur-bu*^{ki}. In Ur-III-Texten findet man die Schreibungen *Šu-úr-bu*^{ki} und *Šu-ùr-bu*^{ki}, siehe z.B. Owen, D.I., JNES 33 (1974), 176 zu Kang, S.T., Sumerian Economic Texts from the Drehem Archive 1, Nr. 172, 39, (Univ. of Illinois, 1972); und Sigrist, M.S. / Gavin, C.E.S., Neo-Sumerian Account Texts in the Horn Archaeological Museum, Nr. 198, 27, (Berrien Springs, 1984). Eine geographische Liste aus Tell Harmal (MSL 11, 58 Z. 164) nennt *Šu-ur-ba*^{ki} zwischen Kišmar und Nēribtum. Ein Text aus neuassyrischer Zeit, der das Reich Sargons von Akkade beschreibt, rechnet Šurbu zu Dēr, s. Weidner, E., AfO 16 (1952/53), 4 Z. 17: "von Šurbu bis Ibrat: das Land Dēr".

[27] Veenhof, K.R., Aspects, op. cit. (Anm. 19), 103ff.

[28] Ders., op. cit. (Anm. 19), 103ff.

[29] Ders., Iraq 39, op. cit. (Anm. 3), 114.

[30] Ders., op. cit. (Anm. 19), 98ff.

[31] Erst aus mittelassyrischen Texten erfährt man etwas über die lokale Textilherstellung, z.B. im: "Practical Vocabulary of Assur", AfO 18 (1957-58), 328-341, wo die Sektion über Wolle und Stoffe endet mit den administrativen Termini *nikkassī ša lubūšī* (Z. 302) und *iškaru*. Siehe für die Produkte von Weberinnen z.B. Freydank, H., MARV III, (Berlin, 1994),

che Webereien wird es schon aus dem Grund gegeben haben, um den eigenen Bedarf zu decken.[32] Vereinzelt und nur kleine Mengen betreffend begegnet die Stoffbezeichnung *ša ālim*, "vom Typ-Assur", um solche Stoffe zu unterscheiden von denen nach "subaräischer" und "akkadischer" Art.[33] Hierbei ist zu beachten, dass ein geographischer Name oft eine bestimmte Qualität andeutet und nicht notwendigerweise die Herkunft,[34] also könnten die anderen Arten auch in Assur hergestellt worden sein.

Undeutlich bleibt, welchen Anteil die lokal hergestellten Stoffe im Handel hatten. Sie waren offenbar qualitativ weniger gut als solche aus Südmesopotamien. Einigen Maßnahmen des Stadtrats von Assur, die man zum Schutz der eigenen Textilherstellung interpretieren könnte, ist die Wichtigkeit dieser Produktion zu entnehmen. Das bekannteste Beispiel ist enthalten im Brief VS XXVI 9, wo dem Händler Pūšu-kēn eine Geldstrafe von 10 Minen Silber auferlegt wurde, weil er in Anatolien mit einheimischen Stoffen gehandelt hatte.[35] Diese *pirikannu*-Stoffe gefährdeten den Handel mit aus Assur importierten *kutānu*-Stoffen. Auch das in AKT III 73 und 74 angedeutete Urteil (*dīn ālim*), das die Stadt aus nicht angegebenen Gründen traf und demzufolge man für ein Drittel (des zum Ankauf vorhandenen Silbers) Zinn kaufen sollte, könnte zum Schutz des Handels in Stoffen verstanden werden.[36]

Dies unterstellt, dass die Stadt die Wolle nomadischer Herkunft größtenteils selbst kaufte und in Webereien zu Stoffen verarbeiten ließ, die sie den Kaufleuten meist auf Kredit zum Verkauf übergab.

3. Zur Herkunft der Handelswaren

Assurs Rolle als Handelsstadt war durch die geographische Lage bedingt. Die Stadt befand sich in der Nähe verschiedener Reiserouten, die Südmesopotamien und Westiran mit Syrien und der Türkei verbanden. Dies erklärt die Art der verhandelten Waren: Zinn, Stoffe, Lapislazuli und Karneol wur-

---

Nr. 5 und vgl. weiter den Artikel von Cancik-Kirschbaum, E., Fs. J. Renger, (Münster, 1999), 79ff. (Hinweis R.M. Jas).

[32] Ähnlich Charpin, D. / Durand, J.-M., MARI 8, 377.

[33] Für *ṣubātum, nibrārum, šitrum* s. Veenhof, K.R., op. cit. (Anm. 19), 181.

[34] Vgl. *lubuštum akkadītum* in Texten gefunden in Mari; siehe ARM XXVIII S. 24 Fn. 36 und Nr. 21, 24; ARM XXVI/2 549, 6'.

[35] Veenhof, K.R., op. cit. (Anm. 19), 126ff.

[36] Hinweis K.R. Veenhof.

den nach Anatolien transportiert und dort umgetauscht für Silber und Gold. Die altassyrischen Texte liefern drei Hinweise auf die Herkunft der Importwaren: 1. in Bezug auf Stoffe findet man die Bezeichnung "akkadisch" sowie die Erwähnung von Akkadern, die nicht nach Assur reisen können wegen Unruhen im eigenen Land;[37] 2. die oben schon erwähnte Inschrift Ilušumas berichtet über einen *addurārum*, den der König für die Akkader festgesetzt hat; 3. das Māt-Šapiltim wird als Ursprungsgebiet einer vermutlich mit Zinn beladenen Karawane erwähnt.

Mit Ausnahme der Stoffbezeichnung "akkadisch" begegnen diese Informationen hauptsächlich in Texten, die in Assur ausgestellt wurden. Im folgenden wird versucht festzustellen, was diese geographischen Angaben über den Weg aussagen, auf dem die Erzeugnisse der südmesopotamischen Textilindustrie sowie Zinn, Karneol und Lapislazuli nach Assur gelangten.

Die ausführlichste der beiden Inschriften, worin Ilušuma über den von ihm etablierten *addurārum* berichtet, betrifft den Bau des Ištartempels und wurde oben schon teilweise besprochen. Der diesbezügliche Abschnitt (Z. 49-65) lautet in Übersetzung: "Ich bewirkte die Freiheit der Akkader und ihrer Söhne. Ich reinigte ihr Kupfer. Ich bewirkte die Freiheit – vom Rande der Moräste und Ur und Nippur, Awal und Kismar, Dēr des Gottes Ištaran, bis hin zur Stadt (Assur)."

Die politische Bedeutung dieser Zeilen hat Anlass gegeben zu den unterschiedlichsten Interpretationen. Ich werde diese hier nicht wiederholen und verweise stattdessen auf die ausführliche Diskussion bei M.T. Larsen.[38] Der Grund für die Nennung der Toponyme ist umstritten. Die alte Königsstadt Ur verband Südmesopotamien mit dem Persischen Golf und war für den Handel mit Tilmun und Magan von großer Bedeutung.[39] Es ist unbekannt, wieviel in Ur von der wichtigen Textilindustrie aus der Ur-III-Zeit übriggeblieben war. Undeutlich ist auch, in welchem Maße Kontakt mit Assur bestand. Die nördlichsten Städte, die in Texten aus UET V erwähnt werden, sind Ešnunna und Sippar.[40] Der Grund für die Erwähnung Nippurs dürfte

---

[37] VS XXVI 17, s. dort Kommentar zum Text.

[38] op. cit. (Anm. 1), 63-80.

[39] Siehe van de Mieroop, M., Society and Enterprise in Old Babylonian Ur, (Berlin, 1992), 193ff.

[40] Zwei aus demselben Dossier stammende Texte dokumentieren einen Teil einer Geschäftsreise, deren Anfang und Ziel ungenannt bleiben. UET V 685 listet Reiseausgaben in Silber, gemacht auf dem Abschnitt Mankisum–Namsium–Sippar–Kiš; UET V 601 registriert Ausgaben in Sippar und Babylon. Die Erwähnung von Mankisum lässt vermuten, dass der Kaufmann von einer Reise aus dem Osttigrisgebiet kam. Ein Mann mit dem assyrischen Namen

auch auf ihrer Textilindustrie und Handelstätigkeit beruhen sowie auf ihrer verkehrsgünstigen Lage auf dem Weg von Ur in nördlicher Richtung.[41] Zur Zeit von Ilušuma gehörten Nippur und Ur sowie Dēr zum Reich von Isin. Die drei Städte östlich des Tigris, Dēr, Awal und Kismar, waren wichtig für die Verbindungen zwischen Assur, Elam und Südmesopotamien. Die Stadt Dēr befand sich an einem strategisch wichtigen Wegekreuz nach Susa, Mittel- und Südmesopotamien sowie Assur. Awal wurde von F. Rasheed auf Grund von in Tell es-Suleima im Hamrin-Gebiet gefundenen Akkadzeitlichen Texten mit diesem Tell identifiziert,[42] wonach dieser Ort nordöstlich von Ešnunna liegen würde. Ešnunna selbst ist noch nicht in altassyrischen Texten belegt, wurde aber, aus der Sicht von Mari und wohl auch von Assur, zum Land Akkad gerechnet.[43] Ein altbabylonischer Brief erwähnt eine Geschäftsreise von Awal nach Assur.[44] Die Lokalisierung von Kismar ist noch nicht gesichert.[45]

Man könnte meinen, dass die in dieser Inschrift erwähnten Städte helfen würden, die ziemlich allgemeine Bezeichnung "Akkad" näher zu definieren. Dagegen ist eingewendet worden, dass diese Städte gerade nicht von "Akkadern" bewohnte Gebiete bezeichnen würden.[46] Oft wird für das Land der Akkader der etwas anachronistische Begriff Babylonien verwendet.[47] Das

---

Aššur-ṭābum spendete 2 1/4 Sekel Silber als Weihgabe laut UET V 557, 17. Es handelt sich wahrscheinlich um einen in Ur wohnhaften Händler, mehr ist diesem Text nicht zu entnehmen. Siehe über Weihgaben in Ur zuletzt van de Mieroop, M., "Gifts and tithes to the temples in Ur", Studies Å.W. Sjöberg, (Philadelphia, 1989), 397-401.

[41] S. Larsen, M.T., op. cit. (Anm. 1), 47 Fn. 76 (Ni.395 = AbB V 156).

[42] Rasheed, S., op. cit. (Anm. 26), 9-15 (arab.); Steinkeller, P., McGuire Gibson (ed.), Uch Tepe 1, (Chicago / Copenhagen, 1981), 165.

[43] Vgl. ARM XXVII, S. 224 b.

[44] AbB III 60, 7-8: "[I]ch bin in Awal. Mein Ziel ist Aššur".

[45] RlA 5, 622; P. Steinkeller hat Kismar in der Nähe von Maškan-šarrum lokalisiert: "(Maškan-šarrum) [A]lmost certainly to be sought in the place where the Tigris enters the plain, somewhere between the Fatha Gorge and Tikrit. The territory controlled by Babati thus seems to have formed a triangle, whose three sides were delineated by the Tigris in the north-west, Jebel Hamrin in the north-east, and the Diyala in the south-east. The two focal points of this triangle – Awal and Maškan-šarrum – both were of capital strategic importance: the first over the Hamrin pass on the Diyala and the second over the Fatha gorge on the Tigris"; op. cit. (Anm. 42), 165.

[46] Z.B. Kraus, F.R., Sumerer und Akkader, (Amsterdam, 1970), 30.

[47] Z.B. Veenhof, K.R., op. cit. (Anm. 19), 101: "'Akkadians' are the population of Babylonia proper, contrasted with Assyrians, Amorites etc.".

von einigen verwendete Argument, Awal, Kismar und Dēr wären schwerlich zu "Babylonien" zu rechnen,[48] sollte man doch ein wenig nuancieren, weil diese Orte kulturell und historisch starke Bande zu Mittel- und Südmesopotamien aufweisen. Aus der Inschrift Ilušumas geht hervor, dass die Einwohner der mittel- und südmesopotamischen Gebiete einschließlich Ur[49] von Assur aus Akkader genannt wurden, ohne Rücksicht darauf, dass sie teils Amurriter waren. Weiter betrachtete man, wie aus dem Brief VS XXVI 17 (fast ein Jahrhundert später als Ilušuma) hervorgeht, ihr Land ungeachtet der politischen Fragmentierung als ein Ganzes. Die Stadt Dēr und die unweit von Ešnunna gelegenen Städte Awal und Kismar wurden wahrscheinlich auch schon zu dem Gebiet gerechnet, in dem "Akkader" wohnten. Es ist fraglich, ob diese Städte als Orte einer exportorientierten Textilherstellung zu betrachten sind. Die Hinzufügung "bis hin zur Stadt", wenn nicht eine bloße Floskel, deutet auf einige zwischen Ešnunna und Assur gelegenen Orte, die nicht mit Namen genannt werden.

Es handelt sich bei den aufgelisteten Städten wahrscheinlich um eine von Assur aus gesehene Auswahl und nicht um die wichtigsten jener Zeit in Südmesopotamien. So fehlt zum Beispiel Isin. Der Grund für eine solche Auswahl mag darin bestanden haben, dass diese Orte für Assur wirtschaftlich wichtig waren aufgrund ihrer verkehrs- und handelstechnischen Lage oder wegen lokaler Erzeugnisse.

Die Annahme, dass die Etablierung einer "Freiheit" in weit von Assur entfernten Regionen nur Sinn hat, wenn sie notfalls mit politischen Mitteln erzwungen werden kann, macht verständlich, dass man diese Aktion früher als Folge einer militärischen Intervention seitens Ilušuma betrachtet hat. Es fehlen aber historische Hinweise auf einen in der ersten Hälfte des 20. Jh. von Assur aus unternommenen Feldzug, der bis nach Ur gereicht hätte.[50] Damit verfällt die Möglichkeit, *addurārum* als politische Befreiung zu deuten.

M.T. Larsen rückt diese Maßnahme ins Licht der wachsenden Rolle Assurs als Handelszentrum, die er in die Zeit Ilušumas datieren möchte.[51] Er bezieht die Freistellung auf wirtschaftliche Maßnahmen in Assur selbst, die es Händlern aus Mittel- und Südmesopotamien und solchen aus Dēr, Kismar und Awal leichter machen sollte, mit und in Assur zu handeln. Wie man sich

---

48 Kraus, F.R., op. cit. (Anm. 46), 30; Steinkeller, P., op. cit. (Anm. 42), 165.

49 Larsen, M.T., op. cit. (Anm. 1), 77.

50 Die Klage um Nippur kann nicht als historisches Dokument verwertet werden, s. Tinney, S., The Nippur Lament, (Philadelphia, 1996), 7.

51 Vgl. Veenhof, K.R., Chicago-Kent Law Review 70, (Chicago, 1995), 1732.

das konkret vorzustellen hat, ist unsicher. P. Steinkeller bezieht das "Waschen des Kupfers" auf ein Handelsabkommen, in dem Ilušuma den akkadischen Kaufleuten freien Zugang zum transtigridischen Weg für die Ausfuhr von Kupfer nach Südmesopotamien gewährte.[52]

Als Ursprungsgebiet des Zinns wird oft Afghanistan genannt.[53] Reste bronzezeitlicher Zinnbergwerke (Ende 3. – frühes 2. Jt.) sind nun während der Ausgrabungen des D.A.I. unter der Leitung von H. Parzinger in Uzbekistan (in Karnab zwischen Buchara und Samarkand) und Tadzikistan (in Mušiston bei Pendzikent) identifiziert worden.[54] Altbabylonische Texte aus Larsa und Mari, wonach Kaufleute nach Susa reisten, um Zinn zu kaufen, zeigen, dass Susa auf dem Weg für Zinn, und in altassyrischer Zeit wohl auch für Lapislazuli und Karneol, nach Mesopotamien lag.[55] Das Zinn wurde vermutlich nicht als Kassiterit oder Zinnoxid, sondern als Metall und in Flachbarren (*le'um*)[56] oder Bruchstücken davon transportiert. Es erreichte Assur mit Karawanen aus dem Māt-Šapiltim, wie aus zwei zusammengehörenden Briefen hervorgeht.[57] Die Verwendung des Status constructus von *mātum* ist altassyrisch nur belegt mit nachfolgendem geographischen Namen. Das Toponym Mātum-Šapiltum, vermutlich dieselbe Gegend bezeichnend wie das Māt-Šapiltim der Kültepe-Texte, findet man in zwei Dokumenten aus

[52] Uch Tepe 1, 166, op. cit. (Anm. 42). Vgl. Dercksen, J.G., The Old Assyrian Copper Trade in Anatolia, (Leiden, 1996), 34-35.

[53] Clenzion, S., Berthoud, T., "Early Tin In The Near East", Expedition 25/1, (Philadelphia, 1982), 14-19; 17: "Thus, in a general way, it seems reasonable to say that Afghanistan is a good potential source for the tin used in Southwest Asia in the 3rd Millennium, certainly the best found this far."; siehe auch Tallon, F., (Hrsg.), Métallurgie susienne I, (Paris, 1987), 360f.

[54] Alimov, K. et al., "Prähistorischer Zinnbergbau in Mittelasien. Vorbericht der Kampagne 1997", Eurasia Antiqua. Zeitschrift für Archäologie Eurasiens, 4 (1998), 137-199.

[55] Durand, J.-M., Mélanges M.-J. Steve, (Paris, 1986), 122-127; Joannès, F., "L'étain, de l'Elam à Mari", CRRAI 36, (Gent, 1991), 67-76. Die Ansicht, Šemšara hätte auf dem Einfuhrweg von Zinn gelegen und wäre deswegen von besonderer strategischer Bedeutung, hat sich bei eingehender Betrachtung der Texte aus Šemšara als unhaltbar erwiesen, siehe dazu Eidem, J. / Læssøe, J. (†), Shemshara Archives 1, (Kopenhagen, 2001).

[56] Altassyrisch bis jetzt nur in AKT III 49, 24.

[57] AKT III 73 und 74, s. Anmerkungen auf S. 119, wo es als "Unteres Land" interpretiert wird. Dieser geographische Name erscheint weiter in einem unpublizierten Text mit dem Siglum kt e/k, s. Alkım, B., OrNS 25 (1956), 83 (Hinweis Th. Sturm).

Mari.[58] Hier erscheint *šapiltum* als Apposition, was in Mari nach *ālum* die Regel, bei *mātum* dagegen eine Ausnahme ist.[59] Folglich hat man *šapiltum* in den altassyrischen Belegen und in Mari nicht als Adjektiv zu betrachten, sondern als selbständigen geographischen Begriff, "das Tiefland". Im Mari-Text A.1333 wird das Mātum-Šapiltum zusammen mit dem Herrscher von Ešnunna genannt, was auf geographische Nähe zwischen beiden deuten könnte. Ein deutlich erkennbares Flachland erstreckt sich südlich des Hamrin-Gebirges. Weil die Einwohner von Assur das Gebiet südlich des Hamrin-Gebirges als das Land Akkad bezeichneten, hat man das Māt-Šapiltim, wenn nicht als Synonym dafür verwendet, anderswo zu suchen. Es dürfte dann weiter südöstlich sein, in der Gegend von Dēr.

Aus den in Ilušumas Inschrift erwähnten Ortsnamen darf man schließen, dass der Weg von Assur nach dem Süden zunächst östlich des Hamrin-Gebirges verlief, wegen einer Reihe von Süßwasserbrunnen wahrscheinlich über Mandali nach Dēr, und in der Nähe von Maškan-šapir den Tigris überquerte. Die altassyrischen Texte erlauben nicht festzustellen, wie weit assyrische Kaufleute südlich ihrer Heimatstadt operierten. Sichere Beweise für die Tätigkeit dieser Händler in Südmesopotamien liefert nur eine Textgruppe aus Sippar.[60] Sie ist datiert in dem Eponymat von Ḫabil-kēnum, Sohn des Ṣilli-Ištar, etwa am Ende der Regierungszeit Hammurabis oder zu Anfang derjenigen von Samsuiluna,[61] und somit mehr als zwei Jahrhunderte später als Ilu-

[58] Beide Male ergänzt: *ma-ti-im ša-pí-il-*[*ti-im*], ARM XXVI/1 205, 4' und *ma-a-tim ša-pí-i*[*l-tim*], A.1333, 26', s. van Koppen, F., MARI 8 (1997), 420.

[59] Finet, A., ALM § 71h.

[60] Walker, C., "Some Assyrians at Sippar in the Old Babylonian Period", AnSt 30 (1980), 15-22; Veenhof, K.R., "Assyrian commercial activities in Old Babylonian Sippar – Some new evidence", Mélanges P. Garelli, (Paris, 1991), 287-303. Walker erwähnt einige Texte aus der Zeit von Sumuabum oder Sumuel, in denen Assyrer als Zeugen genannt werden. Die von Collon, D. ("Another Old Assyrian document from Sippar", Studies Nimet Özgüç, [Ankara, 1993], 117-119) wegen des Duktus als altassyrisch bezeichnete Hülle CT VIII 38b (Bu 91-5-9, 2378) kann nicht als Beweis für die frühe Tätigkeit assyrischer Händler dienen. Auch in anderen Texten aus der Zeit von Ilumaila von Sippar, laut Edzard Zeitgenosse von Sumuabum oder Sumulael von Babylon (Edzard, ZZB 129), wie BE VI/1 1 und 2 und CT VIII 41d, hat der Textschreiber archaische Zeichenformen verwendet, z.B. für MA, NA und DUMU; eine Ausnahme formt CT VIII 26b. Keiner dieser Texte enthält Hinweise auf Assur oder einen Assyrer.

[61] Veenhof, K.R., "The sequence of the 'Overseers of the merchants' at Sippar and the date of the year-eponymy of Habil-kēnum", JEOL 30 (1987-1988), 32-37.

šuma. Auch der vermutlich aus Assur stammende Text TIM IX 190[62] wurde in Tell ed-Der gefunden. Diese Privatnotiz besteht aus einer Auflistung von Außenständen in Kupfer, die in Assur entstanden sind, möglicherweise durch Verkauf von Stoffen. Es handelt sich dabei um ziemlich geringe Mengen Kupfer, insgesamt knapp 23 Minen. Auf Grund der Orthographie der Personennamen in Zeile 6' und 8' ist dieser Text ins 18. Jh. zu datieren und kann daher nicht als Beweis dienen, dass schon während der Blütezeit des Anatolienhandels assyrische Kaufleute nach Sippar reisten. Es gibt einige Hinweise auf Kontakte zwischen Assur und dem Diyala-Gebiet.[63]

Wie aus einigen Mari-Texten hervorgeht, nahm der Sukkalmah von Elam unter den amurritischen Fürsten in Mesopotamien des 18. Jahrhunderts die Stellung eines Oberherrn ein.[64] D. Charpin und J.-M. Durand haben in ihrem Artikel diese bedeutende Stellung durch Irans Reichtum an Rohstoffen zu erklären versucht. Die elamische Konföderation, in der Susiana repräsentiert durch die Sukkalmaḫ-Dynastie, beherrschte die Zufuhr von Zinn und war deshalb wichtig für die Wirtschaft von Assur. Das Interesse des Sukkals von Susa an diesem Handel lag höchstwahrscheinlich in dem Silber und Gold, das auf diese Weise in seinen Herrschaftsbereich floss.

Es ist undeutlich wie man sich den Verkehr zwischen Susa und Assur vorzustellen hat. Der Route von Susa nach Nordmesopotamien über Dēr war schon vorhanden. Das Neue bestand darin, dass während der altassyrischen Zeit auf diesem Weg eine regelmäßige Zufuhr von Zinn nach Assur stattfand. Wie in Assur, waren es vermutlich auch in Susa Kaufleute, die sich mit diesem Handel beschäftigten. Ob sie das Zinn bis Dēr brachten und nicht weiter nördlich, wissen wir nicht. Es wäre möglich, dass in Dēr die Waren an andere weitergegeben wurden, die sie nach Assur brachten. Der Hinweis

---

[62] Bearbeitung bei Edzard, D.O., Altbabylonische Rechts- und Wirtschaftsurkunden aus Tell ed-Der im Iraq Museum, Baghdad, (München, 1970), Nr. 190.

[63] Es handelt sich dabei um Abrollungen von typisch altassyrischen Rollsiegeln, gefunden in Tell Harmal (Šaduppum), s. al-Gailani Werr, L., Studies in the Chronology and Regional Style of Old Babylonian Cylinder Seals, BiM 23 (1988), 22-23, 33; Tell es-Suleima (Awal), al-Gailani Werr, L., Edubba 2, 50 no. 93 (IM 98750); und Tell Halawa, ebenda Nr. 114 und 115. Erklärungsbedürftig ist der Ursprung der Schreibung des Namens Puzur-Mazzat mit dem Zeichen MAN, sonst nur aA belegt, statt des üblichen $BUZUR_4$ im Susa-Text MDP XXIV 329, 2.17 (Anfang 20. Jh.).

[64] Siehe dazu Charpin, D. / Durand, J.-M., "La suzeraineté de l'empereur (sukkalmah) d'Elam sur la Mésopotamie et le 'nationalisme' amorrite", CRRAI 36, (Gent, 1991), 59-66.

auf akkadische Händler, die nach Assur reisten,[65] sowie Angaben über eine Karawane aus dem Māt-Šapiltim, sprechen dagegen, dass Assyrer die Stoffe und Zinn selbst aus dem Süden holten. Nach Ankunft in Assur wurde das Zinn verkauft, ob an die Stadt, d.h. ans Stadthaus, oder unmittelbar an die Kaufleute, bleibt unklar. Beide, die Stadt und die Kaufleute, hatten nur zwei Dinge für den Tausch zu geben: die Metalle Silber und Gold, als den Erlös des Anatolienhandels.

Die assyrische Politik richtete sich auf Handhabung eines Monopols auf die Lieferung von Zinn an Anatolien und dadurch wurde die mittelgroße Stadt Assur ohne Anwendung von Gewalt zu einer wichtigen wirtschaftlichen Macht. Mittels Zinn und Stoffen profitierte Assur direkt vom Edelmetallreichtum einiger anatolischer Stadtstaaten. Einen wichtigen eigenen Beitrag zum Entstehen dieses Handels leistete die Stadt durch die Produktion von Stoffen.

[65] Direkte Aussagen gibt es in einigen altbabylonischen Briefen, z.B. AbB II 107 und AbB XII 54.

SPRACHWANDEL IM SUMERISCHEN

Jeremy Black, Oxford*

Es wird üblicherweise behauptet, dass etwa seit dem Ende des dritten Jahrtausends v.Chr. das Sumerische eine allmählich veraltete (*obsolescent*) Sprache und schliesslich eine tote Sprache geworden sei. Welcher Art könnten die zu erwartenden Veränderungen sein, die uns zu einem solchen Schluss führen könnten, und welche Veränderungen sind in der Tat zu bemerken? Wie könnte man diese Veränderungen präzise dokumentieren? Im September 1999 hat in Oxford ein kleines Treffen über "Diachronische und synchronische Variationen in der Phonologie, Morphologie und Syntax des Sumerischen" stattgefunden, und ich möchte hier einige von diesen Gesprächen geprägte Gedanken über die Beschaffenheit der diachronischen Veränderungen im Sumerischen darstellen.[1]

Wenn man von "veralteten", "sterbenden" oder "gestorbenen" Sprachen redet, kann man leicht romantisch werden. Tatsächlich finden sich Beschreibungen von veralteten Sprachen oft in der Fachliteratur der Sprachwissenschaft. Zum Beispiel:[2]

> "Lemolang (Sulawesi): 1983 1.000 bis 2.000 Sprecher belegt ... [Aber] Bugis Luwu ist die vorherrschende Sprache der Gegend; es gibt unbestätigte Berichte, dass Kinder Lemolang verstehen, aber nicht sprechen."
> "Shoshone (Nord-Amerika): 1977 etwa 3.000 Sprecher bei einer Bevölkerung von 7.000 belegt ... Sprachgebrauch ist an einigen Orten intensiv; an anderen, sprechen nur die älteren Leute die Sprache."

---

* Oriental Institute, Pusey Lane, Oxford, OX1 2LE.

[1] "Workshop on diachronic and synchronic variations in the phonology, morphology, and syntax of Sumerian": Sumerian Grammar Discussion Group, 6th meeting, Oxford, 16.–18. September 1999. Ich bin allen Kollegen, die daran teilgenommen haben, sehr dankbar für ihre wertvollen Beiträge, und beziehe mich in den ersten Seiten besonders auf die Referate von D.O. Edzard, P. Michalowski und J.S. Cooper. Ich danke auch G. Zólyomi und G. Deutscher für ihre Bemerkungen. Durch die freundlichen Bemühungen von K. Maekawa werden die Akten dieses Treffens mit einer Einleitung von Verf. und G. Zólyomi als Acta Sumerologica 22 erscheinen.

[2] Aus Bright, W. (Hrsg.), International Encyclopedia of Linguistics, (OUP; New York, 1992), Bd. 4, 54f. u. 215, bzw. Bd. 2, 394 u. 246.

"Mittel-Watut (Neuguinea): 1980 etwa 1.220 Sprecher belegt ... [Aber] mit Fremden wird von allen Sprechern unter 40, sowie von Männern und von der Hälfte der Frauen über 40 Tok Pisin gebraucht."

"Amarag (Australien): auf Goulburn Island gesprochen ... Nur wenige ältere Menschen gebrauchen es als zweite Sprache. Es könnte ausgestorben sein."

"Wenn keine aktive Sprecher bleiben, kann es trotzdem "Erinnerer" geben, die Grussformel, Interjektionen, vereinzelte lexikalische Dingen, feststehende Ausdrücke, sowie begrenzt lexikalische Gruppen usw. meistern können."[3]

All diese Beschreibungen beziehen sich auf reale linguistische Situationen von analphabetischen Bevölkerungen in den letzen Jahren.

Wie können wir eine reale Situation, wie sie heute beobeachtet werden kann, mit den (ausschließlich schriftlichen) Belegen, die aus dem alten Mesopotamien aus den frühen Jahren des zweiten Jahrtausends v.Chr. erhalten sind, verbinden? Zuerst sollten wir damit rechnen, dass eine solche Situation dynamisch wäre, und sowohl synchronische als auch diachronische Aspekte hätte. Sprachen sterben nicht über Nacht aus. Es ist ein unstrukturierter Prozess. Er entfaltet sich nicht gleichzeitig in allen geographischen Gegenden, und nicht in allen Bevölkerungsgruppen oder in allen linguistischen Kontexten oder Umgebungen. Der Sprachtod, der schließlich doch eine Form der Sprachveränderung ist, verbreitet sich von Stadt zu Stadt und von Mensch zu Mensch.

Als nächstes sollten wir uns folgende Fragen über die Daten, die uns zur Verfügung stehen, stellen: Wieviele Menschen konnten im Jahre 2000 v.Chr. *schreiben*? Wieviel Prozent der Bevölkerung Südmespotamiens? Wieviele von diesen konnten Sumerisch schreiben? Mit anderen Worten: Wir sollten nicht vergessen, dass wahrscheinlich 90 Prozent der sumerischen Sprachgeschichte unzugänglich und auf ewig verloren sind, weil wir ausnahmslos geschriebene Materialien besitzen, und die meisten Menschen Analphabeten waren.

Hypothesen darüber, "wann das Sumerische ausgestorben sei" sind also Versuche, die von modernen Sprachwissenschaftlern ermittelten Informationen über Sprachen, für deren Tod es umfangreiche, ganze Bevölkerungen abdeckende Angaben gibt, nachzubilden. Das Problem ist nicht, ob das Sumerische nach 2000 v.Chr. als allgemeine Volkssprache gesprochen wurde oder nicht; das Problem ist, dass wir dies überhaupt nicht wissen können. Die überwiegende Mehrheit der südmesopotamischen Bevölkerungen waren

---

[3] Dorian, Nancy C., "Obsolescent languages", in: Bright, William (Hrsg.), International Encyclopedia of Linguistics, (OUP; New York, 1992), Bd. 3, 135.

Analphabeten; wir können sie nur insofern studieren, als sie in den Verwaltungsdokumenten der großen Institutionshaushalte von Tempeln oder Palästen verzeichnet waren, oder weil sie aus verschiedenen Gründen dazu gezwungen waren, mit solchen Haushalten oder mit Geschäftsleuten, die des Lesens und Schreibens kundig waren, zu interagieren.[4] Diese Informationen können uns etwas über ihre Namen und Tätigkeiten sagen. Von ihrer gesprochenen Alltagssprache sagen sie uns aber nichts. Auch ihre Namen verraten uns nichts anderes darüber, als eine ganz allgemeine, statistisch basierende Wahrscheinlichkeit – nichts aber auf der Ebene von Einzelfällen.[5]

In diesem Zusammenhang helfen die Begriffe "tote" und "lebende" Sprache nicht. Begriffe wie "Muttersprache" oder "Wiegesprache" (d.h. von der Mutter in der frühen Kindheit gelernt) könnten relevanter sein. Wer möchte darüber entscheiden, ob es im späten zweiten Jahrtausend v.Chr. im Sumpfland abgelegene Restgruppen von Fischerleuten gab, die beim Frühstück noch Sumerisch sprachen?[6] Wir müssen uns zu 100 Prozent darüber im Klaren sein, dass dies unzugängliche Informationen sind, die in keiner Weise mit den uns zur Verfügung stehenden Daten zusammenhängen.

•

Können wir eine Vermutung anstellen, zu welcher Zeit das Sumerische aufgehört hat, die Muttersprache der relativ geringen Anzahl von mesopotamischen Schreibern zu sein, die sumerisch geschrieben haben? Ich schätze, dass die uns zur Verfügung stehenden linguistischen Daten nicht einmal genügen, um *diese* Frage zu beantworten. Eine Antwort könnte nur eine auf anderen, historischen bzw. sozialgeschichtlichen Angaben basierende Schätzung sein. Und ich kenne keine Dokumente, die sich explizit und aufschlussreich auf Personen, die sumerisch sprechen oder nicht sprechen, beziehen,[7]

---

[4] Van De Mieroop, Marc, Cuneiform texts and the writing of history, (Routledge; London, 1999), 88.

[5] Die Frage der ethnischen Identität ist andersartig, siehe Streck, Michael P., Das amurritische Onomastikon der altbabylonischen Zeit, (AOAT 271/1; Münster, 2000).

[6] Siehe Kienast, B., "Ist das Neusumerische eine lebende Sprache?", in: Hirsch, H., und Hunger, H., (Hrsg.), Vorträge gehalten auf der 28. RAI, AfO Beih. 19, (Horn, 1982), 105–111, bes. 106.

[7] Man könnte die – viel spätere (1. Jhdt. v. Chr.) – akkadische literarische Komposition "Why do you curse me?" erwähnen (siehe zuletzt George, A., in: Iraq 55 (1993), 63–75, auch Foster, B., Before the Muses (Bethesda, Md., 1993), 819). Vielleicht auch Kraus, F.R., Königliche Verfügungen in altbabylonischer Zeit, (Leiden, 1984), Edikt Nr. 2: die Bevölkerung von Babylonien zur Zeit Ammī-ṣaduqas (Ende 17. Jhdt. v. Chr.) waren 'Amoriten und Akkadier'.

mit Ausnahme vereinzelter Bemerkungen in der sogenannten "Schreiberausbildungsliteratur", im Zusammenhang mit jungen Akkadisch sprechenden Schreibern, die das Sumerische in der Schule lernen.

Auch geschriebene Sprachen können sich ändern, veralten, und aussterben. Die geschriebenen Sprachen zeugen von geographischen Unterschieden; sie entwickeln neue grammatikalische Formen. Paradoxerweise vielleicht werden sie auch *gesprochen* – unter gewissen besonderen soziolinguistischen Umständen, vielleicht in akademischen Kreisen, in der Ritualpraxis oder im musikalischen Gebrauch, und wahrscheinlich nur in begrenzten Registern. In der Tat müssen wir annehmen, dass eine intensive Tradition des geschriebenen Sumerischen mindestens bis ins *erste* Jahrhundert v.Chr. in gewissen, begrenzten Kreisen überlebte. Zu dieser Zeit verfassten Mitglieder von drei Generationen einer intellektuellen Familie in Babylon sorgfältige kritische Editionen sumerischer Lieder, fügten Übersetzungen hinzu und dokumentierten Varianten. Der Kultsänger Ea-balassu-iqbi war während der Regierungszeit Gotarzes des Ersten (ca. 96–86 v.Chr.) und vielleicht auch noch später tätig. Er, oder seine Erben, besaßen eine beträchtliche Sammlung von Tontafeln, Handschriften von balağ- und er-šema-Kultliedern. Einige waren von ihm selbst gefertigte Abschriften, andere waren die Werke seines Vaters oder seines Onkels, die auch Kultsänger gewesen waren.[8] Sie sind in nahezu korrektem literarischen Sumerisch geschrieben, mit interlinearen Übersetzungen in einer späten Form des Jungbabylonischen.

Der Sprachtod ist fast ausschließlich ein Phänomen des Sprachkontaktes.[9] Im Fall des Sumerischen ist es ziemlich eindeutig, dass die bedeutendste Kontakt-Sprache das Akkadische war. Wir können annehmen, dass der Kontakt schon in der Mitte des dritten Jahrtausends v. Chr. begonnen hat, und können schätzen, dass es andere Kontakt-Sprachen gegeben haben könnte (einschließlich des Amurritischen, des Hurrischen und des Elamischen). Trotzdem scheinen sich nicht alle Veränderungen im geschriebenen Sumerisch aus dem Einfluss anderer Sprachen zu ergeben. Die Sprachwissenschaftler haben erkannt, dass einige der Veränderungen sich zurückbildender und sterbender Sprachen die Folge von regelmäßigem Vorbilddruck ("pattern pressures") innerhalb der betroffenen Sprache selbst zu sein scheinen ("autonome Veränderung") oder sogar Tendenzen weg von den Vorbildern expandierender Sprachen ("divergente Veränderung").[10]

---

[8] Siehe Black, J.A., "a-še-er gi$_6$-ta, a *balağ* of Inana", in: Acta Sumerologica 7, (1985), 11-87, bes. 14f.

[9] Dorian, Nancy C., "Obsolescent languages", wie Anm. 3, S. 135.

[10] ibid.

In einigen Fällen könnte es das Sumerische gewesen sein, das die Sprachen, mit denen es in Kontakt stand, beeinflusste. Zum Beispiel: Man hat beobachtet, dass das Altsumerische die Parataxe verwendet hat, um die Komplementation (z.B. indirekte Rede) zum Ausdruck zu bringen; aber das Neusumerische scheint den Gebrauch untergeordneter, mit -a suffigierter Komplemente entwickelt zu haben. Das Altakkadische verwendet auch die Parataxe ohne finite Komplemente, aber das Altbabylonische fängt an, verschiedene Formen der Komplementation zu entwickeln. Die Daten implizieren, dass sich das Phänomen im Sumerischen früher entwickelt hat, d.h., dass (wenn es einen Einfluss gegeben hat) das Sumerische Einfluss auf das Akkadische ausgeübt hat. Trotzdem steht dieser Einfluss auf rein funktioneller Ebene. Denn die Zunahme komplexer Konstruktionen im Sumerischen kann die Zunahme ebenso komplexer Konstruktionen im Akkadischen gefördert haben, aber während im Sumerischen die Struktur auf der Nominalisation basiert, hat sie im Akkadischen mit dem sogenannten Bleichen (*bleaching*) der kausal-adverbialen Bedeutung der Konstruktion mit *kīma* 'wie, in welcher Weise' entwickelt, so dass sie gebraucht werden konnte, 'dass' auszudrücken: *aqbi kīma*... 'Ich sagte, dass' usw.[11]

Auch Kontraktion der verschiedenen Register, für welche eine Sprache gebraucht wird, ist ein Zeichen einer solchen, durch Sprachkontakt verursachten, Veränderung. Im Allgemeinen können wir einen volkstümlichen und einen formellen Gebrauch des geschriebenen Sumerisch unterscheiden. Volkstümlicher oder informeller Gebrauch spiegelt sich in einigen Briefen und einigen Dokumenten (besonders juristischen Dokumenten aus der Ur-III-Zeit) wider. Ein stilisiertes Register wird meist für Verwaltungsdokumente verwendet, die ihre eigenen Diskursmuster haben. Andere Funktionen gebrauchen ein formelles "literarisches", d.h. ästhetisch stilisiertes Register: einige (sogenannte "literarische") Briefe und die breite Masse der Literatur sowie religiöse, rituelle und magische Verfahren. Ein formelles Register, das teilweise an das "literarische" Register erinnert, wird in Königsinschriften verwendet.

Es scheint, dass der sich in einigen Briefen und Dokumenten widerspiegelnde, volkstümliche oder informelle Gebrauch schon kurz nach 2000 v. Chr. ganz verschwunden war: Ein Verwaltungsbrief aus der Regierungszeit Lipit-Eštars von Isin soll der letzte administrative Brief auf sumerisch sein,

[11] Siehe Deutscher, Guy, Syntactic change in Akkadian: the evolution of sentential complementation, (OUP; Oxford, 2000).

und zwar im zwanzigsten Jahrhundert v.Chr.[12] Kurz nach dieser Zeit, und zwar nicht später als in der Mitte des 20. Jahrhunderts v.Chr. (im Süden etwas später), wurden die Register des geschriebenen Sumerischen noch weiter beschränkt.[13]

Als ein einfaches *historisches* Phänomen können wir verzeichnen, dass die Sprache anscheinend nach dieser Zeitstufe *in der Verwaltung* nie wieder benutzt wird. Damit werden die Register auf vereinzelte Königsinschriften (welche bis dahin schon oft zweisprachig, auf Sumerisch und Akkadisch, veröffentlicht worden waren)[14] und offizielle Jahresdaten begrenzt sowie auf juristische Dokumente (örtlich begrenzt – eine Eheschliessung aus Nippur mit Datum Samsu-ilūna Jahr 18 könnte die späteste juristische Urkunde auf sumerisch sein[15]), und – prinzipiell – auf die schriftliche Tradition der "kopierten" Literatur, einschliesslich des religiösen Materials, sowie der Schreiberausbildung. Provisorisch: Juristische Dokumente gibt es immer noch gegen Ende des 18. Jhdts.; sumerische Königsinschriften und Jahresdaten hören am Ende der ersten Dynastie von Babylon auf (etwa 1600 v. Chr.). Danach wurde das Sumerische nie wieder eine offizielle Regierungssprache. In der literarischen Tradition wird das geschriebene Sumerisch, wie oben gesagt, weiter bis zur Abschaffung der Keilschrift verwendet.

All diese Veränderungen sagen uns etwas über das sich verändernde Prestige einer von etwa 5 Prozent der Bevölkerung geschriebenen Sprache; um es kurz zusammenzufassen, können wir daraus keine Informationen über den Gebrauch des von Analphabeten gesprochenen Sumerisch gewinnen, außer, dass er allmählich abnahm.

---

[12] Siehe Sallaberger, W., "Zur frühen mesopotamischen Briefliteratur", (Rez. von Kienast und Volk, "Die sumerischen und akkadischen Briefe"), OLZ 91/4 (1996), 389–407: 391[8], Michalowski, P., Letters from early Mesopotamia; (Atlanta, 1993), Nr. 244 = YOS 14 317.

[13] Das "early Isin craft archive" reicht bis Šu-ilišu Jahr 3. Die von M. van De Mieroop ("Nippur texts from the early Isin period", JANES 18 (1986), 31–51) bearbeiteten Texte sind anscheinend auf sumerisch geschrieben (Šu-ilišu, Iddin-Dagan). Texte aus dem Sînkāšidpalast in Uruk scheinen gemischt sumerisch und akkadisch zu sein, worunter einige sogar noch in die Zeit des Irdanene, ein Zeitgenosse von Rīm-Sîn [1822–1763] datieren, siehe BaM 24 (1993), 142 Nr. 200.

[14] Ammī-ṣaduqa, einsprachig sumerisch und zweisprachig; Uruk-Dynastie (Sîn-kāšid bis Anam), alle sumerisch. Es kann ein geographischer Aspekt im Spiel sein. Das Sumerische ist im Süden länger überliefert.

[15] Etwa 1732 v. Chr.; siehe Schorr, M., Altbabylonische Rechtsurkunden = VAB 5, (Leipzig, 1913), Nr. 6; vgl. Nr. 265 (Lagaš, Streit über einen Garten, Datum = Hammurabi Jahr 6), schon akkadisch.

Es sind verschiedene Veränderungen zu bemerken, die sich anscheinend unter dem Einfluss des Akkadischen entwickeln. Man kann drei Typen unterscheiden:[16]

1. Ein im Sumerischen vorkommender Unterschied geht verloren, weil er im Akkadischen nicht existiert. Eindeutige Beispiele sind Genusfehler in Possessiven oder Kasuszeichen. (Im Gegensatz zum Akkadischen unterscheidet das Sumerische "belebt" und "unbelebt", nicht aber Maskulinum und Femininum.) Auf phonologischer Ebene hat Bram Jagersma vielleicht Recht, zwei ursprüngliche d-Phoneme im Altsumerischen zu sehen, die im Neusumerischen zu einem einzigen Phonem vereinfacht werden, das in intervokalischer Stellung als Allophon -r- vorkommen kann. Das könnte dem phonologischen System des Akkadischen zu verdanken sein.

2. Strukturelle oder funktionelle Veränderung. Die ursprünglich lokativischen Infixe[17] -n+i- und -b+i- werden unter dem Einfluss des produktiven Š-Systems des akkadischen Verbums gezwungen, ein kausatives Morphem (-n/bi-) zu werden.

3. Übertragung einer Regel von einer Sprache an die andere. Möglicherweise unter Einfluss des altbabylonischen Verlusts der Mimation wird die sumerische enklitische Kopula -am zu -a.[18] Im Sumerischen können viele Konsonanten im Auslaut verloren gehen; das -m aber normalerweise nicht.

Obwohl wir annehmen dürfen, dass Veränderungen dieser Art dem wachsenden Prestige des Akkadischen zu verdanken sind, kommen trotzdem andere Veränderungen und Entwicklungen im Sumerischen des frühen zweiten Jahrtausends *ohne* offensichtlichen akkadischen Einfluss vor. Diese können wir also "autonome" Veränderungen nennen; sie scheinen keineswegs auf das Akkadischen zurückzuweisen.

Ein besonders interessantes Beispiel einer solchen autonomen Veränderung kommt unter den adjektivischen Formen vor. In einem berühmt gewordenen Aufsatz hat R.M.W. Dixon die Aufmerksamkeit darauf gelenkt, dass einige (sehr wenige) Sprachen überhaupt keine Wörter der Adjektiv-Klasse besit-

---

[16] Die Identifikation der drei Typen ist G. Zólyomi zu verdanken.

[17] Krecher, J., "Die /m/-Präfixe des sumerischen Verbums", in: Orientalia 54 (1985), 133–181; Attinger, P., Eléments de linguistique sumérienne, (OBO Sonderband; Fribourg / Göttingen, 1993), 236f.

[18] Wilcke, C., "Zu 'Gilgameš und Akka'. Überlegungen zur Zeit von Entstehung und Niederschrift, wie auch zum Text des Epos mit einem Exkurs zur Überlieferung von 'Šulgi A' und von 'Lugalbanda'", in: Dietrich, M., und Loretz, O., (Hrsg.), Dubsar anta-men. Studien zur Altorientalistik. Fs W.H.Ph. Römer, (AOAT 253; Münster, 1998), 457–486.

zen.[19] Einige kommen mit intransitivischen Verben aus, andere mit einer Kombination von Nomina und Verben, wieder andere mit einer Kombination von Nomina, Verben und Partikeln. Eine beträchtlich grössere Gruppe von Sprachen hat eine äußerst begrenzte Anzahl von Adjektiven, z.B Igbo (das acht hat: "groß", "klein", "neu", "alt", "schwarz", "weiß", "gut" und "schlecht"), oder Hausa und Südliches Paiute (die beide etwa zwölf haben). Typischerweise kommen dieselben Wörter vor, oft in kontrastierenden Paaren. Einige Sprachen besitzen größere Gruppen: Pengo (20), Sango (etwa 30), Carib (43). In einigen Sprachen, die eine größere Anzahl von Adjektiven haben, gibt es eine Teilmenge "echter" Adjektive. Zum Beispiel haben nur zwölf Adjektive des Rotumanischen unterschiedliche singularische und pluralische Formen; dasselbe gilt für nur sieben der 40 Adjektive im Acooli. Im Gegensatz hierzu hat das Deutsche, zum Beispiel, wie die meisten indoeuropäischen Sprachen, eine unbegrenzte Anzahl von Adjektiven mit einer umfangreichen Auswahl von adjektivformenden Morphen (*-abel*, *-al*, *-ant*, *-frei*, *-ig*, *-isch*, *-lich*, *-voll* usw.). Das Sumerische ist allerdings eine Sprache mit eben einer solchen begrenzten Klasse von "echten" Adjektiven. Äußerlich scheint es ihm an adjektivformenden Morphen zu fehlen.[20]

De facto hat das literarische Sumerisch allerdings gewisse Strategien entwickelt, die es ihm erlaubten, seine begrenzte Anzahl eigentlicher Adjektive wettzumachen.[21] Es gibt Phrasen, die mit den Partizipien zu "wissend", tuku "habend", du/dug$_4$/di "machend" und g̃al$_2$ "seiend/habend" gebildet wurden. Anscheinend waren phrasale Ausdrücke dieser Art gerade dabei, grammatikalisiert zu werden, oder waren es schon geworden, d.h. dass ihre Stellung als produktive verb-phrasale Konstruktionen verlorenging und die Inhaltswörter ("wissend", "habend", "machend", "seiend/habend") die grammatikalischen Charakteristika von Funktionswörtern annahmen. Grammatikalisation[22] ist der Prozess, wodurch Wörter oder Elemente im Laufe der Zeit *grammatikalischer* werden, indem sie eine "Neigung der Grammatikalität"

[19] Dixon, R.M.W., "Where have all the adjectives gone?", in: Where have all the adjectives gone? and other essays in semantics and syntax, (Berlin / New York / Amsterdam, 1982), 1-62 (ursprgl. 1977 erschienen).

[20] Verf., "Some Sumerian adjectives", in: Acta Sumerologica 22 (2000), im Druck, für die Einzelheiten.

[21] Insofern als jedes Verbalpartizip adjektivisch fungieren kann, wird die adjektivische Funktion, praktisch gesehen, nicht begrenzt.

[22] Siehe Hopper, Paul J. und Traugott, Elizabeth Closs, Grammaticalization, Cambridge Textbooks in Linguistics, (Cambridge, 1993).

durchlaufen, z.B. von einem selbständigen lexikalischen oder Inhaltswort zu einem grammatikalischen Wort, dann zu Klitik, und endlich zu morphologischem Affix. Man kann die Hypothese aufstellen, dass in diesem Fall das letzte Stadium (Klitik wird zum grammatikalischen Morph) nie erreicht wurde – wegen des Aussterbens des Sumerischen. Mit anderen Worten: Es kann sein, dass sie auf dem besten Weg waren, adjektivformende Morphe zu werden. Lexikalisch gesehen ist die Anzahl solcher Ausdrücke ziemlich begrenzt, was implizieren könnte, dass die Konstruktionen weniger produktiv wurden oder aufgehört hatten, produktiv zu sein.

Dixon hat die Adjektive in sieben semantische Klassen klassifiziert, im Kontext ihrer Verteilungsmuster weltweit, und das ist wichtig, da nicht alle Klassen in allen Sprachen gleichmäßig vorkommen. In Sprachen mit begrenzten Klassen von Adjektiven werden typischerweise diejenigen, die *menschliche Neigungen* zum Ausdruck bringen, überwiegend von Nomina ausgedrückt. Im Sumerischen werden diese stattdessen von Adjektiv-ähnlichen Verbalphrasen, die Nomina aufnehmen, zum Ausdruck gebracht. Unter den Ersatzadjektiven im Sumerischen finden sich Verbalphrasen mit dem Partizip g̃al$_2$ "seiend". Das Verbum g̃al$_2$ hat verschiedene Bedeutungen: In diesen adjektivischen Formen hat es die Bedeutung "haben" oder "sein".

Mittels elektronischer Durchsuchung von 10,230 Zeilen des Electronic Text Corpus of Sumerian Literature[23] zu mehr als 400 Belegen von mit -g̃al$_2$ gebildeten Adjektiven, in der historischen Abfolge von Preisliedern und anderen ausgewählten literarischen Kompositionen (Gudea/Ur-Namma bis Abī-Ešuḫ, über vierhundert Jahre)[24], habe ich versucht herauszufinden, ob der Gebrauch solcher Ausdrücke (und besonders der mit -g̃al$_2$ gebildeten) tatsächlich zugenommen oder sich anders verändert hat. Ich setze in der Regel voraus, dass, obwohl die meisten Preislieder fast sicher zur Zeit des genannten Herrschers verfasst worden sind, die lexikalischen Inhalte der Texte dennoch ziemlich getreu überliefert worden sind. Zugegebenermaßen kommen orthographische und grammatikalische Veränderungen z.B. in Verbalpräfixen und Pronominalformen häufig vor,[25] doch ist die *lexikalische* Veränderung weit weniger häufig.

---

[23] http://www-etcsl.orient.ox.ac.uk/; siehe weiter unten.

[24] Folgende Formen mit -g̃al$_2$ wurden außer Acht gelassen: -g̃al$_2$ als finites Verbum; die Verben giri$_{17}$ šu g̃al$_2$ "eine ehrfürchtige Geste machen" und g̃al$_2$...taka$_4$ "öffnen"; die Nomina ḫe$_2$-g̃al$_2$ "Überfluss", igi-g̃al$_2$ "Weisheit", e$_2$-kiš-nu-g̃al$_2$ (Tempelname), g̃iš-gi$_4$-g̃al$_2$ (literarischer *terminus technicus*), zi-šag$_4$-g̃al$_2$ "Ermutigung", und kug-g̃al$_2$ im Sinne von "Kanalinspektor" (vgl. gu$_2$-gal, Emesal ku$_6$-ma-al).

[25] Ich beziehe mich besonders auf das Oxforder Referat von J. Klein.

Die überwiegende Mehrheit machen Formen aus, die aus Nomen+g̃al$_2$ bestehen. Es gibt nicht mehr als etwa 25 Adjektive dieser Art. Man wird beobachten, dass diese fast ausschließlich zum semantischen Typ "menschliche Neigungen" gehören. Beispiele sind:

a$_2$-bad-g̃al$_2$	'schützend', in a$_2$-bad-g̃al$_2$ nam-lugal-la 'Beschützer des Königsamtes'
a$_2$-g̃al$_2$	'stark', auch *neg.* a$_2$-nu-g̃al$_2$ (?)
a$_2$-nun-g̃al$_2$	'beeindruckend stark'
an-ta-g̃al$_2$	'erhoben'
dug$_3$-g̃al$_2$	'gut im Laufen (wörtl. 'Knie habend') / wohl gesinnt (?)'
erim$_2$-g̃al$_2$	'böse'
gaba-g̃al$_2$	'eindringlich'
igi-g̃al$_2$	'weise', auch *neg.* igi nu-g̃al$_2$ (vgl. das Nomen igi-g̃al$_2$ 'Einsicht, Weisheit')
inim-g̃al$_2$	'eloquent, beredt'
la-la-g̃al$_2$	'reizend'
me-te-g̃al$_2$	'anständig'
mud-g̃al$_2$	'kreativ (?)'
*nam-te-g̃al$_2$	'ängstlich', *neg.* in: nam-te nu-g̃al$_2$ 'furchtlos'
ne$_3$-g̃al$_2$	'mächtig'[26]
nir-g̃al$_2$	'herrschaftlich, maßgebend', auch *neg.* nir nu-g̃al$_2$
ni$_2$-g̃al$_2$	'ehrfurchtgebietend'
peš$_{10}$-g̃al$_2$	'mächtig (?)'[27]
sag̃-g̃al$_2$	'sicher, stark' in der Phrase: ki sag̃-g̃al$_2$
sag̃-ki-g̃al$_2$	'hartnäckig'
sag̃-kug-g̃al$_2$	'stolz'[28]
*teš$_2$-g̃al$_2$	'respektvoll', *neg.* in: teš$_2$ nu-g̃al$_2$ 'ohne Respekt'
zi-g̃al$_2$	'lebend, lebendig'

Darüber hinaus werden die folgenden drei mit Adjektiv+g̃al$_2$ gebildet:

ḫul-g̃al$_2$	'übel, schlecht'

---

26 Mit ne$_3$(PIRIG̃) geschrieben, auch ne-g̃al$_2$; vom Adjektiv er$_9$(G̃IRI$_3$) 'mächtig' unabhängig.

27 Auch peš-g̃al$_2$ geschrieben.

28 Var. sag̃-gu$_2$-g̃al$_2$/gal; auch sag̃-gu$_2$-tuku, siehe die Anmerkung von Wiggermann, F., ZA 78, 226[3].

kug-g̃al$_2$ 'heilig'[29]
su$_3$-ud-g̃al$_2$ 'lang, langjährig', auch 'langmütig'.

Wie schon gesagt liefert die relativ begrenzte Anzahl von mit -g̃al$_2$ gebildeten Ersatzadjektiven den Beweis dafür, dass -g̃al$_2$ dabei war, das Spektrum seines semantischen Gebrauchs zu verändern – von einer produktiven verb-phrasalen Konstruktion zu einem grammatikalisierten klitischen Element (*clitic*) begrenzter Anwendung, das zur Bildung von Adjektiven dient.

Trotzdem zeigt eine nähere Untersuchung der chronologischen Verteilung der Adjektive mit -g̃al$_2$, dass das Bild ziemlich unregelmäßig und viel komplizierter ist: dass einige Adjektive mit -g̃al$_2$ viel länger überliefert sind als andere, dass einige völlig aussterben; und – was noch wichtiger ist – dass es andere, anscheinend neue, Bildungen gibt, deren erstes Auftreten im Korpus festgestellt werden kann. Innerhalb dieses Korpus:

- Fünf Adjektive mit -g̃al$_2$ überleben die untersuchte Periode: erim-g̃al$_2$, nir-g̃al$_2$ (und nam-nir-g̃al$_2$), zi-g̃al$_2$ (und nig̃$_2$-zi-g̃al$_2$), ḫul-g̃al$_2$ und su$_3$-ud-g̃al$_2$
- peš$_{10}$-g̃al$_2$ 'mächtig (?)' kommt nach Ur III nicht mehr vor[30]
- a$_2$-nun-g̃al$_2$ und ne$_3$-g̃al$_3$ kommen nach der Mitte der Isin-Dynastie nicht mehr vor
- igi-g̃al$_2$ (als Adjektiv) kommt nach dem Ende der Isin-Dynastie nicht mehr vor
- Aber me-te-g̃al$_2$ 'anständig' und sag̃-kug-g̃al$_2$ 'stolz' könnten neue Entwicklungen in der frühen Isin-Dynastie sein.[31]
- Die Poesie von Larsa scheint am ärmsten an diesen Adjektiven zu sein, noch ärmer als die der chronologisch späteren ersten Dynastie Babylons.
- Die Sprache der Königshymnen von Abī-Ešuḫ weist, verglichen mit deren Anzahl in der Poesie von Samsu-ilūna, beträchtlich weniger dieser Merkmale auf.

---

[29] Von kug-g̃al$_2$, eine Schreibung für gu$_2$-gal/g̃al$_2$ 'Kanalinspektor', auseinanderzuhalten.

[30] Es kommt auch in 1.1.3 Enki and the world order:9, 4.22.1 A *shirgida* to Nininsina (Nininsina A):125, und 5.3.1 The debate between the Hoe and the Plough:67 vor.

[31] me-te-g̃al$_2$ kommt am frühesten in Lipit-Eštar vor, sag̃-kug-g̃al$_2$ in Išme-Dagan. me-te-g̃al$_2$ kommt auch in 1.1.4 Enki's journey to Nibru: 33, 4.05.1 Enlil hymn: 159, 4.08.06 A *balbale* to Inana and Dumuzid (ID F): 18, 4.80.1 Temple hymns: 31, und 4.80.2 Keš temple hymn (Isin version): 102H vor. sag̃-kug-g̃al$_2$ kommt in 2.2.5 Lament for Unug: D13 und 2.4.1.1 The death of Ur-Namma (Ur-Namma A):42 vor.

• Als Anzeichen des 'gehobenen' Stils enthalten die poetischen Korpora von Šulgi, Išme-Dagan, Ur-Ninurta und auch Samsu-ilūna je mindestens neun der 25 Adjektive mit -g̃al$_2$.

Man kann also Konstruktionen nachweisen, die sich gerade während des frühen zweiten Jahrtausends veränderten, um (durch Grammatikalisation) adjektivbildende Elemente zu werden. Anscheinend verändert, entwickelt und erneuert sich der Gebrauch solcher Adjektive bis mindestens zum Ende der Regierungszeit von Samsu-ilūna, und zwar gegen Ende des achtzehnten Jahrhunderts v. Chr.; Veränderungen, die man nur mit großen Schwierigkeiten einer Versteinerung der sumerischen Sprache zuschreiben kann.

•

Wie könnte man weitere Veränderungen genau dokumentieren? Ohne Frage ist hier quantitative Forschung geboten, die auf aktuellen Entwicklungen in dem immer umfangreicher werdenden Forschungsgebiet Korpussprachwissenschaft (*corpus linguistics*) basiert. Bei der Arbeit mit einer fremden Literatur wie dem Korpus des literarischen Sumerisch sind verschiedene Arten statistischer und *stylometric* (d.h. den Stil genau messender) Analysen notwendig, weil wir keine überlieferten Hinweise ihres literarischen Stils haben, denen wir blindlings vertrauen können. Daher kann ein solches Bild allmählich durch gezielte quantitative Forschung aufgebaut werden.

Wir hoffen, dass das ETCSL als Rohmaterial für solche Forschung dienen kann. Diese digitale Bibliothek ist das umfangreichste und kohärenteste Korpus des Sumerischen, das zum gegenwärtigen Zeitpunkt möglich ist: Bis heute sind mehr als 30.000 Verszeilen bearbeitet worden, und mehr als 300 Kompositionen stehen auf der Website zur Verfügung: http://www-etcsl.orient.ox.ac.uk/. Das Korpus besteht aus rekonstruierten sumerischen Kompositionen – in Transliteration im lateinischen Alphabet, aus den verschiedenen Versionen zusammengesetzten Komposittexten – aber mit Auskunft über bedeutende Textvarianten – und mit englischen Prosaübersetzungen und Bibliographie.

Viele Analysen von modernen Literaturen werden gefühlsmäßig, instinktiv durchgeführt. Man ist auf umfangreiche Hintergrundkenntnisse in den betroffenen Kulturen angewiesen. Da wir aber keinen Zugang zu sumerischen Intuitionen haben, müssen systematische Beschreibungen des Stils sumerischer Poesie aufgebaut werden, auf der Basis von Häufigkeit der Wahl und Kombinationen von Wörtern und Funktionswörtern, Verhältnissen zwischen grammatikalischer Struktur und lexikalischer Wahl und anderen messbaren Aspekten der Diktion.

Eines der größten Desiderata ist es, eine genaue innere "Landschaft" ("Topographie") aus den vielen undatierten literarischen Werke zu erstellen, obgleich man die notwendigen Bedenken hinsichtlich der Entwicklung schriftlich überlieferter Texte sowie unserer Textrekonstruktionen nicht außer Acht lassen darf. Mit der Absicht, die diachronischen Veränderungen in der sumerischen poetischen Diktion, d.h. in der lexikalischen Variation, präziser zu charakterisieren, wollen wir die Gruppe von etwa 175 ungefähr datierbaren Königshymnen samt den "literarischen" Königsinschriften nutzen – dies entspricht am ehesten einer "Kontrolle", mit der man die Evolution des sumerischen literarischen Stils messen kann.

Ein detaillierter Grundriss diachronischer grammatikalischer Veränderungen im Sumerischen bleibt noch ein Desiderat.[32] Dieser könnte auch zur Identifikation weiterer Kriterien zur Charakterisierung und Klassifikation sonst undatierbarer literarischer Werke dienen. Ein umfangreiches und für alle zugängliches elektronisches Korpus, das man elektronisch durchsuchen kann, ermöglicht (oder erleichtert) solche Forschung auf *statistisch signifikanter* Ebene. Mit Kollokationen-Software und Konkordanzen-Software als Forschungsmittel wird es möglich sein, die Gebrauchsveränderungen einzelner Lexeme und Idiome sowie vielleicht Morpheme und anderer grammatikalischer Elemente in komplexer Weise festzustellen. So sehe ich die nächste Phase der Forschung zu den diachronischen Veränderungen und synchronischen Variationen des Sumerischen.

---

[32] Wie schon von Falkenstein, A., AnOr 28 (1949), 2 erkannt; seitdem auch von anderen Kollegen kommentiert.

Zur Stellung des Ur III-Akkadischen innerhalb der akkadischen Sprachgeschichte[1]

Markus Hilgert, Jena*

1. Einleitung

Unter den akademischen Disziplinen, die sich der Erforschung sogenannter ausgestorbener Sprachen widmen, befindet sich die Akkadistik in einer geradezu beneidenswerten Lage. Geschichte und sprachliche Entwicklung des

---

[1] Die folgenden Ausführungen fassen die wichtigsten sprachgeschichtlich relevanten Ergebnisse meiner Dissertation *Akkadisch in der Ur III-Zeit* (IMGULA, Bd.5, [Münster, 2002]) zusammen. Die dort vorgetragenen grammatischen Einzelanalysen können an dieser Stelle ebensowenig dargestellt werden wie die Gesamtheit der Überlegungen, die zu einer präzisen sprachgeschichtlichen Einordnung des Ur III-Akkadischen geführt haben. Für sie sei daher allgemein auf die genannte Studie verwiesen, die zudem eine umfassende Dokumentation des untersuchten akkadischen Sprachguts aus der Zeit der 3. Dynastie von Ur bietet. Im folgenden soll lediglich der Versuch unternommen werden, im Sinne einer Einführung in das Akkadische der Ur III-Zeit Problemstellung, Forschungsgeschichte, Quellenlage sowie den sprachgeschichtlichen Befund knapp zu umreißen.

Die verwendeten bibliographischen Abkürzungen orientieren sich an den im Fach üblichen Konventionen, die durch Borger, R., HKL, Bdd. 1–3 (Berlin, 1967–1975), von Soden, W., AHw, Bdd. 1–3 (Wiesbaden, 1965–1981), Oppenheim, A. L. u. a. (Hrsgg.), The Assyrian Dictionary of the University of Chicago (Chicago, 1956–) und Sigrist, M. und Gomi, T., The Comprehensive Catalogue of Published Ur III Tablets (Bethesda, Maryland, 1991) vorgegeben sind.

Außerdem werden die folgenden bibliographischen Abkürzungen verwendet:

ARES — Archivi reali di Ebla, Studi

Hilgert, Akkadisch in der Ur III-Zeit — Hilgert, M. Akkadisch in der Ur III-Zeit. IMGULA, Bd. 5, Münster 2002.

OBO 160/3 — Sallaberger, W. und Westenholz, A. Mesopotamien: Akkade-Zeit und Ur III-Zeit, OBO 160/3. Göttingen, 1999.

Sommerfeld, IMGULA 3/1 — Sommerfeld, W. Die Texte der Akkade-Zeit, 1. Das Dijala-Gebiet: Tutub. IMGULA, Bd. 3/1. Münster, 1999.

Whiting, AS 22 — Whiting, R. M. Old Babylonian Letters from Tell Asmar. AS 22. Chicago, 1987.

Für weiterführende Hinweise danke ich Manfred Krebernik, Walter Sommerfeld und Michael P. Streck. Die kritische Durchsicht des Manuskripts übernahm Anja Ludwig M. A., wofür ihr ebenfalls herzlich gedankt sei.

* Lehrstuhl für Altorientalistik, Friedrich-Schiller-Universität Jena, Fürstengraben 6, 07743 Jena.

Akkadischen lassen sich über den imponierenden Zeitraum von nahezu 2.700 Jahren verfolgen. Gravierende Lücken oder gar Brüche in der Überlieferung treten vergleichsweise selten auf. Für die Zahl der heute bekannten Keilschrifttexte, die in Akkadisch abgefaßt sind, wird man – abseits aller praktischen Schwierigkeiten bei der Ermittlung einer exakten Summe – wohl in jedem Fall von einer sechsstelligen Zahl auszugehen haben.[2]

Isoliert betrachtet ist dieser Befund als Grundlage für sprachhistorische Studien jeglicher Art äußerst vielversprechend. Um so mehr mag es daher zunächst verwundern, daß die vergleichende akkadische Sprachgeschichte nach wie vor nicht unter den zentralen Teilgebieten der akkadistischen Forschung angesiedelt ist. Diese Feststellung trifft auch dann noch zu, wenn man konzediert, daß im Zuge und als unmittelbare Folge einer fortschreitenden Erschließung des keilschriftlichen Quellenmaterials inzwischen ausführliche Untersuchungen zu einem Großteil der bekannten Sprachperioden, -ebenen und regionalen Dialekte des Akkadischen vorliegen.[3] Denn das Wesen ihrer Beziehungen untereinander sowie die Gesetze ihrer im historischen Sprachwandel begründeten Entwicklung bedürfen nach wie vor nicht nur detaillierter Analysen, sondern auch einer synoptischen Erschließung. Gerade Vertreter benachbarter Disziplinen, die ihren Blick mit Interesse auf die älteste schriftlich dokumentierte semitische Sprache richten, jedoch nicht täglich und routiniert mit Keilschrifttexten umgehen, werden das Fehlen einer methodisch fundierten, klar strukturierten und angemessen dokumentierten "Geschichte der akkadischen Sprache" oft als mißlich empfinden.

In seinem programmatischen Aufsatz "New Directions in the Study of Semitic Languages" hat John Huehnergard denn auch jüngst auf die augenfällige Diskrepanz zwischen der Fülle des heute verfügbaren akkadischen Quellenmaterials einerseits und der relativ bescheidenen Zahl vergleichender Untersuchungen zu einzelnen Sprachphasen und Dialekten andererseits prononciert hingewiesen. Huehnergards eindringlich formulierter Forderung nach einer zeitgemäßen historischen Grammatik der akkadischen Überlieferung

---

[2] Zum Umfang des gegenwärtig bekannten akkadischen Textkorpus siehe zuletzt Peust, C., "Über ägyptische Lexikographie", Lingua Aegyptia 7 (2000), 254.

[3] Einen aufschlußreichen Überblick über die wichtigsten Arbeiten des ausgehenden 19. und des 20. Jahrhunderts bietet Huehnergard, J., A Grammar of Akkadian, HSS 45, (Atlanta, 1997), xxx–xl. Nachtragen ließen sich dort u.a. noch Seminara, S., L'Accadico di Emar, Materiali per il vocabolario Sumerico, Bd. 6, (Rom, 1998); Streck, M. P., Zahl und Zeit: Grammatik der Numeralia und des Verbalsystems im Spätbabylonischen, Cuneiform Monographs 5, (Groningen, 1995); Woodington, N. R., A Grammar of the Neo-Babylonian Letters of the Kuyunjik Collection, (Dissertation, Ann Arbor, 1982).

des 3. Jahrtausends, an deren chronologischem Ende das Akkadische der Ur III-Zeit (nach der mittleren Chronologie 2112–2004 v. Chr.)[4] angesiedelt ist, kommt dabei völlig zu Recht eine besondere Bedeutung zu:

> Other desiderata are detailed studies of a number of Akkadian dialects, both Mesopotamian varieties, such as Neo-Assyrian, and non-Mesopotamian varieties that show substrate influence, such as the Akkadian of Alalaḫ. There is enough new material available that a new grammar of Old Akkadian should be written to replace the ground-breaking study published by I. J. Gelb thirty years ago [MAD 2²] ... Akkadian, despite the pan-dialectal coverage offered by von Soden's Grundriss der akkadischen Grammatik, has been the subject of relatively little comparative or historical discussion. Here too, however, things may be changing. Recently, Simo Parpola published a very stimulating and insightful study entitled simply "Proto-Assyrian." The relatively recent appearance of additional Old Akkadian texts and of early Old Babylonian texts, with some features different from those found in texts of Hammurapi's domain, should prompt additional future research into comparative and historical Akkadian grammar.[5]

2. Problemstellung und Methode

Die Gründe für das weitgehende Fehlen sprachgeschichtlich orientierter Einzeluntersuchungen, gerade auch zum sogenannten "Altakkadischen", sind vielschichtig und können an dieser Stelle lediglich angedeutet werden.[6] Sie

---

[4] Zu einer Datierung der 3. Dynastie von Ur in die Zeit zwischen 2018 und 1911 v. Chr. siehe Gasche, H. u.a., Dating the Fall of Babylon: A Reappraisal of Second-Millennium Chronology, Mesopotamian History and Environment, Series II, Memoirs IV, (Gent/Chicago, 1998), 89–92.

[5] Huehnergard, J., "New Directions in the Study of Semitic Languages", in: Cooper, J. S. und Schwartz, G. M. (Hrsgg.), The Study of the Ancient Near East in the Twenty-First Century: The William Foxwell Albright Centennial Conference, (Winona Lake, 1996), 256; 262f.

[6] Die in der Altorientalistik gebräuchliche Terminologie zur Bezeichnung der voraltbabylonischen akkadischen Sprachperioden und Dialekte ist uneinheitlich und bisweilen ambivalent. Konventionell wird unter dem Begriff "Altakkadisch" bzw. "Old Akkadian" nach wie vor weithin die gesamte akkadische Überlieferung des 3. Jahrtausends verstanden, d.h. akkadische Sprachzeugnisse aus der präsargonischen, sargonischen und Ur III-Zeit. In Abgrenzung von dieser Praxis schlägt Sommerfeld, IMGULA 3/1, 1f., für die in den Texten der Akkade-Zeit (nach der mittleren Chronologie 2334–2154 v. Chr.) überlieferte semitische Sprache die Bezeichnung "Altakkadisch" vor. Ähnlich verfährt Westenholz, A., "Some Notes on the Orthography and Grammar of the Recently Published Texts from Mari", BiOr 35 (1978), 161 Anm. 10, der dort "Sargonic Old Akkadian" durch den Begriff "Old Akkadian" ersetzt.
In Anbetracht dieser begrifflichen Inkonsequenzen und der signifikanten sprachlichen Divergenzen, die sich beispielsweise zwischen dem Akkadischen der Akkade-Zeit und demjeni-

sind methodischer und praktischer Natur und spiegeln in gewisser Weise ein fachspezifisches Dilemma wider.

So besteht zum einen die prinzipielle Problematik einer strikten sprachgeschichtlichen Periodisierung, die freilich nichts weiter als ein rein theoretisches Konstrukt des modernen, nach Entwicklungsmustern forschenden Betrachters ist. Der gesprochenen Sprache ist eine solche Periodisierung jedoch selbstredend wesensfremd, da ihr Entwicklungsprinzip vielmehr im steten Wandel liegt.[7] Eng damit verbunden ist die für den Studierenden erloschener, zeitlich weit entrückter Kulturen nahezu unüberwindliche Schwierigkeit, darüber zu entscheiden, welche grundsätzlich möglichen, in demselben soziokulturellen Raum synchron bestehenden sprachlichen Erscheinungsformen – also etwa Hoch-, Schrift-, Literatursprache und *subcodes* wie beispielsweise Berufs-, Fach-, Verwaltungssprachen, Soziolekte, Vernacula etc. – Eingang in die zeitgenössische schriftliche Überlieferung gefunden haben, in welchem Verhältnis sie zueinander stehen und welchen Einfluß sie jeweils aufeinander ausüben.[8] Dieser Schwierigkeit sieht sich insbesondere der Akkadist gegenüber, liegen ihm doch aus den meisten Epochen der altorientalischen Geschichte nicht nur Werke der Literatur, Historiographie und Wissenschaft vor, sondern auch zahlreiche Texte des täglichen Gebrauchs, wie etwa Briefe, Urkunden und persönliche Notizen, wo prinzipiell mit stärkeren umgangssprachlichen Abweichungen von der Hochsprache zu rechnen ist.[9] Will

gen der Ur III-Zeit beobachten lassen, ist der Gebrauch einer differenzierteren Terminologie m.E. durchaus sinnvoll und zweckdienlich. Ich schlage daher vor, für das Akkadische des 3. Jahrtausend vorläufig zwischen "Präsargonisch-Akkadisch", "Sargonisch-Akkadisch" und "Ur III-Akkadisch" zu unterscheiden. Gegebenenfalls sind diese vergleichsweise groben, sich an die historiographische Periodisierung anlehnenden Klassifizierungen inhaltlich und terminologisch weiter zu verfeinern. Die Verwendung des Begriffs "Altakkadisch" beschränke ich nurmehr auf die Darstellung forschungsgeschichtlicher Sachverhalte.

[7] Dieses wichtige methodische Korrektiv zur traditionellen "Sprachstufen"-Theorie trägt Streck, M. P., Rezension zu GAG[3], AfO 44/45 (1997/1998), 310bf. zu § 2c*, sicher zu Recht mit großer Vehemenz vor. Beherzigt man diese Feststellung, ist man zugleich in die Pflicht genommen, sprachgeschichtliche Entwicklungsmodelle mit einem besonderen Maß an Behutsamkeit und methodischer Umsicht zu entwerfen.

[8] Zum eventuellen Vorkommen fachspezifischer bzw. fachsprachlicher, sonst scheinbar ungebräuchlicher Terminologie in Ur III-zeitlichen Verwaltungsurkunden aus Ur siehe Hilgert, Akkadisch in der Ur III-Zeit, 80-85, 3.2.4., "Akkadische Lehnwörter".

[9] Gerade in der ungewöhnlichen formalen und inhaltlichen Vielseitigkeit der keilschriftlichen Quellen liegt allerdings auch ein immenses Potential für die Behandlung sprachgeschichtlicher Fragestellungen. So wäre es beispielsweise außerordentlich faszinierend und lohnend, der Frage nachzuspüren, in welchem Verhältnis genau der sogenannte "hymnisch-epische Dialekt" des Akkadischen (zum Terminus siehe zuletzt Westenholz, J. G., "Studying Poetic Lan-

man allerdings angesichts dieser komplexen Problematik nicht völlig auf Aussagen zur sprachgeschichtlichen Evolution des Akkadischen verzichten, so erscheint die hypothetische Annahme separater Sprachschichten bzw. -ebenen als grob vereinfachendes Modell sprachlicher Entwicklung einstweilen dennoch empfehlenswert. Schließlich können charakteristische Sprachmerkmale auf diese Weise bequem zugeordnet und nach Belieben anschaulich kontrastiert werden.

Andererseits liegen nicht zu unterschätzende Schwierigkeiten in der akkadischen Textüberlieferung selbst. Denn die Quellenlage ist bei weitem nicht für alle Entwicklungsstufen der schriftlich dokumentierten akkadischen Sprachgeschichte in Umfang und Charakter gleich gut; ebensowenig kann man davon sprechen, daß alle relevanten Textquellen philologisch adäquat und leicht zugänglich erschlossen sind und damit für sprachhistorische Untersuchungen uneingeschränkt zur Verfügung stehen.[10] Unserem Verständnis der fast 3000-jährigen Entwicklung des Akkadischen sind so bis heute beträchtliche Grenzen gesetzt.

Letztere Feststellung trifft in besonderem Maße auch auf die akkadische Überlieferung des 3. Jahrtausends zu. So gilt das Akkadische des 2. und 1. Jahrtausends dank einer qualitativ und quantitativ exzellenten Quellenlage sowie eines hochentwickelten Schriftsystems als grammatisch und lexikalisch gut erforscht. Gänzlich anders verhält es sich dagegen mit der gesamten akkadischen Überlieferung des 3. Jahrtausends. Sie gibt der Akkadistik bis zum heutigen Tag erhebliche methodische wie inhaltliche Probleme auf. Diese Problematik steht einerseits im Zusammenhang mit der Tatsache, daß das akkadische Sprachgut des 3. Jahrtausends uns nur vergleichsweise selten in

---

guage", Or N.S. 66 [1997], 181–183), sollte es sich dabei wirklich um eine hinreichend homogene literarische Sprachebene in altbabylonischer Zeit handeln, zum sogenannten "archaischen" Altbabylonischen der Briefe aus Ešnunna (siehe Whiting, AS 22, 5–19), zum Frühaltbabylonischen oder gar zum Akkadischen der Ur III-Zeit steht. Vermutlich ließe sich auf diese Weise klären, ob im "hymnisch-epischen Dialekt" eine in direkter Linie aus früheren Sprachschichten entstandene *archaische* Literatursprache vorliegt oder vielmehr eine bewußt und bisweilen vielleicht sogar manieristisch *archaisierende* Sprachebene, die weithin auf der Schriftsprache zeitgenössischer Texte basiert.

[10] Für die akkadische Überlieferung der sargonischen Epoche problematisiert Sommerfeld, IMGULA 3/1, 2–6, diesen Sachverhalt und resümiert, "daß vor der Ausarbeitung einer altakkadischen Schriftlehre und Grammatik zuerst die einschlägigen Sprachzeugnisse in zusammenhängenden und vollständig indizierten Bearbeitungen vorgelegt werden müssen" (Sommerfeld, loc. cit., 3). Ohne ein Verständnis von Schriftlehre und Grammatik ist selbstverständlich auch der sprachhistorische Vergleich unmöglich. Akribische, an den Maßstäben optimaler Texterschließung orientierte Editionen gehören damit nach wie vor zu den unabdingbaren Voraussetzungen jeglicher akkadistischen Forschung.

Form von rein akkadischen Keilschrifttexten gegenübertritt, sieht man von der akkadischen Überlieferung der sargonischen Epoche einmal ab.[11] Eine ganz wesentliche Rolle für die philologische Erschließung des Akkadischen des 3. Jahrtausends spielen daher diejenigen Sprachformen, die äußerst weitgestreut in akkadischen Eigennamen und Lehnwörtern sowie in akkadischen Syntagmen kleineren Umfangs innerhalb sumerischsprachiger Inschriften überliefert sind. Ihre Sichtung und sprachliche Analyse sind allerdings außerordentlich zeit- und arbeitsintensiv und bisweilen von erheblichen Verständnisschwierigkeiten beeinträchtigt.[12]

---

[11] Neben den nach wie vor unverzichtbaren Standardwerken MAD 2² und 3 siehe für das Präsargonisch-Akkadische die Dokumentation und Analyse entsprechenden Sprachguts bei Westenholz, A., "Personal Names in Ebla and in Pre-Sargonic Babylonia", ARES 1 (1988), 99–117, sowie mit Nachträgen Krebernik, M., "Die Texte aus Fāra und Tell Abū Ṣalābīḫ" in: Bauer, J., Englund, R.K. und Krebernik, M., Mesopotamien: Späturuk-Zeit und Frühdynastische Zeit, OBO 160/1, (Göttingen, 1998), 261-270. Zur akkadischen und sumerischen Textüberlieferung in der sargonischen Epoche siehe zusammenfassend Westenholz, OBO 160/3, 18–28, zu literarischen Werken Westenholz, loc. cit., 74–78; zu den Akkade-zeitlichen Königsinschriften siehe außerdem Sommerfeld, IMGULA 3/1, 2f. Ein Überblick über die geographische Verteilung des zeitgenössischen Urkundenkorpus findet sich bei Sommerfeld, loc. cit., 5.

[12] Langwierig sind allerdings nicht nur die Durchsicht und das problemorientierte Exzerpieren der relevanten Quellen, im Falle der Ur III-Zeit etwa 40.000 publizierter Keilschrifttexte. Von grundsätzlicher Problematik ist vielmehr auch die Auswahl der Sprachzeug-nisse selbst. So ist es entscheidend, die nachteiligen Auswirkungen einer zwangsläufig präjudizierenden Selektion, die aus der anfänglich noch unzureichenden Kenntnis der zugrundeliegenden orthographischen Konventionen und der Eigenheiten der verschrifteten semitischen Sprache bzw. Sprachen entstehen können, auf ein Minimum zu reduzieren. Folgt man daher beispielsweise dem Vorsatz, alle gesichert oder zumindest wahrscheinlich semitischen Sprachzeugnisse in Ur III-zeitlichen Keilschrifttexten möglichst vollständig in eine Belegsammlung aufzunehmen, werden naturgemäß auch solche Sprachzeugnisse darin Eingang finden müssen, die sich auf den ersten Blick einer eindeutigen sprachlichen, lexikalischen und/oder grammatischen Zuordnung entziehen. Gerade angesichts der ungewöhnlichen Fülle von orthographischen Varianten, die sich bei der schriftlichen Wiedergabe semitischer Sprachzeugnisse in der Ur III-Zeit beobachten lassen und für die fest etablierte Schreibkonventionen nur in Ausnahmefällen zu konstatieren sind, erweist sich diese Vorgehensweise bei der Erfassung des Belegmaterials als äußerst gewinnbringend, obschon außerordentlich mühsam.

Die sich anschließende Analyse des exzerpierten Sprachguts ist nicht weniger diffizil, und insbesondere die Deutung akkadischer bzw. semitischer Eigennamen in der Ur III-Zeit sieht sich oftmals prinzipiellen methodischen Schwierigkeiten gegenüber. Hierzu zählen das weitgehende Fehlen aussagekräftiger prosopographischer Informationen zu einzelnen Personen, die entscheiden ließen, ob es sich bei äußerlich ähnlichen Personennamen um echte orthographische Varianten desselben Eigennamens oder um verschiedene Namen handelt; weiterhin ein in vielen Fällen nur unzureichendes Verständnis der sehr variantenreichen akkadischen Orthographie der Ur III-Zeit; sowie schließlich die lexikalische und formale Mehrdeutigkeit zahlreicher Schreibungen. Darüberhinaus läßt sich mitunter nicht zweifelsfrei klären, ob ein Eigenname tatsächlich akkadisch oder eher amurritisch ist (zum Problem der Interferenz beider

Zum anderen unterscheidet sich das Akkadische des 3. Jahrtausends auch auf phänomenologischer Ebene von der akkadischen Überlieferung nachfolgender Epochen. Gegenüber dem in erster Linie verschrifteten Sumerischen erscheint das Akkadische des 3. Jahrtausends durchweg nachgeordnet und wird bezeichnenderweise mit Hilfe eines Schriftsystems wiedergegeben, das wohl zur Darstellung des Sumerischen entwickelt wurde, um dann auch – zunächst scheinbar ohne signifikante, sprachstrukturell bedingte Adaptionen – zur Verschriftung des Akkadischen eingesetzt zu werden. Da beide Sprachen jedoch stark voneinander abweichende Phonembestände aufweisen, kann das sumerische Schriftsystem akkadische Sprachformen oftmals nur sehr ungenau wiedergeben. So lassen Syllabogramme der Typen K(onsonant) V(okal) und VK bei konsonantischen Phonemen, die Art und Ort der Artikulation gemeinsam haben, keine weitere Unterscheidung zwischen den Merkmalen stimmlos, stimmhaft und "emphatisch" zu. Bei der Gruppe der dentalen Verschlußlaute erscheint daher das Zeichen DA zur schriftlichen Wiedergabe der Silben /da/, /ta/ und /ṭa/, während AD für /ad/, /at/ und /aṭ/ stehen kann.[13]

Auffallend ist daher um so mehr, daß das akkadische Syllabar der sargonischen Epoche zahlreiche Zeichenpaare und auch einige Zeichentripel aufweist, die zwar in der Akkadistik traditionell als Homonyme transliteriert werden, jedoch offensichtlich graphische Oppositionen zur Kennzeichnung phonologischer oder morphologischer Differenzierungen auf der Sprachebene darstellen.[14] Das diesem Phänomen zugrundeliegende orthographische System läßt sich für das Akkadische der Ur III-Zeit immerhin noch in Rudimenten nachweisen, auch wenn die Akkade-zeitlich zu beobachtende Konsequenz seiner Anwendung dort bereits aufgegeben ist.[15]

Sprachen in Lexikon und Grammatik der altbabylonischen Personennamen siehe zuletzt Stol, M., "Old Babylonian Personal Names", SEL 8 [1991], 196f.; zu amurritisch-akkadischen "Mischnamen" siehe Streck, M. P., Das amurritische Onomastikon der altbabylonischen Zeit, Band 1, AOAT 271/1 [Münster, 2000], 146; 148).

[13] Die Indifferenz des keilschriftlichen Syllabars gegenüber stimmlosen, stimmhaften und "emphatischen" Konsonanten im Silbenauslaut ist jedoch nicht charakteristisch für das akkadische Syllabar des 3. Jahrtausends, sondern vielmehr auch in den nachfolgenden Epochen der Keilschriftgeschichte durchweg anzutreffen. Im Silbenanlaut wird altbabylonisch nur zum Teil zwischen stimmlos und stimmhaft unterschieden, so beispielsweise zwischen den Zeichen PI und BI zum Ausdruck der Silben /pi/ bzw. /bi/. Dagegen steht in dieser Epoche BU nach wie vor für /pu/ und /bu/; siehe dazu GAG^3, 23 § 19.

[14] Siehe dazu Sommerfeld, IMGULA 3/1, 18–22; idem, "Bemerkungen zur Dialektgliederung Altakkadisch, Assyrisch und Babylonisch", in: Fs. Burkhart Kienast (im Druck), 000f.

[15] Siehe dazu Hilgert, op. cit. (Anm. 1), 120-133, 5.1.3., "Zur Aufgabe der Akkade-zeitlichen Orthographie".

Abstrahiert man diesen phänomenologischen Befund, so kann man sagen, daß sich das Akkadische des 3. Jahrtausends in der Eigenart des verwendeten Syllabars und der orthographischen Konventionen rein *äußerlich*, d.h. auf der *Schriftebene*, vom Altbabylonischen und Altassyrischen des 2. Jahrtausends absetzt. Diese Divergenzen in der Verschriftung sind meist offensichtlich.

3. Forschungsgeschichtlicher Abriss

Gerade für eine angemessene Beurteilung der gesamten Forschungsgeschichte zu den frühesten schriftlich dokumentierten Sprachschichten des Akkadischen sind beide Feststellungen von besonderer Bedeutung. Denn die soeben beschriebenen Charakteristika der akkadischen Überlieferung des 3. Jahrtausends sind so augenfällig und dominant, daß die akkadistische Forschung seit den ersten Jahrzehnten des vergangenen Jahrhunderts alle entsprechenden Sprachzeugnisse und mithin auch das Akkadische der Ur III-Zeit unterschiedslos unter dem Begriff "Altakkadisch" zusammengefaßt hat.[16]

So hält Arthur Ungnad in seiner 1916 erschienenen Pionierarbeit *Materialien zur altakkadischen Sprache (bis zum Ende der Ur-Dynastie)* als einzigen sprachgeschichtlich relevanten Sachverhalt folgende Beobachtung fest:

> Die Verwendung bestimmter Schriftzeichen zur Wiedergabe der akkadischen Laute ist bei weitem noch nicht so fest umgrenzt wie zur Zeit der Ḫammurapi-Dynastie oder gar in noch späteren Zeiten.[17]

Zaghaft deutete sich bereits hier für die Erforschung des Akkadischen des 3. Jahrtausends eine methodische Richtung an, nach der die ältesten Überlieferungsstufen dieser Sprache als eine im wesentlichen homogene Einheit gesehen wurden, die sich – ausgehend von den evidenten Divergenzen bei den Konventionen der Verschriftung – in scheinbar allen Teilgebieten der Grammatik klar vom Altbabylonischen abgrenzen ließ. Bis zum heutigen Tag hat sich diese wenig differenzierte Betrachtungsweise der frühen akkadischen Sprachgeschichte in vielen Lehrbüchern und Grammatiken des Akkadischen

---

[16] Die verschiedenen Stadien der Erforschung des Ur III-Akkadischen beschreibt Hilgert, op. cit. (Anm. 1), 5-15, 2., "Forschungsgeschichte".

[17] Ungnad, A., Materialien zur altakkadischen Sprache (bis zum Ende der Ur-Dynastie), MVAG 20/2, 1915, (Leipzig, 1916), 4.

hartnäckig behauptet.[18] Kurioserweise ist sie nicht selten mit der aus sprachwissenschaftlicher Sicht eher bizarren Annahme verbunden, das "Altakkadische" besitze auch *sprachliche* Homogenität über einen Zeitraum von mehreren hundert Jahren. So folgt Wolfram v. Soden in dem 1952 erschienenen *Grundriss der akkadischen Grammatik* dem von Arthur Ungnad beschrittenen Weg und versteht unter dem "Altakkadischen" die Sprache "bis etwa zum Untergang des letzten Reiches von Ur, also rund 2500–1950".[19] Von Soden fährt fort:

> Als Quellen stehen Urkunden und Namen (diese auch in sumerischen Texten zahlreich) sowie wenige Königsinschriften und vereinzelte andere Texte aus Babylonien und Mesopotamien bis zum Zagros zur Verfügung, aus denen die Eigentümlichkeiten dieser ältesten Sprachperiode nur unzureichend erhoben werden können ... Die später so ausgeprägten Unterschiede zwischen dem Akkadischen Babyloniens (Babylonisch) und dem Assyriens (Assyrisch) haben sich anscheinend erst gegen Ende dieser Periode herausgebildet.[20]

Mit *Old Akkadian Writing and Grammar*[21] und *Glossary of Old Akkadian*[22] stellte Ignace J. Gelb in den fünfziger Jahren des 20. Jahrhunderts die

---

[18] So charakterisiert beispielsweise Giorgio Buccellati in *A Structural Grammar of Babylonian*, (Wiesbaden, 1996), 1, die frühe Sprachgeschichte des Akkadischen wie folgt:

> The oldest period is known as "Old Akkadian": it is the language spoken under the kings of the Sargonic dynasty, and it is very closely related to the language spoken at Ebla, which several scholars consider a form of Old Akkadian.
> The period around 2000 B.C. marks a sharp break in the linguistic tradition of Mesopotamia. This is especially evidenced by the emergence of two clearly differentiated dialects – Assyrian in the North and Babylonian in the South, in the West and at times also in the North.

In John Huehnergards *A Grammar of Akkadian*, HSS 45, (Atlanta, 1997), xxiii, findet sich dagegen unter der Überschrift "Dialects of Akkadian" folgende Beschreibung der akkadischen Textüberlieferung des 3. Jahrtausends:

> The earliest Akkadian texts, to about the beginning of the second millennium, are referred to collectively as Old Akkadian. These include documents dating to the reigns of Sargon, Naram-Sin, and other kings of Akkad and the few Akkadian texts from the Ur III period. There are Old Akkadian letters, legal texts, economic dockets, royal inscriptions, and a few literary texts (such as a love incantation).

[19] GAG, 2 § 2c.

[20] Ibid.

[21] Gelb, I. J., Old Akkadian Writing and Grammar, MAD 2, (Chicago, 1952 und 1961²). Auf die zweite, überarbeitete und erweiterte Auflage dieses Bandes von 1961 wird im folgenden Bezug genommen.

[22] Gelb, I. J., Glossary of Old Akkadian, MAD 3, (Chicago, 1957).

Erforschung des Akkadischen des 3. Jahrtausends auf eine neue, breitangelegte Materialbasis. In seiner "Definition of Old Akkadian" charakterisierte Gelb diese Sprachstufe als

> ... the written remains of the Akkadian language from the oldest periods of Mesopotamian history down to the end of the 3rd Dynasty of Ur.[23]

"Old Akkadian" diente damit auch hier als nivellierender Oberbegriff für die primär verschriftete(n) semitische(n) Sprache(n) der präsargonischen, sargonischen und Ur III-Zeit. Gleichwohl war Gelb durchaus bewußt, daß die akkadischen Sprachzeugnisse der 3. Dynastie von Ur eine Sonderrolle im Rahmen des Quellenmaterials einnahmen, das von ihm dokumentiert und ausgewertet wurde:

> The linguistic materials are not adequate to enable us to give a short sketch of the Ur III Akkadian comparable to that given above of the Sargonic.[24]

Überdies wies er darauf hin, daß seine Sammlungen zum akkadischen Sprachgut der 3. Dynastie von Ur aufgrund der Fülle der verfügbaren Quellen – die Zahl der publizierten Ur III-zeitlichen Keilschrifttexte allein muß im Jahr 1952 nach meiner Einschätzung bei etwa 13.000 gelegen haben – keinen Anspruch auf Vollständigkeit erheben konnten:

> Due to the immense number of the Ur III sources, it would have been impossible for me to collect the Ur III personal names as completely as I did the Pre-Sargonic and Sargonic names ... Thus the onomastic material is quoted fully for the Pre-Sargonic and Sargonic Periods but is quoted in selection in the Ur III Period when it was thought that the additional examples add nothing of importance to our knowledge of Akkadian in the Ur III Period.[25]

Immerhin gelang es Gelb, einige wenige sprachliche Besonderheiten des Ur III-Akkadischen gerade auch in Abgrenzung zum Akkadischen der vorausgehenden sargonischen Epoche kenntlich zu machen. Er notierte "a few points of general interest",[26] zu denen bisweilen wichtige Detailbeobachtungen in den grammatischen Teilbereichen Paläographie, Syllabar, Morpholo-

---

[23] MAD 2^2, op. cit. (Anm. 21), 1.

[24] Loc. cit., 18.

[25] MAD 3, op. cit. (Anm. 22), viii.

[26] MAD 2^2, op. cit. (Anm. 21), 18.

gie und Lexikon gehören.[27] Ob Gelb die sprachhistorische Tragweite einiger dieser Beobachtungen nicht erkannte oder schlichtweg unausgesprochen ließ, muß dahingestellt bleiben. Vermutlich war eine differenzierte sprachgeschichtliche Positionsbestimmung des Ur III-Akkadischen gar nicht intendiert, ging es Gelb doch primär um eine erste umfassende Dokumentation und, sofern möglich, grammatische Analyse des gesamten voraltbabylonischen akkadischen Sprachguts.[28]

Erst viele Jahre später erhielt die wissenschaftliche Diskussion um die sprachgeschichtliche Stellung des Ur III-Akkadischen durch Aage Westenholz und Robert M. Whiting ihren entscheidenden Anstoß. Unabhängig voneinander waren sie beide zu der Überzeugung gelangt, daß das Akkadische der Ur III-Zeit klar von dem Akkadischen der vorausgehenden sargonischen Epoche zu trennen sei. So formulierte Westenholz bereits im Jahre 1978:

> There is rather much evidence to suggest that the usual grouping of the Akkadian of these texts [Ur III] with Sargonic Old Akkadian is faulty. The differences between Sargonic Old Akkadian and Ur III Akkadian are so numerous and so basic that it seems justified to consider them as separate dialects ... Moreover, all these differences make their appearance with suspicious suddenness after the downfall of the Sargonic Empire. The conclusion is, of course, that Ur III Akkadian is nothing else than archaic Old Babylonian, while Sargonic Old Akkadian is a different dialect which, at least in some areas, was used only as an official written language.[29]

War es für Westenholz der akkadische Dialekt der frühaltbabylonischen Texte aus Mari, der ihn dazu bewegte, die Frage nach der genauen sprachhistorischen Einordnung des zeitlich unmittelbar vorausgehenden Ur III-Akkadischen zu stellen, sah sich Whiting mit just demselben Problem konfrontiert, als er durch seine *editio princeps* der in das 20. vorchristliche Jahrhundert datierenden frühaltbabylonischen Briefe aus Ešnunna (heute Tall Asmar)

---

[27] Siehe loc. cit., 18f.

[28] Ein lapidarer Niederschlag dieser Zielsetzung findet sich in seiner Vorrede zu MAD 3: The Glossary presents a picture of the Old Akkadian lexicographical material from the oldest times down to the end of the third Dynasty of Ur ... The term "glossary" means exactly what the term normally implies and no more (MAD 3 vii).

Die in MAD 2^2 gebotenen Untersuchungen zu Schriftlehre und Grammatik fußten ihrerseits auf: ... sources fully listed and discussed in the Glossary of Old Akkadian published in 1957 as MAD III (MAD 2^2 ix).

[29] Westenholz, A., "Some Notes on the Orthography and Grammar of the Recently Published Texts from Mari", BiOr 35 (1978), 163 Anm. 24.

eine Sprachschicht bzw. einen Dialekt des Akkadischen erschloß, den er in bewußter Abgrenzung zur Sprache anderer frühaltbabylc⁻ⁱscher Textgruppen als "archaic Old Babylonian" bezeichnete:[30]

> Apart from a few features which will be discussed below, the language of the Tell Asmar letters seems to be descended from Ur III Akkadian and ancestral to early Old Babylonian. One of the problems involved in trying to determine whether the language of the letters is a descendant or continuation of Ur III Akkadian is the fact that documents in Akkadian from the Ur III period are also very rare and it is difficult to define Ur III Akkadian with precision. The general obscurity of the linguistic situation in Mesopotamia at this time complicates the problem of defining the language of the letters ... I propose that the language of the earlier letters from Tell Asmar, as well as contemporary texts from elsewhere in Babylonia, be termed "archaic Old Babylonian", bearing in mind that it may eventually prove to be indistinguishable from Ur III Akkadian ... The fact that there are a number of well-attested changes between Old Akkadian of the Sargonic period and Ur III Akkadian suggests that the largest discontinuity comes at the end of the Sargonic Period, and that Ur III Akkadian is already the beginning of the Old Babylonian linguistic tradition.[31]

Mit diesen Überlegungen wiesen Westenholz und Whiting der akkadistischen Forschung einen Weg, der sich von der herkömmlichen Ansicht entfernte, das Ur III-Akkadische sei als Teil einer weithin homogenen "altakkadischen" Schrift- und Sprachtradition zu betrachten.[32] Zudem verdeutlichten sie die Notwendigkeit, diese Sprachstufe einer breitangelegten, an der Behandlung von Detailproblemen orientierten philologischen Analyse zu unterziehen, um möglichst zahlreiche und aussagekräftige Kriterien für eine präzise sprachgeschichtliche Einordnung zu gewinnen.

---

[30] Whiting, R. M., op. cit. (Anm. 1), 17.

[31] Whiting, R. M., op. cit. (Anm. 1), 16f.; 18.

[32] Es mag bezeichnend sein, daß unter den Lehrbüchern und Grammatiken des Akkadischen, die im vergangenen Jahrzehnt publiziert wurden, m.W. alleine *GAG*[3] diese durchaus begründete, sprachgeschichtliche Neubewertung des Ur III-zeitlichen akkadischen Sprachguts aufgreift:

> Nach neueren Erkenntnissen endet die aAK Sprachstufe mit der sargonischen Epoche. Das Akkadische der Ur-III-Zeit stellt ein "archaisches" Altbabylonisch dar, für das weiterhin (bis etwa 1950 v.Chr.) das aAK Syllabar verwendet wurde (GAG[3], 3 § 2 c*).

Einschränkend dazu ist allerdings zu bemerken, daß das akkadische Syllabar der Ur III-Zeit klar von dem "aAK Syllabar" zu trennen ist (siehe dazu Hilgert, op. cit. [Anm. 1], 97–157, 5., "Zur sprachgeschichtlichen Einordnung des Akkadischen der Ur III-Zeit").

4. Akkadisch in der Ur III-Zeit

Die Stellung des Ur III-Akkadischen innerhalb der akkadischen Sprachgeschichte kann heute genau bestimmt werden. Verantwortlich dafür sind in erster Linie zwei Faktoren:

1. Seit der letzten umfassenden Bestandsaufnahme zum Akkadischen des 3. Jahrtausends durch Ignace J. Gelb hat sich die Zahl der Ur III-zeitlichen Textquellen mit derzeit etwa 40.000 publizierten Keilschrifttafeln mehr als verdreifacht. Entscheidend ist dabei, daß sich unter den seither neu hinzugekommenen Quellen eine beträchtliche Anzahl von Verwaltungsurkunden befindet, die aus Nord- bzw. Mittelbabylonien stammen. Sie weisen einen vergleichsweise hohen Anteil an akkadischen Eigennamen und Lehnwörtern sowie kürzeren akkadischen Passagen in sumerischem Kontext auf. Zudem ist mit diesen nord- und mittelbabylonischen Quellen auch die Gruppe derjenigen Texte signifikant angewachsen, die ausschließlich in syllabischem Akkadisch abgefaßt sind. Hierzu zählen die Ur III-zeitlichen Keilschrifttexte aus Tall as-Sulaima im Diyālā-Gebiet,[33] Tall Išān Mazyad,[34] Tall al-Wilāya[35] sowie Urkunden aus dem sogenannten Si-a-a-Archiv und dem sogenannten Tūram-ilī-Archiv.[36] Damit

---

[33] Siehe Rasheed, F., The Ancient Inscriptions in Himrin Area, Himrin, Bd. 4, (Baghdad, 1981), 204, 40; al-Rawi, F. N. H., "Two Old Akkadian Letters Concerning the Offices of kala'um and nārum", ZA 82 (1992), 180; dieser Fundort ist bei Sallaberger, OBO 160/3, 210, nachzutragen.

[34] Siehe Sallaberger, op. cit. (Anm. 1), 208.
Die Gesamtzahl der an diesem Ort gefundenen Ur III-zeitlichen Keilschrifttexte und gesiegelten Objekte liegt deutlich höher als "114" (ibid.) und dürfte 200 leicht überschreiten. Während die Textfunde der 2. Grabungskampagne in Tall Išān Mazyad vollständig publiziert sind (siehe Mahmud, Nawala Ahmed, "The Ur III Tablets from Ishān Mizyad", ASJ 11 [1989], 329–352), harrt der überwiegende Teil der beschrifteten Objekte, die im Rahmen der 1. Kampagne ausgegraben wurden, nach wie vor seiner Veröffentlichung (eine Edition ausgewählter Urkunden bietet Rashid, F., "Akkad or Bab Aja," Sumer 43 [1984], 183–214 [arabische Paginierung]). Genauere Angaben zum Umfang dieses Textfundes lassen sich aufgrund des sehr schlechten Erhaltungszustands vieler Tafeln und der zu erwartenden "joins" einzelner Fragmente gegenwärtig noch nicht machen. Eine neue Katalogisierung und Gesamtedition der Verwaltungsurkunden und gesiegelten Objekte aus Tall Išān Mazyad durch Nawala Ahmed Mahmud und Markus Hilgert befindet sich derzeit in einem fortgeschrittenen Stadium der Ausarbeitung.

[35] Siehe Sallaberger, op. cit. (Anm. 1), 210.

[36] Zu den beiden letztgenannten Textgruppen und ihrer vermutlich nordbabylonischen Herkunft siehe Sallaberger, op. cit. (Anm. 1), 129. 211. Zum sogenannten Si-a-a-Archiv siehe außerdem Neumann, H., "Zur privaten Geschäftstätigkeit in Nippur in der Ur III-Zeit", CRRA 35 (1992), 164 mit Anm. 12.

fußt die Erforschung des Akkadischen der Ur III-Zeit nun auf einer Quellenbasis, die sich seit den seinerzeit wegweisenden Arbeiten Gelbs quantitativ und qualitativ ganz entscheidend verbessert hat und so der schrittweisen Rekonstruktion von Lexikon und Grammatik völlig neue Dimensionen eröffnet.

2. Die akkadistische Forschung der vergangenen zwei Jahrzehnte hat bahnbrechende Erkenntnisse zu denjenigen Sprachphasen des Akkadischen gewonnen, die dem Akkadischen der Ur III-Zeit unmittelbar vorausgehen bzw. folgen. Im Lichte dieser neuen Forschungsergebnisse zum Akkadischen der sargonischen Epoche einerseits und zu frühen Entwicklungsstufen des Altbabylonischen andererseits kann die relative sprachhistorische Position des Ur III-Akkadischen nun exakter denn je zuvor beschrieben werden.[37]

Quellen für die Erforschung des Ur III-Akkadischen finden sich nahezu in der gesamten keilschriftlichen Überlieferung der 3. Dynastie von Ur, die, abgesehen von einigen wenigen literarischen Kompositionen, aus einer schier unübersehbaren Menge an Texten des täglichen Gebrauchs besteht.[38] Kennzeichnenderweise ist die überwiegende Mehrheit der Ur III-zeitlichen Textüberlieferung in Sumerisch geschrieben. Lediglich ein verhältnismäßig kleines Textkorpus ist in syllabischem Akkadisch verfaßt oder enthält kürzere akkadische Syntagmen, die in das sumerische Urkundenformular eingefügt sind. Dieses Korpus umfaßt gegenwärtig wenig mehr als 100 Einzeldokumente und setzt sich aus Verwaltungs- und Rechtsurkunden, Briefen, Herrscherinschriften sowie einigen wenigen Beschwörungen zusammen.[39] Unverzichtbare Quellen für das Akkadische der Ur III-Zeit sind weiterhin die zahlreichen akkadischen Eigennamen – also Personennamen, Toponyme und Götternamen –, die mitunter sehr komplex aufgebaut sind.[40] Sie werden ergänzt durch akkadische Lehnwörter in sumerischem Kontext, wie beispiels-

---

[37] Siehe dazu im einzelnen unten.

[38] Beschreibung und Diskussion der Quellenlage für das Sumerische der Ur III-Zeit bietet Sallaberger, OBO 160/3, 200–237; für das Akkadische siehe Hilgert, op. cit. (Anm. 1), 17–85, 3., "Quellen".

[39] Ein ausführlicher Katalog dieser Texte findet sich bei Hilgert, loc. cit., 20–49, 3.1., "Akkadische Keilschrifttexte".

[40] Eine konzise Typologie bietet Hilgert, loc. cit., 51–65, 3.2.1., "Akkadische Eigennamen".

weise Termini für Gebrauchsgegenstände, Amtsbezeichnungen und verwaltungstechnische Ausdrücke.[41]

Unterzieht man die akkadischen Sprachzeugnisse der Ur III-Zeit einer eingehenden lexikalischen und grammatischen Analyse, gelangt man zu einem Befund, der in sprachgeschichtlicher Hinsicht trotz gelegentlicher paradigmatischer Überlieferungslücken ebenso schlüssig wie homogen ist. Angesichts der Vielzahl, des Schwierigkeitsgrades und der typologischen Verschiedenartigkeit der Quellen mag dieses Ergebnis zunächst erstaunen. Doch bieten gerade das vergleichsweise reichhaltige Lexikon sowie die unerwartet komplexe Morphologie des Verbums eine solide und aussagekräftige Basis für die sprachgeschichtliche Einordnung des Ur III-Akkadischen. Weitere, zuverlässige Kriterien der Klassifizierung liefern Syllabar und Orthographie.

Dagegen erweisen sich andere Teilbereiche der Grammatik, wie beispielsweise die Nominalmorphologie, die Partikeln oder die Syntax, vor dem Hintergrund dieser Zielsetzung als wenig ergiebig, auch wenn dort gelegentliche Einzelbeobachtungen das entstehende Gesamtbild im Detail zu komplettieren vermögen. Zudem zeigt die grammatische und lexikalische Analyse sämtlicher akkadischer Sprachzeugnisse der Ur III-Zeit, daß ein beträchtlicher Teil des untersuchten Belegmaterials von vergleichsweise geringer sprachhistorischer Relevanz ist.[42]

Die sprachgeschichtliche Einordnung selbst läßt sich methodisch betrachtet sehr effektiv aus dem Vergleich des Befundes, der nach erfolgter analytischer Vorarbeit für das Akkadische der Ur III-Zeit vorliegt, mit weiteren Entwicklungsstufen des Akkadischen ableiten, die grammatisch und lexikalisch bereits ausreichend erschlossen sind und die sich chronologisch unmittelbar vor bzw. nach der Ur III-Zeit ansetzen lassen. Gegenwärtig bieten sich dafür einerseits der vorrangig verschriftete Dialekt der Akkade-Zeit, das Sargonisch-Akkadische,[43] andererseits das sogenannte Archaisch-Altbabyloni-

[41] Hilgert, loc. cit., 80–85, 3.2.4., "Akkadische Lehnwörter".

[42] Siehe dazu ausführlich Hilgert, loc. cit., 87–96, 4., "Methode".

[43] Zu einem wesentlich besseren Verständnis dieses Dialekts haben in jüngster Zeit die Arbeiten Walter Sommerfelds beigetragen, der bereits in seiner unpublizierten Habilitationsschrift *Untersuchungen zum Altakkadischen* aus dem Jahr 1987 bis dahin unerschlossene Aspekte von Sprachentwicklung, Orthographie und Phonologie der präsargonischen und Akkadezeitlichen Textüberlieferung behandelt (siehe dazu idem, IMGULA 3/1, 2). Ausgewählte, weiterführende Beobachtungen zum Sargonisch-Akkadischen finden sich darüberhinaus in seiner Einleitung zur Edition der Akkade-zeitlichen Keilschrifttexte aus Tutub (siehe idem, IMGULA 3/1, 1–29) sowie in dem Beitrag "Bemerkungen zur Dialektgliederung Altakkadisch, Assyrisch und Babylonisch", in: Fs. Burkhart Kienast (im Druck).

sche der bereits erwähnten Briefe aus Ešnunna an.[44]

Vergleichende Untersuchungen in verschiedenen Teilbereichen der Grammatik deuten schließlich klar auf die Notwendigkeit hin, das Akkadische der Ur III-Zeit einer neuartigen sprachhistorischen Bewertung zu unterziehen, die signifikant von der konventionellen Klassifizierung abweicht.[45] Als Folge dieser Neubewertung erweist es sich als sinnvoll, auch die traditionelle Sicht der frühen akkadischen Sprachgeschichte in Einzelaspekten deutlich zu modifizieren. Zusammenfassend lassen sich dabei für die Stellung des Ur III-Akkadischen innerhalb der akkadischen Sprachgeschichte als wichtigste Ergebnisse festhalten:

1. Das zur Verschriftung des Akkadischen in der Ur III-Zeit verwendete Syllabar unterscheidet sich deutlich vom Syllabar der sargonischen Epoche sowie demjenigen der frühaltbabylonischen Briefe aus Ešnunna. Besonders augenfällig ist diese Verschiedenheit in der Verwendung von Phonogrammen des Typs K(onsonant-)V(okal-)K(onsonant), die Ur III-zeitlich verhältnismäßig oft nachzuweisen ist. Dabei überrascht das akkadische Syllabar der Ur III-Zeit durch die Aufnahme einiger ungewöhnlicher, bislang nur im Sumerischen bezeugter Lautwerte in das orthographische Repertoire.[46]

2. Ein Vergleich des akkadischen Syllabars der Ur III-Zeit mit demjenigen der frühaltbabylonischen Briefe aus Ešnunna ergibt, daß nahezu alle der dort belegten Phonogramme sowie deren Lesungen bereits im Akkadischen der Ur III-Zeit nachweisbar sind.[47] Gleichzeitig werden Ur III-zeitlich zur Darstellung des Akkadischen zahlreiche Phonogramme (Typen KV, VK, KVK) verwendet, die im Sargonisch-Akkadischen bislang nicht bezeugt sind. Hierzu gehören beispielsweise die Zeichen TUR, ŠID in den Lesungen lak und qir_x sowie die Zeichen KAL, TA und ÚR,[48] wäh-

---

[44] Eine detaillierte Dokumentation und sprachgeschichtliche Bewertung des in diesen Texten überlieferten Akkadischen bietet Whiting, op. cit. (Anm. 1), 8–21.

[45] Hilgert, loc. cit., 97–168, 5., "Zur sprachgeschichtlichen Einordnung des Akkadischen der Ur III-Zeit".

[46] Hilgert, loc. cit., 98–157, 5.1., "Syllabar und Orthographie", besonders 103–111, 5.1.1., "KVK-Silbenzeichen" und 112–119, 5.1.2., "KV- und VK-Silbenzeichen".

[47] Ur III-zeitlich noch nicht belegt sind m. W. die bei Whiting, op. cit. (Anm. 1), 123–126, gebuchten Zeichen QA (Nr. 36) und IA (Nr. 104).

[48] Siehe Anm. 46.

rend die altbabylonisch durchaus gängigen Syllabogramme DI, KA und ŠE erst ganz vereinzelt nachzuweisen sind.[49]

3. Eine beträchtliche Anzahl der orthographischen Konventionen, die Akkade-zeitlich bei der Verschriftung akkadischer Sprachformen konsequent befolgt werden, sind in der Ur III-Zeit bereits vollständig aufgegeben. Dies trifft nicht zuletzt auch auf die schriftliche Darstellung der Sibilanten zu. Für die Ur III-zeitliche Orthographie lassen sich dagegen keine allgemeingültigen und entsprechend streng umgesetzten Regeln beobachten. Vielmehr kann die scheinbar beliebige Austauschbarkeit "homophoner" Syllabogramme bzw. Syllabogrammfolgen als typisches Merkmal der akkadischen Orthographie in der Ur III-Zeit angesprochen werden. Stark divergierende Häufigkeiten einzelner Graphien legen jedoch die Annahme bevorzugter oder in gewissem Sinne "regulärer" Schreibungen nahe.[50]

4. Die Mimation erscheint konsequent in allen Ur III-zeitlichen Keilschrifttexten, die vollständig oder nur abschnittsweise in syllabischem Akkadisch geschrieben sind. Dagegen kann der Ausdruck der Mimation auf der Schriftebene bei akkadischen Lehnwörtern in sumerischem Kontext, akkadischen bzw. semitischen Monatsnamen sowie akkadischen Personen- und Ortsnamen unterbleiben. Dort sind Schreibungen derselben Sprachform mit und ohne Mimation in freiem Wechsel miteinander bezeugt, ohne daß sich gegenwärtig eine zeitliche oder geographische Verteilung der jeweils belegten Varianten ausmachen ließe.[51]

5. Bei der in der Ur III-Zeit vorrangig verschrifteten semitischen Sprache handelt es sich um eine frühe Überlieferungsstufe des Babylonischen, die sich grundlegend von dem Akkadischen der vorausgehenden sargonischen Epoche unterscheidet. Diesen Sachverhalt veranschaulicht besonders eindrucksvoll die Flexion der sogenannten schwachen Verben, die mit Ausnahme der Vokalkontraktion bereits konsequent die typischen Eigenheiten der entsprechenden altbabylonischen Verbalparadigmata auf-

---

[49] Ibid. Zum Vorkommen der Zeichen DI und KA als Datierungskriterium für die "jüngere" Gruppe der frühaltbabylonischen Briefe aus Ešnunna siehe Whiting, op. cit. (Anm. 1), 4.

[50] Hilgert, op. cit. (Anm. 1), 120–133, 5.1.3., "Zur Aufgabe der Akkade-zeitlichen Orthographie".

[51] Hilgert, loc. cit., 134–156, 5.1.4., "Die Mimation".

weist. Ein vergleichbarer Befund liegt auch für die Nominalbildung von sogenannten schwachen Wurzeln vor.[52] Überdies besitzt das Ur III-Akkadische nach gegenwärtigem Kenntnisstand keinerlei lexikalische oder grammatische Merkmale, die charakteristisch für das Assyrische sind.[53]

6. Das Akkadische der Ur III-Zeit verfügt über zahlreiche wesentliche Gemeinsamkeiten mit dem Archaisch-Altbabylonischen der Briefe aus Ešnunna. In Einzelaspekten der Morphologie steht jedoch das Ur III-Akkadische dem "klassischen" Altbabylonischen näher als das Archaisch-Altbabylonische. Beispielhaft verdeutlichen dies die Flexion der Verben primae Alef mit Umlaut sowie die Bildung des Subjunktivs auf /-u/. Zudem ist die Bildung der 3. Person Singular Femininum mit /t-/ im Präfixanlaut ebenso wie der Dual außerhalb von Eigennamen nicht mehr produktiv. Das Akkadische der Ur III-Zeit ist damit als unmittelbarer Vorläufer des Altbabylonischen anzusprechen.[54]

7. Wesentliche Unterschiede, die das Akkadische der Ur III-Zeit in sprachgeschichtlicher Hinsicht vom Altbabylonischen trennen, sind: Umfang und Eigenart des verwendeten Syllabars, das augenscheinliche Fehlen eines vereinheitlichten Schriftsystems sowie der Umstand, daß die Kontraktion von Vokalen in Kontaktstellung noch nicht eintritt.

5. Ausblick

Abschließend bleibt zu fragen, welche unmittelbaren Konsequenzen sich aus dieser Neubewertung des Ur III-Akkadischen für unser Verständnis der frühen akkadischen Sprachgeschichte insgesamt ergeben. Zunächst läßt sich feststellen, daß nach heutigem Forschungsstand das Ur III-Akkadische die älteste eindeutig zu identifizierende Entwicklungsstufe des Babylonischen darstellt. Sie unterscheidet sich darüberhinaus nur unwesentlich vom Altbabylonischen, wollte man auf der Ebene größerer sprachgeschichtlicher Zusammenhänge argumentieren. Wenn es zudem stimmt, daß die bestehenden Unterschiede größtenteils lediglich in den divergierenden Konventionen der

---

[52] Siehe dazu bereits Westenholz, A., op. cit. (Anm. 29), 163 Anm. 24.

[53] Hilgert, op. cit. (Anm. 1), 158–168, 5.2., "Verbalmorphologie", besonders 164f., 5.2.7., "Die Stammformen des Verbums" und 166f., 5.2.8., "Zur Flexion der sogenannten schwachen Verben".

[54] Hilgert, loc. cit., 158–168, 5.2., "Verbalmorphologie".

Verschriftung liegen, sieht man sich einer vergleichsweise stringenten schriftsprachlichen Kontinuität gegenüber, die sich in Keilschrifttexten aus weiten Teilen des antiken Zweistromlandes vom Ende des 3. Jahrtausends bis in die spätaltbabylonische Zeit hinein widerspiegelt.

Gewiß wird die sprachliche Realität des Akkadischen in der Ur III-Zeit vielseitiger, uneinheitlicher und stärkeren dialektalen Einflüssen unterworfen gewesen sein, als dies in den überlieferten Quellen zum Ausdruck kommt oder gegenwärtig erkannt werden kann. Gleichzeitig ist jedoch nicht von der Hand zu weisen, daß die herkömmlich als Altbabylonisch bezeichnete Entwicklungsstufe des Akkadischen in ihren charakteristischsten sprachlichen Eigenheiten uns bereits kurz nach dem Zusammenbruch des Reiches von Akkade als das vorrangig verschriftete Akkadische begegnet.

Damit erweist sich die in der akkadistischen Forschung traditionell praktizierte Unterteilung der frühen akkadischen Sprachgeschichte in das sogenannte "Altakkadische" des 3. Jahrtausends – d.h. die akkadische Überlieferung der präsargonischen, sargonischen und Ur III-Zeit – einerseits und das Altbabylonische und Altassyrische des 2. Jahrtausends andererseits als nicht sachgerecht und somit hinfällig. Denn die Entwicklung des Babylonischen läßt sich nun lückenlos bis zum Beginn der Ur III-Zeit zurückverfolgen. Dagegen bleibt weiterhin zu untersuchen, ob und in welchem Umfang direkte Vorläufer des Altassyrischen in Texten aus der 2. Hälfte des 3. Jahrtausends nachzuweisen sind.[55]

Impliziert die hier vorgetragene sprachgeschichtliche Bewertung des Ur III-Akkadischen auch zwangsläufig, daß es sich dabei, wie Robert M. Whiting angenommen hat,[56] um den Beginn der altbabylonischen Sprachtradition handelt und daß die entscheidende sprachliche Diskontinuität nicht am Ende der Ur III-Zeit, sondern vielmehr nach dem Zusammenbruch des Reichs von Akkade anzusetzen ist? Diese Frage läßt sich vor dem Hintergrund unserer derzeitigen Kenntnis der älteren akkadischen Sprachgeschichte nur teilweise beantworten. So ist es sicher unbestritten, daß man zwischen der schriftlichen Überlieferung des Akkadischen in der sargonischen Epoche und derjenigen in der Ur III-Zeit einen massiven Einschnitt anzunehmen hat. Zu klären wäre allerdings, welcher Natur dieser Einschnitt war, ob in ihm tatsächlich eine *sprachliche* Diskontinuität zu sehen ist oder möglicherweise eher der Verfall überkommener *Schreibkonventionen*, die der Verschriftung eines zu Beginn der Ur III-Zeit nicht mehr allgemein verbreiteten oder bekannten

---

[55] Siehe dazu zuletzt Sommerfeld, W., in: Fs. Burkhart Kienast, op. cit. (Anm. 43), 000f.

[56] Whiting, op. cit. (Anm. 1), 18.

Idioms dienten und daher eilfertig und bereitwillig aufgegeben wurden. In letzterem Fall ließe sich über das Problem einer sprachlichen Kontinuität oder Diskontinuität am Ende der Akkade-Zeit lediglich spekulieren.

Einen interessanten Denkanstoß liefert in diesem Zusammenhang allerdings Walter Sommerfelds These, daß es sich bei dem in der Akkade-Zeit primär verschrifteten Dialekt um eine von den Herrschern dieser Epoche eingeführte und weiter verwendete Amtssprache handle. Ursprünglich Dialekt eines Randgebietes sei diese Amtssprache identisch gewesen mit der Muttersprache der sargonischen Herrscher und habe sich zudem erheblich von den regionalen Umgangssprachen unterschieden, die gleichzeitig in Gebrauch gewesen seien. Letztere hätten jedoch in den Akkade-zeitlichen Keilschrifttexten nur in ganz eingeschränktem Maße ihren Niederschlag gefunden.[57]

Sollten Sommerfelds Überlegungen das Richtige treffen, so ist nicht vollkommen auszuschließen, daß sich in denjenigen akkadischen Texten der sargonischen Epoche, die klare Abweichungen von der standardisierten Orthographie oder nichthochsprachliche Elemente aufweisen,[58] auch Sprachformen finden werden, die der nun bis an den Beginn der Ur III-Zeit verfolgbaren altbabylonischen Sprachtradition zuzurechnen sind. In diesem Falle wäre das Ur III-Akkadische lediglich eine Fortsetzung, nicht aber der Beginn dieser altbabylonischen Sprachtradition. Daran anschließend müßte sicherlich auch das Akkadische der präsargonischen Epoche einer erneuten sprachgeschichtlichen Evaluierung unterzogen werden.

Zu den Desideraten der Akkadistik gehört jedoch nicht nur, das Verhältnis des Ur III-Akkadischen zum Akkadischen der vorausgehenden Epochen exakter zu bestimmen; vielmehr wäre es ebenso nützlich, eine klare Vorstellung von denjenigen sprachgeschichtlichen Entwicklungen zu gewinnen, welche die auffälligen Diskrepanzen zwischen Grammatik und Orthographie des Archaisch- und Frühaltbabylonischen einerseits und beispielsweise dem Altbabylonischen der Hammurapi-Zeit andererseits bedingen. Gewiß scheint mir jedenfalls, daß die zukünftige Forschung zur frühen akkadischen Sprachgeschichte einer der innovativsten Teilbereiche der Altorientalistik sein wird.

---

[57] Sommerfeld, op. cit. (Anm. 1), 000f.

[58] Ibid.

LITERATUR UM 2000 VOR CHRISTUS

Claus Wilcke, Leipzig*

Was las man um das Jahr 2000 v. Chr. im Alten Mesopotamien? Eine absurde Frage angesichts der wenigen literarischen Fragmente aus der Ur III-Zeit und aus der frühen Isin-Zeit, selbst wenn wir eingedenk chronologischer Unwägbarkeiten den zeitlichen Horizont um eine oder mehrere Venusperioden schwanken lassen! Halten wir uns faute de mieux an die mittlere Chronologie!

Auch das Lesen ist zu hinterfragen. Las man Literatur an der Wende vom 3. zum 2. Jahrtausend? Hörte man sie nicht vielmehr aus dem Munde von Barden, Rapsoden und Kultsängern? Urkunden und Briefe, die las man selbst, so man es konnte, und das waren nicht wenige in den Städten dieser Zeit. Aber Literatur? Lektüre als Lesegenuß? Darüber wissen wir aus der Zeit um 2000 vor Christus nichts.

Altbabylonische "Schülerabschriften" von Literaturwerken in sumerischer Sprache,[1] gefunden vor allem in Nippur, Ur, Larsa und Isin, aber auch in Sippir, Babylon, Kiš und z.B. Šaduppûm, besonders in Schichten der Regierungszeit Samsu-ilunas von Babylon (1749-1712), geben sich mittelbar oder unmittelbar als Werke des ausgehenden 3. und des beginnenden 2. Jt.s zu erkennen. Schüler des 18. Jhd.s v. Chr. sprachen Akkadisch und mußten das Sumerische als Fremdsprache erlernen; wenn es zu dieser Zeit noch Gruppen sumerischer Muttersprachler gab, so war deren Sprache sicher von der des 21. Jhd.s nicht unwesentlich unterschieden.

Auch das Wort "Abschrift" bedarf der Präzisierung. Es ist noch wenig bis gar nicht erforscht, in welchem Umfang zu dieser Zeit Texte von Vorlagen

---

* Altorientalisches Institut der Universität Leipzig, Klostergasse 5, 04109 Leipzig.

[1] Siehe Krecher, J., "Sumerische Literatur", in: Röllig, W., (Hrsg.), Altorientalische Literaturen, (Neues Handbuch der Literaturwissenschaft 1, Wiesbaden, 1978), 100-150; Reiner, E., "Die Akkadische Literatur", in: o.c. 151-210. Edzard, D.O., Röllig, W., "Literatur", in: RlA 7/1-2, (Berlin, 1987), 35-66; Edzard, D.O., Wilcke, C., Stichwörter, beginnend mit "Sumerische", in: Jens, W., (Hrsg.), Kindlers Neues Literatur Lexikon 19, (München, 1992), 574-606; Kaiser, O. (Hrsg.), Texte aus der Umwelt des Alten Testaments, (Gütersloh, 1982 ff.). Siehe ferner die Zusammenstellung der jeweiligen Quellen bei Attinger, P., Éléments de linguistique Sumérienne, (Fribourg/Göttingen, 1993), 31-59.

kopiert[2] und nicht vielmehr auswendig gelernt und nach dem Gedächtnis aufgeschrieben wurden. In Fällen, in denen eine ältere Orthographie bewahrt wurde, wie Jacob Klein das für Šulgi-Texte dokumentiert,[3] wird man zunächst an Abschriften im unmittelbaren Wortsinne denken. Das Studium alter Texte, z.B. von Stelen der Könige von Akkad, Ur III und Isin, gehörte zur altbabylonischen Schulausbildung. Schüler lernten, Texte in alter Orthographie wiederzugeben. Auch diese Werke können nach dem Gedächtnis geschrieben worden sein. J. Klein beobachtet, daß "Šulgi A" und "B" nur die "neue" Orthographie gebrauchen, andere wie "C–H", "O, P" und "R" dagegen ganz oder überwiegend die "alte" Schreibweise aufweisen. Das stützt diese Annahme. Als erster Titel der Kataloge[4] "L" (wie Louvre), und wahrscheinlich auch im parallelen "P" (wie Philadelphia) steht "Šulgi A" ganz am Anfang des Literaturstudiums. "Šulgi B" (Nr. 16 in "L", Nr. 26 in "P") ist der zweite, in "P" sogar der einzige andere Šulgi-Text der beiden Kataloge; "L" bietet als Nr. 63-64 dann die Vertreter der älteren Orthographie "Šulgi O" und "C".

Die uns in altbabylonischen Schülerhandschriften überlieferten Texte sind nun nicht das in Sumer und Akkad besonders geschätzte literarische Corpus; sie vertreten vielmehr den Kanon verbindlicher Schullektüre für angehende Beamte, Schreiber und Kinder aus der bildungsbeflissenen Stadtbevökerung. Manchem von ihnen waren sie gewiß ebenso so sehr ans Herz gewachsen, wie heutigen Schülern ihre Pflichtlektüre. Es war ja keine aktuelle Literatur über Themen der Zeit, in der die Schüler lebten. 298 Jahre trennen 2047, das Todesjahr Šulgi's, des meistbesungenen Königs von Ur, vom Regierungsantritt Samsu-ilunas im Jahre 1749. Anders als die absoluten Daten ist die Dauer dieser Zeitspanne ziemlich sicher. Šulgis Zeit war also auch noch für viel spätere Generationen beispielhaft – jedenfalls in den Augen derer, die das Curriculum der altbabylonischen Schulen bestimmten. Die Funde vom Tall Haddad[5] und vom Tall Ḥarmal[6] und die beginnende akkadische

---

[2] S. z. B. Tinney, St., "Urnamma the Canal-digger: Context, Continuity and Change in Sumerian Literature", JCS 51 (1999, ersch. 2000), 31, Anm. 6: "It is plausible, if unprovable, that these tablets represent a pair of copies made from dictation during a single class".

[3] Klein, J., "The Independent Pronouns in the Šulgi Hymns". Sumerian Grammar Discussion Group, 6th Meeting; Oxford, 1999 (erscheint in ASJ).

[4] Krecher, J., "Kataloge, literarische", in: RlA 5/5-8 (1980), 478-485.

[5] Cavigneaux, A., al-Rawi, F.N.H., "A Scholar's Library in Meturan?", in: Abusch, T., van der Toorn, K., (Hrsg.), Mesopotamian Magic, (Ancient Magic and Divination 1; Groningen, 1999), 251-273.

Literaturüberlieferung zeigen deutlich, daß wir in der Schulüberlieferung nur einen kleinen Ausschnitt dessen sehen, was damals Literatur war.

Dieses genormte Curriculum regelte im 18. Jhd. die Schullektüre in verschiedenen Städten in gleicher Weise. Denn Aus- und Raubgräber fanden Exemplare derselben Werke in den Ruinen südbabylonischer Städte, wie Nippur, Ur, Larsa und Isin, wie auch in nordbabylonischen, wie in Sippir, Babylon und Kiš. Auf den schon genannten Katalogtafeln des Louvre und von Philadelphia – beide (?) aus Nippur – und auf einer Sammeltafel aus Isin mit "Abschriften" der in den Katalogen als Nummern 6-10 genannten Texte[7] erscheinen sie in gleicher Reihenfolge. Das wird auch in den vorangegangenen Jahrhunderten nicht anders gewesen sein.

Die Mehrzahl der Werke zeigt neben jeweils verschiedenen, individuellen Themen explizit oder implizit ein auf das Königtum oder die Hegemonie einer Stadt und ihrer Gottheit bezogenes, legitimatorisches Anliegen.[8]

Die Art und Form der jeweiligen Argumente ändern sich dabei von Herrscher zu Herrscher, manchmal minimal und doch signifikant. So bei den göttlichen Eltern von Urnamma von Ur (2112-2095) und seinem Sohn Šulgi (2094-2047): Urnamma nennt regelmäßig nur seine Mutter Ninsuna, nie einen Vater. Šulgi aber erklärt sich stets als Sohn von Lugalbanda und Ninsuna. Was will Šulgi mit seiner Neuerung aussagen, mit der er für sich selbst und für seinen Bruder, den ebenfalls vergöttlichten Vorzeitkönig Gilgameš, einen bis dato unbekannten Vater benennt? Gilgameš gilt auch der Königsliste[9] (noch) als Sohn eines Phantoms (líl). Šū-Su'en gibt das Argument auf und erklärt sich einmal vielleicht als Kind des Mondgottes Su'en (der Text ist beschädigt),[10] und so geht es weiter.

---

[6] S. vor allem die von van Dijk, J., Texts in the Iraq Museum 9, (Leiden, 1976), veröffentlichten Texte.

[7] Wilcke, C., "Inschriftenfunde", in: Hrouda, B., (Hrsg.), Isin – Išān Baḥrīyāt 3, (ABAW NF 94; München, 1987), 83-120 (S. 85-89).

[8] Wilcke, C., "Politik im Spiegel der Literatur und Literatur als Politik", in: Raaflaub, K., (Hrsg.), Anfänge des politischen Denkens in der Antike, (Schriften des Historischen Kollegs, Kolloquien 24; München, 1993), 29-75.

[9] Jacobsen, Th., The Sumerian King List, (AS 11; Chicago, 1939); Quellen und Literatur uletzt bei Vicente, C.-A., "The Tall Leilān Recension of the Sumerian King List", ZA 85 (1995), 234-270; ferner Wilcke, C., "Gestaltetes Altertum in Antiker Gegenwart: Königslisten und Historiographie des älteren Mesopotamien", in: Kuhn, D., Stahl, H. (Hrsg.), Die Gegenwart des Altertums – Formen und Funktionen des Altertumsbezugs in den Hochkulturen der Alten Welt, (Heidelberg, 2001), 93-116.

[10] Kramer, S.N., Bernhadt, I., Sumerische Literarische Texte aus Nippur 2 (Texte und Materialien der Frau Professor Hilprecht-Sammlung Vorderasiatischer Altertümer im Eigentum der Friedrich-Schiller-Universität Jena. NF 4; Berlin 1967) Nr. 12, 11-12 (s. Wilcke, C., Kollationen zu den sumerischen literarischen Texten aus Nippur in der Hilprecht-Sammlung

Es verwundert darum wenig, daß Steve Tinney einen Unterschied zwischen dem Argumentieren Šulgis von Ur und dem Išme-Dagans von Isin (1953-1935) auch hinsichtlich ihrer jeweiligen göttlichen Eltern findet.[11]

Wesentliche legitimatorische Aussagen können dem modernen Leser marginal erscheinen; so die Bezeichnung Enmebaragesi's als Schwester des Gilgameš im Epos "Gilgameš und Ḫuwawa".[12] Sie gewährt unerwartete Einblicke in eine erbrechtliche Argumentation aufgrund der Sumerischen Königsliste und begründet den Anspruch von Urnamma und Šulgi auf das Königtum über Nord- und Südbabylonien, die Herrschaftsgebiete von Kiš und Uruk.[13] Es fällt nicht schwer sich auszumalen, wieviele solcher scheinbar beiläufigen Aussagen wir mangels deutlicher intertextueller Bezüge nie entdecken werden.

Bemüht sich Rīm-Sîn von Larsa (1822-1763) wegen des Vorbildcharakters des Reiches von Ur III (2112-2004) und der Dynastie von Isin (2017-1794), sein Königtum in die Tradition der "Sumerischen Königsliste" zu stellen, oder strebt er 'nur' nach der Legitimation durch sie? Letzteres versucht die "Weidnersche Chronik[14]" deutlich für die Dynastie von Babylon (1894-1595) – jetzt aber nicht mehr auf der Grundlage des Prinzips einer notwendigen Wanderung des Königtums und der Erbfolge, sondern im moralisierenden, frommen Gegensatz zu den Herrschern früherer Zeiten.[15]

Es ist darum vielleicht kein Zufall, daß nach der altbabylonischen Zeit gerade die beiden nicht in der Ur III-Tradition wurzelnden, großen sumerischen epischen Dichtungen "Lugal ud me-lám-bi nir-ĝál[16]" und "An-gim

---

Jena. ASAW 65/4; Berlin, 1976, 53) ^{d}Nanna en iti ù-tu [(x)], ⌜^{d}Šu⌝-^{d}Suʾen-ĝu$_{10}$ mu-un-ù-tu [(x)] "Nanna, der Herr, der das Mondlicht gebiert, hat meinen Šu-Suʾen geboren/gezeugt."

[11] Tinney, St., The Nippur Lament. Royal Rethoric and Divine Legitimation in the Reign of Išme-Dagan of Isin (1953-1935 B.C.), (Philadelphia, 1996), 73ff.; besonders 78ff.

[12] Ausgabe: Edzard, D.O., "Gilgameš und Ḫuwawa A", ZA 80 (1990), 165-203; 81 (1991), 165-233; "Gilgameš und Huwawa", zwei Versionen der sumerischen Zedernwaldepisode nebst einer Edition von Version B. SBAW 1993/4

[13] Wilcke, C., "Sumerische Königsliste und erzählte Vergangenheit", in: von Ungern-Sternberg, J., Reinau, K., (Hrsg.), Vergangenheit in mündlicher Überlieferung, (Colloquium Rauricum 1; Stuttgart, 1988), 113-140; ders., "Genealogical and Geographical Thought in the Sumerian King List", in: Behrens, H., et al., (Hrsg.), Dumu É-dub-ba-a, (Fs Å.W. Sjöberg; Philadelphia, 1989), 557-571.

[14] Al-Rawi, F.N.H., "Tablets from the Sippar Library I. The Weidner Chronicle. A Supposititious Letter concerning a vision", Iraq 52 (1990), 1-13.

[15] Wilcke, C., Königsliste C, op. cit. (Anm. 13).

[16] van Dijk, J.J.A., Lugal ud melam-bi nir-gál, (Leiden, 1983); al-Rawi, F.N.H., "Tablets from the Sippar Library IV. *Lugale*", Iraq 57 (1995), 199-223 mit weiterer Literatur.

dím-ma[17]" anders als das Gros der in Quellen des 3. und frühen 2. Jt. vorliegenden sumerischen Literaturwerke dem Vergessen nicht anheimfielen und "Lugal ud me-lám-bi nir-ĝál" sogar das wohl bestüberlieferte Werk der Keilschriftliteratur ist. Ebenso blieb ja die in den altbabylonischen Schulen wenig bis nicht gepflegte literarische Erinnerung an die Herrscher der Akkadzeit (2334-2154) erhalten,[18] während der einst so vorbildhafte Šulgi von Ur der "Weidnerschen Chronik[19]" und anderen Quellen des 1. Jt. als Erzbösewicht gilt[20] und mit ihm die Ur III-Zeit Anathema und außerkanonische Traditionen im Gegenzug kanonisch wurden.

Im "Strom" – um eine Anleihe bei A.L. Oppenheim[21] vorzunehmen – altbabylonischer Überlieferung legimatorischer Art fließen, wie es scheint, zwei Haupt-Quellflüsse zusammen:

Da ist einerseits das große Korpus der Literatur um die Könige der 3. Dynastie von Ur und ihre unmittelbaren Nachfolger in der Dynastie von Isin. Dazu rechne ich z.B. auch die "Epen" über Taten der Vorzeitkönige Enmerkar, Lugalbanda und Gilgameš, die Literatur um den Menschen Dumuzi als Geliebten der Göttin Inana und Werke wie "Fluch über Akkade, "Inana und Šukaletuda[22]" und die Städteklagen.[23]

Andererseits ist da die viel kleinere Gruppe von aus Lagaš stammenden Literaturwerken, wie die "Nanše-Hymne[24]", "Nanše and the Birds[25]" und

---

[17] Cooper, J.S., The Return of Ninurta to Nippur: an-gim dím-ma, (AnOr 52; Rom, 1978).

[18] Goodnick Westenholz, J., Legends of the Kings of Akkade, (MC 7; Winona Lake, 1997).

[19] al-Rawi, F.N.H., "Tablets from the Sippar Library I. The Weidner Chronicle. A Supposititious Royal Letter concerning a Vision", Iraq 52 (1990), 1-13.

[20] Wilcke, C., "Königsliste" (wie Anm. 13).

[21] Oppenheim, A.L., Ancient Mesopotamia. Portrait of a Dead Civilization, (Chicago, 1964), 13.

[22] Cooper, J.S., The Curse of Agade (Baltimore/London, 1983); Volk, K., Inanna und Šukaletuda: zur historisch-politischen Deutung eines sumerischen Literaturwerkes, (SANTAG 3; Wiesbaden, 1995).

[23] Kramer, S.N., Lamentation over the Destruction of Ur, (AS 12; Chicago, 1940); s. Wilcke, C., "Vergegenwärtigung des Schreckens um 2000 v. Chr.", in: Hoffmann, D., (Hrsg.), Vermächtnis der Abwesenheit: Spuren traumatisierender Ereignisse in der Kunst, (Loccumer Protokole 22/00; Rehburg-Loccum) mit Literatur; Green, M., "The Eridu Lament", JCS 30 (1978), 127-167; dies., "The Uruk Lament", JAOS 104 (1984), 253-279; Michalowski, P., "The Lamentation over Ur and Sumer", (MC 1; Winona Lake, 1989); Tinney, St., The Nippur Lament, (Philadelphia, 1996).

[24] Heimpel, W., "The Nanše Hymn", JCS 33 (1981), 65-139.

wohl auch "Home of the Fish[26]", die "Ḫendursaĝa-Hymne[27]" und die mythologischen Dichtungen "Lugal-ud-me-lám-bi nir-ĝál" und gewiß auch "An-gim dím-ma", aber auch das akkadische "Anzu-Epos[28]". Gudea von Lagaš hat uns unzählige Originalinschriften auf Statuen und anderen Steingegenständen, auf Ziegeln, Ton- und Bronzenägeln und seinen mächtigen Tonzylindern hinterlassen – und es ist unstreitig, daß die Zylinderinschriften zu den Glanzleistungen sumerischen literarischen Schaffens gehören.[29] Altbabylonisch ist von ihm nur ein einziges tigi-Lied auf die Göttin Baʾu überliefert.[30]

In den aus Lagaš stammenden Texten "Lugal-ud-me-lám-bi", "An-gim dím-ma" und im akkadischen "Anzu-Epos" wird der Gott Nin-ĝirsu durch Nin-urta ersetzt. In diesem literatur- und religionsgeschichtlich bemerkenswerten Vorgang sehe ich das Bemühen, die Texte an das politische Pantheon der Ur III- und Isinzeit anzupassen, in dem Nin-urta Funktionen und Eigenschaften Nin-ĝirsu's zukamen. In die Frage von Synchretismus einerseits und Polymorphie von Gottheiten andererseits kann ich hier aber nicht eintreten. Von Nin-ĝirsu als zentraler Gestalt des "Anzu-Epos" wüßten wir nichts, wären die altbabylonischen Textzeugen nicht ausgerechnet im elamischen Susa gefunden worden,[31] wo die religionspolitisch motivierte Revision der Literaturwerke unter den Herrschern von Ur und/oder Isin sich nicht auswirkte. Eine ursprüngliche Hauptperson Nin-ĝirsu in "An-gim dím-ma" können wir auch nur analog zu "Lugal-ud-me-lam-bi nir-ĝál" und aus den Gemeinsamkeiten mit den Gudea-Zylindern erschließen.

Kein einziges Götterlied auf Nin-ĝirsu ist in altbabylonischer Abschrift überliefert; das isolierte, an seine Gemahlin, die Göttin Baʾu, gerichtete tigi-Lied Gudea's von Lagaš habe ich erwähnt. Die Ur III-Könige Šulgi (ein

---

[25] Noch nicht ediert.

[26] Civil, M., "Home of the Fish", Iraq 23 (1961), 154-175.

[27] Edzard, D.O., Wilcke, C., "Die Ḫendursanga-Hymne", in: Fs. S.N. Kramer, (AOAT 25, Neukirchen-Vluyn/Kevelaer, 1976), 139-176; dies., "Quasi-Duplikate zur 'Ḫendursanga-Hymne'", AfO 25 (1974/77), 36.

[28] Hallo, W.W., Moran, W.L., "The First Tablet of the SB Recension of the Anzu-Myth", JCS 31 (1979), 65-115; Saggs, H.W.F., "Additions to Anzu", AfO 33 (1986), 1-29; Moran, W.L., "Notes on Anzu", AfO 35 (1988), 24-29.

[29] Edzard, D.O., Gudea and his Dynasty, (The Royal Inscriptions of Mesopotamia – Early Periods – 3/1; Toronto, 1997).

[30] Siehe die Tabelle tigi (S. 290-292) bei Wilcke, C., "Formale Gesichtspunkte in der sumerischen Literatur", in: Lieberman, St., (Hrsg.), "Sumerological Studies in Honor of Th. Jacobsen", (AS 20; Chicago, 1975), 205-316.

[31] Nougayrol, J., "Ningirsu vainqueur de Zu", RA 46 (1952), 87-97.

tigi-Lied) und Šû-Su'en (ein bal-bal-e) und auch Iddin-Dagan von Isin (ein a-da-ab-Lied) haben ihr je eine Hymne gewidmet. Es gibt auch ein bal-bal-e-Lied der Göttin Nanše ohne Nennung eines Königs und eine ér-šèm-ma-Klage der Ba'u.[32] Das ist eine sehr magere Ausbeute für die Götter von Lagaš im Korpus der altbabylonischen Götterlieder.

Dieses Bild entspricht in gewissem Maße dem inschriftlich bezeugter Bauten der Ur III-Zeit.[33] Wir kennen keinen einzigen von Urnamma im Gebiet von Lagaš, einige wenige, fast durchweg auf den Hauptort Ĝirsu beschränkte Bauinschriften Šulgi's, nämlich für Nin-ĝirsu's Tempel É-ninnu von Ĝirsu [15,23] und sein Ba-ĝára in der Stadt Lagaš [68], für das É-šeš-e-gar-ra der Göttin Nanše in Ĝirsu [13, 39?] und für das É-mí-gi$_{16}$-sa der Göttin Nin-MAR.KI in Ĝirsu [22,24]. Solche der Nachkommen Šulgi's fehlen wieder. Auch ihre Weihinschriften sind rar. Die Spärlichkeit der Literaturzeugnisse *kann* darum die Folge politischer Ausgrenzung sein.

Die breit bezeugte "Sumerische Königsliste" vertritt klar und eindeutig die jeweiligen Standpunkte der 3. Dynastie von Ur und der Könige von Isin. Dagegen steht ein isolierter Zeuge unbekannter Herkunft für eine deutlich dagegen polemisierende, anscheinend zur Zeit Gudea's von Lagaš entstandene – sie endet mit ihm – "Liste" der énsi.k, d.h., der "Vögte" (wir übersetzen meist "Stadtfürsten") von Lagaš. Das énsi.k-Amt sei eine Gabe der höchsten Götter An und Enlil, und es sei älter – und das heißt ehrwürdiger – als das Königtum.[34]

Šára und Nin-ura, die Hauptgötter von Umma, werden ebenfalls nicht besungen, und Šára kommt eine nur winzige Rolle in "Inana's Gang zur Unterwelt"[35] zu. Das scheint mir aber nicht unmittelbar mit dem Verfahren mit den Göttern von Lagaš vergleichbar. Denn Literatur über die Gottheiten von

---

[32] Siehe die Tabellen bei Wilcke, C., "Formale Gesichtspunkte" (wie Anm. 30).

[33] Zitiert nach der Numerierung bei Steible, H., Die Bau- und Weihinschriften der neusumerischen Zeit, (FAOS 9/2; Stuttgart, 1991).

[34] Sollberger, E., "The Rulers of Lagaš", JCS 21 (1967), 279-291. Bauer, J., "Der vorsargonische Abschnitt der mesopotamischen Geschichte", in: Bauer, J., et al., Mesopotamien. Spät-Uruk-Zeit und Frühdynastische Zeit, (Annäherungen 1 = OBO 160/1; Fribourg/Göttingen, 1998), 433 nennt den Text (trotz T. Maeda, Two Rulers by the Name of Urningirsu, ASJ 10 [1988], 19-35) "ein sehr eigenwiliges Werk", das "wenige zuverlässige Angaben zur Geschichte des Kleinstaates" mache.

[35] Sladek, W.R., Inanna's Descent to the Netherworld, (Diss. Baltimore, 1974); Alster, B., "Inanna Repenting: The conclusion of Inanna's Descent", ASJ 18 (1996), 1-18.

Umma ist zwar altsumerisch vom Tall Abū Ṣalābīḫ[36] bezeugt, hat aber, anders als die über in Lagaš beheimatete Götter anscheinend gar keinen Eingang in den Strom der Überlieferung gefunden. Dagegen spielt Zabalam, ein Unterzentrum dieser Provinz, in der Literatur um die Göttin Inana ein gewisse Rolle.

Das Enḫeduʾana-Lied Nin-me-šár-ra kann im É-éš-dam-kù von Ĝirsu verfaßt und erstmals gesungen worden sein, wie Annette Zgoll sah.[37] Ist vielleicht das literarische Schaffen der Tochter Sargons von Akkade über Lagaš der Nachwelt erhalten worden? Das Lied auf das Eninnu von Lagaš in ihrer Tempelhymnen-Sammlung scheint Formulierungen Gudeas von Lagaš aufzunehmen,[38] was zu einem solchen Traditionswege passen würde; wir finden freilich auch eine Hymne auf den Šulgi-Tempel in Ur. Redakteure aus Ur hatten also ebenfalls Teil an der Weitergabe dieses Werkes. Die meisten anderen, meist sehr fragmentarischen, in die Akkadzeit zurückreichenden oder zurückschauenden Werke sind in akkadischer Sprache und aus Nordbabylonien, jetzt auch vom Kültepe bezeugt.[39]

Der Lagaš-Tradition hatte ich (1993) auch "Enki und die Weltordnung" zugeordnet.[40] Das hat anscheinend nicht (oder nicht nur) Zustimmung gefunden. Das Spannungsverhältnis dieser Dichtung zu "Inana und Enki", wo der Primat der Stadt Uruk über Eridu postuliert wird, hatte Adam Falkenstein schon 1964 gesehen.[41] Es läßt sich noch nicht sicher sagen, welcher von beiden Texten auf den anderen und in welcher historischen Situation antwortet. Doch wird damit deutlich, daß den Strom der Überlieferung neben den beiden Haupt-Quellflüssen noch andere Gewässer, z.B. eines aus Uruk, speisen.

---

[36] Biggs, R.D., Inscriptions from Tell Abū Ṣalābīkh, (OIP 99; Chicago, 1974) Nr. 282.

[37] Zgoll, A., Der Rechtsfall der En-ḫedu-Ana im Lied nin-me-šara, (AOAT 246; Münster, 1997), 45f.

[38] Wilcke, C., "Der aktuelle Bezug der Sammlung der sumerischen Tempelhymnen und ein Fragment eines Klageliedes", in: ZA 62 (1972), 35-61; speziell S. 48f. mit Anm. 27.

[39] Günbattı, C., "Kültepe'den Akadlı Sargon'a âit bir tablet", in: Alp, S., Süel, A., (Hrsg.), III. Uluslarası Hititoloji Kongresi Bildirileri, (1998), 261-279. Auch abgedruckt in: Archivum Anatolicum 3 (Fs. E. Bilgic, 1997), 131-155; s. jetzt Schwemer, D., Die Wettergottgestalten Mesopotamiens und Nordsyriens im Zeitalter der Keilschriftkulturen: Materialien und Studien nach den schriftlichen Quellen, (Wiesbaden, 2001), 134.

[40] Wilcke, C., "Politik im Spiegel der Literatur" (wie Anm. 8).

[41] Falkenstein, A., "Sumerische religiöse Texte. 5. Enki und die Weltordnung", in: ZA 56 (1964), 44-113.

Zu den schmaleren Rinnsalen, die in den Strom sumerischer Überlieferung in altbabylonischer Zeit einmünden, gehören auch die Keš-Hymne[42] und der "Rat des Šuruppag[43]", die bis in die Fāra- und Abū-Ṣalābīḫ-Zeit zurückreichen und von denen letzterer – wohl bereits akkadzeitlich – auch aus Adab bezeugt ist.

Unsere Kenntnis der altsumerischen Literatur ist sehr begrenzt. Anscheinend fanden nur diese beiden Werke Eingang in die altbabylonische Überlieferung. Sprichwörter bleiben hier ebenso außer Betracht wie Formeln aus Beschwörungen.[44] Manfred Krebernik hat die literarischen Fragmente aus Fāra und vom Tall Abū Ṣalābīḫ gerade besprochen[45] und die Tempelhymnen[46] ediert. Von dort wie von den spärlichen Zeugen aus Adab, Lagaš und Nippur führt kein Weg ins 2. Jt. In letzterer Gruppe sind besonders der Barton-Zylinder – jetzt bearbeitet durch Bendt Alster und Aage Westenholz[47] – ein von Samuel Noah Kramer in Photographie vorgelegtes, narratives Fragment aus Istanbul[48] und die von Robert D. Biggs veröffentlichten Rätsel aus Lagaš[49] erwähnenswert. Auch der frühest bekannte, vorakkadische literarische Text, bezeugt durch Exemplare vom Tall Abū Ṣalābīḫ und

---

[42] Biggs, R.D., " An Archaic Sumerian Version of the Kesh Temple Hymn from Tell Abū Ṣalābīkh", ZA 61 (1971), 193-207. Siehe dazu den Rekonstruktionsversuch (mit zusätzlichen Fragmenten) von Wilcke, C., in: Hrouda, B., (Hrsg.), Der Alte Orient, (Gütersloh, 1991), Abb. auf S. 283; altbabylonische Version: Gragg, G., in: Sjöberg, Å.W. (et al.), The Collection of the Sumerian Temple Hymns, (TCS 3; Locust Valley, 1969); Neuausgabe durch Paul Delnero in Vorbereitung.

[43] Alster, B., The Instructions of Šuruppak, (Mesopotamia 2; Kopenhagen, 1974); ders. Studies in Sumerian Proverbs (Mesopotamia 3; Kopenhagen, 1975); s. ders., "Shuruppak's Instructions – Additional lines identified in the Early Dynastic Version", ZA 80 (1990), 15-19 (mit Literatur); ders., "Early Dynastic Proverbs and other Contributions to the Study of Literary Texts from Abū Ṣalābīkh, AfO 38/39 (1991-1992), 1-51 (S. 32-34).

[44] Ebenso in ihrem Wesen noch unbestimmte Werke, wie die Liste "Tribute"; zu dieser s. Englund, R.K., "Texts from the Late Uruk Period", in: Bauer, J. et al., Mesopotamien. Späturuk- und Frühdynastische Zeit, (OBO 160/1; Fribourg/Göttingen, 1998), 99-102 (der Korrekturzusatz in Anm. 222 zeigt "Tribute" als ein Mißverständnis).

[45] Krebernik, M., "Die Texte aus Fāra und Tall Abū Ṣalābīḫ", in: Bauer, J. et al., Mesopotamien, (wie vorige Anm.), 235-427.

[46] Biggs, R.D., Inscriptions (wie Anm. 36); Krebernik, M., "Zur Einleitung der zà-me-Hymnen", in: P. Calmeyer et al., Beiträge zur Altorientalischen Archäologie und Altertumskunde, (Fs. B. Hrouda; Wiesbaden, 1994), 151-157.

[47] Alster, B., Westenholz, Aa., "The Barton Cylinder", in: ASJ 16 (1994), 15-46.

[48] Kramer, S.N., From the Tablets of Sumer, (Indian Hills, 1956), 106 Abb. 6a.

[49] Biggs, R.D., "Pre-Sargonic Riddles from Lagaš", in: JNES 32 (1973), 26-33.

aus Ebla – Manfred Krebernik[50] und W.G. Lambert[51] haben sich zuletzt um ihn bemüht – hat ebenfalls, wie es scheint, das 2. Jahrtausend nicht erreicht.

Der Umbruch zwischen altsumerischer und neusumerisch-albabylonischer Literaturtradition betrifft auch das Notierungssystem. Das Zeicheninventar und sein Gebrauch haben sich gravierend gewandelt. Denn das – soweit wir wissen – nur für Literaturwerke einschließlich der Beschwörungen vielfach benutzte sogenannte UD.GAL.NUN-System, das jeweils ein bestimmtes Schriftzeichen als Chiffre für ein anderes benutzt und ihm dessen Lesungen und Bedeutungen zuschreibt, und das so beliebte Mischen von UD.GAL. NUN- und Normalorthographie kamen im Laufe der Akkadzeit (ca. 2350-2150) außer Gebrauch. Seit der Zeit Eʾanatum's von Lagaš stimmt die Abfolge der Zeichen in einem einer späteren Zeile entsprechenden Kästchen mit der Reihenfolge der Wörter und Silben in der Sprache überein, und jede gesprochene Silbe wird in der Schrift notiert. Die Regeln der Orthographie ändern sich von der altsumerischen zur neusumerischen Zeit und noch einmal im Übergang zum Altbabylonischen. Das Schreiben geschlossener Silben beginnt z.B. in sumerischen Texten – später als in akkadischen – erst im Laufe der Ur III-Zeit unter bestimmten, auch phonologisch relevanten Bedingungen regelhaft zu werden.

Diese Beobachtungen bestätigen das Bild vom Alter der altbabylonisch überlieferten sumerischen Literatur, wie es Adam Falkenstein 1951, anläßlich der 2. Rencontre Assyriologique,[52] noch ohne Kenntnis der bedeutenden Funde vom Tall Abū Ṣalābīḫ und der Rätsel aus Lagaš, auch ohne die exzellenten Kopien des Barton-Zylinders aus der Feder von Aage Westenholz gezeichnet hatte.

Die Mittel poetischer Rhetorik, Phraseologie und poetische Formeln bleiben vor und nach diesem Umbruch gleich. Einige – wenn auch nicht alle – zentrale Personen der Texte, Menschen wie Götter, z.B. Enlil, Enki, Inana und Ašnan, dann Lugalbanda und auch Ama-ušumgal <ana> als Freund Enlils[53] gehören beiden Traditionen an. Einen Mythos über Lugalbanda und

---

[50] Krebernik, M., "Mesopotamian Myths at Ebla": ARET 5, 6 and ARET 5, 7, in: Fronzaroli, P., (Hrsg.), Literature and Literary Language at Ebla, (Quaderni di Semitistica 18; Florenz, 1992), 63-149.

[51] Lambert, W.G., "Notes on a Work of the Most Ancient Semitic Literature", in: JCS 41 (1989), 1-32.

[52] Falkenstein, A., "Zur Chronologie der sumerischen Literatur", in: Compte Rendu de la Seconde Rencontre Assyriologique Internationale, (Paris, 1951), 12-27.

[53] Biggs, R.D., Inscriptions (wie Anm. 32), Nr. 278.

Ninsuna gibt es vom Tall Abū Ṣalābīḫ;[54] altbabylonisch ist er aber noch nicht aufgetaucht.[55] Es werden also andere Geschichten erzählt, auch wenn die Protagonisten teilweise dieselben bleiben. Dies mag durchaus mit der eingangs besprochenen, legitimatorischen Funktion von Literatur zu tun haben.

Angesichts der genannten, für den modernen Leser oft unauffälligen signifikanten Aussagen der Texte fällt es auch besonders schwer, über den allgemein legitimatorischen Aspekt hinaus spezifische Merkmale der neusumerisch-altbabylonischen Überlieferungsstufe zu finden. Kennzeichen, die der eine zu entdecken glaubt, wie z.B. Tendenzen zu einer negativen Zeichnung des Bildes der Göttin Inana in einigen Literaturwerken, und daran geknüpfte Schlußfolgerungen, z.B., Inana stehe hier für die Politik des Reiches von Akkade, werden vom anderen höchst skeptisch beäugt.[56]

Die Vielfalt der Formen und Inhalte der Literaturwerke aus neusumerisch-altbabylonischer Zeit ist vor und nach dieser Periode unerreicht. Unter den lyrischen Werken scheint der Selbstpreis von Göttern und Königen (d.h., Hymnen in der 1. Person[57]) etwas Eigenständiges zu sein. Aber schon zu Beginn des 23. Jhd.s hat Enḫeduʾana, die Tochter Sargons von Akkad, in ihrer Dichtung "N i n - m e - š a r - r a" ein höchst individuelles Lied geschaffen, in dem sie wiederholt "Ich" sagt.[58] Hymnen an Götter oder Könige (d.h., in der Anredeform, der 2. Person) und Preislieder über sie (d.h., in der 3. Person) erfreuen sich ebenfalls großer Beliebtheit. Solche Preislieder können auch Tempeln gelten. Sie gibt es schon in altsumerischer Zeit.[59] Liebeslieder sind erstmals unter Šulgi bezeugt und florieren vor allem unter seinem Enkel Šū-Suʾen.[60] Die Gattung der Klagelieder ist aus dem altsumerischen

---

[54] Biggs, R.D., Inscriptions (wie Anm. 32), Nr. 327; dazu zuletzt Jacobsen, Th., "Lugalbanda and Ninsuna", JCS 41 (1989), 69-86..

[55] Das zu Beginn des erhaltenen Teils von "Šulgi P" (KLein, J., "The Royal Hymns of Šulgi King of Ur: Man's Quest for Immortal fame", TAPS 71/7 (Philadelphia, 1981); Wilcke, C., "Vom göttlichen Wesen des Königtums und seinem Ursprung im Himmel", in: Erkens, F.-R. (Hrsg.), Die Sakralität von Herrschaft. Herrschaftslegitimierung im Wechsel der Zeiten und Räume, (Berlin, 2002) erzählte mythische Geschehen zwischen Lugalbanda und Ninsuna bezieht sich auf Šulgis Geburt und hat mit dem alten Mythos nichts zu tun.

[56] Z.B. Cooper, J.S., The Curse (wie Anm. 22), 9.

[57] Siehe Wilcke, C., Formale Gesichtspunkte (wie Anm. 30), 249f.

[58] Zgoll, A., Rechtsfall (wie Anm. 37).

[59] Siehe oben, Anm. 42; 46.

[60] Neueste Ausgabe: Sefati, Y., Love Songs in Sumerian Literature, (Ramat Gan, 1998).

Lagaš schon bekannt.[61] Sie scheint nach dem Zusammenbruch des Reiches von Ur III aufzublühen, besonders in der Subspecies der auf ein bestimmtes traumatisches, politisch-militärisches Ereignis bezogenen Klagen.[62]

Unter den narrativen Texten können wir eine Gruppe von Epen mit mythischen Stoffen, d.h. über Götter und über Vorzeitherrscher aus der Stadt Uruk[63], unterscheiden von solchen über kontemporäre Könige oder Herrscher der rezenten Vergangenheit, besonders über Urnamma von Ur ("Urnamma's Tod[64]") und über seinen Sohn Šulgi, dessen mythische Geburt durch die Göttin Ninsuna und die daran anschließende Bestimmung zum König durch den Gott An, im anderen Falle Enlil, im Pantheon Gegenstand von "Šulgi P" und "F" ist,[65] dessen Kriegs- und Siegeszug bei, wahrscheinlicher wohl kurz nach Regierungsantritt, wie es scheint, in "Šulgi D" und "X" geschildert wird und[66] dessen Zusammentreffen mit seinem Bruder Gilgameš "Šulgi O" erzählt.[67] Die sogenannte "Siegesinschrift Utu-ḫeĝals von Uruk[68]" kann zum selben Genre gehören, auch wenn es sich bei ihren Text-

---

[61] Cros, G., Nouvelles Fouilles de Tello, (Paris, 1910-1914), 179f.; Sollberger, E., Corpus des Inscriptions "Royales" Présargoniques de Lagaš, (Genf, 1956), Ukg. 15. Dazu zuletzt Bauer, J., "Der vorsargonische Abschnitt..." (wie Anm. 34), 490-492 – m. E. handelt es sich eher um ein Plädoyer – Rechtfertigung und Anklage – vor einem göttlichen Tribunal.

[62] S.o. mit Anm. 23.

[63] Kramer, S.N., Enmerkar and the Lord of Aratta: A Sumerian Tale of Iraq and Iran, (Philadelphia, 1952); Cohen, S., Enmerkar and the Lord of Aratta, (Diss. Philadelphia, 1973); Berlin, A., Enmerkar and Suḫkešdaʾanna. A Sumerian narrative poem, (Philadelphia, 1979); Shaffer, A., Sumerian Sources of Tablet XII of the Epic of Gilgameš, (Diss. Philadelphia, 1963); Edzard, D.O,, Gilgameš und Ḫuwawa, (Versionen A und B: wie Anm. 12); Cavigneaux, A., al-Rawi, F.N.H., "Gilgameš et le taureau de ciel (Šul-mè-kam): (Textes de Tell Haddad IV)", RA 87 (1993), 97-129; dies., Gilgameš et la Mort, (CM 19; Winona Lake, 2000); Römer, W.H.Ph., Das sumerische Kurzepos "Bilgameš und Agga", (AOAT 209/1; Kevelaer/Neukirchen-Vluyn, 1980); zuletzt dazu Wilcke, C., in Dietrich, M. (Hrsg.): dub-sar anta-men: Studien zur Altorientalistik, (Fs. W.H.Ph. Römer; Münster, 1998), 457-485 mit weiterer Literatur; Wilcke, C., Das Lugalbandaepos, (Wiesbaden, 1969); Black, J.A., Reading Sumerian Poetry, (London, 1998).

[64] Flückiger-Hawker, E., Urnamma of Ur in Sumerian Literary Tradition, (OBO 166; Fribourg/Göttingen, 1999), 92-182: Urnamma A.

[65] Siehe Wilcke, C., "Vom göttlichen Wesen" (wie Anm. 55).

[66] Klein, J., Three Šulgi Hymns, (Ramat Gan, 1981).

[67] Klein, J., "Šulgi and Gilgameš: Two Brother-Peers (Šulgi O)", in: Fs S.N. Kramer (wie Anm. 25), 271-292.

[68] Römer, W.H.Ph., "Zur Siegesinschrift des Königs Utuḫegal von Unug (± 2116-2110 v.Chr.)", in: Orientalia 54 (1985), 274-288. Frayne, D., Sargonic and Gutian Periods, (RIME 2; Toronto, 1993), 283-293: Utuḫegal 4.

zeugen vielleicht um Abschriften einer Steleninschrift handelt. Mutatis mutandis würde ich auch den Baubericht Gudeas von Lagaš auf seinen Zylindern A und B dazu stellen.[69]

Die narrativen Dichtungen über zeitgenössische Könige (unter Einschluß der in "Fluch über Akkade[70]" ex post betrachteten Akkad-Könige Sargon und Narām-Suʾen[71]) unterscheiden sich im Stil von den erstgenannten mit mythischen Stoffen, insofern sie oft knapper formulieren und das Mittel der "epischen Wiederholung" selten verwenden (z.B in "Šulgi D[72]"). Diese Gattung könnte man als eine Neuerung der neusumerischen Zeit ansehen, hätte sie nicht gewisse Vorläufer im Text der Geierstele und in den 'Tonkegel'-Inschriften Enmetenas von Lagaš.[73]

Während wir sumerische Götterlieder auf sehr verschiedene Gottheiten, freilich beileibe nicht das ganze Pantheon, beobachten, scheint die Gruppe der handelnden Figuren der erzählenden Texte wesentlich weiter eingeschränkt, überschneidet sich aber nur zum Teil mit der der Götterlieder.

Das Dramatische als dritte poetische Grundhaltung äußert sich besonders in den Schuldialogen,[74] doch sind Hinweise auf deren mögliche Aufführungen äußerst spärlich. Wenn in "Der Vater und sein mißratener Sohn[75]" das Prügeln des Vaters so erwähnt wird, als sei es gerade im Augenblick erfolgt, fragt man sich, ob nicht Handlungen die Rezitation des Textes begleiteten und ob er vielleicht von verschiedenen Sprechern vorgetragen wurde.[76]

Narrative Einschübe in Streitgedichten wie "Vogel und Fisch" lassen sich aber nicht einfach als Regieanweisungen verstehen. Die Streitgedichte sind

---

[69] Edzard, D.O., Gudea (wie Anm. 29).

[70] Cooper, J.S., The Curse (wie Anm. 22).

[71] Zu den akkadischen Dichtungen über diese Könige s. Goodnick Westenholz, J., Legends (wie Anm. 18).

[72] Klein, J. (wie Anm. 66).

[73] Steible, H., Die altsumerischen Bau- und Weihinschriften, (FAOS 5; Wiesbaden, 1982), Ean 1; Ent. 28-29.

[74] Volk, K., "Edubbaʾa und Edubbaʾa-Literatur: Rätsel und Lösungen", ZA 90 (2000), 1-30.

[75] Sjöberg, A.W., "Der Vater und sein mißratener Sohn", JCS 25 (1973), 105-169.

[76] Wilcke, C., "Konflikte und ihre Bewältigung in Elternhaus und Schule im Alten Orient", in: Lux, R., (Hrsg.), Schau auf die Kleinen ...: Das Kind in Religion, Kirche und Gesellschaft, (Leipzig, 2002), 10-31.

darum Teil der narrativen Überlieferung, jedoch mit einer starken Tendenz zum Dramatischen.

Solange Hinweise auf Streitgedichte und Schuldialoge aus altsumerischer Zeit fehlen – die Übereinstimmung einer Abfolge von Schimpfwörtern in der altsumerischen Sprichwörtersammlung mit einigen Zeilen im altbabylonischen Dialog zweier Frauen erweist das noch nicht[77] – solange kann man vielleicht diese Gattungen als genuine Neuerungen der neusumerischen Literatur ansehen. Die Rolle des Königs als Schiedsrichter in solchen Auseinandersetzungen, die ja stets in ihrem Bestreben um enzyklopädische Behandlung eines Themas einen wissenschaftlichen Charakter zeigen, paßt gut zu einem höfischen Rahmen, in dem Schule und Bildung eine nicht geringe Rolle spielten, und die Schuldialoge mit ihrer, wie es scheint, meist satirischen Grundhaltung können das intellektuelle Klima dort gut widerspiegeln.

[77] Anders Alster, B., "Early Dynastic Proverbs and other Contributions to the Study of Literary Texts from Abū Ṣalābīkh", AfO 38/39 (1991/92), 1-51 (bes. S. 3-5).

THE IDEOLOGICAL FOUNDATIONS OF THE UR III STATE

Piotr Michalowski, Ann Arbor*

I. INTRODUCTION[1]

Early histories of early Mesopotamia were the histories of kings. Some recent histories try to ignore them as much as possible and to write a chronicle of social and economic forces. The former mainly focus on the paraphrasing of royal propaganda, the latter on the paraphrasing of royal and temple accounts. Neither is completely satisfactory, and both approaches suffer from a belief in the sanctity of the text, albeit the kind of text one worships changes from one to the other. In a sense this is another aspect of I. J. Gelb's notorious onions and Tammuz debate, which is a metaphor for distinct approaches to the study of the ancient world.[2] To restate his position slightly, Gelb distinguished between those who base their historical analysis on ideology and on ideological texts and others who are interested in the inner workings of society and work with administrative and economic documents. Today one might think that the distinction is overdrawn, but there are areas in which the divide still is valid. The issue of kingship is of interest to both sides, although positions on royal matters often change with the times.

I would hardly be the first to suggest that contemporary social and political outlooks often motivate ambivalent scholarly attitudes towards ancient kingship. After all, only a few among us answer to sovereigns: for the most part we have done away with kings and queens, sometimes quite ruthlessly. Our views on the matter may differ, but no matter the theoretical predilections, one cannot ignore the simple fact that supreme power in early Mesopotamia was vested in the person of the king, whether lugal, *šakkanakkum*,

---

* Department of Near Eastern Studies, 2068 Frieze Building, University of Michigan, Ann Arbor, MI, 48109. USA.

[1] I am grateful to M. Civil, D. Owen, N. Yoffee, and J. Cooper for their generous comments on a draft version of this paper; needless to say, they are not responsible for any deficiencies of the final product.

[2] Gelb, I.J., "The Philadelphia Onion Archive," AS 16 (1965), 57-62.

rubûm, or *šarrum*. The range of power, the divine and human sanctions, as well as the mandate to rule changed from place to place and from time to time, but kings *did* rule the land and it is amazing, when one thinks of it, that there has not been any full study of the matter since Frankfort's *Kingship and the Gods*, over half a century ago.[3] And yet the issue of kingly power and the scope of royal authority underlie much of what we write about ancient history, including land tenure, law, literature, and religious ritual. With a few exceptions, one gets the impression that most scholars view the kings of Akkad and Ur, to take the extreme examples, as all-powerful monarchs, much as the kings themselves would have wanted posterity to imagine them. And yet, as Reinhard Bendix put it in his monograph on comparative kingship:[4]

> Kings do not necessarily wield effective authority. In some Asian societies, kingship consisted of pomp and circumstance rather than governance, while actual authority was exercised at local or regional levels. Even when kings and oligarchs have ruled at the outset, the rise of provincial governors and military forces may erode that central authority later. Nevertheless, royal authority has endured for the greater part of human history. That would not have been the case if kings, officials, and the mass of the people had not to some degree believed the authority of kings to be inviolate.

The observations of Bendix hold for Mesopotamia as well. These kinds of limitations on royal power are documented, to various degrees, in most periods of Mesopotamian history, and the Crown as an institution must be seen independently of the symbolic figure of the king.[5] Consider, for example, the case of Ur. The rise of powerful families and individuals undoubtedly weakened, or perhaps better, put a limit on the range of power wielded by the Crown. Thus, for example, the "chancellor" (sukkal mah) Arad-Nanna became a virtual potentate in the Lagash--Girsu region and in the eastern mountain provinces. It is from him and his family that the Elamites borrowed the term sukkal mah and used it as a royal title when they attained independence from the Ur III state. Another high official, Babati, managed to

---

[3] Frankfort, H., Kingship and the Gods, A Study of Ancient Near Eastern Religion as the Integration of Society and Nature, (Chicago, 1948). For the Akkad period we now have Franke, S., Königsinschriften und Königsideologie. Die Könige von Akkade zwischen Tradition und Neuerung. Altorientalistik 1, (Münster/Hamburg, 1995).

[4] Bendix, R., Kings or People: Power and the Mandate to Rule, (Berkeley, 1978), 21.

[5] See the observations of Yoffee, N., The Economic Role of the Crown in the Old Babylonian Period, (Malibu, 1977).

obtain control of most of the Diyala and surrounding regions during the reign of Shu-Sin. Both were intimately linked with the royal family—Arad-Nanna married a princess and Babati was Shu-Sin's maternal uncle. One could argue that these men were part of the Crown apparatus, but the power they attained gave them independent status that allowed them to keep in check the omnipotence of the rulers, as is often the case in such patrimonial states. Other powerful multigenerational local families are known from the Ur III documentation, including the priestly descendants of Ur-Meme in Nippur[6] and the families that controlled Umma[7] and Girsu.[8] In this context, we should also mention Ishbi-Erra, the royal officer who wrested Nippur and Isin away from his master king Ibbi-Sin, precipitating events that would lead to the collapse of the Ur III dynasty. It may very well be that he too was a member of the royal family of Ur, as we shall presently see.

The limits of royal power are, in effect, rarely discussed in modern accounts of early Mesopotamian history.[9] Far too often we are mesmerized by the vision that royalty offered about themselves, or others did on their behalf, to a narrow literate audience. But native authors depicted such limitations quite clearly by using the past as a safe playground, much as 19th and 20th century authors in Eastern Europe and Latin America, working under censorship, wrote about the present by projecting it into the distant past. The reign of Naram-Sin became a favorite vehicle for such cultural critique; perhaps no more than a generation after the fall of his dynasty this potentate was portrayed as a ruler who lost a great kingdom. Naram-Sin and his grandfather Sargon were represented in fiction well into the first millennium BC, and they even figured in texts from outside of Mesopotamia. Their liter-

---

[6] Zettler, R.L., "The Genealogy of the House of Ur-me-me: A Second Look," AfO 31 (1984), 1-9.

[7] Maeda, T., "Father of Akala and Dadaga, Governors of Umma," ASJ 12 (1990), 71-78.

[8] Maekawa, K., "The Governor's Family and the 'Temple Households' in Ur III Girsu." Pp. 171-179 in: Veenhof, K.R., ed., Houses and Households in Ancient Mesopotamia: Papers Read at the 40th Rencontre Assyriologique Internationale, Leiden, July 5-8, 1993, (Leiden, 1996).

[9] To be sure, various authors have addressed the issues of the limits of royal power and access to oppositional discourse. See, for example, Nissen, H.J., "'Sumerian' vs. 'Akkadian' Art: Art and Politics in Babylonia of the Mid-Third Millennium B.C.," pp. 189-196 in: Kelly-Buccellati, M – Matthiae, P. – van Loon, M., eds., Inside Through Images, Studies in Honor of Edith Porada. BiMes 21, (Malibu, 1986).

ary depictions have been edited and studied again and again.[10] The later native images of the Ur III kings, who figured less prominently in ancient historical writings, have not been studied in such an exhaustive fashion.

II. The Third Dynasty of Ur.

On the face of it, texts pertaining to the Ur III period offer some of the richest data for anyone interested in royal ideology.[11] As is well known, however, the abundant sources cannot be easily mined for information. Although we have at our disposal dozens of royal hymns, literary letters, debates, and monumental inscriptions, approximately forty thousand contemporary documents, as well as the testimony of archaeological remains, what we do with them is a matter of some concern. Putting aside epistemological problems of textual interpretation, we have to deal with questions about composition, audience, and authenticity, to name but three obvious matters. Most important, the literary material is mostly Old Babylonian, the result of much sifting, rearranging, rewriting, and recontextualization of older material. This corpus is therefore not representative of what was written in Ur III times; rather, it provides witness to what Old Babylonian teachers wanted to preserve and what they wanted their students to learn. One can argue that it was used in part to indoctrinate future officials, but the salient point is that the indoctrination was Old Babylonian and not Ur III. Some of the material is spurious, in particular most, if not almost all, of the famous Royal Correspondence of Ur. And yet discussions of Ur III kingship focus primarily on this literary material and on the dedicatory inscriptions, as if one could bracket the interpretive problems. Even if one were to concede that the royal hymns are all authentic Ur III compositions, albeit rewritten somewhat to conform to later conventions, one must ask just how important they may have been in their original context. I do not wish to reopen old debates, but I, for one, doubt that many people at the court of Ur would have understood Sumerian poetry. But even if this were the case, I also am not convinced that

[10] See the essays in: Liverani, M., ed., Akkad: The First World Empire: Structure, Ideology, Traditions, (Padova, 1993). The later literary works about the Sargonic kings have been edited by Westenholz, J.G., Legends of the Kings of Akkade: The Texts. Mesopotamian Civilizations 7, (Winona Lake, 1997).

[11] For the almost 40,000 published Ur III texts see Sigrist, M. and Gomi, Tohru, The Comprehensive Catalogue of Published Ur III Tablets, (Bethesda, 1991), and Sallaberger, W. and Westenholz, A., Mesopotamien: Akkade-Zeit und Ur III-Zeit. (= OBO 160/3, Freiburg, 1999).

many of them would have had the opportunity to read royal hymns. In effect, the mere fact that these texts have survived has provided them with an authority that far exceeds their original function. And yet the issues that are raised by the study of Ur III royal literature cannot be ignored, for they touch upon the very foundations of the cosmos and the state.

The historical context of Ur III ideas about kingship and state is ambiguous, to say the least. The polity was constructed out of the ashes of the Sargonic state, which could be considered as a failed experiment in political and military extremism. Later Mesopotamian traditions celebrated Shulgi, the second king of the new dynasty above all other members of his family, just as they exalted the grandson of the founder of Akkad above all other kings, or at least on par with his grandfather Sargon. Modern scholars have followed suit, once again mesmerized by the opinions of others; it is time, however, to rehabilitate Ur-Namma, the man who actually created the Ur III kingdom and who set the foundations for generations to come. Flückiger-Hawker's (1999) dissertation on the literary traditions of Shulgi's father helps us see him in a new light, but does not go far enough.[12] During his eighteen-year reign, Ur-Namma created the second unified state in documented Mesopotamian history. The borders of the core of the empire were established under his rule and were not to change until the collapse of his creation two generations later. The combination of public spectacle and building activity, designed to secure the mandate of local elites as well as provide economic possibilities for a broad range of citizens, is well evident during his reign, as exemplified by his vast building program, most prominently by the central ziggurat in Ur. One can only guess at the crisis of social relationships that transpired in the wake of the destruction of central authority in the capital. Northern Babylonia seem to have fallen into the hands of an Iranian overlord from Anshan, while other easterners – collectively referred to as the Guti – had some form of dominance in the south.

Ur-Namma had to repel these forces and his scribes made sure that future generations remembered these facts. But military victories do not a state make, and we have no idea as to how he managed to convince those who still had power at the local level to rally to his cause. Was this simply a matter of transfer of allegiance, or was the country so ravaged by the wars and disruptions that accompanied the dissolution of the Sargonic kingdom, that new elites found their way to power, status, and prestige, and reaffirmed

---

[12] Flückiger-Hawker, E., Urnamma of Ur in Sumerian Literary Tradition, (= OBO 166, Freiburg, 1999).

their new ranks by offering the mandate to rule to Ur-Namma? The answers to these questions may never be found, but they certainly cannot be recovered from the poetic texts. The work of kingship was rooted in ritual, ritual that affirmed the hierarchies of the state, and it is there that we may perhaps find new ways of looking at the kings of Ur.[13]

Much work remains to be done on Ur III ritual and politics, inseparable as they are. This is easier stated, than done, in light of the extant sources. The tens of thousands of surviving documents offer little or no information at all about court protocol, the details of ritual, the ceremonial trappings, nor do they contain much data on the all-important relationships between the Crown and the vast temple establishments. The most obvious politico-religious element that is characteristic of the time, albeit one that we do not fully comprehend, is the notion of divine kingship. This appears to have been a short-lived Sargonic invention, with a shelf life of perhaps no more than one generation. It was revived by Shulgi and adopted by his successors. Old Babylonian kings appear to have claimed divinity in certain contexts, but there is little evidence that this was an important element in the self-presentation of the king following the fall of Ur. We take much of this for granted, and yet precious little is known of the extent and consequences of this new ideological form. With little to go on we may take a glance at the ethnographic and historical literature on divine kingship.[14] There are different perspectives on the matter, going back to the pioneering work of Frazier, but one thing appears to be clear: sacralization of kingship is often accompanied by important changes in ritual and ritual symbolism, in the manner in which ceremony affirms status and rank among elites, and in the way in which power is affirmed in society. Changes in kingship often involve, or result from novel insights into the relationships between king and "different parties interested in defining the body of the king for their own purposes." None of this can be easily ascertained from our favorite texts.

---

[13] There is no study of royal ritual for the period under consideration, but we do have the comprehensive work of Sallaberger, W., Der kultische Kalender der Ur III-Zeit, (Berlin, 1993).

[14] See Feely-Harnick, G., "Issues in Divine Kingship," Annual Review of Anthropology 14 (1985), 273-313.

III. A Case Study: The Mari Affair[15]

One of the reasons why royal hymns do not reveal much about the complex negotiation of power and influence in the state is that they present a static, timeless ideal picture of kingship, sanctioned only by cosmic order. This veneer of perfection has seduced some scholars, who have idealized the period, the kings, and their scribes and who have ascribed perfection to individuals such as Shulgi. In recent years such extreme positions have been tempered by more realistic analysis, and we are now working towards a more nuanced picture of the times with changes at both high and low levels. Some facts that have recently come to light are surprising, especially since not a trace of them can be found in the royal poetry.

One such case is the affair of Mari. We have known for some time that Shulgi married the daughter of the king of Mari; her original name remains unknown, but she became Taram-Uriam, "She Loves Ur," around the time of her betrothal to the prince from Sumer.[16] The Ur III kings were fond of diplomatic marriages, and the full significance of this particular union did not become apparent until the fortuitous discovery, by Boese and Sallaberger, of the funerary cult of her father, king Apil-kin.[17] Suddenly, the kings of Mari, not only one of their daughters, became players in the family dramas of the house of Ur.

It is important to note that it was public cult and ritual that led the two scholars to these facts. The ideological nature of this union was underscored by the new identity of queen Taram-Uriam, who may have patterned her new name on the example of a Sargonic princess, Tarʾam-Akkade, whose seal impressions have recently been found at Urkesh, that is Tell Mozan, north of Mari. I owe this information to the kindness of Giorgio Buccellati,

---

[15] When the original version of this paper was finished, I received a manuscript from Tonia Sharlach in which she used some of the same data to arrive at similar but not identical conclusions (now published as "Beyond Chronology: The Šakkanakkus of Mari and the Kings of Ur", 59-70 in Hallo, W.W./Winter I., eds. Seals and Seal Impressions. Proceedings of the XLVe Rencontre Assyriologique Internationale, [Bethesda, 2001]). Because our reconstruction is embedded in very different narratives, I have decided to keep mine in the way it was presented in Marburg. The present version differs only slightly from the version presented orally at the conference.

[16] Civil, M., "Un nouveau synchronisme Mari-IIIe dynastie d'Ur," in: RA 56 (1962), 213-214.

[17] Boese, J. and Sallaberger, W., "Apil-kîn von Mari und die Könige der III. Dynastie von Ur," in: AoF 23 (1996), 24-39.

who will soon publish this new material.[18] The inscription on the seal, reconstructed from a number of impressions, reads:

ᵈna-ra-am-ᵈen.zu	*tár-àm-a-ga-de*ᵏⁱ
LUGAL	DUMU.MUNUS-*šu*
*a-ga-de*ᵏⁱ	

"O Naram-Sin, king of Akkad, Tarʾam-Akkade is his daughter."

It is still too early to discuss the earlier case in full. One might suggest that it was another case of a princess renamed upon marriage, albeit the process would have been structurally parallel, but semantically the opposite. The name Tarʾam-Akkade would have been given to the new queen of Urkesh by her father or his authorities as a permanent reminder of her origins and of the power of Akkad, not as an honor to the ruling house of Urkesh. In the case of Taram-Uriam, the renaming was a bow by Apil-kin – who retained his independence – towards the authority of Ur. Memories of Akkad were strong at Mari in later times, and one may wonder if they were equally potent during the *šakkannakku* period. The name pattern is rare, and I know of only one other occurrence of such a name, when an early Old Babylonian queen, or perhaps even a king, seems to have inexplicably taken the name Taram-Uriam.[19]

It now appears that the connections with Mari did not end with this one union. An Ur III Drehem account from the first year of Shu-Sin's reign mentions the funerary cult of one Iddin-Dagan:

TLB 3:24 (ŠS1/xiia, in Uruk)[20]

1. 1 udu niga ki-a-nag *i-din*-ᵈda-gan
2. iti u_4 10 ba-zal
3. 1 gu_4 niga 4 udu niga
4. 5 udu
5. ki-a-nag *i-din*-ᵈda-gan
6. 2 udu niga bí-zu-a
7. 2 udu niga ba-ba-ti

---

[18] Buccellati, M. and G., "The Royal Palace of Urkesh. Report on the 12th Season at Tell Mozan/Urkesh: Excavations in Area AA, June–October 1999," in: MDOG 132 (2000), in press.

[19] This is known only from the year date mu *ta-ra-am-uri*$_5$, "The Year Taram-Uri (became queen/king)," Baqir, T., Sumer 5 (1949), 138.

[20] Hand copy by W. W. Hallo, collated by H. Waetzoldt, *OA* 15 (1970) 329-332.

8. 2 udu niga ⌜lugal⌝-kù-zu
9. 1 udu niga [...]
rest broken

rev.
1'. ki zu-ba-ga-ta ba-zi
2'. šà unug^{ki}-ga
blank space
3'. iti diri še-KIN-ku$_5$
4'. mu ^{d}šu- ^{d}en.zu lugal
l.e.
2 gu$_4$ 10+[x udu]

The disbursal of animals for this funeral offering is followed by other disbursements for at least three other individuals, including Bizuᵓa and Baba-ti, that is for the sister and brother of queen Abi-simti, who are usually assumed to be the aunt and uncle of the king.[21] The offerings took place in Uruk, the ancestral home of the dynasty, and the disbursing official, Zubaga, was often in charge of state and cultic affairs.[22] The ki-a-nag funerary rites were reserved for royalty and their spouses only; some provincial Ur III texts mention deceased members of the royal family, of local governors and ancient rulers, as well as those of ereš-dingir priestesses and their parents, but this tradition is not to be found in the central archives.[23] Who then was Iddin-Dagan? Because Abi-simti's sister and brother were somehow involved with the ceremony recorder here, one cannot completely rule out that he was

[21] For references to Bizuᵓa, the sister of Abi-simti, see Steinkeller, P., "More on the Ur III Royal Wives," in: ASJ 3 (1981), 83. Abi-simti is generally assumed to have been the queen under Amar-Sin and dowager queen during the reign of his successor Shu-Sin. The identity of the third person, Lugal-kuzu, is difficult to establish. The name is relatively common and is found in texts from Nippur, Ur, Umma, and Girsu, as well as from Drehem. In the Drehem archives there are a number of individuals by this name, including a sagi (MVN 2 332:4, AS 7), the governor of Pus (PDT 314:5-6, AS 5, reading based on collation by Picchioni, S.A., OA 14 [1975], 157), and the governor of Eshnunna (TCND 72: 12, ŠS 2).

[22] Zubaga was active in the years between AS 8 and ŠS 1, see Sigrist, M., Drehem, (Bethesda, 1992), 336-338.

[23] For references and discussion see Gomi, T., "Shulgi-simti and her Libation Place (*ki-a-nag*)," in: Orient 12 (1976), 1-14 and Michalowski, P., "The Death of Šulgi," in: OrNS 46 (1977), 221. Note now the important new reference to a ki-a-nag of Abi-simti (ŠS 9 xii) published by Steinkeller, P., ASJ 3 (1981), 86. D. Owen informs me that he has now found many additional unpublished references that will require a full reexamination of the matter.

a high official who was a member of the extended royal family.[24] Analogy suggests that he was another Mari ruler; he was perhaps also the father of another Ur III queen.

The sequence of Mari rulers of the early second millennium is secure up to the thirty-five year reign of Apil-kin, due to the recovery of a dynastic list from the city.[25] The end of the obverse of Mari Dynastic List T. 343 was originally read as follows:[26]

7. 35 m[u] *a*-[*pi*]*l*-[*k*]*i-in*
8. [dumu *iš-ma-ah-*^{d}*d*]*a-gan*
9. 5 [mu du]mu-[*š*]*u*
10. x [mu š]eš-*šu*
Seven or eight lines broken.

The proposed list of Mari rulers contemporary with the Third Dynasty of Ur has been reconstructed on the basis of a variety of criteria, including stylistic analysis of statues. Durand has assumed that line 10 of this list corresponds to 1' of another tablet that also records early Mari rulers;[27] his reconstruction of the Apil-kin succession reads:

35 years – Apil-kin, son of Ishmah-Dagan
5 years -- ..., his son
12 years – Ili-Ishar, his brother
20 years Turam-Dagan
etc.

One cannot be certain without inspection of the original tablet, but on the basis of the hand copy one could be justified in suggesting another way of reading lines 7-9 of T. 343. If the ruling is as copied, the passage may have to be read:[28]

---

[24] For references to the name Iddin-Dagan in Ur III documents see the Excursus at the end of this essay.

[25] Durand, J.-M., "La situation historique des Šakkanakku: nouvelle approche," M.A.R.I. 4 (1985), 147-172.

[26] Durand, loc. cit., p. 152.

[27] ARMT XXII, 333, new copy Durand, loc. cit., 154.

[28] Line 9 is restored on the basis of line 1' of ARMT XXII, 333: ⸢mu 12-kam⸣ DIN[GIR-*i-ša-a*]*r* ⸢*a*⸣-*h*[*u-šu*]. I am fully aware of the tenuous nature of the new readings. Unfortunately, the photograph of T.343, published by Durand, p. 153, is not legible at this point.

7. 35 m[u] *a-*[*pi*]*l-*[*k*]*i-in*
8. 5 [mu i-din-^{d}*d*]*a-gan*
9. 1[2 mu DINGIR-*i-ša-ar* še]š-*šu*

If the general outlines of Durand' reconstruction are correct, and the second Mari "dynastic list" comes to our aid at this moment, Iddin-Dagan would have been succeed by three family members, his brothers, Ili-ishar and Turam-Dagan, who reigned for twelve years and twenty years, respectively, and the latter's son Puzur-Eshtar, who ruled for twenty-five years. Therefore, the new version of events would be:

35 years – Apil-kin, son of Ishmah-Dagan
5 years -- Iddin-Dagan
12 years – Ili-Ishar, his brother
20 years -- Turam-Dagan, his brother
25 years – Puzur-Eshtar, his son
7 years -- Hitlal-Erra

Nothing precludes such a reconstruction. One should note the prevalence of Dagan in these *shakkanakku* names. The pattern Iddin-DN in royal names is attested by the unplaced Iddin-El, whose statue was found at Mari,[29] and the name itself by a šabra in his employ (i-dì-^{d}da-gan). Therefore, with all due reservations, one can suggest that Iddin-Dagan succeeded Apil-kin on the throne. By itself this is hardly important historical information and constitutes a mere footnote in the history of ancient Syria. It does become interesting when one considers the consequences. His funerary cult in Sumer implies that another dynastic marriage followed upon the union Taram-Uriam and Shulgi; he was, therefore, quite possibly, the grandfather of one or more of the kings of Ur. One dynastic union with Mari is interesting, but two suggest something much more complex. If my reconstruction of the list and of the events is correct, Iddin-Dagan was not a direct descendant of his predecessor Apil-kin. There are two important consequences of this fact. First, the two daughters who entered the house of Ur were not sisters, and, second, the dynastic union may have been as important, if not even more so, for the king of Mari as for his counterpart in the south, bestowing legitimacy on his reign. Iddin-Dagan's family maintained the reins of power, as three kinsmen followed him on the throne; this family therefore ruled for at least sixty-two

---

[29] The statute M.13949, and the seal impression M 1400, see most recently, Durand, loc. cit., pp. 151 and 150 respectively.

years. The new ruler of Mari followed the example of his predecessor; this may suggest that the Ur III dynasty played a much more important role in the political affairs of neighboring states than one would think.[30] The intertwining of the two royal houses may explain why some men from Mari were present in Sumer a generation after the first such union, something I could not explain adequately in an article on the subject published a few years ago,[31] as well as the complete absence of any military expeditions against Syria from Ur. The public cult of the dead kings of the Syrian city, who took their places beside the shades of their dead royal kin from Ur, as well as next to the statues of Sargon and Naram-Sin, demonstrates that the matter of Mari was a crucial part of the public image of the Third Dynasty. The details do not matter in this context, it is important that we would never know of this from their hymns and dedicatory inscriptions. The Mari affair also sheds light on two misunderstood passages from a royal letter and from a hymn of Ishbi-Erra, the man who helped seal the fate of the empire.

There is a passage in an Old Babylonian version of a letter from Ibbi-Sin to Puzur-Numushda, the governor of Kazallu, which has been cited countless times, usually as a rare example of Mesopotamian ethnic hostility. The king writes that Enlil has temporarily given the rule of Sumer to Ishbi-Erra, who is not of "Sumerian" seed (line 17):[32]

^{m}iš-bi-èr-ra numun ki-en-gi-ra nu-me-a nam-lugal-la mu-na-an-šúm

Four lines later, the king reminds the governor that his enemy is a man from Mari (lú má-rí^{ki}-ke$_4$). As if in response to such accusations, the former employee of the house of Ur, now king of Isin and Sumer, commissioned a hymn that proclaimed with pride that "(Enlil) selected divine Ishbi-Erra, king

[30] The more dramatic effects of a dynastic union are seen from the Simanum affair. One of Shulgi's daughters married the crown prince of Simanum. She became queen, but when a local revolt removed her and her husband from the throne, the king of Ur sent his troops to restore the rule of the allied royal family.

[31] Michalowski, P., "The Men From Mari," pp. 181-188 in: van Lerberghe, K. and Schoors, A., eds., Immigration and Emigration within the Ancient Near East: Festschrift E. Lipinski, (Leuven, 1995).

[32] There are no substantial variants. This line is attested in the short version from Nippur (PBS 13, 3; PBS 13, 6; Ni. 4061+4188 [ISET 2, 118-119]) and Kish PRAK II, C10, as well as in the longer version of A 7475 (unp.) and MM 1039. For details see my forthcoming Royal Correspondence of Ur.

of the land, from Mari."[33] Granted, these texts are known only in Old Babylonian versions, but putting aside any issues of "authenticity," it is clear that somewhere in these later times the Ur III issue of Mari was still on people's minds. The contrasting claims only make sense if the issue was a contested one. In light of the speculations presented above, one can only suggest that Ishbi-Erra, although born in Mari and probably of royal blood, was a member of the extended family of Ur. The accusations of Ibbi-Sin, if taken seriously, must be viewed within the context of the complex family tensions that followed upon the death of Shulgi.[34]

When Shulgi died, at least two of his wives appear to have been buried with him. One cannot ascertain whether they died or were killed together, or whether the women were sacrificed to accompany him to the netherworld.[35] The succession of Amar-Sin was undoubtedly problematic, and he was followed upon the throne by Shu-Sin. There is some confusion about the line of descent of the Ur III rulers, particularly about the identity of the parents of Shu-Sin. There are indications that he was a son of Shulgi, although most scholars have followed the Old Babylonian copies of the King List and assumed that he was the son of Amar-Sin.[36] Abi-simti, who figures together with Iddin-Dagan in the text discussed earlier, was the queen (nin) of Amar-Sin; that title was transferred to another woman, Kubatum, when her husband, Shu-Sin assumed the throne. In light of the uncertainty concerning the

---

[33] Ishbi-Erra Hymn G (unp.) l. 11': ^{d}Iš-bi-èr-ra lugal kalam-ma-ke_4 má-rí^{ki}-ta mu-u[n-suh$^?$] (Michalowski, "The Men from Mari," p. 183). The full text will appear in my article on "Literary Works from the Court of King Ishbi-Erra of Isin", J. Klein Anniversary Volume.

[34] Some of the problems during the reign of Amar-Sin have been analysed recently by Maekawa, K., "Confiscation of Private Properties in the Ur III Period: A Study of the é-dul-la and níg-GA," in: ASJ 18 (1996), 103-168, but see the dissenting remarks by Heimpel, W., "Disposition of Households of Officials in Ur III and Mari," in: ASJ 19 (1997), 63-82.

[35] On the family relationships of the members of the house of Ur see most recently Sallaberger, OBO 160/3, (op. cit. fn. 11), 182-186 with previous literature. There is much more to come: for example, in a forthcoming publication, R. May and D.I. Owen will show that ME-Ishtaran claims to be the sister of both Shu-Sin and Ibbi-Sin, making all of Shulgi's successors his sons. The issue is complicated by the nature of Sumerian kinship terminology, which is undoubtedly of the Hawaiian type, as M. Civil once noted in passing but no one has explored (AS 20 [1976], 142). In such systems – the term is typological and not restricted to any language or ethnic group – all children in a generation are referred to with the same terms, hence there is no separate word for "cousin." As a result, "sister" and "brother" are used for all children of siblings. I am preparing a full study of the house of Ur in which all of these matters will be debated in full.

[36] See Sallaberger, W., OBO 160/3 (op. cit. fn. 11). On Shulgi as the father of Shu-Sin, see the forthcoming note in NABU by David I. Owen.

descent of the two followers of Shulgi, a number of scenarios are possible and the issue is further complicated since we do not know if the daughter of Iddin-Dagan married Shulgi or one of his sons.

First, let us assume that Amar-Sin and Shu-Sin were father and son. Because Abi-simti and her sister were somehow associated with the libations for the deceased Iddin-Dagan, it would be tempting to identify him as their father. Under this scenario, the king of Mari would have been the father-in-law of Amar-Sin and grandfather of Shu-Sin. It is also possible that they are present in the account for other family reasons, and that they were not Iddin-Dagan's daughters. In that case, one could argue that his son-in-law was actually Shu-Sin, and that his queen, Kubatum, was the lady from Mari, although for a variety of reasons I find this unlikely.[37]

There is still another, perhaps more dramatic, but no less plausible hypothetical reconstruction of these events. There is one genealogical fact that appears to be fairly certain: Abi-simti was the mother of Shu-Sin.[38] If Amar-Sin and Shu-Sin were brothers then her title nin, "queen," during the reign of the former, and nin-GAR, "dowager queen," which she bore during the kingship of the latter, cannot mean consort, but something close to the modern notion of "queen mother." If she came from Mari, then so did her siblings, the "queen's sister" Bizuʾa, and Babati, one of the highest members of the royal administration. Whichever reconstruction one may favor, it is undoubtedly of importance that Iddin-Dagan was connected with Shu-Sin's side of the family, otherwise there would have been no libations to him in the first official year of the new king's reign.

When Ibbi-Sin became king after the death of Shu-Sin, he had to contend with the betrayal of the "man from Mari," Ishbi-Erra and his followers. In light of the fact that the king of Ur may have been the grandson of Iddin-Dagan, the revolt of Ishbi-Erra may have to be seen as an internal family affair. According to the reconstructed list of Mari rulers provided above, the last of his descendants, Puzur-Eshtar, was replaced by one Hitlal-Erra, who was apparently not directly related to his predecessors. There are inscriptions on seal impressions according to which Hitlal-Erra was a military official under

---

[37] I find it more probable that Kubatum was the daughter of Abi-simti, and therefore would have to assume that Shu-Sin married his sister. Their son, Ibbi-Sin, seems to have followed in their footsteps and married his sister Geme-Ninlila; see, most recently, Steinkeller, P., ASJ 3 (1982), 80. Steinkeller suggests that the "hymn" Shu-Sin A (SRT 23) may refer to the birth of Geme-Ninlila, Kubatum's daughter, but I prefer the interpretation that the "hymn" commemorates the birth of Kubatum.

[38] Whiting, R., "Tiš-atal of Nineveh and Babati, Uncle of Šu-Sin," in: JCS 28 (1976), 182.

Puzur-Eshtar.[39] The evidence for their relationship is ambiguous, but if we take the reconstructed lists at face value, we have here a military official who takes over the throne from his former master; the total reign of the house of Iddin-Dagan lasted sixty-two years and it is therefore possible that he was a contemporary of Ishbi-Erra. Were Hitlal-Erra and Ishbi-Erra related, and concurrently usurping the thrones of Mari and Babylonia?

This hypothetical reconstruction of a series of events is all the more interesting because it was recovered from the public sphere of ceremony and ritual. It is this public sphere that has led me to eschew any discussion of the traditional repertoire of facts normally associated with the issue of "royal ideology:" the minute changes in titulary, invocation of divine sanction, reliance on heroic myth, and so on. Perhaps these issues are less important than we once thought. After all, no one is surprised that kings are always portrayed as omnipotent, but how do we go beyond this obvious rhetoric and investigate the social mandate, as well as the nature of royal power at specific historical moments? It is becoming increasingly certain that the power of the king fluctuated strongly during the Ur III period and that there were times when the figure of the ruler was but a metaphor for a broader distribution of power and authority within the patrimonial state. We should not expect to find such moments reflected in the self-presentations of royalty; the actual distribution of power in the kingdom did not require corresponding changes in public pomp and circumstance. Quite the opposite, the success of the state – and of the powerful families and individuals who were part of this power – was very much linked to the fiction of the all-powerful, divinely sanctioned monarch who symbolized order, embodied tradition, and served as the focal point of integrating ritual. This delicate, ever shifting balance of power lasted for a few generations, surviving through dynastic and military crises, including the complex issue of Mari, which is largely hidden from our view. Was this but a minor sideshow in the complex family dramas of the extended clan that ruled the state, or was it an important factor that contributed to the unraveling of the Ur III state? Perhaps these tensions led to the revoking of the mandate from local elites in the south and in the periph-

[39] The sealings are published Beyer, D., "Nouveaux documents iconographiques de l'époque des shakkanakku de Mari," in: MARI 4 (1985), 173-189, with readings of the inscriptions by D. Charpin and J.-M. Durand. Sealings nos. 3, 4, and 11 belong to underlings of *it-làl-èr-ra* nu-bànda. The fragmentary sealing 7 (p. 179) provides the relationship between the nu-bànda and his master, but the relationship remains unclear. The text reads: *puzur*$_4$-[*eš*$_4$-*tár*], ša[kkana], *ma*-[*ri*^{ki}], [*it-l*]*àl-èr-r*[*a*], [x x?]-*šu*. The issue hangs on how one reconstructs the final line. Analogy would suggest [dumu], "son," but the traces suggest that more was there.

ery, thus leading to the crisis that began early in the reign of Ibbi-Sin. The end of Ur remains a historical mystery; perhaps these speculations will serve to shed some additional light on this fascinating, if elusive complex of events.

EXCURSUS: IDDIN-DAGAN IN TEXTS FROM THE DREHEM ARCHIVES

The name Iddin-Dagan is rare in Ur III texts, as already pointed out by Goetze, JCS 17 (1963) 20. All references known to me to such a person or persons date from the reign of Amar-Sin and the first year of Shu-Sin, beginning with month ii; the last known occurrence is from ŠS 1 ix, that is approximately four months before the funerary offerings. Many of references suggest that there was a high military official by that name, perhaps a šakkana, who was stationed in the north-east:

1. Fish, Manch. 305, AS 5 ii, delivery of animals alongside other high officials.
2. Animals delivered, mu-ku$_x$(DU) I. (PDT 2, 859, AS 5 i)
3. A large tablet that records deliveries by many of the highest dignitaries of the state includes I. (TCL 2 5504, AS 5 x, treated extensively by Goetze, A., JCS 17 [1963], 8-30)
4. Deliveries from high officials (a governor and Dada the sanga), including I. (AUCT 2 241, AS 6 v).
5. A large, multi-column tablet registers animals from many different members of the Ur III elite, including city governors, and I. (rev. vi 48). The date is broken, but the mention of prince Shu-Sin and Lu-bala-saga, governor of Shuruppak, narrows the date down to AS 5-7.
6. Animals from various high officials, including governors and military officers, as well as I. (Hussey, M., JAOS 33 [1913], 172, AS 8 ix; see Owen, D.I., ASJ 15 [1993], 150).
7. Deliveries from the lú PI-nu-um^{ki}, ugula I. (MVN 4 96 = Deimel, Or 17 [1925], 56, AS 9 viii)
8. Deliveries from the governor of Harshi, ugula I. (MVN 3 338:9, ŠS 1 ix)

Other references suggest that there was one or more person by that name who was either a member of, or close to the royal family. This could still be the same šakkana, but there is no way of establishing this fact:

1. An animal disbursal on an unknown state occasion. The first in an unnamed wife of I. Also mentioned are the prince Shu-Shulgi, "when he entered the office of gala" (u_4 nam-gala-šè in-ku_4-ra), as well as emissaries of the rulers of the Syrian principalities of Mari, Urshu, and Tuttul (MVN 5 116, AS 7 iii). A full discussion of this text is impossible here. There are a number of similar references in Drehem texts to people entering the office of gala; they are all elite individuals and none of them permanently became a gala priest. The most likely explanation of this phrase refers to the temporary function that a male family member assumed upon the death of a parent during burial and mourning ceremonies. It is very possible that this text records ceremonies on the occasion of the death of Amar-Sin, as I am in agreement with B. Lafont in the belief that this king died in the seventh year of his reign, and not in the ninth.[40] This issue will be discussed in full in my study of the Ur III royal family.
2. Taxes from Uru'a as well as animals from I. as the mu-ku_x(DU) of Abisimti, delivered by Ur-Igalima, the animal fattener of the queen (TRU 126, AS 8 ix).
3. Animals destined for the goddess Nininsina in Isin, I. maškim (Sigrist, Rochester 77, AS 9 xi).
4. Animals for I as well as for the bride price of nin_9-li-túm-ki (various readings are possible), for the offerings to the goddess Haburitum, and for other individuals (TIM 6 15, ŠS 1 viii, reference courtesy of T. Sharlach).

---

[40] Lafont, B., "L'avènement de Šu-Sîn," in: RA 88 (1994), 97-119. Our view of the exact chronology is somewhat different, but in rough outline we are in agreement on the early death of Amar-Sin.

lú an-šè ba-e_{11}-dè
DER MYTHOS VON ETANA UM 2000 V. CHR.[1]

Michael Haul, Hamburg*

EINLEITUNG

Im Bemühen um ein angemessenes Verständnis der babylonischen Epik gehört das Problem der literarischen Tradition zu den zentralen Fragestellungen. Wo liegen jeweils ihre Ursprünge, und zu welchem Zweck wurden die überlieferten Werke tradiert? Welche Funktionen und Bedeutungen waren mit diesen Werken *als Tradition*, als Nachrichten über die ferne mythische Vergangenheit, verbunden? Alle Versuche, diese Fragen zu beantworten, sind in hohem Maße von Prämissen und Modellen hinsichtlich der historisch-gesellschaftlichen Situationen gesteuert, in denen die Literaturwerke auf ihre Tontafeln gebannt und fernerhin von literaten Dichtern an ihre Schüler oder Nachfahren weitergegeben wurden. So mag es uns wohl leidlich gelingen, die politische und soziale Geschichte einer Epoche aufgrund unserer mageren und häufig vieldeutigen Quellen zu rekonstruieren. Eine Geistesgeschichte der Mesopotamier erschließt sich uns auf der anderen Seite hauptsächlich durch die literarischen Hinterlassenschaften selbst, die uns nur zu oft darüber im Dunkeln lassen, auf welche Fragen und Erwartungen ihres Publikums sie jeweils die Antwort gewesen waren. Die Relevanz historischer Daten, die zur Aufhellung dieses Dunkels um die vergangenen gesellschaftlichen Funktionen der Literatur herangezogen werden, bleibt bei unseren Versuchen oft

[1] Vorliegender Aufsatz ist eine stark überarbeitete Fassung meines in Marburg gehaltenen Vortrags, die besonders von der sich anschließenden Diskussion meiner Thesen profitieren konnte. Die Darstellung der Etana-Tradition, besonders in der Sumerischen Königsliste, wurde ausgeweitet und präzisiert; die im Vortrag referierte Diskussion der Reihenfolge der Himmelflüge Etanas hingegen erschien mir im Zuge der hier gebotenen Argumentation nicht mehr ausschlaggebend, zumal sie inzwischen in aller Ausführlichkeit in Haul, M., Das Etana-Epos. Ein Mythos von der Himmelfahrt des Königs von Kiš, (Göttingen, 2000), 15-29 veröffentlicht worden ist. – Die Abkürzungen richten sich nach der Liste in AfO 40/41 (1993/93), 343 ff. und den Nachträgen in AfO 44/45 (1997/98), 611 f.

* Zum Kätnerholz 2a, D-21493 Sahms.

ein ungeklärter Angelpunkt der Argumentation. Sie kann bisweilen plausibel gemacht werden. Doch was uns in unserem diachronen Geflecht der Handvoll Quellen, die uns Jahrhunderte und Jahrtausende dokumentieren, plausibel scheint, kann trügen und bereits durch einen einzigen neuen Text verworfen werden. Mit dieser Kritik spreche ich eine dem Assyriologen wohlvertraute Bedingung für seine literarhistorische Arbeit aus. Sie eingedenk, sollen auch die folgenden Reflexionen zur Geschichte des Etana-Mythos insbesondere an der Schwelle vom 3. zum 2. Jahrtausend als modellhafter Versuch gesehen werden.

Die Überlieferung des Etana-Epos

Der Mythos von Etana erzählt uns von dem ersten aller Könige, der von den Göttern als Herrscher über die Menschen eingesetzt wird und späterhin mit einem Adler zum Himmel auffährt, um bei der Göttin Ištar eine "Pflanze des Gebärens" (*šammu ša alādi*) zu erlangen, die ihm einen Nachkommen und mithin den Fortbestand des dynastischen Erbfolge-Königtums sichern soll. Als keilschriftliche epische Dichtung ist uns dieser Mythos frühestens aus der altbabylonischen Zeit bezeugt.[2] Zwei Tafelfragmente sind uns aus dieser Epoche überliefert. Das eine, MLC 1363,[3] ist unbekannter Provenienz, scheint aber im Süden des mesopotamischen Kernlandes geschrieben worden zu sein.[4] Das andere, aufgrund seiner kursiveren Schrift wohl jüngere Stück[5] stammt aus dem elamischen Susa und bezeugt damit die weite Verbreitung des Epos. Vier Tafelfragmente der mittelassyrischen Zeit aus Assur und zwölf Quellen aus den neuassyrischen Bibliotheken Ninives bele-

---

[2] Die bisherige Standard-Edition mit Kopien fast aller Keilschrifttexte ist Kinnier Wilson, J.V., The Legend of Etana. A New Edition, (Warminster, 1985). Für eine neue Edition (z. T. mit neuen Kopien), die die Reihenfolge der Episoden – insbesondere die der beiden (nicht drei) Himmelflüge Etanas – bei Kinnier Wilson korrigiert, vgl. Vf., op. cit. (Anm. 1). Vgl. ferner Novotny, J.R., The Standard Babylonian Etana Epic (SAACT 2; Helsinki, 2001).

[3] Erstveröffentlicht von Scheil, V., RT 23 (Paris, 1901), 18-23; in Kopie von Clay, A.T., BRM IV (New Haven, 1923), No. 2.

[4] Es sind keine orthographischen Eigentümlichkeiten des Nordens, insbesondere der Diyala-Gegend und Maris, wie z.B. ḪI für *-ṭà-* oder AB für *-ìs-*, zu verzeichnen. In Zeichenformen und Morphologie weist die Tafel einen archaischen Stil auf, was für eine frühaltbabylonische Verschriftung in Anspruch genommen wurde; vgl. Scheil, V., RT 23 (Paris, 1901), 18 und Vf., op. cit. (Anm. 1), 103.

[5] In Kopie sowie Umschrift und Übersetzung erstveröffentlicht von Scheil, V., RA 24 (1927), 103-107 und seitdem verschollen.

gen die literarische Weitergabe des Mythos. In ihnen sind neben der generellen, über weite Strecken wörtlichen Abhängigkeit vom altbabylonischen Vorbild auch Umgestaltungen, Auslassungen und Hinzufügungen in Formulierungen und Motiven zu beobachten, die den fortwährend kreativen Umgang mit der literarischen Überlieferung – möglicherweise im Rückgriff auf eine gleichzeitige mündliche Tradition – aufdecken.[6]

In die altbabylonische Epoche fällt das initiale Aufblühen der Verschriftung von Epik und Lyrik in akkadischer Sprache, die in der Literatur, parallel zur Dominanz erlangenden Bedeutung des Akkadischen in der alltäglichen Verwendung in Dokumenten und Briefen, nunmehr neben der sumerischen Tradition einen festen Platz einnimmt. Demgegenüber wirken die – von den Königsinschriften abgesehen – wenigen literarischen Zeugnisse in akkadischer Sprache, die uns aus der späten frühdynastischen und der altakkadischen Zeit überliefert sind,[7] marginal und scheinen mithin keine direkten Vorläufer darzustellen, aus denen sich auf dem Wege literarischer Weitergabe die altbabylonische akkadische Dichtung genetisch entwickelt hätte – wenngleich diese Zeugnisse unbestritten bereits einige poetische Mittel der späteren akkadischen Literatur erkennen lassen.[8] Deren Quelle dürfte jedoch damals wie später in der Mündlichkeit gelegen haben. Gegen einen Strom

---

[6] Die Divergenzen zwischen den drei Eposversionen habe ich in: Das Etana-Epos, op. cit. (Anm. 1), 7ff. erläutert, ohne sie freilich systematisch zu analysieren, da es mir dort mehr um eine geschlossene Darstellung des aufs Ganze gesehen gleichförmigen Aufbaus des Epos und seiner sinngebenden Momente ging. Der fragmentarische Zustand der aB und mA Fassungen lässt gleichwohl die Möglichkeit offen, dass sich die älteren Stufen der Überlieferung erheblich von der ninivitischen unterschieden; für wahrscheinlich halte ich das jedoch nicht. Als Ausgangspunkt und Grundlage der literarischen Überlieferung nehme ich im Gegensatz zu Selz, G., ASJ 20, (Hiroshima, 1998), 142 "*einen* bereits verschrifteten Text" an – das Epos ist wohl nirgendwo vollständig neu aus der Mündlichkeit heraus gedichtet worden. Für vergleichende Darstellungen einander entsprechender Passagen in den verschiedenen Versionen sei auf Wilcke, C., ZA 67 (1977), 211-214, Cooper, J.S., JAOS 97 (1977), 509f. und 511 sowie Alster, B., JAOS 109 (1989), 81-86 verwiesen.

[7] Neben der in Ebla, Kiš (MAD V 8) und Tell Abu Ṣalābīḫ bezeugten Beschwörungsliteratur sind hier vor allem die aus dem Ende der frühdynastischen Zeit stammenden Preisdichtungen auf Šamaš ARET V 6 = OIP 99 326 bzw. 342 und auf Nisaba ARET V 7 zu nennen, die ganz überwiegend logographisch geschrieben sind und demgemäß ein vorverstehendes, memorierendes Lesen implizieren. Dass sie bereits auf die mündliche Weitergabe verzichten konnten, ist m. E. nicht sehr wahrscheinlich.

[8] Insbesondere wirken die preisenden Reihungen von nominalen Epitheta in den hymnischen Einleitungen, der *parallelismus membrorum* sowie die verzögerte Einführung des Subjektes Šamaš bzw. Nisaba aus späteren akkadischen Götterhymnen vertraut, doch begegnen diese Stilmittel gleichermaßen auch in der sumerischen Hymnik; vgl. Wilcke, C., AS 20, (Chicago, 1976), 214 und 233-239.

verschrifteter epischer Überlieferung in akkadischer Sprache vor der altbabylonischen Zeit spricht auch, dass sowohl das akkadische Gilgameš-Epos wie auch die bislang nur mittelbabylonisch und später bezeugte Adapa-Erzählung sumerische Epen zu Vorbildern nahmen.[9] Von einem großen Teil der sumerischen Epik wird aufgrund Ur III-zeitlicher epischer Fragmente sowie inhaltlicher Kriterien vermutet, dass er in neusumerischer Zeit gedichtet wurde bzw. seine uns überlieferte Ausprägung erfuhr – er ist also älter.[10] Der Einfluss sumerischer Dichtung auf die akkadische wird z. B. auch für die Sintfluterzählung im Atram-ḫasīs-Epos oder für die Gattung der Streitgedichte angenommen, während andere Gattungen wie beispielsweise die akkadische Omenliteratur in der altbabylonischen Zeit erstmalig ins Leben treten.[11]

Die Sumerische Königsliste

Ein früherer Abfassungszeitraum für das akkadische Etana-Epos als die altbabylonische Zeit ist somit nicht anzunehmen. Dennoch wissen wir, dass der Mythos Etanas bedeutend älter ist. In der Sumerischen Königsliste,[12]

---

[9] In Tell Haddad sind jüngst aB Fragmente einer sumerischen Adapa-Erzählung zutage gefördert worden; vgl. Cavigneaux, A. / Al-Rawi, F., Iraq 55 (1993), 92f. Der Fund ist noch unpubliziert.

[10] Neben den wenigen originär Ur III-zeitlichen Fragmenten sumerischer Literatur und den reich überlieferten Königshymnen der Ur III-Könige, die die Annahme einer allgemeinen Blütezeit sumerischer Literatur in dieser Epoche stützen, wird insbesondere von C. Wilcke eine ideologisch-legitimatorische Motivation der Ur III-Könige erschlossen, die die Verschriftung einer Vielzahl von Literaturwerken befördert habe; vgl. Wilcke, C., "Die Sumerische Königsliste und erzählte Vergangenheit", in: v. Ungern-Sternberg, J. / Reinau, H. (Hrsg.), Vergangenheit in mündlicher Überlieferung, (Colloquium Rauricum 1; Stuttgart, 1988), 113-140; ders., "Genealogical and Geographical Thought in the Sumerian King List", in: Behrens, H. et al. (Hrsg.), DUMU-E$_2$-DUB-BA-A. Studies in Honor of Åke Sjöberg, (Philadelphia, 1989), 557-571; ders., "Politik im Spiegel der Literatur, Literatur als Mittel der Politik im älteren Babylonien", in: Raaflaub, K. (Hrsg.), Anfänge politischen Denkens in der Antike, (München, 1993), 29-75. Zur Literatur der Ur III-Zeit vgl. die Zusammenfassung von Sallaberger, W., in: Westenholz, A. / Sallaberger, W., Mesopotamien. Akkade-Zeit und Ur III-Zeit, (OBO 160/3; Freiburg/Schweiz, 1999), 127f. mit Literatur. Sumerische Epik lässt sich (neben den Genres der Tempelhymne, der Weisheitsliteratur und Beschwörungen) in der Lugalbanda-Erzählung OIP 99 327 bereits ED III-zeitlich fassen (vgl. Wilcke, C., RlA 7 [1987-90], 130f. sub § 4.1.4.).

[11] Vgl. zur Genese der akkadischen Literatur Röllig, W., RlA 7 (1987-90), 48ff.

[12] Die grundlegende Edition ist Jacobsen, Th., The Sumerian King List, (AS 11; Chicago, 1939); dazu Vincente, C.-A., ZA 85 (1995), 234-270 mit einer Liste aller bekannten Manuskripte und Literaturangaben zu allen wesentlichen Addenda und Studien seit Jacobsens Edition.

deren Textvertreter nicht weiter als bis in die Isin-Larsa-Zeit zurückreichen und die alle[13] eine durch die Isin-Dynastie redigierte Fassung wiedergeben,[14] wird seine Tradition schriftlich frühestens fassbar. Das genaue Alter der verschiedenen Teile der Sumerischen Königsliste, die als literarisches Werk eine lange Traditionsgeschichte erkennen lässt, ist bislang nicht auszumachen. Auch sind wir über die Quellen, aus denen sie ursprünglich komponiert wurde, auf Spekulationen angewiesen. Als Quellen werden neben der mythischen Überlieferung (mündlich oder verschriftet) Herrscher- und Jahresnamenlisten vermutet, die Datierungszwecken dienten.[15] Nachdem Th. Jacobsen aufgrund der im Text variierenden Formulare und anderer sprachgeschichtlicher Kriterien eine Komposition zu Zeiten Utu-ḫeĝal's von Uruk postulierte,[16] konnte C. Wilcke Verbindungen zwischen den Aussagen und der Struktur der Königsliste und der mythisch untermauerten Legitimationsideologie der dritten Dynastie von Ur aufzeigen.[17] Deren Könige ließen sich in der Literatur genealogisch mit den frühen mythischen Trägern des Königsamtes verbinden: so nennen Urnamma und Šulgi von Ur Gilgameš von Uruk I ihren Bruder; dessen Vorfahr Lugalbanda gilt Šulgi als Vater. Mittelbar ergibt sich über diese Verbindung ein genealogischer Bezug zu Enmebaragesi von Kiš I.[18] Die genealogische Fiktion, mit der die Herrscher von Ur III auf das vom Himmel gestiegene uranfängliche Königtum rekurrierten, findet

---

[13] Eine Ausnahme könnte das Fragment P_6 darstellen, das am Ende einen *Su-mu-a-bu-[um]* (von Babylon?) und einen *[I(š)-k]u-un-pî*(ka)-*Ištàr* (unbekannter Zuordnung) erwähnt; vgl. Civil, M., JCS 15 (1961), 80 (Kopie; Tafelnr. N 1610); Jacobsen, Th., AS 11, op. cit. (Anm. 12), 8.

[14] Vgl. Wilcke, C., Fs. Sjöberg, op. cit. (Anm. 10), 558b.

[15] Vgl. Jacobsen, Th., op. cit. (Anm. 12), 147-151; Wilcke, C., Coll. Raur. 1, op. cit. (Anm. 10), 114.

[16] Vgl. Jacobsen, Th., op. cit. (Anm. 12), 128ff., insbesondere 135-141. Die Position wurde jüngst von Glassner, J.-J., Chroniques mésopotamiennes, (Paris, 1993), 113-117 unterstützt; vgl. ähnlich Klein, J., AulOr 9 (1991), 127-129, der mit einer mehrfachen Umgestaltung des Textes seit Utu-ḫeĝal rechnet, die der Anpassung an die jeweiligen ideologischen Darstellungsziele geschuldet ist.

[17] Vgl. Wilcke, C., Fs. Sjöberg, op. cit. (Anm. 10), 557-571; ders., Coll. Raur. 1, op. cit. (Anm. 10), 116-121. Vgl. auch im Anschluss an Wilcke die Argumentation bei Glassner, J.-J., op. cit. (Anm. 16), 120-122.

[18] Enmebaragesi ist im Epos "Gilgameš und Ḫuwawa A" die ältere Schwester des Gilgameš (vgl. Edzard, D.O., ZA 81 [1991], 211 Z. 139); Wilcke möchte von ihr eine Erbschaftslinie zu Gilgameš ziehen, über die das uranfängliche Königtum von Kiš I auf Uruk I übergegangen sei; vgl. Wilcke, C., Fs. Sjöberg, op. cit. (Anm. 10), 563b; ders., Coll. Raur. 1, op. cit. (Anm. 10), 119f.

in der Struktur der Sumerischen Königsliste ihre Entsprechung. Dass die Königsliste in der Abfolge ihrer Dynastien zudem recht genau den Umfang des Reiches von Ur III umreißt und in den Herrschaftsabfolgen in der Ur III-zeitlich belegten Dichtung "Fluch über Akkade"[19] (Kiš → Uruk → Akkad) und der Šulgi-Hymne O (Kiš → Uruk; eine Variante schreibt: Ur)[20] ihren Reflex findet, spricht dafür, ihre Redaktion in der uns überlieferten Gestalt (abzüglich der später hinzugefügten vorsintflutlichen Dynastien und natürlich der Isin-Dynastie) in der Ur III-Zeit zu vermuten. Damit wird ein noch früherer Zeitpunkt für die ursprüngliche Komposition nicht ausgeschlossen. Es lassen sich im Gegenteil gute Gründe dafür vorbringen, für die Urfassung die Zeit Utu-ḫeĝals von Uruk anzunehmen.[21]

In der Königsliste wird Etana als der dreizehnte König der Dynastie Kiš I aufgeführt, die als die erste Dynastie nach der Sintflut das Königtum aus der göttlichen Sphäre des Himmels empfing.[22] Sämtliche Könige dieser ersten Dynastie von Kiš gehören noch der mythischen, uranfänglichen Zeit an, wie ihre sagenhaft langen Regierungszeiten bezeugen – die Zahlen bewegen sich zwischen 1500 Jahren für Etana, die höchste Zahl unter den nachsintflutlichen Königen überhaupt, und 140 Jahren für den 18. König Samug.[23] Nach der schlichten Auflistung der ersten zwölf Namen folgt der Name Etanas, dem als ersten König dieser Reihe eine erläuternde Angabe an die Seite gestellt wird:

> E-ta-na (Var. E-da-na) sipa lú an-šè ba-e_{11}-dè lú kur-kur mu-un-gi-na lugal-àm
>
> "Etana, der Hirte, der zum Himmel aufstieg, der alle Länder stabilisierte (d. h. dauerhaft gefügig machte), wurde König".[24]

---

[19] Vgl. die Edition von Cooper, J.S., The Curse of Agade, (Baltimore/London, 1983), 50ff. Z. 1ff.

[20] Vgl. Klein, J., "Šulgi and Gilgameš: Two Brother-Peers (Šulgi O)", in: Eichler, B.L. et al. (Hrsg.), Kramer Anniversary Volume, (AOAT 25; Kevelaer/Neukirchen-Vluyn, 1976), 271-292, dort 278 Z. 60; zur Variante im Textzeugen B vgl. Wilcke, C., Fs. Sjöberg, op. cit. (Anm. 10), 562a Fn. 23.

[21] Vgl. die Literatur oben in Anm. 16.

[22] Vgl. Jacobsen, Th., op. cit. (Anm. 12), 76, Z. i 40ff.: egir a-ma-ru ba-ùr-ra-ta nam-lugal an-ta e_{11}-dè-a-ba Kiši^{ki} nam-lugal-la: "Nachdem die Flut (alles) eingeebnet hatte, war, als das Königtum vom Himmel herabstieg, das Königtum in Kiš".

[23] Vgl. Edzard, D.O., RlA 6 (1980-83), 81.

[24] Vgl. Jacobsen, Th., op. cit. (Anm. 12), 80.

Neben der offensichtlichen Anspielung auf den im späteren Epos überlieferten Mythos vom Himmelflug Etanas wird Etana hier als "Hirte" gekennzeichnet, eine Angabe, die zum einen gewiss als geläufige Metapher für den Herrscher als den schützenden und leitenden Hirten des Menschenvolkes aufgefasst wurde. Allerdings wäre die Anwesenheit eines reinen *epitheton ornans* in der sonst so ökonomisch formulierenden Sumerische Königsliste recht auffällig,[25] so dass wir neben der metaphorischen wohl primär die konkrete Bedeutung vermuten dürfen, die hinwiederum nur auf die mythische Überlieferung rekurrieren könnte. sipa – als Beruf sonst noch von Dumuzi von Babtibira und Lugalbanda von Uruk I aufgeführt[26] – steht demnach in gleicher Funktion wie die ebenfalls konkret aufzufassenden Berufsbezeichnungen šu-ḫa$_6$ "Fischer" für Dumuzi (Uruk I), simug "Schmied" für ⌜Mes?⌝-ḪÉ (Uruk I), ^{mí}lú-kurun-na "Schankwirtin" für Ku-Baba (Kiš III) und zadim "Steinschneider" für Nannia (Kiš III);[27] schließlich gehört auch die Angabe über Sargon von Akkade sagi Ur-^{d}Za-ba$_4$-ba$_4$ "Mundschenk des Ur-Zababa" hierher.

Die Kennzeichnung Meskiagašers und Gilgamešs von Uruk I als en möchte ich gleichfalls primär als Beruf, nämlich als das höchste und ehrwürdigste

---

[25] Bei Durchsicht sämtlicher "historical notes" der Königsliste (vgl. Jacobsen, Th., op. cit. (Anm. 12), 142f.) fallen nur zwei Epitheta auf, die redundant und inhaltsleer wirken könnten: So wird Enmerkar von Uruk als lugal Unu^{ki}-ga und Sargon von Akkade als lugal A-ga-dè^{ki} bezeichnet. Vermutlich spiegeln aber auch diese Angaben wesentliche Pointen der hinter ihnen stehenden Mythen: in beiden Fällen geht es um die ungewöhnliche und phantastisch anmutende Thronerlangung zweier Herrscher, die eine abenteuerliche und ungewöhnliche Abkunft aufweisen. Beide werden zu Dynastiebegründern. Im Falle Enmerkars, des Sohnes Meskiagašers, ist es wahrscheinlich, dass er in der frühen mythischen Überlieferung selbst als erster König Uruks galt. Von Meskiagašer berichtet die Königsliste nur, dass er ein Sohn Utus war, en-Priester wurde (en-àm) und in "in das Meer eingetreten" und "verschwunden" sei (vgl. Jacobsen, Th., loc. cit. (Anm. 12), 84-86; zur Interpretation von ḫur-sag-šè . . . e$_{11}$ vgl. Glassner, J.-J., op. cit. (Anm. 16), 258 Fn. 9), was mit Glassner, op. cit. (Anm. 16), 73 an die Legende des ersten vorsintflutlichen Weisen Oannes bei Berossos anklingt, der aus dem Meer entstieg, die Menschen belehrte und anschließend ins Meer zurückging. Enmerkar ziert dann nach seinem Vater erneut die Formel lugal-àm (vgl. dazu unten). Berossos gilt Enmerkar schließlich – korrespondierend mit der im 1. Jts. bezeugten Tradition der nachsintflutlichen Weisen (vgl. van Dijk, J.J.A., UVB 18, [Berlin, 1962], 44 Z. 8) – als der erste aller nachsintflutlichen Könige.

[26] Für Lugalbanda findet sich die Kennzeichnung als Hirte nicht in der überlieferten Lugalbanda-Epik wieder. Sofern die Königsliste schmückende Epitheta gänzlich vermeidet, wie hier angenommen, bedeutet dies eine Verabschiedung meines noch in: Das Etana-Epos, op. cit. (Anm. 1), 8 Fn. 16 vertretenen Standpunktes, dass der "Hirte" in Bezug auf Lugalbanda "wohl nur metaphorisch" zu sehen sei.

[27] Evtl. noch [má-laḫ] "Schiffer", sofern für den König Magalgalla von Kiš II zu Recht ergänzt; vgl. Jacobsen, Th., op. cit. (Anm. 12), 96 Z. iv 24.

Priesteramt, auffassen. Dem en-Amt kam zwar in vorgeschichtlicher Zeit gewiss die vom Stadtgott übertragene Herrschaft im Stadtstaate zu, doch hat W. Heimpel überzeugend darlegen können, dass dem en-Begriff mit der Verdrängung des "Herrentums" durch das "Königtum" (nam-lugal) in frühdynastischer Zeit seine herrscherlichen Konnotationen abhanden kamen, die sich nunmehr nur noch in der mythischen Tradition spiegelten.[28] Als ein solcher Reflex sind gewiss auch die en-Titel Meskiagašers und Gilgamešs in der Königsliste aufzufassen; dass sie zur Zeit der Komposition der Königsliste dazu dienten, das als Regierungsform längst vergessene Herrentum bewusst dem Königtum gegenüberzustellen, ist dagegen nicht wahrscheinlich.

Etanas Hirtentum lässt sich in unseren Quellen über ihn nur vage aufspüren. In der hymnischen Einleitung der späten Fassung des Epos wird Etana als König bezeichnet, der zum "Hirten" der Menschen auserkoren ist (Tf. I 6):

[šarr]u lū rē'ûšina [. . . . . .]

"[Ein Köni]g sei ihr (der Menschen) Hirte [. . . . . .]"

Diese Angabe wird man kaum anders als metaphorisch im oben bezeichneten Sinne verstehen wollen.[29] Wenige Zeilen später wird die Suche Ištars nach einem Herrscher in lyrisch repetierenden Versen geschildert, von denen uns nur die Anfänge geblieben sind:

I 20 *ᵈIštar rē'a* [. . . . . .]
I 21 *u šarra iše''i* [. . . . . .]
I 22 *ᵈIninna rē'a* [. . . . . .]
I 23 *u šarra iše''i* [. . . . . .]

"Ištar [. . .] einen Hirten [. . . . .] und einen König suchte [sie (?) . . .]
Ininna [. . .] einen Hirten [. . . . .] und einen König suchte [sie (?) . . .]"

Durch die lyrische Parallelisierung mit *šarra* scheint auch hier der metaphorische Sinn von *rē'a* zu überwiegen. Wenig später bricht der Text ab, so dass wir nicht wissen können, ob Ištar ihren Kandidaten für das Königsamt unter den Hirten in der Wildnis außerhalb der Stadt fand. Die viel diskutierte und in ihrem Sinn enigmatische Zeile 10 der altbabylonischen Epos-

[28] Vgl. Heimpel, W., "Herrentum und Königtum im vor- und frühgeschichtlichen Alten Orient", ZA 82 (1992), 4-21, insbesondere 8f.

[29] Vgl. die ohne Zweifel metaphorische Kennzeichnung Gilgamešs im Zwölftafel-Epos Tf. I ii 25 als *rē'ûšina* "ihr (der Urukäer) Hirte".

Fassung *sebetta bābū uddulū elu dapnim* "Die siebenfachen Tore waren gegen den Mächtigen (d.h. den künftigen König) verriegelt" könnte für diese These sprechen – sofern nicht gemeint ist, dass der künftige König vielmehr in der von den Göttern geschaffenen Urstadt eingeschlossen statt aus ihr ausgeschlossen ist.[30]

Etanas Verbindung zu den Tieren kommt noch am deutlichsten in der mittelassyrischen Version des Epos zum Ausdruck, wo der Adler in der Grube Etana als *šar būli* "König des Herdenviehs" anspricht.

Schließlich können die mit Etana in Verbindung gebrachten altakkadischen Rollsiegel mit ihren Hirtenszenen als Indiz für Etanas ursprünglich konkretes Hirtentum angeführt werden (dazu unten).

Eine andere Erklärung bietet G. Selz in seinem jüngst erschienenen Aufsatz über die Etana-Überlieferung.[31] Der metaphorische Sinn des Wortes "Hirte" in der Königsliste begriffe demzufolge die im frühsumerischen Stadtstaat wurzelnde, sakrale Ausprägung der Herrschaft als Stadtfürsten- oder "Herrentum" (nam-en) mit ein und sei bewusst dem patriarchalen, suprematischen Erbfolge-Königtum nordmesopotamisch-semitischer Herkunft gegenübergestellt; im Etana-Mythos vollziehe sich also die Überschreitung der alten Herrschaftsform zur neuen, die in der Königsliste durch die Überschreitung des Begriffs sipa durch den Begriff lugal ausgedrückt würde, der noch seine Erläuterung durch das "Stabilisieren" bzw. "Gefügigmachen" der Länder erführe.[32] Dass Letzteres eine Funktion des suprematischen Königtums darstellt, lässt sich kaum bestreiten. Selz' Argumentation ist jedoch insofern zu relativieren, als dass in der Königsliste die Angabe lugal-àm "(PN) wurde König" keineswegs auf Etana beschränkt und in spezifischer Weise auf ihn bezogen ist. Sie findet sich mit Ausnahme der zweiten und dritten vorsintflutlichen Dynastie (Babtibira und Larak) stets im Anschluss an einen Dynastiewechsel bei dem jeweils ersten König einer Dynastie und gehört somit dem stereotypen Formular dieser Wechsel an: "In ON wurde PN König; er machte *n* Jahre".[33] Im Sinne der Königsliste sind auch alle Herrscher ohne die Bezeichnung lugal als Könige zu denken, sowohl die vor- wie die nachsintflutlichen. Dass die Formel lugal-àm im Anschluss

---

[30] Vgl. dazu Vf., Etana-Epos, op. cit. (Anm. 1), 7-9.

[31] Selz, G., "Die Etana-Erzählung. Ursprung und Tradition eines der ältesten epischen Texte in einer semitischen Sprache", in: ASJ 20, (Hiroshima, 1998), 135-179.

[32] Vgl. Selz, G., loc. cit., 140f.

[33] Vgl. Jacobsen, Th., op. cit. (Anm. 12), 67 und 136; Edzard, D.O., RlA 6 (1980-83), 79 § 1.3.

an Etanas Namen erscheint, sollte somit nicht antithetisch zu sipa, sondern vielmehr als Indiz dafür gewertet werden, dass Etana in der Sumerischen Königsliste ursprünglich als der erste König von Kiš I erschien, wie dies schon früher vermutet wurde,[34] womit ein weiteres Charakteristikum seines Mythos seinen Niederschlag in der Königsliste gefunden hätte. Die Reihe der ihm voraufgehenden zwölf Namen stellt mit großer Wahrscheinlichkeit einen späteren Zusatz dar, für dessen genaue Natur und Zusammenhang mit Etana wir jedoch gänzlich auf Spekulationen angewiesen sind.[35]

Die Liste der zwölf Namen zerfällt in zwei Teile. Die ersten sechs Namen sind z.T. zerstört und in ihrer Deutung unklar. So lautete der erste König vielleicht mit W.W. Hallo[36] (^{giš})GÁN-ÙR = *maškakātum* "Egge", womit, wie Hallo annahm, evtl. das gleichnamige Sternbild gemeint gewesen sein könnte[37] – doch erscheint diese Erklärung nicht sehr überzeugend, da sich die übrigen Namen der Kiš I-Dynastie nicht in eine astrale Deutung fügen wollen.[38] Der zweite, *Kullas-sina-bēl* "Sie alle waren Herr", scheint mit C. Wilcke[39] auf einen Urzustand ohne Herrschaft anzuspielen. Der dritte Name, *Na-an-giš-li-iš-ma*, ist unklar, dürfte aber wie der vorhergehende akkadisch sein. Vielleicht ist er mit Th. Jacobsen als *Nangiś-lišma*' "Jubilierend

[34] Vgl. Jacobsen, Th., op. cit. (Anm. 12), 152; Wilcke, C., Coll. Raur. 1, op. cit. (Anm. 10), 134.

[35] Zu den Königsnamen von Kiš I vgl. generell Jacobsen, Th., op. cit. (Anm. 12), 15-23 (insbesondere zu ihrer ursprünglichen Reihenfolge); Hallo, W.W., "Beginning and the End of the Sumerian King List in the Nippur Recension", JCS 17 (1963), 52-57; Wilcke, C., Coll. Raur. 1, op. cit. (Anm. 10), 134; ders., Fs. Sjöberg, op. cit. (Anm. 10), 567f. und 570; Glassner, J.-J., op. cit. (Anm. 16), 75f.; Selz, G., op. cit. (Anm. 31), 140; Vf., op. cit. (Anm. 1), 39f.

[36] Hallo, W.W., op. cit., 52. Vgl. zu dem Namen noch Glassner, Chroniques, op. cit. (Anm. 16), 257 Fn. 4.

[37] Nach Gössmann, P.L., Planetarium Babylonicum oder die Sumerisch-Babylonischen Sternnamen (ŠL IV/2, 1950), no. 66 wurden für die "Egge" die Sternbilder Altar (Ara) und das Kreuz des Südens (Crux) als Identifizierungen vorgeschlagen. Nach Hunger, H. / Pingree, D., Astral Sciences in Mesopotamia, (HdO 24; Leiden, 1999), 273 ist $^{\text{mul giš}}$GÁN-ÙR der östliche Teil des Sternbildes Segel (Vela).

[38] Wir finden am babylonischen Himmel nur noch den *kalbum* "Hund" (^{mul}ur-gi$_7$ = Sternbild Hercules; vgl. Gössmann, loc. cit. no. 167), den *zuqaqīpum* "Skorpion" (^{mul}gír-tab = Scorpius; Gössmann, op. cit. no. 94) und den *erûm* "Adler" (?) (^{mul}ti$_8$^{mušen} = Aquila; Gössmann, loc. cit. no. 2).

[39] Vgl. Wilcke, C., Coll. Raur. 1, op. cit. (Anm. 10), 134.

soll er (oder sie/es) hören" aufzufassen.[40] Der vierte nennt einen En-darà-an-na "Herr Steinbock des Himmels", der fünfte heißt *Bābum* "Tor", und der sechste lautet *Pu-An-nu-um* "Das Geheiß ist Anum" (?).[41] Die letzten sechs Namen (Könige 7 bis 12) sind wahrscheinlich alle akkadische Tierbezeichnungen gewesen.[42]

Nach C. Wilcke reflektieren diese Namen einen Mythos in akkadischer Sprache, der von einer Zeit der Tiere erzählt, in der es noch keine Herrschaft gab.[43] Wir wissen, dass es in Mesopotamien einen Mythos gegeben hat, in dem die Menschen ursprünglich *wie* die Tiere waren – er begegnet uns in der mythischen Einleitung des sumerischen "Streitgesprächs zwischen Mutterschaf und Getreide",[44] manifestiert sich in der Gestalt des Tiermenschen Enkidu im Gilgameš-Epos, dem paradigmatischen Gegenbild zum städtischen, zivilisierten Menschen, und ein später Reflex dieser Vorstellung findet sich noch bei Berossos, der in seiner "Babyloniaca" berichtet, dass am Anfang der Zeiten vor dem Erscheinen der sieben Weisen die Menschen gesetzlos waren und wie die wilden Tiere Gras fraßen.[45] Wilcke mutmaßt

---

[40] Vgl. AS 11 (1939), 78 Fn. 44. Wilcke, C., Coll. Raur 1, op. cit. (Anm. 10), 134 Fn. 96 hält dem entgegen, dass "*giš* [...] kein übliches Silbenzeichen in altbab. Zeit (und früher)" ist.

[41] Die Deutung ist nicht sicher – vgl. Hallo, W.W., JCS 17 (1963), 53b. Zum aAk gut bezeugten Namenstyp *Pû*-GN bzw. *Pû-abī*, *Pû-bēlī* etc. vgl. Gelb, I., MAD 3 (1957), 210f.

[42] **7.** *Kalibum* "Hund". **8.** *Kalūmum* "Lamm". **9.** *Zuqaqīp* "Skorpion". **10.** $ti_8^{mušen!}$ = *Erûm* "Adler" (?). Die Manuskripte schreiben Á-TAB bzw. Á-BA; der Emendationsvorschlag stammt von Wilcke, C., Coll. Raur. 1, op. cit. (Anm. 10), 134 Fn. 98. G. Selz, op. cit., (Anm. 31), 140 Fn. 30 weist dagegen noch auf einen Vogel Á-TAB^{mušen} in Ḫḫ XVIII hin, vgl. MSL VIII/2, 122 zu Z. 146 b. **11.** <maš-dà> = *Ṣabītum* "Gazelle". Die Quellen schreiben nur á-tab-ba, wohl mit Jacobsen, Th., op. cit. (Anm. 12), 21f. ursprünglich ein Genitiv, abhängig von <KN dumu>. KN = maš-dà ist erschlossen aus der nächstfolgenden Angabe *Arwium* dumu maš-da-ke$_4$. Beachte, dass nach diesem Konstrukt die Gazelle ursprünglich von einem Vogel *erû* bzw. Á-TAB abstammen würde! Der Vorschlag von Wilcke, loc. cit., originäres gír$^!$-tab-ba = "Skorpion" anzunehmen, ist wegen des zuvor genannten *Zuqaqīp* nicht recht wahrscheinlich. **12.** *Arwium* "Bock".

[43] Vgl. Wilcke, C., Coll. Raur. 1, op. cit. (Anm.10), 134. Die Idee wurde bereits von Güterbock, H.G., ZA 42 (1934), 5 geäußert; vgl. die ablehnende Replik von Jacobsen, Th., op. cit. (Anm. 12), 157 vorletzer Absatz.

[44] Vgl. für eine Bearbeitung dieser Anfangszeilen Pettinato, G., Das altorientalische Menschenbild und die sumerischen und akkadischen Schöpfungsmythen, (Heidelberg, 1971), 86-90.

[45] Hierauf hat Moran, W.L., apud Wilcke, C., Fs. Sjöberg, op. cit. (Anm. 10), 568 Fn. 57 hingewiesen. Vgl. Burstein, S.M., The Babyloniaca of Berossus, (SANE 1/5; Malibu, 1978), 13 sub 4.

zwischen der erschlossenen mythischen Ausgangssituation und der im Etana-Epos erzählten Tiergeschichte einen Zusammenhang; auch seien Etanas Bezeichnungen in der Königsliste als "Hirte" und im Epos als "König des Herdenviehs" Reflexe auf diese Tierzeit, aus der Etana als erster Herrscher hervortritt.[46] J.-J. Glassner hat die These noch bestimmter gefasst und gemeint, Etana solle, "flanqué de gazelles, de chiens, d'agneaux ou de scorpions", in der Königsliste dargestellt werden wie "un roi au milieu de sa cour".[47]

Wie wir oben gesehen haben, ist Etanas Verbindung zur Tierwelt nicht zu leugnen. Auch für einige der noch nicht gedeuteten Namen ließe sich eine Verbindung mit dem Uranfang denken und so in das hypothetische Konstrukt einpassen. Steht die "Egge" für das erstmalige, vorbereitende Planieren und Zerkrümeln der Erde durch die Götter, um die Menschensaat zu setzen und aus dem Boden aufgehen zu lassen? Diese Art der Menschenschöpfung ist uns aus sumerischen Mythen vertraut.[48] Der Name *Nangiś-lišma*' könnte sich vielleicht irgendwie auf das "Fest" (*isinnum*) in Z. 5 des altbabylonischen Etana-Epos beziehen. En-darà-an-na bleibt im Zusammenhang mit Etana rätselhaft. Der Steinbock gilt als Symboltier des Enki/Ea – zwei Namen dieses Gottes lauten ^{d}En-darà-bandà und ^{d}En-darà-nun-na.[49] Spielte er hier eine Rolle, die sich später nicht wiederfindet? König *Bābum* scheint deutlich auf die von den Göttern erbaute uranfängliche Stadt zu verweisen, die auch im Epos schon vorgestellt ist – erneut sei an die Zeile 10 des Eposanfangs erinnert.[50] *Pû-Annum* schließlich lässt an die Erwähnung des Himmelsgottes Anum in Z. 12 denken, vor dem die Insignien des Königtums für den künftigen Herrscher bereitliegen.

Eine Verbindung der Liste der zwölf Namen zur Schlange-Adler-Erzählung im Etana-Epos lässt sich hingegen nicht erkennen. Es fehlt in der Liste

---

[46] Vgl. Wilcke, C., Coll. Raur. 1, op. cit. (Anm. 10), 134.

[47] J.-J. Glassner, Chroniques, op. cit. (Anm. 16), 76. Mit dieser Ansicht, die eine bewusste Erfindung des Autors impliziert, erklärt sich Glassner den Umstand, dass die Reihenfolge der Tiernamen in den Manuskripten z. T. differiert – sie sei eben nicht besonders wesentlich gewesen.

[48] Vgl. Pettinato, G., op. cit. (Anm. 44), 30ff. Für die Egge in der Landwirtschaft Mesopotamiens vgl. Salonen, A., Agricultura Mesopotamica nach sumer.-akkadischen Quellen, (Helsinki, 1968), 107-112.

[49] Vgl. Ebeling, E., RlA 2 (1938), 376b und 379a.

[50] Vgl. dazu Vf., op. cit. (Anm. 1), 7; Glassner, J.-J., op. cit. (Anm. 16), 75.

die Schlange und vielleicht auch der Adler.[51] Auch das mächtigste Landtier, der Löwe, der in der Tiererzählung möglicherweise einst den Platz der Schlange einnahm (vgl. dazu unten), ist nicht vertreten.

Nur schwer vorstellbar ist, wie eine "Geschichte über Tiere" als Namenreihe "missverstanden" worden sein soll, wenn nicht diese Tiere bereits innerhalb des Mythos jeweils als Herrscher oder Anführer aufgefasst gewesen waren. Eine Ahnenreihe von Tieren könnte an einen ursprünglich totemistischen Urgrund dieses hypothetischen Mythos denken lassen[52]; in Mesopotamiens historischer Zeit, die die mythische und also tatsächlich geglaubte Tierabkunft einer sozialen Gruppe oder eines Herrschergeschlechts nicht mehr kennt, dürfte sich jedoch eine derartige Bedeutung des Mythos, wenn es sie denn je gegeben haben sollte, längst gewandelt haben, und von totemistischen Vorstellungen zu sprechen wäre irreführend.[53] Weitaus plausibler erschiene es, hinter den Tierkönigen eine Allegorie des uranfänglichen tierischen Daseins der Menschen, gekleidet in personifizierte Tierherrscher, zu vermuten – die Umgestaltung des Mythos in eine Namenreihe wäre also ein bewusst vorgenommener Kunstgriff.

Eine in diesem Zusammenhang wichtige Frage ist, *wann* die ersten zwölf Kiš I-Namen der ursprünglichen Etana-Dynastie hinzugefügt worden sind. Sie sind in sieben Quellen aus Nippur, Susa und evtl. Larsa (?) überliefert.[54] Sie fehlen auch nicht in den drei Textzeugen unter ihnen, die mit der Kiš I-Dynastie einsetzten und so die ursprünglichere Fassung der Königsliste ohne die vorsintflutliche Sektion bewahrten.[55] In den Schreibungen der Namen spricht praktisch nichts für einen späten, d. h. erst in der Isin-Larsa-Periode hinzugefügten Annex.[56] Die Lautwerte *-kà-*, *-qi$_4$-* und *-zú-* sind dage-

---

[51] Vgl. oben Anm. 42 sub 10.

[52] So Gelb, I.J., in: Lipiński, E. (Hrsg.), State and Temple Economy in the Ancient Near East I, (OLA 5; Leuven, 1979), 94: "The existence of animal totems in protohistorical times can be deduced from the animal names of the early rulers of Kish, meaning 'Scorpion', 'Dog', or 'Fish(?)'". In welchem der Namen von Kiš I Gelb einen Fisch erblickt, ist mir unklar.

[53] Vgl. dazu noch unten sub "Zur Frühgeschichte des Etana-Mythos".

[54] L_2 + P_2; P_3 + P_4 + BT 14; P_5 (Nippur); Su_1; Su_2 (Susa) und WB (Herkunft evtl. aus Larsa).

[55] L_2 + P_2; P_3 + P_4 + BT 14 und Su_1; vgl. Jacobsen, Th., AS 11, op. cit. (Anm. 10), 55f. mit Fn. 100.

[56] Die mimationslose Schreibung *ka-lu-mu* in WB sowie die verkürzte Schreibung *ar-wi* in P_2 sind wahrscheinlich als Abschreibefehler aufzufassen oder auf schadhafte Vorlagen zurückzuführen.

gen im Akkadischen des dritten Jahrtausends gebräuchlich.[57] Und wenn die Namen 10 und 11 (á-tab/á-ba und á-tab-ba) tatsächlich korrupt sind, so müssen sie bereits längere Zeit vor der Isin-Larsa-Zeit verfremdet worden sein, da sich die fehlerhaften Schreibungen in allen Textzeugen wiederfinden. Die ersten zwölf Kiš I-Namen wurden demzufolge bereits bald, nachdem die Sumerische Königsliste kompiliert worden war, zur kišitischen Tradition hinzugefügt.

Leider lässt sich dieser bemerkenswerte Befund nicht sicher deuten. Immerhin ist der kreative kompilatorische Umgang mit den verschiedenen lokalen Traditionen, die die Königsliste in den Stadien ihrer Entstehung erkennen lässt, bis sie als gefügtes Ganzes von der Isin-Dynastie übernommen und erweitert wurde, somit auch in ihrer originären Anfangssequenz zu beobachten. Ähnlich, wie später – wahrscheinlich zur Zeit der Isin-Larsa-Könige – der Königsliste die vorsintflutlichen Dynastien vorangestellt worden sind, fand Jahrhunderte zuvor die Erweiterung der mit Etana beginnenden kišitischen Tradition mit einer Namenreihe statt, die möglicherweise mit dem Etana-Mythos in einem Zusammenhang stand und den Beginn einer frühen Version des Erzählstoffes repräsentiert.[58] Dies ließe auf das besondere Interesse eines frühen Redaktors an dem Mythos von der Einführung des Königtums schließen. Der bloße Name Etanas erschien ihm zu dürftig, um die sakrale Initiation des Königamtes auf Erden angemessen zu repräsentieren, und er schmückte das Ereignis allegorisch mit dem ihm bekannten Mythos aus. Sofern die Königsliste tatsächlich zu Zeiten Utu-ḫeĝals gedichtet wurde, liegt es nahe, diesen Redaktor in der sich dicht anschließenden Ur III-Zeit anzusiedeln. Wir werden auf diese Vermutung noch zurückkommen.

Die altakkadischen Rollsiegel

Die ältesten Zeugnisse, die die Existenz des Etana-Mythos in Mesopotamien belegen, sind altakkadische Rollsiegel, deren Bilder als Hauptszene einen bärtigen Mann auf einem emporfliegenden Tragevogel zeigen.[59] Ob-

---

[57] *-zú-* ist singulär, jedoch ist stattdessen für das Zeichen (KA) der Lw. *-su*$_{11}$- öfters belegt, vgl. Gelb, I.J., MAD 2 ([2]1961), 51.

[58] So vermutet Wilcke, C., Fs. Sjöberg, op. cit. (Anm. 10), 567b ihre Herkunft "from an early version of the Etana epic".

[59] Zur Diskussion der "Etana-Siegel" vgl. Vf., op. cit. (Anm. 1), 40-44 mit Literatur; außerdem Selz, G., op. cit. (Anm. 31), 149ff. Die Siegel werden aufgrund stilistischer Merkmale von Boehmer, R.M., Die Entwicklung der Glyptik während der Akkad-Zeit, (UAVA

gleich keine letzthinnige Gewissheit möglich ist, scheint die Identifizierung ihrer Bilder als Darstellungen des Etana-Mythos sehr wahrscheinlich und wird von der großen Mehrheit der Assyriologen und Archäologen unterstützt. Praktisch sämtliche der übrigen Szenen auf den Siegeln, so der Hirte mit seiner Herde, die Viehhürde, die Menschen, die sich an Gefäßen zu schaffen machen und Käse herzustellen scheinen, der Topf unterhalb des mit Etana aufsteigenden Adlers und das zu ihnen aufschauende Hundepaar, sind allerdings noch nicht (oder nicht mehr) in den Zusammenhang des Mythos einzupassen, da uns (mit Ausnahme vielleicht des Hirten) entsprechende Elemente in den verschrifteten Quellen fehlen. So könnte man geneigt sein, die Verbindung der Siegel mit dem Etana-Mythos als voreilige Fehldeutung anzusehen, zumal sich die überwältigende Mehrheit der Siegelbilder für gewöhnlich nicht sicher identifizieren lässt, während umgekehrt vom literarischen Corpus scheinbar kaum etwas bildlich dargestellt worden ist.[60] Hingegen können wir das bei R.M. Boehmer als no. 701 abgebildete Etana-Siegel m. E. als schlüssiges Indiz dafür werten, dass wir es wirklich mit dem Etana-Mythos zu tun haben. Das Siegel zeigt zu den erwähnten Elementen zusätzlich einen Baum, in dessen Krone ein Adler mit einem kleinen Tier in seinen Krallen hockt, während an seinem Fuß zwei Löwen erscheinen, von denen der eine am Stamm emporzusteigen sich anschickt.[61] Es ist ohne weiteres möglich und durch die Verbindung mit dem Adlerflug des Hirten höchst wahrscheinlich, dass uns in dieser Baum-Szene eine frühe, aus der mündlichen Folklore geschöpfte Variante der späteren Schlange-Adler-Erzählung begegnet, die bereits in der altbabylonischen Version des Etana-Epos integraler Bestandteil des Mythos war. Sie war es demnach auch schon in altakkadischer Zeit, mindestens in *einigen* der vielleicht vielen ähnlichen Erzählungen, die damals von Etanas Himmelflug-Abenteuer kursierten.

4; Berlin, 1965), 122f. in die Zeit Narām-Sîns ("Akkadisch III") datiert.

[60] Gegen die Identifizierung der Siegelszenen mit dem Etana-Mythos hat sich insbesondere Hrouda, B., WZKM 86 (1996), 157-160 ausgesprochen, der im allgemeinen Mangel an Übereinstimmungen zwischen Bildwerken und Mythen eine fundamentale Trennung der Bilderwelten von verschrifteter Literatur und bildenden Künsten erkennt.

[61] Vermutlich handelt es sich um ein und denselben Löwen in sukzessiver Darstellung, die einen Handlungsablauf wiedergeben soll, eine Darstellungsweise, wie sie uns z. B. auch im Kultsockel des Tukulti-Ninurta I. begegnet; vgl. Vf., op. cit. (Anm. 1), 41-43.

ZUR FRÜHGESCHICHTE DES ETANA-MYTHOS

Bedeutende Erzählelemente des Mythos sind sehr alt und reichen mit Sicherheit weit in vorgeschichtliche Zeiten zurück. So spricht Vieles dafür, in der Erzählung von der Jagdgemeinschaft zwischen einem Vogel und einem Landtier,[62] die durch das Fressen der Jungen des Landtieres zerstört wird, einen alten Mythos zu erblicken, der sich in Verbindung mit dem heiligen Weltenbaum, den beide bewohnen,[63] auf kosmische Vorgänge bezog: der Vogel stünde in dieser Sichtweise für den Luftraum, das Wetter, den Sturm und die sengende Sonne,[64] das Landtier für die Kräfte der Erde, für die Vegetation und das Quellwasser. Das Alternieren der Stadien beider Naturräume zwischen Harmonie und Kampf lässt eine vielfältige Metaphorik zu, die insbesondere mit Bezug auf die Brut beider Opponenten auf das Thema der Fruchtbarkeit und den Fortbestand der Dinge gerichtet gewesen sein könnte – womit ein Anknüpfungspunkt an die Thematik des Etana-Mythos gegeben wäre.[65] Weltweit sind Spielarten dieser Erzählung, gewandelt zu Märchen, Tierepen oder Fabeln, in der Folklore verbreitet.

Ob die in ewigem Zyklus zwischen Frieden und Kampf sich befindenden Widersacher Vogel und Landtier ursprünglich für Totemtiere exogamer

---

[62] Vierfüßer wie der Löwe, die Katze, der Schakal, der Fuchs u. a. scheinen in den späteren, aus dem mythischen Stoff hervorgegangenen Märchen und Fabeln gegenüber der Schlange zu überwiegen (vgl. Vf., op. cit. (Anm. 1), 43 und 78ff.); dort mündet ihr Streit dann auch oft in einen "Krieg zwischen Vögeln und Vierfüßern".

[63] Dass dieser Baum im Etana-Epos zumindest motivgeschichtlich auf den Weltenbaum verweist, bezeugen nicht nur die eindeutig kosmologisch zu bestimmenden Verwendungen des Motivs in Mesopotamien (etwa im Mythos "Gilgameš, Enkidu und die Unterwelt") und anderswo – insbesondere sagt die späte Eposversion, dass die Pappel, in der Schlange und Adler nisten, im Schatten eines Adad-Heiligtums wächst (Tf. II 3f.). Dass der Baum auch schon in der aB Version in einem Heiligtum stand, legt die Parallele in der Einleitung des "Streitgesprächs zwischen Dattelpalme und Tamariske" nahe (vgl. Wilcke, C., ZA 79 [1989], 171 Z. 8) – dort steht der Baum allerdings im Palast des kišitischen Königs. Für die Existenz eines "heiligen Weltenbaumes" in der Vorstellung der Mesopotamier vgl. Vf., op. cit. (Anm. 1), 50-53 (mit Literatur).

[64] In diesen Funktionen ist der Anzu-Vogel in Mesopotamien eng mit dem Vogel unseres Erzählmotivs verwandt; vgl. Vf., op. cit. (Anm. 1), 57-63.

[65] Eine Diskussion der ursprünglich mythischen Konnotationen von Schlange, Adler und Baum sowie der vorgebrachten Modelle, die ihre Verbindung mit dem Etana-Mythos zu erklären suchen, habe ich in Vf., op. cit. (Anm. 1), 49-70 vorgenommen. Für einen eigenen, an die Thesen von Kirk, G.S., Myth. Its Meaning and Functions in Ancient and Other Cultures, (Cambridge, England / Berkeley / Los Angeles, 1970), 128f. anknüpfenden kosmologischen Deutungsversuch vgl. ibid. 70-74.

Clans gestanden haben, wie bisweilen vermutet wurde,[66] mag für die archaischen Formen des Mythologems *vielleicht* zugetroffen haben. Bevor wir jedoch den Mesopotamiern des dritten Jahrtausends einen mythisch untermauerten Clan- oder Stammes-Totemismus zutrauen, der einen vitalen Glauben an Tierahnen miteinschließt, sollte dieser anhand historischer Primärquellen oder auch eindeutigerer literarischer Evidenz abgestützt werden. Angesichts der dürftigen Hinweise, die wir in dieser Richtung finden – die Verwendung von Emblemen und Standarten (šu-nir / *šurinnu*) etwa, hinter denen sich keineswegs totemistische Gesellschaftsstrukturen verbergen müssen,[67] oder die noch immer nicht gänzlich geklärte Signifikanz des sumerischen Ausdrucks im-ri-a / im-ru-a, der vielleicht den Clan denotiert[68] – halte ich die These für nicht sehr wahrscheinlich, womit freilich nicht ausgeschlossen wird, dass sich Formen und Bräuche, die einstmals ihre Bedeutung in totemistischen Lebensformen gehabt haben mochten, in sublimer Form, d. h. ihres früheren Sinnes beraubt und gehaltlich umfunktioniert, weiter tradiert werden konnten.

Auch der Himmelflug mithilfe eines Tragevogels ist ein in den Mythen, Sagen und Legenden der Welt weit verbreitetes Motiv und hat mit Sicherheit uralte Wurzeln. Dass der Flug mittels eines helfenden Vogels in einer archaischen Lebenswelt geprägt wurde und auf die als Davonfliegen begriffene ekstatische Entrückung des Schamanen zurückgeht, der sich entweder symbolisch in einen Vogel verwandelt oder sich eines Vogels als Helfer bedient, ist ein gängiges Modell in der Ethnologie, Religionsgeschichte und Märchenforschung. Hier lässt sich im Gegensatz zum Totemismus viel eher eine Ver-

---

[66] So erstmals von Freydank, H., "Die Tierfabel im Etana-Mythus. Ein Deutungsversuch", MIO 17 (1971), 1-13, insbes. 2f. Fn. 4; im Anschluss daran Bernbeck, R., BaM 27 (1996), 204.

[67] Das šu-nir / *šurinnu* ist fast stets auf einen Gott bezogen, vgl. Å. Sjöberg in HSAO Bd. 1 (= Fs. Falkenstein; Wiesbaden, 1967), 205-207, Fn. 9. Im Gudea-Zylinder A Kol. xiv 7-27 haben die Embleme dagegen lange, komplizierte Namen; vgl. Edzard, D.O., Gudea and his Dynasty, (RIME 3/1; Toronto, 1997), 78.

[68] Zu im-ri-a bzw. im-ru-a vgl. umfassend Sjöberg, Å., Fs. Falkenstein, op. cit., 202-209. Zur Auffassung des sonst mit "Familie", "Sippe" oder auch "Gebiet" übersetzten Begriffs als "Clan" vgl. zuerst Jacobsen, Th., ZA 52 (1957), 121; zuletzt Gelb, I.J., OLA 5 (1979), 94; ebenso Postgate, J.N., Early Mesopotamia (^{2}1994), 83f. Der vielzitierte Verwaltungstext TSŠ 245 aus Šuruppak, der sieben im-ru's von insgesamt 539 Personen nennt, ist neubearbeitet bei Visicato, G., The Bureaucracy of Šuruppak. Administrative Centres, Central Offices, Intermediate Structures and Hierarchies in the Economic Documentation of Fara (ALASPM 10, 1995), 16f. Visicato, op. cit. 25f. zufolge denotieren diese im-ru's "administrative units", die sich entweder auf Distrikte oder, wahrscheinlicher, auf Familien beziehen.

bindung zur mesopotamischen Kultur aufweisen. Denn dafür, dass Ekstasen mindestens noch im frühen zweiten Jahrtausend in Babylonien kultisch praktiziert wurden, gibt es deutliche Anhaltspunkte.[69] War die mythische Figur des Etana in der altakkadischen Zeit, in der die ersten Spuren von ihm in Gestalt der Rollsiegel auftauchen, also als ein König vorgestellt, der seine Befähigung für sein Amt letztendlich kraft seiner schamanischen Fähigkeiten legitimierte? War Etana in den Augen der Akkaderkönige und ihrer Untertanen ein Schamane?[70]

Schamanische Elemente finden wir im frühen zweiten Jahrtausend im Kult der Inanna/Ištar: die Erlangung ekstatischer Zustände durch Tanz, Musik und Raserei; das Tragen besonderer Kopfbedeckungen und spielen "schamanischer" Musikinstrumente; transvestischer Kleidertausch. Sie werden, soweit wir sehen, gänzlich von besonders ausgebildeten Kultdienern Inannas/Ištars ausgefüllt, den *maḫḫû*, *kurgarrû* und *assinnū*. Nirgends stoßen wir auf Hinweise für schamanisches Tun eines leibhaftigen, historischen Königs. Zwar ist der Anlass, bei dem wir die Kultdiener bei ihren schamanischen Praktiken beobachten können, sehr oft ein "Staatsritual" unter aktivem Einbezug des Königs. Er ist es, der als von den Göttern berufen und eingesetzt galt, ihm oblag die höchst wichtige Funktion des Mittlers zwischen der Göt-

[69] Groneberg, B., Lob der Ištar. Gebet und Ritual an die altbabylonische Venusgöttin. tanatti Ištar, (CM 8; Groningen, 1997), 153f. beobachtet schamanische Elemente und Ekstasepraktiken im Kult der Inanna/Ištar und insbesondere schamanische Züge der Göttin selbst, so etwa im Mythos "Inannas Gang in die Unterwelt", in dessen akkadischer Fassung interessanterweise ein von Ea erschaffener *assinnu* der Ištar in die Unterwelt nachreist und auslöst; vgl. hierzu insbesondere Burkert, W., "Literarische Texte und funktionaler Mythos: zu Ištar und Atraḫasis", in: Assmann, J., Burkert, W., Stolz, F., Funktionen und Leistungen des Mythos. Drei altorientalische Beispiele, (OBO 48; Freiburg, Schweiz/Göttingen, 1982), 63-82. Die Handlungen der Kultdiener *kurgarrû* und *assinnū* sind in vielen Aspekten als schamanische Praktiken zu beschreiben; vgl. Maul, S:, "kurgarrû und assinnu und ihr Stand in der babylonischen Gesellschaft", in: Haas, V. (Hrsg.), Außenseiter und Randgruppen. Beiträge zu einer Sozialgeschichte des Alten Orient, (Xenia 32; Konstanz, 1992), 159-171. Selz, G., op. cit. (Anm. 31), 147 Fn. 66 erwähnt noch den *maḫḫû* "Ekstatiker", dessen Tun (*maḫû*) im Sumerischen als "hinausgehen" (è) bzw. "auf-/absteigen" (e_{11}) begriffen wird. Er verweist auch auf die berühmte, von Wilhelm Radloff aus dem 19. Jh. stammende Beschreibung eines schamanischen Rituals bei den Altaiern in Zentralasien, bei dem der "Weltenbaum" als "Leiter" in den Himmel von zentraler Bedeutung ist und durch einen in einer Jurte aufgerichteten Birkenpfahl symbolisiert wird.

[70] Innerhalb der Assyriologie wurde der vom Folkloristen Levin, I., Fabula 8, (Berlin, 1966), 1-63 vertretenen schamanischen Deutung der Etana-Erzählung zu Recht mit Skepsis begegnet; vgl. Röllig, W., "Etana", in: Ranke, K., (Hrsg.), Enzyklopädie des Märchens Bd. 4, (Berlin / New York, 1983), 494-499; Selz, G., op. cit. (Anm. 31), 147. In ihrer bislang vorgebrachten Form stellt sie lediglich einen Kurzschluss zwischen den Erzählmotiven und ihren rekonstruierten religiösen Ursprüngen dar.

terwelt und den Menschen. Seine rituelle Präsenz diente eben dieser Vermittlung, die ihm und seinem staatlichen Gemeinwesen die günstige Zuwendung der Götter sichern sollte. B. Groneberg hat in diesem Zusammenhang von "Staatsschamanismus" gesprochen. In ihrer Form lassen die Riten ein hohes Maß an Aufgabenteilung erkennen. In der Praxis erscheint der König oft mehr durch das komplizierte Ritual und dessen "Fachleuten" gelenkt denn als ein aktiv Handelnder. In den Glaubensvorstellungen jedoch, die diesen Ritualen zugrundeliegen, war er gegenüber der beteiligten Gottheit zweifellos die wichtigste und entscheidende Person. Das Ritual schuf nur die Bedingungen, unter denen er mit den Göttern kommunizierte; im Glauben war evident, dass der König selbst den Kontakt aufnahm und aufrechterhielt. Wird aber auch in den uns bekannten, aus Ritualtexten, Liedern, Hymnen und Gebeten zu rekonstruierenden Ištar-Ritualen eine "Reise" des Königs in die göttliche Sphäre, also eine Himmel- oder Unterweltsfahrt, die so charakteristisch für den Schamanismus ist, vorgestellt? Allenfalls der Prozessionszug in die Steppe oder die fingierte Reise per Schiff lässt sich hier fassen, und auch das Ritual der "heiligen Hochzeit", das einen direkten Kontakt zur Gottheit herstellt, scheint keine sphärenüberschreitende Reise des Königs durch dessen leibhaftige Ekstase vorauszusetzen. Für den Schamanismus der Ištar-Kultdiener hingegen stellt B. Groneberg fest, dass er insbesondere der Symbolisierung der schamanischen Potentiale der Göttin dient.[71] Inwieweit die Ekstasen der Kultdiener den Kontakt zur Göttin bedingen, lässt sich also nicht sicher ausmachen. In jedem Fall ist ihr Handeln längst institutionalisiert.

In sumerischen Mythen finden sich dagegen vielfältige direkte Anklänge an schamanische Vorstellungen und Praktiken, wie sie uns paradigmatisch aus den Religionen Zentral- und Nordasiens begegnen. Das den Vorstellungen zentrale Element der Himmel- oder Unterweltsfahrt ist am klarsten im Mythos von der Unterweltsfahrt Inannas und ihrer Wesirin Ninšubur ausformuliert worden. Ein anderes hervorstechendes Beispiel ist der Mythos "Gilgameš, Enkidu und die Unterwelt". In ihm figuriert ein mythischer Baum, aus dessen Bestandteilen die wohl als Schamanen-Instrumente zu deutenden Geräte ^{giš}ellag (*pukkû*) und ^{giš}E-KID/KÌD (*mekkû*) gefertigt werden. Gilgameš wird dort deutlich als Schamane ausgewiesen, der mittels der erwähnten Geräte magischen Einfluss auf sein Volk auszuüben vermag – so noch in der ersten Tafel des akkadischen Zwölftafel-Epos – und dem es gelingt, Kontakt mit seinem in der Unterwelt verschwundenen Freund Enkidu aufzunehmen.

[71] Vgl. Groneberg, B., op. cit. (Anm. 69), 152.

Es lässt sich spekulieren, ob nicht Gilgamešs Schamanismus in Zusammenhang mit seinem herrscherlichen en-Amt gesehen werden muss. Das würde die Annahme nahelegen, dass in der sumerischen Frühzeit schamanische Fähigkeiten eine wesentliche Voraussetzung für dieses Amt waren, der Herrschaftsanspruch also von ihnen abhing.

Auffällig ist, dass uns im Gegensatz zur Unterweltsfahrt und der Kontaktaufnahme zu Totengeistern in der sumerischen Mythologie nirgends eine zweifelsfrei als schamanisch zu erkennende Himmelsreise begegnet. Der Besuch Adapas im Himmel könnte vielleicht ein Gegenbeispiel darstellen, doch lässt sich das anhand der akkadischen Version seiner Erzählung, in der Adapas Reise äußerst knapp mit zwei Zeilen abgehandelt wird, nicht verifizieren.

Die sumerische Mythologie lässt einen vitalen Schamanismus mindestens in der sumerischen Frühgeschichte (im vierten Jahrtausend und früher) vermuten, der insbesondere der Kontaktaufnahme mit der Unterwelt diente und vielleicht sogar zu den geforderten Qualitäten eines en gehörte. Dass den Mesopotamiern noch in altbabylonischer Zeit ekstatische Praktiken bekannt waren, zeigen die Rituale dieser Epoche. Die mythischen Nachrichten über Gilgameš, Adapa und Etana indes berichten über eine Zeit, in der der Verkehr zwischen menschlichen Helden und Göttern noch frei und ungebrochen funktionierte und ohne rituelle oder ekstatische Voraussetzungen auskam. Dort, am Anfang der Zeiten, war das Vordringen des Menschen in den Himmel noch möglich – spätere Nachrichten verlauten nichts Derartiges mehr.[72] Die altüberlieferten Mythen bewahrten zwar die Idee der Himmelfahrt und blieben fortwährend Anreiz für die Phantasie ihres wechselnden Publikums – sie wurden aber in historischen Zeiten, in denen sich die Könige längst nicht mehr in einer schamanischen Tradition sahen und die Ekstase den entsprechenden Fachleuten überließen, wahrscheinlich nicht mehr schamanisch, sondern naiv im Kontext einer vom Sakralen erfüllten mythischen Zeit aufgefasst.

---

[72] Die in zeitgenössischen Urkunden lapidar erwähnten Himmelfahrten Šulgis und Išbi-Erras beziehen sich hingegen auf den Tod des Königs. Vgl. dazu Wilcke, C., "König Šulgis Himmelfahrt", in: Münchner Beiträge zur Völkerkunde 1, (= Fs. Vajda; München, 1988), 245-255 und Steinkeller, P., NABU 1992/4 und 56. Wilcke hat die Himmelfahrt des toten Königs mit der Deifizierung Šulgis in Verbindung gebracht; Steinkeller hält die mit ihr ausgedrückte Glaubensvorstellung nicht für populär, sondern für eine ideologisch motivierte "official theological position". Selz, G., hat für die Gedenkschrift L. Cagni eine Untersuchung zur "Himmelfahrt der Herrscher" angekündigt, vgl. op. cit (Anm. 31), 177.

Die Gestalt des Etana-Epos um 2000 v. Chr.

Wir haben weit ausgeholt und die Tradition des Etana-Mythos bis zu seinen hypothetischen Wurzeln zurückverfolgt, die sich heute nur noch in sublimer und vielfach gewandelter Gestalt in weltweit verbreiteten Volkserzählungen fassen lassen. Zum einen lässt sich Etanas Tradition im letzten Drittel des dritten Jahrtausends klar in der Sumerischen Königsliste und in den altakkadischen "Etana-Rollsiegeln" wiedererkennen: ein Hirte, der in uranfänglicher mythischer Zeit mittels eines Tragevogels zum Himmel aufstieg und, durch dieses Abenteuer ausgezeichnet, zum ersten König des Landes wurde. Zum anderen ist, vor allem aufgrund der augenscheinlich vom Epos abweichenden Szenen in den Siegeln und vielleicht auch aufgrund der Erweiterung der ursprünglichen Dynastie Etanas durch unbekanntes Erzählgut, wohl auch mit einer starken Umgestaltung und Variantenvielfalt seines Mythos zu rechnen. In welcher konkreten Gestalt haben wir uns aber den Etana-Mythos in dieser Zeit außerhalb unserer verfügbaren Quellen vorzustellen? Dass wir vor der altbabylonischen Zeit nicht mit einer akkadisch verschrifteten Fassung zu rechnen haben, habe ich bereits oben dargelegt. Ist hingegen mit einem Vorläufer des Epos in sumerischer Sprache zu rechnen, wie wir sie vom Gilgameš-Epos und neuerdings vom Adapa-Epos kennen?[73]

Zuletzt hat G. Selz in einem Artikel zur Etana-Erzählung zu dieser Frage Stellung bezogen.[74] Selz sieht das Etana-Epos als "eine[n] der ältesten epischen Texte in einer semitischen Sprache" an und vermutet seine Ursprünge im semitisch-sprachigen Norden der mesopotamischen Schwemmlandebene, mit Kiš als ihrem alten, frühdynastischen Zentrum. Gedichtet worden sei es unter Narām-Sîn von Akkade,[75] und zwar "in ideologisch-propagandistischer Absicht".[76] Diese bestand Selz zufolge in der "Propagierung des dynastischen Königtums"[77], als "Bestandteil eines bewussten Entwurfs einer

---

[73] Vgl. oben Anm. 9.

[74] Vgl. Selz, G., op. cit. (Anm. 31), 135-179.

[75] Vgl. Selz, G., loc. cit., 157: "Dass die Etana-Erzählung also in den wichtigsten Grundzügen unter Narām-Sîn entstanden ist, scheint mir sicher".

[76] Selz, G., loc. cit., 158. Selz weist explizit die erstmalige Verschriftung des Epos der altbabylonischen Zeit zu (vgl. loc. cit., 156 Fn. 114; in meiner Anmerkung in Vf., op. cit. (Anm. 1), 35 Fn. 108 habe ich Selz in diesem Punkt missinterpretiert und falsch wiedergegeben, wofür ich um Entschuldigung bitte). Demgemäß rechnet er mit einer mündlichen Dichtung und Überlieferung, wenngleich er loc. cit. 143 feststellt, dass das Fehlen sprachlicher Hinweise auf eine frühe Verschriftung dieselbe nicht ausschlösse.

[77] G. Selz, loc. cit., 156.

Herrscherideologie in 'semitischer' Tradition",[78] die in klarem Gegensatz zur "sumerischen" Herrschaftsideologie des "Herrentums" zu denken ist. Das sumerische Herrentum kenne keine dynastische Nachfolge, sondern betone stattdessen die Investitur des Herrschers durch die Stadtgottheit; mythisch reflektiert werde jene Ideologie insbesondere in der (somit genuin "sumerisch" begriffenen) Gilgameš-Tradition.[79]

Dass der Mythos von Etana, dem frühesten und neben Enmebaragesi berühmtesten König von Kiš, aus dem überwiegend semitisch-sprachigen Norden Mesopotamiens stammt, ist ohne Zweifel plausibel – wobei lediglich der obskure Umstand stört, dass sich der Name Etanas nicht semitisch (allerdings auch nicht wirklich sumerisch) deuten lässt.[80] Auch wird die nördlich-semitische Abkunft durch das in die Akkad-Zeit fallende Auftauchen und anschließende Verschwinden der Etana-Rollsiegel gestützt. Jedoch ist in Selz' Argumentation ein wesentlicher Zirkelschluss nicht zu übersehen: da er den Etana-Mythos in einer ungebrochen akkadisch-sprachigen Überlieferung sieht und sie vollständig einer von "Semiten" getragenen dynastischen Ideologie zuweist, schließt sich für ihn die Ur III-Zeit als Abfassungszeit für ein Etana-Epos aus; dies gilt ihm hinwiederum als Argument für die "rein" semitische Prägung der Erzählung.[81]

Nun kann kein Zweifel daran bestehen, dass die kulturelle Identität eines Volkes oder einer Gruppe neben ihrer Lebensweise und ihrem Brauchtum eng an die Sprache und die in ihr überlieferten Traditionen gekoppelt ist, die vielfach sogar erst identitätsstiftend wirkt. Auf der anderen Seite wissen wir,

---

[78] Selz, G., loc. cit., 157.

[79] Vgl. Selz, G., loc. cit., 158. Zur Differenzierung dieser beiden Ideologien, die natürlich historisch in tatsächlichen, ihnen entsprechenden gesellschaftlichen "Verfassungen" wurzeln, vgl. Heimpel, W., ZA 82 (1992), 4-21 und Selz, G., "Über mesopotamische Herrschaftskonzepte. Zu den Ursprüngen mesopotamischer Herrschaftsideologie im 3. Jahrtausend", in: Dietrich, M. et al. (Hrsg.), dubsar antamen. Studien zur Altorientalistik (= Fs. Römer, AOAT 253; Münster, 1998), 281-344.

[80] Hingegen tragen fast alle der ihm voraufgegangenen und nicht wenige der ihm nachfolgenden mythisch-sagenhaften Könige akkadische Namen. Der Name Etanas scheint "volksetymologisch" bisweilen als èd.an.a(k) "Aufsteiger des Himmels" ausgedeutet worden zu sein, wofür die in der Beschwörungssammlung PBS I/2, no. 112 Z. 67f. belegte Schreibung ^{d}*È-ta-na* spricht; vgl. auch die in den Textzeugen der Königsliste Su$_1$ Kol. i 12´ und P$_3$ Kol. i 13´ belegten Schreibungen ⌜E⌝-da-na.

[81] Vgl. Selz, G., op. cit. (Anm. 31), 156: "Zwar scheint die Ur III-Zeit als Entstehungszeit wenig wahrscheinlich, denn z. B. Šulgi-r hat kaum eine Legitimationslegende in akkadischer Sprache abfassen lassen. Ob dies für die Könige von Isin denkbar ist, bleibe hier dahingestellt. Insgesamt scheint es mir deshalb ziemlich wahrscheinlich, dass die Etana-Erzählung in ihren wesentlichen Zügen bereits in der Akkad-Zeit entstanden ist."

dass das semitische Sprachelement bereits in den archaischen Texten aus Ur (ca. 2700 v. Chr.) in Mesopotamien fassbar wird und dass, wie die Texte aus Tell Abu Ṣalābīḫ zeigen, spätestens von der ED III-Zeit an von einem zweisprachigen Kulturraum gesprochen werden muss,[82] dessen Traditionen sich gegenseitig mischten und durchdrangen. Von besonderer Bedeutung ist demnach die Frage, welche Relevanz die Mesopotamier verschiedenster sozialer und geographischer Herkunft dem Umstand beimaßen, ob ihnen eine Überlieferung in Sumerisch oder Akkadisch begegnete – sofern sie beide Sprachen beherrschten. Sie angemessen zu diskutieren, ist hier nicht der Ort. Ihre Beantwortung wäre genaugenommen erst die Voraussetzung dafür, von "semitischer" oder "sumerischer" Tradition zu sprechen. Denn lassen sich auch gewisse Unterschiede, die an die Sprache gekoppelt scheinen, historisch auf unterschiedliche, den "Semiten" oder "Sumerern" zukommenden Kulturtraditionen zurückführen, bleibt uns doch ihre Signifikanz für die Mesopotamier in späteren Epochen verborgen.[83] Jedoch eine über Jahrhunderte sich erhaltende Abgeschlossenheit beider sprachlicher Traditionen zu vermuten haben wir in Mesopotamien keinen Anlass. Das politische Gewicht, das Kiš seit frühdynastischer Zeit ausübte, so dass Kiš in der Vorstellung der Mesopotamier zur Heimstatt des Königtums *par excellence* werden konnte, macht es sogar wahrscheinlich, eine relativ große Popularität und Verbreitung der von den Helden dieser Stadt erzählenden Mythen und Legenden in ganz Mesopotamien anzunehmen.

Ein wichtiges Argument für den Ausschluss eines Ur III-zeitlichen Etana-Epos' findet Selz in Wilckes Beobachtung, dass sich die Ur III-Könige explizit genealogisch mit den mythischen Königen von Uruk verbinden ließen, um so ihre Herrschaft durch die altehrwürdige sumerische Vergangenheit zu adeln.[84] Die Uruk I-Könige wiederum werden in der Königsliste als Abkömmlinge des Sonnengottes Utu angesehen. Auf der anderen Seite ließen die Ur III-Könige nirgends ihre leibliche Abkunft von ihren Vätern betonen,[85] legten also in ihrer Königtums-Ideologie scheinbar kein großes Ge-

---

[82] Vgl. Römer, W.H.Ph., Die Sumerologie, (AOAT 262; Münster, 1999), 13 mit Literatur. Römer zeigt sich loc. cit. 18-21 auch skeptisch in Hinblick auf eine sumerisch-akkadische Rivalität im 3. Jts.

[83] Vgl. zum Problem noch Selz, G., Fs. Römer, op. cit. (Anm. 79), 283f.

[84] Vgl. Selz, G., op. cit. (Anm. 31), 155.

[85] Eine bemerkenswerte Ausnahme bildet die regelmäßige Angabe der Filiation mit d u m u in der Sumerischen Königsliste.

wicht auf die Erbnachfolge, hingegen Šulgi sich in seinen Hymnen A und B sogar als Bruder Utus bezeichnen lässt.[86]

Doch wie steht es dann um die Sumerische Königsliste, die mit Wilcke in der Ur III-Zeit ein ideologisch äußerst bedeutsames Werk gewesen war? Sie diente genau dem Zweck der Legitimierung des Königtums, das dort bis zu seinen mythischen Wurzeln in Kiš – und gerade nicht in Uruk – zurückgeführt wird. Die genealogische Fiktion, durch die sich die Ur III-Könige mit Gilgameš und Lugalbanda von Uruk verbanden, greift, wie bereits oben angemerkt wurde, über Enmebaragesi, die Schwester Gilgamešs, mittelbar sogar auf die Kiš I-Dynastie über, wobei freilich die Bedeutung dieser mythischen Verschwisterung für die Ur III-Königsideologie im Dunkeln bleibt. Doch auch ohne eine Verwandtschaftsbeziehung zwischen der Kiš I- und Uruk I-Dynastie bleibt als entscheidendes Faktum bestehen, dass die kišitische der urukäischen Tradition vorangestellt wurde – ganz, als habe sich in der Überlieferung die Erinnerung daran gehalten, von wo das suprematische Erbfolge-Königtum tatsächlich erstmalig ausstrahlte. Diese Information wurde in der Königsliste nun nicht ignoriert oder verfälscht – sie wurde, offenbar problemlos, integriert, und bildete somit einen Teil der Legitimation des Ur III-Königtums. Etanas Mythos schließlich ist in der Königsliste in die sumerische Sprache übersetzt worden; man erachtete es durchaus für wert, ihn in diesem politischen Dokument mitzuteilen. Und wenn, wie oben spekuliert wurde, die Liste der ersten zwölf Kiš I-Namen tatsächlich ein Annex eines Ur III-zeitlichen Redaktors ist, bezeugt sie das besondere Interesse, das dem Ursprung des Königtums entsprechend der mythischen Überlieferung in dieser Epoche entgegengebracht wurde.

Die Sumerische Königsliste ist ein glänzend komponiertes Werk historiographischer Fiktion und gleichsam als Paradigma dafür zu werten, wie die Ur III-Könige die verschiedenen Traditionen ihres Herrschaftsgebietes als die ihren begriffen und für ihre Herrschaftsideologie vereinnahmten.[87] Sie beriefen sich auf die sumerisch geprägten Traditionen des Südens ebenso wie

[86] Hymne A: vgl. Klein, J., Three Šulgi Hymns. Sumerian Royal Hymns glorifying King Šulgi of Ur, (Ramat-Gan, 1981), 198 Z. 79. Hymne B: vgl. Castellino, G.R., Two Šulgi Hymns (BC), (Studi Semitici 42, 1972), 34 Z. 40; 42 Z. 124; ferner den Kommentar 106f.

[87] Diese Wertung des Textes für die Ur III-Zeit wird auch dann nicht geschmälert, wenn die Sumerische Königsliste als geschlossenes Werk tatsächlich noch älter ist und in die Zeit Utu-ḫeĝals von Uruk datiert (vgl. oben Anm. 16). Dies würde lediglich zeigen, dass die Vorstellung des einen, in Kiš wurzelnden Königtums, die in der Ur III-Zeit und noch später für die Isin-Dynastie für das Selbstverständnis der Herrscher so von Bedeutsamkeit war, noch weiter zurückreicht.

auf die semitischen Traditionen des Nordens. Sie feierten das Investitur-Ritual der "Heiligen Hochzeit" und sahen sich in göttlicher Abkunft ebenso, wie sie *realiter* ihr Königtum an ihre Söhne vererbten und sich, wie aus ihrer Titulatur ersichtlich, als suprematische Könige von Sumer und Akkad ansahen.

Ist es demnach abwegig, ein in sumerischer Sprache gedichtetes Etana-Epos für möglich zu halten, das den Ur III-Königen vom ersten aller Könige und dessen abenteuerlichen Himmelflug erzählte? Ich halte das durchaus für denkbar.[88] Die Transponierung akkadischer Traditionen in ein sumerisches literarisches Werk muss dabei keineswegs zwingend implizieren, dass etwa alle Momente der Überlieferung übernommen wurden – sehr wohl wäre davon auszugehen, dass mit der sumerischen Sprache dem Stoff auch neue, stärker der sumerischen Überlieferung entsprechende Bedeutungen eingeprägt worden wären. Derselbe Vorgang vollzöge sich später wieder bei einer erneuten Aktualisierung in akkadischer Sprache im frühen zweiten Jahrtausend, unserem Etana-Epos. Der Einfluss einer vitalen mündlichen Folklore Etanas auf die erstmalige Verschriftung und literarische Weitergabe des akkadischen Epos ist dabei zu vermuten – Indizien dafür lassen sich, wie schon erwähnt, in den späteren Epos-Fassungen finden.

Dabei ist zu betonen, dass wir nach den bislang angestellten Betrachtungen nicht wissen können, ob das dynastische Erbfolgeprinzip, das Selz für den Erzählstoff für so wesentlich hält, auch wirklich immer schon in ihm von Bedeutung war. Genausogut könnte das Problem der Nachfolge erst im altbabylonischen Epos zum zentralen Thema der Erzählung ausgestaltet worden sein, während es den früheren Erzählungen vielmehr um den Himmelflug Etanas an sich und seiner sich erst aus diesem Abenteuer ergebenden Legitimierung als König ging. Selz selbst spekuliert, ob nicht Etanas Flug in den Rollsiegelszenen vielmehr mit der literarisch gut belegten Vorstellung zu verbinden sei, dass das Königtum vom Himmel auf die Erde *herabstieg*.[89] Eta-

---

[88] Wir würden jedoch sicherlich fehl gehen, würden wir für diese These die neuassyrische Überlieferung des "Catalogue of Texts and Authors" in Anspruch nehmen, nach der das Etana-Epos "nach dem Munde" des legendären Weisen Lu-Nanna, der unter Šulgi gelebt haben soll, geschrieben worden sei (vgl. dazu Vf., op. cit. (Anm. 1), 37f.). Der Ursprung dieser Aussage bleibt uns unbekannt, doch kann sie angesichts der Anonymität der sumerischen Epik kaum auf einen originären Kolophon der Ur III-Zeit zurückgehen. Selz, G., op. cit. (Anm. 31), 154f. mutmaßt, dass vielleicht neben dem allgemeinen Ruhm Šulgis die Überlieferung von dessen Himmelfahrt die Verbindung zum Etana-Epos im "Catalogue" provoziert haben könnte. Bis Šulgis Himmelfahrt nicht in mythischer Gestalt aufgefunden ist und sich so als Teil der literarischen Tradition ausweist, bleibt diese These jedoch höchst ungesichert.

[89] Vgl. Selz, G., op. cit. (Anm. 31), 153f.

na wäre demgemäß zum Himmel hinaufgeflogen, *um dort erst zum König gemacht zu werden.* Im späteren Epos scheint Etana dagegen längst König zu sein, da er mit dem Problem seiner Kinderlosigkeit konfrontiert wird. Für einen Mythos um den ersten aller Könige wäre das Thema, wie unter spektakulären Umständen dieser König im Himmel sein Amt erlangte, vielleicht sogar die plausiblere Urfassung. Die dynastische Erbfolge hätte dann innerhalb dieser älteren Erzähltradition kein besonderes thematisches Gewicht gehabt.

Wir haben uns weit in das Feld der Spekulationen hinausgewagt. Eines jedoch lässt sich mit diesen Hypothesen aufzeigen: wir sind nicht gezwungen, die Geschichte der Etana-Tradition als eine genuin und ungebrochen akkadisch-sprachige Geschichte zu schreiben. Wir sind es auch dann nicht, wenn wir die Idee des universalen Erbfolge-Königtums in ihrem präsargonischen Ursprung dem überwiegend semitischsprachigen Norden Babyloniens zuordnen und gegen das ursprünglich sumerische Priesterfürstentum absetzen. Gerade das Königtum von Ur III verstand es offenbar durchaus, sich die Traditionen des Nordens wie die des Südens für die eigenen universalen Herrschaftsansprüche zu eigen zu machen.

DIE AUSBREITUNG DER HURRITER BIS ZUR ALTBABYLONISCHEN ZEIT: EINE KURZE ZWISCHENBILANZ

Thomas Richter, Frankfurt am Main*

0. EINLEITUNG[1]

0.1. *Einschränkungen*

Es besteht heute die *opinio communis*, daß die Hurriter im engeren Umkreis der Schriftkulturen des Alten Orients keine autochthone Bevölkerung bildeten, wofür u. a. das Überwiegen nichthurritischer Ortsnamen (im folgenden ON(n)) auch in den Regionen ihrer frühesten inschriftlichen Bezeugungen in Nordmesopotamien geltend zu machen ist.[2]

---

* Dr. Thomas Richter, Archäologisches Institut, Archäologie und Kulturgeschichte des Vorderen Orients, Grüneburgplatz 1, 60629 Frankfurt am Main.

[1] Die Siglen folgen den in der Assyriologie gültigen Standards. Zusätzlich kommen zur Anwendung:

FAOS 7	Gelb, I.J./Kienast, B., Die altakkadischen Königsinschriften des dritten Jahrtausends v. Chr., (Stuttgart, 1990)
FAOS 8	Kienast, B., Glossar zu den altakkadischen Königsinschriften, (Stuttgart, 1994)
OBTCB	Talon, Ph., Old Babylonian Texts from Chagar Bazar, (Brüssel, 1997)
OBCTHB	Muhamed, A.K., Old Babylonian Cuneiform Texts from the Hamrin Basin. Tell Haddad, (London, 1992)
Subartu II	Ismail, F. e. a., Administrative Documents from Tell Beydar (Seasons 1993-1995), (Turnhout, 1996)
Subartu IV	Lebeau, M. (Hrsg.), About Subartu / À propos de Subartu, (Turnhout, 1998)
Subartu VII	Rouault, O./Wäfler, M. (Hrsg.), La Dzéziré et l'Euphrate syriens de la protohistoire à la fin du IIe millénaire av. J.-C., (Turnhout, 2000)

Es sei an dieser Stelle vermerkt, daß die Geschichte hurritischer bzw. von Hurritern getragener Staatenbildungen nicht Gegenstand vorliegenden Beitrages ist.

[2] Siehe dazu z. B. Fronzaroli, P., "Semitic Place Names of Syria in the Ebla texts", OrSuec 33-35 (1984-1986), 146. In der Ortsnamengebung finden sich bekanntlich auch Hinweise für (eine) Substratsprache(n); siehe dazu u. a. Bonechi, M., "Remarks on the III Millennium Geographical Names of the Syrian Upper Mesopotamia", in: Subartu IV/1, 236-237.

Da es keinerlei historische bzw. historiographische oder mythologische Texte gibt, welche die frühe Ausbreitung der Hurriter thematisieren oder auch nur andeuten, muß bei der hier zu behandelnden Frage von der chronologischen und geographischen Verteilung hurritischen Sprachgutes ausgegangen werden, wobei die Eigennamen als wichtigste Quelle zu bezeichnen sind.[3] Derzeit sind sie sogar die allein nutzbare Quellengattung, da hurritisches Textmaterial i.e.S. nur sehr vereinzelt vorliegt und die einzig denkbare weitere Arbeitsmethode zur Verfolgung der Ethnie Hurriter – gemeint ist die Sprachkontaktforschung – derzeit nicht anzuwenden ist. Die Namenforschung kann allerdings, sofern ausreichende prosopographische Daten vorliegen (s. u.), für die Sprachkontaktforschung nutzbar gemacht werden:

> "... meines Erachtens ist aber die Entlehnung und Verwendung fremder Namen in einer Sprache noch nicht systematisch im Hinblick auf ihre Rolle im Sprachkontaktprozeß sowie bezüglich ihrer Bedeutung für die Bewertung der Intensität von Lehnbeziehungen behandelt worden. Soziolinguistische Aspekte der Namenforschung sind, vom Standpunkt der Sprachkontaktforschung aus betrachtet, bislang weitgehend vernachlässigt worden. ... die Interpretation des Stellenwerts von Namenentlehnungen für die Zweisprachigkeit und interethnischen Kontakte zwischen Sprechergruppen ist ebenfalls in der Sprachkontaktforschung weitgehend unbeachtet geblieben."[4]

In der Altorientalistik ist die Zeit für eine Sprachkontaktforschung[5] unter besonderer Berücksichtigung der Namengebung, zumal im Hinblick auf das Hurritische (bzw. die Hurriter), noch nicht reif. Die allenthalben (z. B. im aB Mari,[6] im aA Kaniš[7] oder im hethitischen Anatolien[8]) auftretenden hur-

---

[3] Eine Übersicht über das hurritische Sprachmaterial findet sich jetzt bei Wegner, I. Einführung in die hurritische Sprache, (Wiesbaden, 2000), 15-25.

[4] Haarmann, H., "Die Rolle von Eigennamen und Familiennamen im Sprachkontakt", Beiträge zur Namenforschung. Neue Folge 18 (1983), 154.

[5] Für eine Skizze möglicher Kontaktszenarien siehe ibid., 154-157.

[6] Obwohl der Mittlere Euphrat nicht eigentliches hurritisches Siedlungsgebiet war (s. u.), weist das Akkadische von Mari eine Anzahl hurritischer Termini Technici auf; siehe dafür z. B. Durand, J.-M., Textes administratifs des salles 134 et 160 du palais de Mari, (ARM 21; Paris, 1983), 350 und 428-429 Anm. 1.

[7] Hier seien lediglich zwei (mögliche) Beispiele genannt:
1) Das Wort *b/pa/urullum* unbekannter Herkunft, das u. a. als "eine Art Gewerbepolizist" (AHw 142a), "(an official with police duties)" (CAD B 344a) und "a kind of policeman" (Veenhof, K.R., Aspects of Old Assyrian Trade and its Terminology, Leiden, 1972, 293) gedeutet wurde, dürfte mit hurritisch *pur(u)li* zu verbinden sein, das jetzt als "Tempel" verstan-

ritischen Lehnwörter setzen als "einfache interlinguale Sprachkontakte" kein Mit- oder Nebeneinander (einer größeren Anzahl) von Sprechern voraus; sie sind somit strikt von jeder Diskussion über die Wohnsitze bzw. die Verbreitung von Hurritern fern zu halten. Einzig die sog. "interlingualen-interethnischen" Sprachkontakte, welche über das Lexikon hinaus auch Beeinflussungen von Phonologie, Morphologie oder Syntax bewirken (können), setzen einen unmittelbaren Kontakt von Sprechergruppen bzw., *in concreto*, eine mehrsprachige Gesellschaft voraus.

Mit Bezug auf die Hurriter bieten sich derzeit nach Lage der Dinge nur die Archive aus Alalaḫ und Nuzi (sowie ggf. Ugarit) für eine Sprachkontaktforschung und damit die Bewertung der jeweiligen hurritischen Sprach- und Bevölkerungskomponente an. Sie liegen am Rande bzw. außerhalb des hier betrachteten Rahmens.

Verbleiben somit einzig die Eigennamen, sind unter ihnen die Personennamen (im folgenden PN(n)) als die wichtigste Komponente zu bezeichnen. Sie bilden die Ausgangsbasis meiner Ausführungen. Hier werden nur solche zugrundegelegt, die nach heutigem Stand der Forschung in Morphologie und Lexikon mit großer Sicherheit dem Hurritischen anzuschließen sind. Demzufolge bleiben z. B. "kurze" Namen und hypokoristische Bildungen, die sich

---

den wird, siehe Wegner, I., "'Haus' und 'Hof' im Hurritischen", in: Richter, Th./Prechel, D./Klinger, J. (Hrsg.), Kulturgeschichten. Altorientalistische Studien für Volkert Haas zum 65. Geburtstag, (Saarbrücken, 2001), 441-442. Das Hurritische ist die einzig denkbare Gebersprache; eine anatolische bzw. hethitische Etymologie (etwa über *purulli-* A "*p.*-Fest", siehe CHD P 391-392) ist wohl auszuschließen.

2) In GÍR *ap-šu-ḫu-um* (kt c/k 1517:2, siehe Dercksen, J.G., The Old Assyrian Copper Trade; Istanbul/Leiden, 1996, 76) wird *ap-šu-ḫu-um* auf hurritisch apše/i > o = ġe mit akkadischer Nominativendung zurückzuführen sein; dann "zu einer Schlange gehörender Dolch" » "schlangenförmiger Dolch". Für *apše* "Schlange" siehe zuletzt Prechel, D./ Richter, Th., "Abrakadabra oder Althurritisch", in: Fs. Haas, 359 mit weiterer Literatur.

[8] Melchert, H.C., Anatolian Historical Phonology, (Amsterdam/Atlanta, 1994), 9 hat darauf hingewiesen, daß das Hurritische (abgesehen vom Lexikon) keinen nachweisbaren Einfluß auf das Hethitische ausübte; siehe dazu u. a. auch Carruba, O., "Per una storia dei rapporti luvio-ittiti", in: Carruba, O./Giorgieri, M./Mora, C. (Hrsg.), Atti del II Congresso Internazionale di Hittitologia. Pavia 28 giugno – 2 luglio 1993, (Pavia 1995), 72. Für die Verhältnisse in Kizzuwatna siehe u. a. Friedrich, J., "Churritisch-Ugaritisches und Churritisch-Luwisches", AfO 14 (1941-1944), 331; Kümmel, H.M., "Kizzuwatna", in: RlA 5, (Berlin/ New York 1976-1980), 627-631 und Starke, F., Untersuchungen zur Stammbildung des keilschrift-luwischen Nomens, (Wiesbaden 1990), *passim.* Mit Starke gelangten mehrere hurritische Lexeme über das Luwische in die hethitische Sprache.

Haas, V., "Betrachtungen zur Dynastie von Ḫattuša im Mittleren Reich (ca. 1450-1380)", AoF 12 (1985), 269-277 und ders., "Die hurritisch-hethitischen Rituale der Beschwörerin Allaituraḫ(ḫ)i und ihr literarhistorischer Hintergrund", in: Haas, V. (Hrsg.), Hurriter und Hurritisch, (Konstanz, 1988), 120 geht davon aus, daß das Hurritische später in Ḫattuša gesprochen wurde.

einer sicheren Zuweisung häufig entziehen, unberücksichtigt, u. z. auch dann, wenn bereits Zuweisungen versucht wurden.

Hier ist eine teilweise verkürzte Darstellung erforderlich. So ist es in diesem Zusammenhang nicht möglich, Belegstellen zu verbuchen oder eine umfassende Diskussion und Rezeption der mittlerweile stark angewachsenen Forschungsliteratur durchzuführen bzw. im Fußnotenapparat nachzuweisen.

0.2. *Vorbemerkung*

Neue Textfunde im nordsyrisch-nordmesopotamischen Raum lassen es geboten erscheinen, die Frage nach der Verbreitung hurritischer Bevölkerung erneut anzugehen. Das Anwachsen der Quellen führt dazu, daß auf der Grundlage eines immer dichter werdenden Netzes von Quellen argumentiert werden muß. Dennoch dürfen die weiterhin bestehenden, z. T. gravierenden Probleme und Überlieferungslücken – letztere vor allem hinsichtlich des frühen (Süd)Ost-Anatolien, das fast als *Terra Incognita* bezeichnet werden muß, das aber für die Frühgeschichte der Hurriter eine bedeutende Rolle gespielt hat – nicht übersehen oder unterschätzt werden. Der rasche Fortschritt in der Erschließung des Hurritischen sowie die fortdauernde Grabungs- und Publikations- sowie Forschungstätigkeit lassen annehmen und hoffen, daß die Zukunft weitere Quellen zutage fördern bzw. erschließen wird, die das sich gegenwärtig abzeichnende Bild verfeinern, aber auch verändern können.

Eine Behandlung dieser Frage mag verfrüht erscheinen,[9] doch ist sie v. a. aufgrund der neu bekannt gewordenen PNn aus Nabada = Tall Beydar[10] sowie einer teilweisen Neubewertung anderer Namen gerechtfertigt. Es wird im folgenden versucht, die Frage nach der Verbreitung der Hurriter für den gesamten Bereich des Vorderen Orients – bzw. dessen "Randgebiete" – anzugehen.

Angesichts der weiterhin vergleichsweise geringen Zahl an Textdokumenten sowie ihrer ungleichen zeitlichen und geographischen Verteilung bzw. überhaupt der Zufälligkeit der Textüberlieferung und -funde kann es immer

---

[9] Siehe zuletzt Steinkeller, P., "The Historical Background of Urkesh and the Hurrian Beginnings in Northern Mesopotamia", in: Buccellati, G./Kelly-Buccellati, M. (Hrsg.), Urkesh and the Hurrians. Studies in Honor of Lloyd Cotsen, (Malibu, 1998), 75-98; Salvini, M., "The Earliest Evidence of the Hurrians Before the Formation of the Reign of Mittanni", ibid. 99-115. An älterer Literatur ist vor allem die immer noch umfangreichste Darstellung bei Wilhelm, G., Grundzüge der Geschichte und Kultur der Hurriter, (Darmstadt, 1982) zu nennen.

[10] Zum alten Namen des Tall Beydar siehe Sallaberger, W., "Der antike Name von Tell Beydar: Nabada (*Na-ba₄-da*^{ki} / *Na-ba-ti-um*^{ki})", NABU 130/1998.

noch nur – entsprechend den bereits vor 25 Jahren formulierten methodischen Ansätzen – das Ziel sein, das Auftreten von Namen gleichsam zu kartieren und, sofern dies möglich ist, die Herkunft der genannten Personen über den Ort ihrer Bezeugung hinaus zu eruieren, da selbstverständlich der Ort des inschriftlichen Nachweises nicht identisch sein muß (wohl aber kann) mit dem Ort der Herkunft.[11] Diese Methodik ist umso mehr deshalb erforderlich, weil die für die Fragestellung sehr wichtige Region etwa zwischen Ḫabūr-Dreieck und Oberlauf des Tigris noch schriftlos ist und somit nur indirekte Überlieferungen vorliegen.

0.3. *Die Quellenlage*

Wann hat ein Name als hurritisch zu gelten? Die von E. Laroche und J.-M. Durand formulierte Auffassung, alle Namensbestandteile müßten hurritisch sein,[12] wurde in der Forschungsliteratur nicht konsequent umgesetzt. Meines Erachtens ist bei verbalen Satznamen das Vorhandensein eines entsprechenden prädikativen Elementes bzw. bei Einwortnamen das Vorhandensein lexikalischer und/oder morphologischer Elemente entscheidend.

Demgemäß bewerte ich einen PN wie Ḫašip-Išḫara (d.i. *ḫa-zi-ip-^{d}iš-ḫa-ra*, z. B. OBTCB Nr. 94 V 4) ebenso als hurritisch wie Ḫašip-Kušuḫ (d.i. *ḫa-zi-ip-ku-zu-uḫ*, z. B. Nr. 78:26), wenngleich Išḫara bekanntermaßen kein hurritischer Göttername ist, sondern einem semitischen Idiom oder ggf. einer (nicht benennbaren) Substratsprache angehört.[13] Dennoch ist der PN hurritisch zu "verstehen".

Eine solche Differenzierung, die selbstverständlich anhand eines umfangreicheren Materials und begleitender (vor allem prosopographischer) Untersuchungen fundiert werden muß, erscheint notwendig, vor allem im Hinblick auf die eingangs skizzierte Frage des Stellenwerts von Namenentlehnungen bzw. der soziolinguistischen Aspekte der Namenforschung. Sofern sie sich als gangbar erweisen sollte, bedeutete sie eine Neubewertung des Konzepts

---

[11] Zur Methodik vergleiche Laroche, E., Les noms des Hittites, (Paris, 1966), 343-346; Durand, J.-M., "L'insertion des Hurrites dans l'histoire proche-orientale. Problèmes et perspectives", in: Barrelet, M.T. e. a., Méthodologie et critiques I: Problèmes concernant les Hurrites, (Paris, 1977), bes. 29-32.

[12] Siehe Laroche, E., Les noms des Hittites, 343-346 und Durand, J.-M., in: Problèmes concernant les Hurrites, 35.

[13] Zu Išḫara und ihrem Auftreten in aB hurritischen PNn siehe Richter, Th., "Theophore Elemente ḫurritischer Personennamen altbabylonischen Datums aus Syrien und dem Osttigrisgebiet", in: Wilhelm, G. (Hrsg.), Akten des IV. Internationalen Kongresses für Hethitologie Würzburg, 4.-8. Oktober 1999, (Wiesbaden, 2001 [2002]), 564.566.

"hybrider" Bildungen, das häufig pauschal auf solche Namen angewendet wurde, deren Einzelbestandteile unterschiedlichen Sprachen zuzuweisen sind. Schwierigkeiten werden sich bei der Bewertung von offenbar "akkadisierten" hurritischen Namen ergeben, bei denen an ein hurritisches Element z. B. akkadische Endungen treten. War ein PNf wie Ḫašibatum, der als "a hypocoristicon based on a Hurrian predicate *hazib* with a Semitic afformative"[14] beschrieben wurde, für einen Hurriter noch verständlich?

Aber auch bei diesem z. T. reduzierten Anspruch bedürfte die Bestimmung eines Namens als hurritisch oftmals einer Diskussion, die hier meist unterbleiben muß. Eine Diskussion erscheint insbesondere bei den für die ältere Zeit geltend gemachten Namen notwendig, da sich das hurritische Onomastikon offensichtlich noch in der Entwicklung befand und Namenstypen, wie sie aus aB und späterer Zeit bekannt sind, sich offenbar erst in historischer Zeit entwickelten.[15]

Lediglich einige PNn, die für die Fragestellung besonders wichtig erscheinen, werden in "Kurzkommentaren" behandelt.

0.3.1. *Personennamen*

Ein PN ergibt zwar lediglich ein *Indiz* für die ethnische Zugehörigkeit des Namensträgers;[16] er *beweist* allerdings die Anwesenheit eines entsprechenden Bevölkerungselements in der (näheren) Umgebung.[17] Insofern können PNn Auskunft über die ethno-linguistische Situation zum Zeitpunkt ihrer Be-

---

[14] Eidem, J./Læssøe, J., The Shemshara Archives. Vol. 1 – The Letters, (Kopenhagen, 2001), 147.

[15] Siehe dazu u. a. Milano, L., in: Idem et al., Mozan 2. The epigraphic finds of the sixth season, (Malibu, 1991), 26.

[16] Wenngleich hier vereinfachend von Hurritern gesprochen wird, soll damit nicht mehr als die sprachliche Zuweisung der Namen gemeint sein; über die ethnische Zugehörigkeit ihrer Träger sind auf dieser Grundlage nur bedingt Aussagen zu machen. Für die Problematik der Heranziehung der PNn für diese Fragestellung siehe z. B. Kupper, J.-R., Les nomades en Mésopotamie au temps des rois de Mari, (Paris, 1957), 231-232; Charpin, D., "Immigrés, réfugiés et déportés en Babylonie sous Hammu-rabi et ses successeurs", in: Charpin, D./ Joannès, F. (Hrsg.), La circulation des biens, des personnes et des idées dans le Proche-Orient ancien. Actes de la XXXVIIIe Rencontre Assyriologique Internationale, (Paris, 1992), 216-218; van de Mieroop, M., "The Tell Leilan tablets 1991: A preliminary report", OrNS 63 (1994), 336.

[17] So u. a. auch Kammenhuber, A., "Die Arier im Vorderen Orient und die historischen Wohnsitze der Hurriter", OrNS 46 (1977), 134 Anm. 12. – Für die Möglichkeiten und Grenzen einer ethno-linguistischen Auswertung des Namengutes siehe Fronzaroli, P., "West Semitic Toponymy in Northern Syria in the Third Millennium B.C.", JSS 22 (1977), 146.

zeugung geben.[18] Dies gilt insbesondere für hurritische PNn in den hier zu betrachtenden geographischen und zeitlichen Räumen, da sie mit großer Sicherheit nicht als "Modenamen" verwendet wurden. Vielmehr läßt sich an zahlreichen Beispielen aufzeigen, daß sich umgekehrt Hurriter in ihrer Namengebung anderen Traditionen rasch anpaßten (s. u.).

Es muß indes gelten, daß das vereinzelte oder singuläre Auftreten entsprechender Namen nicht als ausreichend für die Annahme zu werten ist, daß es sich bei dem betreffenden Ort (bzw. der Region) um i.e.S. hurritisches *Siedlungsgebiet* handelte. Hier sind mehrere unbekannte und nicht zu quantifizierende Elemente im Spiel. Es ist zu bedenken, daß insbesondere die "Randgebiete" in ethno-linguistischer Hinsicht sehr inhomogen waren und demzufolge auch mit unbekannten (und nicht benennbaren) Ethnien gerechnet werden muß; erkenn- und benennbar sind, *grosso modo*, lediglich semitische PNn. Das Nebeneinander verschiedener Ethnien kann derzeit lediglich konstatiert, kaum aber beschrieben werden. Welche Rolle den Hurritern schließlich zukam, bleibt recht unklar.

Die Frage, welche "Belegdichte" für die Annahme hurritischen Siedlungsgebiets erreicht werden müßte, ist kaum zu beantworten; eine besondere Bedeutung hurritischer Herrschernamen scheint (zumindest für den hier betrachteten Rahmen) nicht gegeben zu sein.[19] Da Hurriter stets neben Trägern anderssprachiger Namen begegnen, ist eine statistische Untersuchung zwar prinzipiell möglich;[20] allerdings erforderte diese neben einer systematischen Aufarbeitung auch des anderssprachigen Namengutes detaillierte prosopographische Untersuchungen. Daß sich daraus überaus wichtige Erkennt-

---

[18] So u. a. Gelb, I.J., "Ebla and the Kish Civilization", in: Cagni, L. (Hrsg.), La lingua di Ebla. Atti del convegno internazionale (Napoli, 21-23 aprile 1980), (Neapel, 1981), 65.

[19] Diese sieht z. B. Steinkeller, P., in: Studies Cotsen, 91. Einen Schritt weiter geht Kammenhuber, A., OrNS 46, 137-138: "Bei den Königsnamen wird man – im Gegensatz zu anderen Personen ... – mit ziemlicher Wahrscheinlichkeit annehmen dürfen, daß alle Träger hurr. PN Hurriter sind".

[20] In der bisher erschienenen Forschungsliteratur finden sich einige Angaben zu diesem Thema, die nicht unerwähnt bleiben dürfen. So schätzt Wilhelm, G., Grundzüge, 18 den Anteil hurritischer PNn im aB Material von Tall Šaġir Bāzār auf mindestens 20%; siehe dazu auch Kupper, J.-R., Nomades en Mésopotamie, 229. Ismail, F., Altbabylonische Wirtschaftsurkunden aus Tall Leilān (Syrien) (Dissertation Tübingen, 1991) errechnet den Anteil hurritischer Namen in seinem Textkorpus auf 22,5% (gegenüber 33,7% akkadische und 43,8% amurritische Namen). Eine Studie von Zadok, R., AfO 46/47 (1999/2000), 352-355 bzgl. der Namen des Prismas aus Tigunani erbrachte folgende Zahlen: 47,93% (sicher hurritisch); 14,35% (evtl. hurritisch); 1,82% ("atypische" Namen); 0,9% (akkadisch); 2,05% (evtl. akkadisch); 2,05% (amurritisch); 0,9% (evtl. amurritisch); 0,45% (kassitisch); 2,28% (evtl. kassitisch); 0,22% (elamisch); 27,86% (übrige nicht-semitische Namen).

nisse ergeben können, sei exemplarisch an einer Schlußfolgerung J. Eidems zu dem Archivmaterial aus Šušarrā = Tall Šemšāra aufgezeigt:

> "The handful of Semitic names in the Shemshāra texts, in many cases proved to belong to outsiders into the Rania area by specific political events, in others – unverified – possibly to other messengers and officials from the west, and only rarely to definitely local people."[21]

Diese Untersuchungen, die allerdings für die älteren Perioden mangels ausreichender Textüberlieferung derzeit überhaupt nicht zu leisten sind, wären vor allem auch deshalb notwendig, weil die Träger hurritischer Namen sich deren sprachlicher Andersartigkeit wohl bewußt waren. Dies zeigt sich namentlich darin, daß sie, nachdem sie in engeren Kontakt zu anderssprachigen Kulturräumen gekommen waren, ihren Nachfahren (häufig schon in der 1. Folgegeneration) sumerische oder akkadische PNn gaben. Vermutlich wollten sie ihren Nachkommen durch diese rasche Akkulturation im Bereich der Personennamengebung bessere Integrations- und Aufstiegsmöglichkeiten eröffnen. Daraus folgt unmittelbar, daß hurritische Namen (in diesen ethnolinguistischen Kontexten) nicht als "Modenamen" zu werten sind; vielmehr geben sie einen recht sicheren Hinweis auf die Herkunft einer Person aus einer hurritischsprachigen Umwelt und evtl. sogar auf die ethnische Zugehörigkeit des Namensträgers.[22]

Als Arbeitshypothese ist wohl nur die folgende möglich: Wenn für *mehrere* Siedlungen *eines Gebiets* hurritische Namen bezeugt sind, kann von hurritischem Siedlungsgebiet gesprochen werden. Allerdings scheitert eine konse-

---

[21] Eidem, J., The Shemshāra Archives 2. The Administrative Texts, (Kopenhagen, 1992), 48.

[22] Auf dieses Phänomen hatte bereits Gelb, I.J., "Ethnic Reconstruction and Onomastic Evidence", Names 10 (1962), 45-52 hingewiesen; siehe auch z. B. noch Foster, B.R., "Ethnicity and Onomastics in Sargonic Mesopotamia", OrNS 51 (1982), 298.

Für solche Fälle siehe u. a. Charpin, D., in: CRRAI 38, 216-218 (aB); Dercksen, J.G., Copper Trade, 163 Anm. 508 (aA); Garelli, P., Les Assyriens en Cappadoce, (Paris, 1963), 162 (aA); Pientka, R., Die spätaltbabylonische Zeit, (Münster, 1998), 264 (aB); Sassmannshausen, L., Beiträge zur Verwaltung und Gesellschaft Babyloniens in der Kassitenzeit, (Mainz, 2001), 134 mit Anm. 2301 (mB); Steinkeller, P., "Early History of the Hamrin Basin in the Light of Textual Evidence", in: Gibson, McG. (Hrsg.), Uch Tepe I (Chicago/Kopenhagen 1981), 166 Anm. 9 (UrIII); Wilhelm, G., OLZ 81 (1986), 456 (mA). Die Beispiele aus UrIII-Texten zeigen, daß diese Anpassungen sehr schnell – innerhalb einer Generation – vonstatten gehen konnten; ein längeres Nebeneinander – wie es u. a. Garelli, P., loc. cit. für die Fälle aus Kültepe/Kaniš annahm – muß nicht vorausgesetzt werden.

Vergleichbares begegnet auch mit Bezug auf amurritische Vatersnamen, siehe z. B. Wilcke, C., "Zur Geschichte der Amurriter in der Ur III-Zeit", WO 5 (1969-1970), 23.

quente Berücksichtigung an einer unzureichenden (d.h. ungleich dichten) Textüberlieferung, notwendigen prosopographischen Vorarbeiten sowie Problemen der historischen Geographie.

Interpretatorische Schwierigkeiten ergeben sich dann, wenn hurritische PNn für Angehörige solcher Bevölkerungsgruppen belegt sind, die nicht als Hurriter benannt werden. Bekanntlich ist das Anthroponomastikon z. B. von Lull(ub)äern[23] und Turukkäern[24] sowohl durch hurritische Namen und Namenselemente als auch durch solche geprägt, die (derzeit?) nicht hurritisch etymologisiert werden können. Dies scheint auf zwei Fragen hinauszulaufen:

1 Handelt es sich bei diesen Ethnien um "Hurriter", und ist es unserer noch mangelhaften Kenntnis anzulasten, die Namen nicht erklären zu können?[25]
2 Tragen Angehörige dieser Ethnien hurritische Namen?

Die (sprachliche) Vielfältigkeit der turukkäischen Personennamengebung führte J. Eidem zu der vermutlich richtigen Feststellung, daß es sich bei dem Terminus *Turukkû* vielmehr um eine politische denn eine ethnische (bzw. Stammes)Bezeichnung handelt.[26] Ob unter diesem Gesichtspunkt die sprachliche Zuordnung eines PN einen Hinweis auf die Ethnizität des Namensträgers gibt oder stattdessen (zumindest auch) mit "Modenamen" gerechnet werden muß, bleibt eine offene Frage.

---

[23] Zu den Lull(ub)äern siehe vor allem Klengel, H., "Lullubum. Ein Beitrag zur Geschichte der altvorderasiatischen Gebirgsvölker", MIO 11 (1965), 349-371; ders., "Lullu(bum)", in: RlA 7, (Berlin/New York, 1987-90), 164-168; Eidem, J., Shemshara Archives 2, 50-53. Mit Ziegler, N., MARI 8 (1997), 790 ist nicht zu entscheiden, "ob Turukkäer und Lulläer sich sprachlich voneinander unterschieden". Nach Sassmannshausen, L., Beiträge zur Verwaltung und Gesellschaft, 150 trugen Lulläer in mB Zeit akkadische Namen.

[24] Zu den Turukkäern siehe u. a. Klengel, H., "Das Gebirgsvolk der Turukkū in den Keilschrifttexten altbabylonischer Zeit", Klio 40 (1962), 5-22; ders., "Nochmals zu den Turukkäern und ihrem Auftreten in Mesopotamien", AoF 12 (1985), 252-258 und Eidem, J., "From the Zagros to Aleppo – and back. Chronological Notes on the Empire of Šamši-Addu", Akkadica 81 (1993), 23-26. Zum Verhältnis von Turukkäern und Hurritern sowie den hurritischen PNn der Turukkäer siehe noch Klengel, H., MIO 11, 257; Eidem, J., Shemshāra Archives 2, 50 und *passim*; Ziegler, N., MARI 8, 790 und Zadok, R., "Peoples from the Iranian Plateau in Babylonia during the Second Millennium B.C.", Iran 25 (1987), 21.

[25] Da es sich bei keiner dieser Gruppen nachweislich um ethnische Hurriter handelt, bleiben sie hier unberücksichtigt. Klengel, H., MIO 11, 357 vermutet allerdings in den Turukkäern "ein ḫurritisches Bevölkerungselement ..., das sich zeitweise über das dem elamischen Sprachkreis zugehörende lullubäische Substrat legte".

[26] Eidem, J., Shemshara Archives 2, 53.

0.3.2. *Geographische und andere Eigennamen*

Hurritische ONn dürften auf eine "Gründung" durch eine hurritischsprachige Bevölkerung zurückzuführen sein,[27] sagen jedoch nichts über die ethno-linguistischen Verhältnisse in der Bevölkerung z. Z. ihrer Bezeugung aus.[28] Sie können zudem nur dann herangezogen werden, wenn sie (näherungsweise) lokalisiert werden können. Was hurritische Gewässer- und Bergnamen anbelangt, so wird man davon ausgehen dürfen, daß die entsprechenden geographischen Einheiten zu einer Zeit im Blickfeld hurritischsprachiger Bevölkerung lagen, doch gilt für den Zeitpunkt ihrer Bezeugung dieselbe Problematik wie bei ONn. Aus diesem Grund bleiben alle Arten geographischer Namen hier im wesentlichen unberücksichtigt.

Auch hurritische Götternamen erlauben für den Zeitpunkt ihrer Bezeugung keine Rückschlüsse, da hier in besonderem Maße mit vielfältigen Einflüssen, Übernahmen und Tradierungen gerechnet werden muß. Nur in Einzelfällen können sie das aus anderen Quellen zu eruierende Bild komplettieren.

Ein Sachverhalt ist evident: Die Nennung jedweden hurritischen Eigennamens stellt immer nur einen *Terminus ante quem* dar.

0.4. *Die "Urheimat" der Hurriter*

Das Herkunftsgebiet der Hurriter wurde – sieht man von einigen forschungsgeschichtlich frühen Arbeiten ab[29] – aufgrund der Interpretation literarischer Texte, der vermuteten Zugehörigkeit des Hurritischen (und Urartäischen) zur Gruppe der Kaukasischen Sprachen bzw. dem späteren Siedlungsgebiet der Urartäer oder aufgrund historischer Überlegungen in Ostanatolien und Asarbaiğān, in Armenien und in Regionen östlich des Kaspischen Meeres gesucht, wobei zuweilen eine Zuwanderung in prähistorischer Zeit für möglich gehalten wurde.[30] Bekanntlich handelt es sich dabei um Territorien

---

[27] Siehe u. a. Gelb, I.J., in: Lingua di Ebla, 65.

[28] In den Worten von Gelb, I.J., "The Early History of the West Semitic Peoples", JCS 15 (1961), 41: "geographical names are conservative and tend to preserve the old ethnic picture"; ebenso z. B. auch Fronzaroli, P., JSS 22, 146.

[29] Siehe dazu die Ausführungen bei Diakonoff, I.M., Hurrisch und Urartäisch, (München, 1971), 5 und Wilhelm, G., "Gedanken zur Frühgeschichte der Hurriter und zum hurritisch-urartäischen Sprachvergleich", in: Hurriter und Hurritisch, 44.

[30] Zur Frage der "Urheimat" siehe u. a. Kammenhuber, A., OrNS 46, 134 (östlich des Kaspischen Meeres); Haas, V., Hethitische Berggötter und hurritische Steindämonen, (Mainz, 1982), 126 (zwischen Van- und Urmia-See); Wilhelm, G., Grundzüge, 9; Steinkeller, P., in: Studies Cotsen, 96 (Armenien). Nach Córdoba, J.M., "Fortlaufender Übergang und Staffe-

ohne eigene Schriftlichkeit (in älterer Zeit), über die erst aus indirekten Quellen seit der aAK Zeit einige Informationen vorliegen.

Es ist allerdings anzunehmen, daß die "Urheimat" in einer östlich eines Tieflandes gelegenen Gebirgsregion zu suchen ist. Diesen Schluß möchte ich aus dem hurritischen Wort für "Westen", *turišḫe*, herleiten – freilich unter der unbeweisbaren Voraussetzung, daß es sich um ein altes Wort handelt –, welches eine Ableitung von *turi*, "unten", darstellt.[31]

1. Habur-Gebiet und Oberlauf des Tigris

Das Eintreffen der Hurriter im Ḫabur-Dreieck wird seit längerer Zeit und bis in die jüngste Forschungsliteratur hinein kontrovers diskutiert. Während z. B. A. Archi wiederholt darauf hinwies, "that there is no element in favor of the Hurrian presence during the 24th century, not only west of the Euphrates, but even in the Habur region",[32] erkannte A. Catagnoti "a very minor Hurrian [onomastic tradition]"[33] im Ḫabur-Gebiet in der Zeit der Archive des Palastes G von Ebla, das sich zur folgenden aAK Zeit hin noch verstärkt habe. Konkret wurden folgende Daten und Zeitspannen genannt: das letzte Drittel des 3. Jt. (aAK Zeit),[34] die Mitte des 3. Jt.[35] und sogar das Ende des 4. Jt./der Beginn des 3. Jt. v. Chr. bzw. die späte Uruk-Zeit.[36] Eine

lung. Ein Vorschlag zur Charakterisierung der Churriter-Welt in Vorderasien", in: Wezler, A./Hammerschmidt, E. (Hrsg.), Proceedings of the XXXII International Congress for Asian and North African Studies, Hamburg, 25th-30th August 1986, (Stuttgart, 1992), 462 "verfügen [wir] über ausreichende sprachliche und anthropologische Beweise, um das Vaterland der Churriter-Völker in Zentralasien zu suchen".

Die vor allem von Diakonoff, I.M., propagierte These einer Verwandtschaft mit Kaukasus-Sprachen bedarf erneuter Überprüfung; siehe dazu Smeets, R., "On Hurro-Urartian as an Eastern Caucasian Language", BiOr 46 (1989), 259-279.

[31] Siehe dazu Wilhelm, G. apud Negri Scafa, P., "'*ana pani abulli šaṭir*': Gates in the Texts of the City of Nuzi", SCCNH 9 (1998), 141 Anm. 14.

[32] Archi, A., "The Regional State of Nagar According to the Texts of Ebla", in: Subartu IV/2, 4.

[33] Catagnoti, A., "The III Millennium Personal Names from the Ḫabur Triangle in the Ebla, Brak and Mari Texts", in: Subartu IV/2, 62.

[34] So z. B. Eidem, J., The Shemshāra Archives 2, 52; Hallo, W.W., "The Syrian contribution to cuneiform literature and learning", in: Chavalas, M.W./Hayes, J.L. (Hrsg.), New Horizons in the Study of Ancient Syria, (Malibu, 1992), 78; Archi, A., "Studies in the Pantheon of Ebla", OrNS 63 (1994), 251 Anm. 18.

[35] Z. B. Chavalas, M.W., "Ancient Syria", in: New Horizons, 11.

[36] So Bonechi, M., in: Subartu IV/1, 237.

extreme Position hat noch zuletzt A. Archi eingenommen, demzufolge "Hurrian personal names from the Ḫabur area are found starting from the Ur III period".[37] Zu diesen Daten gelangten die Autoren aufgrund der Analyse von Eigennamen, allgemeiner Überlegungen oder der Interpretation archäologischer Befunde, die z. B. in Urkeš = Tall Mozan eine Kontinuität der materiellen Kultur zwischen diesen älteren Schichten und jenen erkennen lassen, für die eine Präsenz der Hurriter inschriftlich nachgewiesen ist.[38]

Zur Beantwortung dieser Frage sind die in den Tafelfunden von Ebla = Tall Mardiḫ, Mari = Tall Hariri, Nabada, Nagar = Tall Brak[39] und Urkeš enthaltenen Eigennamen zu untersuchen.[40] Da der geographische Horizont der Texte von Mari, Nabada, Nagar und Urkeš offenbar nur die nähere Umgebung der Fundorte umfaßt, ist jedoch vornehme Zurückhaltung bei der Interpretation geboten.

1.1. *Bis zum Ende der altakkadischen Zeit*

Für das Ḫabur-Gebiet bezeugen erstmals die Tontafeln aus Ebla, die präsargonischen Texte aus Mari und neuerdings die Tafelfunde aus Nabada Eigennnamen. Keiner der in den Texten genannten ONn ist m. E. gesicherter hurritischer Etymologie, nur einige in diesem Bereich gelegene, nichtsemitische ONn könnten hurritisch zu etymologisieren sein.[41]

Gleiches gilt noch für die aus aAK Dokumenten von Nagar und Urkeš bekannten ONn, unter den sich ebenfalls einige finden, die nicht sicher semi-

---

[37] Archi, A., in: Subartu IV/2, 4; ähnlich zuvor Astour, M.C., "Toponymy of Ebla and Ethnohistory of Northern Syria: A Preliminary Report", JAOS 108 (1988), 547 ("second year of Šu-Sin").

[38] Zu den Grabungsergebnissen siehe zuletzt Buccellati, G./Kelly-Buccellati, M., "Das archäologische Projekt Tall Mozan/Urkeš", MDOG 131 (1999), 7-16. Auch aufgrund anderer archäologischer Daten wurde die Ankunft der Hurriter diskutiert, vgl. z. B. Chavalas, M.W., in: New Horizons, 12: "The rise in urbanization in the Khabur region may be attributed to the advent of the Hurrian population".

[39] Die Evidenzen zur Bestimmung des Tell Brak als Nagar faßte kürzlich Sallaberger, W., "Nagar in den frühdynastischen Texten aus Beydar", in: van Lerberghe, K./Voet, G. (Hrsg.), Languages and Cultures in Contact – At the Crossroads of Civilizations in the Syro-Mesopotamian Realm. Proceedings of the 42th RAI, (Leuven, 1999), 393 zusammen.

[40] Für die Datierung der Tafeln aus Urkeš in die spät-aAK Zeit siehe Buccellati, G./Kelly-Buccellati, M., "Introduction", in: Milano, L. e. a., Mozan 2, 6 ("relatively late in the Sargonic period") und Milano, L., "Philological presentation", ibid. 22 ("contemporary with (or only slightly later than) the Old Akkadian tablets from Tell Brak, i.e. they belong to the latter portion of the Sargonic period").

[41] Für diese ONn siehe Bonechi, M., in: Subartu IV/1, 220 sowie 236-237.

tisch etymologisiert werden können; eine *lectio hurritica* ist jedoch ebensowenig beweisbar.[42] Die nördliche Begrenzungslinie semitischer ONn verläuft an den Südabhängen der anatolischen Bergketten.

1.1.1. *Personennamen aus Nabada*

Die Tontafeln aus Nabada sind – etwa gleichzeitig mit den frühen Urkunden des Palastarchives von Ebla[43] – die ältesten Textzeugnisse aus dem Ḫabur-Dreieck. In Hinblick auf die recht zahlreichen PNn wurde festgestellt, daß sich darunter nicht ein einziger hurritischer Name verberge, alle vielmehr semitisch seien.[44] Da solche Namen in den etwas jüngeren Texten von Nagar und Urkeš auftreten (siehe 1.1.2.), wurde mit entsprechenden Belegen in den Nabada-Tafeln gerechnet,[45] wiewohl andere Autoren das Auftreten hurritischer PNn in dieser Zeit für schlechterdings ausgeschlossen hielten.

Tatsächlich finden sich einige Namen, die mit großer Wahrscheinlichkeit hurritisch zu erklären sind. Sie geben einen *Terminus ante quem* für die Ankunft der Hurriter in Nordsyrien und müssen jetzt als älteste Belege[46] für

---

[42] Siehe zu diesen ONn ibid., 220-222. Mit ibid., 222 sind die nicht semitischen ONn "quite certainly Hurrian". Ibid., 237 wird festgestellt: "a compact Archaic Semitic toponymy [was] ... partially substituted by a non-Semitic, Hurrian toponymy during the Sargonic period".

[43] Siehe Sallaberger, W., "Ein Synchronismus der Urkunden von Tell Beydar mit Mari und Ebla?", in: Subartu IV/2, 34. Siehe auch Ismail, F./Sallaberger, W./Talon, Ph./van Lerberghe, K., "Introduction to the archive", in: Subartu II, 31; Sallaberger, W., in: Languages and Cultures in Contact, 396. Anders noch Bonechi, M., in: Subartu IV/1, 220-221 (sargonisch). – Zu den Fundumständen der Texte siehe zuletzt Bretschneider, J./Jans, G., "Palast und Verwaltung. Synchronismen im Ḫaburgebiet im 3. Jahrtausend v. Chr.", UF 29 (1997), 68.

[44] Ismail, F./Sallaberger, W./Talon, Ph./van Lerberghe, K., "Introduction to the archive", in: Subartu II (1996), 32; Talon, Ph., "Personal names", ibid. 75; van Lerberghe, K., "The Beydar tablets and the history of the Northern Jazirah", ibid., 120; Steinkeller, P., in: Studies Cotsen, 89.

[45] Sallaberger, W., in: Subartu IV/2, 34.

[46] Bislang galt zumeist das Jahresdatum Narām-Sîn 5b (siehe FAOS 7, 51) oder die von Michalowski, P., "The Earliest Hurrian Toponymy: A New Sargonic Inscription", ZA 76 (1986), 4-11 veröffentlichte Inschrift als ältester Hinweis auf die Hurriter; siehe z. B. Wilhelm, G., "L'état actuel et les perspectives des études hourrites", in: Durand, J.-M. (Hrsg.), Amurru 1. Mari, Ébla et les Hourrites – dix ans de travaux. Première partie, (Paris, 1996), 175 und Salvini, M., "The Earliest Evidence of the Hurrians Before the Formation of the Reign of Mittanni", in: Studies Cotsen, 99-100. Siehe weiterhin Steinkeller, P., ibid. 90.

die Anwesenheit dieser Ethnie im Umkreis der Schriftkulturen des Alten Orients gelten. Die PNn Šadar-guni und Šuguzzi sind sicherlich hurritisch:[47]

1 *sa*?*-tar-gu-ni* (Nr. 2 II 3, Nr. 40 II 9) bzw. *ša-tar-gu-ni* (Nr. 23 V 7)
2 *šu-gu-zi* (Nr. 5 III 1)

Kurzkommentar:
1 Das Element *s/šadar-* begegnet auch in S/Šadar-mad (d. i. *sá-dar-ma-at*),[48] dem Namen des Vaters des Atal-šen von Urkeš und Nawar, der gemeinhin als hurritisch angesehen wird.[49] Es handelt sich um die noch im aB hurritischen Anthroponomastikon gut bezeugte Basis *šad-* "zurückgeben, erstatten",[50] die von der Wurzelerweiterung =ar zur Bildung von Faktitiv und Iterativ gefolgt wird.[51] Eine Markierung von Aktionsart (transitiv oder intransitiv) und Personenanzeiger fehlt, wie dies bei solchen Bildungen nicht unüblich ist.

Bei ∘*-gu-ni* handelt es sich um ein verbreitetes Element, das allerdings nicht auf das hurritische Anthroponomastikon beschränkt zu sein scheint.[52] Für hurritische PNn siehe z. B. Mušum-kune/u (aB [Mann aus Mardamān]), Teššup-kuni (AlT *33:10).

2 In Šuguzzi dürfte das Zahlwort "eins"[53] und die Adjektivendung =uzzi vorliegen[54]: šug(i)=uzzi "dem Einen geziemend".

Für die etwas spätere Zeit der Ebla-Texte steht eine Vielzahl von Informationen zur Verfügung, die nicht nur Ebla und seine nähere Umgebung, sondern auch Regionen des übrigen Syrien beleuchten. Eine Analyse der Na-

---

[47] Zitiert nach Subartu II.

[48] Es darf nicht verschwiegen werden, daß – was das Zeichen TAR anbelangt – in den Texten von Nabada bisher nur die Lesung ku_5 sicher belegt ist (siehe Sallaberger, W., "Sign List: Palaeography and Syllabary", in: Subartu II, 35).

[49] Siehe z. B. Goetze, A., "Ḫulibar of Duddul", JNES 12 (1953), 119 mit Anm. 43. Die neueste Bearbeitung der Inschrift des Atal-šen findet sich bei Frayne, D.R., Ur III Period (2112-2004 BC), (Toronto [u. a.], 1997), 461-462.

[50] Für diese Deutung siehe Fincke, J. apud Dinçol, A.M./Dinçol, B./Hawkins, J.D./ Wilhelm, G., "The 'Cruciform Seal' from Boğazköy-Hattusa", IstMit 43 (1993), 102 Anm. 78; sie ist allgemein akzeptiert worden.

[51] Für diese Erweiterung siehe zuletzt Wegner, I., Einführung, 76.

[52] Ein homographes Element *gu-ni* findet sich im Elamischen; siehe z. B. Hinz, W./Koch, H., Elamisches Wörterbuch, (Berlin, 1987), 515.

[53] Siehe dazu zuerst Neu, E., "Zum hurritischen 'Essiv' in der hurritisch-hethitischen Bilingue aus Ḫattuša", Hethitica 9 (1988), 163.

[54] Siehe dazu Wegner, I., Einführung, 49-50.

mengebung führte zunächst zu der Feststellung, daß sich für den Raum von der Mittelmeerküste bis jenseits des Ḫabur im Osten sowie bis in den Umkreis von Ursa'um (bzw. Uršu) und Ḫarran im Norden "a linguistic and cultural unity" zeige.[55] Im Laufe der weiteren Forschung ergab sich indes eine Modifizierung dieser Annahme dergestalt, daß verschiedene lokale Anthroponomastika feststellbar sind.[56]

1.1.2. *Personennamen aus Nagar und Urkeš*

Zur Zeit der Ebla-Archive im 24. Jh. v. Chr. war Nagar im Ḫabūr-Gebiet Zentrum des (neben Ebla und Mari) bedeutendsten Staatswesens in Obermesopotamien; seinen Herrschern wurde der Titel en "König" zugestanden.[57] Für den Namen Nagar wird eine semitische Etymologie angenommen,[58] die sich gut in die wiederholt vorgebrachte Annahme einfügt, "that the Hurrian element is *entirely* absent from the whole area of the Ḫabur Plains during the 24th century".[59] Diese Annahme ist indes nicht zutreffend.

Einerseits sind entsprechende Namen aufgrund der bereits in Nabada belegten hurritischen zu erwarten; andererseits ist zu beachten, daß für diese Periode auch die ersten Hinweise auf eine hurritische Ortsnamengebung in diesem Raum vorliegen: Nawar, die Bezeichnung des Nagar umgebenden (Weide-)Landes, ist aus dem Hurritischen herzuleiten.[60]

---

[55] Archi, A., "The Personal Names in the Individual Cities", in: Fronzaroli, P. (Hrsg.), Studies on the Language of Ebla, (Florenz, 1984), 241; ders., "Imâr au IIIème millénaire d'après les archives d'Ebla", MARI 6 (1990), 23.

[56] So wohl zuerst Bonechi, M., "Onomastica dei testi di Ebla: Nomi propri come fossili-guida?", SEL 8 (1991), 73-79, danach u. a. Steinkeller, P., "Observations on the Sumerian Personal Names in Ebla Sources and in the Onomastico of Mari and Kish", in: Cohen, M.E./ Snell, D.C./Weisberg, D.B. (Hrsg.), The Tablet and the Scroll. Near Eastern Studies in Honor of William W. Hallo, (Bethesda, 1993), 240; Archi, A., in: Subartu IV/2, 1 und Catagnoti, A., ibid., 61-62 für das Habur-Gebiet.

[57] Siehe Archi, A., ibid., 2-3.

[58] Siehe dazu z. B. Eidem, J., "Nagar", in: RlA 9/1-2, (Berlin/New York, 1998), 75.

[59] Archi, A., in: Subartu IV/2, 4.

[60] Zu naw=ar "lieu de pâture" siehe Wilhelm, G., in: Amurru 1, 178-179. Zum Verhältnis von Nagar zu Nawar siehe zuletzt ders., "Hurritisch naipti 'Weidung', 'Weide' oder eine bestimmte Art von Weide", in: Fs. Haas, 449.

Durand, J.-M., "L'emploi des toponymes dans l'onomastique d'époque amorrite: les nomes en mut-", SEL 8 (1991), 93 Anm. 45 führt dagegen Nagar und Nawar auf (semitisch) *Nagwar zurück. Daß sich Nagar und Nawar entsprechen, formuliert auch Guichard, M., "Zimrî-Lîm à Nagar", MARI 8 (1997), 334.

Ein entscheidendes Indiz ergibt sich schließlich aus dem Text TM.75.G. 1250. Er bezeugt die Heirat des Ultum-ḫuḫu, Sohn des Königs von Nagar (*ul-tum-ḫu-ḫu* dumu-nita en *na-gàr*[ki]), mit der eblaitischen Prinzessin Tagriš-Damu (d.i. *tag-rí-iš-da-mu*).[61]

Ultum-ḫuḫu (d.i. *ul-tum-ḫu-ḫu*)

Kurzkommentar:[62]

An der Hurrizität des Namens kann, zumal angesichts seiner Übereinstimmung mit dem gut bezeugten Bildungsmuster sog. transitiv/ergativischer hurritischer Namen,[63] trotz noch ausstehender lexikalischer Bestimmungen der Basis *ult-* sowie des nominalen Elements *ḫuḫu* kein Zweifel bestehen.

Verbales *ult-* findet sich z. B. in PNn aus Nuzi (siehe NPN 271b); das nominale Element *ḫuḫu* begegnet mehrfach in eindeutig hurritischen Namen aB Zeit (z. B. Arip-ḫuḫ, Kadiš-ḫuḫ, Šeḫlip-ḫuḫ) sowie wiederum in Nuzi (siehe NPN 217b).[64]

Eine Verbindung zu elamisch *hu-h*, das noch nicht zufriedenstellend gedeutet ist, nach bisherigen Interpretationsvorschlägen jedoch keine hier einsetzbare Bedeutung hat, kann wohl ausgeschlossen werden.[65]

---

[61] Siehe dazu Biga, M.G., "The Marriage of Eblaite Princess Tagriš-Damu with a Son of Nagar's King", in: Subartu IV/2, 19 sowie Archi, A., ibid., 5.
Andere "Prinzen" (dumu-nita en) von Nagar trugen dagegen keine hurritischen Namen; siehe Archi, A., ibid., 5-6 für *Gú-sa* und *Ib-lul-ì*.

[62] Der in Ebla für das präsargonische Nagar bezeugte PN *bù-gú-e* wird von Catagnoti, A., in: Subartu IV/2, 46 und 62 für hurritisch gehalten. Der Ausgang °u-e läßt an später bezeugte Namen wie Aštue, Attue oder Azzue denken, deren erster sicherlich zu hurritisch *ašte/i* "Frau" (siehe GLH 62) zu stellen ist. Ein hurritisches Lexem *puge/i* (o.ä.) ist bislang offensichtlich unbezeugt.
Zur Schreibung °u-e zur Wiedergabe des Genitiv-Morphems [ve] siehe wohl zuerst Goetze, A., "Ḫurrian Place Names in -š(š)e", in: von Kienle, R. e. a. (Hrsg.), Festschrift Johannes Friedrich zum 65. Geburtstag am 27. August 1958 gewidmet, (Heidelberg, 1959), 201 Anm. 1. Im sog. "Althurritischen" findet sich °ue häufiger als Genitiv-Markierung; im Mittani-Hurritischen tritt es als Allophon von [ve] nach Vokal auf; siehe Wegner, I., Einführung, 39 sowie hier Anm. 77.

[63] Siehe dazu Wilhelm, G., "Namengebung. D. Bei den Hurritern", in: RlA 9/1-2, 123.

[64] Es sei allerdings erwähnt, daß Gelb, I.J., Hurrians and Subarians, (SAOC 22; Chicago, 1944), 52-53 das Element nicht als hurritisch anerkannte. Hurritischen Ursprung sieht dagegen Astour, M.C., "Semites and Hurrians in Northern Transtigris", SCCNH 2 (1987), 27-28; die Beleglage gibt ihm Recht.

[65] Siehe dazu Hinz, W./Koch, H., Elamisches Wörterbuch, 684.

Daneben belegen die aus Nagar und Urkeš stammenden Urkunden aAK Datums mehrere unzweifelhaft hurritische Namen.[66]

1 Talpuš-atili (d.i. *dal-pu-za-ti-li*, Nagar)
2 *'à-WA-tu-rí* (Urkeš)
3 Tupkiš (d.i. *tup-ki-iš*, Urkeš)
4 Unap-šenni (d.i. *ú-na-ap-šè-ni*, Urkeš)

Kurzkommentar:
1 Eine Analyse des Namens (talav=o=z(i)-adili) ist bereits vorgelegt worden.[67] Zugrunde liegen die Lexeme *talāwuši* "groß"[68] und *adal*, eines der häufigsten Bestandteile hurritischer Namen in sämtlichen onomastischen Korpora. Die Bedeutung "der Starke" ist lange bekannt (GLH 35 sub *adali*) und "wohl als Epitheton eines [bestimmten?] Gottes" aufzufassen.[69] Hier handelt es sich um eine der seltenen aberranten Formen dieses Wortes.
2 Die Lesung von *'à-WA-*° ist unsicher, eine verbale Basis *aw/b-* ist jedoch gut bezeugt. Sie findet sich u. a. im Anthroponomastikon von Nuzi (siehe NPN 208a) und mehreren aB überlieferten Namen (z. B. Awiš-muši, Awiš-tari). Bei dem zweiten Namensglied handelt es sich um *turi* "Mann".[70]
3 Das Wort *tupki* gehört zu den häufigsten Elementen hurritischer Personennamenbildung (siehe NPN 269), entzieht sich jedoch einer Deutung. Meist fungiert es als (quasi)theophores Element in verbalen Satznamen; in nominalen Satznamen übernimmt es die Funktion des prädikativen Elements an zweiter Stelle. Bei Tupkiš handelt es sich um einen morphologisch nicht klaren Kurznamen tupki=ž.

---

[66] Siehe bereits Milano, L., in: Mozan 2, 23-25 und Catagnoti, A., in: Subartu IV/2, 41-66. Hinsichtlich der PNn aus Urkeš ist Wilhelm, G., in: Amurru 1, 175-176 zurückhaltender; demnach ist nur Unap-šenni als sicher hurritisch zu bezeichnen. – Zadok, R., "Elamites and Other Peoples from Iran and the Persian Gulf Region in Early Mesopotamian Sources", Iran 32 (1994), 39 wertet *ti-ru-ša-ki* unzutreffend als elamisch.

[67] Wilhelm, G., in: Amurru 1, 175 Anm. 5.

[68] Siehe u. a. Wilhelm, G., "Hurritische Lexikographie und Grammatik: Die hurritisch-hethitische Bilingue aus Boğazköy", OrNS 61 (1992), 134 und Wegner, I., "Der Name der Ša(w)uška", SCCNH 7 (1995), 119.

[69] Wilhelm, G., "Zu den hurritischen Namen der Kültepe-Tafel kt k/k 4", SCCNH 8 (1996), 336. Zu *adal* siehe auch Haas, V./Wegner, I., "Stadtverfluchungen in den Texten aus Bogazköy sowie die hurritischen Termini für 'Oberstadt', 'Unterstadt' und 'Herd'", in: Finkbeiner, U./Dittmann, R./Hauptmann, H. (Hrsg.), Beiträge zur Kulturgeschichte Vorderasiens – Festschrift für Rainer Michael Boehmer, (Mainz, 1995), 191, wonach es auf eine Basis **ad-* zurückzuführen ist.

[70] Siehe dazu u. a. Wegner, I., "Grammatikalische und lexikalische Untersuchungen hurritischer Beschwörungsformeln aus Boğazköy", in: Hurriter und Hurritisch, 149.

4 Ein geradezu "klassisch-hurritischer" Name intransitiver Konstruktion, basierend auf *un-* "venir" (GLH 282) und *šena* "frère" (GLH 225): un=a=b-šen(a)=ni "Der Bruder kam".

1.2. *Post-Akkade- und UrIII-Zeit*

In die Post-Akkade-Zeit datiert die bekannte hurritische Inschrift des Tišatal, in der er sich als König von Urkeš und Nawar bezeichnet, also eines im Ḫabūr-Gebiet liegenden Staatswesens.[71] Auch Talpuš-atili, die "Sonne des Landes Nagar", trägt einen hurritischen Namen.[72]

In den Ur III-Texten werden Gesandte und Machthaber verschiedener im heutigen Syrien oder weiter nördlich gelegener Städte erwähnt. Entsprechende Namen finden sich im Zusammenhang mit Ebla,[73] Mardaman,[74] Nawar,[75] Urkeš[76] und Uršu.[77]

---

[71] Zu diesem Text siehe zuletzt Wilhelm, G., "Die Inschrift des Tišatal von Urkeš", in: Studies Cotsen, 117-143 und Wegner, I., Einführung, 208-211. Der Text datiert mit Wilhelm, G., op. cit., 118 in die "Gutäer- oder Ur III-Zeit", mit Salvini, M., ibid., 107 in die UrIII-Zeit.

[72] Siehe Eidem, J. apud Matthews, D.M., The Early Glyptic of Tell Brak, (Freiburg/Göttingen, 1997), 308 Nr. 316; Wilhelm, G., in: Amurru 1, 175 Anm. 5.

[73] Siehe Owen, D.I., "Syrians in Sumerian Sources from the Ur III Period", in: New Horizons, 120 für *me-me-šu-ra*.

[74] Zu Hurritern aus Mardaman siehe RGTC 2, 118; Zadok, R., "Hurrians as well as Individuals Bearing Hurrian and Strange Names in Sumerian Sources", in: Rainey, A.F., (Hrsg.), *kinattūtu ša dārâti*. Raphael Kutscher Memorial Volume, (Tel Aviv, 1993), 226.

Die früher erwogene Gleichsetzung mit Mardin ist aufzugeben; siehe u. a. Durand, J.-M., Archives épistolaires de Mari I/1, (Paris, 1988), 294. Für eine mögliche Lage nahe des heutigen Şanliurfa siehe Harrak, A., ZA 81 (1991), 148f.; weiter nördlich, "in the area of the headwaters of the Tigris and the Euphrates" sucht Maeda, T., "The Defence Zone During the Rule of the Ur III Dynasty", ASJ 14 (1992), 148 die Stadt. Mit Michel, C., WO 24 (1993), 175 ist sie nördlich von Andariq zu suchen, und Wu Yuhong, A Political History of Eshnunna, Mari and Assyria During the Early Old Babylonian Period, (Changchun, 1994), 110 sucht sie nördlich des Ǧebel Singār.

[75] Für PNn siehe RGTC 2, 138; Zadok, R., in: Kutscher Memorial Volume, 226.

[76] Siehe dazu vor allem Buccellati, G., "Scope of the Research", in: Buccellati, G./Kelly-Buccellati, M., Mozan 1. The Soundings of the First Two Seasons, (Malibu, 1988), 33-34, wo zudem die Identifizierung von Urkeš mit Tall Mozan erstmals ausführlich begründet wird.

[77] Noch ohne hurritischen Namen bei Limet, H., "L'étranger dans la société sumérienne", in: Edzard, D.O. (Hrsg.), Gesellschaftsklassen im Alten Zweistromland und in den angrenzenden Gebieten. XVIII. Rencontre Assyriologique Internationale, München, 29. Juni bis 3. Juli 1970, (München, 1972), 138. Siehe inzwischen Zadok, R., in: Kutscher Memorial Volume, 226 und Owen, D.I., in: New Horizons, 133-134 zu *da-sal-ib-ri* (d.i. Tašal-ewri). – Der in Owen, D.I./Veenker, R., "Megum. The first Ur III ensi of Ebla", in: Cagni, L.

1.3. *Altbabylonische Zeit*[78]

Was die altbabylonische Zeit betrifft, so enthalten die Texte aus Mari sowie die Tontafeln aus Tall Šaǧīr Bāzār, Šubat-Enlil/Šeḫna = Tall Leilān, Qaṭṭarā? = Tall ar-Rimaḥ (siehe 5.1.) und Tuttul = Tall Biᶜa (siehe 2.) eine recht große Anzahl hurritischer Namen. Eine Zunahme solcher Namen ist in den wenigen Jahrzehnten, die durch die Archive abgedeckt werden, für den Bereich des Ḫabūr-Dreiecks nicht ersichtlich.[79] Über die in dieser Zeit nur indirekt und zwangsläufig unvollständig beleuchteten, nördlich anschließenden Regionen können derzeit kaum seriöse Aussagen gemacht werden. Das in die späte aB Zeit datierende *ḫabiru*-Prisma aus Tigunānum[80] als einziges Textzeugnis aus einem hurritischsprachigen Siedlungsraum zeigt zwar

(Hrsg.), Ebla 1975-1985 (Neapel 1987), 268 als "non-Semitic, possibly Hurrian" geführte [*e*(?)-*r*]*i-iš-ti-AR* ist derzeit auch bei einer Lesung [*e*(?)-*r*]*i-iš-ti-ši-tal* nicht sicher hurritisch zu etymologisieren.

Für Lokalisierungsvorschläge siehe u. a. Bonechi, M., SEL 8, 75 ("l'area di Gaziantep"); Beitzel, B.J., "The Old Assyrian Caravan Road in the Mari Royal Archives", in: Young, G.D. (Hrsg.), Mari in Retrospect. Fifty Years of Mari and Mari Studies, (Winona Lake, 1992), 55-56 ("at Gaziantep"); RGTC 12/1, 314 (wohl nahe Gaziantep/Türkei); Archi, A., "Aleppo in the Ebla Age", AAAS 43 (1999), 133 (= Antep). Zu Uršu in aB Zeit siehe Goetze, A., "An Old Babylonian Itinerary", JCS 7 (1953), 69-70 sowie Beitzel, B.J., loc. cit.

Die Hurrizität des ON wird u. a. von Astour, M.C., JAOS 108, 547 mit Anm. 13 konstatiert. Der Name *könnte* mit der hurritischen Basis *urš-* zusammenhängen, die in *urše* der *kaluti*-Listen der Ištar-Ša(w)uška auftritt; siehe dazu jetzt Prechel, D./Richter, Th., in: Fs. Haas, 354 Anm. 113. Die meist als Uršu(w)e/Uršui-Iškalli auftretende Gottheit des Ḫebat-Kreises (siehe GLH 286 und Haas, V., Geschichte der hethitischen Religion, Leiden [u. a.] 1994, 555) ist wohl mit dem ON in Verbindung zu bringen: "Die von Uršu". Da Iškalli gelegentlich alleine auftritt, ist Uršu(w)e/Uršui als davon abhängiges Genetiv-Attribut aufzufassen: "Iškalli von Uršu".

Der ON Uršu ist nach Fronzaroli, P., JSS 22, 149-150 und OrSuec 33-35, 145 semitisch (*ḥurš-) zu deuten, wofür auch die Belege in den Ebla-Texten (dazu RGTC 12/1, 313-314) sprechen. Das Antreten eines hurritischen Suffixes an anderssprachige ONn ist allerdings seit Bekanntwerden der Alalaḫ-Texte bestens bekannt (siehe 2.).

78 Die Studie von Sasson, J.M., "Hurrians and Hurrian names in the Mari texts", UF 6 (1974), 353-400 wird demnächst durch Richter, Th., Die hurritischen Personennamen der Zeit der Mari-Archive [Arbeitstitel, erscheint in SCCNH] ersetzt werden.

Lediglich verwiesen sei an dieser Stelle auf den Umstand, daß im geographischen Horizont dieser Texte mehrere Siedlungen existierten, deren Name (mit einiger Wahrscheinlichkeit) hurritisch zu etymologisieren ist. Darauf soll demnächst an anderer Stelle eingegangen werden.

79 Siehe Eidem, J., "The Tell Leilan Archives 1987", RA 85 (1991), 129

80 Publiziert und bearbeitet bei Salvini, M., The Ḫabiru prism of king Tunip-Teššup of Tikunani, (Rom, 1996). Für die Lokalisierung des Ortes nördlich von Mardin siehe Charpin, D., "Tigunânum et l'horizon géographique des archives de Mari", NABU 58/2000.

einen Anteil hurritischer Namen von annähernd 50% (siehe Anm. 20), kann aber mangels Vergleichsdaten keine historische Aussage ermöglichen.

Wichtige Textzeugnisse sind die aus Mari stammenden Deportiertenlisten aus den Jahren Zimri-Lim 11' und 12', welche als Herkunftsorte zahlreicher Hurriter die Siedlungen Ḫurpiš/Ḫurwaš, Eqlum-bana, Till-abna, Ṣidqan, Till-badi und Širšipḫi[81] nennen. Sie dürften nördlich des Ḫabūr-Dreiecks zu suchen sein. Daneben überliefern noch andere, nicht nur aus Mari stammende Textzeugnisse hurritische PNn für eine Vielzahl weiterer Siedlungen:[82]

Admattum,[83] Amaz,[84] Andariq,[85] Ašlakkā,[86] Birundi = Burundum,[87] Ela/uḫ(ḫ)ut,[88] Ḫazzikkannum,[89] Ḫissalim, Ḫuraza,[90] Ḫurra,[91]

---

[81] Zu diesen Listen, deren Publikation sich derzeit in Vorbereitung befindet, siehe Lion, B., "Les enfants des familles déportées de Mésopotamie du nord à Mari en ZL 11'", Ktema 21 (1997), 109-118. Zur historischen Situation siehe Marello, P., "Esclaves et reines", in: Charpin, D./Durand, J.-M. (Hrsg.), Florilegium Marianum II. Recueil d'études à la mémoire de Maurice Birot (Mémoires de N.A.B.U., Paris 1994), 115-116 sowie Guichard, M., MARI 8, 329.

[82] Für das aB Nagar ist m. W. kein hurritischer PN überliefert, doch tritt die "Herrin von Nagar", Bēlet-Nagar, in der Zeit der Mari-Archive auch unter dem sicher hurritischen Namen Aštakkuwa auf (eine Ableitung von *ašte/i* "Frau"); siehe dazu Guichard, M., MARI 8, 329-337, bes. 335.

[83] Admattum gehört nach Birot, M., Correspondance des gouverneurs de Qaṭṭunân (ARM 27, Paris 1993), 67 zu Ašlakkā.

[84] Unter Voraussetzung der Identität mit aA Amas/z und mA Amasaki wohl "between the upper Tigris and the line Nusaybin – Mardin" (Goetze, A., JCS 7, 66-67) bzw. "im Bereich von Nusaybin zu suchen" (RGTC 4, 9); ähnlich Beitzel, B.J., in: Mari in Retrospect, 51-52 (im Westen des Ḫabur-Dreiecks). Für eine Lokalisierung im NW von Tell Leilan siehe Eidem, J., "Northern Jezira in the 18th Century BC. Aspects of Geo-Political Patterns", in: Subartu VII, 258 sowie Wu Yuhong, Political History, 239.

[85] Nahe zu Šubat-Enlil mit Eidem, J., RA 85, 111. Für eine Lage am "piémont méridional de la chaîne du Sindjar" siehe Abrahami, Ph., "A propos des généraux (gal mar-tu) de la Mésopotamie du Nord à l'époque du règne de Zimri-Lim", NABU 31/1998; ähnlich bereits Beitzel, B.J., in: Mari in Retrospect, 49. Wu Yuhong, "The localisation of Nurrugum and Ninet = Ninuwa", NABU 38/1994 sucht es weiter östlich zwischen Nurrugum (s. u.) und Mari.

[86] Für die Lage von Ašlakkā "sur le cours supérieur du Habur" siehe Kupper, J.-R., Lettres royales du temps de Zimri-Lim (ARM 28; Paris, 1998), 65. Für ältere Lokalisierungsvorschläge siehe RGTC 3, 24 sowie z. B. Beitzel, B.J., "Išme-Dagan's Military Actions in the Jezirah: A Geographical Study", Iraq 46 (1984), 33.

[87] Nach Goetze, A., JCS 7, 68 "roughly in the region of present-day Gaziantep". Ein Hinweis auf die Lokalisierung des Ortes kann sich aus ARM 28, 60 ergeben, wenn die dort genannten Stationen des Ari-Tupki der tatsächlichen Reiseroute entsprechen (siehe dazu aber Kupper, J.-R., ARM 28, 53): Burundum-Naḫur-Ašlakkā. Eine Lage am Oberen Euphrat ist somit möglich; siehe dafür RGTC 4, 29 und Marello, P., "Liqtum, reine de Burundum", MARI 8, 457. Für Birundi = Burundum siehe RGTC 3, 47.

Ilanṣurā,[92] Izallu,[93] Kalbija, Kallaḫubri (u. ä.),[94] Karanā,[95] Kaḫat = Tall Barri, Kurdā,[96] Lazapat(um),[97] Nawali,[98] Naḫur,[99] Niḫrija,[100]

---

[88] Ela/uḫ(ḫ)ut ist im Oberen Land (*mātum elītum*) zu suchen. Für Lokalisierungsvorschläge siehe RGTC 3, 69 sowie noch Eidem, J., in: Subartu VII, 258 (nördlich von Tall Leilān) und Wu Yuhong, Political History, 239; siehe auch Beitzel, B.J., in: Mari in Retrospect, 51-52. Michel, C., WO 24, 175 denkt an eine Lage im Wadi Zerqān; Lipinski, E., The Aramaeans. Their Ancient History, Culture, Religion, (Leuven [u. a.], 2000), 150 identifiziert es jetzt mit Diyarbakır und Charpin, D., NABU 58/2000 mit Mardin.

[89] Der Ort liegt mit Eidem, J., in: Subartu VII, 260 auf der Route von Nagar nach Šeḫna/Šubat-Enlil. Wu Yuhong, Political History, 226 lokalisiert es in der Nähe von Tillâ.

[90] Zur Lage im Ḫabur-Dreieck siehe Ismail, F., Altbabylonische Wirtschaftsurkunden, 43.

[91] Ḫurrā ist nach Lipinski, E., The Aramaeans, 147 mit nA Ḫirān(u), antikem Horren und modernem Gülharin 11km südlich Mardins zu identifizieren. Im Ḫabur-Gebiet sieht es Röllig, W., "Ḫurrâ, Ura I", in: RlA 4, (Berlin/New York, 1972-1975), 506a.

[92] Zur Lage von Ilanṣurā bei Tall Leilān siehe Kupper, J.-R., ARM 28, 113.

[93] Izallu ist wohl kaum von Izalla (u. ä.) zu trennen, welches mit Lipinski, E., The Aramaeans, 136 "the western part of the Ṭūr ʻAbdīn" ist; siehe bereits Postgate, J.N., "Izalla (Aṣ/zalla, Ṣ/Zallu)", in: RlA 5, 225-226.

[94] Die Lage im Bereich von Kaḫat ist bereits aus RGTC 3, 130 ersichtlich; siehe auch Sasson, J.M., BiOr 43 (1986), 127 und z. B. noch Charpin, D., "Une campagne de Yahdun-Lim en Haute-Mésopotamie", in: Florilegium Marianum II, 180 ("aux environs immédiats de Kahat").

[95] Mit Abrahami, Ph., NABU 31/1998 am "piémont oriental de la chaîne du Sindjar".

[96] Nach Lipinski, E., The Aramaeans, 140 Anm. 26 identisch mit antikem Κόρδης etwa 6km nördlich des heutigen Oğuz (nördlich des Tigris nahe Diyarbakır); nach RGTC 3, 146 wohl im Ḫabur-Gebiet, mit Abrahami, Ph., NABU 31/1998 im Sindjar-Gebiet und nach Eidem, J., RA 85, 120 "south of the Habur Plains".

[97] Mit Eidem, J., RA 85, 110 Anm. 4 "a town located in the region south of Leilan".

[98] Zu diesem Ort, der auch in den Texten aus Šubat-Enlil erwähnt und der mit dem modernen Girnavaz identifiziert wird, siehe Röllig, W., "Nabula", in: RlA 9/1-2, 31 mit Verweisen auf ältere Literatur.

[99] Zur Lage von Naḫur siehe schon Goetze, A., JCS 7, 67 sowie jetzt, nach u. a. Beitzel, B.J., in: Mari in Retrospect, 52 ("environs of Rās el-ʻAin") und Röllig, W., "Aspects of the historical geography of Northeastern Syria from Middle Assyrian to Neo-Assyrian times", in: Parpola, S./Whiting, R.M. (Hrsg.), Assyria 1995, (Helsinki, 1997), 290 Anm. 68 ("at the springs of the Ḫābūr"), auch Kupper, J.-R., "Naḫur", in: RlA 9/1-2, 86: "non loin des sources du Ḫābūr" (also etwa bei Viranşehir/SO-Türkei?).

[100] Zur Lage von Niḫrija siehe ausführlich Lackenbacher, S., "Lettres et fragments (nº 39 - 47)", in: Bordreuil, P. (Hrsg.), Une bibliothèque au sud de la ville, (Paris, 1991), 96-97 (zwischen Diyarbakır, Severek, Urfa und Mardin). Mit Salvini, M., "Una lettera di Ḫattušili I relativa alla spedizione contro Ḫaḫḫum", SMEA 34 (1994), 68 ist es – aufgrund aA "Itinerare" – eine Etappe vor Ḫaḫḫum anzusiedeln, u. z. in der Region von Urfa. Für Beitzel, B.J., in: Mari in Retrospect, 54; Michel, C., WO 24, 176 und Wu Yuhong, Political History, 239

Qīr-Daḫat,[101] Susā,[102] Ṣidqani,[103] Land Širwūnim,[104] Šubat-Enlil/Šeḫna,[105] Tadanne/Tatanija,[106] Talḫajum,[107] Tarmanni,[108] Tall Šaġīr Bāzār,[109] Teḫḫi,[110] Tillâ,[111] Tillazibum,[112] Urkeš,[113] Zatumri.[114]

---

ist es (zusammen mit z. B. Ḫarrān) als Teil von Zalmaqum am Oberlauf des Baliḫ gelegen; ähnlich Röllig, W., in: Assyria 1995, 289 ("not too far from Ḫarrān"). – Für einen Überblick siehe Streck, M.P., "Niḫrija", in: RlA 9/3-4, (Berlin/New York, 1999), 314-315; siehe jetzt noch Charpin, D., NABU 58/2000 (bei Diyarbakır).

[101] Zu einer möglichen Lage nahe des heutigen Tall Beydar siehe die Ausführungen bei Lipinski, E., The Aramaeans, 41 mit Anm. 101. Für eine Identifizierung mit Tall Šaġīr Bāzār siehe die in RGTC 3, 139 sub Kirdaḫat angeführte Literatur; so auch Röllig, W., in: Assyria 1995, 290 Anm. 68. Nahe Šubat-Enlil nach Beitzel, B.J., in: Mari in Retrospect, 50. Am Ḫabur nach Birot, M., ARM 27, 22 Anm. 96.

[102] Siehe Beitzel, B.J., in: Mari in Retrospect, 51-52.

[103] Auf eine Lage nahe Nagar könnten M. 6765+ und M. 11266 hinweisen, denenzufolge die in Ṣidqani gefangene Kunzi(j)a dumu-munus Zaz(z)a-Naja in Nagar der Göttin Nawar übergeben wurde; siehe dazu Guichard, M., MARI 8, 332.

[104] Mit Wu Yuhong, Political History, 110 liegt Širwūnim "to the north of the Jebel Sindjar" (siehe auch ibid., 111).

[105] Man beachte hierbei, daß es nach Charpin, D., "L'akkadien des lettres d'Ilân-ṣurâ", in: Lebeau, M./Talon, Ph. (Hrsg.), Reflets des deux fleuves. Volume de mélanges offerts à André Finet, (Leuven, 1989), 39 in der Umgebung von Šubat-Enlil kein "fort peuplement hourrite" gab.

[106] Tadanne wird als Herkunftsort einer hurritischen Sklavin genannt; mit Finkelstein, J.J., "'Mesopotamia'", JNES 21 (1962), 77-78 liegt es im großen Euphratbogen nahe des heutigen Totaine/Tat 'Ain (evtl. Tell Azē), nach Veenhof, K.R., Aspects of Old Assyrian Trade, 293 beim heutigen Sürüç.

[107] Der Ort liegt mit Durand, J.-M., "Les anciens de Talhayûm", RA 82 (1988), 112 als Hauptort von Japṭurum an "la rive droite du Habur supérieur". Dies fügt sich gut zu der mutmaßlichen Lokalisierung von Ela/uḫ(ḫ)ut, mit dem es nach ibid., 108 eine gemeinsame Grenze hatte. Zu einer Entfernung von einer Tagesreise von Tillâ siehe Beitzel, B.J., in: Mari in Retrospect, 50-51. Michel, C., WO 24, 176 setzt es mit aA Talḫad gleich und sucht es in Tall Ḫūera.

[108] Zu den Texten siehe Marello, P., in: Florilegium Marianum II, 115-129. Nach ibid., 117 sind "les villes d'Admatum, de Kalbiyâ, de Hissalim et de Tarmanni ... dans la même aire géographique" nahe von Ašlakkā zu suchen.

[109] Der alte Name von Tell Šaġīr Bāzār ist noch unbekannt; siehe zuletzt Talon, Ph., Old Babylonian Texts from Chagar Bazar, (Brüssel, 1997), 4-6. Siehe auch Anm. 101.

[110] Zur Lage von Teḫḫi "vermutlich nordwestlich von Tall Leilān" siehe Ismail, F., Altbabylonische Wirtschaftsurkunden, 33.

[111] Die Siedlung Tillâ lag eine Tagesreise südlich (siehe Wu Yuhong, Political History, 226) von Šubat-Enlil/Šeḫna entfernt (siehe auch RGTC 3, 236-237). Zu einer gleichen Entfernung von Talḫājum siehe Beitzel, B.J., in: Mari in Retrospect, 50-51.

2. Mittlerer Euphrat, Westsyrien und Südost-Türkei

Soweit es die im 3. Viertel des 3. Jt. v. Chr. einsetzenden Textquellen bzw. die durch sie kolportierten Eigennamen erkennen lassen, sind die westlich des Ḫabūr-Gebietes gelegenen Regionen, etwa zwischen Baliḫ im Osten und der Meeresküste bzw. den Abhängen der Taurusketten im (Nord)Westen, durch semitische Sprache(n) geprägt; darauf weisen ONn und PNn hin. Die Dossiers solcher in den Ebla-Texten enthaltener PNn, die den Städten Tuttul,[115] Emar,[116] Harran[117] oder Mari[118] zuzuweisen sind, enthalten keine hurritischen PNn. Demzufolge scheinen die Hurriter über das Ḫabūr-Dreieck hinaus nicht nach (Nord)Westen vorgedrungen zu sein.[119]

Gleiches gilt für das präsargonische Mari: Weder die Anwesenheit von Hurritern noch von hurritischen Kulten ist sicher nachweisbar.[120] Die verschiedentlich gestellte Frage nach einem Zusammenhang zwischen der Gottheit Šamagan und dem hurritischen Sonnengott Šimige ist vermutlich ab-

---

[112] Siehe RGTC 3, 237.

[113] Für Urkeš in den Mari-Texten siehe u. a. Goetze, A., JCS 7, 62-63.

[114] Zatumri lag im Land Apum nahe von Šeḫna/Šubat-Enlil; siehe Ismail, F., Altbabylonische Wirtschaftsurkunden, 62.

[115] Archi, A., "Tuttul-sur-Baliḫ à l'âge d'Ebla", in: Ö. Tunca (Hrsg.), De la Babylonie à la Syrie, en passant par Mari. Mélanges offerts à Monsieur J.-R. Kupper à l'occasion de son 70e anniversaire, (Liège, 1990), 202.

[116] Archi, A., "Imâr au IIIème millénaire d'après les archives d'Ebla", MARI 6 (1990), 37-38.

[117] Idem, "Harran in the III millennium", UF 20 (1988), 8.

[118] Idem, "Les noms de personne mariotes à Ebla (IIIème millénaire)", MARI 4 (1985), 55-58.

[119] Nachdem Gelb, I.J., in: Lingua di Ebla, 65 noch das Vorkommen von Hurritern bezweifelt hatte, nahm er es in "The language of Ebla in the light of the sources from Ebla, Mari, and Babylonia", in: Ebla 1975-1985, 65 an. D.O. Edzard, "Semitische und nichtsemitische Personennamen in Texten aus Ebla", in: Archi, A. (Hrsg.), Eblaite personal names and Semitic name-giving, (Rom, 1988), 28 hält (neben anderen Autoren) hurritische PNn in Ebla für unwahrscheinlich.
Besonders Augenmerk muß dabei dem PN Atal-šen gelten, der in folgenden Graphien überliefert ist: *a-da-si-in*, *a-da-šè-in*, *a-da-šè-nu*; siehe Krebernik, M., Die Personennamen der Ebla-Texte, (Berlin, 1988), 119. Daß die Phoneme [r] und [l] in Ebla häufig nicht geschrieben wurden, ist bereits früh festgestellt worden; siehe z. B. Gelb, I.J., loc. cit. An der Hurrizität des PN kann kein Zweifel bestehen.

[120] Siehe Gelb, I.J., "Mari and the Kish Civilization", in: Mari in Retrospect, 125-151. Entsprechende PNn scheinen nicht aufzutreten.

schlägig zu beantworten.[121] Dagegen spricht nun weiterhin, daß in Nabada sowohl ein ITI.SAR ^d^*ša-ma-gan* als auch ein ITI.SAR ^d^UTU bezeugt sind,[122] wenngleich vielleicht nicht auszuschließen ist, daß es sich um alternative Schreibungen desselben Monats handeln könnte. Da weitere Evidenz nicht beigebracht werden kann, zudem auch für die anschließende *šakkanakku*-Zeit keine entsprechenden Hinweise vorliegen, sollte von der Annahme hurritischer Präsenz im präsargonischen Mari Abstand genommen werden.[123]

Allerdings ist wiederum auf den sich in allen Onomastika – der Personen-[124], Orts- und Götternamengebung[125] – findenden, quantitativ noch unbestimmten Anteil nicht semitisch zu etymologisierender Namen hinzuweisen. Demgemäß wird für diese Region von einer "Mischbevölkerung" ausgegangen.

Für den Westen und Nordwesten erbringen die UrIII-zeitlichen Texte Mesopotamiens, die für Ebla[126] und Uršu[127] jeweils einen PN überliefern, erste Indizien für eine hurritische Präsenz, aber erst die dichte Dokumentation aus dem aB Mari erlaubt systematischere Untersuchungen. Für den Mittleren Euphrat bringt sie Hurriter mit einigen städtischen Zentren (Dūr-Jaḫdunlim,[128] Saggarātum, Terqa[129] = Tall Ašāra) und einer Anzahl kleine-

---

121 Einen solchen Zusammenhang schließt von Soden, W., "Itab/pal und Damu: Götter in den Kulten und in den theophoren Namen nach den Ebla-Texten", in: Ebla 1975-1985, 85 Anm. 39 nicht aus; siehe auch FAOS 7, 9 und dazu Krebernik, M., ZA 81 (1991), 139.

Mit dieser Frage auf das Engste verknüpft ist diejenige der Etymologie der GNn. Trémouille, M.-C., "La religion des Hourrites: état actuel de nos connaissances", SCCNH 10 (1999), 288 mit Anm. 78 schließt nicht aus, daß der hurritische Name des Sonnengottes in älterer Zeit Šimia (so ggf. in Mari [RA 36, 5 Nr. 2:12.16] belegt) lautete: *šimi=k["Honorificum"]=a. Es läge dann ein Nebeneinander von Šimia und Šimige/a in gleichzeitigen PNn und z. B. RA 36, 5 Nr. 1:36 vor. – Anders versteht Wilhelm, G., "Keššе", SCCNH 10, 413 den GN (Appellativum).

122 Siehe Sallaberger, W., "Calendar and Pantheon", in: Subartu II, 85.

123 In den beiden UrIII-zeitlichen Texten aus Mari sind keine hurritischen PNn enthalten; siehe dazu Lafont, B., "Les deux tablettes néo-sumériennes de Mari", MARI 5, 626-627.

124 Für entsprechende Namen in den präsargonischen Texten aus Mari siehe die Bemerkung bei Charpin, D., "Tablettes présargoniques de Mari", MARI 5, 92.

125 Siehe dazu z. B. von Soden, W., in: Ebla 1975-1985, 87: "Auffällig klein ist die Zahl der Götternamen ..., die sich aus dem Semitischen erklären lassen."

126 Siehe Owen, D.I., in: New Horizons, 120.

127 Siehe RGTC 2, 225.

128 Für die Lage der Stadt östlich des Habūr und eine Tagesreise von Saggarātum entfernt siehe RGTC 3, 60.

rer Siedlungen am oder nahe des Euphrat in den Distrikten von Mari, Saggarātum und Terqa in Verbindung: Amata,[130] Appān,[131] Bīt-Zarḫan,[132] Jâ'il,[133] Šeḫru(m),[134] Uraḫ,[135] Zarri,[136] Zurmaḫum,[137] Zurubbān.[138]

Was die Stadt Mari selbst anbelangt, so enthalten weder UrIII-zeitliche noch post-UrIII-zeitliche Quellen Hinweise auf hurritische Präsenz.[139] Erst seit der aB Zeit lebte in Mari eine größere Anzahl von aus nördlichen Territorien deportierten Hurritern.[140] Dasselbe Bild bieten die jüngst veröffentlichten Texte aus Tuttul = Tall Bi^{c}a: In den älteren Tafeln der "*šakkanakku*-

---

[129] Im Distrikt von Terqa lagen nach RGTC 3 auch Narā, Niḫadûm und Samanum (= Samana).

[130] Zur Lage siehe Durand, J.-M., ARM 21, 128 mit Anm. 1.

[131] Siehe RGTC 3, 19.

[132] Zur Lage im Distrikt von Terqa siehe nach Wilcke, C., "Truppen von Mari in Kurda", RA 73 (1979), 47 auch RGTC 3, 45.

[133] Im Distrikt von Terqa gelegen nach Wilcke, C., RA 73, 47 und RGTC 3, 121. Mit Durand, J.-M., "Vindicatio in libertatem", NABU 30/19993 dagegen im Distrikt von Saggarātum.

[134] Siehe RGTC 3, 220 (bei Mari); ebenso Durand, J.-M., ARM 26/1, 315.

[135] Zur Lage siehe Durand, J.-M., ARM 21, 128 mit Anm. 1 sowie Guichard, M., MARI 8, 332 Anm. 10.

[136] Mit RGTC 3, 262 lag Zarri am Euphrat, also wohl in einem der genannten Distrikte. Siehe auch Beitzel, B.J., Iraq 46, 32.

[137] Zur Lage siehe Durand, J.-M., ARM 21, 128 mit Anm. 1.

[138] Siehe RGTC 3, 267-268 für eine Lage im Distrikt von Terqa.

[139] Zu den PNn der Epoche siehe Durand, J.-M., "La situation historique des šakkanakku: Nouvelle approche", MARI 4 (1985), 170-171; Gelb, I.J., in: Mari in Retrospect, 163-164 und 195.

[140] Zu den Hurritern in Mari siehe z. B. Kupper, J.-R., "Mari", in: La ville dans le proche-orient ancien. Actes du colloque de Cartigny 1979, (Leuven), 118 sowie noch Wilhelm, G., Grundzüge, 19. Zur ethnischen Zusammensetzung der Bevölkerung siehe noch Edzard, D.O., "Pantheon und Kult in Mari", in: Kupper, J.-R. (Hrsg.), La civilisation de Mari (Paris 1967), 60.

Hierbei ist auch die Beobachtung von Bedeutung, daß Hurriter nicht in oberen Gesellschaftsschichten vertreten waren; siehe Kupper, J.-R., Nomades en Mésopotamie, 231-232. Ohne an dieser Stelle in größerem Umfang auf die Bevölkerungsstruktur dieser Region eingehen zu können – das Anthroponomastikon ist mit u. a. ibid., 229 vor allem durch akkadische, westsemitische und nicht identifizierbare Namen geprägt – sei beispielhaft auf den von Wilcke, C., RA 73, 37-50 vorgelegten Text verwiesen, der Personal verschiedener Qualifikation namentlich aufführt, das aus den Bezirken von Mari und Terqa nach Kurdā verschickt wurde. Dort findet sich kein einziger hurritischer PN.

Zeit" findet sich kein hurritischer PN; erst in jenen der Zeit assyrischer Dominanz (und später) begegnen mehrere hurritische Namen.[141]

Für den zwischen Euphrat und Meeresküste gelegenen Teil des heutigen Syrien zeigen vor allem die Mari-Archive, daß er überwiegend "westsemitisch" geprägt war,[142] und hurritische Namen begegnen nur ganz vereinzelt. Dies gilt z. B. für Karkemiš und Ḫalab, aber auch weitere Siedlungen, die im Westen zu suchen sind: Alamā,[143] Naḫūru.[144] Von diesen kann wohl lediglich Alaḫtum geographisch eingegrenzt werden: Es lag evtl. in der Nähe von Ḫalab.[145]

Die Zahl der hurritischen Namen ist dabei so klein, daß auf dieser Grundlage nicht von hurritischem Siedlungsgebiet ausgegangen werden kann (s. u.). Die etwas jüngere Dokumentation aus Alalaḫ VII, in der sich ein völlig anderes Bild zeigt, gemahnt indes zur Vorsicht: Der Anteil hurritischer Namen am Anthroponomastikon ist beträchtlich,[146] und Hurriter treten in allen Gesellschaftsschichten auf;[147] das Lexikon weist mehrere hurritische Termini technici auf.[148] Wann und gegebenenfalls wie (Deportationen?) größere Gruppen von Hurritern nach Alalaḫ gelangten, ist unklar.

---

[141] Veröffentlicht von Krebernik, M., Tall Biᶜa/Tuttul – II. Die altorientalischen Schriftfunde, (Saarbrücken, 2001). Hurriter werden ausschließlich als Rationsempfänger und damit wohl Angehörige eines niederen sozialen Standes erwähnt. Eine Ausnahme bildet allerdings Šikip-ewri, der als gìri-Beamter und Siegelbesitzer auftritt.

[142] Für den Westen Syriens in dieser Zeit siehe z. B. Kupper, J.-R., Nomades en Mésopotamie, 233.

[143] Der wenig bekannte Orte Alamā könnte evtl. mit den in Ebla-Texten (selten) belegten Namen Alama (RGTC 12/1, 33) identifiziert werden. Daraus könnte sich ein Indiz für eine westliche Lage ergeben.

[144] Ein in späterer Zeit bezeugtes Naḫūru, mit dem aB Naḫur (bzw. Naḫūr) gleichgesetzt werden könnte, liegt allerdings mit Lipinski, E., The Aramaeans, 65 mit Anm. 48 bei Ḫarrān.

[145] Eine relative Nähe zu Kallassu darf wohl aus A. 1121 + A. 2731 = RA 78, 8 abgeleitet werden. Eine Lokalisierung beider ergibt sich daraus indes nicht, siehe Lafont, B., "Le roi de Mari et les prophètes du dieu Adad", RA 78 (1984), 16. Kallassu ist als Kultort des Wettergottes nahe Aleppo bereits in den Ebla-Texten bezeugt (siehe Archi, A., AAAS 43, 131); Alaḫtum könnte demnach ebenfalls in der Umgebung von Aleppo zu suchen sein, und möglicherweise ist das aB Alaḫtum mit dem aus dem 3. Jt. bekannten Alaḫ(a)du (siehe Lafont, B., loc. cit. und RGTC 12/1, 32) gleichzusetzen.

[146] Nach Gelb, I.J., JCS 15, 39 beträgt er ca. 30%; siehe ibid. für andere Einschätzungen.

[147] Siehe Kupper, J.-R., Nomades en Mésopotamie, 234-235.

[148] Für ein Glossar zu den Alalaḫ-Texten siehe Giacumakis, G., The Akkadian of Alalaḫ (The Hague/Paris 1970), 64-114.

Besonders auffällig ist jedoch die Ortsnamengebung: In den Texten von Alalaḫ VII begegnen zahlreiche Toponymika mit hurritischen Endungen (○-*ḫe*, ○-*še*, ○-*we*), die in den Ebla-Texten ohne diese auftreten.[149] Auf diesem Hintergrund ist der vor über 40 Jahren veröffentlichten Ansicht I.J. Gelbs scheinbar nichts hinzuzufügen: "baring the possibility of earlier occasional infiltration, the time of Alalaḫ VII marks the very beginnings of the Hurrian occupation of Syria".[150] Dies bedeutet allerdings die Annahme einer innerhalb weniger Jahrzehnte stattgehabten, massiven Wanderungsbewegung, der die Ausmaße einer "Völkerwanderung" zugeschrieben werden müßten und die eine regelrechte "Okkupation" von Alalaḫ und Umgebung zur Folge gehabt hätte. Es mag daher der Überlieferungslücke für das früh-aB Nordwest-Syrien zugeschrieben werden, daß die starke hurritische Präsenz in Alalaḫ VII derart unvermittelt erscheint.

Ein jüngst auszugsweise bekanntgemachter Text aus Ebla, der überwiegend hurritische Namen enthält, ist hinzuzustellen.[151]

Das weiter nördlich gelegene Ḫaššum/Ḫaššu(wa) wies seit der aA Zeit eine hurritische Bevölkerungskomponente auf.[152] Dadurch wird auch eine in den Annalen des Ḫattušili I. (CTH 4) geschilderte Episode besser verständlich: Die Stadt[153] wurde erobert, eine Statue des Wettergottes von Ḫalab nach Ḫattuša fortgeführt. Bei dieser Wettergottgestalt handelt es sich um einen

---

[149] Siehe Astour, M.C., JAOS 108, 550. Es sei allerdings bemerkt, daß Gelb, I.J., JCS 15, 40 lediglich -*(a)še* als hurritisches Suffix wertet.

[150] JCS 15, 40. Zu demselben Schluß kommt Lipinski, E., The Aramaeans, 31.

[151] Kupper, J.-R., "Perdum", NABU 82/2001.

[152] Siehe dazu den von Hecker, K., "Zur Herkunft der hethitischen Keilschrift", SCCNH 8 (1996), 291-303 (bes. S. 294) behandelten Text kt k/k 4 aus Kaniš. Zu den PNn dieses Textes siehe Wilhelm, G., "Zu den hurritischen Namen der Kültepe-Tafel kt k/k 4", ibid. 335-343.

Zum Ort siehe zuletzt Astour, M.C., "Ḫaššu and Ḫasuwan. A Contribution to North Syrian History and Geography", UF 29 (2000), 1-66. Demnach ist späteres Ḫaššu von dem in den Ebla-Texten bezeugten Ḫasuwan zu trennen (38-43), wobei Ḫasuwan semitischer (40-41), Ḫaššu unklarer Etymologie ist (42). Ersteres könnte Tall Beddāyeh bei Tall Aḥmar sein (49).

[153] Der ON erfuhr verschiedene sprachliche Zuweisungen: hurritisch nach Astour, M.C., "Continuité et changement dans la toponymie de la Syrie du Nord", in: La toponymie antique: Actes du Colloque de Strasbourg, juin 1975, (Leiden, 1977), 126 und Fronzaroli, P., OrSuec 33-35, 143, semitisch nach Astour, M.C., "Les Hourrites en Syrie du nord", RHA 36 (1978), 5 Anm. 44. Zur möglichen Identifizierung mit Tall Ain Dārā siehe Haas, V., Geschichte der hethitischen Religion, 14 mit Anm. 43 und Trémouille, M.-C., ^{d}Hebat. Une divinité syro-anatolienne, (Florenz, 1997), 52f.

Teššup, den hurritischen Wettergott.[154] Mit dem Bekanntwerden des Textes kt k/k 4 kann somit zumindest vermutet werden, daß dieser Teššup-Kult deutlich älter ist und ggf. bis in die aA Zeit zurückreicht.[155]

3. Südsyrien und Palästina

Bemerkenswert, wenngleich ebenfalls nicht als Hinweis auf eine stärkere Präsenz zu werten, ist das vereinzelte Auftreten hurritischer Namen in den "westsemitisch" geprägten Orten Qaṭna[156] und Tadmor = Palmyra in der Zeit der Mari-Archive. Der südwestlichste Ort ist Layašum = Tall al-Qāḥī in Palästina.[157]

4. Zentralanatolien zur Zeit der assyrischen Handelskolonien

Das zentrale Anatolien war sicherlich zu keiner Zeit in größerem Umfang von Hurritern besiedelt.[158] Es kann aber vermutet werden, daß sie seit ca. der Mitte des 3. Jt. v. Chr. im Rahmen syrisch-anatolischer Handelstätigkeiten oder sonstiger Kontakte auch nach Zentralanatolien gelangten, wie dies für die aA Zeit für Einzelpersonen bezeugt ist.[159]

---

[154] Siehe dazu demnächst Richter, Th., "Zur Frage der Entlehnung syrisch-mesopotamischer Kulturelemente nach Anatolien in der vor- und frühen althethitischen Zeit" (im Druck).

[155] Angesichts fehlender Textquellen aus Ḫaššu(wa) ist nicht zu entscheiden, seit wann der Wettergottkult hurritisch beeinflußt war. Der Name Ewari-šatuni (*e-wa$_a$-ri-ša-tu-ni*) ist in der Zeit des Ḫattušili I. mit Ḫaššu(wa) verbunden; siehe Kammenhuber, A., OrNS 46, 142 und Soysal, Ö., Muršili I. – eine historische Studie (Dissertation Würzburg, 1989), 118.

[156] Eine undatierte, sicherlich aber aB Tafel aus den Ausgrabungen des Jahres 2001 enthält den hurritischen PN Keldi; siehe demnächst Richter, Th., MDOG 134 (2002). Für Alaḫtum schließt Lafont, B., RA 78, 16 eine Lage nahe Qaṭnas nicht aus.

[157] Dafür siehe Dossin, G., "La route de l'étain en Mésopotamie au temps de Zimri-Lim", RA 64 (1970), 102; zustimmend RGTC 3, 149.

[158] Zu Hurritern in Anatolien siehe u. a. Gelb, I.J., Inscriptions from Alishar and Vicinity, (Chicago, 1935), 13.16 und ders., Hurrians and Subarians, 61; Bilgiç, E., "Die Ortsnamen der 'kappadokischen' Urkunden im Rahmen der alten Sprachen Anatoliens", AfO 15 (1945-51), 18-19. Hurritische Namen aus aA Texten stellen vor allem Garelli, P., Assyriens en Cappadoce, 155-158 und Kammenhuber, A., OrNS 46, 142 zusammen.

[159] Siehe u. a. Laroche, E., Les noms des Hittites, 354; Dercksen, J.G., Copper Trade, 162-163. Anders aber Garelli, P., Assyriens en Cappadoce, 161. Einen eigenen Standpunkt vertrat Kammenhuber, A., OrNS 46, 133: Die Hurriter verbreiteten sich demnach bis nach

In den aA Urkunden aus Kaniš = Kültepe werden Hurriter recht häufig genannt, doch steht eine prosopographische Untersuchung noch aus; ihre Rolle im "internationalen" Handelsnetzwerk der Zeit kann momentan nur unvollständig beschrieben werden. Daß sie nicht zu gering gewesen sein mag, ergibt sich allein aus dem Umstand, daß die Handelsrouten von Aššur nach Zentralanatolien stark hurritisch geprägtes Territorium durchqueren mußten,[160] aber auch die Texte selbst ergeben einige Hinweise.[161] Es bleibt den Spezialisten vorbehalten, dem aA Idiom eigene, nicht akkadisch zu etymologisierende Lexeme zusammenzustellen, unter denen sich wohl einige hurritischer Herkunft finden lassen werden (siehe Anm. 7).

Dennoch ist auch Kaniš nicht als hurritisches Siedlungsgebiet i.e.S. anzusprechen. Neben der prozentual recht geringen Zahl überlieferter Namen – sie steht hinter assyrischen Namen zurück – ist vor allem auf die bereits von E. Bilgiç[162] vorgebrachten Argumente zu verweisen: 1) das weitgehende Fehlen hurritischer Frauennamen; b) die fast ausnahmslose Verbindung der Hurriter mit Assyrern. Auch die Beobachtung, wonach die Hurriter "anscheinend vorwiegend in den oberen Schichten vertreten [sind], ... also nicht einen eigentlichen ethnischen, lokalen Bevölkerungsteil" darstellen, ist hier von Relevanz.[163] Es ist also davon auszugehen, daß diese Hurriter aus dem südostanatolischen oder nordsyrischen Raum stammten und im Rahmen der Handelskontakte nach Anatolien gelangten.

Zentralanatolien, gelangten aber nicht nach Ḫattuša.

Syrisch-anatolische Kontakte belegen auch die Ausgrabungsergebnisse in Zentralanatolien und Nordsyrien; siehe stellvertretend Özgüç, T., "New Observations on the Relationship of Kültepe with Southeast Anatolia and North Syria during the Third Millennium B.C.", in: Canby, J.V. e. a. (Hrsg.), Ancient Anatolia. Aspects of Change and Cultural Development – Essays in Honor of Machteld J. Mellink (Madison 1986), 31-47.

Als ein mittelbares Zeugnis mag das akkadische Epos *šar tamḫari* "König der Schlacht" gelten, das auf dem Hintergrund mesopotamisch-anatolischer Handelskontakte interpretiert wurde; siehe dazu u. a. Davidoviç, V., "Trade Routes between Northern Syria and Central Anatolia in the Middle of the III Millennium B.C.", ASJ 11 (1989), 10-11; Goodnick Westenholz, J., Legends of the Kings of Akkade. The Texts, (Winona Lake, 1997), 102.

160 Siehe dazu u. a. Bilgiç, E., AfO 15, 22-30; Hecker, K., "Der Weg nach Kaniš", ZA 70 (1980), 185-197; Nashef, Kh., Rekonstruktion der Reiserouten zur Zeit der altassyrischen Handelsniederlassungen, (Wiesbaden, 1987); Michel, C., BiOr 47 (1990), 675-684. Für die Rolle der Hurriter im Handelsverkehr siehe Dercksen, J.G., Copper Trade, 162-163.

161 So nennt kt 91/k 539 "a scribe who can understand the Subaraean language" (Dercksen, J.G., Copper Trade, 163 Anm. 510).

162 AfO 15, 19.

163 Carruba, O., "Luwier in Kappadokien", in: CRRAI 38, 254.

5. Die östliche Ǧazira und Assyrien in altbabylonischer / altassyrischer Zeit

Für die vor-altbabylonische/altassyrische Zeit gibt es nur ausgesprochen wenige Hinweise auf die ethno-linguistische Zusammensetzung dieser Region. Für den Ort Talmuš (früher Rimuš gelesen), der nördlich von Ninive gesucht wird,[164] überliefert ein UrIII-Text den PN *a-ri-ip-ḫu-up-pí*,[165] und auch Azuḫinnu wird mit hurritischen PNn verbunden.[166]

Die Mari-Texte nennen auch für einige im äußersten Osten des Ḫabur-Gebiets bzw. zwischen Ḫabur-Gebiet und Tigris gelegene Siedlungen hurritische PNn, u. z.: Azuḫinnu, Šunā,[167] Šurnat.[168]

5.1. *Tall ar-Rimaḥ*

Die Textfunde aus Tall ar-Rimaḥ = Qaṭṭarā(?),[169] etwa 13km südlich von Tall Afar nahe des Ǧabal Sinǧār gelegen,[170] enthalten einen recht hohen Anteil von 15,8% (Iltani-Archiv) bzw. 42,7% (Tempel-Archiv) hurritischer Namen.[171]

Für einige Hurriter sind Herkunftsangaben angegeben: Die genannten Orte reichen vom nordwestlich, am Fuß des Ǧabal Sinǧār gelegenen Andariq bis

---

[164] Salvini, M., in: Studies Cotsen, 111.

[165] Siehe Zadok, R., in: Kutscher Memorial Volume, 226; Owen, D.I., in: New Horizons, 158.

[166] Siehe Zadok, R., in: Kutscher Memorial Volume, 225. - Nachdem Michalowski, P., ZA 76, 10 Azuḫinnu noch nicht lokalisieren konnte, suchte es RGTC 4, 132 im NW des Ǧabal Sinǧār (evtl. = Tall al-Hawā); ähnlich Abrahami, Ph., NABU 31/1998 (zwischen Tigris und Wadi ar-Rad). Dagegen mit Beitzel, B.J., in: Mari in Retrospect, 53 nahe des modernen Hasseke.

[167] Lipinski, E., The Aramaeans, 110 Anm. 7 sucht Šunā wohl zu weit nördlich, wenn er es mit Nisibis = Nusaybin identifiziert; für weitere Identifizierungsvorschläge siehe RGTC 3, 228-229. Auf eine östliche Lage weist das Itinerar YBC 4499 = JCS 18, 59-60:24-26, wonach es zwischen Ašnakkum und Šubat-Enlil/Šeḫna = Tall Leilān gelegen war.

[168] Eidem, J., RA 85, 129 vermutet eine Identifizierung mit Qal'at al-Hādī am Wadi Rumeli, ca. 40 km östlich von Šeḫna/Šubat-Enlil.

[169] Zu dieser Identifizierung siehe Charpin, D./Durand, J.-M., "Le nom antique de Tell Rimah", RA 81 (1987), 125-146; Eidem, J., "Some Remarks on the Iltani Archive from Tell al Rimah", Iraq 51 (1989), 67-78. Nach Postgate, C./Oates, D./Oates, J., The Excavations at Tell al Rimah. The Pottery, (Warminster, 1997), 18 ist eine Entscheidung zwischen Karana und Qaṭ(ṭ)arā derzeit jedoch nicht zu fällen.

[170] Zur Lage siehe ibid., 15.

[171] So mit Dalley, S., OBTR, 38.

in den Raum von Ekallātum (Ašala, s. u.) bzw. den osttigridischen Raum. Mehrere Orte sind allerdings nicht mit größerer Genauigkeit zu lokalisieren: Kalkuzānum, Mar(r)atā,[172] Ratamān, Zabri und *za-ri*-x-x-x; sie könnten in der näheren Umgebung von Tall ar-Rimaḥ gelegen sein.

Da sich im eigentlichen Textmaterial keine hurritischen Beeinflussungen zeigen,[173] waren Tall ar-Rimaḥ und Umgebung wohl kein hurritisches Siedlungsgebiet; die Anwesenheit von Hurritern dürfte auf die Bevölkerungsverschiebungen dieser Zeit zurückgehen.

5.2. *Assyrien*

Angesichts starker hurritischer Bevölkerungskomponenten in der Region zwischen dem Ḫabūr-Dreieck und dem Oberlauf des Tigris sowie im nördlichen Osttigrisgebiet ist für das gleichzeitige Assyrien,[174] zumindest dessen nördlichen Bereich, ein hurritischer Bevölkerungsanteil anzunehmen. Für die UrIII-Zeit finden sich dafür nur ausgesprochen dürftige Hinweise; einige Orte sind im Zusammenhang mit hurritischen PNn belegt: Kumme,[175] Ninive,[176] Šimānum.[177]

Aus der Teilhabe von Hurritern am Anatolienhandel wurde zuweilen der Schluß gezogen, daß sie in Assyrien selbst seßhaft waren;[178] als Reisende oder Händler dürften sie in der Tat nach Assyrien gelangt sein, wenngleich es dafür derzeit keinen Textbeleg gibt. Bekanntlich liegen für diese Epoche nur wenige Daten aus Assyrien vor, die zudem nicht anhand eines größeren Materials sicher eingeordnet bzw. bewertet werden können.[179] So wird

---

[172] Zu Lokalisierungsvorschlägen siehe RGTC 3, 160.

[173] Siehe dazu Dalley, S., OBTR, 37.

[174] Es ist sicherlich diskussionswürdig, ob einige der im folgenden angeführten Orte in "Assyrien" i.e.S. gelegen waren oder der Terminus für die frühere Zeit überhaupt angewendet werden sollte. Hier ist er vor allem als geographischer Terminus für die Region etwa zwischen Unterem Zab im S und Ninive im N verwendet.

[175] Siehe Zadok, R., in: Kutscher Memorial Volume, 226.

[176] Siehe ibid.

[177] Siehe ibid.

[178] So z. B. Laroche, E., Noms des Hittites, 355.

[179] Für die älteren Texte aus Assur siehe Neumann, H., "Assur in altakkadischer Zeit: Die Texte", in: Waetzoldt, H./Hauptmann, H. (Hrsg.), Assyrien im Wandel der Zeiten. XXXIXe Rencontre Assyriologique Internationale Heidelberg 6.-10. Juli 1992, (Heidelberg, 1997), 133-138.

man dem m. W. einzigen Beleg für einen Hurriter aus Assur[180] zunächst keine größere Aufmerksamkeit schenken müssen.

Es ist wohl davon auszugehen, daß Hurriter im Zuge von Deportationen nach den Zügen des Šamšī-Adad I. nach Nordmesopotamien[181] oder in die Gebirgsrandzonen des Zagros[182] in vielleicht nicht unerheblicher Zahl auch in das assyrische Kernland gelangten. Einen direkten Beweis gibt es freilich nicht, wenn nicht der aus Tall Šaġīr Bāzār stammende Text OBTCB 84 eine solche Verschickung nach Ekallātum erwähnen sollte.[183]

Andere wohl im nördlichen Assyrien gelegene Ortschaften, wenngleich selten genannt und offenbar kleiner an Bevölkerung, liefern für die aB/aA Zeit hurritische Namen:

Ašala,[184] Ḫaburātum,[185] Kumme,[186] Nurrugum,[187] Šimanum.[188]

---

[180] Der Text Florilegium Marianum III Nr. 144 erwähnt in Z. 16 einen gewissen Patija (d.i. *pa-ti-ia*), dessen Name hurritisch sein könnte (pad=i=ja).

[181] Siehe dazu Wu Yuhong, Political History, 110-113 und Waetzoldt, H., in: "Die Eroberung Eluḫuts durch Šamši-Adad I. und der Krieg gegen Zalmaqu", in: Marzahn, J./Neumann, H. (Hrsg.), Assyriologica et Semitica. Festschrift für Joachim Oelsner anläßlich seines 65. Geburtstages am 18. Februar 1997, (Münster, 2000), 523-537.

[182] Siehe dazu jetzt Eidem, J./Læssøe, J., The Shemshara Archives 1, 13-58.

[183] Laut OBTCB Nr. 84 werden 46 Personen – darunter viele Hurriter – an das "Haus von Ekallātum" (é *é-kál-la-tim*ki) übergeben (si-lá). Dabei kann es sich allerdings auch um eine (Handels(?)-)Niederlassung von Ekallātum in Tall Šaġīr Bāzār handeln; zu solchen Niederlassungen siehe Eidem, J., in: Subartu VII, 258-259. Die einzige weitere Verbindung eines Hurriters mit Ekallātum ist m. W. OBTCB Nr. 25, wonach ein gewisser Tukizzan in Ekallātum starb.

Die Lage von Ekallātum ist bekanntlich immer noch unklar; siehe zuletzt Charpin, D./ Durand, J.-M., "Aššur avant l'Assyrie", MARI 8, 368-370.

[184] Dalley, S., OBTR, 23 sieht Ašala im Osten von Tall ar-Rimaḥ, mit einiger Wahrscheinlichkeit östlich des Tigris, wofür auch der in Z. 9' genannte Zazija spricht, sicherlich der gleichnamige König der Turukkäer; zustimmend RGTC 12/1, 60.

[185] Zur Lage von Ḫaburātum nördlich Ninives siehe jetzt Eidem, J./Læssøe, J., Shemshara Archives 1, 72. Man beachte dabei Ismail, F., Altbabylonische Wirtschaftsurkunden, 42: "Ḫāburātum ist wahrscheinlich mit dem Ḫābūr, der in der Region von Zaḫo in den Tigris fließt, zu verbinden".

Kupper, J.-R., "Une contribution à l'histoire du verre dans le Proche-Orient", in: Gasche, H. e. a. (Hrsg.), Cinquante-deux reflexions sur le Proche-Orient ancien offertes en hommage à Léon de Meyer (Leuven 1994), 266 suchte Ḫaburātum "dans la région nord-est de la Haute-Mésopotamie" nicht weit von Mardaman, Burullum, Šerwûn und nördlichem Razamā; letzteres liegt "entre le pays d'Apum et le Tigre". Eine Lage im Norden, evtl. nicht allzuweit von Šinamum könnte sich aus dem Umstand ergeben, daß ein Feldzug Samsī-Addus von Mari gegen Mardaman (bei Urfa), Širwun und Ḫaburātum geführt wurde; siehe Ziegler, N., "Zwei Söhne Samsi-Addu's", in: Languages and Cultures in Contact, 495 Anm. 7.

6. Das Osttigrisgebiet

Was weiter östlich gelegene Territorien anbelangt, so liegen die ältesten Nachrichten für das nördliche Osttigrisgebiet, d. h. die Region nördlich der Diyala und östlich des Tigris, wiederum aus der aAK Zeit vor; für die ethnische Zusammensetzung der Bevölkerung in präsargonischer Zeit gibt es derzeit keine Evidenz.[189]

Auch in Bezug auf diese Regionen begegnen zahlreiche Namen unklarer Zuweisung, deren Hurrizität sich z. T. noch erweisen könnte. Neben hurritischen und semitischen (bzw. akkadischen) ist vor allem mit elamischen Namen zu rechnen sowie solchen verschiedener "Zagros-Völker", deren ethnolinguistische Einordnung unbekannt ist (siehe 0.3.1.).

In Ermangelung einer umfangreichen Überlieferung für alle Epochen bis zur aB Zeit stellt sich für das Osttigrisgebiet die Problematik der Historischen Geographie noch schärfer. So sind auch einige Siedlungen, für die in der UrIII-Zeit hurritische PNn bezeugt sind, derzeit nicht mit hinreichender Sicherheit lokalisierbar; z. B.: Gigibni,[190] Ḫipilat,[191] Kakmi.[192]

Die Feldzüge der UrIII-Herrscher, die seit dem 20. Regierungsjahr des Šulgi durchgeführt wurden, richteten sich vorwiegend gegen östlich und nordöstlich gelegene Landstriche im Zagrosgebirge bzw. der westlichen Gebirgsrandzone. Es handelt sich dabei um Beutezüge, um Menschen, Tiere,

---

[186] Zu Hurritern aus Kumme siehe u. a. Owen, D.I., JCS 33 (1981), 254.

[187] Eidem, J., The Shemshara Archives 2, 9 (bei Mosul); Wu Yuhong, "The localisation of Nurrugum and Ninet = Ninuwa", NABU 38/1994 ("to the east of the Euphrates"); ders., Political history, 228 ("north of Ninive"). Andere Autoren lokalisieren es weiter im Westen – z. B. Michel, C., WO 24, 176 ("entre Mossul et Tell Abu Marya").

[188] Zur Lage von Šimanum siehe Hallo, W.W., "Zāriqum", JNES 15 (1956), 225 ("in the vicinity of Aššur"); RGTC 2, 166 (bei Ḫabūra). Zu Hurritern aus Šimanum siehe u. a. Owen, D.I., in: New Horizons, 158.

[189] Siehe u. a. Steinkeller, P., in: Studies Cotsen, 88. – Für einen möglichen (militärischen) Kontakt zwischen A-ane-pada von Ur und Simurrum siehe Frayne, D.R., "On the location of Simurrum", in: Young, G.D./Chavalas, M.W./Averbeck, R.E. (Hrsg.), Crossing Boundaries and Linking Horizons. Studies in Honor of Michael C. Astour on His 80th Birthday, (Bethesda, 1997), 245.

[190] Siehe Zadok, R., in: Kutscher Memorial Volume, 225; Owen, D.I., in: Studies Astour, 389. Für den Ort Gigibni vermutet Edzard, D.O., "Gigibni", in: RlA 3 (Berlin/New York 1957-71), 356 mit Vorbehalt eine Lage im Iran.

[191] Zu Hurritern aus Ḫipilat siehe Zadok, R., in: Kutscher Memorial Volume, 225.

[192] Siehe ibid.

Metalle und Steine zu erbeuten, wie dies zeitgenössische Quellen bestätigen.[193] Soweit erkenn- bzw. eruierbar, handelte es sich dabei um politische Einheiten, die starke hurritische und/oder elamische Bevölkerungskomponenten aufwiesen:

Šulgi (2094-2047)		Amar-Sîn (2046-2038)	
24-25	Karaḫar	2	Urbilum
25-26	Simurrum	6	Šašrum (2. Mal)
26	Simurrum (2. Mal)	7	Ḫuḫnuri
27	Ḫarši		
31	Karaḫar (2. Mal)	Šū-Sîn (2037-2029)	
32	Simurrum (3. Mal)	3	Šimānum
33	Karaḫar (3. Mal)	7	Zabšali
42	Šašrum		
44	Simurrum, Lullubum (9. Mal)	Ibbi-Sîn (2028-2004)	
45	Urbilum, Simurrum, Lullubum,	3	Simurrum
	Karaḫar	9	Krieg gegen Ḫuḫnuri
46-47	Kimaš, Ḫurti		
48	Ḫarši, Kimaš, Ḫurti		

Es dürften jene Feldzüge gewesen sein, in deren Gefolge eine größere Zahl von Hurritern nach Mesopotamien gelangte (siehe 8.).

6.1. *Die Region um Arba'il und Šušarrā*

6.1.1. *Bis zum Ende der altakkadischen Zeit*

Aus der aAK Zeit stammen die ältesten Hinweise für die Anwesenheit von Hurritern in dieser Region.[194] Die Texte aus der Garnisonsstadt Gasur[195] enthalten entgegen einiger früherer Einschätzungen mehrere Namen, die un-

---

[193] Für Formulierung und Chronologie der Jahresnamen siehe Frayne, D.R., Ur III Period, passim und Sallaberger, W., "Ur III-Zeit", in: Attinger, P./Wäfler, M. (Hrsg.), Mesopotamien. Akkad-Zeit und Ur III-Zeit, (Freiburg/Göttingen, 1999), 156. Die folgende Übersicht richtet sich nach den ibid., 142-143, 163, 168-169 und 173 zusammengestellten Angaben.

[194] Siehe auch z. B. Eidem, J., The Shemshāra Archives 2, 52.

[195] Die Texte datieren nach Foster, B.R., "Administration of State Land at Sargonic Gasur", OrAnt 21 (1982), 39 und ders., "Ethnicity and Onomastics in Sargonic Mesopotamia", OrNS 51 (1982), 301 in die Zeit von Narām-Sîn oder später; siehe noch ders., "People, land, and produce at Sargonic Gasur", SCCNH 2 (1987), 89 Anm. 4. Zu Gasur als Garnisonsstadt siehe Michalowski, P., "Mental Maps and Ideology: Reflections on Subartu", in: Weiss, H. (Hrsg.), The Origins of Cities in Dry-Farming Syria and Mesopotamia in the Third Millennium B.C., (Guilford, 1986), 139.

zweifelhaft hurritisch[196] sind und somit als *Terminus ante quem* für die Anwesenheit eines entsprechenden Bevölkerungselements gelten müssen:[197]

1 Atal-ḫuḫa (d.i. *a-tal-ḫu-ḫa*)
2 Ewari-kira (d.i. *e-wa-ri-ki-ra*)
3 Kip-turu (d.i. *ki-ip-tu-ru*)
4 Tiru-šaki (d.i. *ti-ru-ša-ki*)

Kurzkommentar:
1 Zu *adal* siehe 1.1.2.; es folgt das nominale Element *ḫuḫu* (siehe 1.1.2.) im Kasus Essiv: adal-ḫuḫ(u)=a.
2 Bei *ewari* handelt es sich um eine Form des Lexems *ewri* "seigneur, roi" (siehe u. a. GHL 85), wie es in älterer Sprache (auch in der Namengebung) häufiger begegnet. Ein semantischer (bzw. lexikalischer) Unterschied zu *ewri* ist nicht erkennbar. Das zweite Namensglied ist auf ein, mir andernorts allerdings nicht nachweisbares, Adjektiv **kiri* zurückzuführen, das im Kasus Essiv steht: ewari-kir(i)=a.[198]
3 In *ki-ip-*∘ liegt eine transitivisch/nichtergativische Bildung des Verbums *ke-* "mettre, placer" (GLH 145) vor. Das nominale Element ∘*-tu-ru* ist (als akkadisierte Form?) zu *turi* "Mann" zu stellen (siehe 1.1.2.) und fungiert hier als Subjekt: ke=i=b-tur(i)=u "Der Mann hat gestellt". Eine andere (nicht akkadisierte) Namensform überliefert AUCT 1, 317:61 für die UrIII-Zeit: *ki-ip-tu-ri*.
4 Verbales *tir-* ist ausgesprochen selten, begegnet jedoch in aB überlieferten Namen (Tir-šarri, evtl. Tirija). Auch *ša-ki* findet sich in diesem Korpus, jedoch ausschließlich in PNf (z. B. Ašmun-šaki, Atal-šaki, Elan-šaki).

---

[196] Für gegenteilige oder zurückhaltende Aussagen siehe z. B. Meek, Th.J., "Some gleanings from the last excavations at Nuzi", AASOR 13 (1931-1932 [ersch. 1933]), 7 ("Very few, if any, Hurrian names appear.") und HSS X, S. XI ("none of these [names] is definitely Hurrian, Elamite, or Gutian"). Dieser Einschätzung schlossen sich u. a. Meier, G., AfO 12 (1937-39), 384; Falkenstein, A., ZDMG 90 (1936), 715; Diakonoff, I.M., Hurrisch und Urartäisch, 8; Durand, J.-M., in: Problèmes concernant les Hurrites, 29 und Foster, B.R., "A Sargonic Itinerary", in: CRRAI 38, 74 an. Die "Hurritisierung" von Yorġan Tepe wird noch von Zadok, R., Iran 25, 21 in die aB Zeit datiert.

Es war Gelb, I.J., Hurrians and Subarians, 52-53, der erstmals PNn aus Gasur hurritisch interpretierte. Zuletzt hat Steinkeller, P., in: Studies Cotsen, 88-90 ausgeführt, daß die Region in der älteren sargonischen Zeit überwiegend semitisch geprägt war, erste hurritische PNn dann in Texten der Zeit des Narām-Sîn auftreten. Ibid., 94 datiert er die Zuwanderung eine Generation vor Narām-Sîn.

[197] Zu den Belegstellen siehe HSS X, S. XXVII-XL.

[198] Es dürfte im zweiten Element des PNm *ul-mi-ki-ri-iš* auftreten; Zadok, R., AfO 46/47, 352 wertet es demzufolge als hurritisch.

Diese Namen folgen gut bekannten Bildungsschemata hurritischer Namengebung und enthalten Elemente, die auch aus anderen PNn bekannt sind. Auch die Namen Apšam (*ap-ša-am*), Tituri (*ti-tu-rí*) und Tuturi (*tu-tu-rí*) könnten hurritisch sein.

Zwar wurde bezweifelt, daß die Verhältnisse auf das umliegende Gebiet übertragen werden dürften;[199] jedoch verzeichnen die Quellen für andere, nahegelegene Ortschaften ebenfalls entsprechende Namen. Man beachte dabei z. B. die zweifelsfrei hurritischen Namen zweier Schreiber des Herrschers ^{d}ZA-*ba-zu-na*[200] sowie eines Gegners des Narām-Sîn:[201]

1 Teḫeš-atal (d.i. *te-ḫe-eš-a-tal*)
2 Zilip-ewri (d.i. [*z*]*i-li-*^{2}*ip*^{3}*-ri*)
3 Taḫiš-atali (d.i. *tá-ḫi-ša-ta-li*)

Kurzkommentar:

1 Die Basis *teḫ-* (oder *tēḫ-*) [d.i. te/ēġ-] bzw. *tiḫ-* (oder *tīḫ-*) [d.i. ti/īġ-] blieb, trotz verschiedener Vorschläge in älterer Forschungsliteratur, in GLH 261 ungedeutet. Später gelang V. Haas auf kontextueller Grundlage die sich als prinzipiell richtig erweisende Bestimmung zu "wachsen, gedeihen lassen". Die Bedeutung ist zu "wachsen" (intransitiv) bzw. "aufziehen, heranwachsen lassen" (transitiv) konkretisiert worden.[202] Sie tritt hier in einer Modal$^{?}$bildung auf =i(=)ž auf. – Zu *adal* siehe 1.1.2..

2 Verbales *zi-l*° ist als transitiv/nichtergativische Form wohl zu *s/zilm-* "zerbrechen, zerschmettern" zu stellen, in dem [m] als Wurzelaugment gedeutet wurde.[203] – Zu *ewri* siehe 6.1.1.

3 Der Name Taḫiš-atali enthält als erstes Element eine Form des Verbums *taḫ-* (oder *tāḫ-*) [d.i. ta/āġ-], das zwar noch ungedeutet ist,[204] aber

---

[199] Siehe Michalowski, P., in: Origins of Cities, 139: "the records represent the activities of an Akkadian garrison, and not the local population".

[200] Zur Lesung dieses PN siehe Frayne, D.R., JAOS 112 (1992), 634-635.

[201] Für Belege siehe FAOS 8, 32 bzw. 66.

[202] Siehe Haas, V., "Ein Preis auf das Wasser in hurritischer Sprache", ZA 79 (1989), 267 Anm. 28 und Fincke, J., "Beiträge zum Lexikon des Hurritischen von Nuzi", SCCNH 7 (1995), 12.

[203] Zu diesem Wort siehe u. a. Neu, E., "Zur Grammatik des Hurritischen auf der Grundlage der hurritisch-hethitischen Bilingue aus der Bogazköy-Grabungskampagne 1983", in: Hurriter und Hurritisch, 111 sowie Haas, V./Wegner, I., in: Fs. Boehmer, 192.

[204] Siehe z. B. Neu, E., Das hurritische Epos der Freilassung I. Untersuchungen zu einem hurritisch-hethitischen Textensemble aus Ḫattuša, (Wiesbaden, 1996), 62.

verschiedentlich in Namen belegt ist.[205] – Das zweite Namensglied °*a-ta-li* stellt eine weitere aberrante Form des Wortes *adal* dar (siehe 1.1.2.).

Da darüber hinaus die Namen mehrerer gleichzeitiger Siedlungen, die im Umkreis von Gasur zu suchen sind, ebenfalls hurritische Etymologien aufweisen (z. B. Kirašeniwe[206]) dürfte diese Region – Subartu im engeren Sinne[207] –, abgesehen von Semiten und möglicherweise Elamern in nicht unerheblichem Umfang auch von Hurritern besiedelt gewesen sein. Ob, wie es verschiedentlich geschah, auf dieser Grundlage davon gesprochen werden darf, daß die Hurriter die gesamte Region während des 3. Jt. v. Chr. besiedelten, sei dahingestellt.[208]

6.1.2. *Post-Akkade- und UrIII-Zeit*

Für die anschließenden Perioden der Post-Akkade- und UrIII-Zeit finden sich sowohl im Orts- als auch im Personennamengut deutliche Hinweise auf eine hurritische Präsenz.

In die Post-Akkade-Zeit datiert die Inschrift "Gutium C 3" des Erridupizir, der den Stadtfürsten ([én]si) von Urbilum = Arbīl mit dem hurritischen Namen Niriš-ḫuḫa erwähnt:[209]

1 Niriš-ḫuḫa (d.i. *ni-ri-iš-ḫu-ḫa*)

Kurzkommentar:

1 In Niriš-ḫuḫa ist wiederum das Wort *ḫuḫu* im Essiv enthalten (siehe 1.1.2.); ihm geht eine Modalbildung auf =i(=)ž eines Verbums *nir-* (bzw. *nīr-*) oder *ner-* (bzw. *nēr-*) voraus, das ungedeutet ist: nir=i(=)ž-ḫuḫ(u)=a.[210]

---

205 Siehe neben dem aB PNf Taḫiš-Na u. a. NPN 261a (Taḫaja, Taḫiri).

206 Siehe den Jahresnamen 5b des Narām-Sîn in FAOS 7, 51.

207 Für Subartu als Bezeichnung der Region "north of the Diyala and east of the Tigris" in Texten aus der Zeit vor Narām-Sîn siehe Steinkeller, P., in: Studies Cotsen, 77. Steinkeller vermutet offensichtlich keine Hurriter in dieser Region: "predominantly Semitic population, with a significant admixture of closer unidentified ethnic elements, some of which may have been Elamite or Elamite related" (ibid., 88).

208 Diesen Standpunkt vertritt z. B. Al-Khalesi, Y.M., "Tell al-Fakhar (Kurruḫanni), a dimtu-settlement", Assur 1/6 (1977), 16.

209 Siehe FAOS 8, 55.

210 Zu einem solchen Verb siehe u. a. Haas, V., ZA 79, 267 mit Anm. 25 und Neu, E., Epos der Freilassung I, 500.

In der UrIII-Zeit ist die Region noch weitgehend schriftlos,[211] allerdings enthalten die UrIII-zeitlichen Texte Mesopotamiens auch Informationen über die dem Kernland im O, NO und N vorgelagerte Peripheriezone sowie Vasallenstaaten. Eine ganze Reihe dieser Städte und Staaten wurde von Herrschern hurritischen Namens regiert oder hatte eine hurritische Bevölkerungskomponente. Solches ist für folgende Siedlungen bezeugt:[212] Arrapḫa = Kirkūk,[213] Kumaraši,[214] Šašru = (aB) Šušarrā = Tall Šemšārā,[215] Šerši,[216] Šetirša,[217] Urbilum.[218]

Die Kriegszüge des Šulgi und seiner Nachfolger haben auch zur Überführung von Hurritern nach Mesopotamien geführt (s. u.).

6.1.3. *Altbabylonische Zeit*

Für die sich anschließende Phase finden sich keine Hinweise auf eine Änderung der ethno-linguistischen Zusammensetzung der Bevölkerung,[219] doch läßt die nun auch lokale Textüberlieferung zahlreiche Details erkennen: Orts- und Personennamengebung, aber auch das Vokabular waren stark durch das Hurritische geprägt, wie insbesondere die Überlieferung aus Šušarrā anzeigt. Eine Analyse des Materials führte zu der Schlußfolgerung, daß das Hurritische die dominierende Sprache im NO des heutigen Iraq und NW des heutigen Iran gewesen sei.[220]

---

[211] Für eine unpublizierte UrIII-Tafel aus Tall Brusti bei Tall Shemshara siehe Eidem, J., The Shemshāra Archives 2, 13 Anm. 6.

[212] Für die Lokalisierung dieser Ortschaften siehe, sofern nicht anders angegeben, RGTC 2.

[213] Für Hurriter in Arrapḫa siehe z. B. Zadok, R., in: Kutscher Memorial Volume, 225.

[214] Zu Ḫurritern aus Kumaraši siehe ibid., 225.

[215] Für Hurriter aus Šašru siehe neben RGTC 2, 179 z. B. noch Owen, D.I., JCS 33, 262; Zadok, R., in: Kutscher Memorial Volume, 225 und Owen, D.I., in: Studies Astour, 389.

[216] Siehe Zadok, R., in: Kutscher Memorial Volume, 226.

[217] Zur Lage "im hurritischen Sprachgebiet um Kirkūk" siehe RGTC 2, 180; ebenso Owen, D.I., in: Studies Astour, 382. Für Hurriter aus Šetirša siehe noch Zadok, R., in: Kutscher Memorial Volume, 225.

[218] Für Hurriter aus Urbilum siehe RGTC 2, 217 und z. B. Owen, D.I., in: New Horizons, 160; Zadok, R., Kutscher Memorial Volume, 226.

[219] Siehe Eidem, J., The Shemshāra Archives 2, 53 und Zadok, R., "On the Geography, Toponymy and Anthroponymy of Media", NABU 30/2000.

[220] Eidem, J., The Shemshara Archives 2, 2: "the dominant local language in an extensive area of northeastern Iraq and northwestern Iran in this period was Hurrian". Zu vergleichbaren Einschätzungen gelangten zuvor u. a. J. Læssœ, The Shemshāra tablets: A preli-

Gelegentliche Hinweise in Texten anderer Provenienz komplettieren dieses Bild. So liefern die aB Texte aus Mari verschiedentlich Hinweise auf das Osttigrisgebiet; für die Städte Arrapḫa und Nuzi sind dabei einige Personen hurritischen Namens überliefert.

Offensichtlich fand zwischen dem Ende der aA Schicht Kārum Kaniš II, in deren Texten noch der Name Gasur begegnet, und der Zeit des Zimri-Lim von Mari die Umbenennung von Gasur in Nuzi statt, ohne daß diese vergleichsweise genaue Eingrenzung den Vorgang verständlicher machte.[221] Da es bereits in älterer Zeit eine hurritische Bevölkerungskomponente gegeben hat (s. o.), ist eine "hurritische Landnahme" als Grund jedenfalls auszuschließen, und ein Besiedlungshiatus ist weder aufgrund archäologischer noch inschriftlicher Daten anzunehmen.[222]

Große Probleme der historischen Topographie erlauben auch für das Osttigris-Gebiet nur im Einzelfall Lokalisierungen bzw. Identifizierungen solcher Orte, für die hurritische Namen überkommen sind. Im nördlichen Osttigrisgebiet muß wohl Ḫuršītum gesucht werden.[223]

6.2. *Oberlauf von Diyala/Sīrwān*

Was Simurrum anbelangt, das jüngsten Untersuchungen zufolge am Oberlauf von Diyala/Sīrwān nahe der Einmündung des Pūngla lokalisiert werden muß,[224] sind, da der in aAK Quellen als énsi *si-mu-ur₄-ri-im*^{ki} begegnende Baba/Bibi (d.i. *ba-ba/bí-bí*) ebensowenig einen unzweifelhaft hurritischen Namen[225] trägt wie der in Inschriften des Erridupizir der Post-Akkade-Zeit als lugal *sí-mu-ur₄-ri-im*^{ki} belegte KAnišba (d.i. KA-*ni-iš-ba*),[226] erst für die

---

minary report, (Kopenhagen, 1959), 75 und Wilhelm, G., Gründzüge, 19.
Es sollte nicht unerwähnt bleiben, daß in den wenigen aA Texten aus Gasur keine hurritischen PNn enthalten sind (siehe Gelb, I.J., Hurrians and Subarians, 62); allerdings ist deren Zahl außerordentlich gering (es handelt sich um die Texte HSS X 223-227).

221 Zu den jeweiligen Belegstellen siehe RGTC 4, 40 bzw. RGTC 3, 182.

222 Zu den archäologischen Daten siehe Starr, R.F.S., Nuzi. Volume I – Text, (Cambridge, 1939), 18.

223 Siehe Röllig, W., "Ḫuršītum", in: RlA 4, 522.

224 Zu Simurrum und der Frage seiner Lokalisierung siehe Frayne, D.R., in: Studies Astour, 260-267 (mit Verweisen auf ältere Literatur).

225 Für Baba/Bibi (Zeit des Narām-Sîn) siehe die Quellen- und Literaturangaben ibid., 246.

226 Zu KAnišba siehe die Inschriften "Gutium C 2" und "Gutium C 3" des Erridupizir in FAOS 7, 308-316. Zumindest erwähnt werden sollte die Tatsache, daß Nišba auch der Name eines Berges/Gebirges ist. Bergnumina spielen in der (späteren) hurritischen Mythologie eine bedeutende Rolle. Nišba begegnet auch in den Inschriften des Idī-Sîn der frühen aB Zeit, die

Zeit der III. Dynastie von Ur hurritische PNn bezeugt.[227] Im nahegelegenen Kar(a)ḫar[228] ist, ebenfalls für die UrIII-Zeit, mit Tiš-atal lugal *kár-ḫar*ki ein weiterer Herrscher hurritischen Namens überliefert.[229]

Für die aB Periode ergeben die wenigen Textquellen, die diese Region überhaupt beleuchten, keine Evidenz für eine Änderung der ethno-linguistischen Zusammensetzung der Bevölkerung. Vielleicht wird die Publikation weiterer Texte aus dem Diyala- und Hamrīn-Gebiet klarer sehen lassen.

6.3. *Das Hamrin-Gebiet*

Mesopotamische Quellen erlauben nur einen begrenzten Einblick in die historische oder ethno-linguistische Entwicklung des Hamrin-Gebietes.[230] Die umfangreichen Textfunde, die im Rahmen der internationalen Rettungsgrabungen am Ende der 1970er und zu Beginn der 1980er Jahre gemacht wurden, sind noch großteils unveröffentlicht.

Die bisher veröffentlichten Texte aAK Zeit enthalten nur wenige hurritische PNn,[231] und auch für die Ur III-Zeit gibt es wenig Anzeichen hurritischer Präsenz im Hamrin-Gebiet. Die Region war (überwiegend) semitisch geprägt und figuriert sogar als Teil des "Landes der Martu", das u. a. noch

---

in Bardi Sanjian nahe Rania gefunden wurden. Siehe dazu Al-Fouadi, A.-H., "Inscriptions and reliefs from Bitwāta", Sumer 34 (1978), 122 und, für eine Neubearbeitung der Texte, Frayne, D.R., Old Babylonian Period (2003-1595 B.C.), (Toronto, 1990), 708-712.

[227] Siehe Owen, D.I., JCS 33, 261; Zadok, R., in: Kutscher Memorial Volume, 224 sowie Owen, D.I., in: New Horizons, 160 und 164. Zu Kirip-ulme und dessen Zeitgenossen (evtl. Vater?) Tappa(n)-Daraḫ siehe Biggs, R.D., "Šulgi in Simurrum", in: Studies Astour, 169-178.

[228] Für eine Lokalisierung in Qaṣr-i Šīrīn am Ḥulwān siehe Frayne, D.R., in: Studies Astour, 257-258.

[229] Dieser Name hat seit Whiting, R., "Tiš-atal of Niniveh and Babati, Uncle of Šu-Sin", JCS 28 (1976), 173-182 besondere Beachtung gefunden. In den UrIII-zeitlichen Quellen begegnet der Name Tiš-atal häufiger; mit Salvini, M., in: Studies Cotsen, 107 ist Personengleichheit derzeit nicht beweisbar. Für Belegstellen siehe auch Zadok, R., in: Kutscher Memorial Volume, 224.

[230] Grundlegend sind die Arbeiten von Postgate, J.N., "The Historical Geography of the Hamrin Basin", Sumer 35 (1979), 591-594 und Steinkeller, P., in: Uch Tepe I, 163-168.

[231] Die Publikation Rasheed, F., The Ancient Inscriptions in Himrin Area (Baghdad 1981) enthält keine entsprechenden Namen.
Für Namen aus Tell Suleima (= Batir?) siehe Al-Rawi, F.N.H., "Two Old Akkadian letters concerning the offices of kala'um and nārum", ZA 82 (1992), 180-185. Die dort veröffentlichten Texte nennen *túl-pí-ip-še* und *wi-(ir-)ri*. Die Tafeln sind aufgrund sprachlicher und paläographischer Kriterien in die aAK Zeit zu datieren (siehe ibid., 182).

die Herrschaften von Karaḫar, Ḫarši und Lullubum umfaßt.[232] Für die aB Zeit, in der die Region recht dicht besiedelt war,[233] liegen bislang nur in den Texten vom Tall Yelḫi wenige hurritische PNn vor:[234]

1 Ta?šar-šenni (d.i. *ta?-šar-še-ni*)
2 Izzu(m)-muša (d.i. *iz-zu-mu-ša*)

Kurzkommentar:

1 Nachdem das Wort *taše* [d.i. taže] "Geschenk" bereits seit langem bekannt war,[235] erbrachte die 1983/5 aufgefundene hurritisch-hethitische Bilingue aus Boğazköy auch eine verbale Basis *taš-* [d.i. taž-], die demgemäß zu "geben, schenken" bestimmt wurde.[236] Daran schließt sich die verbale Wurzelerweiterung =ar zur Bildung von Faktitiv bzw. Iterativ an (siehe 1.1.1.). Der Verbalform fehlen Markierungen der Aktionsart und des Personenanzeigers; beides ist jedoch nicht ungewöhnlich.

∘*še-ni* ist als *šena* "frère" (GLH 225) mit dem sog. "Artikel" Sg. aufzulösen. Somit: taž=ar-šen(a)=ni "Der Bruder schenkte (wiederholt)".

2 In *iz-zu-mu-ša* liegt vermutlich ein Fehler für Izzu(m)-muše oder Izzi-muša vor. Das Hurritische kennt ein noch ungedeutetes Substantiv *izzi* bzw. *issi* (siehe z. B. *iz-zi-da-an*, ChS I/5 Nr. 75 Vs. I 11'), das hier mit dem Adjektiv *muši* (bzw. *mūši*) "juste" (GLH 173 sub muš(u)) im Essiv konstruiert wurde, analog zu aB Ewri-muša: izzi-muž(i)=a "*izzi* ist gerecht".

Eine alternative Deutungsmöglichkeit führte auf die zugehörige verbale Basis *izz-* in transitiv/ergativischer Konstruktion und einem dann als Substantiv *muši* (bzw. *mūši*) aufzufassenden Wort "Gerechter" zurück: izz=o=m-mu(/ū)ži "Der Gerechte x-te". Man beachte hierfür aB überlieferte PNn wie Izzip-šenni und Izzum.

---

[232] Zur Verwendung dieses Begriffes siehe Michalowski, P., The royal correspondence of Ur (Dissertation Yale, 1976), 108 und Sallaberger, W., in: Mesopotamien, 158 mit Anm. 121.

[233] Siehe dazu die Zusammenstellung entsprechender Fundorte bei Yaseen, Gh.T., Old Babylonian Pottery from the Hamrin – Tell Halawa, (London, 1995), 10-22.

[234] Siehe u. a. Rouault, O./Saporetti, C., "Old Babylonian Texts from Tell Yelkhi (Hamrīn Project, Iraq)", Mesopotamia 20 (1985), 25-26. Evtl. ist auch der PN *ke-ni-ia* hurritisch zu deuten. – Die bei Saporetti, C., "Testi da Tell Yelkhi del periodo Isin-Larsa. – I", Mesopotamia 30 (1995), 5-38 edierten Urkunden enthalten keine hurritischen PNn; siehe den Namensindex S. 9-13. Die Publikation weiterer Texte vom Tall Yelḫi steht indes noch aus.

[235] Sie wurde bereits von Speiser, E.A., Introduction to Hurrian, (New Haven, 1941), 98 vorgebracht, fand aber keine ungeteilte Zustimmung (siehe GLH 258).

[236] Siehe dazu u. a. Neu, E., Epos der Freilassung I, 149.

Der weit überwiegende Teil des Anthroponomastikons ist hingegen akkadisch oder amurritisch; gleiches gilt für andere Fundorte. Demnach hat es – wenn überhaupt – nur eine geringe hurritische Präsenz gegeben.[237]

6.4. *Der Unterlauf der Diyala*

In den Siedlungen am Unterlauf der Diyala, d. h. dem Abschnitt des Flusses zwischen seinem Durchbruch durch den Ǧabal Ḥamrīn bis zur Mündung in den Tigris nahe des heutigen Baġdād, finden sich für den Zeitraum von der aAK bis zur aB Zeit kaum sichere hurritische Namen. Die Region war in diesen Perioden ganz überwiegend (west-)semitisch besiedelt.[238]

Was die aAK Zeit anbelangt, kann – sieht man von einigen zweifelhaften Namensformen ab[239] – nur für den in Tutub (Ḫafaǧī) bezeugten Namen *dup-ki-a-šum* eine hurritische Etymologie mit größerer Wahrscheinlichkeit vermutet werden:[240]

1 Tupki-ašum

Kurzkommentar:

1 Zu *tupki* siehe 1.1.2. - In ∘*-a-šum* liegt die transitiv/ergativische Konstruktion auf =o=m des seltenen und noch ungedeuteten Verbums *aš-* vor:[241] tupki-až=o=m.

[237] Vermutlich hurritisch sind zwei Namen aus Tall Haddad in OBCTHM Nr. 2:24 und 5:20 (*ku-uz-zi*) sowie Nr. 24:13 (*ku-wa-rum*).

[238] Siehe Gelb, I.J., "Old Akkadian Inscriptions in Chicago Natural History Museum", Fieldiana: Anthropology 44/2 (1955), 172-173; Wilcke, C., WO 5, 15 und Steinkeller, P., in: Studies Cotsen, 89, der noch darauf verweist, daß "there is no indication of any Hurrian presence at that time".
Ist aber vielleicht das zweite Element des ON *pu-ut-ša-DAR*[ki] identisch mit dem *sá/sa-dar-*∘ und *ša-tar-*∘ der oben behandelten PNn (siehe 1.1.1.)? Der ON (bislang hapax) harrt noch einer Deutung, siehe RGTC 2, 154 und Owen, D.I., in: Studies Astour, 379 mit Anm. 20 zur Lage im Diyala-Gebiet.

[239] In Sommerfeld, W., Die Texte der Akkade-Zeit. 1. Das Dijala-Gebiet: Tutub (Münster 1999) finden sich mit vor allem *a-ru-um*, *al-la*, *šè-eb-ru-ug* und evtl. *zu-zu* möglicherweise hurritische PNn (siehe den Namensindex S. 157-187).

[240] Bezeugt in Kh. 1934, 38 = A 22027 = MAD 1, Nr. 233 = Sommerfeld Nr. 11 IV 11.

[241] Zur Ableitung aš=ašt- siehe GLH 57 und Salvini, M., "Betrachtungen zum hurrisch-urartäischen Verbum", ZA 81 (1991), 122.

Für die UrIII-Zeit fehlt derzeit jedes Indiz für die Anwesenheit von Hurritern,[242] und aus der umfangreichen aB Überlieferung sind, bei einer insgesamt recht günstigen Beleglage, nur vereinzelte hurritische PNn bekannt:[243]

1 Ar(i)m-atal (d.i. *ar-ma-da-al*)
2 Tuliš (d.i. *tu-li-iš*)
3 Akap-bēlī od. Akap-elli (d.i. *a-*⸢*ga*⸣*-ap-*⸢*bi*(?)*-lí*(?)⸣)

Kurzkommentar:

1 Dieser in Išçālī bezeugte Name wurde in der *editio princeps* (UCP 10 S. 54) *ar-ma-da-al-aš* gelesen, später zu *ar-ma-da-ta*(!)*-aš* korrigiert, bevor mit *ar-ma-da-al* die mittlerweile unumstrittene Lesung etabliert wurde.[244]

Es liegt eine transitiv/nichtergativische Bildung mit synkopiertem [i] und Ersetzung des Personenanzeigers [b] durch [m] vor. Für beides – ersteres vor allem bezeugt in UrIII-Schreibungen hurritischer Namen und daher wohl lediglich ein graphisches Phänomen – finden sich zahlreiche Parallelen. Der Name Arim-atal selbst hat in anderen Namenskorpora genaue Entsprechnungen. ar=i=b›m-adal "Der Starke gab".

2 In Tuliš liegt ebenso wie in Tupkiš (siehe 1.1.2.) ein um ein Element =ž erweitertes Nomen vor. Dabei handelt es sich wohl um *tuli* "Weinstock, -berg":[245] tuli=ž.

Allerdings kennt das hurritische Anthroponomastikon auch eine verbale Basis *tul-* noch unbekannter Deutung, die z. B. mehrfach in aB überlieferten PNn auftritt (z. B. Tulip, Tulip-arapši, Tulup-atal). Bei tul=i(=)ž handelte es sich dann um einen Namen, der auf das verbale Element verkürzt wurde.

3 *a-*⸢*ga*⸣*-ap-*∘ ist eine intransitive Form des in der Namengebung sehr häufigen Verbums *ag-* i.d.B. "heraufkommen".[246]

In dem zweiten Namenselement ∘-⸢*bi*(?)*-lí*(?)⸣ könnte akkadisch *bēlī* "mein Herr" vorliegen; es handelte sich dann um einen (der insgesamt recht seltenen)

---

[242] Bezeugt sind lediglich hypokoristische Bildungen und Kurznamen, die hurritisch sein *könnten*; z. B. ist für Simudar (siehe RGTC 2, 166-167 zur Lage) ein Akija (d.i. *a-ki-ia*) bezeugt (Rochester, 231:2). Einen solchen Namen wertet u. a. Ismail, F., Altbabylonische Wirtschaftsurkunden, 157 als hurritisch.

[243] Belegstellen: 1) UCP 10/1, 27:1; 2) UCP 10/1, 105:3.9; 3) OBTIV 321:4.

[244] Zur Korrektur der *editio princeps* siehe von Soden, W., "Ein Luwier in Dūr-Rimuš zur Ḫammurabizeit", ZA 45 (1939), 76. Die nun akzeptierte Lesung geht auf Gordon, E.I., "The meaning of the Ideogram ^{d}KASKAL.KUR = 'Underground Water-Course' and its significance for Bronze Age Historical Geography", JCS 21 (1967), 84 zurück; sie wurde übernommen von Greengus, S., Studies in Ishchali Documents, (Malibu, 1986), 112 und Zadok, R., Iran 32, 49.

[245] Zu diesem Wort siehe Haas, V., ZA 79, 269 Anm. 44.

[246] Siehe zuletzt Wilhelm, G., in: RlA 9/1-2, 123.

"hybrid" hurritisch-akkadischen PN. Der u. a. mA überlieferte PN ᶠ*a-*⌈*káp*⌉*-e-li* läßt jedoch auch an das Wort *ela* "Schwester" (hier: el(a)=ni["Artikel" Sg]) denken,[247] das durchaus – wenngleich selten – auch in Männernamen Verwendung fand. Für die Graphie beachte man auch den Namen ᶠ*ki-ri-(im-)bi/be-lu* in Ugarit, in dem ebenfalls das Wort *ela* gesehen wurde.[248] Der Name ist als "Mein Herr kam herauf" bzw. "Die Schwester kam herauf" zu übersetzen.

7. Das iranische Hochland

Angesichts hurritischer Besiedlung im nördlichen Osttigrisgebiet stellt sich die Frage, ob und ggf. wann hurritische Gruppen in weiter östlich gelegenen Regionen – im Gebiet des Zagros und des iranischen Hochlandes – ansässig waren.[249] Soweit es die Quellen erkennen lassen, war das iranische Hochland ethnisch recht inhomogen, wobei für den nördlichen Bereich (Gutium) mit einem nennenswerten hurritischen Bevölkerungsanteil gerechnet wird.[250]

Die ältesten Nachrichten entstammen wiederum den Inschriften der aAK Zeit. In diesen Quellen werden seit der Zeit des Sargon die Namen mehrerer Herrscher und anderer hochgestellter Persönlichkeiten des Landes Marḫaši[251] erwähnt, die sich einer sicheren linguistischen Bestimmung entzie-

[247] Für den PNf siehe Freydank, H./Saporetti, C., Nouve attestazioni dell'onomastica medio-assira, (Rom, 1979), 24.

[248] Siehe dazu Gröndahl, F., Die Personennamen der Texte aus Ugarit, (Rom, 1967), 223.

[249] Kammenhuber, A., OrNS 46, 133 nimmt eine Herkunft der Hurriter aus östlich des Kaspischen Meeres gelegenen Regionen an und schließt auf eine Anwesenheit im Raum des heutigen Iran. Nach Zadok, R., "Elamite Onomastics", SEL 8, 227-228 gehörte Marḫaši in der UrIII-Zeit zu "Greater Elam" und wies "a discernible Hurrian element in the northern section of the piedmont" (ibid., 228) auf. Siehe ibid., 236 für das Fehlen hurritischer PNn im aB Susa.

[250] So Zadok, R., SEL 8, 228.

[251] Die Frage der Lokalisierung von Marḫaši wurde in jüngerer Zeit erneut verschiedentlich gestellt. Nach Steinkeller, P., "Marḫaši", in: RlA 7 (1987-1990), 381-382 ist es "to be sought in the general area of eastern Fārs and Kerman", also im zentralen iranischen Hochland. Zadok, R., Iran 25, 16 sucht es "east of Elam".
Es ist unklar, welche Sprache in Marḫaši gesprochen wurde; siehe dazu noch die Überlegungen bei Rubio, G., "Šulgi el políglota: del donde lenguas y la traducción en la Mesopotamia antigua", in: Ayán, J.J./Córdoba, J.M. (Hrsg.), Ša ṭudu idū – Estudios sobre las culturas antiguas de Oriente y Egipto: Homenaje al Prof. Angel R. Garrido Herrero, (Isimu 2, 1999 [ersch. 2001], 221 Anm. 26).

hen.[252] Erst für die Zeit des Narām-Sîn findet sich mit Ḫupšum-kibi[253] ein unzweifelhaft hurritischer Name. Noch in den Quellen der UrIII-Zeit werden "Marḫašiten" erwähnt, deren Anthroponomastikon – neben mehrheitlich elamischen – auch hurritische, "hybrid" elamisch-hurritische sowie Namen unklarer Zuweisung aufweist.[254] Hurritische Herleitung ist für die folgenden PNn sicher oder wahrscheinlich:

1 Ḫupšum-kibi (d.i. *ḫu-up-šum-ki-bi*)
2 Ḫawurna-nigi (d.i. *ḫa-úr-na-ni-gi*$_4$)
3 Mišḫi-nišḫi (d.i. *mi-iš-ḫi-ni-iš-ḫi*)
4 Kuš-elli (d.i. *ku-uš-é-li*)
5 Purašḫe (d.i. *pu-ra-aš-ḫe*)
6 Ḫašip-atal (d.i. *ḫa-ši-ba-tal*, *ḫa-ši-ip-a-tal*)

Kurzkommentar:

1 Ein Verbum *ḫupš-* ist bislang noch nicht diskutiert worden, ist jedoch sicherlich in der hier vorliegenden transitiv/ergatvischen Form enthalten und liegt evtl. auch ungedeutetem *ḫupši* (GLH 114) zugrunde.

kibi ist ein ebenfalls noch ungeklärtes Lexem – hier im Kasus Essiv –, das häufig Bestandteil hurritischer PNn ist; siehe dazu NPN 227b/228a und z. B. noch die aB PNn Ewri-kiba, Nubur-kiba. Somit: ḫupš=o=m-kib(i)=a

2 Ḫa(w)urna-nigi enthält das Lexem *ḫawur(ni)* "Himmel", das im Anthroponomastikon nur selten Verwendung fand.

ni-gi$_{(4)}$ ist auch in den PNn *ši-il-ni-gi* (PDT 473 Vs. 3), KAL-*ni-gi*$_4$ (AUCT 1, 173:4), ^{f}*ša-la-aš-ni-gi* (OBTCB 86:6) und ^{f}*ar-na-ni-ga* (AlT 298:42) enthalten.

3 Mišḫi-nišḫi dürfte das Element *nišḫi* enthalten, das vermutlich ein Kultgerät meint (siehe u. a. GLH 186, CHD L-N 454a). Für *mišḫi* bietet sich derzeit wohl keine Interpretation an.

4 Das Verb *kuš-* kann noch nicht bestimmt werden, liegt aber evtl. einigen andernorts bezeugten Wortformen zugrunde (siehe GLH 157). Es trägt hier weder einen Anzeiger der Aktionsart noch einen Personenanzeiger; es handelt sich also auch hier um keine voll ausgebildete Verbalform.

°*é-li* ist wahrscheinlich, trotz der ungewöhnlichen Graphie, als *elli* aufzufassen, die Form des hurritischen Wortes *ela* "Schwester" (GLH 78 sub *eli*) mit sog. "Artikel" Sg (el(a)=ni).

---

[252] Siehe die Zusammenstellung bei Steinkeller, P., "The Question of Marḫaši: A Contribution to the Historical Geography of Iran in the Third Millennium B.C.", ZA 72, 256-258 sowie FAOS 8, 78.

[253] In den hethitischen Quellen erscheint er als *Ti-iš-š*[*i*]*-en-ki*; siehe Steinkeller, P., ZA 72 (1984), 258 Anm. 84.

[254] Zu den PNn der "Marḫašiten" siehe Owen, D.I., JCS 33, 258; Zadok, R., SEL 8, 229-230; ders., in: Kutscher Memorial Volume, 222-224 und Maeda, T., ASJ 14, 146-147.

5 Bei Purašḫe könnte der Wortausgang -(a=)šḫe hurritisch sein. Für *w/puri* bieten sich im hurritischen Lexikon formal mehrere Möglichkeiten lexikalischen Anschlusses an; z. B. *wuri* "vue" (GLH 298-299). Der PN erinnert an die Worte *puramše* "Sklaverei"[255] bzw. *purame* "serviteur" (GLH 205), die auch als PNn Verwendung fanden.
6 In dem häufig belegten PN Ḫašip-atal ist das Verbum *ḫaš-* [d.i. ḫaž-] "entendre" (GLH 95) in transitiv/nichtergativischer Verwendung enthalten. Für *adal* siehe 1.1.2. Somit: ḫaž=i=b-adal "Der Bruder hörte".

Auch in anderen Regionen des heutigen Iran finden sich Spuren hurritischer Anwesenheit. So muß – falls eine gute Überlieferung vorliegt –, der aus dem Boğazköy-Text KUB 27, 38 = ChS I/5 Nr. 87 IV 14 als Herr (hurritisch *ewri*) von Tukriš bekannte Kiklip-atal hinzugestellt werden. Zwar ist die Lage von Tukriš nicht genau bekannt, doch könnte es sich um das bislang nordöstlichste Vorkommen eines hurritischen PN überhaupt handeln.[256] Der Aufbau des Textes läßt eine Datierung dieser Persönlichkeit in die aAK Zeit vermuten.[257]
Sicher in die UrIII-Zeit gehört der Name *šu-ni-ki-ip* eines Herrschers von Pil, das von R. Zadok mit Vorbehalt im iranischen Raum gesucht wird.[258]

8. Mesopotamien

Neben der häufig angegangenen Frage nach dem Verhältnis akkadischer und sumerischer Bevölkerung wurde auch die Anwesenheit anderer ethnischer Gruppen in Mesopotamien verschiedentlich diskutiert.[259] Dabei zeigte

---

[255] Dafür Wilhelm, G., "Zur Grammatik und zum Lexikon des Hurritischen", ZA 83 (1993), 117.

[256] Dies unter der Maßgabe, daß eine Lokalisierung von Tukriš "as far to the east as the Caspian Sea" (Steinkeller, P., in: Studies Cotsen, 94) tatsächlich zutrifft. Siehe ibid. mit Anm. 71 zu älterer Literatur. Für die Lage von Tukriš siehe noch die Übersicht bei Reiter, K., Die Metalle im Alten Orient unter besonderer Berücksichtigung altbabylonischer Quellen, (Münster, 1997), 12-14 und 159 Anm. 24.
Zu Kiklip-atal siehe Zadok, R., in: Kutscher Memorial Volume, 225; zur Analyse kigl=i=b-adalli=n siehe Wilhelm, G., in: Amurru 1, 175 Anm. 5.

[257] Siehe Haas, V./Wegner, I., Die Rituale der Beschwörerinnen ^{SAL}ŠU.GI (Rom 1988), 26.

[258] Zadok, R., NABU 30/2000 mit Anm. 4.

[259] Für das folgende siehe, sofern nicht anders angegeben, Westenholz, A., "The Old Akkadian Period. History and Culture", in: Mesopotamien, 94-96. Viel Material enthält die Zusammenstellung bei Zadok, R., in: Kutscher Memorial Volume, 227-230.

es sich, daß seit der Zeit des Narām-Sîn von Akkad Gutäer, Subaräer und Hurriter in Mesopotamien siedelten, wohin sie vermutlich im Gefolge von Deportationen gelangten. Sie werden in Texten aus u. a. Nippur und Umma erwähnt,[260] dürften aber auch in andere Städte gelangt sein. Dennoch sind entsprechende Namensbelege in den Texten der großen akkadzeitlichen Archive ausgesprochen selten.[261]

In der UrIII-Zeit stiegen Hurriter bis in die höchsten Gesellschaftsschichten auf.[262] Angesichts des zeitlichen Abstandes zur aAK Zeit dürfte es sich bei diesen um Deportierte und Kriegsgefangene handeln, die im Zuge der seit ca. der Mitte der Regierungszeit des Šulgi durchgeführten Feldzüge in östlich und nordöstlich gelegene Territorien nach Mesopotamien gelangten. Indiz dafür ist die rasche Assimilierung der Hurriter in der Namengebung, die – für die aAK Zeit allerdings nicht belegbar – eine über längere Zeiträume wirksame Namenstradition unwahrscheinlich macht.

Dieses Szenario wiederholte sich in aB Zeit, als im Zuge einer kriegerischen Auseinandersetzung des Ḫammurabi von Babylon (1792-1750) mit Turukkäern, Kakmûm und Subartu – namengebend für das 37. Regierungsjahr des Herrschers[263] – wiederum Hurriter nach Mesopotamien deportiert wur den; auch diese assimilierten sich, was die Namengebung anbelangt, rasch an ihre anderssprachige Umwelt.[264]

---

[260] Siehe dazu auch Salvini, M., in: Studies Cotsen, 103. Sie erscheinen in mehreren städtischen Siedlungen in aAK Zeit; siehe Zadok, R., in: Kutscher Memorial Volume, 227.

[261] Siehe dazu die tabellarische Übersicht bei Foster, B.R., OrNS 51, 299: Der Anteil der weder akkadischen, noch sumerischen, noch reduplizierten PNn (siehe dazu ibid., 302-303) beträgt lediglich 1%-8% bei Durchschnittswerten von 2,83% für den Süden und 4,33% für den Norden.

[262] Nach Steinkeller, P., "The administrative and economic organisation of the Ur III state: the core and the periphery", in: Gibson, McG./Biggs, R.D. (Hrsg.), The organization of power – Aspects of bureaucracy in the Ancient Near East, (Chicago, 1987), 25 sind u. a. Generäle mit hurritischen Namen bezeugt. Siehe auch Neumann, H., "Bemerkungen zum Problem der Fremdarbeit in Mesopotamien (3. Jahrtausend v.u.Z.)", AoF 19 (1992), 270 sowie – für Namensbelege – Zadok, R., in: Kutscher Memorial Volume, 227-230.

[263] Für den Jahresnamen siehe zuletzt Horsnell, M.J.A., The Year-Names of the First Dynasty of Babylon. Volume 2: The Year-Names Reconstructed and Critically Annotated in Light of their Examples, (Hamilton, 1999), 155-157.

[264] Siehe dazu Charpin, D., in: CRRAI 38, 207-218 und Pientka, R., Die spätaltbabylonische Zeit, 264-265.

9. ZUSAMMENFASSUNG

In Übereinstimmung mit den eingangs formulierten Überlegungen (siehe 0.3.1.) können für die hier betrachteten Zeiträume, sieht man zunächst von der Region um Alalaḫ ab, lediglich Teile Nordmesopotamiens (zwischen Ḫabūr-Dreieck und Oberlauf des Tigris) und das nördliche Osttigrisgebiet (evtl. einschließlich des Hamrin-Beckens) – als hurritisches Siedlungsgebiet gelten. Es handelt sich dabei nicht zufällig um die Region, die noch für das 1. Jt. v. Chr. aufgrund entsprechender Namensdaten als Siedlungsgebiet der Hurriter bezeichnet werden kann.[265] Allerdings zeigt sich, daß Hurriter bereits frühzeitig, aber wohl kaum in größerer Zahl, Kontakt zu anderen (überwiegend semitisch geprägten) Räumen hatten. Die Natur dieser Kontakte ist gegenwärtig, sieht man von ihrer Teilhabe am aA Anatolienhandel ab, schwerlich zu bestimmen. Es ist sicherlich anzunehmen, daß ihr Auftreten außerhalb des mutmaßlichen Siedlungsgebietes vielfältige Gründe, auch individuelle, hatte.

Eine Ausbreitung der Hurriter ist zunächst nicht feststellbar. Erst das massive Auftreten hurritischer ONn und PNn sowie hurritischen Vokabulars in Alalaḫ VII deutet für die spätere aB Zeit auf eine (süd)westliche Siedlungsrichtung hin. Die Beeinflussung des akkadischen Lexikons in anderen Perioden und geographischen Räumen (aA und aB Mari) setzt weder einen intensiveren noch langandauernden Kontakt voraus, ist aber gleichwohl ein interessantes und für die Erforschung des Hurritischen wichtiges Phänomen, das noch eingehender Untersuchung bedarf.

Bedauerlicherweise ist uns über das weitere Schicksal der zahlreichen Deportierten aB Zeit (siehe 1.3.) nichts bekannt. Angesichts der Eigentümlichkeit, fremde Einflüsse in der Namengebung rasch aufzunehmen (siehe Anm. 22 u.ö.), wäre allerdings selbst eine längere Dauer der Archive aus Mari, Šeḫna/Šubat-Enlil oder Qaṭṭarā? möglicherweise (d.h. bei fehlenden prosopographischen Daten) nur von beschränktem Nutzen. Die Deportationen infolge politisch-militärischer Ereignisse sind nur schwer zu gewichten, dürften aber keine Ausweitung des Siedlungsgebietes i.e.S. bedingt haben.

Dank der neu bekanntgewordenen Quellen aus Nabada und Ebla wird die erste Bezeugung der Hurriter in keilschriftlichen Quellen nun weiter nach oben, in die präsargonische Zeit (bzw. die Zeit der Ebla-Archive) zurückdatiert. Hier ist das letzte Wort sicherlich noch nicht gesprochen. Sollten noch

[265] Siehe z. B. Kessler, K., "Šubria, Urartu and Aššur. Topographical Questions Around the Tigris Sources", in: Liverani. M. (Hrsg.), Neo-Assyrian Geography, (Rom, 1995), 55.

ältere Textquellen in Nordmesopotamien gefunden werden, ist unbedingt mit noch früheren Bezeugungen zu rechnen: Da sich die Hurriter für die ca. 500-550 Jahre zwischen ihrer Erstbezeugung und der Zeit des Mari-Archivs als eine feste, hinsichtlich ihrer geographischen Verbreitung stabile Größe im Norden erwiesen haben,[266] kann zumindest mit einiger Berechtigung vermutet werden, daß sie in den vorangehenden Epochen ebenfalls schon in diesem Raum siedelten.

Die Amurriter der altbabylonischen Zeit im Spiegel des Onomastikons
Eine ethno-linguistische Evaluierung

Michael P. Streck, München*

1. Der historische Hintergrund

Die astronomische Serie MUL.APIN reiht zwischen der "Dynastie Šulgis" und der "Kassitendynastie" die "Dynastie der Amurriter" ein.[1] Damit hat der Schreiber noch rund 800 Jahre nach dem Ende der 1. Dynastie von Babylon eine Reminiszenz an *das* charakteristische Merkmal wenigstens der politischen Geschichte der altbab. Periode bewahrt: die Vielzahl amurr. Kleinstaaten in Babylonien, am mittleren Euphrat, in der Ǧazīra und in Nordwestsyrien nach dem Ende der 3. Dynastie von Ur.

Ihre Entstehung lässt sich am besten als Ergebnis einer "dimorphen Schwankung"[2] begreifen, im Verlauf derer sich in den dimorphen Staaten dieser Region das Gewicht zugunsten der nomadischen, nicht-urbanen Bevölkerungskomponente verschiebt. Leider lässt sich dieses griffige historische Modell nicht in allen Details an den Quellen verifizieren. Klar scheint indes zu sein, daß die MAR.TU oder Amurriter, in den Texten aus Ebla und der Akkadedynastie noch ausschließlich mit der Gegend des mittleren Euphrats assoziiert,[3] während der Ur III-Zeit erstmals in größerer Zahl in Babylonien erscheinen.[4] Šū-suʾen von Ur sieht sich schließlich sogar genötigt, dem Druck der Nomaden mit seiner berühmten MAR.TU-Mauer entgegenzutre-

---

* Institut für Assyriologie und Hethitologie der Universität München, Geschwister-Scholl-Platz, D-80539 München.

[1] AfO Beih. 24, 96 ii 18-20, zitiert bei Streck 2000 § 1.23.

[2] S. zum Terminus und Konzept Rowton 1976, 24-30; Streck 2001 § 2.8.

[3] Zusammenfassung bei Streck 2000 §§ 1.14-15.

[4] Die letzte Zusammenfassung zu den MAR.TU in der Ur III-Zeit ist Buccellati 1966, heute aufgrund zahlreicher neuer Quellen revisionsbedürftig.

ten.[5] Letzlich kann auch diese jedoch nicht verhindern, daß der Staat von Ur III in den von den Amurritern mitverursachten Wirren untergeht, worauf diese in den Schriftquellen eines beträchtlichen Teiles des fruchtbaren Halbmondes auftauchen.

Wie ist die Präsenz der Amurriter in der folgenden altbab. Epoche faßbar? Texte in amurr. Sprache fehlen anscheinend ganz;[6] somit sind wir der wichtigsten Quelle ethnischer Rekonstruktion[7] beraubt. Die Bezeichnung MAR.TU wird nach der Ur III-Zeit fast nur noch in den früh-altbab. Texten aus Ešnunna zur Kennzeichnung einzelner Personen verwendet (Gelb 1968, 46). Eine Reihe von Personen definiert sich durch die Zugehörigkeit zu einem amurr. Clan oder Stamm, vor allem in den Texten aus Mari. In der großen Mehrzahl der Fälle ist aber der Personenname der einzige Hinweis auf die ethno-linguistische Herkunft der Person. Die historische Forschung hat die Wichtigkeit dieser Quelle schon seit langem erkannt.

2. Forschungsgeschichte

Die bisher ausführlichste ethno-linguistische Evaluation des amurr. Onomastikons stammt von Kupper 1957, 197-244. Neben den Herrschernamen der amurr. Dynastien (ebd. S. 197-213) und den Orts- sowie Stammesnamen (ebd. S. 215-219) untersucht er vor allem die Personennamen der Bevölke-

---

[5] S. das Jahresdatum Šū-suʾen 4, etwa bei Sigrist/Gomi 1991, 327.

[6] Noch nicht bewerten läßt sich die Angabe von Durand 1992, 125, der Text M.9777 aus Mari sei "en langue clairement sémitique, quoique non akkadienne" geschrieben; die einzige bislang mitgeteilte Zeile ist offenbar akkad., s. Streck 2000 § 1.83 Anm. 1.

[7] Es lohnt sich, dazu den Aufsatz von Gelb (1962, 46) ausführlich zu zitieren: "In reconstructing ancient ethnic groups which we call peoples, we base our conclusions mainly on the primary language or mother tongue which we find used by these groups in their written tradition. This practice is followed for two reasons: first, because of the strong probability that language represents the main trait characterizing a people; and second, because our available sources are much more plentiful in respect to the language than they are to other traits of a people such as customs, religion, tradition, mode of life, etc. We find that these other characteristics are too numerous and too complex to serve as a reliable basis for ethnic reconstructions in the ancient Near East. Furthermore, the old adage *lingua fecit gentem* can be supported by the observation that a people dies when its language dies". Beispiele aus dem altorientalischen Bereich sind die Sumerer zu Beginn des II. und die Babylonier und Assyrer im Verlauf des I. Jt.

rung. Geographisch gelangt Kupper zu folgendem Ergebnis:[8] "Au temps de Hammurabi ... les 'Ouest-Sémites', présents dans toute la Babylonie, sauf à Nippur, sont vraiment peu nombreux. Ils le sont davantage, semble t-il, sur la Diyala, mais c'est le Moyen-Euphrate qui constitue leur place forte; dans le royaume de Mari, ils sont en majorité ... Dans un centre comme Chagar Bazar ... les 'Ouest-Sémites', venant en troisième position derrière les éléments accadisés et les Hurrites, ne représentant pas plus d'un cinquième de la population. Assur ... semble en dehors de leur zone d'expansion. En revanche, dans l'Ouest, leur mainmise politique sur la Syrie septentrionale s'accompagne d'une occupation assez dense" (ebd. S. 240f.). Chronologisch stellt Kupper für Babylonien mit fortschreitender Zeit eine Abnahme amurr. Namen fest, die er auf eine Assimilation an das zahlenmäßig bedeutendere bab.-sumer. Ethnos und ein Nachlassen der amurr. Infiltration zurückführt (ebd. S. 214f., 219f., 239). Vorliegende Untersuchung kann beide Ergebnisse Kuppers bestätigen, wobei aufgrund des heute vorliegenden Namenmaterials allerdings präzisere Aussagen möglich sind.

Buccellati 1992, 101, stellt für die altbab. Zeit fest (ohne Dokumentation): "There is a clear prevalence of Amorite names in Mari, the Khabur, and the west, and a strong presence, if not a majority, in the south. There are also indications that Amorite influence wanes, in onomastics, during the course of the Old Babylonian period".

Knudsen 1999, 203, bietet die folgenden Zahlen: "The proportion of Northwest-Semitic names in Babylonia was considerably smaller [scil. als in Mari, M.P.S.], though still significant. Statistics collected by the present writer on the basis of names of senders and addressees of published Old Babylonian letters from Babylonia reveal that 10.8% of the names belong to this category. However, in the Diyala region the percentage was much

---

[8] Kupper stützt sich dabei in der Hauptsache auf die folgenden Daten:

Kiš: frühaltbab. 10 bis 20% amurr. Namen (ebd. S. 213).
Dilbat: frühaltbab. amurr. Namen "pratiquement inexistant" (ebd. S. 213).
Tutub: frühaltbab. mehr als 10% amurr. Namen (ebd. S. 214 mit Anm. 1).
Marad: frühaltbab. keine amurr. Namen (ebd. S. 214).
Nippur: frühaltbab. keine amurr. Namen (ebd. S. 214).
Sippar: frühaltbab. amurr. Namen anscheinend seltener als in Kiš (ebd. S. 214).
Sippar: Sîn-muballiṭ-Śamśu-ʾiluna über 400 akkad., aber nur 2 amurr. Namen (ebd. S. 219).
Iščālī: hochaltbab. von 450 Namen 20 amurr. (ebd. S. 224).
Elam: hochaltbab. amurr. Namen "pratiquement absent" (ebd. S. 224).
Mari und unterer Ḫābūr: hochaltbab. von über 500 Namen mehr als die Hälfte amurr.
Šāġir Bāzār: hochaltbab. ca. 20% amurr. Namen.
Aleppo: hochaltbab. Amurriter "l'élément dominant de la population" (ebd. S. 232f.).
Qaṭna: hochaltbab. Amurriter beherrschende Bevölkerungskomponente (ebd. S. 236).

higher. A cursory count of the personal names published by Whiting shows that 34% of the names are Northwest Semitic".[9]

3. Altorientalische Onomastik und ethno-linguistische Rekonstruktion: Methodische Fragen.

Erlauben Personennamen eine ethno-linguistische Rekonstruktion überhaupt, und wenn ja, unter welchen methodischen Voraussetzungen? Gelb 1962 stellt bezüglich altorientalischer Personennamen und ethno-linguistischer Rekonstruktion zwei Thesen auf, die hier in geraffter Form wiederholt werden:

* Personennamen im Alten Orient sind in der Regel sprachlich verständlich und normalerweise in der Sprache der Namengeber gehalten: "The reason for their being couched in the current language of the name-givers was that the latter customarily formed names for their children in order to express a sentiment, a wish, or gratitude, revolving around their progeny or themselves" (Gelb 1962, 47). Ausnahmen von dieser Regel sind bedingt durch Papponymie, die Wahl von Prestigenamen und die Verwendung linguistisch unklassifizierbarer Lallnamen.
* Ethnischer und linguistischer Wechsel bedingt onomastischen Wechsel. So verschwinden z. B. sumer. Personennamen in altbab. Zeit, wenn das bab. Ethnos die Dominanz erringt. Im I. Jt. weichen bab. und ass. Namen zunehmend zugunsten aram. Namen, was mit einer entsprechenden ethnolinguistischen Verschiebung einhergeht (Gelb 1962, 48).

Die bisherige onomastische Forschung im Bereich des Alten Orients hat beide Thesen zugleich bestätigt und verschiedentlich eingeschränkt.

Heimpel 1974/77, 173, stellt für das III. Jt. eine geographische Verteilung von sumer. und akkad. Personennamen auf den Süden bzw. Norden Babyloniens fest und schließt daraus auf eine entsprechende ethno-linguistische Distribution von Sumerern und Akkadern.[10]

---

[9] Meine eigene Zählung ergab ein Minimum von lediglich 24% amurr. Namen, s. Abbildung 2 Nr. 27.

[10] Cooper 1973 begründet seine gegenteilige Ansicht hauptsächlich mit einer Analogie aus dem I. Jt.: akkad. Briefe (241 Anm. 22) und akkad. Namen (242 Anm. 27) seien noch in Gebrauch gewesen, "after most, if not all, of the population spoke Aramaic" bzw. "in later periods, in what must have been Aramaic speech communities". Doch wird damit die Argumentation nur auf einen ähnlich gelagerten Fall verschoben. Argumente für ein relativ spätes Aussterben des Akkad. als gesprochener Sprache sind bei Streck 1995, xxiiif., genannt.

Fales 1991 und Zadok 1995 sowie 1997 werten onomastische Daten zur Rekonstruktion der ethno-linguistischen Situation im neuass. Reich aus.

Zadok 1995, 219, bemerkt zur Methodik: "The question arises whether it is permissible to infer from somebody's name automatically and unconditionally his vernacular or even his ethnos. Moreover, there is contradictory evidence in certain cases. Some individuals bearing Akkadian names were explicitely Aramean. Other bearers of such names were originally non-Semites. In investigating the complicated ethno-linguistic situation in the 1st millenium Jezireh, one might apply a minimalizing approach in evaluating the proportion of the influential and prestigious element, namely the Assyrians, but a maximum approach in regarding the influenced stratum, viz. the non-Assyrians ... While in most cases nothing can be established on the individual level, the onomastic-prosopographical evidence is the main source of any cumulative and comprehensive quantification of the subject under discussion". Da sich im Grad der Aramaisierung des Onomastikons ein deutlicher regionaler Unterschied zwischen ass. Kernland und ass. Peripherie ergibt, folgert Zadok 1995, 281, auf analoge ethno-linguistische Verhältnisse und stellt fest: "Onomastics in the late-Assyrian empire does not merely reflect sheer cultural habits, nor is it exclusively the outcome of imitation of a prestigious group".

Zadok 1997, 214, führt aus: "Name-giving habits are one of the most superficial phenomena of acculturation. Yet, the onomastic evidence with all its inadequacies and pitfalls remains the main source. Therefore, in most cases nothing can be established on the individual level. In other words: stating that an individual with an Assyrian name is an Assyrian would be a misleading oversimplification".[11] Ebenso dürfe man nicht einfach "statistical identity between the percentage of individuals bearing names of a certain dialect and the actual share of people of the same ethnolinguistic group in the general population" (Zadok 1997, 215) annehmen.

Rechenmacher 1997, 2, bemerkt zu Namen des Alten Testaments: "Für das Alte Testament steht die 'Sinnlichkeit' und 'Bedeutsamkeit' der Personennamen außer Frage ... Ganz anders als in unserem Kulturkreis gibt es im Israel des AT ein klares Bewußtsein über die Bedeutsamkeit des Namens".

Einen wichtigen Gesichtspunkt bringt Wilhelm 1998, 122, mit dem Begriff der "Variationsbreite" eines Onomastikons ins Spiel. Kleine Variationsbreite

---

[11] So auch schon Kupper 1957, 231: "Sur la seule base des noms de personnes, il serait hasardeux d'affirmer l'appartence ethnique d'un individu ... Les constatations ... ne peuvent donc avoir qu'une portée générale".

bedeutet, daß die Zahl der Individuen vermutlich höher als die der Namen ist, umgekehrt große Variationsbreite weniger Individuen als Namen.[12]

Für eine ethno-linguistische Evaluierung des amurr. Onomastikons ergibt sich aus den vorangehenden Äußerungen und eigenen Überlegungen folgendes methodisches Gerüst:

* Versteht man Ethnos nicht als Bluts-, sondern als Kulturgemeinschaft – und nur das ist im Falle eines "toten" Ethnos sinnvoll –, so sind Namen Teil der ethnischen Identität. Dies gilt besonders und in weit höherem Maße als in unserem Kulturkreis für den Alten Orient, wo der Name nicht nur identifiziert, sondern überall auch Ausdrucksmittel, Charakterisierung und Repräsentant ist. Die Namengeber drücken durch Dank an die Gottheit für die glückliche Geburt und die Formulierung von Wünschen für das Kind und seine Familie ihre persönliche Frömmigkeit aus. Der Namenträger wird durch seinen Namen nach Aussehen, Herkunft, Zeit der Geburt oder religiöser Affinität charakterisiert. In bestimmten Situationen bedeutet Aussprache des Namens Verfügung über die Person. Namen sind im Alten Orient anders als in unserem Kulturkreis also in der Regel sinnlich und bedeutsam. Daraus folgt, daß Namen im Normalfall sprachlich verständlich sein müssen. Zweifellos verstehen die meisten Namengeber lediglich ihre zeitgenössische(n) Umgangssprache(n); bei Schriftkundigen kommen die Schriftsprache(n) hinzu. In der Regel geben Namen im Alten Orient daher auch Aufschluß über die gesprochene Sprache der Namengeber. Hier schließt sich der Argumentationskreis: Weil Sprache ein wichtiges, für die Forschung an alten Kulturen das wichtigste Definitionsmerkmal von Ethnos ist, geben Namen nicht nur direkt durch ihren Inhalt, sondern auch indirekt durch ihren sprachlichen Ausdruck Hinweise auf das Ethnos. Die statistische Auswertung des Onomastikons läßt deshalb prinzipiell Rückschlüsse auf die ethno-linguistische Situation zu.
* Allerdings gibt es aus drei Gründen keine Identität von onomastischen und ethno-linguistischen Anteilen:

a) Die bab. Kultur besitzt in der Regel ein höheres Prestige als die Kultur der amurr. Nomaden, besonders im bab. Kernland selbst. Weil onomastischer Wechsel vielleicht eher am Beginn als am Ende der Akkulturation steht, dürften sich unter den Personen mit amurr. Namen solche befinden, die (noch) Amurr. als Erstsprache haben, amurr. soziale, z. B. tribale Strukturen besitzen und amurr. religiöse Traditionen pflegen.

[12] Wilhelm folgert daraus, daß aus den Zahlen zum hurrit. Anteil am Onomastikon in Alalaḫ kein Schluß auf Bevölkerungsanteile möglich sei. Sucht man absolute Zahlen, so ist dieser Schluß berechtigt; andererseits signalisieren sowohl die Zahlen der Namen als auch der Individuen ein deutliches Ansteigen des hurrit. Anteils von Alalaḫ VII zu IV.

b) Umgekehrt ist im begrenzten Umfang damit zu rechnen, daß aufgrund verschiedener bisweilen angewendeter Prinzipien der Namengebung wie z. B. Papponymie Personen mit amurr. Namen anderweitig schon stärker an das bab. Ethnos akkulturiert sind, als das Onomastikon erkennen lässt.

c) Da das amurr. Onomastikon offenbar eine geringere Variationsbreite besitzt als das altbab.,[13] ist der Anteil von Personen mit amurr. Namen vermutlich höher als der Anteil der Namen selbst.

Statistisch dürften a und c bedeutsamer sein als b, so daß aus dem Onomastikon gewonnene Zahlen für die Amurriter normalerweise Minimalwerte, für die Babylonier dagegen Maximalwerte darstellen.

* Aus den gleichen Gründen ist es schwierig, beim einzelnen Individuum vom Namen sicher auf die ethno-linguistische Zugehörigkeit oder den Grad der Akkulturation zu schließen. Vielmehr gilt, daß solche Schlüsse nur bei einer ausreichend großen statistischen Basis sinnvoll sind und auch dann lediglich relative Anteile und Trends, nicht aber exakter Aufschluß über absolute Bevölkerungsanteile zu erwarten sind.

Innerhalb dieses methodischen Gerüsts sollen zum einen die geographische (Kapitel 5) und chronologische (Kapitel 6) Verteilung amurr. Namen, zum anderen die Namenskombinationen innerhalb von Familien (Kapitel 7) analysiert werden. Der diastratische Aspekt der Namen wird hier nur gestreift (Kapitel 8).

Ein Wort zu den bislang noch nicht erwähnten geographischen Namen ist schließlich an dieser Stelle angebracht. Gelb 1962, 49, hat den Grundsatz aufgestellt, daß "the information based on the study of geographical names is of primary importance in our reconstructions of the ethnic situation in the pre-historical and proto-historical periods;" der Grund dafür sei der stark archaische Charakter geographischer Namen.[14] Dem steht die Aussage Durands, 1992, 4-12, einer "ré-dénomination générale du Proche-Orient consécutive à l'installation des Amorrites" entgegen. Zadok 1984 und 1993 führt in Ergänzung zu Gelb 1980 auch zahlreiche geographische Namen an. Da eine umfassende Untersuchung zur Struktur und Bedeutung altbab. Ortsna-

[13] Diese Aussage beruht auf Augenschein, nicht einer strengen Analyse. Immerhin lässt sich klar feststellen, daß die amurr. Namen überwiegend zwei- und eingliedrig sind, während altbab. Namen des öfteren auch drei Elemente besitzen, was eine größere Kombinationsvielfalt erlaubt.

[14] Für einen allgemein-onomastischen und einen auf orientalische Onomastika bezogenen Überblick dazu s. Layton 1990, 4-12.

men jedoch noch aussteht,[15] halte ich es für methodisch richtig, geographische Namen für eine ethno-linguistische Evaluierung zur Zeit nicht heranzuziehen.[16]

4. Statistik zur geographischen und chronologischen Verteilung der Namen

Die statistische Basis besteht aus insgesamt 17871 Namen, die den im folgenden zusammengestellten Textgruppen der altbab. Zeit entnommen sind. Zu vergleichen sind die Abbildungen 1-3.

Im Rahmen eines Aufsatzes mußte dabei notwendigerweise sehr selektiv vorgegangen werden; eine Auswertung des gesamten Onomastikons wäre eine umfangreiche Monographie. Die Auswahl versucht aber, trotz aller Fundzufälle geographisch und chronologisch repräsentativ zu sein. Ein wichtiger Gesichtspunkt war ferner die Aufbereitung des Namenmaterials durch den Textpublikationen beigegebenen Indices.

Nr. 1-10) Sippar

Belege aus Dekiere 1994-5. Die Nummern entsprechen den folgenden Herrschern:

1) Immerum	6) Apil-sîn von Babylon
2) Iluma-ila	7) Sîn-muballiṭ von Babylon
3) Śumu-ʾabum von Babylon	8) ʿAmmu-rāpiʾ von Babylon
4) Śumu-la-ʾel von Babylon	9) Śamśu-ʾiluna von Babylon
5) Ṣābiʾum von Babylon	10) Post-Śamśu-ʾiluna von Babylon

"Sippar" bedeutet "Sippar-Region". Tatsächlich stammen viele der Texte nicht aus Abū Ḥabba, sondern aus Tell ed-Dēr, s. Kalla 1999.

Nr. 11-12) Tell ed-Dēr

S. ARDēr.

Nr. 11 ist die ältere Textgruppe. Sie stammt nach ARDēR S. 16 aus der Zeit, "in der Sippar und Umgebung noch von Babylon unabhängig waren", bzw. gehört "in die erste Hälfte der Regierungszeit Sumulaʾels" oder ist noch älter.

Die jüngere Gruppe (Nr. 12) datiert zwischen Śamśu-ʾiluna 2 und ʿAmmī-ṣaduqa 14 (ARDēr S. 17).

---

[15] Lediglich erste Hinweise gibt Groneberg 1980, X-XV.

[16] Kupper 1957, 218f., glaubt aufgrund einer Analyse von Orts- und Stammesnamen feststellen zu können "que les tribus 'ouest-sémitiques' avaient pris pied très tôt, et avec des effectifs nombreux, sur la rive orientale du Tigre".

Nr. 13-15) Kiš

Zählung nach einer Personennamenkartei von W. Sallaberger, dem ich an dieser Stelle herzlich für deren Benutzung danke.

Nr. 13 beruht auf Texten, die nach selbständigen Herrschern wie z. B. Yaḫwīʾum, nach der "Manana-Dynastie" oder nach Śumu-ʾabum oder Śumu-la-ʾel von Babylon datieren. Außerdem gehört zu Nr. 13 das Šumšunu-watar-Archiv; für dessen Datierung s. Yoffee 1977, 219f., und Donbaz/Yoffee 1986, 24f.; danach gehört es in die Zeit der "petty kings" bis Śumu-ʾabum von Babylon.[17]

Nr. 14 datiert in die Zeit von Ṣābiʾum bis Śamśu-ʾiluna.

Nr. 15 gehört in die spätaltbab. Zeit ab ʾAbī-yišuʿ. S. Pientka 1998, 329-364, für spätaltbab. Texte aus Kiš. Texte sind bis Śamśu-ditana durchgängig belegt (ebd. S. 360).

Nr. 16) Dilbat

Gautier, Dilbat. Zeit Śumu-la-ʾel bis ʿAmmu-rāpiʾ (s. Dilbat S. 18).

Nr. 17-18) Nippur

Nr. 17: Stone 1979. Ausführlicher Namenindex in Appendix III. Für die zeitliche Einordung s. ebd. S. 14: 1920-1720 nach der mittleren Chronologie. Die kleine Zahl sicherer amurr. Namen ist im folgenden nach Daten der kurzen Chronologie geordnet zusammengestellt:

Ḫu-ba-bu-um Ḫubābum "Liebchen"	1803
Ba-di-ia Baʿdīya (baʿd "Rückseite")	1796-1773
Ḫa-la-^{d}*ba-*Ú *Ḫāla-baba* "Mutterbruder ist B".	1796-1773
*I-ba-al-*DINGIR *ʾIbal-ʾel* "Gebracht hat der Gott"	1796-1773
Ia-si-ru-um Yayśirum (√ *yśr* "gerecht sein")	1796-1773
Sa-mi-ia Śamīya (*śam* "Nachkomme")	1796-1773
Su-mu-a-ra-aḫ Śumu-yaraḫ "Nachkomme des Y".	1766-1764
Du-lu-qum	1758-1699
Ḫa-la- Ḫāla-^{d}ama-a-ra-zu "Mutterbruder ist A".	1746
*Ma-aḫ-nu-up-*DINGIR	1727
A-zi-rum ʿĀḏirum "Helfend"	1711
Du-ba-bu-um Ḏubābum "Flieglein"	1701
I-ṣi-id-ri-e ʾIṣī-ʿiḏrī "Erschienen ist meine Hilfe"	1698
*Mu-tum-*DINGIR *Mutu-mêl* "Wirklich Mann des Gottes"	1696 u. jünger
An-na-tum Ḫannatum "Gnädige"	1687
Ba-la-tum Baʿlatum "Herrin"	1679
A-li-tum ʿAlītum "Erhabene"	1658

[17] Die Herkunft des Šumšunu-watar-Archivs aus Kiš wird von Charpin 1979 mit Hinweis auf Reiner 1961, 123, bestritten; allerdings nennt Reiner kein striktes Argument, sondern hält anderweitige Herkunft lediglich für eine Möglichkeit.

A-ma-ni-nu-um (✓ *ʾmn* "wahr sein") ?
La-ma-nu-um Lâmanum "Fürwahr wahr" ?
Zi-me-er-^{d}*za-ba*$_{4}$*-ba*$_{4}$ *Ḏimir-zababa* "Schutz ist Z". ?

Von den datierten Belegen stammt somit erwartungsgemäß mehr als 50% aus der ersten Hälfte des Bezeugungszeitraums, nämlich noch vor ʿAmmu-rāpiʾ. Da der klare Schwerpunkt der Texte bei ʿAmmu-rāpiʾ und Śamsu-ʾiluna liegt, wiegt diese Statistik umso schwerer.

Nr. 18: Stone/Owen 1991. Zeit Lipit-enlil bis Śamśu-ʾiluna (s. ebd. S. 95). Die Namen dieses Archivs sind in den Namen von Nr. 17 enthalten.

Nr. 19-20) Isin

Nr. 19 beruht auf den Texten aus BIN 9-10, die zum "Craft Archive" gehören. Zeit Išbī-erra bis Šū-ilīšu. Die Texte aus BIN 9 wurden auch von Buccellati 1966, besonders S. 302-310, behandelt. Die Namen verteilen sich auf die beiden Bände wie folgt:

BIN 9: 322 Namen. Davon 37 = 11% amurr.
BIN 10: 217 Namen. Davon 10 = 5% amurr.

Daraus ergibt sich ein Mittelwert von 8% amurr. Namen.

Nr. 20 beruht auf den Texten aus dem Mehlarchiv und dessen Umkreis. Es gehört in die Zeit Enlil-bānīs. S. Krebernik 1992, 132-135. Der einzige sichere amurr. Name ist Śumu-ʾabim.

Nr. 21) Kisurra

Kienast, Kisurra. Zur Datierung s. Kisurra S. 28f.: Etwa Mitte Lipit-ištar von Isin bis Śumu-ʾel von Larsa.

Nr. 22-23) Larsa

Nr. 22: YOS 8. Zeit Rīm-sîns von Larsa.

Nr. 23: TCL 11. Zeit überwiegend ʿAmmu-rāpiʾ bis Śamśu-ʾiluna von Babylon. S. den Namenindex bei Jean 1931.

Nr. 24-25) Lagaš

Nr. 24 beruht auf den Texten aus dem Archiv des Lu-igisa. S. WL. Für die Zuweisung nach Lagaš s. Stol 1971, 365, und Charpin 1983-84, 104. Zeit ʾAbī-ḏāriyī bis Śumu-ʾel von Larsa.

Nr. 25: S. BiMes. 3, 36, Archiv des Būr-sîn.

Nr. 26) Ur

YOS 5, 1-110. Zeit Sîn-iddinam bis Rīm-sîn von Larsa mit Schwerpunkt auf Warad-sîn. Die amurr. Namen zeigen keine signifikante Verteilung innerhalb der genannten Zeitspanne.

Nr. 27) Ešnunna

AS 22. Zeit Ibbī-sîn von Ur bis ca. Erra-imittī von Isin bzw. Nūr-adad von Larsa bzw. Śumu-la-ᵓel von Babylon (AS 22 S. 22).

Nr. 28) Nērebtum (Iščālī)

OBTI und BiMes. 19. Das Archiv des Būr-sîn und seines Sohnes gehört nach BiMes. 19 S. 6 in die Zeit von Sîn-abūšu bis ᵓIbal-pī-ᵓel, das Archiv A (SANGA ᵈKitītum) nach OBTI S. 4f. in die Zeit von Dāduša bis ᵓIbal-pī-ᵓel II. Für weitere Archive s. OBTI S. 8-13. Die Nērebtum-Tafeln insgesamt datieren bei Annahme der in OBTI S. 19 vertretenen Chronologie in die Zeit Śumu-la-ᵓel bis ᵓAmmu-rāpiᵓ Anfang.

Nr. 29) Šaduppûm (Ḥarmal)

YOS 14, 1-75. Zur Datierung allgemein s. dort S. 3. 15 Texte datieren nach ᵓIbal-pī-ᵓel II., 9 nach Narām-sîn, 8 nach ᶜAmmī-dušur, 4 nach Dannum-tāḫ̮āz, 3 nach Ipiq-adad II., 1 nach Iqīš-tišpak, 1 nach Belakum, 1 nach Yaḏkur-ᵓel und 1 nach Dāduša(?); die anderen Texte tragen keine Daten. Das entspricht etwa der Zeit Śumu-la-ᵓel bis Anfang ᶜAmmu-rāpiᵓ von Babylon.

Nr. 30-31) Tell Yelḫ̮ī

Nr. 29: Mesopotamia 30, 9-13. Isin-Larsa-Zeit (Level V).

Nr. 30: Mesopotamia 20, 24-28. Zeit wohl ᵓIbal-pī-ᵓel II. (Level II) (s. zur Datierung ebd. S. 33).

Nr. 32) Malgiᵓum

TIM 4, 33 und 34. Zur Lokalisation "East of the Tigris, to the south of Ešnunna" s. Kutscher 1987-90, 300f. Zeit ᶜAmmu-rāpiᵓ; zur Datierung s. van Dijk 1970, 63-65, und Hinz 1980-83. TIM 4, 34 wurde von Ries 1989, 69-72, bearbeitet.

Nr. 33) Susa

Urkunden aus MDP 22, 23, 24, 28. Zur Datierung s. Salonen 1962, 9: ᶜAmmu-rāpiᵓ bis zum Anfang der mittelbab. Zeit, einige Texte älter. Die Namen verteilen sich auf die 4 MDP-Bände wie folgt:

MDP 22: 1069 Namen. Davon 1 = 0,1% amurr.
MDP 23: 1047 Namen. Davon 2 = 0,2% amurr.
MDP 24: 567 Namen. Davon 1 = 0,2% amurr.
MDP 28: 710 Namen. Davon 0 = 0% amurr.

Die amurr. Namen sind:

* *Za-ar-ḫi-il* MDP 22, 160: 33 *Ḏarᶜ=il* "Same des Gottes".

* *Za-ap-ru-um* MDP 23, 170: 33 u. ö. (Schreiber)? Nach Gelb 1980, 365, zu einer Wurzel *ṣbr*, für die Zadok 1993, 322, die Bedeutung "joine, pile up" angibt.

Vielleicht jedoch zu akkad. *ṣapāru* "eindrücken": *ṣaprum* "Eingedrückt" als eine körperliche Auffälligkeit bezeichnender Einwortname.

* *Ḫa-mi-ì-lí* MDP 23, 307: 16 *ᶜAmmī-ᵓilī* "Mein Vaterbruder ist mein Gott".

* *Ba-li*-DINGIR MDP 24, 328: 20 *Baᶜlī-ᵓel* "Mein Herr ist mein Gott".[18]

Alle diese Belege gehören nach Salonen 1962, 30, der "jüngeren Periode" innerhalb der altbab. Susa-Texte an.

Nr. 34) Šušarrā

Eidem 1992. Zeit Šamšī-haddu (ebd. S. 44-46). Für eine Auswertung des Onomastikons s. Eidem 1992, 47f. Als amurr. hinzuzufügen sind *Qa-*⌜*ma*-DINGIR⌝ *Qā*⌜*ma-ᵓel*⌝ "Sich erhebend ist der Gott" oder *Qāmān* und *Za-ku-ra-*⌜xx⌝ *Ḏakūra-...*, zu streichen sind *A-na-ki-ba-al* (hurrit.?) und *Ka-bi-ia* (akkad. *kāpu* "Fels").

Nr. 35-64) Mari

Texte aus der Zeit der Assyrerherrschaft und der Zeit Ḏimrī-lîms. ARM 16/1, ARM 21, ARM 23. Nr. 35-48 sind Orte oder Regionen, Nr. 49-64 Clans oder Stämme.

Nr. 37: Für *Ḫanû* als Bezeichnung der Bewohner von Ḫana, dem Land um Mari am mittleren Euphrat, s. Streck 2000 §§ 1.42-43.

Nr. 45 Andarig: Für die Lage "au sud de la chaîne du Sindjar" s. (mit Literatur) ARM 28 S. 243.

Nr. 46 Ilānsūrā: Für die Lage "dans la région de Šubat-Enlil" s. (mit Literatur) ARM 28 S. 113.

Nr. 47 Kaḫat: Für die exakte Lokalisation s. ARM 28 S. 184 mit Anm. 199.

Nr. 52 Yawma-ᶜAmmu: ARM 23, 432 iii 14-19 nennt 6 ˡᵘ́*Ju-m*[*a-*...]. Die Angaben im Index von ARM 23 sind z. T. fehlerhaft: S. 610 s. v. *I-la-lum* steht falsch "Yanhanum"; S. 614 s. v. *Ku-ra-nu-um* steht falsch "Yamhad"; S. 616 s. v. *Ma-si-ḫa-an* und S. 625 s. v. ᵈUTU-*mu-še-zi-ib* fehlt ein entsprechender Eintrag.

Nr. 65) Mari

ARM 19. Archaische Texte, meist als *šakkanakku*-zeitlich tituliert. Ihre exakte Datierung ist umstritten; Kupper 1987-90, 385 § 5, setzt sie an das Ende der *šakkanakku*-Zeit, während Durand 1985, 166, Gründe nennt, viele dieser undatierten Texte Yaᶜdun-lîm zuzuordnen.

Mit dieser Frage hängt auch die Datierung der *šakkanakku*-Periode Maris zusammen. Während Durand 1985 einen größeren Hiatus zwischen der *šakkanakku*-Periode und der Lîm-Dynastie Maris annimmt, begründet Anbar 1987, 175f., und 1991,

[18] Kupper 1957, 224 Anm. 3, führt aus MDP 10, 53: 5; 83: 2f. noch *A-bi-e-ra-aḫ* "Mein Vater ist Yaraḫ" an.

30f., seine Meinung, die *šakkanakku*-Periode habe kurz vor der Lîm-Dynastie geendet. In diesem Zusammenhang ist bemerkenswert, daß wenigsten drei der *šakkanakkus* amurr. Namen besitzen, nämlich *ʾIṣī-dagan* "Erschienen ist Dagan", *Hitlal-ʾerra* "Preise den Erra!" und *Ḥanun-dagan* "Gnädig ist Dagan". Die beiden letzteren gehören vielleicht nicht zufällig fast an das Ende der *šakkanakku*-Zeit (s. Durand 1985, 156); die chronologische Einordnung von *ʾIṣī-dagan* ist noch nicht gelungen (Anbar 1991, 31). Diese Tatsache könnte auf eine zunehmende Amurritisierung Maris gegen Ende der *šakkanakku*-Periode hindeuten. Das wiederum macht es wahrscheinlich, daß kein großer zeitlicher Abstand zwischen der Lîm-Dynastie und der *šakkanakku*-Zeit besteht.

Nr. 66-67) Tuttul

Nach Krebernik 2001, dem ich an dieser Stelle herzlich für eine Überlassung seiner Namenindices noch vor der Publikation danke.
Nr. 66: Etwa zeitgleich mit Nr. 65, den archaischen Texten aus Mari.
Nr. 67: Zeit Yaśmaᶜ-haddu von Mari.

Nr. 68) Rimāḥ

OBTR. Zeit entspricht D̠imrī-lîm bis ᶜAmmu-rāpiʾ.

Nr. 69) Šāġir Bāzār

= "Chagar Bazar". Akkadica Suppl. X. Zeit entspricht ᶜAmmu-rāpiʾ.

Nr. 70) Ḥaṣōr

Die Namen der in Ḥaṣōr gefundenen Texte sind bei Zadok 1996, 104f., zusammengestellt. Zu betonen ist, daß sich keinerlei spezifisch kanaanäische Merkmale finden.

Nr. 71) Ḫana

= Terqa. S. Podany 1988, 105, und Streck 2000 § 1.38.

5. Geographische Distribution der Namen

5.1. Babylonien

S. für das folgende Abbildung 1. Im ersten Abschnitt der altbab. Zeit, beginnend mit dem Ende von Ur III bis etwa Śumu-la-ʾel von Babylon, bewegt sich der Anteil amurr. Namen in den diversen Textgruppen zwischen 33% und 5%. Allerdings beruhen die beiden Spitzenwerte von 33% aus Sippar (Zeit Śumu-ʾabum von Babylon: Nr. 3) und 27% aus Lagaš (Nr. 25) auf zu wenigen Namen, um statistisch aussagekräftig zu sein. Lässt man diese beiden Werte weg, bleiben für den ersten Abschnitt der altbab. Zeit übrig: Sippar Nr. 1, 2 und 4 mit 13%, 31% und 11%, Tell ed-Dēr Nr. 11 mit 11%, Kiš Nr. 13 mit 14%, Isin Nr. 19 mit 8%, Kisurra Nr. 21 mit 15% und Lagaš Nr. 24 mit 17%. Daraus ergibt sich ein Mittelwert von 15% mit einer auffälligen Abweichung nach unten im Isin "Craft Archive"; letztere wiegt umso schwerer, als das Isin-Archiv von allen angeführten Textgruppen die früheste ist.

Im zweiten Abschnitt der altbab. Zeit, etwa von Śumu-la-ᵓel bis Śamśu-ᵓiluna, bewegt sich der Anteil amurr. Namen in den diversen Textgruppen zwischen 10% und 0%. Im einzelnen: Sippar Nr. 5-9 mit 10%-4%, Kiš Nr. 14 mit 7%, Dilbat Nr. 16 mit 9%, Nippur Nr. 17 und 18 mit 1,7% und 0%, Isin Nr. 20 mit 2%, Larsa Nr. 22 und 23 mit 6% und 4%, Ur Nr. 26 mit 8%. Daraus ergibt sich ein Mittelwert von 6% mit einer auffälligen Abweichung nach unten im Isin "Mehl-Archiv" und in Nippur.

Im dritten Abschnitt der altbab. Zeit, beginnend mit ᵓAbī-yišuᶜ bis Śamśuditana, bewegt sich der Anteil amurr. Namen zwischen 6% und 1%. Im einzelnen: Sippar Nr. 10 mit 1%, Tell ed-Dēr Nr. 12 mit 4%, Kiš Nr. 15 mit 6%. Daraus ergibt sich ein Mittelwert von 4%.

Die vorangehenden Zahlen erlauben folgende Schlüsse:

* Zu keiner Zeit sind amurr. Namen in Babylonien in der Mehrheit. Vielmehr stellen sie gegenüber den akkad. und sumer. Namen eine, wenn auch in der frühesten Periode beachtliche, Minderheit dar. Auch wenn man berücksichtigt, daß die Zahl der Amurriter höher liegen mag als die Zahl amurr. Namen, ist kaum vorstellbar, daß nicht auch die Amurriter selbst in der Minderheit sind. Offenbar assimilieren sie sich im Kerngebiet der bab.-sumer. Kultur schnell, eben weil sie die Minderheit darstellen und zudem die Kultur, an die sie sich assimilieren, prestigeträchtig ist. Babylonien ist, obwohl weitgehend von Dynastien amurr. Herkunft regiert, im Vergleich zur syrischen Wüstensteppe und Nordwestsyrien amurr. Peripherie.[19]

* In Isin und Nippur sind amurr. Namen signifikant seltener zu beobachten als im übrigen Babylonien.[20] Chronologische Gründe können dafür nicht geltend gemacht werden, da diese Beobachtung für die früheste Zeit (Isin "Craft Archive") ebenso zutrifft wie für den gesamten zweiten

[19] S. Zadok 1997, 215f., für ein ähnliches Bild in Assyrien im I. Jt.: nach dem Onomastikon zu schließen ist dort Assyrien im Vergleich zur Ǧazīra aramäische Peripherie.

[20] Für Nippur fiel dies – aufgrund einer wesentlich schmaleren Namenbasis – schon Bauer 1926, 89, auf, ohne daß er dafür eine Erklärung bieten konnte. Ebenso Kupper 1957, 214.

	Ort	Zeit	Namen insgesamt	am. Namen	am. Namen in %
1)	Sippar	ca. 1800	150	19	13 %
2)	"	vor 1780	29	9	31 %
3)	"	1830-1820	9	3	33 %
4)	"	1820-1780	177	19	11 %
5)	"	1780-1765	300	30	10 %
6)	"	1765-1745	414	33	8 %
7)	"	1745-1730	496	40	8 %
8)	"	1730-1690	803	47	6 %
9)	"	1690-1650	567	23	4 %
10)	"	ab 1650	315	3	1 %
11)	Tell ed-Dēr	ca. 1830-1800	666	71	11 %
12)	"	1690-1580	103	4	4 %
13)	Kiš	bis 1780	202	20	14 %
14)	"	1780-1650	736	54	7 %
15)	"	1690-1530	352	19	6 %
16)	Dilbat	1820-1690	367	32	9 %
17)	Nippur	1850-1650	1157	20	1,7 %
18)	Nippur	1810-1650	144	0	0 %
19)	Isin	1950-1910	322-217	37-10	11-5 %
20)	"	1800-1760	51	1	2 %
21)	Kisurra	1870-1810	657	97	15 %
22)	Larsa	1760-1700	729	44	6 %
23)	"	1730-1650	426	19	4 %
24)	Lagaš	1840-1800	269	46	17 %
25)	"	ca. 1840	11	3	27 %
26)	Ur	1785-1700	308	24	8 %

Abb. 1: Amurritische Namen in Babylon

Abschnitt der altbab. Zeit bis Śamśu-ʾiluna.[21] Der kleine Anteil amurr. Namen korreliert jedoch auffällig mit zwei weiteren Tatsachen:

a) Die Herrscher von Isin tragen im Gegensatz zu denen anderer altbab. Dynastien keine amurr., sondern bab. (später z. T. auch sumer.) Namen.

[21] Für Nippur bestätigt sich dieses Bild, wenn man einzelne Familien untersucht, z. B. Ur-pabilsaĝ (Stone 1991, 12) nur sumer. und akkad. Namen; Ninlil-ziĝu (Stone 1979, 100) nur sumer. und akkad. Namen mit Ausnahme von *Mutu-mîla*, Sohn des Iškur/Adad-rabi (oder -*rāpi*ʾ?); Imgua (Stone 1979, 117) nur sumer. und akkad. Namen; Lu-ninurta (Stone 1979, 139) nur sumer. Namen usw.

b) In Isin und Nippur leben sumer. Traditionen länger und kräftiger als im übrigen Babylonien. Dies gilt nicht nur für die offizielle Politik, Verwaltung und Religion sowie die Pflege der sumer. Literatur, sondern trifft auch auf die Namengebung einer breiteren Bevölkerungsschicht zu. Denn im frühen Isin und in Nippur sogar bis zur Zeit des Śamšu-ᵓiluna stellen sumer. Namen im Vergleich zum übrigen Babylonien einen besonders hohen Anteil am Onomastikon, so im Isin "Craft Archive" (Nr. 19) 25% und im Mannum-mešu-liṣṣur-Archiv aus Nippur (Nr. 18) 31% gegenüber Ur (Nr. 26) mit 12%.[22]

Es liegt nahe, daß alle diese drei Fakten miteinander zusammenhängen. Der unterdurchschnittlich kleine Anteil amurr. Namen in Isin und Nippur deutet auf eine relativ geringe amurr. Präsenz in dieser Region. Der Grund dafür ist vermutlich in der politischen Situation zu suchen: Isin, zu dessen Gebiet auch Nippur gehörte, war der bei weitem mächtigste und stabilste Nachfolgestaat des Reiches von Ur III. Nun hat Rowton 1976, 24-30, gezeigt, daß in der dimorphen Zone, in der Seßhafte und Nomaden in enger Interaktion leben, der starke Staat die beste Voraussetzung für die Zurückdrängung der Nomaden darstellt: die dimorphe Schwankung fällt zugunsten von Seßhaften und Stadt aus. Im übrigen Babylonien sind diese Voraussetzungen zunächst nicht gegeben, weshalb dort den Nomaden und dem Stamm weniger Widerstand entgegengesetzt wird.

Die vergleichsweise geringe amurr. Präsenz in Isin liefert wohl die Begründung dafür, daß dort keine amurr. Stammeselite die politische Macht übernimmt, sondern sich mit Išbī-erra vielmehr ein ehemaliger Gouverneur des Reiches von Ur III halten und eine Dynastie begründen kann. Die Namen der frühen Isin-Herrscher sind also nicht nur Prestigenamen einer amurr. Dynastie, sondern bezeugen nicht-amurr. Herkunft.[23]

---

[22] In absoluten Zahlen: Isin (Nr. 19) 66 Namen in BIN 9 und 62 Namen in BIN 10. Das entspricht einem Anteil von 21% und 29%. Im späteren Enlil-bānī-Archiv gibt es dagegen nur 2 vermutlich sumer. zu lesende Namen; das entspricht einem Anteil von 4%. Nippur (Nr. 18) 45 Namen; ein ähnliches Bild ergibt sich aus den anderen Archiven aus Nippur. Ur (Nr. 26) 37 Namen. Dies sind Maximalwerte, da eine Reihe von Namen sumerographisch, d. h. als bab. gelesen interpretiert werden können.

[23] Laut eines literarischen Briefes des Königs Ibbī-sîn von Ur an Puzur-numušda von Kazallu (RCU 22; s. die Übersetzung durch Römer 1984, 351-353) sei Išbī-erra "nicht sumerischer Abstammung" (Z. 19) und ein "Mann von Mari" (Z. 23) gewesen. Diese Aussagen sind jedoch historisch vorsichtig zu bewerten, da die Korrespondenz der Ur III-Könige später entstanden und keine historische Primärquelle ist, s. Huber 2001. Allerdings nennt Edzard 1957, 59, die Dagan-Verehrung im frühen Isin und die Anwesenheit von Personen aus Mari als Argumente für die Historizität dieser Angaben.

Der überdurchschnittlich hohe Anteil sumer. Namen weist auf eine im Vergleich zum übrigen Sumer (Südhälfte Babyloniens) ausgeprägtere sumer. Präsenz in Isin und besonders in Nippur hin.[24] Sie wurde vielleicht ebenfalls durch die Stärke und Stabilität des Reiches von Isin begünstigt, indem dort Bevölkerungsverschiebungen in höherem Maße unterblieben als in Regionen ohne starken Staat.

* Sieht man von Isin und Nippur ab, so sind innerhalb Babyloniens keine weiteren signifikanten Unterschiede zwischen Nord-, Mittel- und Südbabylonien feststellbar. Über bevorzugte Migrations- oder Infiltrationsrouten (s. Streck 2000 § 1.16 mit Anm. 5) gibt das Onomastikon daher keine Auskunft.[25]

5.2. *Tilmun und Faylaka*

Der südlichste Vorposten amurr. Namen in altbab. Zeit ist Tilmun. Der Text BBVO 2 S. 107 und Plate III Fig. 12 aus Baḫrayn,[26] nach ebd. S. 107f. in "post Ur III or early Isin-Larsa times" zu datieren, bietet die folgenden amurr. Namen:

* *I-a-bi-na-im Yabbi-naʿim* "Genannt hat die Lieblichkeit".[27]
* DINGIR-*mi-il-kum ʾIlī-milkum* "Mein Gott ist Rat".
* *I-zi-ta-am-bu* DUMU *I-a-bi-na-im ʾIṣī-ta-am-bu* "Erschienen ist ...".[28]

Amurr. sind vielleicht auch die folgenden von Knudsen 1983, 16f., angeführten Namen aus Baḫrayn bzw. Tilmun und Faylaka:[29]

---

[24] Das Bild Nippurs als Zentrum des Sumerischen kann angesichts der Personennamen kaum nur durch die "Sonderstellung Nippurs in der Ideologie der Isin-Herrscher" begründet werden, wie Sallaberger 1997, 161, meint. Sprachlich stehen Personennamen der Umgangssprache und theologisch der persönlichen Frömmigkeit nahe. Näher liegt die Vermutung, daß Nippur (und Isin) tatsächlich das letzte Rückzugsgebiet des Sumerischen und sumer. (religiöser) Tradition ist.

[25] Die aus einer Beobachtung der Verteilung amurr. Namen gewonnene These von Bauer 1926, 89, daß die Amurriter Babylonien von Süd nach Nord durchdrangen, läßt sich aufgrund des nun vorliegenden Materials nicht bestätigen.

[26] S. dazu schon Gelb 1980, 2; Knudsen 1983, 2 Anm. 5.

[27] In Gelb 1980, 2, falsch *Ia-a-bi-* transliteriert; richtig jedoch ebd. S. 589 Nr. 2378.

[28] Als Subjekt wird ein theophores Element erwartet. Sollte *ta-am-bu* eine uns unbekannte tilmunitische Gottheit sein?

[29] Die anderen von Knudsen als amurr. klassifizierten Namen aus Faylaka, Baḫrayn und Tilmun können auch akkad. sein oder entziehen sich noch einer halbwegs sicheren Deutung: *Gu-ur-da*?-[x]/x Nr. 1799a (Faylaka) schon epigraphisch unsicher; *Id-di-in-i-lum* Nr. 3645a (Tilmun) akkad. *Iddin-ilum* "Gegeben hat der Gott"; PI-*ta-ra*-[x] Nr. 3878a (Faylaka), entwe-

* *Me-a-ti-a-nu-um* Nr. 4591a.
* *Ri-ib-ga*(!)*-tum* Nr. 5278a *Ribkatum.*[30]

Faylaka selber (s. Glassner 1984, 47f.) erscheint wohl als *A-ga-rum*. Knudsen 1983, 16 Nr. 207a, deutet den Namen als *Hagarum*. Da Knudsen jedoch von einem Personen-, nicht von einem Ortsnamen ausgeht, dürfte diese Deutung obsolet sein.

In Inschriften aus Faylaka erscheinen ferner die folgenden amurr. oder zumindest semit. aussehende nicht-akkad. Namen (Textnummern nach Glassner 1984):[31]

* *Su-mu*?*-l*[*i*]?-DINGIR *Śumu-lêl*? Nr. 6 "Nachkomme wahrlich des Gottes".
* *Za-ra-kum* Nr. 22.
* *Ia-mi-ú* Nr. 29.
* ⌜*Zi*⌝*-el-ḫu-um* Nr. 42.
* *Zi-ra-ḫu-um* Nr. 42.
* *Za-ab-nu-um* Nr. 42.

Tilmun wird schon zur Ur III-Zeit vereinzelt mit den MAR.TU assoziiert (s. Buccellati 1966, 249f.). Ein Ensi von Magan trägt den Namen *Na-du-be-lí* (CTMMA 1, 17 iii 84, Amar-suʾen 3); der Name ist als *Nadub-bēlī* "Großzügig ist mein Herr" zu analysieren und damit ein amurr.-akkad. Mischname.[32]

Die amurr. Präsenz im arabo-persischen Golf ist historisch wohl am besten als Infiltration über die Zwischenstation Babylonien zu interpretieren (so schon Streck 2000 § 1.16 Anm. 5.); unbeweisbar ist eine Ausbreitung direkt aus der arabischen Halbinsel, wie sie etwa Zarins 1986 annimmt.[33]

---

der amurr. *Yatara-* oder akkad. *Watara-*; *Ri-mu-um* Nr. 5297a (Baḥrayn) akkad. *Rīmum* "Wildstier".

[30] Knudsen 1983, 17, liest *Ri-ib-bi-tum*; so als Alternative auch Glassner 1984, 35 ad Nr. 5. Doch wäre ein solcher Name ungewöhnlich; für *-ga-* spricht auch derselbe Name in Faylaka (s. u.).

[31] S. auch die Zusammenstellung bei Glassner 1996, 240.

[32] S. für diese Deutung Streck 2000 § 5.21 mit Anm. 2.

[33] S. Zarins S. 236: "the early MAR-TU ... have been associated with the western borderlands and specifically in the Jebel Bishri area in east-central Syria ... It would be a mistake, however, to restrict their presence to this region or insist that this was their natural homeland as some have done. Rather it is our contention that the archaeological data suggest that the MAR-TU were, in fact, to be found in a wide arc fronting Mesopotamia (and Dilmun!) from central Syria to northeast Saudi Arabia". Doch lassen sich die von Zarins angeführten archäologischen Daten für den "Pastoral Technocomplex" keineswegs sicher mit dem amurr. Ethnos verknüpfen, wie ja generell im Alten Orient eine Zuordnung von archäologischen und ethnischen Daten sehr schwierig, wenn nicht unmöglich ist.

5.3. Die Gebiete östlich des Tigris

S. Abbildung 2. Das Diyāla- und Hamrīn-Gebiet (Nr. 27-32) zeigt einen signifikant höheren amurr. Anteil am Onomastikon als Babylonien. Die Belege aus Ešnunna (Nr. 27) mit 24% lassen sich zeitlich am besten Isin (Nr. 19) mit 8% (Mittelwert) gegenüberstellen. Aus den Anteilen von Nērebtum (Nr. 28: 10%), Šaduppûm (Nr. 29: 21%), Tell Yelḫī (Nr. 30-31: 25% bzw. 27%) und Malgiʾum (Nr. 32: 34%) ergibt sich ein Mittelwert von 23%, der dem Mittelwert von 6% für Babylonien aus dem zweiten Abschnitt der altbab. Zeit gegenübersteht.[34]

	Ort	Zeit	Namen insgesamt	am. Namen	am. Namen in %
27)	Ešnunna	1950-1800	88	21	24 %
28)	Nērebtum	1820-1720	1124	114	10 %
29)	Šaduppûm	1820-1720	412	85	21 %
30)	Tell Yelḫi	ca. 1800	135	34	25 %
31)	"	ca. 1730	97	26	27 %
32)	Malgi'um	ca. 1730-1690	29	10	34 %
33)	Susa	ca. 1730-1500	1069-710	2-1	0,2-0,1 %
34)	Šušarrā	1750-1720	261	16	6 %

Abb. 2: Amurritische Namen östlich des Tigris

Zweifellos spiegeln diese Zahlen auch einen höheren Anteil der Amurriter in dieser Region als in Babylonien wieder, und das bis in die Zeit ᶜAmmurāpiʾs. Der Grund dafür ist wohl ein ökologischer: Das Diyāla- und Hamrīngebiet sowie der sich östlich an den Tigris angrenzende Landstrich liegt exakt in der von Rowton 1976, 31, skizzierten "dimorphic zone" zwischen 200 und 400 mm Niederschlag, die dem eingeschlossenen Nomadismus ("enclosed nomadism") der Amurriter mit einer Kombination aus risikoreichem Regenfeldbau und Kleinviehhaltung das ideale Habitat bietet und bis in die Neuzeit hinein eine typische und im Vergleich zum Südirak stärker von Nomaden genutzte Zone gewesen ist. Schon für die Ur III-Zeit gibt es einige wenige Hinweise auf eine amurr. Präsenz in dieser Region (Buccellati 1966, 247-249). In Babylonien dagegen, das weitgehend unterhalb der 200 mm Isohyete liegt, sind vor allem aufgrund des geringen Regenfalls die Weidebedin-

[34] Für das Archiv des Sîn-Tempels in Tutub bietet Harris 1955, 63, die folgenden Zahlen 55% akkad., 10% "West-Semitic", 5% sumerisch, 25% mit *-ānu*-Endung (nicht klassifiziert und 25% unklassifiziert. Unter den beiden letzten Gruppen sind nach Kupper 1957, 214 Anm 1, jedoch weitere "ouest-sémitiques" Namen zu finden.

gungen schlechter; vielleicht ist dort den Nomaden auch mehr Grasfläche als am Tigris durch intensiven Bewässerungsfeldbau entzogen.

Vermutlich war die ganze sich östlich an den Tigris anschließende Region der dimorphen Zone Land der Amurriter; jedenfalls heißt es von den MAR.TU, die in dem von Gelb 1968 veröffentlichten Text aus Ešnunna mit ihren westsemit. Namen genannt sind, sie stammten "vom Meer" (a-ab-ba-ta), womit wohl der persische Golf gemeint ist (s. Gelb 1968, 43).

Die Susiana markiert einen der äußersten südöstlichen Vorposten amurr. Namen. Eine der in dem frühaltbab. Text BiMes. 3, 36 aus Lagaš (s. o. Kapitel 4 Nr. 24) genannten Personen mit amurr. Namen, Yamūt-lîm (Z. r. 14) "Gestorben ist Lîm", wird auf der Tafelhülle mit dem Zusatz ^{lú}NIM.MA^{ki} "Elamer" versehen. Die Statistik mit dem verschwindend geringen Anteil amurr. Namen (Nr. 33) zeigt jedoch, daß Elam schon außerhalb des eigentlichen amurr. Verbreitungsgebietes liegt.

Šušarrā in der Rānia-Ebene am oberen kleinen Zāb stellt den nordöstlichsten Vorposten amurr. Namen dar (Nr. 34). Der geringe Anteil von 6% erlaubt es, Šušarrā der amurr. Peripherie zuzurechnen.[35] Mari-Texte registrieren in der Region Ekallātum am Tigris Angehörige der amurr. Stämme Yaḫurra/Yaḫrurû und Numḫāyu und in Qab(a)rā solche der Ya^{c}ilān (Anbar 1991, 111f.).

5.4. Die syrische Wüsten-Steppe und Nordwestsyrien

S. Abbildung 3. Bei den Texten aus Mari mit ihrem weiten geographischen Horizont empfiehlt sich eine nach den Herkunftsorten differenzierte Analyse.[36] Preis dafür ist allerdings, daß die statistische Basis in der Regel deutlich kleiner ist als in Babylonien oder den Gebieten östlich des Tigris.[37]

Der mittlere Euphrat zur Zeit der Assyererherrschaft und Ḏimrī-lîms ist durch folgende Beleggruppen vertreten: Suḫi (Nr. 35) 82%, ^{c}Anat (Nr. 36) 100%, Ḫanû von Mari (Nr. 37) 92%, Terqa (Nr. 38) 39%, Śaggarātum (Nr.

[35] Eidem 1992, 47f., stellt zwar fest, daß einige Personen mit amurr. Namen Beamte Śamšī-haddus sind; "On the other hand it is clear that even fairly high-ranking people thoroughly integrated in the local region could bear Amorite names". S. auch die Bemerkung von Ziegler 1997, 790: "Während akkadische Namen in Šušarrā auch als prestigeträchtig angesehen und daher von der einheimischen Bevölkerung bzw. ihrer Oberschicht angenommen worden sein könnten, sind westsemit. Namen wohl auf Teile der amoritischen Bevölkerung der Ebene zurückzuführen".

[36] Dieselbe methodische Forderung erhebt schon Kupper 1957, 225.

[37] Globale Zahlenangaben finden sich bei Streck 2000 § 1.26 zusammengefaßt.

	Ort oder Stamm	Zeit	Namen insgesamt	am. Namen	am. Namen in %
35)	Suḫi	1730-1695	17	14	82 %
36)	Ḫanat		2	2	100 %
37)	Ḫanu von Mari		160	147	92 %
38)	Terqa		45	17	38 %
39)	Śaggarātum		43	36	84 %
40)	Emar		4	4	100 %
41)	Karkemiš		8	5	62 %
42)	Yamḫad/Aleppo		27	20	74 %
43)	Qaṭna		22	19	86 %
44)	Dūr-Ya'dunlîm		15	4	27 %
45)	Andarig		40	25	62 %
46)	Ilānṣūrā		6	5	83 %
47)	Kaḫat		9	1	11 %
48)	Ḫarrān		2	2	100 %
49)	Yamīn		11	10	91 %
50)	ʾAwnān (Yamīn)		3	2	66 %
51)	ʾUprabāyu (Yamīn)		5	5	100 %
52)	Yariḫ (Yamīn)		5	5	100 %
53)	Yaḫurra (Yamīn)		1	1	100 %
54)	Rabbāyu Yamīn?)		6	4	67 %
55)	ʾAwin (Rabbāyu)		13	12	92 %
56)	ʾAmurru		1	1	100 %
57)	Naḫan		3	1	33 %
58)	Niḫad(um)		41	35	85 %
59)	Yabaśa		2	2	100 %
60)	Yakallit		3	3	100 %
61)	Yamūt-ba'al		3	3	100 %
62)	Yawma-'ammu		11	9	82 %
63)	Numḫāyu		5	2	40 %
64)	Sūtu		37	35	95 %
65)	Mari	ca. 1800-1750	135	22	16 %
66)	Tuttul	ca. 1800-1750	266	131	49 %
67)	"	1730-1710	413	206	50 %
68)	Rimāh	1710-1690	542	182	36 %
69)	Šāġir Bāzār	1730-1690	645	151	23 %
70)	Hāṣōr	1730-1695	29	20	69 %
71)	Ḫana	ab ca. 1680	345	131	38 %

Abb. 3: Amurritische Personennamen in der syrischen Wüsten-Steppe und in Nordwestsyrien

39) 84%, Emar (Nr. 40) 100%. In dieselbe Region und Zeit fällt die jüngere Gruppe der Texte aus Tuttul (Nr. 67) mit 50%. Daraus ergibt sich ein Mittelwert von 78% amurr. Namen.

Ähnlich hohe Werte finden sich für Orte westlich des Euphrats: Karkemiš (Nr. 41) 62%, Yamḫad/Aleppo (Nr. 42) 74%, Qaṭna (Nr. 43) 86%, Ḥaṣōr (Nr. 70) 69%; der Mittelwert aus diesen beträgt 73%. Westlichster Außenposten des amurr. Onomastikons ist Byblos, wo ein König mit Namen Yantin-ᶜammu "Gegeben hat der Vatersbruder" bezeugt ist.[38] Für Nomadenstämme westlich des Euphrats s. Anbar 1991, 110f.

In der nördlichen Ǧazīra und im Ḫābūrdreieck nimmt der Anteil amurr. Namen ab. Dies geht am deutlichsten aus den Belegen aus Rimāḥ (Nr. 68) mit 36%[39], Šāġir Bāzār (Nr. 69) mit 23%[40] und Kaḫat (Nr. 47) mit 11% hervor.

Vielleicht deutet sich derselbe Befund jedoch auch in den 27% aus Dūr-Yaᶜdun-lîm (Nr. 44) an, wenn hier nicht ein Überlieferungszufall vorliegt. Auf diesem beruhen möglicherweise ebenso die höheren Werte kleiner Beleggruppen wie Andarig (Nr. 45) mit 62%, Ilān-ṣūrā (Nr. 46) mit 83% und Ḫarrān (Nr. Nr. 48) mit 100%. Für alle diese Regionen sind amurr. Nomadenstämme belegt (s. Anbar 1991, 101-106; 109).

Für die explizit als Angehörige von Nomadenstämmen oder -clans bezeichneten Personen (Nr. 49-64) ergibt sich ein Mittelwert von 81% amurr. Namen.

Aus den vorangehenden Zahlen ergibt sich, daß der gesamte mittlere Euphrat und zumindest die Osthälfte Nordwestsyriens zur Zeit des Palastarchivs von Mari im Vergleich zu Babylonien, aber auch zum Diyālagebiet das zentrale Verbreitungsgebiet der Amurriter sind; hier überall bilden sie die beherrschende ethno-linguistische Komponente.

Darüberhinaus sind die Angehörigen amurr. Nomadenstämme, wo immer sie gerade zu lokalisieren sind, ganz überwiegend amurr.,[41] ein klarer Beleg für die Relevanz der ethno-linguistischen Klassifizierung des Onomastikons.

In der Nord-Ǧazīra und im Ḫābūrdreieck nimmt der Anteil von Personen amurr. Herkunft zumindest außerhalb der explizit als Angehörige von amurr.

---

[38] Arch. éc. 111 *d*, s. ARM 16/1, 223.

[39] OBTR S. 38 (s. Streck 2000 § 1.26) nennt für Rimāḥ einen Anteil von 34% amurr. Namen (Mittelwert errechnet aus den Anteilen des Iltani-Archivs und der Tempeltexte).

[40] OBTR S. 38 (s. Streck 2000 § 1.26) nennt für insgesamt 476 Namen aus älteren Veröffentlichungen einen Anteil von 15,5% amurr. Namen.

[41] Dieses Ergebnis auch schon bei Kupper 1957, 227.

Clans oder Stämmen bezeichneten Personen signifikant ab, ist aber immer noch deutlich größer als im gleichzeitigen Babylonien. Rimāḫ und Šāġir Bāzār liegen nahe der 400 mm Isohyete und damit am Nordrand der von Rowton 1976, 21 und 31, definierten dimorphen Zone. In dieser Zone wird Regenfeldbau zunehmend risikoloser; horizontaler Nomadismus spielt dort eine immer kleinere Rolle (ebd. S. 20). In dieser Region nimmt andererseits der Anteil hurrit. Namen bedeutend zu: in Rimāḫ[42] und Šāġir Bāzār[43] beträgt er jeweils 29%.

5.5. Ergebnis

Abbildung 4 setzt die vorangehenden Ergebnisse kartographisch um. Die Darstellung ist insofern vereinfacht, als wir keine flächendeckenden Daten, sondern nur Daten aus voneinander isolierten Punkten besitzen.[44] Dennoch dürfte das so entstehende Bild im Großen und Ganzen zutreffen.

Die Zone mit 50-90% amurr. Namen, die sich noch weiter nach Westen erstreckt, ist das zentrale Verbreitungsgebiet der Amurriter; hier sind sie die beherrschende ethnische Komponente. Ihre südliche Grenze entspricht grob der 100mm Isohyete, ihre nördliche Grenze etwa der 200mm Isohyete. Das Gebiet mit 10-30% amurr. Namen enspricht grob der von Rowton 1976, 31, definierten dimorphen Zone zwischen den 200mm und 400mm Isohyeten. Die Amurriter stellen hier eine starke Minderheit dar; die Mehrheit der Bevölkerung gehört ethno-linguistisch dem Akkad. und anderen Ethnien/Sprachen an, in der Ǧazīra vor allem dem Hurrit. Die Region mit 5-10% amurr. Namen erstreckt sich zum einen über den größten Teil Babyloniens, zum anderen schließt sie sich wohl im Norden und Osten das Gebiet mit 10-30% amurr. Namen an. Letzteres ist allerdings nur hypothetisch; einziges Zeugnis für eine solche Randzone sind die Texte aus Šušarrā am oberen kleinen Zāb. Die Amurriter sind hier eine relativ kleine Minderheit, die in Babylonien schnell an die bab. Mehrheit assimiliert wird. Die Zone mit 0-5%

---

42 S. OBTR S. 38, wiedergegeben in Streck 2000 § 1.26. Die Zahl ist ein Mittelwert aus den Anteilen des Iltani-Archivs und der Tempeltexte.

43 In Nr. 69 sind insgesamt 185 Namen hurrit. oder wenigstens nicht semit. OBTR S. 38 gibt für die 476 Namen aus älteren Veröffentlichungen einen hurrit. Anteil von 20,6% an.

44 Besonders für Babylonien ist zu berücksichtigen, daß unsere Daten aus den Städten und ihrem unmittelbaren Umland stammen. Wie groß die Unterschiede zwischen dem urbanen und dem ländlichen Bereich sind, können wir deshalb nicht sagen. Flächendeckender sind die Daten der Mari-Texte, weil sie mehr Angehörige von Nomadenstämmen nennen, von denen mindestens ein Teil dem ländlichen Bereich zuzuordnen ist.

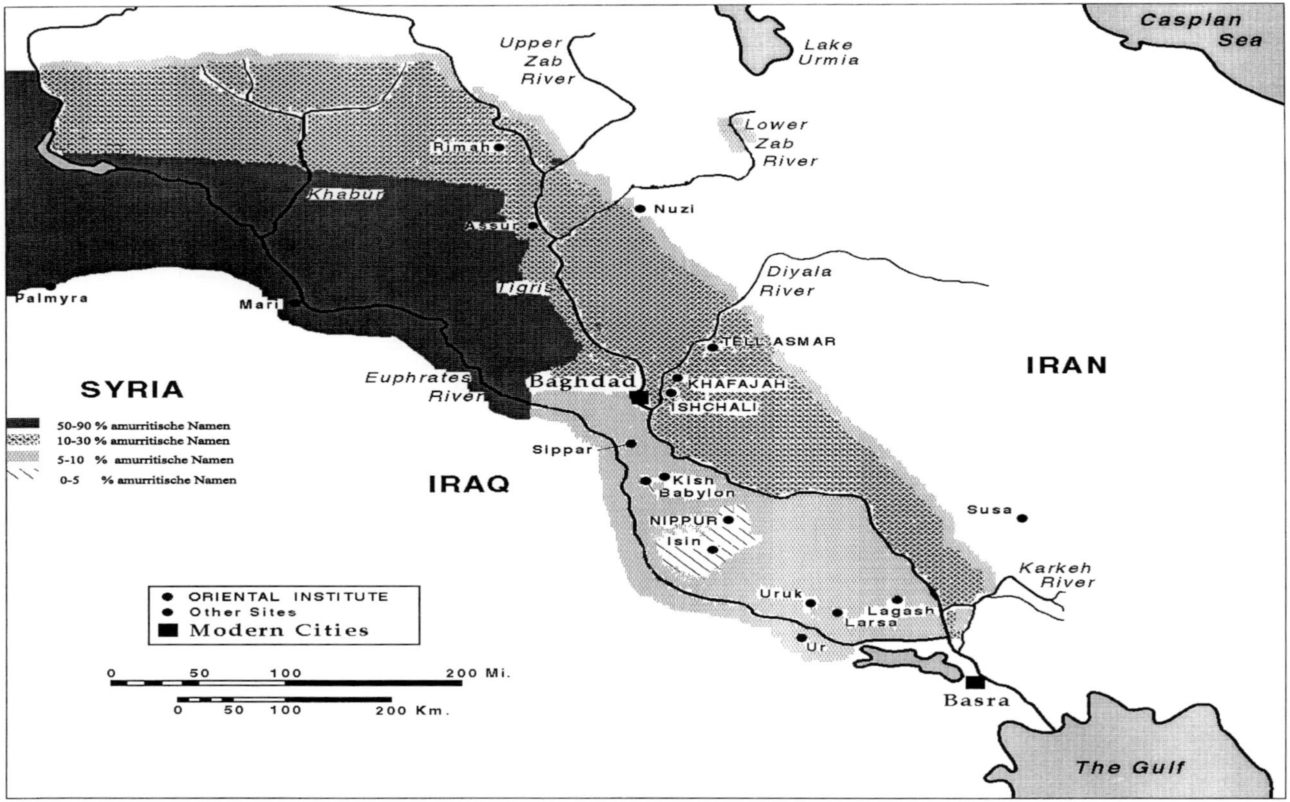

Abb. 4: Amurritische Namen in Mesopotamien ca. 1820-1650 v. Chr. (Unter Benutzung der Karte: http://www.oi.uchicago.edu/OI/INFO/MAP/SITE/Iraq_Site_150dpi.html).

amurr. Namen ist die Isin-Nippur-Region, in der die Amurriter offenbar nur eine sehr kleine Minderheit darstellen.

6. Chronologische Distribution der Namen

6.1. Babylonien

In Babylonien zeigen alle Orte, aus denen Textgruppen von verschiedenen Perioden ausgewertet wurden, mit fortschreitender Zeit eine Abnahme amurr. Namen: Sippar von Śumu-la-ᵓel bis Post-Śamśu-ᵓiluna (Nr. 4-10) von 11% kontinuierlich weniger bis zuletzt 1% (s. Abbildung 5);[45] Tell ed-Dēr (Nr. 11-12) 11% bis 4%.; Kiš (Nr. 13-15) von 14% bis 6%; Isin (Nr. 19-20) von 8% (Mittelwert) bis 2%; Larsa (Nr. 22-23) von 6% bis 4%. Dasselbe gilt für die Mittelwerte aus allen Fundorten (s. Kapitel 5.1): vom Ende der Ur III-Zeit bis Śumu-la-ᵓel 15%, von Śumu-la-ᵓel bis Śamśu-ᵓiluna 6%, von ᵓAbī-yišuᶜ bis Śamśu-ditana 4% (s. Abbildung 6).

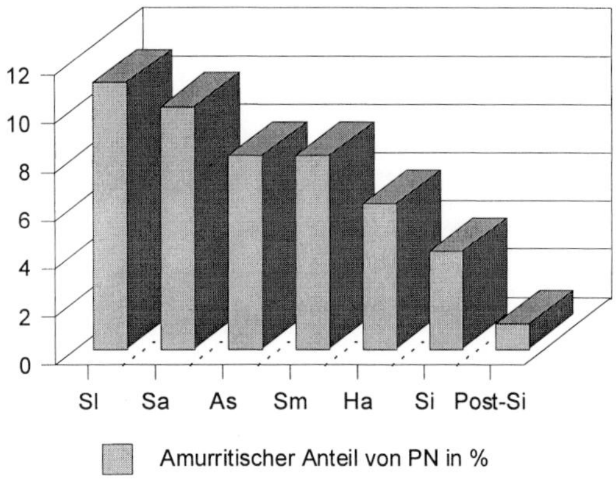

Abb. 5: Sippar; Anteile amurritischer Namen in verschiedenen Perioden

[45] Hier wegen der chronologischen Probleme nicht berücksichtigt sind die Namen der unter Immerum, ᵓIluma-ᵓila und Śumu-ᵓabum datierten Texte (Nr. 1-3). Die Immerum-Texte zeigen deutlich weniger amurr. Namen als die ᵓIluma-ᵓila- und Śum-ᵓabum-Texte. Eine ähnliche Beobachtung bei Harris 1975, 4: "A decline in the number of persons with West-Semitic names may be noted in the fifteen Immerum texts as compared to the Ilumma-ila documents. This change may reflect the ever-growing acculturation of the conquering West-Semites to their Akkadian environment".

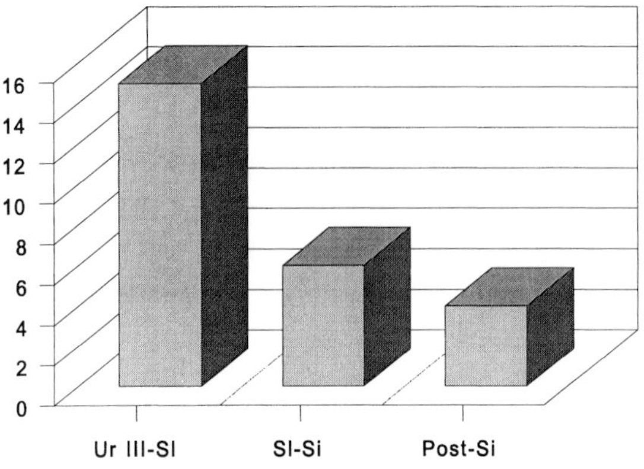

Abb. 6: Mittelwert aus babylonischen Textgruppen;
Anteile amurritischer Namen in verschiedenen Perioden

Legende zu Abb. 5 und 6: SI=Śumu-la-ʾel, Sa=Ṣābiʾum, As=Apil-sîn, Sm= Sîn-muballiṭ, Ḫa=ᶜAmmu-rāpiʾ, Si=Śamśu-ʾiluna.

Diese Zahlen reflektieren erwartungsgemäß eine zunehmende Babylonisierung der Amurriter im babylonischen Kernland, bedingt durch die relativ kleine Zahl Amurriter in einer überwiegend ethno-linguistisch babylonischen Umgebung und das höhere Prestige der babylonischen Kultur.

6.2. Mittlerer Euphrat

Schwieriger ist dagegen aufgrund der schlechteren Quellenlage die Beurteilung der Verhältnisse am mittleren Euphrat.

Für die Zeit der Mari-Archive ergibt sich für den Anteil der amurr. Namen am Onomastikon ein Mittelwert von 78% (s. 5.4).

In Tuttul (Nr. 66) beträgt der amurr. Anteil in den älteren, wohl vom Ende der *šakkanakku*-Zeit oder dem Anfang der Zeit Yaᶜdun-lîms stammenden Texten 49% und ist damit praktisch ebenso groß wie der Anteil in den späteren Texten aus Tuttul. Etwa zeitgleich sind die archaischen Texte aus Mari

(Nr. 65). Sie zeigen immerhin 16% amurr. Namen.[46] Außerhalb des Onomastikons zeigen die archaischen Mari-Texte ebenfalls vereinzelten amurr. Einfluß: s. Westenholz 1978, 167, zu *a-ak-lu-tum*, vielleicht für *yaklūtum* statt **waklūtum* "foremen", d. h. */w/ > /y/[47] und Gelb 1992, 182f., für *ribbat* "10000"; auch die Form *tiprusū* der 3. P. Pl.[48] dürfte nordwestsemit. Einfluß zuzuschreiben sein.[49]

Diese Daten lassen vermuten, daß schon gegen Ende der *šakkanakku*-Zeit bzw. zu Beginn der Zeit Yaᶜdun-lîms der mittlere Euphrat so wie später zum zentralen amurr. Verbreitungsgebiet gehörte. Der relativ geringe Anteil amurr. Namen aus Mari dürfte lediglich durch den offenbar vorwiegend auf den urbanen, babylonisierten Bereich beschränkten geographischen Horizont der archaischen Texte[50] bedingt sein. Die amurr. Namen der letzten *šakkanakkus* (s. Kapitel 4 Nr. 65) sprechen ebenfalls für diese Interpretation.

---

[46] Diese Aussage bedarf angesichts des anderen Urteils von Westenholz 1978, 166, und Durand 1985, 170, einer ausführlichen Begründung, die den Rahmen dieses Aufsatzes sprengen würde.

Westenholz meint "only two or three personal names in the entire corpus can be considered as possibly Amorite". Gegen Westenholz 1978, 166 Anm. 56, klassifiziere ich $EŠ_4$.DAR-*dam-qá* *ᶜAštar-damqa*, $EŠ_4$.DAR-*a-li-a* *ᶜAštar-ᶜālīya* und *Ma-ma-a-li-a* *Mama-ᶜalīya* wegen der amurr., akkad. nicht existierenden Pausalform der Femininendung /a/ (Streck 2000 §§ 4.2-6) als amurr.

Durand ist der Ansicht "que nul document de Mari *šakkanakku* ne nous documente de noms propres amorrites". Die von ihm genannten Namen mit Parallelen in den jüngeren Texten aus Mari sind jedoch meines Erachtens nicht dialektakkad. Namen, die später amurritisiert werden, sondern amurr. Namen, die in der älteren Orthographie akkadisiert sind.

Gelb 1992, 167, spricht von "a scattering of ... Amorites" bzw. (S. 195) "an insignificant admixture of foreign elements, such as Amorite ..".,ohne einzelne Namen oder Zahlen zu nennen.

[47] Gelb 1992, 176, schlägt dagegen Elision von wortanlautendem /w/ vor, was zu dieser Zeit ganz unwahrscheinlich ist.

[48] S. etwa Westenholz 1978, 165 mit Anm. 49, Edzard 1985, Gelb 1992, 189 und Krebernik 1996, 245.

[49] So offenbar Westenholz 1978, 165 Anm. 49, der etwas undeutlich von "an important link between the early Mari dialect and some early Northwest Semitic dialects" spricht. Die "Arbeitshypothese", es läge "eine gemeinsemit. Form *tiprusū*" (Edzard 1985, 86) vor, hat meines Erachtens wenig für sich, da *tiprusū* bisher nur in nordwestsemit. Sprachen bzw. in Sprachen, für die ein nordwestsemit. Substrat wahrscheinlich ist, vorkommt, *y-* ...*-ū* dagegen in allen anderen semit. Sprachzweigen. Edzards zweite "Arbeitshypothese" (ebd.), das Semit. hätte "'von Hause aus' sowohl *tiprusū* als auch *iprusū* (*yiprusū*, *yaprusū*)" gekannt, ist lediglich eine Addition des einzelsprachlichen und keine Rekonstruktion des protosemit. Befundes.

[50] S. die kurze Liste von Toponymen in ARM 19 S. 163.

Auch schon zur Ur III-Zeit sind amurr. Namen aus Mari und Tuttul bezeugt (s. die Übersicht bei Owen 1992, 123-132 und 133):[51]

* *ʾÀ-um* Owen 1992, 123f. (Mari) *Ḥayyum*, zu *ḥayy* "lebendig".
* *A-da-tum* Owen 1992, 124 (Mari) *ʾAdāttum* "Herrin"?[52]
* *Aq-ba-ìa* Owen 1992, 125f. (Mari) *ʿAqbāya*, zu *ʿaqb* "Schutz".[53]
* *Ìa-ši-li-im* Owen 1992, 133 (Ensi von Tuttul) *Yaśśiʾ-lîm* "Angenommen hat der Stamm".

Selbst in dem dürftigen sargonischen und präsargonischen Material aus Mari zeigt sich vereinzelt amurr. Einfluß: Gelb 1992, 151, weist auf das Lehnwort *gajjum* "Clan" hin (sargonisch); ebd. 130 sowie 132 nennt er den Stammesnamen *Aw-na-ni-[im]* MAM 3, 320 für *ʾAwnānim*[54] und ebd. 128, 130 sowie 132 den Frauennamen *Al-ma* für *Ġalma* "Mädchen" (beide präsargonisch).[55]

Dazu passt, daß die Texte aus Ebla, der altakkad. und der Ur III-Zeit die Martu vorwiegend mit dem mittlerem Euphrat und dem Ǧabal Bišrī assoziieren (s. Streck 2000 §§ 1.14, 15, 19). Daß schon in der zweiten Hälfte des III. Jt.s Amurriter in dieser Gegend lebten, steht somit außer Zweifel; daß sie in den Texten aus Mari weniger präsent sind als zu späteren Zeiten, könnte wiederum mit deren beschränktem geographischen Horizont und dem babylonisierten Charakter des urbanen Bereichs zusammenhängen. Die These Durands 1985, 170, daß die Amurriter sich erst zwischen der *šakkanakku*-Periode und Yaʿdun-lîm ausgebreitet hätten, ist demnach zumindest für den nicht-urbanen Bereich wenig plausibel.[56]

---

[51] Die Ansicht von Kupper 1957, 206f. mit Anm. 4, "dans les documents de la IIIe dynastie d'Ur qui intéressent Mari, on ne retrouve de noms à classer dans la catégorie 'ouest-sémitique'" ist heute überholt.

[52] Nach Gelb 1980, 258, dagegen zu unklarem *ʿad-at-*.

[53] Durand 1985, 170, hält den Namen nicht für amurr., setzt ihn aber parallel zu jüngerem *Iq-ba-a-ḫu-um*; dieser Name ist jedoch als *ʿIqbâḫum* "Schutz ist der Bruder" zu analysieren und amurr. (s. Gelb 1980 Nr. 3741 *Iq-ba-ḫu-um*).

[54] Für eine Analyse dieses Namens s. Streck 2000 § 5.42 Anm. 2.

[55] Gelb nennt als jüngere Parallele den Namen *Ḫa-al-ma-tum* (M?) Gelb 1980 Nr. 1879, der aber dort S. 233 noch von einer Wurzel *ʾlm* abgeleitet ist. Die jüngere Interpretation Gelbs ist vorzuziehen.

[56] Zu einem ähnlichen Schluß kommt schon Buccellati 1992, 100: "Since the Ur III texts suggest a provenience for the Amorites from precisely the region of Mari, and since the situation found in the Old Babylonian period does not seem to presuppose a major break in historical development, it seems logical to presuppose that third-millenium Mari may have already exhibited a situation similar to that of the early second millenium – to presuppose, in other

Zusammenfassend lässt sich feststellen, daß sich die ethno-linguistische Situation am mittleren Euphrat in der zweiten Hälfte des III. Jt.s und zu Beginn des II. Jt.s kaum wesentlich von jüngeren Perioden unterschieden haben dürfte. Demnach wäre schon damals die ethno-linguistische Grenze zwischen dem Akkad. und dem Amurrit./Nordwestsemit. irgendwo südöstlich von Mari verlaufen.[57]

Unklar ist noch die genaue Position des Akkad. westlich dieser Grenze. Zwei Thesen sind denkbar:

1) Es handelt sich lediglich um Schriftakkad. in nordwestsemit. Umgebung. Allerdings macht Krebernik 1996 wahrscheinlich, daß die Sprache von Ebla nicht nur ein Import aus Mesopotamien, sondern eine eigene dialektale Ausprägung des Akkad. ist, was gegen diese These spricht.

2) Es existiert ein entsprechender ethno-linguistischer Hintergrund im urbanen Bereich. Diese These ist zuerst von Buccellati 1992, 98-100, vorgetragen worden. Er unterscheidet ein urbanes frühes Nordsemit. (Eblaitisch, Akkad.) von einem ländlichen (Amurrit.).

Methodisch ergibt sich aus beiden Thesen die Forderung, auch für das III. Jt. ebenso wie in altbab. Zeit streng zwischen onomastischen und außeronomastischen Quellen und innerhalb der ersteren zwischen eblaitischen/akkad. und amurr./nordwestsemit. Namen zu differenzieren.

Ob der Anteil von 38% amurr. Namen für die Texte der Ḫana-Periode (Nr. 71) eine – wenn auch langsam vonstatten gehende – Babylonisierung der Amurriter auch am mittleren Euphrat widerspiegelt, ist unsicher. Daß die Könige von Ḫana ganz überwiegend amurr. Namen tragen (s. Streck 2000 § 1.37), sagt zwar wenig; dasselbe gilt auch für die 1. Dynastie von Babylon und könnte lediglich ein Zeugnis für die bewußte Bewahrung dynastischer Tradition sein. Andererseits stellt das Amurr. noch einen starken Anteil am Onomastikon der Texte aus Emar. Auch könnten die Sūtäer, ʾAḫlamäer und schließlich gar die Aramäer aus der 2. Hälfte des II. Jt.s die Nachfahren der Amurriter sein.[58] All dies lässt sich momentan noch nicht sicher beantworten; doch müssen wir mit der Möglichkeit rechnen, daß die Amurriter am

words, the presence of a local rural population with an Amorite linguistic affiliation".

[57] S. dazu mit allgemeineren Überlegungen auch Streck 2000 § 1.92. Krebernik 1996, 249, nimmt dagegen für die Mitte des III. Jt.s an: "The border between Akkadian and other Semitic languages seems to have been situated somewhere in the region of Ebla".

[58] S. Streck 2000 § 1.92 für diesbezügliche sprachgeographische und geopolitische Überlegungen.

mittleren Euphrat als eigenständige ethno-linguistische Entität auch noch nach der altbab. Zeit existierten.[59]

7. Namen und Familie

In den folgenden Tabellen sind aus ARM 16/1, 21 und 23 (Mari) sowie Dekiere 1994-5 Band 1-4 (Sippar) die Fälle zusammengestellt, in denen die Namen sowohl von Vater (oder Mutter) als auch Sohn (oder Tochter) innerhalb einer Familie bekannt sind und bei denen wenigstens einer beider Namen sicher amurr. ist. Weggelassen sind alle Namenspaare unsicherer Lesung oder linguistischer Klassifikation, ebenso Königsnamen, da dynastische Traditionen ein Spezialfall sein mögen. Die Namen oder Namenselemente werden transkribiert, wenn die Analyse klar ist, anderenfalls lediglich transliteriert. Die Transkription folgt den in Streck 2000 angewandten Grundsätzen. Die dritte Spalte gibt die Publikationen an. Bei den Mari-Belegen ist die Herkunft oder Stammeszugehörigkeit, soweit bekannt, angeführt. Bei den Belegen aus Dekiere 1994-5 nenne ich die Datierung.

7.1. Amurritisch-Amurritisch

Vater/Mutter	Sohn/Tochter	Publikation	Herkunft/Datierung
Yaśīm-su-mu-ú	ᵓAbī-yiraḫ	ARM 16/1	
Haddu-rāpiᵓ	Būṣānum	ARM 16/1	
ᵓAlpān	Yaśmaᶜ-haddu	ARM 16/1	Yariḫ
A-mu-um-ta-nu-ú	ᶜAbdu-a-mi-im	ARM 16/1	
Dagan-gamlī	Dagan-ᵓašrāya	ARM 16/1	
Du-da-nim[60]	Ḥ/ᵓAyya-mālik	ARM 16/1	
ᵓIlᵓē-dagan	Baᶜdī-haddu	ARM 16/1	
ᶠGi-zi-tim	ᶠᵓAnnu-talᵓē	ARM 16/1	
ᶜAbdān	Me-et-mu-um	ARM 16/1	
ᶜAbdatān	ᶜAbdi-yiraḫ	ARM 16/1	

[59] In den etwa zwei Generationen jüngeren Texten aus Alalaḫ (Schicht VII) stehen sich nach Gelb 1961, 39, nordwestsemit. und hurrit. Namen im Verhältnis 69 % : 31 % gegenüber; dazu kommt dort eine ganze Reihe kaum klassifizierbarer Namen. Auch dies könnte ein Zeugnis für das Weiterleben der Amurriter bei gleichzeitig zunehmender Expansion der Hurriter sein; allerdings ist noch ungeklärt, inwieweit die nordwestsemit. Namen immer als amurr. zu klassifizieren sind.

[60] Oder etwa zu dem akkad. erst im I. Jt. bezeugten *dūdu* "ein Vogel" AHw. 174? Dann "*dūdu*-Vogel-Artiger".

^{c}Abdatān	Ṭarīm-šakim	ARM 16/1	
^{c}Ammu-rāpiʾ	Śumu-ditana	ARM 16/1	
Ḫa-an-za-^{d}IM[61]	Yaḥad-^{c}ammu	ARM 16/1	
^{c}Iḏrīyān	ʾIlī-ṣaduq	ARM 16/1	
ʾIbal-ʾel	Ripʾī-haddu	ARM 16/1	Yerʾu
ʾIbal-pī-ʾel	Šūb-na-ʾel	ARM 16/1	Tizraḫ
ʾIlī-ka-ša-ar	^{c}Aqbān	ARM 16/1	
Laʾmurim	Yanṣib-haddu	ARM 16/1	
Larīm-lu-ú	Ḫa-da-ta-an	ARM 16/1	
La-ad-ni-ia	Ŷatar-lîm	ARM 16/1	
Lāʾûm	Yatarum	ARM 16/1	Niḫad
Me-er-rum	Bataḥrum	ARM 16/1	
Mutâšu^{c}	Yarīm-haddu	ARM 16/1	
Mut-^{d}IGI.KUR	Na-bi-bi	ARM 16/1	
Nu^{c}mī-ʾel	ʾIlī-yiraḫ	ARM 16/1	
Śumu-ta-ma-ru[62]	^{f}Ru-ba-ia, ^{f}Ka-nu-tu	ARM 16/1	
Śima^{c}-ni-ʾel	Muti-ma-ku-ú	ARM 16/1	
Yaplaḫ-lîm	^{f}Kihila, ^{f}Tatūr-mātum,	ARM 16/1	
Yaśīm-haddu	Yaqqim-haddu	ARM 16/1	
Napśuna-haddu	Ia-at-ti-haddu	ARM 16/1	
Yayde^{c}-ʾabum	^{f}Du-uḫ-ša-tum	ARM 16/1	
Ḥ/ʾAyya-ma-ʾel	Yaḥwī-haddu	ARM 16/1	
Yaḥwī-ʾila	Ḏimrī-haddu	ARM 16/1	
Ḍamūrān	Yaqqim-lîm	ARM 16/1	
Ḏimratān	Kahlān	ARM 16/1	
ʾĪš^{c}ī-yibal	Yaḥad-ʾuṣur	ARM 21	
Ladīnān	Ba^{c}lī-dagan	ARM 23	Iddin-sîn
Līmī-dagan	Ḫa-lu-un-^{d}da-gan	ARM 23	Urbat
Yarīm-haddu	^{f}Ba-ka-tum	ARM 23	
Yanṣibum	^{f}Ḥamādu	ARM 23	Dimtān
Lāʾûm	Śam-mîtar	ARM 23	
^{c}Abdîraḫ	^{f}Ku-nu-tim	Dekiere 1	Śumu-la-ʾel
Ya^{c}qubum	ʾIṣī-ʾašar	Dekiere 1	Apil-sîn
^{c}Aqbâḫum	Milkī-la-ʾila	Dekiere 1	Ṣābiʾum
^{c}Azālīya	Ma-ia-tum, Śumûraḫ	Dekiere 1	Ṣābiʾum
Ba^{c}lānum	Mutu-mêl, Zi-kur-ri-[ia]	Dekiere 1	ʾIluma-ʾila
Ba-zi-nim	Ḫu-bu-di-ia	Dekiere 1	Immerum

61 Kaum *^{c}anz* "Ziege".

62 Für *tamar* s. Gelb 1980, 368, im Glossar allerdings nicht gebucht. Sasson 1974, 386, verzeichnet dagegen ein hurrit. Namenselement *tamar*. Etwa dazu?

Zi-ki-lum	Be-ta-tum	Dekiere 1	Immerum
ʿAbdêl	Bunu-nawê	Dekiere 1	Apil-sîn
Ḫa-ia-ab-ni-el	ʾAbī-maraṣ	Dekiere 1	Sîn-muballiṭ
Ḫa-ri-nim	Śum=ebiḫ	Dekiere 1	Immerum
Ḫu-um-mu-zu-um	ʿAbdîraḫ	Dekiere 1	Immerum
ʾIśmaʿ-ʾel	ʾIlī-ḥamād	Dekiere 1	Ṣābiʾum
ʾIšʿī-ʾel	Sa-bi-ru-um	Dekiere 1	Sîn-muballiṭ
ʾIśkurum	Maśpirum	Dekiere 1	Śumu-la-ʾel
ʾIṣī-ʾašar	Yaʿqub-ʾel	Dekiere 1	Sîn-muballiṭ
ʾIṣī-ḏāriyī	Mattattum	Dekiere 1	Ṣābiʾum
ʾIṣī-qatar	Yapʿatum	Dekiere 1	Sîn-muballiṭ
La-za-ru-um	Yaʿḏub-ʾel	Dekiere 1	Sîn-muballiṭ
Muśallimum	Śanakratum	Dekiere 1	Immerum
Muti-ramê	Mattattum	Dekiere 1	Apil-sîn
Mutu-mêl	Baʿlānum	Dekiere 1	ʾIluma-ʾila
Ka-si-im	Yiśkit-ʾel	Dekiere 1	Immerum
Rababānum	Mut-ramê	Dekiere 1	Ṣābiʾum
Śumu-ʿammu	Ḫa-ia-ab-ni-ʾel	Dekiere 1	Ṣābiʾum
Tu-ga-ru-um	Yaḥwī-ʾel, Yarbī-[...]	Dekiere 1	ʾIluma-ʾila
ʾUṣur-baʿlu	Yašuʿum	Dekiere 1	Sîn-muballiṭ
Ruttum	ʿAmmu-rāpiʾ	Dekiere 2	ʿAmmu-rāpiʾ
ʾIṣī-qatar	Ruttum	Dekiere 2	ʿAmmu-rāpiʾ
A-ḫu-na-nu-um	^{f}Yaydeʿatum	Dekiere 2	ʿAmmu-rāpiʾ
Ia-an-ti-[nu-]um[63]	Ḫa-ab-zu-tum	Dekiere 3	Śamśu-ʾiluna

7.2. *Amurritisch-Akkadisch*

Vater/Mutter	Sohn/Tochter	Publikation	Herkunft/Datierung
ʿAbdu-baʿlati	Mukannišum	ARM 16/1	
Ḥ/ʾAyya-mālik	Etel-pī-šamaš	ARM 16/1	
ʾIlī-yitar	Iddin-Dagan	ARM 16/1	Suqāqum
Raḫmāya	^{f}Narāmtum	ARM 16/1	
Yalʾē-dagan	Iddin-ilʾaba	ARM 16/1	
Yaplaḫ-lîm	^{f}Tatūr-mātum, ^{f}Kihila	ARM 16/1	
Yarʾip-ʾel	Tīr-mamma	ARM 16/1	
Yarʾip-ʾerra	Iddin-ilī	ARM 16/1	
ʾIṣī-qatar	Erība	ARM 21	
ʿAbdu-baʿlati	Mukannišum	ARM 23	
ʾIśmaʿ-ʾerra	Qīšti-mamma	ARM 23	

[63] Dekiere ergänzt zu *Ia-an-ti-*[*i-lu-*]*um*, was keinen sinnvollen Namen ergäbe.

ᵓAbī-yiraḫ	Ša-amurrim	Dekiere 1	Apil-sîn
ᵓAbī-yiraḫ	Šamaš-muštēšir	Dekiere 1	Apil-sîn
ᵓAḫī-šakim	Bēlšunu	Dekiere 1	Apil-sîn
ᵓAminum	Imgurum	Dekiere 1	Ṣābiᵓum
Baᶜlum	Sîn-šēmi	Dekiere 1	Immerum
Diᶜatānum	Bēlum	Dekiere 1	Apil-sîn
Śamūkim	ᵓIlum-šarrum	Dekiere 1	Immerum
ᵓIśmaᶜ-ᵓel	Šallūrtum	Dekiere 1	Ṣābiᵓum
Yaptīya	Sîn-erībam	Dekiere 1	Sîn-muballiṭ
Yadīdum	Awīl-ili	Dekiere 1	Apil-sîn
Yantin-ᵓel	Šamḫum	Dekiere 1	Ṣābiᵓum
Yarbī-ᵓel	Amat-šamaš[64]	Dekiere 1	Apil-sîn
Nāqimum	Sîn-erībam	Dekiere 1	Śumu-la-ᵓel
Naᶜmīya	Šamaš-itê	Dekiere 1	Sîn-muballiṭ
Śāmiᶜum	Sîn-erībam	Dekiere 1	ᵓIluma-ᵓila
Ḫunābum	Šamaš-itê	Dekiere 1	Sîn-muballiṭ
Ḥannān[65]	Warad-sîn	Dekiere 2	ᶜAmmu-rāpiᵓ
ᵓIṣī-qatar	Aḫāssunu	Dekiere 2	ᶜAmmu-rāpiᵓ
Yaqar-ᵓilum	Sîn-puṭram	Dekiere 2	ᶜAmmu-rāpiᵓ
Yantin-a-ra-am	Awāt-sîn-lizzīz	Dekiere 2	ᶜAmmu-rāpiᵓ
Yantinum	Sîn-erībam	Dekiere 2	ᶜAmmu-rāpiᵓ
Yarbī-ᵓilum	Erištum	Dekiere 2	ᶜAmmu-rāpiᵓ
Ma-aḫ-nu-ub-ᵓel	Apil-ilīšu	Dekiere 2	ᶜAmmu-rāpiᵓ
Mut-ramê	Warassa	Dekiere 2	ᶜAmmu-rāpiᵓ
Mutānum	Damiq-ilīšu	Dekiere 2	ᶜAmmu-rāpiᵓ
Mutîlum	Ipquša	Dekiere 2	ᶜAmmu-rāpiᵓ
Mutu-mêl	Bēlessunu	Dekiere 2	ᶜAmmu-rāpiᵓ
Śumûraḫ	Šumu-erṣetim	Dekiere 3	Śamśu-ᵓiluna
Ḫa-ia-bu-um	Sîn-aḫa-iddinam	Dekiere 3	Śamśu-ᵓiluna
Yamṣī-ᵓilum	Bēlessunu	Dekiere 3	Śamśu-ᵓiluna
Yaᶜqub-ᵓel	Sîn-šēmi	Dekiere 3	Śamśu-ᵓiluna
Mattattum	ᶠBēlessunu	Dekiere 3	Śamśu-ᵓiluna
Mattattum	Ibbī-sîn	Dekiere 3	Śamśu-ᵓiluna
Mattattum	Sîn-iddinam	Dekiere 3	Śamśu-ᵓiluna
Yaᵓmurum	Šumi-erṣetim	Dekiere 4	Post-Śamśu-ᵓiluna

[64] Oder sumerisch Géme-ᵈutu?

[65] AN.NA.AN; alternativ *Ḥanna-ᵓel.*

7.3. Akkadisch-Amurritisch [66]

Vater/Mutter	Sohn/Tochter	Publikation	Herkunft/Datierung
^{f}Tillassunu	ʿAqba-ʿammu, Yatar-śalim	ARM 16/1	
ʾIlī-mâtar	Apil-kīn	ARM 16/1	
Warad-ilīšu	Baʿlu-ʿaštar, Nuṣābum	ARM 16/1	Ṣuprum
Iddin-dagan	^{f}Sa-li-ḫa	ARM 23	Raqqum
Iddin-ilʾaba	ʿAbdu-mālikim	ARM 23	Banuḫatān
Ali-tillatī	ʿAbdi-yaraḫ	Dekiere 1	Sîn-muballiṭ
Būr-nūnu	ʾAḫī-šakim	Dekiere 1	ʾIluma-ʾila, Immerum
Etel-pī-sîn	Yarbī-ʾel	Dekiere 1	Sîn-muballiṭ
Ibnī-sîn	ʾAmanānum	Dekiere 1	Apil-sîn
ʾIlī-tappê	Yadīdum	Dekiere 1	Immerum
Ipqušа	Mattanī	Dekiere 1	Sîn-muballiṭ
Apil-sîn	Yantin-ʾel	Dekiere 1	Sîn-muballiṭ
Nabi-ilīšu	ʾIlī-a-di-ḫa-at, ʾIlī-ia-zum	Dekiere 1	Sîn-muballiṭ
Puzur-šamaš	Da-ak-sa-tum	Dekiere 1	Sîn-muballiṭ
Sîn-ennam	Yadīdum	Dekiere 1	Ṣābiʾum
Sîn-iddinam	Yadīdum	Dekiere 1	Śumu-la-ʾel
Ubārum	Yaqarum	Dekiere 2	ʿAmmu-rāpiʾ
Sîn-rēmenni	ʿAmmīya	Dekiere 2	ʿAmmu-rāpiʾ
Ibbī-sîn	Ia-aḫ-su-ur-DINGIR	Dekiere 2	ʿAmmu-rāpiʾ
Apil-sîn	Yaḫuʾ-ʾel	Dekiere 2	ʿAmmu-rāpiʾ
Sîn-iqīšam	Ia-ḫu-mu-^{d}da-gan	Dekiere 2	ʿAmmu-rāpiʾ
Ilšu-ibbi	^{f}Tišānatum	Dekiere 2	ʿAmmu-rāpiʾ
Aḫūšina	^{f}Maḏmaratum	Dekiere 2	ʿAmmu-rāpiʾ
Sîn-erībam	Mattattum	Dekiere 2	ʿAmmu-rāpiʾ
Bēl=adad	Muti-yaraḫ	Dekiere 2	ʿAmmu-rāpiʾ

[66] Weitere Belege für die Kombination Akkadisch-Amurritisch aus Sippar außerhalb der Publikation von Dekiere 1994-5 teilt mir G. Kalla mit, wofür ich ihm herzlich danke:

Lipit-ištar	Yaršī-ʾel	CT 8, 38b: 15	ʾIluma-ʾila
Sîn-iddinam	Mutu-mêl	CT 33, 49a r. 4	Ṣābiʾum
Sîn-šēmi	Yaʿḏiri	CT 47, 4: 34	Apil-sîn
Imgur-sîn	ʾIṣī-ḏāriyi	CT 47, 12: 37	
Awīl-adad	ʾIṣī-ʾašar	CT 47, 4: 22 //12a: 10	Apil-sîn Sm
Sîn-rēmenni	Yaršī-ʾel	CT 48, 70: 19	ʿAmmu-rāpiʾ
Abum-waqar	ʾIṣī-ʾašar	CT 8, 46: 42	Śamśu-ʾiluna
Aḫūšina	ʾIṣī-ḏāriyī	CT 33, 44a: 4	
Imlik-sîn	Yaqnī-ʾel	Waterman 1916 Nr. 25	

In der Statistik berücksichtige ich diese Fälle nicht.

Sîn-iqīšam	Nāḫum-dagan	Dekiere 2	ᶜAmmu-rāpiᵓ
Nūr-sîn	Śumûraḫ	Dekiere 3	Śamśu-ᵓiluna
Ipiq-ištar	Ḫa-am-zu-um	Dekiere 3	Śamśu-ᵓiluna

7.4. *Amurritisch-Hurritisch*

Vater/Mutter	Sohn/Tochter	Publikation	Herkunft/Datierung
ᶜAḏrī-a-mi-im	Kulpi-atal	ARM 16/1	Ḫubšalum
Yamṣī-ᶜadnu	Kirip-šeriš	ARM 16/1	

7.5. *Hurritisch-Amurritisch*

Vater/Mutter	Sohn/Tochter	Publikation	Herkunft/Datierung
Tiš-ulme	Yantin-ᵓel	ARM 16/1	Rabbatum

7.6. *Amurritisch-Sumerisch*

Vater/Mutter	Sohn/Tochter	Publikation	Herkunft/Datierung
Ḥannatum	ᵈIškur-ma-an-sum	Dekiere 3	ᶜAmmu-rāpiᵓ

7.7. *Schlußfolgerungen*

Im Vorangehenden sind 152 Namenspaare zusammengestellt. Davon entfallen 63 auf Mari und Umgebung sowie 89 auf Sippar: s. Abbildung 7.

In Mari haben in 70% aller Fälle Sohn bzw. Tochter einen amurr. Namen, wenn auch der Name von Vater bzw. Mutter amurr. ist. Eine Mischung von Amurr. und Akkad. innerhalb einer Familie kommt nur in 25% aller Fälle vor. Vereinzelt sind Amurr. und Hurrit. innerhalb einer Familie bezeugt, charakteristischerweise in Gebieten mit starkem hurrit. Bevölkerungsanteil.[67] Insgesamt lässt sich somit feststellen, daß im zentralen amurr. Verbreitungsgebiet die Sprache der Namen innerhalb einer Familie überwiegend stabil amurr. bleibt.[68]

[67] Ḫubšalum liegt nach ARM 27, 90 Nr. 32 note a "en pays yamûtbâléen ... non loin de Hamadânum"; Yamūt-baᶜal ist die Region südlich des Ǧabal Sinǧār (s. ARM 27, 129 Nr. 64 note c). Rabbatum liegt nach ARM 16/1, 28, "sans doute dans la région du *Djebel Sindjar*". Anscheinend kommen einige weitere Fälle von Kombinationen Hurrit.-Amurr. oder umgekehrt "dans certaines familles" vor, s. Durand 1998, 321.

[68] Die Gültigkeit der Aussage von Sasson 1974, 355 "Indeed, in the cases when we know of an individual's parentage – always a rare in occasion in Mari – we find that linguistic freedom obtained in the choice of names", ist damit deutlich eingeschränkt.

	Mari zur Zeit von Yaśmaʿ-haddu und Dimrī-lîm	Sippar vor ʿAmmu-rāpiʾ	Sippar ab ʿAmmu-rāpiʾ
Amurritisch-Amurritisch	44 = 70 %	26 = 49 %	4 = 11 %
Amurritisch-Akkadisch	11 = 17 %	16 = 30 %	19 = 53 %
Akkadisch-Amurritisch	5 = 8 %	11 = 21 %	12 = 33 %
Amurritisch-Hurritisch	2 = 3 %	-	-
Hurritisch-Amurritisch	1 = 2 %	-	-
Amurritisch-Sumerisch	-	-	1 = 3 %
Zusammen	63 = 100 %	53 = 100 %	36 = 100 %

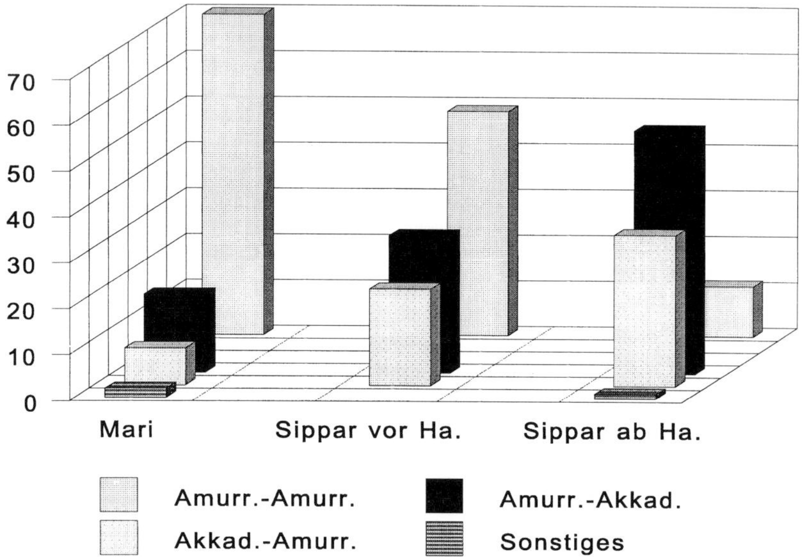

Anteile in Prozent

Abb. 7: Sprachkombinationen bei Namen innerhalb einer Familie (Vater/Mutter-Sohn/Tochter). Absolute Zahlen und Prozentanteile. Kombinationen

Für Sippar empfiehlt sich eine Differenzierung der Belege vor und ab ᶜAmmu-rāpiᵓ (53 : 36). Es zeigt sich, daß die Kombination Amurr.-Amurr. deutlich seltener ist als in Mari, wobei sich diese Tendenz im Laufe der Zeit verstärkt (vor ᶜAmmu-rāpiᵓ 49%, ab ᶜAmmu-rāpiᵓ 11%). Umgekehrt haben vor ᶜAmmu-rāpiʾ 51% aller Familien eine Mischung von Amurr. und Akkad., ab ᶜAmmu-rāpiʾ aber 86% aller Familien. Diese Zahlen zeigen klar, daß sich die Assimilation der Amurriter an die beherrschende akkad. Bevölkerungskomponente im Onomastikon einzelner Familien widerspiegelt. Der einzige Fall einer Kombination Amurr.-Sumer. betrifft einen Schreiber;[69] Schreiber legen sich gerne Namen in der altehrwürdigen sumer. Sprache, die zu ihrem Curriculum gehörte, zu.

Sowohl in Mari als auch in Sippar überwiegen unter den Familien mit gemischtem Onomastikon die Fälle mit amurr. Vaters- (bzw. Mutter) und akkad. Sohnes- (bzw. Tochters-)namen vor der umgekehrten Kombination.[70] Während die Erklärung für erstere Kombination auf der Hand liegt – Assimilation von Amurr. an die beherrschende und prestigereichere akkad. Bevölkerungskomponente –, bedarf letztere Kombination der Erläuterung. Zwei Gründe sind wohl dafür denkbar, daß ein Vater seinem Sohn einen amurr. Namen gibt, obwohl er selbst einen akkad. besitzt:

* Bewußter Rückgriff auf eine amurr. Familientradition. Zu vergleichen ist etwa die 1. Dynastie von Babylon: die ersten drei Herrscher Śumu-ʾabum, Śumu-la-ʾel und Ṣābiʾum[71] besitzen amurr. Namen. Darauf folgen mit Apil-sîn und Sîn-muballiṭ zwei Herrscher mit akkad. Namen. Ab ᶜAmmu-rāpiʾ[72] schließlich haben wieder alle Herrscher bis zum Ende der Dynastie amurr. Namen.
* Das Kind wird nach einem anderen Familienmitglied benannt (Papponymie u. ä.). Deutliches Beispiel für eine solche Praxis sind die Fälle, in denen Männer typische Frauennamen und umgekehrt tragen, z. B. *Bunu-ᶜammi* "Sohn(!) des Vatersbruders" für eine Frau und *ʾAmti-labba* "Dienerin(!) des Löwen" für einen Mann (s. dazu Streck 2000 § 1.123a).

8. Der diastratische Aspekt amurritischer Namen

Nicht systematisch untersucht wurde der "diastratische" (Walther 1995, 1665) Aspekt der Namen, d. h. die Korrelation von Namen und Gesellschaftsschichten

---

[69] ᵈIškur-ma-an-sum, Sohn des *Ḫannatum*, erscheint als letzter in einer Zeugenliste.

[70] Diese Feststellung findet sich schon bei Kupper 1957, 220. Ähnlich verhält es sich bei Familien mit gemischt aramäisch-assyrischem Onomastikon im I. Jt.: "the direction of change is unilaterally toward Assyrian" (Fales 1991, 115).

[71] Mit Knudsen 1983, 15, "Krieger" und eher amurr. als akkad.; ist das nur altbab. bezeugte *ṣabāʾu* "zu Felde ziehen" (AHw. 1071) ein amurr. Lehnwort?

[72] Für den Namen ᶜAmmu-rāpiʾ s. zuletzt Streck 1999.

und Berufen, da dies intensivere prosopographische Vorarbeiten erfordern würde. Hier seien lediglich ein paar Streiflichter dazu zusammengetragen:[73]

a) WL S. 137 stellt zu den Aufsehern über Bauarbeiter im Lu-igisa-Archiv (Lagaš) fest: "The names include pure Sumerian names ..., good Akkadian names ..., and clear Amurrite names ... These persons appear side by side, and are apparently on the same level, indicating that – at least for this time and place – Amurrite penetration was largely peaceful and nondisruptive".

b) Von den bei Harris 1975, 61f. gebuchten 28 *rābiʾānu* "Bürgermeister" von Sippar haben vier einen amurr. Namen, und zwar zwei unter Sîn-muballiṭ und je einer unter ᶜAmmu-rāpiʾ und Śamśu-ʾiluna.

c) Von den bei Harris 1975, 95f., gebuchten 27 UGULA MAR.TU "Aufseher über die Amurriter" aus Sippar hat nur einer, nämlich der frühest belegte (ᶜAmmu-rāpiʾ), einen amurr. Namen (*Śamśānum*).

d) Von den bei Harris 1975, 289-296, gebuchten, 151 Schreibern aus Sippar haben nur zwei einen amurr. Namen, nämlich *Ḏākirum*, Sohn des *Za-ab-za-bu-um*[74] (vor Śumu-ʾabum; einer der frühest belegten!), und *Yayśirtum*, Sohn des *Sîn-rēmenni* (Apil-sîn).[75]

e) Von den bei Harris 1975, 323, gebuchten 12 *nadītu* "Klosterfrauen" aus Sippar hat eine einen amurr. Namen: *ᶜĀlīyatum*, Tochter des *ʾIṣī-ʾašar* (amurr.) und der *Iltani* (akkad.); auch ihre Schwester hat einen amurr. Namen, nämlich *Nāqimum*.

9. Zusammenfassung

In der altbab. Zeit sind die Amurriter eine der bedeutendsten historischen Größen. Eine über diese globale Feststellung hinausgehende, detailliertere ethnolinguistische Beschreibung der amurr. Präsenz muß sich *faute de mieux* auf das Onomastikon stützen. Nach einer Klärung der methodischen Voraussetzungen einer ethno-linguistischen Evaluierung des amurr. Onomastikons gelangt vorliegende Untersuchung zu einem regional und chronologisch differenzierten Bild der amurr. Präsenz, welches verblüffend gut zu den sonst bekannten historischen Fakten paßt.

Geographisch hebt sich ein zentrales amurr. Verbreitungsgebiet am mittleren Euphrat und in Nordwestsyrien von einer amurr. Peripherie mit starkem amurr.

---

[73] S. die kurze Untersuchung von Kupper 1957, 221f., mit dem Ergebnis "Rares sont ceux qui détiennent de hautes charges".

[74] Wohl *Ḏabḏabum*, da reduplizierte Nominalformen gewöhnlich von Wurzeln II geminatae abzuleiten sind, s. Streck 2000 § 5.39. S. *Ḏabbum* Gelb 1980 Nr. 6284 "Fliege".

[75] Harris 1975, 288, bezeichnet dagegen nur *Yayśirtum* als amurr.

Anteil in der Nord-Ǧazīra, im Diyālagebiet und im osttigridischen Gebiet und einer amurr. Peripherie mit kleinerem amurr. Anteil in Babylonien ab; innerhalb Babyloniens ist die Isin-Nippur-Region besonders schwach amurr. geprägt.

Chronologisch zeigt sich in Babylonien eine im Laufe der altbab. Zeit zunehmende Akkulturation der Amurriter an die bab. Kultur.

Die Analyse von Namenskombinationen innerhalb einzelner Familien bestätigt dieses Bild: im zentralen amurr. Verbreitungsgebiet bleibt die Sprache der Namen überwiegend stabil amurr., während in der amurr. Peripherie Babyloniens eine stärkere und im Laufe der Zeit zunehmende Babylonisierung erfolgt.

Was bedeuten diese Ergebnisse für das oben skizzierte methodische Gerüst einer ethno-linguistisch evaluierenden Onomastik? Offenbar lassen sich die Unsicherheitsfaktoren einer solchen Evaluation durch die Menge des statistisch untersuchten Materials nivellieren. Die Tatsache, daß sich kein beliebiges, sondern ein differenziertes und zu den sonst bekannten historischen Fakten sehr gut passendes Bild ergibt, belegt erneut die Relevanz einer methodisch fundierten Onomastik für ethno-linguistische Rekonstruktionen im Alten Orient.

LITERATUR[76]

Anbar, M.
1987 Rezension zu M.A.R.I. 4, BiOr. 44, 173-185.
1991 Les tribus amurrites de Mari = OBO 108.

Bauer, T.
1926 Die Ostkanaanäer. Eine philologisch-historische Untersuchung über die Wanderschicht der sogenannten "Amoriter" in Babylonien. Leipzig.

Buccellati, G.
1966 The Amorites of the Ur III Period. Neapel.
1992 Ebla and the Amorites, in: C. H. Gordon / G. A. Rendsburg (ed.), Eblaitica: Essays on the Ebla Archives and Eblaite Language, Volume 3 (Winona Lake) 83-104.

Charpin, D.
1979 Rezension zu S. D. Simmons, YOS 14, BiOr. 36, 188-200.
1983-4 Rezension zu L. Cagni, TIM 2 und AbB 8, AfO 29/30, 103-108.

Cooper, J. S.
1973 Sumerian and Akkadian in Sumer and Akkad, Or. 42, 239-246.

Dekiere, L.
1994-5 Old Babylonian Real Estate Documents. Mesopotamian History and Environment, Series III Texts, Volume II. Part 1 (1994), 2 (1994), 3 (1995), 4 (1995).

van Dijk, J.
1970 Remarques sur l'histoire d'Elam et d'Ešnunna, AfO 23, 63-71.

[76] Für Abkürzungen ist W. von Soden, Akkadisches Handwörterbuch, zu vergleichen.

Donbaz, V. und N. Yoffee
1986 Old Babylonian Texts from Kish Conserved in the Istanbul Archaeological Museums = BiMes. 17.
Durand, J.-M.
1985 La situation historique des *šakkanakku*: nouvelle approche, M.A.R.I. 4, 147-172.
1992 Unité et diversité au Proche-Orient à l'époque amorrite, in: D. Charpin / F. Joannès (ed.), La circulation des biens, des personnes et des idées dans le Proche-Orient Ancien = CRRAI 38 (Paris) 97-128.
1998 Documents épistolaires du palais de Mari. Tome II. Paris.
Edzard, D. O.
1957 Die "Zweite Zwischenzeit" Babyloniens. Wiesbaden.
1985 Die 3. Person M. Pl. *tiprusū* im Altakkadischen von Mari, in: J.-M. Durand / J.-R. Kupper (ed.), Miscellanea Babylonica. Mélanges offerts à Maurice Birot (Paris) 85f.
Eidem, J.
1992 The Shemsharā Archives 2. The Administrative Texts. Copenhagen.
Fales, F. M.
1991 West Semitic Names in the Assyrian Empire: Diffusion and Social Relevance, StEL 8, 99-117.
Gelb, I. J.
1961 The Early History of the West Semitic Peoples, JCS 15, 27-47.
1962 Ethnic Reconstruction and Onomastic Evidence, Names 10, 45-52.
1968 An Old Babylonian List of Amorites, JAOS 88, 39-46.
1980 With The Assistance of J. Bartels, S.-M. Vance, R. M. Whiting: Computer-Aided Analysis of Amorite = AS 21.
1992 Mari and the Kish Civilization, in: G. D. Young (ed.), Mari in Retrospect. Fifty Years of Mari and Mari Studies (Winona Lake) 121-202.
Glassner, J.-J.
1984 Inscriptions cunéiformes de Failaka, in: J.-F. Salles (ed.), Failaka. Fouilles francaises 1983. Lyon/Paris.
1996 Dilmun, Magan and Meluhha: some observations on language, toponymy, anthroponymy and theonymy, in: J. Reade (ed.), The Indian Ocean in Antiquity (London/ New York) 235-248.
Groneberg, B.
1980 Die Orts- und Gewässernamen der altbabylonischen Zeit = RGTC III.
Harris, R.
1955 The Archive of the Sin Temple in Khafajah (Tutub), JCS 9, 59-88 und 91-120.
1975 Ancient Sippar. A Demographic Study of an Old-Babylonian City (1894-1595 B.C.). Istanbul.
Heimpel, W.
1974/77 Sumerische und akkadische Personennamen in Sumer und Akkad, AfO 25, 171-174.
Hinz, W.
1980-83 Kuduzuluš, RlA 6, 277.
Huber, F.
2001 La Correspondance Royale d'Ur, un corpus apocryphe, ZA 91, 169-206.
Jean, C.-F.
1931 Larsa d'après les textes cunéiformes * 2187 à * 1901. Paris.

Kalla, G.
1999 Die Geschichte der Entdeckung der altbabylonischen Sippar-Archive, ZA 89, 201-226.
Knudsen, E. E.
1983 An Analysis of Amorite, JCS 34 (1982) 1-18.
1999 Amorite Names and Old Testament Onomastics, Scandinavian Journal of the Old Testament 13, 202-224.
Krebernik, M.
1992 Die Textfunde der 9. Kampagne (1986), in: B. Hrouda (ed.). Isin-Išān Baḫrīyāt IV. Die Ergebnisse der Ausgrabungen 1986-1989 (München), 102-144.
1996 The Linguistic Classification of Eblaite: Methods, Problems, and Results, in: J. S. Cooper / G. M. Schwartz, The Study of the Ancient Near East in the Twenty-First Century. The William Foxwell Albright Centennial Conference (Winona Lake) 233-249.
2001 Tall Biᶜa / Tuttul – II. Die altorientalischen Schriftfunde = WVDOG 100.
Kupper, J.-R.
1957 Les nomades en Mésopotamie au temps des rois de Mari. Paris.
1987-90 Mari. A. Philologisch, RlA 7, 382-390.
Kutscher, R.
1987-90 Malgium, RlA 7, 300-304.
Layton S. C.
1990 Archaic Features of Canaanite Personal Names in the Hebrew Bible = Harvard Semitic Monographs 47. Atlanta.
Owen, D. I.
1992 Syrians in Sumerian Sources from the Ur III Period, BM 25, 107-175.
Pientka, R.
1998 Die Spätaltbabylonische Zeit. Abiešuḫ bis Samsuditana. Quellen, Jahresdaten, Geschichte. Münster.
Podany, A. H.
1988 The Chronology and History of the Ḫana Period. Ann Arbor.
Rechenmacher, H.
1997 Personennamen als theologische Aussagen. Die syntaktischen und semantischen Strukturen der satzhaften theophoren Personennamen in der hebräischen Bibel = Arbeiten zu Text und Sprache im Alten Testament 50.
Reiner, E.
1961 The Year Dates of Sumu-Jamūtbāl, JCS 15, 121-124.
Ries, G.
1989 Altbabylonische Beweisurteile, Zeitschrift der Savigny-Stiftung für Rechtsgeschichte 106, 56-80.
Römer, W. H. Ph.
1984 Historische Texte in sumerischer Sprache, TUAT I/4, 289-353.
Rowton M. B.
1976 Dimorphic Structure and Topology, OA 15, 17-31.
Sallaberger, W.
1997 Nippur als religiöses Zentrum Mesopotamiens im historischen Wandel, in: G. Wilhelm (ed.), Die orientalische Stadt. Kontinuität, Wandel, Bruch. 1. Internationales Colloquium der Deutschen Orient-Gesellschaft 9.-10. Mai 1996 in Halle/Saale (Saarbrücken) 147-168.

Salonen, E.
1962 Untersuchungen zur Schrift und Sprache des Altbabylonischen von Susa = StOr. 27/1.

Sasson, J. M.
1974 Ḫurrians and Ḫurrian Names in the Mari Texts, UF 6, 353-399.

Sigrist, M. und Gomi, T.
1991 The Comprehensive Catalogue of Published Ur III Tablets. Bethesda.

Stol, M.
1971 Rezension zu D. Walters, Water for Larsa, BiOr. 28, 365-369.

Stone, E. C.
1979 The Social and Economic Organization of Old Babylonian Nippur. Chicago.

Stone, E. C. und Owen, D. I.
1991 Adoption in Old Babylonian Nippur and the Archive of Mannum-mešu-liṣṣur. Winona Lake.

Streck, M. P.
1995 Zahl und Zeit. Grammatik der Numeralia und des Verbalsystems im Spätbabylonischen = Cuneiform Monographs 5.
1999 Hammurabi oder Hammurapi?, ArOr. 67, 655-669.
2000 Das amurritische Onomastikon der altbabylonischen Zeit. Band 1: Die Amurriter. Die onomastische Forschung. Orthographie und Phonologie. Nominalmorphologie = AOAT 271/1.
2001 Nomaden, RlA 9, 591-595.

Walther, H.
1995 Namen und Geschichte, in: E. Eichler, G. Hilty, H. Löffler, H. Steger, und L. Zgusta (ed.), Namenforschung. Ein internationales Handbuch zur Onomastik (Berlin-New York), 1665-1684.

Waterman, L.
1916 Business documents of the Hammurapi period from the British Museum. London.

Westenholz, A.
1978 Some Notes on the Orthography and Grammar of the Recently Published Texts from Mari, BiOr. 35, 160-169.

Wilhelm, G.
1998 Name, Namengebung. D. Bei den Hurritern, RlA 9, 121-126.

Yoffee, N.
1977 The Old Babylonian Texts from Kish: A First Report, in: M. de Jong Ellis (ed.), Essays on the Ancient Near East in Memory of Jacob Joel Finkelstein, 219-223.

Zadok, R.
1984 Rezension zu Gelb 1980, WO 14 (1983), 235-240.
1993 On the Amorite Material from Mesopotamia. In: The Tablet and the Scroll, Near Eastern Studies in Honor of William W. Hallo, edited by M. E. Cohen, D. C. Snell, D. B. Weisberg (Bethesda) 315-333.
1995 The Ethno-Linguistic Character of the Jezireh and Adjacent Regions in the 9th-7th Centuries (Assyria Proper vs. Periphery), in: M. Liverani (ed.), Neo-Assyrian Geography (Roma), 217-281.
1996 Prosopography and Ethno-Linguistic Characterization of Southern Canaan in the Second Millenium BCE, in: M. Malul (ed.), Mutual Influences of Peoples and Cultures in the Ancient Near East (Haifa), 97-145.

1997 The Ethnolinguistic Composition of Assyria Proper in the 9th-7th Centuries BC, in: H. Waetzoldt/H. Hauptmann (ed.), Assyrien im Wandel der Zeiten (= HSAO Band 6) 209-216.

Zarins, J.
1986 MAR-TU and the land of Dilmun, in: S. H. A. Al-Khalifa/M. Rice (ed.), Bahrain through the ages. London, New York, Sydney and Henley.

Ziegler, N.
1997 Compte Rendu von J. Eidem, The Shemshāra Archives 2, M.A.R.I. 8, 787-792.

Zur Einwanderung und ersten Entfaltung der Indogermanen in Anatolien

Norbert Oettinger, Erlangen*

1. Was Kleinasien betrifft, so liegt das Jahr 2000 vor Christus, das Thema dieser Tagung, in vorschriftlicher Zeit. Noch mehr gilt dies für das dritte Jahrtausend, ohne dessen Beurteilung man sich kein Bild von den Verhältnissen im Jahr 2000 machen kann. Wer über die im Anatolien jener Zeit gesprochenen Sprachen und ihre jeweilige räumliche Verteilung etwas aussagen will, der muß daher mangels direkter Quellen in viel größerem Umfang hypothetisch argumentieren, als dies normalerweise zu den Aufgaben eines Indogermanisten und Hethitologen gehört. Es gibt aber meines Erachtens Situationen, in denen ein über den Durchschnitt hinausgehendes Maß an Spekulation legitim ist. Kollegen aus benachbarten Fächern haben nämlich auch dann ein Recht darauf, zu erfahren, was der Sprachwissenschaftler über eine bestimmte historische Epoche denkt, wenn deren Quellenlage[1] dürftig ist.

Die Untersuchung der Verteilung der Sprachen wird auch noch dadurch erschwert, daß es im Alten Orient die Vorstellung von Staatsvolk und Nationalsprache bekanntlich nicht gab. Man dachte nicht in Begriffen von Sprachgemeinschaften, sondern von Stämmen und Stadtstaaten die sich gegebenenfalls zu Großreichen ausdehnen konnten. Daher hatte die Tatsache, daß es verschiedene Sprachen gab, keine direkte politische Bedeutung. Und so erfahren wir von der Existenz verschiedener Sprachen auch nach dem Einsetzen einheimischer schriftlicher Quellen um die Mitte des zweiten Jahrtausends in Kleinasien meist nur durch Erwähnung von Sprachennamen anläßlich fremdsprachiger Passagen in Texten. Auch diese Passagen verdanken wir nur jener Eigenheit der Hethiter, daß sie Göttern keinerlei Fremdspra-

---

* Institut für Vergleichende Indogermanische Sprachwissenschaft, Universität Erlangen, Kochstr. 4 (16), D-91054 Erlangen.

[1] Archäologische Daten werden hier nicht herangezogen. Denn abgesehen von ihrer Spärlichkeit gerade im für uns interessanten pontischen Raum gilt generell die bekannte Tatsache, daß man von wandernden Kulturen nicht unbedingt auf wandernde Volksstämme rückschließen darf. Und daß man durch schriftlose Keramikfunde nichts über die Sprache ihrer Träger erfahren kann, versteht sich von selbst.

chenkenntnisse zutrauten und daher von anderen Völkern übernommene Gottheiten weiterhin in deren Sprache anzurufen pflegten. Abgesehen davon wurden über dieses Thema normalerweise keine Angaben gemacht, und erst recht waren die Sprachen vergangener Epochen nicht von Interesse. Ein Hethiter hätte z. B. die Frage, ob die Muttersprache des historischen Königs Anitta das Hethitische oder das Hattische gewesen sei,[2] mit Sicherheit als belanglos empfunden.

Unsere Hypothesen können sich also im Wesentlichen nur darauf stützen, was wir über die politisch-geographischen Verhältnisse des althethitischen Reiches wissen, was für Sprachen wir in Texten belegt finden und was wir durch den Sprachvergleich mittels der indogermanistischen Methode rekonstruieren können.

2. Beginnen wir damit, daß wir uns die für Anatolien zur Zeit des althethitischen Reiches, also im 16. Jhdt., anzunehmenden Sprachen in Erinnerung rufen. Wir haben hier erstens die indogermanischen Sprachen der sogenannten anatolischen Gruppe. Es sind dies: das Hethitische im nördlichen Zentralanatolien, das Palaische nordwestlich davon, das (erst später bezeugte) Lydische, dessen Sprecher im zweiten Jahrtausend wohl noch nicht am Hermos, sondern eher unter dem Namen Musa im nördlichen Teil des späteren Mysien bzw. in Bithynien (siehe Addendum) gewohnt haben dürften,[3] und Luwisch im ganzen Süden und Westen. Ein Zweig der frühesten Luwier besiedelte Lykien und bewahrte dort, wie das in Rückzugsgebieten wie Gebirgsregionen oft geschieht, archaische sprachliche Merkmale.[4] Wichtig ist die Feststellung, daß sich die anatolischen Sprachen sicher erst innerhalb Kleinasiens aus einer gemeinsamen Vorstufe, dem Uranatolischen, auseinan-

---

[2] Zu dieser Frage vgl. Singer, I., "Hittites and Hattians in Anatolia at the beginning of the second millenium B.C.", in: The Journal of Indo-European Studies 9 (1981), 119-134, bes. 129; Steiner, G., "The immigration of the first Indo-Europeans into Anatolia reconsidered", in: The Journal of Indo-European Studies 18 (1990), 185-214, bes. 188 und Taracha, P., "Hittites in Alaca Höyük? An old question reconsidered", in: Archaeologia Polona 29, 71-78, bes. 74f.; zur historischen Einordnung des Anitta-Textes generell Klinger, J., Untersuchungen zur Rekonstruktion der hattischen Kultschicht, StBoT 37, (Wiesbaden, 1996), 112ff.

[3] Für die ursprüngliche Bezeichnung Musa- als Name der Lyder s. Starke, F., "Sprachen und Schriften in Karkamis", in: *Ana šadî Labnāni lū allik.* Fs. W. Röllig, Pongratz-Leisten, B., u.a. (Hrsg), (Neukirchen-Vluyn, 1997), 381-395, bes. 383f.

[4] So ist der Vokalismus des Lykischen ursprünglicher als der des ein Jahrtausend früher belegten Keilschrift-Luwischen; s. Melchert, H.C., Relative Chronology and Anatolian. The Vowel System, in: Rekonstruktion und Relative Chronologie, Akten der VIII. Fachtagung der Indogermanischen Gesellschaft, Beekes, R. u.a. (Hrsg.), (Innsbruck, 1992), 41-54 für die noch getrennte Vertretung von *a und *o im Lykischen.

derentwickelt haben. Dies folgt daraus, daß sie im Vergleich zu den übrigen indogermanischen Sprachen untereinander sehr ähnlich sind. Daher kommt für die Uranatolier nur ein gemeinsamer Einwanderungsweg in Frage.[5]

Die nicht-indogermanischen Sprachen sind: Hurritisch als später Eindringling im Osten und Kaskäisch im Norden. Im nördlichen Zentralanatolien und Nordanatolien wurde bis ca. 1600 das Hattische gesprochen.

Während sich zwischen anderen anatolischen Einzelsprachen nachträglich gemeinsame Neuerungen ausgebildet haben – so z.B. zwischen Luwisch und Lydisch – teilt das Hethitische mit keiner anderen Sprache solche Neuerungen. Das spricht dafür, daß die Hethiter lange in einer Gegend gelebt hatten, wo sie keinen Kontakt zu anderen anatolischen Sprachen hatten. Wo das gewesen sein könnte, wird weiter unten diskutiert werden. Vorher aber noch ein Wort zu nicht-indogermanischen Einflüssen auf das Hethitische,[6] und zwar anläßlich der Eigennamen bzw. der Nominalkomposition. Erwähnt seien hier nur Personennamen; für die Götternamen gilt mutatis mutandis dasselbe.

3. Die Personennamen der Hethiter kennen wir hauptsächlich aus zwei Quellen, nämlich einerseits den altassyrischen Handelsurkunden von Kaneš, dessen hethitischer Name Nesa war, also grob gesprochen aus der Zeit um 1800, und andererseits aus dem Hethiterreich, also etwa 1600-1200. Diesen beiden Entwicklungsstadien des hethitischen Namensystems ist nun ein auffälliger Umstand gemeinsam, nämlich daß sie das ursprüngliche indogermanische Namensystem vollständig aufgegeben haben. Dieses indogermanische Namensystem kennen wir sehr gut, weil es in fast allen andern altindogermanischen Sprachen erhalten ist. Es handelt sich vor allem um Namen der Ruhmesterminologie. Ein Beispiel aus vielen ist indogermanisch *$h_2$nr̥-menes-*

---

[5] Anders beispielsweise Gindin, Leonid A., Troja, Thrakien und die Völker Altkleinasiens, Versuch einer historisch-philologischen Untersuchung, (= Innsbrucker Beiträge zur Kulturwissenschaft, Innsbruck, 1999), 303 bzw. 205, der glaubt, daß die Luwier aus dem Balkan, die Hethiter aber über den Kaukasus nach Anatolien eingewandert seien.

[6] Man hat den Einfluß nicht-indogermanischer Sprachen, insbesondere des Hattischen, auf das Hethitische lange Zeit für sehr hoch gehalten. Als Reaktion darauf schätzen ihn Sprachwissenschaftler heute meist als sehr niedrig ein. Man muß aber wohl differenzieren. Im Wortschatz ist der Einfluß des Hattischen (außer in begrenzten Teilgebieten) eher niedrig, in der Stilistik dagegen m.E. hoch; vgl. zur Stilistik Klinger, J., "'So weit und breit wie das Meer...' – das Meer in Texten hattischer Provenienz", in: The Asia Minor Connexion, Studies on the Pre-Greek languages in memory of Charles Carter, Arbeitman, Y.L., (Hrsg), (Leuven/Paris, 2000), 151-172 und Oettinger, N., "Indogermanische Dichtersprache in Mischung mit hattischer Tradition", in: Sprachkontakt und Sprachwandel, XI. Fachtagung der Indogermanischen Gesellschaft in Halle, 17.-23. September 2000, Meiser, G. (Hrsg.), im Druck. Auch mit indirekten Einflüssen ist zu rechnen; von einem Teil davon soll im Folgenden die Rede sein.

"der männlichen Mut besitzt", das unter anderem aus griechisch *Androménes* und avestisch (altiranisch) *Nərəmanah* rekonstruiert werden kann.

Dieser Verlust ist auffällig, denn fast alle anderen altidg. Sprachen haben das ererbte Namensystem behalten. Im Hethitischen aber ist es vollständig aufgegeben, und statt dessen finden wir unter den offensichtlich hethitischen Personennamen aus dem Nesa (Kanes) der altassyrischen Handelsurkunden ein System, das neu geschaffen ist - zwar mit genuin hethitischen Mitteln neu geschaffen, aber eben nicht ererbt. Wenige Beispiele aus vielen seien genannt: *Kuliyatt-*, wörtlich "Gelassenheit", *Nakiliyatt-* "Wichtigkeit", *Supiahsu-* "Sohn des Reinen", *Supiahsusar* "Frau des Sohns des Reinen" , *Nakiahsu-* "Sohn des Wichtigen", *Hasusarniga-* "Schwester der Königin" oder "*Hasusar* ist Schwester", *Supiuman* "der aus dem Reinen stammt", *Supianiga-* "Schwester des Reinen" usw.

Im Hethitischen der Großreichszeit, also in Hattusa, ist dann auch dieses System schon wieder beseitigt. Man findet es, abgesehen von seltenen Ausnahmefällen, hier nur noch in wenigen historischen Texten, die von früh-althethitischer Zeit handeln. Stattdessen hat man offensichtlich das fremde Namenmaterial der (ehemals oder noch) hattisch sprechenden ansässigen Bevölkerung großenteils übernommen.

3.1. Was nun aber den Verlust des ererbten indogermanischen Namensystems schon im Nesa des 18. Jahrhunderts (und vermutlich auch schon vorher) betrifft, so kann man m.E. aus verschiedenen Gründen annehmen, daß er ebenfalls bereits auf Einfluß des Hattischen beruht hatte. Bekanntlich zeigen sich ja Einflüsse fremder Sprachen oft an indirekten Wirkungen, wie man es etwa am Balkan-Sprachbund beobachten kann. Für unseren Fall vergleiche man typologisch den Verlust des ererbten indogermanischen Namensystems in den italischen Sprachen (Latein usw.). Dort geschah es vermutlich im späten 8. Jahrhundert v. Chr. im wirtschaftlich prosperierenden Südetrurien, daß in dieser Kontaktzone zwischen Italikern und den kulturell überlegenen, nicht-indogermanischen Etruskern ein neues und ganz unindogermanisch wirkendes Namensystem entstand, nämlich das der etruskisch-italischen Gentilnamen, auf dem auch unser modernes Familiennamensystem beruht. Dieses hat zur Aufgabe des ererbten Personennamensystems geführt.[7] Auch hier werden bei der Aufgabe des Ererbten zunächst nicht etwa fremde Namen übernommen, sondern mit genuin italischen (bzw. lateinischen) Mitteln neue gebildet.

---

[7] Es ist nicht etwa so, daß das Gentilnamensystem vom Etruskischen ausging, sondern es handelt sich um eine gemeinsame Neuerung von Italikern und Etruskern. Vgl. Schmitt, R., "Das indogermanische und das alte lateinische Personennamensystem", in: Latein und Indogermanisch, Panagl, O., Krisch, Th. (Hrsg.), (Innsbruck, 1972), 369-393, bes. 378ff.; im Anschluß an Fick, A., Reichmuth, J. und vor allem Rix, H.

In diesem Zusammenhang sei darauf hingewiesen, daß die Kontaktzonen zwischen zwei Systemen oder, auf unsere Fälle angewandt, zwischen zwei (oder mehr) Sprachgemeinschaften auch sonst meist die Gebiete mit den größten Neuerungen sind, und zwar dann, wenn erstens die Unterschiede groß sind und zweitens ein hohes ökonomisch-kulturelles Niveau besteht. Die erstere Bedingung traf beim Kontakt der (ja von weither gekommenen) Indogermanen mit der Vorbevölkerung natürlich immer zu, und die zweite kann für das frühe Nordanatolien zwar nicht in gleichem Maß gegolten haben wie für das spätere Südetrurien, aber die Bodenfunde von z.B. Alaca Höyük aus dem späten dritten Jahrtausend weisen doch auf ein beachtliches Kulturniveau seiner (vermutlich hattischen) Bewohner hin. Und sie stehen in einer ungebrochenen Kulturtradition zum späteren hethitischen Hattusa.

Alle diese Fakten sprechen eher für als gegen die Annahme, daß das Hethitische spätestens am Ende des dritten Jahrtausends, möglicherweise aber auch schon früher, unter den Einfluß des Hattischen geraten war.

4. Durch diese Überlegungen haben wir uns an den Kern unseres Themas herangearbeitet, die Frage der Einwanderung[8] selbst. Es erscheint sinnvoll, an dieser Stelle nun einen Mythos sprechen zu lassen. Und zwar handelt es sich um die althethitische Erzählung von der Stadt Zalpa aus dem 16. Jahrhundert, deren Publikation und Bearbeitung wir Heinrich Otten verdanken. Der Text handelt von der Königin von Nesa und von der Stadt Zalpa am Schwarzen Meer, deren Umland Zalpuwa heißt. Er beginnt[9] so:

> "Die Königin von Nesa[10] gebar in einem einzigen Jahr 30 Söhne. Da sprach sie: 'Was für eine Monstrosität habe ich geboren!.' Sie dichtete Körbe mit Fett ab,[11] legte ihre Söhne hinein und ließ sie in den Fluß. Und der Fluß brachte sie zum Meer ins Land Zalpuwa. Die Götter aber nahmen die Kinder aus dem Meer auf und zogen sie groß.
> Wie nun die Jahre vergingen, da gebar die Königin wieder, und zwar 30 Töchter. Die zog sie selber groß."

---

[8] Die Annahme, daß die Urheimat der indogermanischen Grundsprache selbst in Vorderasien oder speziell in Kleinasien gelegen habe (Gamkrelidze, T.V. und Ivanov, V.V., Indo-European and the Indo-Europeans, (Berlin/New York, 1995), 762ff.), halte ich, wie an anderer Stelle darzulegen sein wird, für weniger wahrscheinlich.

[9] Vgl. Otten, H., Eine althethitische Erzählung um die Stadt Zalpa, (Wiesbaden, 1973), 6f.

[10] In akkadoider Schreibung: MUNUS.LUGAL ^{URU}*KA-NI-IŠ*, hethitisch m.E. ausgesprochen: */Nesas hassussaras/*.

[11] Vgl. Hoffner, H.A., "The Hittite word for 'oil' and its Derivatives", in: Historische Sprachforschung 107 (1994), 222-230, bes. 230.

Der Text berichtet weiter, daß die 30 Söhne, als sie erwachsen waren, nach Nesa zogen. Die Götter gaben ihnen ein anderes Wesen, so daß ihre Mutter sie nicht erkannte und ihnen ihre 30 Töchter zur Frau gab. Die älteren Söhne merkten nichts, nur der Jüngste erkannte, daß es die eigenen Schwestern waren, und warnte die anderen davor, sie anzurühren. Der Text bricht dann ab, und als er wieder einsetzt, heißt es "Am Morgen ging er (oder: gingen sie)[12] nach Zalpa ..." Anschließend spricht die Sonnengottheit einen Segen über das Land Zalpuwa aus.

Dann wechselt der Text abrupt in die historische Zeit, und zwar in die des Großvaters des Königs, also des Labarna, Vorgänger von Hattusili I. In dieser Zeit entstand Feindschaft zwischen Zalpa und der althethitischen Herrscherdynastie, die ja zunächst in Nesa und später in Hattusa residierte. Der Streit eskalierte über zwei Generationen hin bis zur Belagerung und Zerstörung Zalpas durch den alten Hattusili I. unter der Regentschaft von Mursili I.

Wozu aber ließ Mursili I das alles aufschreiben? Meiner Meinung nach wollte er mit diesem Text eine Warnung aussprechen, etwa in dem Sinne:

> "Seht her! Die Bewohner von Zalpa waren mit uns verwandt. Wie wir, so stammten auch sie ursprünglich von Nesa ab. Ihr könnt das auch daran erkennen, daß sie die gleichen Sitten hatten wie wir. Bei ihnen war es nicht Brauch, die eigene Schwester zu heiraten (nicht so wie bei barbarischen Völkern[13]). Deshalb hat die Sonnengottheit das Land von Zalpa und seinen König in alter Zeit auch gesegnet. Und dennoch: als sie sich später von uns abwandten und immer wieder feindlich verhielten, unsere abtrünnigen Prinzen bei sich aufnahmen und uns bis aufs Blut reizten, da haben wir sie schließlich vernichtet. Merkt euch das! Denn wenn wir sogar mit unseren Stammverwandten so verfahren sind, dann sollte sich erst recht jeder andere überlegen, ob er dem Hethiterreich gegenüber nicht loyal sein will."

Der Mythos bezeugt also, daß die Leute von Zalpa mit denen von Nesa stammverwandt waren. Daraus folgt m.E. mit einer gewissen Wahrscheinlichkeit, daß die Einwohner oder zumindest die führende Bevölkerungs-

---

[12] In dem verlorenen Teil des Textes dürfte entweder gestanden haben, daß nur der jüngste Sohn den Inzest nicht vollzog und am nächsten Morgen allein nach Zalpa ging (, wo er König wurde) oder – aber dies ist weniger wahrscheinlich – dass alle Söhne den Inzest verweigerten und wieder nach Zalpa zurückkehrten. Alle anderen denkbaren Lösungsversuche wären m.E. aus typologischen Gründen unwahrscheinlich.

[13] Auf die identitätsstiftende Wirkung übereinstimmender Sitten (und gerade auch sexueller Sitten) weist mich dankenswerterweise hier H.C. Melchert hin.

schicht von Zalpa im frühen zweiten Jahrtausend hethitisch (und nicht etwa hattisch) sprachen.[14]

5. Soviel zu der Frage nach dem Interesse Mursilis I. an dieser Geschichte. Der Mythos enthält aber noch mehr Aussagen. Können sie für die Vorgeschichte der Hethiter genutzt werden? Betrachten wir zunächst die beiden Möglichkeiten, die Otten 1973:64 (op. cit.: Anm. 9) für die historische Interpretation des Mythos vorgeschlagen hat:

5.1. Erste Möglichkeit: Zalpa sei "von Nesa aus gegründet und besiedelt worden".

Diese Möglichkeit ist m.E. nicht wahrscheinlich, denn sie erklärt nicht das Hin und Her des Mythos, nämlich warum die Söhne aus Nesa stammen, in Zalpa aufwachsen, nach Nesa zurückkehren, dort ihre Krisis erfahren und dann wieder nach Zalpa zurückkehren (oder zumindest einer von ihnen, um König zu werden).

5.2. Zweite Möglichkeit: Der Mythos spiegele die indogermanische Einwanderung wieder. "Eindringlinge von der Schwarzmeerküste", also aus der Gegend von Zalpa, seien nach Nesa gekommen und hätten sich dort "durch Konnubium festgesetzt".

Diese Alternative hat (auch wenn die Idee des Konnubiums bei unserer Interpretation entfallen würde, s.o.) einiges für sich. Denn unser Mythos ist seinem Wortlaut nach ein Rückwanderungsmythos, und solche Rückwanderungsmythen dienen normalerweise der Rechtfertigung historischer Einwanderungen. So ist es etwa bei der griechischen Sage von der Rückkehr der Herakliden[15] (Nachkommen des Herakles), in der die Eroberung der Peloponnes durch die Dorier als Rückwanderung nach der Vertreibung durch Eurystheus dargestellt wird. In entsprechender Weise müssen z.B. auch die Ostgoten im Laufe der Zeit einen Mythos entwickelt haben, dem zufolge ihre Eroberung Italiens nichts anderes als eine Rückkehr gewesen sei, nachdem nämlich Odoakar sie und ihren König Theoderich vorher von dort vertrieben habe.[16] Der Bedarf nach einer solchen generellen Rechtfertigung dürfte in diesem Fall besonders stark gewesen sein, weil die vertragsbrecherische Ermordung Odoakars durch Theoderich allgemein bekannt war.

---

[14] Im Gegensatz zu Klinger, J., op. cit. (Anm. 2), 125f., dessen historische Analyse des Anitta-Textes und der Zalpa-Tafel mir ansonsten weitgehend plausibel erscheint, glaube ich deshalb nicht, daß gerade Zalpa zur Zeit dieser Texte "Repräsentant eines wohl hattisch zu nennenden Herrschaftsraumes" war. Daß es dagegen in der weiteren Umgebung von Zalpa hattisch sprechende Gemeinden gegeben hat, ist wahrscheinlich (s.u.).

[15] Luginbühl, M., Menschenschöpfungsmythen. Ein Vergleich zwischen Griechenland und dem Alten Orient, (Bern, 1992), 131 mit Lit.

[16] Vgl. die Lit. bei Lühr, R., Studien zur Sprache des Hildebrandliedes, (Frankfurt, 1982).

Die ideelle Bedeutung jeder Rückwanderungserzählung liegt darin, einem Volksstamm das Gefühl zu vermitteln, er sei zu seinen legitimen Wurzeln zurückgekehrt. Er fühlt sich nicht eingedrungen, sondern zurückgekehrt in das Gebiet, von dem er einst ausgegangen war, in dem er sich also gewissermaßen autochthon[17] ist, und auf das er daher legitimen Anspruch zu haben glaubt. Was war nun in unserem Fall die eigentliche Rückwanderung? Doch wohl nicht der Gang (vermutlich nur des jüngsten Sohnes) zurück nach Zalpa, sondern die dem vorausgehende Wanderung der dreißig Brüder von Zalpa zurück nach ihrem Geburtsort Nesa, von wo sie als Königssöhne stammten. Interpretieren wir nun auch diese mythologische Rückwanderung historisch als Wanderung, so würde das bedeuten: Nesa wurde von Zalpa aus durch eine hethitisch sprechende Bevölkerung besiedelt.

Diese Annahme hat, wenn sie auch natürlich nicht beweisbar ist (welcher Einwanderungsweg könnte schon beweisbar sein in diesen dunklen Jahrhunderten?), doch den Vorteil, daß sie die einzige Hypothese einer Einwanderung der Hethiter ist, die sich auf eine literarische Quelle stützen kann.

6. Wenn wir einmal annehmen, daß diese Hypothese zutrifft: was hätte man sich dann unter einer solchen Einwanderung (von Hethitern) aus Zalpa nach Nesa vorzustellen? Die vorsichtigen Andeutungen bei Otten 1973:64 (op. cit.: Anm. 9) könnte man so interpretieren, daß der Mythos sich nach seiner Meinung vielleicht auf die Einwanderung der Indogermanen nach Anatolien beziehe. Sollte dies gemeint sein, so würden sich dem zwei Schwierigkeiten entgegenstellen. Erstens ist Zalpa[18] außer von Süden her praktisch nur auf dem Seeweg erreichbar. Wenn also Indogermanen von diesem Ort aus zum ersten Mal in Anatolien eingedrungen wären, dann hätten sie vorher per Schiff nach Zalpa gelangt sein müssen, eine technische Leistung, die für die betreffende frühe Zeit, also das dritte Jahrtausend, nahezu ausgeschlossen werden kann. Und zweitens kann die Einwanderung dieser ersten indogermanischen "Anatolier" aufgrund der Differenziertheit der (indogermanisch-)anatolischen Sprachen untereinander kaum nach der Mitte des dritten Jahrtausends erfolgt sein. Daß sich aber die Wanderung der dreißig Brüder im Mythos auf ein Ereignis beziehen sollte, daß derart lange zurückliegt, wäre sehr unerwartet.

---

[17] Rückwanderungsmythen sind also Autochthonenmythen. Diese gehören im weiteren Sinne zu denjenigen Mythen, die Malinowski, B., Magic, Science and Religion and other Essays, (New York, 1954), 101 als *charter myths* bezeichnet hat. Sie sollen einen Brauch, Glaubensvorstellungen oder Institutionen begründen helfen, in diesem Fall den Anspruch auf den Besitz eines bestimmten Gebietes.

[18] Zalpa lag offenbar in der Gegend des heutigen Bafra am Schwarzen Meer.

6.1. Eher ist m.E. etwas anderes denkbar, nämlich daß sich der Mythos nicht mehr auf die Uranatolier, sondern bereits auf die Hethiter selbst bezieht. Da aber die Hethiter von den Uranatoliern abstammen und alles dafür spricht, daß die Ausdifferenzierung des Uranatolischen in die Einzelsprachen erst in Kleinasien selbst erfolgt ist, so würde es sich bei unserem Mythos dann nicht um einen Einwanderung, sondern um eine Binnenwanderung handeln.

Wir können also die Hypothese aufstellen, daß die Hethiter, nachdem sie sich von den Uranatoliern abgespalten hatten, eine Zeit lang im Gebiet von Zalpa am Schwarzen Meer wohnten und dann von dort aus die Gegend von Nesa am mittleren Halys besiedelten. Letzteres wäre dann zu einer Zeit geschehen, an die man sich in einem im 16. Jahrhundert aufgeschriebenen Mythos noch erinnerte und die andererseits vor der Zeit der altassyrischen Handelskolonien gelegen haben muß. Zu dieser Annahme würde die lange andauernde indirekte und direkte Beeinflussung des Hethitischen durch das Hattische passen, für die wir aus anderen Gründen oben plädiert hatten. Denn Zalpa war von hattischem Gebiet umgeben.[19] Nicht erst in Nesa, sondern schon in Zalpa hätte dann diese Beeinflussung ihren Anfang gefunden.[20] Zalpa als früher Wohnsitz würde zugleich auch erklären, warum das Hethitische keinerlei gemeinsame Neuerungen mit anderen anatolischen Sprachen aufweist. Es wäre eben von ihnen isoliert gewesen in einer Küstenebene, die auch in der Tat durch Gebirge und Meer räumlich von der Umgebung und insbesondere von Zentralanatolien abgeschnitten ist.

Die Alternative zu diesem Vorschlag wäre, die frühe Heimat der Hethiter weiter östlich, nämlich im später "Oberes Land" genannten Gebiet anzusetzen, der Gegend um Samuha und Sarissa. Aber abgesehen von den Argumenten für Zalpa, die der Mythos liefert, wäre bei dieser Lokalisierung die Isoliertheit des Hethitischen innerhalb der anatolischen Gruppe nur durch eine Zusatzannahme erklärbar, nämlich daß die übrigen Anatolier zu dieser Zeit noch nicht im Osten, sondern nur im Westen Südanatoliens gesiedelt hätten. Diese Annahme scheint mir etwas weniger wahrscheinlich.

7. Als bisheriges Ergebnis zur Einwanderungsfrage können wir feststellen: Für eine Binnenwanderung der frühesten Hethiter in Kleinasien haben wir

---

[19] Vgl. zu der Tatsache, daß die Region am Schwarzen Meer (m.E. mit Ausnahme von Zalpa selbst) im frühen zweiten Jahrtausend noch hattisch besiedelt war, Klinger, J., op. cit. (Anm. 2), 125f.

[20] Damit soll nicht ausgeschlossen werden, daß auch schon früher, nämlich zur gemeinsamen uranatolischen Zeit, ein erster indirekter Einfluß des Hattischen stattgefunden haben kann. Mehr dazu an anderer Stelle.

Anhaltspunkte gefunden, für die Einwanderung nach Kleinasien durch ihre Vorfahren, die Indogermanen bzw. Uranatolier, jedoch bisher nicht. Und das ist angesichts des zu postulierenden langen Zeitabstands zwischen der Einwanderung der Uranatolier und der historischen Zeit eigentlich auch nicht verwunderlich.

Zunächst aber muß erklärt werden, warum wir diesen langen Zeitabstand annehmen: Die hethitischen Eigennamen und Lehnwörter in den altassyrischen Handelsurkunden des 18. Jahrhunderts sind in ihrer Sprachform bereits spezifisch hethitisch, so daß man für diese Zeit bereits ausgeprägte anatolische Einzelsprachen voraussetzen muß. Diese Einzelsprachen ihrerseits unterscheiden sich aber so bedeutend voneinander, daß man aufgrund des typologischen Vergleichs für ihre Ausprägung mindestens fünfhundert, wahrscheinlich aber mehr Jahre ansetzen sollte. So kommt man für das Uranatolische auf eine Zeit von spätestens 2300 v. Chr.

8. Angesichts dieser Zeiträume erscheint es zunächst aussichtslos, etwas über die Einwanderung der Indogermanen bzw. Uranatolier selbst erfahren zu wollen. Eine Vermutung wenigstens können wir aber doch äußern, und zwar mit Hilfe der Typologie: Es gibt nämlich, wie ich glaube, für Halbinseln klassische Haupteinwanderungswege zu Lande,[21] wobei die Gebirge die entscheidende Rolle spielen. In Italien führt der Weg durch die Laibacher Senke, also Slowenien. Hier kamen alle bedeutenden Einwanderungswellen, von denen wir wissen: wahrscheinlich die der Italiker, sicher die der Goten und dann die der Langobarden. Dies beruht darauf, daß die übrigen Landwege wegen der Alpen schwierig waren. Ähnlich liegt der Fall bei Indien, wo alle Bevölkerungsinvasionen über den Khaiberpass erfolgten, sowohl die der Indo-Arier als auch die der Saken, der Weißen Hunnen und der Moslems. Auch die iberische Halbinsel zeigt keine grundsätzlich andere Situation. Obwohl sie zwei nicht durch Gebirge behinderte, bequeme Einwanderungswege zu Lande besitzt (Meerengen zählen als Landwege), wurde der über Gibraltar führende in historischer Zeit doch nur einmal benutzt, nämlich durch die Mauren. Alle anderen Einwanderer kamen entlang der katalanischen Küste, also dort, wo auch heute noch keine echte Sprachgrenze zwischen Spanien und Frankreich besteht. Auf diesem Weg kamen die Sueben, Wandalen und Westgoten und vermutlich auch schon vorher die Kelten. Die Einwanderungswellen verliefen nahe der Ostküste nach Süden, dann nahe der

---

[21] Vom Sonderfall der Besiedelung durch hoch entwickelte Seefahrernationen wie z.B. Phöniker, Griechen, Normannen und Engländer wird abgesehen, da die Uranatolier mit Sicherheit nicht zu diesen Nationen gehörten.

Südküste nach Westen und in Portugal wieder nach Norden. Gewissermaßen im "Windschatten" dieses Weges konnte sich im nördlichsten Teil des zentralen Hochlands und den angrenzenden Pyrenäen (dort bis heute) die alte baskische Bevölkerung bzw. Sprache erhalten.[22]

Wenn wir nun Kleinasien betrachten, so erfolgten dort die meisten uns bekannten Invasionen von Westen her, also über Dardanellen und Bosporus. Auf diesem Weg kamen die Phryger und Armenier, später die Galater und sogar die Goten. Und jeweils nur knapp konnte später die kaiserliche Hauptstadt Byzanz verhindern, daß auch noch die Slaven und Bulgaren auf diesem Weg eindrangen. Von Osten[23] her dagegen sind in historischer Zeit nur zwei Bevölkerungsinvasionen erfolgt, und zwar erstens die der Meder, deren Reich dann die Perser übernahmen, und zweitens die der türkischen Seldschuken im Mittelalter. Und diese beiden Bewegungen gingen von Iran aus; sie kamen also nicht etwa über den Kaukasus nach Kleinasien. Und das ist auch verständlich, denn der Kaukasus stellt ein abweisendes Gebirge und typisches Rückzugsgebiet dar. Und südlich daran schließen sich Transkaukasien, das westliche Aserbeidschan und Nordostanatolien an, weitgehend wüstenartige Hochländer mit schroffen Gebirgen, durchaus geeignet, um jeden Einwanderer abzuhalten.

9. Was ergibt sich daraus für unsere Frage?

Da für die ersten Indogermanen Kleinasiens, die Vorfahren der Anatolier, eine Herkunft aus Iran aus naheliegenden Gründen nicht in Frage kommt, bleiben als Möglichkeiten nur die Meerengen im Westen und der Kaukasus im Nordosten. Der Kaukasus aber wurde, wie wir gesehen haben, in historischer Zeit aus begreiflichen Gründen kaum jemals als Einwanderungsweg nach Kleinasien gewählt. Daher spricht m.E. alles für eine Einwanderung der ersten Indogermanen über die Dardanellen bzw. den Bosporus.

ADDENDUM

Soeben ist ein Artikel von Robert Beckes in Bibliotheca Orientalis 59, 2002, 205-242 erschienen, der die Lyder auch (wie hier § 2) aus Bithynien herleitet. Auch die Etrusker leitet er von dort her. Ich hingegen halte die

---

[22] Vielleicht sind die Aquitanier keine baskischen Relikte in Südfrankreich, sondern aus Spanien hinausgedrängte Basken gewesen, ähnlich wie die Bretonen aus England hinausgedrängte Kelten.

[23] Möglicherweise bilden die Kimmerier als klassische Reiternomaden eine Ausnahme, indem sie zu beiden Seiten des Schwarzen Meeres nach Kleinasien eingedrungen sein könnten. Jedoch ist dies erstens unsicher und zweitens den Verhältnissen zu uranatolischer Zeit, als man nicht ritt, nicht vergleichbar.

Etrusker für in Italien heimisch und nehme an, daß ein Teil von ihnen um 1200 durch die Bewegung der "Seevölker" nach Lemnos geraten ist. Mehr dazu demnächst in der Zeitschrift Glotta.

LITERATUR

Gamkrelidze, Thomas V. und Ivanov, Vjačeslav, V.

1995 Indo-European and the Indo-Europeans. Berlin/New York 1995.

Gindin, Leonid A.

1999 Troja, Thrakien und die Völker Altkleinasiens. Versuch einer historisch-philologischen Untersuchung. Innsbrucker Beiträge zur Kulturwissenschaft. Innsbruck 1999.

Hoffner, Harry A.

1994 The Hittite word for 'Oil' and its Derivatives. In: Historische Sprachforschung 107, 222-230.

Klinger, Jörg

1996 Untersuchungen zur Rekonstruktion der hattischen Kultschicht. Studien zu den Boğazköy-Texten, 37, Wiesbaden.

2000 "So weit und breit wie das Meer..." – das Meer in Texten hattischer Provenienz. In: The Asia Minor Connexion. Studies on the Pre-Greek languages in memory of Charles Carter, hrg. von Y.L. Arbeitman, Leuven/Paris, 151-172.

Lühr, Rosemarie

1982 Studien zur Sprache des Hildebrandliedes. Frankfurt.

Luginbühl, Marianne

1992 Menschenschöpfungsmythen. Ein Vergleich zwischen Griechenland und dem Alten Orient. Bern.

Malinowski, Bronislaw

1954 Magic, Science and Religion and other Essays. New York.

Melchert, H. Craig

1992 Relative Chronology and Anatolian. The Vowel System. In: Rekonstruktion und Relative Chronologie. Akten der VIII. Fachtagung der Indogermanischen Gesellschaft, hrg. von R. Beekes u.a., Innsbruck, 41-54.

Oettinger, Norbert

im Druck Indogermanische Dichtersprache in Mischung mit hattischer Tradition. In: Sprachkontakt und Sprachwandel. XI. Fachtagung der Indogermanischen Gesellschaft in Halle, 17.-23. September 2000. Hrg. von Gerd Meiser.

Otten, Heinrich
1973 Eine althethitische Erzählung um die Stadt Zalpa. Wiesbaden.

Schmitt, Rüdiger
1992 Das indogermanische und das alte lateinische Personennamensystem. In: Latein und Indogermanisch. Hrg. von O. Panagl und Th. Krisch, Innsbruck, 369-393.

Singer, Itamar
1981 Hittites and Hattians in Anatolia at the beginning of the second millenium B.C. In: The Journal of Indo-European Studies 9, 119-134.

Steiner, Gerd
1990 The immigration of the first Indo-Europeans into Anatolia reconsidered. In: The Journal of Indo-European Studies 18, 185-214.

Starke, Frank
1997 Sprachen und Schriften in Karkamis. In: *Ana šadi Labnāni lū allik*. Festschrift für W. Röllig. Hrg. von B. Pongratz-Leisten u.a., Neukirchen-Vluyn, 381-395.

Taracha, Piotr
1991 Hittites in Alaca Höyük? An old question reconsidered. In: Archaeologia Polona 29, 71-78.

Mari und die Assyrer

Dominique Charpin, Paris*

Von Assur aus schrieb eine Frau an Königin Akatiya, die in Mari bei Yasmah-Addu wohnte:[1]

> "Nun fürchte ich, dass Akatiya sagen könnte: 'Die Stadt Mari ist weit entfernt!' Sie ist keineswegs weit entfernt. Die Stadt Mari ist für Aššur wie eine Vorstadt Aššurs."

Dies zeigt, dass die Distanz zwischen den beiden Städten, je nach Sichtweise, entweder groß oder klein eingeschätzt werden konnte. Sie beträgt ca. 250 km Luftlinie,[2] eine Entfernung die heute nicht dasselbe bedeutet wie im Altertum, als die Reise zwischen den beiden Städten ca. zehn Tage dauerte.

Um einen Überblick über die Informationen zu gewinnen, die uns die Mari-Archive über Aššur liefern, muss – bei diesem Thema mehr noch als sonst – zwischen den Nachrichten aus der Zeit Samsî-Addus und jenen aus der Zeit Zimrî-Lîms unterschieden werden.

1) Mari und Aššur unter der Herrschaft Samsî-Addus

Im Folgenden sollen drei Themen für die Zeit Samsî-Addus behandelt werden: zuerst will ich die Diskussion über die Wiege der Dynastie Samsî-Addus zusammenfassen, dann den Anachronismus klarstellen, den es bedeutet, wenn man von Samsî-Addu I. von Assyrien spricht und letztlich die Kultstädte Mari und Aššur vergleichen.

---

* Université Paris 1 et EPHE IVe Section.

[1] A.1248: (29) *i-na-an-na as-sú-ur-ri* (30) *a-ka-ti-ia ki-a-am i-qa-ab-bi* (31) *[u]m-ma-a-mi a-lum ma-ri*[ki] *ru-ú-uq* (32) *[m]i-im-ma u-ul ru-ú-uq* (33) *a-lum ma-ri*[ki] *a-na* x *a-šur*[ki] (34) *ki-ma ba-ba-at a-šur*[ki]. Zitiert von Durand, J.-M., "Les dames du palais de Mari à l'époque du royaume de Haute Mésopotamie", MARI 4 (1985), 385-436, v.a. 410 Anm. 155.

[2] Meines Wissens nach beschreibt kein Text den Weg zwischen Mari und Aššur. Es kann angenommen werden, dass die Reisenden von Mari aus dem Euphrat stromabwärts bis Hanat folgten, um von dort aus den nord-östlichen Weg durch die Steppe einzuschlagen. Vgl. dazu die Karte von Joannès, F., "Routes et voies de communication dans les archives de Mari", Amurru 1 (1996), 323-361, v.a. 325.

1.1 Die Herkunft der Dynastie Samsî-Addus

Die berühmte Inschrift Puzur-Aššurs hebt hervor, dass Samsî-Addu nicht-assyrischer Herkunft gewesen sei.[3] Wohl erscheinen Samsî-Addu und seine Vorfahren in der "Assyrischen Königsliste". Da diese aber zweifelsfrei manipuliert worden war, und nicht kritiklos als Beweis für eine assyrische Herkunft Samsî-Addus verwendet werden kann, muss die Frage gestellt werden, wo die Ursprünge der Dynastie Samsî-Addus gelegen haben.

Vier Städte waren als Herkunftsort vermutet worden. B. Landsberger hatte Terqa vorgeschlagen:[4] Samsî-Addu hätte sich dorthin begeben, um den Ahnenkult (*kispum*) zu verrichten. Eigentlich sagt der Text[5] nur, dass Samsî-Addu sich am Tag des *kispum*-Festes in diese Stadt begeben hatte - womit nur ein chronologischer Hinweis gegeben ist, aber keineswegs gesagt wird, dass die Vorfahren Samsî-Addus in Terqa begraben waren.[6] Nebenbei bemerkt beruht die Idee, Samsî-Addu hätte in Terqa ein dem Ahnenkult gewidmetes Gebäude (*bît kispim*) errichtet, auf einem Missverständnis: in Wirklichkeit erinnert die Inschrift an den Bau des Dagan-Tempels.[7]

J.-R. Kupper vermutete seinerseits, dass die Umgebung Šubat-Enlils der Herkunftsort Samsî-Addu gewesen sei.[8] Wenn es auch zutrifft, dass Samsî-Addu zumindest in seinen letzten Lebensjahren öfters in dieser Stadt residierte, so deutet nichts darauf hin, dass seine Dynastie aus jener Gegend stammte. Ekallâtum erschien mir ein wahrscheinlicherer Kandidat gewesen zu sein, denn Dâduša von Ešnunna bezeichnete seinen Verbündeten in einer

---

[3] Grayson, A.K., "Rivalry over Rulership at Aššur. The Puzur-Sîn Inscription", ARRIM 3 (1985), 9-14. S. nun auch S. Yamada, "The Editorial History of the Assyrian King List", ZA 84 (1994), 11-37.

[4] Landsberger, B., "Assyrische Königsliste und 'dunkles Zeitalter'", JCS 8 (1954), 31-45, vor allem 35 Anm. 26.

[5] ARM I 65: 5-7 (= LAPO 18 Nr. 966).

[6] Im Gegenteil ist bekannt, dass Yahdun-Lîm in Terqa begraben wurde (ARMT XXVI/1 Nr. 221); es erscheint wenig wahrscheinlich, dass der König von Mari sich in Terqa bestatten ließ, wenn der Ort schon die Gebeine der Vorfahren Samsî-Addus beherbergte.

[7] Der Dagan-Tempel von Terqa hieß auf Sumerisch é-ki-si-ga, (= Akk. *bît qultišu*), was nicht mit dem Ahnenkult *kispum* (ki-sì-ga) zu verwechseln ist. Zu *qultum*, dem Emblem des Dagan, vgl. meine Bemerkung in "Compte rendu du CAD volume Q (1982)", AfO 36/37 (1989/90), 92-106, v.a. 106a wo vorgeschlagen wurde, den Namen des Tempels mit jenem des Emblems in Verbindung zu bringen.

[8] Kupper, J.-R., Les Nomades en Mésopotamie au temps des rois de Mari, (Liège, 1957), 212. Diesem Vorschlag folgte auch Anbar, M., "Le début du règne de Šamši-Addu Ier", IOS 3 (1973), 1-33, v.a. 10.

Stele als "Samsî-Addu, König von Ekallâtum".[9] Dies bedeutet allerdings nicht notwendigerweise, dass Samsî-Addu aus dieser Stadt stammte, und auch die Assyrische Königsliste beschreibt Ekallâtum als eine Eroberung Samsî-Addus.

Als M. Birot die Eponymenchronik aus Mari publizierte, betonte er die Verbindung der Vorfahren Samsî-Addus mit dem Diyala-Gebiet.[10] Er meint, der Großvater Samsî-Addus, der nach der assyrischen Königsliste Yazkur-El hieß, könne mit Yadkur-El, einem König, der in den Texten von Zaralulu (Tell Dhibai) genannt wird, identifiziert werden.[11]

Kürzlich hatte J.-M. Durand vorgeschlagen, Agade sei die Wiege der Dynastie Samsî-Addus gewesen.[12] Dies erkläre den Titel "König von Agade", den Samsî-Addu in einer seiner Inschriften trägt,[13] ebenso wie jene Reise, die er zu einem noch unbestimmten Zeitpunkt machte, und die eine Art Wallfahrt gewesen zu sein scheint. Dies erkläre auch, warum in den Eponymenchroniken das Diyalagebiet der Schauplatz der Ereignisse der Zeit Ila-

---

[9] Vgl. für die leider noch immer unveröffentlichte Stele des Königs Dâduša von Ešnunna ihre Vorbesprechung von Khalil Ismail, B., "Eine Siegesstele des Königs Daduša von Ešnunna", in: Meid, W. und Trenkwalder, H. (Hrsg.), Im Bannkreis des Alten Orients. Studien zur Sprach- und Kulturgeschichte des Alten Orients und seines Ausstrahlungsraumes, Karl Oberhuber zum 70. Geburstag gewidmet, Innsbrucker Beiträge zur Kulturwissenschaft 24, (Innsbruck, 1986), 105-108.

[10] Birot, M., "Les chroniques 'assyriennes' de Mari", MARI 4 (1985), 219-242, v.a. 222-223.

[11] Birot, M., loc. cit. (Anm. 10), 223 Anm. 21 und auch Wu Yuhong, A Political History of Eshnunna, Mari and Assyria During the Early Old Babylonian Period (from the End of Ur III to the Death of Šamši-Adad), SJAC 1, (Changchun, 1994), 62-63.

[12] Durand, J.-M., "Les rituels de Mari", in: FM III (1997), 19-78, v.a. 28 und LAPO 17 (1998), 108-109.

[13] MARI 3, 44 Nr. 2: 7 (= RIMA I 57-58, 0.39.6). Vgl. meine Notiz "Le rôle du roi dans la rédaction des inscriptions votives", NABU 1997/93. Ich hatte darin vorgeschlagen, dass die in Mari gefundenen Tafeln mit Königsinschriften nicht Kopien waren, sondern, im Gegenteil, Vorschläge für Königsinschriften enthielten. Die erhaltenen Tafeln wären dementsprechend jene Texte gewesen, die nicht vom König ausgesucht worden waren und nicht den zuständigen Handwerkern zur Gravur übermittelt worden waren. Anders gesagt würde das bedeuten, dass die Inschrift MARI 3 Nr. 2 (= RIMA I 57-58, 0.39.6) aus uns unbekannten Gründen abgelehnt worden war. Es wäre aber übertrieben, damit ebenfalls die Königstitulatur als ungültig abzulehnen, auch wenn einem Projekt zu einer Königsinschrift nicht derselbe Rang wie einer tatsächlich eingemeißelten Inschrift zugesprochen werden kann. Man bemerke ebenfalls das Zögern des Schreibers von MARI 3 Nr. 2 bei der Titulatur: Vgl. meine Bemerkungen in MARI 3, 45 zu L. 6.

kabkabus, des Vaters Samsî-Addus, oder seines Bruders Aminum war.[14] Und es erkläre, warum der sogenannte Kalender "Samsî-Addus" oder "Ekallâtums" sieben Monatsnamen mit jenem von Ešnunna gemein hat,[15] während es nur zwei mit jenem von Mari teilt.

Das dürfte weiters bedeuten, dass die akkadische Tradition in Mari nicht von altersher, seit den Tagen Sargons und Narâm-Sîns gepflegt worden war,[16] sondern erst zur Regierungszeit Yasmah-Addus dort eingeführt wurde, und mit dem Ursprung seiner Dynastie zusammenhing. Zu den Argumenten, die J.-M. Durand vorgeschlagen hatte, möchte ich noch zwei hinzufügen. Zuerst ist keineswegs gesichert, ob Statuen von Sargon und Narâm-Sîn im Palast von Mari aufgestellt worden waren. Das *kispum*-Ritual erwähnt zwar die *lamassâtum* jener Herrscher – es ist aber gut möglich, dass der Ritualtext die Kopie eines Werkes war, das an einem anderen Ort, vielleicht Šubat-Enlil oder Ekallâtum, verfasst worden war.[17]

Dann sei auch der Kult der Bêlet-Agade erwähnt, der erst zur Regierungszeit Yasmah-Addus in Mari eingerichtet worden war.[18] Damals wurde ein

---

[14] In den Archiven des Kitîtum-Tempels von Ishchali wurde eine Getreidezuteilung für "einen Mann des Ila-kabkabû" verzeichnet, s. dazu Jacobsen, Th., OIP 43, 125 Anm. 34 (der Text wurde von S. Greengus als OBTIV Nr. 227 veröffentlicht). Angesichts der Tatsache, dass es sich um einen seltenen Personennamen handelt, kann ein Homonym nahezu ausgeschlossen werden. Es kann weiterhin gefragt werden, ob das von Amînum eroberte Ṣuprum tatsächlich die am Mittleren Euphrat gelegene Stadt war, vgl. Birot, M., op. cit (Anm. 10) 229 § B7 und sein Kommentar über die eigenartige Schreibung des Stadtnamens 222. Ein Ṣupur-Šamaš lag im Diyala-Gebiet, und der Schreiber der Eponymenchronik könnte eine Verwechslung begangen haben.

[15] Für einen Vergleich zwischen den beiden Kalendern s. Whiting, R.M., "Four Seal Impressions From Tell Asmar", AfO 34 (1987), 30-35, v.a. 32 Anm. 16. Der Vergleich gewinnt noch mehr an Bedeutung, seitdem D. Lacambre gezeigt hat, dass der Monat iti ŠE.KIN.KUD "Niggalum" und nicht "Addarum" gelesen werden muss (FM VI, in Vorbereitung).

[16] S. z. B. Birot, M., "Fragment de rituel de Mari relatif au *kispum*", in: Alster, B. (Hrsg.), Death in Mesopotamia. XXVIe Rencontre Assyriologique Internationale, Mesopotamia 3, (Kopenhagen, 1980), 139-150, v.a. 147-149.

[17] Fleming, D., "Recent work on Mari", RA 83 (1999), 157-174, v.a. 161.

[18] Das Aufscheinen des théophoren Frauennamens Bêlet-Agade-ummî in einem Text der Regierungszeit Yahdun-Lîms (M.11264: 6, MARI 6 256) genügt alleine nicht, um einen Kult für diese Göttin nachzuweisen.

Tempel zu Ehren der Göttin geweiht[19] und eine Kultstatue hergestellt.[20] Schließlich findet man den Namen der Bêlet-Agade unmittelbar zu Beginn der Regierungszeit Zimrî-Lîms im sogenannten "Pantheon"[21]-Text von Mari, wo auf ihren Namen Numušda und Kiššîtum folgen, zwei Gottheiten, die in Zentral-Babylonien beheimatet waren.[22]

Zusammenfassend sei gesagt: Samsî-Addu war amorritischer Herkunft. Seine Vorfahren hatten sich in Agade niedergelassen, wo sie Rivalen der Könige Ešnunnas waren.[23] Er wurde durch Ešnunnas Expansionspolitik unter Ipiq-Adad II. und Narâm-Sîn aus Agade vertrieben.[24] Nach seinem Exil

---

[19] Vgl. TH 82-236, den ich in meinem Artikel "Temples à découvrir en Syrie du Nord d'après des documents inédits de Mari", Iraq 45 (1983), 38, Anm. 7, zitiert hatte und der Brotzuteilungen für Ama-duga, die "Dienerinnen" des Königs und die Kinder des Königs verzeichnet, und anmerkt: *i-nu-ma ú-ru-ba-at* é ^{d}nin a-ga-de. Der Text entstammt dem Eponymatsjahr des Ibni-Addu, kurz nachdem Yasmah-Addu sich in Mari niedergelassen hatte. Den Tempel der Bêlet-Agade bezeugt uns vier Jahre später der Text MARI 3, 100 Nr. 115, in dem ein Liter aromatisiertes Öl für den Tempel verbucht wurde (Eponymat des Ikuppiya). Zum *urubatum*-Ritual vgl. Durand, J.-M., FM III, 38.

[20] Zum unv. Brief A.3609, s. *infra* (Anm. 40).

[21] Dossin, G., "Le panthéon de Mari", in: Parrot, A. (Hrsg.), Studia Mariana, (Leiden, 1950), 41-50. Zum Zeitpunkt der Verfassung dieses Textes, vgl. Charpin, D., Ziegler, N. und Durand, J.-M., Mari et le Proche-Orient à l'époque amorrite: essai d'histoire politique, FM V, (Paris, in Vorbereitung), 3. Teil.

[22] S. den Kommentar von Durand, J.-M., "La religión en Siria durante la época de los reinos amorreos según la documentación de Mari", in: del Olmo Lete, G. (Hrsg.), Mitología y Religión del Oriente Antiguo, II/1, (Barcelona, 1995), 125-533, v.a. 217-218.

[23] S. die Eroberung von Šaduppûm (Tell Harmal) durch Amînum (MARI 4, 227 § A9) ebenso wie den Sieg Amînums über Ipiq-Adad II. (MARI 4, 228 § A13), dem eine Niederlage folgte (MARI 4, 228 § A15).

[24] Der Brief ARM II 49 (= LAPO 16 Nr. 309) könnte eine Anspielung an die Zeit enthalten, in der Samsî-Addu ein Vassal des Königs von Ešnunna gewesen war: "Išme-Dagan schreibt Hammu-rabi ununterbrochen als Diener. Das war (bereits) das Tun seines Vaters, denn früher schrieb sein Vater ununterbrochen dem Ešnunnäer als Diener. Später, als er während der Probleme des Ešnunnäers das ganze Land eingenommen hatte, schrieb er ihm als Bruder." ARM II 49 (8) ^{I}*[i]š-[me-*^{d}*da-g]an wu-ur-[d]u-tam a-na ṣe-er* (9) ^{I}*ha-am-mu-ra-bi iš-ta-[n]a-ap-pa-ar ep-še-et a-bi-šu* (10) *ša*** *p[a]**-na-nu-um a-bu-šu a-na* lú èš-nun-[n]a^{ki} *wu-ur-du-tam* (11) *iš-[t]a-na-ap-pa-ar wa-ar-ka-nu-um iš-tu i-na e-te-em* (12) lú*-èš-nun-na^{ki} *ma-a-tam*^{ki} *[k]a*-[l]a*-[š]a* iṣ*-ba*-tú*-ma* (13) *a-hu-tam [i]š-ta-pa-ar-šu.*

Der unveröff. Brief A.1125 zeigt, dass Akkad noch zum Territorium Ešnunnas gehörte, als Ibâl-pî-El II. an die Macht kam. Anih-libbî, der Gouverneur von Šitullum schrieb an seinen Kollegen im Suhûm: "Du hast mir wegen der Angelegenheit der Truppen des Ešnunnäers geschrieben. Wie du gehört hast, residiert der König Ibâl-pî-El mit allen seinen Leuten in Akkad. Er gibt keine der Truppen, die der König von ihm erbeten hatte mit den Worten: 'Ehe der König nicht den Göttereid geleistet hat, gebe ich keine Truppe!'" A.1125: (6) *aš-šum ṭe*$_{4}$-

in Babylon eroberte er Ekallâtum, dann, drei Jahre später, Aššur. Er setzte seine Eroberungen in Richtung des Haburdreiecks fort und ließ sich in Šehna nieder, das er Šubat-Enlil taufte.[25] Im Haburdreieck stieß seine Armee auf die Truppen Yahdun-Lîms von Mari. Nach einer ersten Niederlage bei Nagar, dem heutigen Tell Brak, gelang es ihm schließlich, Mari einzunehmen. Ca. dreizehn Jahre nach der Einnahme von Aššur konnte Samsî-Addu verkünden, er habe die Ufer des Tigris mit jenen des Euphrat in einem Reich vereinigt.[26]

1.2 Kein "Assyrien" sondern amorritische Königreiche

Das damalige Königreich Samsî-Addus hatte wenig mit dem späteren Assyrien gemein: der Tigris war seine Ostgrenze. Das Reich erstreckte sich vor allem über Obermesopotamien und reichte am Euphrat bis Râpiqum im Süden und Til Barsip im Norden. Dûr-Addu und Dûr-Samsî-Addu waren zwei Festungen am Euphrat zwischen Emar und Karkemiš.[27] Erst am Ende seiner langen Regierungszeit unternahm Samsî-Addu die Eroberung der Regionen östlich des Tigris oder der Tigrisregionen nördlich von Aššur.

Ich will noch einmal daran erinnern, dass es damals Assyrien nicht gab.[28] Die Bezeichnung *mât Aššur* kennen wir erst ab dem 14. Jahrhundert.[29] Es handelt sich hierbei nicht um einen Terminologie-Streit. In jenem geographischen Raum, der später Assyrien wurde, befanden sich damals amorritische Königtümer, wie überall sonst auch. Man kann so das Königreich von Arbel (Urbilum) erwähnen, dessen Hauptfestung Qabrâ von den alliierten Truppen

---

em ṣa-bi-i[*m* l]ú èš-nun-na[ki] (7) *ta-aš-pu-ra-am ki-ma te-eš-mu-ú* (8) lugal *i-ba-*[*al-p*]*í-el i-na gi-mi-ra-ti-šu* (9) *i-na* ⌜*a*⌝-[*ga-d*]*è*[ki] *wa-ši-ib* (10) *ù mi-*[*im-ma*] *ṣa-ba-am ša* lugal *i-ri-šu* (11) [*ú-ul i*]*-na-di-in* (12) *um-ma-mi a-di* lugal (13) {x *na*} *ni-iš* dingir-meš *i-za-ka-ra-am* (14) ⌜*ṣa-ba-am*⌝ *ú-ul a-na-di-in*.

[25] Der genaue Zeitpunkt dieser Ereignisse kann noch nicht festgelegt werden.

[26] Vgl. das Epitheton *muštemki mâtim birit Idiglat u Purattim* (MARI 3, 48) und cf. den Kommentar von Durand, J.-M., LAPO 17, 107.

[27] S. Durand, J.-M., MARI 6, 272.

[28] Der erste, der dies hervorgehoben hatte, war Larsen, M.T., "The City and its King. On the Old Assyrian notion of kingship", in: Garelli, P. (Hrsg.), Le palais et la royauté (Archéologie et Civilisation). XIXe Rencontre Assyriologique Internationale, Paris, 29 juin - 2 juillet 1971, (Paris, 1974), 285-300, v.a. 286.

[29] Vgl. in diesem Sinne die Bemerkung Postgate, J.N.: "The concept of 'Assyria' (i.e. *māt Aššur*) as we know it was perhaps first coined in the reign of Assur-uballiṭ", (Mesopotamia 18-19 [1983-84], 232).

Samsî-Addus und Dâdušas erobert wurde:[30] sein König trug den amorritischen Namen Bûnû-Eštar. Ninive *alias* Ninet[31] war der hohe Kultort[32] des Königreiches Nurrugûm, dessen Eroberung in engem Zusammenhang mit dem Sieg über die Yâ'ilânum stand, die sicherlich Amorriter waren. Welchen Status Arrapha vor der Eroberung Samsî-Addus hatte, ist wenig bekannt,[33] aber wir wissen, dass diese Stadt nach dem Zusammenbruch des Reiches Samsî-Addus Hauptstadt eines unabhängigen Königreiches wurde, dessen Herrscher vielleicht einen amorritischen Namen trug.[34] Auch der yaminitische Stamm der Yahruräer hat Spuren östlich des Tigris hinterlassen.[35] Natürlich ist der Einfluss der Hurriter in jener Gegend ebenfalls sichtbar, er wurde aber später noch stärker.[36]

Es scheint mir aber dennoch zuzutreffen, dass in mittelassyrischer Zeit versucht wurde, das Königreich von Obermesopotamien wiederzuerrichten,

---

[30] Khalil Ismail, B., op. cit. (Anm. 9), 105-108. Die Stadt Erbil wird in keinem Mari-Text erwähnt - dort erscheint nur der Name von Qabrâ. Für einen Lokalisierungsvorschlag für Qabrâ "15-20 km nordwestlich von Altin Köprü", s. die Notiz von Deller, K., "Eine Erwägung zur Lokalisierung des aB ON Qabrā/Qabarā", NABU 1990/86.

[31] Durand, J.-M., "Villes fantômes de Syrie et autres lieux", MARI 5 (1987), 199-234, v.a. 224 und id., "Différentes questions à propos de la religion", MARI 5 (1987), 611-615, v.a. 614.

[32] Zur Geschichte der Eštar von Ninive vgl. jüngstens Beckman, G., "Ištar of Nineveh Reconsidered", JCS 50 (1998), 1-10. Er zeigt auf, dass seit der Ur III-Zeit in Ninive ein Kult zu Ehren der Šauška stattfand. Der Name der Göttin ist nun eindeutig hurritischer Herkunft. Man bemerke jedoch, dass für die amorritische Zeit bisher noch kein Beleg für den hurritischen Namen der Eštar von Ninive vorliegt.

[33] Arrapha war von Ipiq-Adad II. von Ešnunna eingenommen worden (MARI 4, 229 A12). Ešnunna konnte seine Besetzung allerdings nicht halten. Ehe Samsî-Addu mit Hilfe ešnunnäischer Truppen diese Stadt einnahm, war sie offensichtlich unabhängig.

[34] Die Sprachzugehörigkeit des Namens des Königs von Qabrâ, Arda/ikanda/i, bleibt unklar. Dieser Herrscher war ein Zeitgenosse Zimrî-Lîms (ARMT XXIII Nr. 233 [ZL 10'] und XXVI Nr. 489). Kann der Name in Arda/ik-Anda/i zerlegt und mit Apla/ih-Anda/u verglichen werden? In diesem Fall würde es sich um einen amorritischen Namen handeln. J.-M. Durand verweist mich außerdem auf die Schreibung ìr-*du-ga-an-da* in M.5451 (unv.).

[35] RA 80 (1986), 168; ARMT XXVI/2, 479, Nr. 510 Anm. c.

[36] S. Steinkeller, P., "The Historical Background of Urkesh and the Hurrian Beginnings in Northern Mesopotamia", Buccellati, G. und Kelly-Buccellati, M., Urkesh/Mozan Studies 3. Urkesh and the Hurrians. Studies in Honor of Lloyd Cotsen, BiMes 26, (Malibu, 1998), 75-98.

diesmal aber im Osten beginnend und nach Westen erweiternd.[37] Von jenem Zeitpunkt an wurde Samsî-Addu, das heißt Šamšî-Adad, als ein Vorgänger betrachtet, ohne dass die Verschiedenheit mit jener früheren Epoche empfunden wurde. In der Tat gibt es geopolitische Gemeinsamkeiten. Wie Samsî-Addu sind auch die mittelassyrischen Herrscher auf den Widerstand der Herren Nord-Syriens gestoßen: Nur, dass dieser in den Tagen Samsî-Addus der König von Aleppo war, während es in mittelassyrischer Zeit die Hethiter waren.

Der heutige Historiker sollte vermeiden, die Geschichte Obermesopotamiens am Anfang des zweiten Jahrtausends durch den Zerrspiegel der späteren assyrischen Tradition zu betrachten. Deshalb erscheint es mir anachronistisch, wenn heute von "Šamši-Adad I, König von Assyrien" gesprochen wird – und wie der große französische Historiker Lucien Febvre behauptete ist "der Anachronismus die Todsünde der Historiker". *Mutatis mutandis* ist diese Situation nicht sehr verschieden von jener der Studien über Karl den Großen, der von den beiden späteren nationalen Traditionen Deutschlands und Frankreichs vereinnahmt worden war und in deren jeweilige Nationalgeschichte einging. Karl der Große war jedoch niemals deutsch oder französisch – Frankreich und Deutschland existierten damals nicht, ebensowenig wie Assyrien in den Tagen Samsî-Addus.

Nebenbei bemerkt ist es ganz vermessen, sich zu fragen, ob die Herrscher Mitannis sich nicht auch auf das Vorbild Samsî-Addus beriefen, so wie die Assyrer nach ihnen es taten? Das Fehlen mitannischer Königsinschriften lässt eine Antwort ausbleiben.

1.3 Aššur und Mari

Die Rolle Aššurs im Königreich Obermesopotamiens zu definieren ist wegen der Quellenlage schwierig. Aššur war auf jeden Fall eine seiner bedeutendsten Städte. Išme-Dagans Gemahlin trug den Namen Lamassî-Aššur.[38] Dies dürfte darauf hindeuten, dass sie eine Prinzessin aus dem assyrischen Herrscherhaus war; ansonsten müssten wir annehmen, dass sie ihren Namen

---

[37] Es bleibt die Frage, ob die mittel-assyrischen Könige nicht zu ihren Gunsten die Gebiete annexieren wollten, die vorher unter mitannischer Herrschaft gestanden hatten. Leider ist die Genese des mitannischen Reiches noch zu wenig bekannt, um zu wissen ob die imperialistische Politik Samsî-Addus einen Einfluss auf die mitannischen Herrscher ausgeübt hatte.

[38] Marello, P., "Documents pour l'Histoire du royaume de Haute-Mésopotamie IV: Lammassî-Aššur", MARI 7 (1993), 271-280. Gegen P. Marello scheint mir die Anwesenheit Lamassî-Aššurs in Aššur zur Zeit der Abfassung von M.14895 wahrscheinlich.

zu Ehren des Stadtgottes Aššurs geändert hätte. Wie dem auch sei, die Bedeutung Aššurs, und vor allem des Stadtgottes wird dadurch deutlich. Samsî-Addu und Išme-Dagan residierten von Zeit zu Zeit in Aššur. Aber auch Yasmah-Addu ist mehrmals nach Aššur gereist, wo er an religiösen Feierlichkeiten teilnahm und seinen Vater, seinen Bruder und seine Schwägerin traf.[39]

In einem unveröffentlichten Brief verglich Samsî-Addu Mari und Aššur als religiöse Hauptstädte. Samsî-Addu warf seinem Sohn Yasmah-Addu vor, dass er sechs neue Götterstatuen herstellen ließ. Dies stelle ein logistisches Problem dar, erstens, wegen der zur Verzierung notwendigen Wertmetalle und dann auch wegen der vermehrten Ausgaben für die Opfertiere, Rinder und Schafe. Sichtlich verärgert schrieb Samsî-Addu:[40]

> "Ununterbrochen schreibst du mir hierher wegen der Schafe und Mutterschafe mit folgenden Worten:
> 'Es gibt keine Schafe und Mutterschafe!'. Nun aber füllst du hier die Stadt mit Götter(statue)n an, während die Schafe für die Opfer nicht ausreichen. Was soll das, was du da tust? Hast du denn keinen Berater, der dich berät? Die Stadt Mari ist voll von Göttern. Keine andere Stadt ist so voll von Göttern wie Mari. Nur Mari und Aššur sind so voll von Göttern! Seit den früheren Königen, die das Land bewohnten, wurde den Göttern folgendermaßen geopfert: für sie war des *maṣhatum*-Mehl-Opfer regelmäßig. Warum also lässt du diese Götter herstellen? Früher schon hattest du Bêlet-Agade machen lassen. Aber heute bin nicht ich es, der dich diese Götterstatuen herstellen ließ. Nun kehre um! Wenn du ohne meine Zustimmung goldene Götter(statuen) herstellen lässt, obwohl du weder Schafe noch Mehl besitzt, trage (selbst) die Kosten für diese Arbeit."

---

[39] M.14895: 10 und 25-26.

[40] A.3609 (unv.): (10') *an-na-nu-ú-um aš-šum* udu-há *ù* u_8 *a-n*[*a ṣe-ri-ia*] (11') *ta-áš-ta-*[*n*]*a-pa-ra-am um-ma at-ta-*[*a-ma*] (12') udu-há *ù* u_8 *ú-ul* [*i-ba-aš-še-e*] (13') *ù an-na-nu-um* dingir-meš *a-lam*^{ki} *tu-ma-a*[*l-li-ma*] (14') *a-na ni-qí-šu-nu* udu-há *ma-la i-ba-aš-še-*[*e ú-ul ka-aš-da*] (15') *mi-nu-um an-ni-tum ša te-pu-*{ŠU} [*šu*] (16') *ma-li-ka-a-am ša i-ma-al-li-ku-ka ú-u*[*l ta-ra-aš-ši*] (17') [*a*]*-lum ma-ri*^{ki} dingir-meš *ma-li ša ki-ma* [*ma-ri*^{ki}] (18') [dingir]-m[e]š *ma-lu-ú ú-ul i-ba-aš-*[*ši*] (19') [*ma-ri*]$^{⌜ki⌝}$ *ù aš-šu-ur*^{ki}*-ma ša* dingir-meš [*ma-lu-ú*] (20') [*iš-tu* lugal-me]š*-ma pa-nu-tim ša i-na ma-t*[*im wa-aš-bu*] (21') [*a-na* dingir-meš *ke*]*-e-em i-ta-aq-*[*qu-nu*] (22') [*a-n*]*a šu-nu-ši-im-ma ma-aṣ-ha-at* [nì-gub] (23') [*lu*]*-ú ka-a-ia-an ma-a am-mi-nim* dingir-meš *š*[*u-nu-ti*] (24') [*t*]*u-še-ep-pé-eš i-na pa-ni-tim* ^{d}nin-a–[*ga-dé*^{ki}] (25') [*tu*]*-še-pí-iš i-na-an-na* dingir-meš *an-nu-*[*tim*] (26') [*ú-ul ú-še*]*-pí-iš-ka ù i-na-an-na ta-ta-ar* (27') [*la* udu-há *m*]*i-im-ma ù la ma-aṣ-ha-tam* (28') [*mi-im-ma* dingir]-meš kù-ZI *ba-lu-ia tu-še-ep-pé-eš-ma* (29') [*ši-ip-ra-a*]*m ša-a-ti ta-at-ta-na-aš-ši*. Ich möchte J.-M. Durand für die Erlaubnis danken, den Brief vor seiner Publikation in ARMT XXVI/3 zu zitieren. Eine Übersetzung des gesamten Textes findet sich in Durand, J.-M., op. cit. (Anm. 22), v.a. 273-274.

Die Statue der Bêlet-Agade, die Yasmah-Addu vor jenem Brief und mit Gutheißen Samsî-Addus hatte herstellen lassen, ist gewiss jene, die in ARM I 74, erwähnt wird.[41] Samsî-Addu beschrieb Yasmah-Addu in diesem Brief die administrative Vorgehensweise, die bei der Herstellung jener Kultstatue befolgt werden musste, und zu deren Herstellung er 20 Minen Gold gesandt hatte. Samsî-Addu schrieb auch, dass er selbst im "Aššurtempel" die Abrechnung für jene Statuen vorgenommen hatte, die "hier oder in Šubat-Enlil" hergestellt worden waren. Es kann demgemäß angenommen werden, dass er den Brief von Aššur aus sandte. Yasmah-Addu sollte die Abrechnung für die Statue im Dagan-Tempel vornehmen, ohne dass präzisiert wird, in welcher Stadt. – Es ist wahrscheinlich, dass es sich um den Tempel von Mari handelte.

2) Aššur zur Zeit Zimri-Lims

Zur Regierungszeit Zimrî-Lîms war Aššur Teil des Königreichs Ekallâtum, und nahm am wechselhaften Schicksal seines Herrschers Išme-Dagan teil.

2.1 Aššur unter der Herrschaft Išme-Dagans

Išme-Dagan konnte in Aššur mit seinem *šukkal ubârî* Lu-Nanna die ausländischen Gesandten empfangen: einen Diener Meptûms, des *merhûm* des Suhûm, oder die Gesandten Asqur-Addus von Karâna.[42] In einem anderen Brief, der zum gleichen Zeitpunkt verfasst worden war, betonten Ibâl-pî-El und Buqâqum,[43] dass Išme-Dagan schwer krank und reiseunfähig sei. Daraus kann aber noch nicht geschlossen werden, dass Aššur der gewöhnliche Regierungssitz Išme-Dagans war.[44] Vielmehr ist das Königreich Ekallâtum ein weiteres Beispiel für ein Königreich mit zwei Hauptstädten: Ich will hier nur die nahe gelegenen Königreiche Andarig/Allahad, Qaṭṭarâ/Karanâ, Kur-

---

[41] S. seine neue Üs. in LAPO 16, 1997, 226 Nr. 91.

[42] S. A.4535-bis, in MARI 8, 389-391.

[43] Der genaue Zeitpunkt dieser Krankheit könnte in die erste Hälfte des zwölften Regierungsjahres Zimrî-Lîms (ZL 11') festgesetzt werden. Cf. dazu Joannès, F., ARMT XXVI/2, 306: "La lettre d'Iddiyatum n°518 [ARM II, 42] montre en tout cas que le 24-iv, Išme-Dagan, allié aux Ešnunnéens, se trouve à Aššur".

[44] Ich bin nicht sicher, ob in ARMT XXVI/2 Nr. 489: 9 der Name der Stadt Ekallâtum ergänzt werden muss.

dâ/Kasapâ, nennen. Es handelte sich bei dem Doppelkönigreich Ekallâtum/Aššur vielleicht genauer gesagt um ein Reich mit einer politischen und einer religiösen Hauptstadt, wie Nurrugûm mit Ninive/Ninet oder Qabrâ mit Urbil. Wie dem auch sei, in vielen Briefen an Zimrî-Lîm werden Aššur und Ekallâtum gemeinsam genannt.[45]

2.2 Die assyrischen Händler auf dem Weg nach Kappadokien

Assyrer werden in den Mariarchiven vor allem in Zusammenhang mit dem Kappadokien-Handel erwähnt. So paradox es auch erscheinen mag, alle diese Erwähnungen von Assyrern auf dem Weg nach Anatolien stammen aus der Regierungszeit Zimrî-Lîms. Der Umstand kann dadurch erklärt werden, dass die Händler nicht durch das Gebiet reisten, das Yasmah-Addu unterstanden hatte. In den Tagen Zimrî-Lîms jedoch durchquerte die Route Königreiche, die von seinen Vasallen regiert wurden, während Aššur Išme-Dagan unterstand, einem meistens feindlich gesinnten Herrscher.

2.3. Der Handelsvorsteher von Aššur und sein Kollege in Mari

Zum Abschluss möchte ich noch den Briefwechsel zwischen dem Aufseher der Kaufleute von Mari, Iddin-Numušda und einem gewissen Habdu-Malik zitieren. Dieser schrieb:[46]

---

[45] Cf. z.B. (Liste nicht vollständig) A.2459 [MARI 8 p. 387 n°4]: 5, 9; ARM XXVI/1 103: 10; ARM XXVI/2 342: 5, 18; ARM/2 XXVI 411 [LAPO 17 594]: 32, 38; ARM XXVI/2 420: 6, 17, 18 27; ARM XXVI/2 432: 3, 4; ARM XXVI/2 491: 7, 19, 41; ARM XXVI/2 493: 11, 14, 22; ARM XXVI 518 [LAPO 17 599]: 10', 14', 16'; ARM XXVI/2 519: 26; ARM XXVI/2 526: 4, 14, 20, 42; ARM XXVIII 171: 20, 26. F. Joannès, ARMT XXVI/2 420 Anm. d:"La séparation faite entre Ekallâtum d'un côté et Aššur de l'autre n'est pas fortuite: on la retrouve au n° 411 [ARM II, 39]: 32. Le royaume d'Išme-Dagan se définit donc, comme celui de beaucoup de ses contemporains, comme une entité comportant deux villes principales, bien que l'on sache par ailleurs que le statut d'Aššur était particulier. On remarquera enfin que le Suhûm est sous la menace directe d'incursions venant d'Ekallâtum et d'Aššur, ce qui confirme l'existence de voies de communications fréquentées entre les deux régions: cf. les lettres de Buqâqum pour un voyage du Suhûm aux bords du Tigre".

[46] A.2881, veröff. von Durand, J.-M., "Une alliance matrimoniale entre un marchand assyrien de Kanesh et un marchand mariote", in: van Soldt, W. H. e.a. (Hrsg.), Veenhof Anniversary Volume, PIHANS 89, (Leiden, 2001), 119-132, v.a. 121-125: (6) *um-ma a-na-ku-ma šu-ú i-na* uru ⌜*ma-ri*⌝^{ki} (7) *ù a-na-ku i-na* uru^{ki} *a-šur*$_x$$^{⌜ki⌝}$ (8) *i-na* uru *ka-ni-iš*^{ki} lú *šu-mi* (9) *u*$_4$*-mi ba-al-ṭà-nu a-na-ku ù šu-ú* (10) *i ni-id-bu-ub a-na-ku hi-ši-ih-ta-šu / lu-<ša>-bi-il*$_5$ (11) *ù šu-ú hi-ši-ih-t[i l]u-ša-bi*$^!$*-lam*.

"So sprach ich zu mir: Wir sind beide, er (=Iddin-Numušda) in der Stadt Mari und ich in den Städten Aššur und Kaneš bedeutende Leute. Wir müssen miteinander sprechen, solange wir am Leben sind, und ich werde ihm das zukommen lassen, woran ihm mangelt, und er, seinerseits, wird mir zukommen lassen, woran mir mangelt."

Habdu-Malik, der Gegenpart Iddin-Numušdas dürfte demgemäß der *wakil tamkârî* von Aššur gewesen sein, ein neues Amt, das für Aššur zur Zeit Zimrî-Lîms bezeugt wäre.[47] Habdu-Malik kündigte in seinem Schreiben die Sendung von einem Talent Kupfer an, von einem Textil und zwei wertvollen Gefäßen. Er erbat als Gegenleistung sechs wertvolle Stoffe für die er zu zahlen bereit sei, und auch einen Koch und einen anderen Spezialisten, für den er den Gegenwert zahlen wolle. Damit war der von Habdu-Malik vorgeschlagene Austausch aber noch nicht beendet, denn er bot seinem Kollegen an, dass sein Sohn eine der Töchter Iddin-Numušdas heiraten solle. Diesem Vorschlag wurde anscheinend stattgegeben, wie Habdu-Malik in einem zweiten Brief andeutete:[48] Gemäß diesem bereitete sich sein Sohn Zabium auf seine Reise nach Mari vor, wo er Fräulein Abulâya ehelichen wollte, ehe er mit ihr nach Aššur zurückkehren wollte.

Die Mari-Archive liefern uns wertvolle Informationen über Aššur und die Assyrer im 18. Jahrhundert vor unserer Zeitrechnung. Mehr noch: zu jenen Tagen konnten die beiden Städte ausdrücklich verglichen werden, wenn es um ihre religiöse Bedeutung ging, wie der oben zitierte Brief Samsî-Addus belegt. Zuletzt zeigte ich noch, dass die Aufseher der Kaufleute beider Städte unter der Regierungszeit Zimrî-Lîms nicht nur Geschenke austauschten, sondern auch eine Heiratsverbindung zwischen beiden Familien planten. Ob diese Ehe letzten Endes tatsächlich zustande kam bleibt zwar offen, ist aber wahrscheinlich. Der eingangs zitierte Brief hatte demgemäß Recht: Mari war doch nicht so weit von Aššur entfernt, wie man glauben möchte ...

Aššur war jedoch noch ein weiteres Jahrtausend ereignisreicher Geschichte beschieden, während die babylonischen Truppen Hammurabis jene der Stadt Mari vorzeitig beendeten.

---

[47] Cf. MARI 8, 373-374.

[48] ARMT XIII 101 konnte erst dank A.2881 korrekt interpretiert werden. Er wurde von J.-M. Durand in op. cit. (Anm. 46), 126-129 wiederveröffentlicht.

NOMADENTUM[1]

Jean-Marie Durand, Paris*

Es ist nicht leicht, in keilschriftlichen Quellen Nomaden zu finden: wenn sie aber genannt werden, so handelt es sich häufig um sesshaft gewordene Nomaden, oder um Räuber, die die sesshafte Bevölkerung angriffen oder um eine Erwähnung der Weidewirtschaft. Es ist demgemäß schwierig, neben der Stadt- und der Landbevölkerung jene dritte Gruppe auszumachen, die als Beduinen[2] lebte.

Das größte Hindernis war lange Zeit die unzulänglich bekannte Terminologie. Adam Falkenstein hatte 1959 in seiner Rezension zum Buch Jean-Robert Kuppers geschrieben, dass weder die akkadische noch die sumerische Sprache ein Wort für "Nomade" gebildet hätten, und dass es auch keine Bezeichnung für die halb- oder völlig sesshaft gewordenen Nomaden gebe. Der Kontext erlaube außerdem oft nicht darauf zu schließen, ob ein präziser Stamm oder allgemein "Nomaden" gemeint seien.[3]

Um in Ermangelung einer klaren Terminologie die nomadische Bevölkerung auszumachen, hatten Forscher zwei Maßstäbe angelegt:

– Der erste basierte auf dem Onomastikon. Während ein Teil der Bevölkerung sich bei der Namengebung eines westlichen Wortschatzes und einer westlichen Morphologie bedienten, benutzte der andere Akkadisch. Ein Studium der Familienverbände Obermesopotamiens zeigt jedoch, dass das Onomastikon bunt gemischt war, und keine sprachliche Trennlinie zwischen den Generationen oder innerhalb der Geschwister festgestellt werden kann. So sei an die Königsfamilie von Ekallâtum erinnert: die beiden Söhne Samsî-

---

[1] Der Text entspricht der ungekürzten Fassung meines Vortrages. Mein Dank gilt Nele Ziegler, die ihn übersetzt und vorgetragen hat.

* Collège de France; 52, rue du Cardinal Lemoine; F-75005 Paris.

[2] Ich verwende die Termini Nomade und Beduine ohne Unterschied, um Wortwiederholungen zu vermeiden. Dies hat in der französischen Assyriologie Tradition, cf. Dossin, G., "Les bédouins dans les textes de Mari", in: L'Antica società beduina (1959), 35-51.

[3] Falkenstein, A., Buchbesprechung zu Kupper, J.-R., Les Nomades en Mésopotamie au temps des rois de Mari, Liège (1957), in: ZA 53 (=NF 19) (1959), 280-287, v.a. 280-281.

Addus hießen Išme-Dagan und Yasmah-Addu. Da man sich also offensichtlich keines linguistischen Kriteriums bedienen kann, um ethnische Unterscheidungen zu treffen, kann man es noch weniger tun, um Lebensweisen zu erkennen.

– Der zweite Maßstab, der zum Studium der nomadischen Bevölkerung angesetzt wurde, ist jener der Stammesbezeichnungen. Es wurde versucht, diese zu sammeln und eine Art Stammbaum der Clans und Stämme zu erarbeiten. Das Schema, das aus solchen Versuchen entstand, blieb aber unklar, und überschnitt sich nicht mit dem Onomastikon.

Heute sollte es aber möglich sein, die inhärenten Kriterien zu finden, soweit sie uns in der Dokumentation von Mari vorliegen.

A. Faktor Beduine

Dazu wollen wir uns eines Vorgangs bedienen, der in einem gänzlich anderen semantischen Feld angewandt wird, nämlich bei der Unterscheidung von Textilien. Ein Bruch ist deutlich ausmachbar zwischen (A) den Termini, denen die Kennzeichnung TÚG voransteht und die nur durch Herkunfts-, Farb- oder Qualitätsbezeichnungen beschrieben werden können, und jenen, (B), die darüberhinaus durch die erste Gruppe qualifiziert werden können. Die erste Gruppe (A) beschreibt demgemäß die Fertigung der Textilien, während (B) ihre Formen beschreibt.

Eine einzige Bezeichnung kann durch andere Volksbezeichnungen beschrieben werden, ohne selbst am System: Stamm/Clan teilzunehmen. Diese Bezeichnung ist *hanûm* und war lange selbst für ein Ethnikon gehalten worden. Es gibt benjaminitische *hanûm*, bensim'alitische *hanûm*, ... und auch turukkäische *hanûm*.[4] *Hanûm* ist wohl endlich der lang gesuchte, unerkannt gebliebene Oberbegriff, mit dem Nomaden, jene der Welt der Paläste, Städte und Dörfer Fremden bezeichnet wurden.

1. Die Bedeutung von hanûm

Vor 40 Jahren hatte Jean-Robert Kupper 4 Hauptgruppen von Nomaden aufgezählt: Hanäer, Benjaminiten, Sutäer und Habiru.

Ich will hier gleich aufzeigen, zu welcher Schlussfolgerung ich selbst gekommen bin:

a) Die erste grundsätzliche Prämisse, auf der jede weitere meiner Studien beruht, ist, wie eingangs bemerkt, dass *hanûm* oder "Hanäer" eine Bezeich-

[4] Cf. meine Neubearbeitung der Eponymenchroniken (in Vorbereitung).

nung ist, und in keinerlei Gegensatz zu "Benjaminit" oder "Bensim'alit" steht, da sie ja jeden der beiden Stämme qualifizieren kann.

So finden wir im Brief eines Gouverneurs von Mari:[5]

> "Die Boten der Scheichs der Benjaminiten haben mich aufgesucht und mir gesagt: 'Von einem Augenblick zum anderen werden die benjaminitischen *hanûm* allesamt, die Weidevorsteher (*mer'ûm*) und die Scheichs (*sugâgum*) in der Feste-Yahdun-Lîm eintreffen. Am darauffolgenden Tag werden wir zur Mahlzeit in Zibnatum eintreffen, am Abend in Samânum.'
> Ich werde deshalb in Samânum folgendes Edikt erlassen: 'Wer zu den Uprapäern gehört, zu den Uprapäern! Yarihäer zu Yarihäern! Yahruräer zu Yahruräern! Amnanäer zu Amnanäern! Jeder zu seinem Clan!'"

Der eben zitierte Text zeigt deutlich, wer von den Benjaminiten als "*hanûm*" bezeichnet wurde: nicht der gesamte Stamm, sondern jene, die nach einer Abwesenheit zurückkehrten. Jene also, die, wie im Folgenden gezeigt werden soll, das *hibrum* der Steppe (*nawûm*) gebildet hatten.

Das heißt, dass nicht jeder Benjaminit als *hanûm* bezeichnet werden kann, nur weil er eben Benjaminit ist. Der Gouverneur wollte, dass alle Heimkehrer in die Dörfer, die ihren Clans überlassen worden waren, zurückkehren.

b) Die Wurzel des Wortes *hanûm* ist wohl dem hebräischen Verb ḤNH (*ḥānah*) "ein Zelt aufschlagen, lagern" verwandt, mit dem entweder der einfache Nomade oder das Volk Israel in der Wüste beschrieben werden. Ein "Hanäer" war demgemäß, wer in vorübergehenden, transportablen Unterkünften übernachtete.

2) Zeltbewohner

Wörter für "Zelt" sind uns bekannt. In den Maritexten kommt *hur*(*up*)-*patum* vor und bezeichnet außergewöhnliche Zelte, wie jenes, das beim Bankett nahe Ugarit diente. Es handelte sich dabei gewiss um eine große Plane, ähnlich jenen, die noch heute als Nomadenzelte dienen und die eine große Zahl von Personen bedachen können.

Das Wort *kuštârum* kommt in Zusammenhang mit den Nomaden (*hanûm*) vor, wie im folgenden Text:[6]

> "Wenn du dich, während das Kleinvieh der Nomaden (*hanûm*) auf der Weide ist, an ihrem Kleinvieh oder ihren Zelten (*kuštârum*) vergehst, erkläre ich den Krieg gegen dich!"

---

[5] A.2924 (unv.).

[6] A.3200 (unv.).

Kuštârum war also das gewöhnliche Zelt, in dem man wohnte und schlief. Es ist auch das Wort *kuštârum*, das später verwendet wurde, um die Lebensweise der Beduinenkönige (*âšibûtu kultâre*) zu beschreiben, ehe sie sich in Aššur niederließen.

Der benjaminitische König Yasmah-Addu hingegen berichtete in einem seiner Briefe, dass er in einem *maskanum* wohne.[7]

> "Mein Herr hat mir folgende Botschaft geschickt: 'Ich habe an dich in dein Lager (*maskanum*) eine Botschaft bezüglich der Versammlung der Yarihäer geschickt, ebenso wie an Asqûdum.'"

Maskanum dürfte demgemäß etwas anderes sein als *âlum*. Das Verbum *sakânum* ist in Mari mit der Bedeutung "sich vorübergehend niederlassen" belegt. Mit *maskanum* dürften daher wohl keine festen Unterkünfte gemeint sein.

B) Beduinen und Volksstämme

Die Oberbezeichnungen "Amorriter" (*amurrûm*) und "Nomade" (*hanûm*) sind in einigen klaren Kontexten austauschbar gewesen. Die Nomaden wurden dementsprechend wohl dort, wo sie lebten, als "Westländer" angesehen und die Erinnerung an ihre ursprüngliche Heimstatt war nicht verblichen. "Amorriter" muss wohl als eine verallgemeinernde Volksbezeichnung aufgefasst werden.

1) Bensim'aliten und Benjaminiten

Die Nomaden, über die Zimrî-Lîm herrschte, waren zum Teil Benjaminiten und zum Teil Bensim'aliten. Diese beiden Stämme teilten sich den Nordwesten des Vorderen Orients. Die Benjaminiten kontrollierten das Tal des Mittleren Euphrat bis Mari (im Süden), ebenso wie den Balih-Lauf bis nach Harrân im Norden. Sie durchzogen die Königreiche Aleppo und Qaṭna und gelangten von dort bis ans Mittelmeer. Die Bensim'aliten hingegen durchzogen das Gebiet des Habur, von den Gegenden östlich von Harrân bis in die Umgebung Maris, und die Gebiete bis zum Sindjâr, und von dort aus bis nach Suhûm, im Süden Maris. Diese beiden Stämme trafen dementsprechend in der Umgebung Maris und in der Region der Balih-Quellen (ᶜAin al Arus) aufeinander.

---

[7] A.2230 (unv.).

Die Bensim'aliten hatten sich zweier bedeutender Städte bemächtigen können, nämlich Terqas und Maris, von denen aus sie eine systematische Besiedlungspolitik betrieben. Wenn es zu Kriegen zwischen den beiden Stämmen kam, hatten sie den Charakter von Kriegen zwischen Städten[8] und nicht den von Kriegen zwischen Sesshaften und Nomaden. Ursache dieser Kriege waren die Regelung der Machtaufteilung, und nicht das Aufeinanderprallen zweier Lebensformen. Die Benjaminiten hatten im gesamten Vorderen Orient mächtige Stammesgenossen. So griff zur Regierungszeit Zimrî-Lîms Ešnunna zugunsten seiner benjaminitischen Bündnispartner in den Krieg ein. Nach Ende des Krieges zogen die Benjaminiten es vor, in Ešnunna zu bleiben, anstatt in ihre früheren Wohnorte zurückzukehren. Wenn es aber um die Aufteilung der Macht ging, konnte es auch zum Gegenteil kommen. So zog der Bensim'alit Qarni-Lîm von Andarig es vor, die Ešnunnäer und ihre benjaminitischen Stammesgenossen zu unterstützen, anstatt auf der Seite seines Stammesbruders Zimrî-Lîm zu stehen.

Die Zugehörigkeit zu den "Söhnen der Linken" und den "Söhnen der Rechten" war auch nicht unumstößlich. Ein Adoptionsritual erlaubte es, von einer Stammesgemeinschaft in die andere überzuwechseln.[9] Es kam auch vor, dass die beiden gegensätzlichen Stämme sich angesichts eines mächtigen gemeinsamen Feindes wieder als Einheit empfinden konnten.[10]

2) Die Sutäer und die sarrârum

Die Mari-Texte beschreiben aber auch Bevölkerungen, die "ankommen ohne sich niederzulassen".

a) Hier seien zuerst die Sutäer genannt. Sie führten ihre Herden bis zu den Tränken am Euphrat. Der Benjaminite Hammî-ištamar beschwerte sich über ihre lästige Konkurrenz mit den Worten:[11]

> "Die Beduinen, die deinen *lîmum* bilden, kommen gerade erst von der Transhumanz zurück und finden an unseren Brunnen und Bewässerungskanälen (*arammâ-*

---

[8] Zur Regierungszeit Yahdun-Lîms kämpfte so Mari gegen Samânum, Abattum und Tuttul. Während der Herrschaft Zimrî-Lîms kämpfte Mari gegen seine Nachbarstadt Mišlân, gegen Samânum, Ilum-muluk und andere. Für die Details dieser Auseinandersetzungen s. Charpin, D., FM V, (in Vorbereitung).

[9] Cf. A.981 mit Literaturhinweis in LAPO 17 (1998), 483 zitiert.

[10] A.3080 veröff. in: Durand, J.-M., "Fourmis blanches et fourmis noires", in: Mél. Perrot, (Paris, 1990), 101-108, und meine Neuübersetzung in: LAPO 17 Nr. 733 mit bibliographischen Verweisen.

[11] A.3605 (unv.).

tum) die Sutäer vor. Wenn mein Herr einverstanden ist, möge er mit den Sutäern reden, damit sie wieder flussabwärts ziehen. Es ist eben die Zeit der Fülle (*nahmum*) und die Beduinen wollen sich rechts (südlich) von Samânum niederlassen. Möge mein Herr uns diesen Gefallen tun. Sprich mit den Sutäern, damit sie aus der Gegend abziehen."

Die Sutäer kamen von weit her, und das Verhältnis zu ihnen war oft kriegerisch. An sie verkaufte man Menschen, die man ein für allemal loswerden wollte. Man empfand sie als Fremde, obwohl das Onomastikon der Sutäer dem der anderen Westländer ähnelt. Abgesehen davon haben sie offensichtlich nicht am doppelten Stammessystem Benjaminiten/Bensim'aliten teil. Sie erscheinen nomadischer als die anderen, vor allem, weil wir nicht wissen, wo sie ihre dauerhaften Bindungen hatten und wo auch sie ein sesshafteres Leben geführt haben dürften.

b) Es gibt auch noch andere Nomaden ohne festen Wohnsitz, die *sarrârum*.[12] So werden jene bezeichnet, die keinerlei Allianz mit dem König von Mari geschlossen hatten. Es kam vor, dass die mit dem König verbündeten Nomaden unangenehme Kontakte mit ihnen hatten, wie der folgende Text zeigt:[13]

"Ich war gerade erst in Halabît eingetroffen, als mir eine schreckliche Nachricht bezüglich der *sarrârum* zukam, wie ich bereits geschrieben hatte. Bis jetzt wurde ich in Halabît zurückgehalten. Die *sarrârum* sind eingefallen. Iṣi-qatar hat zu Yahdun-Lîm gesprochen: 'Die *sarrârum* haben eine Razzia unternommen.'

Yahdun-Lîm hat 3000 Soldaten ausgeschickt, und sie haben ihnen bei Humam aufgelauert. Die *sarrârum* hatten Rinder erbeutet. Die Armee, die ihnen auflauerte, schlug sie. 50 von den 100 benjaminitischen *sarrârum* sind davongekommen. Man hat sie nicht misshandelt. Wegen dieser Geschehnisse ist die Steppe in heller Aufruhr. Ein zweites Mal hat eine Truppe von 500 *sarrârum* das Land überfallen und Zalmaqum geplündert. Mindestens zweimal haben sie zalmaqäische Truppen geschlagen!"

3) Der Einfluss der Nomaden auf die Ortsnamengebung

Bisher wenig Beachtung gefunden hat der Umstand, dass die Wurzel HN' "ein Zelt bewohnen" auch mehrere Toponyme geprägt hat. Aber auch andere Ortsnamen der amorritischen Zeit tragen den Stempel des Nomadismus.

---

[12] Cf. bereits LAPO 17, 420-421.

[13] A.4431 (unv.).

a) Mahanum

Mahanum, oder Mahnum, diente den Bensim'aliten als Versammlungsplatz, als Kultort, und war Zielpunkt der Reisen der bensim'alitischen Weidevorsteher (*mer'ûm*) Ibâl-El und Ibâl-pî-El. Der Name Mahanum bedeutet einfach "Zeltlager" und entspricht dem hebräischen *maḥᵃneʰ*, dem Lager der Israeliten während des Exodus, oder dem Lager von Gilgal, wohin Josua nach der Schlacht zurückkehrte.

In unmittelbarer Nähe von Mahanum befand sich Malahatum (das auch als Malhatum oder Mulhatum belegt ist). Auch an diesem Ort konnten die Beduinen sich versammeln. Der Name scheint dem zu entsprechen, was im Hebräischen als *mᵉlēḥāʰ* belegt ist, und "salziges, unfruchtbares Land" bezeichnet. Malhatum dürfte dementsprechend den Bensim'aliten als Saline gedient haben, weshalb sie in seiner Nähe ihr Lager errichteten, oder aber ein durch Versalzung unfruchtbar gewordenes Gebiet bezeichnen, in dem kein Feldbau mehr betrieben werden konnte.

b) Hên

Hên scheint das benjaminitische Gegenstück zum bensim'alitischen Mahanum gewesen zu sein. Es lag zwischen den Balihquellen und Harrân. Auch dieser Ort scheint aufgrund seiner Etymologie und wegen seiner Funktion als Versammlungsplatz der Benjamiten, "Zeltlager" zu bedeuten.

c) Dêr

Die Mari-Texte nennen relativ häufig zwei Ortschaften Dêr: die eine ist im Balih-Gebiet zu suchen, während die andere im Süden von Mari lag.[14]

Die Wörterbücher bezeugen den Terminus "*dârum*" (*da-a-rum*), Glosse zum Toponym BÀD.AN^{ki}, mit den Varianten */di-i-ri/* und */du-ri/*, als dessen Synonyme *rubṣum* und *mûšabum* aufgeführt werden. *Rubṣum* bezeichnet in der Sprache der amorritischen Zeit aber unter anderem den Lagerplatz des Heeres. Es scheint, dass dieses *Dârum/Dîrum/Dûrum* von *dûrum* "Mauer, Festung" oder der Wurzel DûR zu trennen ist und eher mit dem hebräischen *ṭīrāʰ* oder syrischen *ṭoro*' "Schafstall" zusammenhängt und das Griechische *épaulis* wiedergibt.

---

[14] Auch das östlich des Tigris gelegene Dêr ist bekannt, lag aber außerhalb des unmittelbaren Horizonts der Bewohner Maris.

C) Die Weidewirtschaft

In der Einleitung eines Briefes schrieb der *Weidevorsteher* Ibâl-El, dass die Beduinen ständig unterwegs seien:[15]

> "Mein Herr weiß, dass ich Anführer der Nomaden bin, und dass die Nomaden wie die Händler (Länder in) Krieg und Frieden durchqueren und während ihrer stetigen Ortswechsel erfahren, wovon die Leute reden."

1) Unterwegs sein

Der Ortswechsel der Nomaden war durch die ständige Suche nach Weideland bedingt. Doch die Nomaden waren nicht allein damit beschäftigt, da auch der Palast Schafherden besaß. Man sieht ausserdem, wie sie mit den dem Palast gehörigen Herden und ihren Hirten, ebenso wie mit den Hirten und Herden der Privatleute (*muškênum*) zusammenarbeiten konnten.

Die Texte nennen uns zwei gegensätzliche Bewegungen.

1) Die Suche nach "frischem Grün" (*dîšum*) zu Beginn des Frühlings. Der Aufbruch in die Steppe (*nawûm*), (s.u.).

2a) Jene die nach Weideland entlang der Flussufer suchen, ziehen bis zum Euphrat.

2b) Außerdem werden die Wadis oft als das Ziel einer Wanderung genannt. Das Vieh dürfte in den grasbedeckten Flussbetten geweidet haben.[16]

2) Die Bedeutung von hibrum

Es wurde bisher unterschätzt, wie bedeutend zum Verständnis des Nomadentums das Wort *hibrum* ist. Es wurde im allgemeinen mit "Clan" übersetzt.[17] *Hibrum* sollte etymologisch nicht von *hâbirum* getrennt werden, und beide stammen von derselben Wurzel wie das hebräische *ᶜābar* "durchziehen, eine Grenze überschreiten".

– Zur Zeit der Mari-Archive bezeichnet *hâbirum* ausschließlich jene, die aus politischen Gründen ihre Heimat verlassen.

---

[15] A.350+, neuübersetzt mit Literaturhinweisen in LAPO 16, 333.

[16] Cf. ARM V 81 = LAPO 17 723.

[17] Cf. AHw 344a, Koehler-Baumgartner³, 276b, oder Loretz, O., *Habiru-Hebräer* (Berlin/ New York, 1984), 237, n. 14. Man beachte auch, dass diese Arbeiten *hibrum* mit *ḫbr* "sich verbünden, sich berühren" verbinden.

– Mit *hibrum*[18] wird jener Teil des Clans bezeichnet, der auszieht um die Schafe weiden zu lassen. Die sesshafte Bevölkerung, die keine Schafe auf die Sommerweide führen muss, betont, dass sie keinen *hibrum* besitze.[19]

Indizien weisen darauf hin, dass der *hibrum* innerhalb der Gruppe eine Spezialisierung darstellte. Der Reichtum der benjaminitischen oder bensim'alitischen Scheichs wird deutlich, wenn sie ihre *sugâgûtum*-Steuer zahlen mussten. Neben Gold und Silber besaßen sie Rinder- und Schafherden, auch wenn letztere ihren eigentlichen Reichtum darstellten und ihnen erlaubten, große Mengen von Textilien herstellen zu lassen. Daneben betrieben sie auch Bewässerungsfeldbau. Das produzierte Getreide konnte dann auch dem Mästen des Viehs dienen.

Zu gewissen Zeitpunkten des Jahres teilte sich der Clan in zwei Gruppen: eine, die sich um die Landwirtschaft kümmerte und die zweite, die sich um die Viehherden kümmerte. Die Rückkehr des *hibrum* wurde ungeduldig erwartet, denn erst dann war der Clan vollzählig. Erst dann konnte er die von ihm geforderte Zahl von Soldaten stellen.

Die Rückkehr des *hibrum* war von solcher Bedeutung, dass sie in die Namengebung einfließen konnte, wie vor allem weibliche Personennamen, wie Tatûr-Nawûm ("die [Herden der] Steppe sind zurückgekehrt") oder Tatûr-Mâtum ("das Land ist zurückgekehrt") zeigen.

3) Nig'um

Der Weidevorsteher (*mer'um*) Ibâl-El beschrieb mit dem uns bislang unbekannten Wort *nig'um* das Gebiet, das zu durchziehen die Nomaden als ihr Recht ansahen:[20]

> "Wie Yamhad, Qaṭna und Amurrum das *nig'um* der Benjaminiten ist, und wie die Benjaminiten in diesem Gebiet an Getreide satt werden und ihre Herden weiden lassen können, so ist Ida-Maraṣ seit jeher das *nig'um* der Beduinen (=Bensim'aliten)."

Nig'um dürfte also das Gebiet bezeichnen, in das die Nomaden ihre Herden schicken konnten und das sie rechtmäßig durchziehen durften. Die Etymologie des Wortes ist mir noch unklar. Sein Status constructus ist *nigih*, wie ein Textfragment bezeugt. Es ist nicht auszuschließen, dass seine Wurzel

---

[18] Vgl. meinen Kommentar in LAPO 17 (1998), 494-498 und v.a. 495.

[19] A.981 s.o. Anm. 9.

[20] A.2730

eine Variante zur hebräischen Wurzel NHG ist, die im hebräischen *nahāg* "führen" belegt ist. In Exodus 3/1 wird dieses Verb verwendet, um zu beschreiben, wie Moses die Schafe tief in die Wüste hinein (*'aḥar hamidᵉbār*), bis zum Gebirge führte.

Die beiden *nig'um*, die im Brief Ibâl-Els erwähnt wurden, trennten sich entlang des Euphratlaufs. Die Benjaminiten zogen nach Westen, die Bensim'aliten nach Osten. Falls wir hier einen Ansatz zur Trennung zwischen den Söhnen der Rechten und der Linken finden wollten, müsste das heißen, dass man sich nach Süden orientierte — was aber nicht jenem Weltbild entspricht, gemäß dem *aqdamâtum* "vorne" und *ahârâtum* "hinten" soviel bedeuteten wie Orient und Okzident, und wo man sich also nach Osten ausrichtete. Die Söhne der Rechten und der Linken haben sich vielleicht einfach am Euphratlauf orientiert, der in Syrien und Iraq mehr oder weniger von Norden nach Süden fließt. Die Aufteilung der Weidegründe, die die beiden Gruppen vorgenommen hatten, wurde wohl dank mythischer Traditionen in Erinnerung bewahrt, Geschichten, die vielleicht der Erzählung von Abraham und Lot ähnelten.

Bis vor einiger Zeit war die ständige Verwechslung zwischen den Begriffen Nomadismus und Stammeswesen ein Hindernis, zu einem richtigeren Verständnis der Gegebenheiten zu kommen. Als Nomaden wurden jene angesehen, die sich mit einer westlichen Stammesbezeichnung beschrieben oder eine westliche Volksbezeichnung angaben.

Der Ursprung der Familie war ins kollektive Bewusstsein eingeprägt und spiegelte sich auch in der Selbstbezeichnung wider. Am aufsehenserregendsten ist gewiss das Beispiel Zimrî-Lîms, der sich Bensim'alit nannte und von anderen so beschrieben wurde.[21] Gewiss war er kein Einzelfall, und auch die anderen zeitgenössischen Königsfamilien empfanden sich als Mitglied eines Stammes,[22] – ein Umstand, der für ihre Bündnisschlüsse ausschlaggebend gewesen sein muss.

Jene Menschen, die sesshaft geworden waren und sich in den bedeutensten Stadtzentren niedergelassen hatten, behielten dementsprechend eine genaue Erinnerung an ihre Stammesgeschichte und benannten sich danach. Aus diesem Grund sind die "Hanäer" so präsent in den *kispum*-Feiern von Mari und Babylon. Man erinnere auch daran, dass Hanûm und Ditânum (für Tidnum) mythische Vorfahren Samsî-Addus waren.

---

[21] Charpin, D. und Durand, J.-M., "'Fils de Sim'al': les origines tribales des rois de Mari", RA 80 (1986), 141-183.

[22] Finkelstein, J.J., "The Genealogy of the Hammurapi Dynasty", JCS 20 (1966), 95-118.

Indices

Götternamen

Personennamen

Geographische Namen

Wörter

Sachen